江西通史

主编 钟起煌
顾问 周銮书
副主编 邵鸿 彭适凡（常务） 方志远

江西人民出版社
Jiangxi People's Publishing House
全国百佳出版社

《江西通史》编辑委员会

江西通史

民国卷

何友良 著

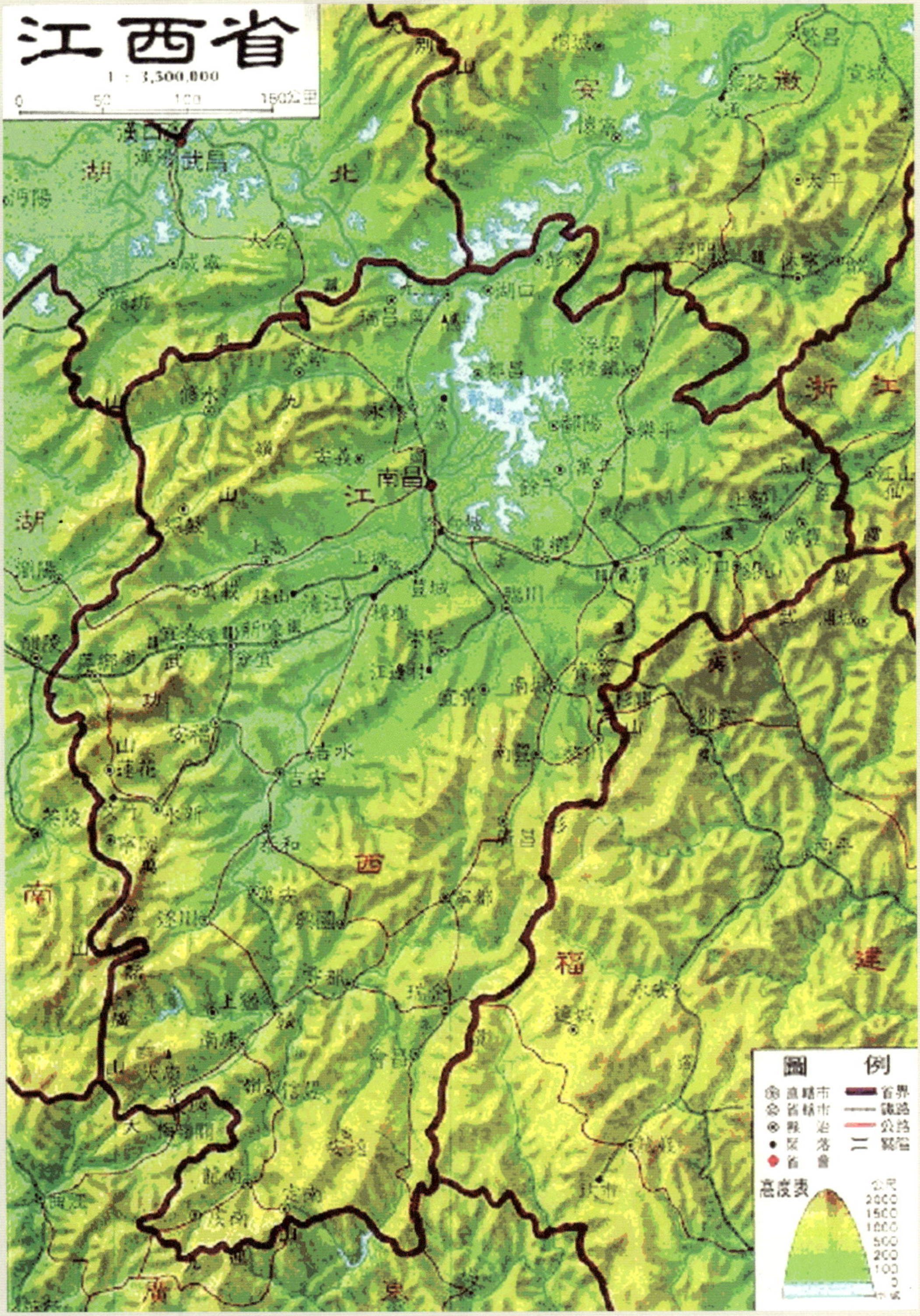

民国二十四年（1935年）江西省图

1912年10月25日，孙中山在南昌与江西同盟会会员合影

1937年7月17日，蒋介石在庐山发表抗战谈话

熊式辉

位于瑞金的中华苏维埃共和国临时中央政府旧址

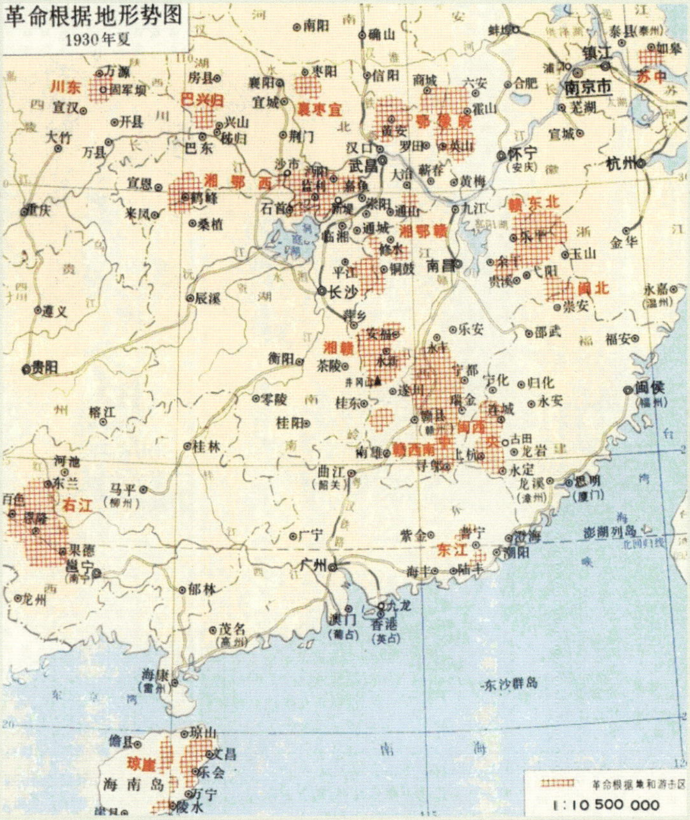

革命根据地形势图（1930年夏）

在“一苏大”上，毛泽东当选为中华苏维埃共和国中央执行委员会主席

袁玉冰

赵醒侬

方志敏

总 序

钟起煌

世界上的很多事情都是由机缘而起因执著而成,包括我们这部《江西通史》。

说由机缘而起,是因为这件事情的发生几乎纯属偶然。2002年夏天,我和彭适凡、孙家骅同志谈到江西悠久的历史、谈到江西辉煌的文化,因而产生了组织专家编撰《江西通史》的设想,彭、孙二位当即认为此举当行而且可行。

说因执著而成,是因为一旦有这个想法,而且认为这是一件研究江西历史、弘扬江西文化的重要工程,就决心去做。为此,我征询了周銮书同志的意见,并邀请邵鸿和方志远同志共商此事,得到他们的热烈响应。2002年10月18日,在江西省文物局和江西师大历史文化与旅游学院共同举办的全省文博教育成果展示与经验交流会上,我向大会通报了编撰《江西通史》的意见,引起全体代表的热烈反响,大家用长时间的热烈掌声表示支持,认为这是贯彻“三个代表”重要思想、全面挖掘和整理江西传统文化、推进江西经济文化建设的一大盛事。有了这个共识,12月13日,准备工作进入实质性阶段。在我的主持下,召开了有关专家和编辑人员的联席会议,对编撰《江西通史》的指导思想、作者人选、工作日程、成果形式等具体问题展开了比较细致的讨论。2003年2月15日,召开了第一次编撰工作会,《江西通史》的编撰工作就此正式启动。

虽然说是机缘和偶然,但新的《江西通史》的编撰,实具备诸多因素和条件。

一、江西在中国历史上具有重要的地位。根据最新的考古发现,在江西这块土地上,人类的活动至少已有20万年历史,它是中华民族发展史和古代文明发展史的重要组成部分;唐末五代以来,随着全国经济重心的南移,江西遂为全国经济文化最为发达的省份之一，其物产之富、人才之众，举世瞩目；进入20世纪，江西又因为中央苏区的建立而成为全国苏维埃运动的中心。很难想象，在十分漫长的时段里，没有江西的中国历史将会是什么样子。

二、文献与实物资料丰富。江西既有“物华天宝、人杰地灵”之誉（唐王勃语），又素称“文章节义”之邦（宋司马光语）和“人文之薮”（清乾隆帝语），存世官修私撰文献极为丰富。近年来一系列的考古发现，既可弥补文字记载之不足，更可与文献资料相互印证，为编撰《江西通史》提供了可供参考的实证材料和科学依据。

三、前期成果丰硕、学术队伍整齐。老一辈的历史学家仍然健在，他们不但学术积累深厚，而且对研究江西历史有着强烈的责任心；中青年学者正趋成熟，他们继承了前辈学者的严谨学风，又吸收了新的研究方法和研究技术，思维敏捷，勇于创新。在他们的共同努力下，这些年来已有大批高质量的有关江西历史的学术成果问世，这些成果涉及江西历史的方方面面，为编撰《江西通史》奠定了坚实的学术基础。

四、政治环境宽松、经济形势发展。盛世修志是中国的传统。改革开放以来，政通人和，国泰民安，江西经济和全国一样，有较快速度的发展。这为编撰《江西通史》提供了自由的学术气氛和比较充裕的财力保证。近年来，江西的学术事业和出版事业取得了有目共睹的成就，连续获得中宣部“五个一”工程奖和国家图书奖、中国图书奖，给江西文化艺术界和学术界以振奋，也引起了各兄弟省市的关注。这些成就的取得，为我们组织大规模著作的编撰工作提供了经验。而周边各省如湖北、湖南、浙江以及其他省市新编通史的纷纷问世，对《江西通史》的编撰是有力的推动，也提供了有益的借鉴。

五、从我个人来说，当时也恰恰能分出一些精力和时间来抓这件事情。于是尽力协调各方面的关系，为作者们、编者们排除各种障碍，以保证这项重大工程的圆满完成。

四年来，《江西通史》的编撰工作得到了各方面的关心和支持。黄智权、吴新雄省长亲自过问此事并指示有关部门给予支持，省政协将其作为一件大的文化事业进行推动，省社联将其列为重大科研项目，江西师大、南昌大学、省社科院、省文物局、省博物馆和省考古所等有关单位也对参与编撰的专家们给予各种便利，出版部门派出了强大的编辑班子并准备了足够的启动和出版资金。特别要指出的是，各位作者在繁忙的教学和科研工作中，能够将《江西通史》的写作列入重要的工作计划并全身心地投入。我在第一次全体编撰会议上指出，《江西通史》的编撰是一项挖掘和弘扬江西历史文化传统的千秋事业，希望作者和编者将其视为自己学术生涯中的重大事业。事实证明，作者和编者们后来都是这样要求自己的。正是因为有了各方面的支持和全体编撰人员的共同努力，11卷的《江西通史》才能顺利地完成书稿并得到如期出版。

明代中期，随着区域经济文化的发展，修撰地方志成为一大文化现象。各省、各府乃至各县的省志、府志、县志大量涌现。此后遂为传统。盛世修志也不仅仅限于修前朝历史，更大量、更具有普遍意义的乃是修当地地方史。具有全局意义的江西省志也正是在这个时候产生的。自明中期以来，江西整体史著作已编撰过多部，其中著名的有：林庭棉《江西通志》(37卷，明嘉靖四年)，王宗沐《江西省大志》(8卷，嘉靖三十五年；万历二十五年陆万垓增修)，于成龙、杜果《江西通志》(54卷，清康熙二十二年)，白潢、查慎行《西江志》(206卷，康熙五十九年)，高其倬、谢旻《江西通志》(163卷，雍正十年)，刘坤一、刘绎、赵之谦《江西通志》(180卷，光绪七年)，吴宗慈、辛际周、周性初《江西通志稿》(9编，民国三十八年)。20世纪末，又有许怀林的《江西史稿》(1994年，江西高校出版社)，陈文华、陈荣华主编的《江西通史》(1999年，江西人民出版社)问世。这些著作在保留江西历史遗存、挖掘江西历史文化方面作出了重要的贡献。如何在充分吸取前人成果的基础上有所发展、有所创新，是对新编《江西通史》的重大考验。

为了使新的《江西通史》更具有时代特色和历史价值，更具有划时代的意义，我们对这部著作提出了以下的要求。

一、中国历史是一个整体，我们在研究任何地方历史的时候，都不能脱离这个整体。因此，正确认识各个历史时期江西在全国政治经济格局中的地位就显得尤其重要，必须充分关注江西与中央、与周边地区的关系，不溢美、不自卑，不关起门来论江西，将《江西通史》写成一部与中华民族的整体有着血肉联系的江西历史。

二、《江西通史》是系统记述和研究江西历史的大型学术著作，由众多学者共同参与完成。一方面，各卷是作者的个人成果，是作者最新研究成果的结晶，可以也应该有自己的风格和特色，所以希望作者精益求精，使其成为各自领域的学术精品。另一方面，甚至更为重要的是，它又必须是一个整体，是一部“通史”，所以全书11卷必须有统一的体例和统一的要求，在文风上一定要力求简洁、明快。各卷作者务必服从整体、服从大局,使自己的作品成为整个《江西通史》的有机组成部分。

三、《江西通史》必须是一部真实、动态、有可读性的信史。所谓真实,是指史料翔实、言必有据。此“据”是经过考证后认为合理的,否则,“尽信书则不如无书”(孟子语)。这就需要每个作者既尽可能地系统爬梳和挖掘史料,又谨慎辨析和使用史料。所谓动态,是指用发展的眼光看问题,既将问题放在特定的历史背景之下,又特别关注它的演进过程,因为即使是同一件事物,其状态和作用也是随着时间的推移和社会的变迁而变化的。这就需要每个作者以历史唯物主义和辩证唯物主义的观点和方法去阐释历史、去探讨历史演进的规律。所谓有可读性,是指应该用流畅的文字、叙述的方法写作,展示的是作者的观点和结论,而不是考辨的过程,它的体例是史书而不是论文。无图不成书。图文并茂是中国出版物的优良传统和重要特点,《江西通史》应该在尽可能的情况下,收集能够说明江西历史各阶段各方面状况的历史图片,以加强其历史感和可信度,同时也使其更具有可读性。

四、以人为本,以民为本,以基层社会为本。所谓以人为本,指的是要写成人的历史,以人的活动为描述对象,即使是制度、习俗,也应尽可能地有人的活动。所谓以民为本,指的是尽可能地站在大众的立场上来叙述历史、看待历史,更多地叙述大众的活动。所谓以基层为本,是因为地方史本身就是基层乃至底层的历史,要尽可能地揭示基层组织和底层社会的活动状况。在此基础上,充分重视统治者和社会精英对社会的主导作用,重视自然环境、人文环境,特别是包括传统价值观念和现实政治制度等在内的上层建筑对个人、对大众、对底层的影响和制约作用,写成一部上层建筑与经济基础互动、国家权力与基层社会互动、社会精英与人民大众互动的历史。

11卷本《江西通史》即将付梓,我们希望它的出版能够成为江西历史研究的新的里程碑、能够成为江西文化史上的一大盛事。当然,能否达到这个目标,还要由读者和历史来检验。

【目录】

第七章

第八章

导 论

1912年1月1日，中华民国宣告成立。中华民国的成立，在中华大地上结束了两千多年的封建帝制和清朝二百六十多年的统治，开创了现代社会发展的历史新阶段。

本卷叙述的是中华民国时期(1912—1949年)的江西历史。中华民国是一个历史时期。这个时期，是中国社会性质发生剧变，从半殖民地半封建社会走向资本主义和新民主主义社会的过渡时期，也是社会内容既丰富多彩又复杂多变，社会矛盾、阶级矛盾和民族矛盾纠结交替，现代国家在建设和战争中曲折前行、走向崛起的重要转型时期。在这个历史时期内，现代城市建设、社会公共领域和现代生活与时尚也不断呈现新的面貌。这一切，既是历史的丰富内容和质的规定性，又是江西民国历史形成和发展的宏大背景。本卷即是在这一规定性和时代背景下，对江西的民国史进行考察和叙述。

一

江西在民国历史上具有鲜明的特点与重要的地位。从历史的独特性和对国家的影响与贡献上看，其特点与地位主要表现在如下几个方面：

第一，在中华民国的开国史上，江西是革命的首义地区之一。萍浏醴起义、辛亥革命和二次革命，为民国的创建作出了重要的贡献。

萍浏醴起义，是1906年12月4日(光绪三十二年十月十九日)萍乡籍同盟会会员蔡绍南与湖南籍会员刘道一等奉孙中山派遣，从日本返国领导发动的武装起义。这次起义首发于萍乡，揭出“中华国民军”的名号和表达以孙中山为代表的资产阶级革命派纲领的起义檄文，数日间遍及浏阳、醴陵、宜春、万载等赣湘边境十多个县。起义虽然在清政府调集的四省重兵镇压下失败，但它是1905年中国同盟会成立后举行的第一次以推翻封建帝制、建立民主共和制国家为目标的大规模武装起义。起义爆发，如孙中山所说，引起“全国震荡”，一系列武装起义随后在全国各地接踵举行，直至辛亥革命取得成功。因此，这次起义和其他各次起义一起，成为辛亥革命的前奏，敲响了封建帝制和清政府覆灭的丧钟。

1911年10月10日在武昌爆发的辛亥革命，迅速波及江西。江西成为仅比湖南、陕西晚一天的全国第三个起而响应革命的省区。10月23日，由同盟会会员掌握的驻九江新军五十四标奋起响应武昌起义，宣布独立。31日，同盟会员蔡公时发动南昌新军起义，建立了江西军政府，江西全省遂告独立。江西独立，壮大了革命的声威，对长江下游产生了重要的影响，“江西既定，东南盖不足谋”，“由是而苏而浙而皖，革命之声势骤盛，两月之间披靡全国，真亘古所未有也”。1912年1月1日，孙中山在南京就任临时大总统，宣告了延续两千多年的封建帝制的结束，创建了中华民国。

民国成立之初，面对掌握总统职权的袁世凯镇压国民党人民主政治斗争的形势，江西国民党人拥护孙中山兴师讨袁的主张。1913年7月12日，李烈钧在江西湖口率先宣布独立，组织讨袁军，誓师通电讨袁。南京、上海、安徽、湖南、广东、福建、重庆等省市纷起响应，共同兴师讨袁，形成民国史上著名的国民党“二次革命”。“二次革命”在袁世凯重兵围攻下，虽然只坚持了两个月，但其所表现出的民主革命精神和无畏气概，所坚守的孙中山民主革命思想和共和原则，在中国国民党史和中华民国史上占有重要的一页。

第二，江西是中国共产党领导土地革命的主要地区，中共在江西领导创建革命根据地的斗争，导引了中国的前进方向和历史命运。

在江西这块土地上，中共首举武装反抗国民党建立一党专制统治的大旗，举行八一南昌起义，提出并实行土地革命、人民政权和以苏维埃救中国的革命纲领和建国方略，建立了以瑞金为中心的中华苏维埃共和国。江西作为中共领导土地革命的中心区域，先后创建有井冈山、中央、赣东北(闽浙赣)、湘赣、湘鄂赣等革命根据地，江西拥有全国最早、最大和最多的革命根据地，全省三分之二以上的地区曾为苏维埃区域，被人们称为人民军队诞生的摇篮、探索中国革命道路的摇篮，打造中华人民共和国的摇篮，“中国革命前进的伟大基地”。毛泽东等一大批无产阶级革命家在江西这块红土地上战斗、生活和创造，将马克思主义与中国革命实践相结合，初步创立了指导中国革命的科学理论体系毛泽东思想，开辟了中国特色的中国革命胜利之路，学习和实践了治国安民的艺术和战争的艺术，建设了一个廉洁的政府和一支坚强的人民军队，为中国革命和建设培养了一大批会治党、治国、治军的优秀骨干力量（中共第一、二代领导集体成员毛泽东、周恩来、刘少奇、朱德、张闻天、任弼时、邓小平、陈云、叶剑英、胡耀邦、杨尚昆等，当年都是在中央革命根据地叱咤风云的主要或重要领导人；新中国建国初期担任从国家主席到省部级职务的党政军领导干部中的140多人，人民军队的9位元帅、7位大将、34位上将、114位中将和更多的少将，曾在江西红土地上战斗、生活，经历了创建革命根据地的艰苦斗争的考验）。中国共产党在江西等地的奋斗，揭示、引导了中国的前进方向和历史命运。以中央革命根据地为中心的土地革命史和革命战争史，成为中国共产党史和中国革命史的一个重要历史阶段，也是中华民国史上极富特色和地位的重要内容。

第三，江西是国民党统治的重心地区，在国民党执政后的民国政治、经济史上占有重要的地位。

在地理上，江西位处长江中游、东南腹地，史称“吴头楚尾，粤户闽庭，形胜之区”，尤其是毗邻国民党京畿重地，是卫护南京和苏浙的重要战略区。在政治上，1927年4月南京国民政府成立后，国民党成为执掌全国政权的政党。在很长时间内，江西在总体上属于国民政府切实管辖的省份之一，是国民党统治的基本地区。特别是在抗日战争前的10年间，江西还是国民党党政军要人在地方活动最多的省区之一，庐山被称为南京国民政府的“夏都”，每到盛夏酷暑，从国民党中央党部到国民政府各院、委、部，纷纷迁至庐山办公，国民党的许多内政外交、政治经济军事方针，是在庐山作出的。蒋介石在南昌设立的行营，更是地位特殊，以至于“可以说是当时中国真正的首都。军事行动之外，行营更致力于政治、财经措施”，成为“南京统治的党政军中枢”，而被胡汉民斥之为“驾乎中央党部、国民政府的太上党部和太上政府”。数年间衮衮大公、森森冠盖往来于南京、江西之间，极一时之盛。在经济上，江西是传统的粮食主产省，农业资源和矿产资源极为丰富，在民国经济格局中，也有其独特的优势地位。

第四,江西是东南抗战的重要省区,为民族抗战的最后胜利作出了重大贡献。

抗日战争期间,江西是东南抗战的重要省区。全省以大量的粮食和兵役、夫役,支持第三、第九和第四战区的作战,给国家贡献壮丁103.8万人,每年征收征购粮食达5000余万石、年平均占重庆国民政府征粮总量的12.9%;公营和民营工商业也因战争的需要,得到国民政府的扶持,有一个很大的发展,在大后方近20个省中位列前茅(可惜在1945年初被日本侵略军摧毁殆尽),为支持东南地区的抗战和资助西南大后方,作出了重大贡献。因此,时人论述江西在东南和全国抗战中的地位,认为江西是屏蔽西南、支撑东南的重要军事堡垒和粮食仓库,指出在抗战大局中,"江西屏藩湘粤,控制苏皖,进击长江,可截敌人之腰,俯窥金陵,可瞰敌人之背,地利所宜,实反攻收复失地之前卫,且鱼米财富,素称丰饶,抗战以来,资助后方,允属柱石"。

二

民国时期的江西历史进程,以1926年秋北伐军攻占南昌实现政权转换为界,经历了北洋政府与国民政府两个统治时期。在现代社会转型和民族民主革命交相行进的背景下,革命战争、民族抗战、现代建设和国家权力深入基层的社会控制,构成江西民国历史的主要线索。这些主要线索如何展开和行进,江西民国历史是怎样走过来的,是本书所要叙述的主要内容。

江西民国史,可以上溯到国民党早期革命组织的建立。1905年中国同盟会在日本东京成立后,孙中山派会员黄格鸥(清江人)、魏会英(赣州人)回江西发展组织。1906年,他们以1904年成立的反清革命团体易知社、我群社为主,建立同盟会江西支部。同盟会是中国最早建立的革命政党,也是国民党的前身,它在江西机构的设立,表明江西从此有了国民党的组织。同盟会江西支部与1909年为联络会党而建立的反清革命团体共进会江西分会(会长邓文翚),在全省秘密发展组织,掌控新军和会党,发动反清武装起义,是萍浏醴起义、辛亥革命江西光复的组织者和领导者。

民国成立,江西政权为革命党人所掌握。1912年8月,孙中山等以中国同盟会为基础组成国民党。国民党的称谓,即从此始(1914年孙中山另组中华革命党,1919年恢复国民党名称,改称中国国民党)。江西的同盟会、共进会两组织随即奉国民党本部之命，合组为国民党江西支部。这时，国民党党员遍于全省，为数不下 2 万人，江西的国会议员和省议会议员，也大多数是国民党人。因此，这个时期被江西国民党人认为是一个“全盛时期”。1913 年江西首先发动讨袁的“二次革命”，与此不无关系。

1913 年 7 月，袁世凯派北洋第六师师长李纯进军江西，一个多月间打败反袁的数万赣军，国民党领导的“二次革命”在江西宣告失败。李纯随即署理江西都督，建立起北洋军阀对江西的统治，同时对曾担任文武官员、记者的国民党人，和国民党籍的 10 名国会参议院议员、25 名众议院议员以及众多省议会议员，“一律按册缉捕”，给全省的国民党组织以毁灭性的打击。江西国民党人徐秀钧（时任国会众议院议员）等被捕杀，其余“尽为亡命”，“四方窜伏，而以日本东京为最多”。

北洋军阀入主江西，开始了对江西长达 14 年的统治。在这一长时间内，江西被裹入社会大转型潮流，一方面，北洋军阀的暴戾统治及由此产生的战乱，给江西人民带来深重的灾难；另一方面，因为时代的变化，全省政治、经济和文化形态也日益发生着深刻的变化，出现了许多以往所不曾有的新鲜事物。江西曾长期处于南北战争的前线，境内多次发生过局部战争和客军过境，时局动荡在不少年份成为基本特征。军阀始终主导着全省政权，但在民国和民主的大背景下，行政体制也有较大的改变和创新。新的政治学说、思想观念、政党组织和文化运动，通过上海、北京和广东，相继传入江西并在社会尤其是青年中引起巨大反响；以“赣人治赣”为核心的自治运动风靡一时；五四运动和抵制日货行动在全省高潮迭起，作为革命政党的中国国民党和中国共产党，先后在江西恢复建立和创立自己的组织，主要以秘密方式进行组织建设、武装起义和响应北伐战争，引导国民革命和工农运动蓬勃发展。农业仍然在经济中占据绝对的主体地位，但新型的资本主义经济乘势而兴，出现一个创办实业的小高潮。近代教育体制逐渐建立，中小学教育和留学教育出现新的气象。所有这一切，构成这一时期社会变动和社会转型的基本内容和重要特点，也折射出历史的复杂性和丰富的多样性。

北伐战争开始前后，国共合作领导的国民革命，在江西逐渐走向高潮，江西历史进入重要的转折时期，也呈现出空前的复杂性和尖锐性。其间，既有国民革命气势如虹的浪潮，北洋军阀政权向国民党政权转换的新旧政权交替，为期66年的九江英租界被革命政府一举收回，有组织的民众力量走上政治舞台，也有革命内部各派力量由联合对敌转为分裂对立，国民党右派与左派之间的矛盾和斗争，国民党右派与中共及工农民众之间的矛盾和斗争，相互交织，错综复杂，并在共同进行的对北洋军阀的作战中，日益激烈、直接地显露出来，影响和左右着江西政局及其走向。后期出主江西政务的朱培德，在以蒋介石为首的南京政权、以汪精卫为首的武汉政权以及中国共产党之间，依违留连，加剧了政局的波谲云诡和各派力量的兴替消长。几经反复、周折之后，江西最终成为南京国民政府统治下的一个基本政区。

1927年国民党实行反共清党政策，其自身性质发生变化。同年4月成立南京国民政府，次年完成北伐统一，国民党成为执掌全国政权的政党，实行以党治国、以党治政和以党治军，其政治地位较之以前有了根本变化。在与国民党合作领导革命建国的模式夭折后，中国共产党被迫另辟新路，举行八一南昌起义、湘赣边秋收起义，开始走上独立领导土地革命、探索重建现代国家的艰难征程。土地革命时期，江西六十多个县曾被红色武装所割据或冲击，出现“江西的农村起义比哪一省都要普遍，红军游击队比哪一省都要多”的革命局面。中共相继在江西建立井冈山、赣东北、中央、湘鄂赣、湘赣革命根据地，为大规模领导武装斗争并将土地革命的中心放在江西，提供了有利的条件和坚实的力量。江西人民在土地革命战争中前仆后继，英勇奋斗，仅参加红军者达30多万人，有名有姓的革命烈士达25万多人，为中国新民主主义革命和人民大众解放事业，作出了重大奉献。江西历史，因此高峰凸起而为国内外所瞩目。

1927年夏到1937年夏的10年，内战和建设两种情形，在江西交替出现。中国共产党在江西创建革命根据地、领导土地革命的斗争，作为现代中国发展另一条道路的探索，形成对执政的国民党的严重挑战。因此，国民党出动大军，从以小规模为主的地方性作战到由中央主导指挥的大兵团军事进攻，对中共和红军进行长期的反复的“围剿”。江西省在1927年起的七年中，成为国共两党“围剿”和反“围剿”战争的主要战场之一。期间，国民党中央和国民政府的许多大政方针和重要决策，是在江西等地针对着革命根据地作出的，其中不少明显地受到革命根据地政策的深刻影响；国共两党的活动尤其是建国方向与治政方略，也围绕着战争的行进，得到充分的展示和实践。国共两党以“围剿”和反“围剿”的军事作战形式进行的斗争，对中国历史和国共两党，以及对江西的经济社会发展产生重大的影响。1930年底，蒋介石入赣指挥对红军的第一次“围剿”战争，同时负责统一指导地方党务。由此而至1934年第五次“围剿”结束，江西省党政事务,转入以协助“围剿”军事为中心,省政府、省党部依照国民政府军事委员会委员长南昌行营的安排,竭力进行了行政机构改革、编组保安团和保甲组织、地方自治、厉行新生活运动和“协剿”活动。1934年10月红军长征后,当局继续进行“清剿”红军游击队,但“善后”与建设成为当时的主题。江西在省政府主席熊式辉的主持下,收拾残破,力行革新,大吹建设之风,推行国民经济建设运动,取得了一些让世人瞩目的成绩,为此后到来的抗日战争,奠定了一定的基础。

抗日战争时期,江西既是前线,又是后方,是我国东南地区抗战的重要省区。全面抗战爆发初期,当局比较注重抗战动员,北方和东南沿海大量知识名流和流亡学生进入江西,给江西带来勃勃生气,全省抗日救亡运动风起云涌,声震东南。新四军军部在南昌建立,编入新四军的南方红军游击队将士由此走上抗日前线。第三战区在赣东,第九战区在赣中、赣西北,分别与入侵的日军形成对峙,江西处在东南战场对日作战的前线,日本侵略军根据中国军队仍拥有相当大的兵力,主力军部署在湖南、江西及贵州省方面,“其中江西、湖南两省是抗战的屏障”的判断,连续发起对湘赣的作战,企图打开进入西南的通道,打破中国长期抗战的战略。由此,江西作为中国抗战的前线和后方的特点凸现。中国军队在江西境内,先后进行了武汉会战中的赣北作战、南昌会战、浙赣会战、上高会战等正面战场的大规模抗日战役,特别是赣北作战和上高会战均曾给入侵日军以沉重打击,中国军队为坚守住抗战初期形成的战线,阻止日军的继续前进,作出了巨大的努力和牺牲。

战时江西曾三迁省会。1939年3月,日本侵略军发起进攻南昌战役,江西省党政机关从南昌迁移到吉安。同年底,再迁泰和县,泰和在较长一段时间内成为江西抗战时期的临时省会,行使战时后方的政治、经济和文化中心职能。1945年2月,因日军进攻赣西,省政府又由泰和迁往宁都,省党部移至瑞金,一直到抗战胜利后迁回南昌。战时行政党务,按照省一级“党政联系”、县一级“党政融化”的原则,调整和确立了省党政关系,注重“发挥以党透政、以党透民之精神”,增进党政联系,掌握民众团体,着力在农民、妇女和技术人员中发展党员,开展国民精神动员、抗战建国动员、经济建设和增加生产、征实与征购粮食、扩大征兵、青年从军、慰劳抗战官兵、防空防谍锄伪等活动。当局同时加大力量进行防制和反对共产党活动,1941年底,破坏了中共江西省委机构及其三个特委组织,泰和“马家洲集中营”和第三战区“上饶集中营”,为江西境内关押共产党人和进步人士的重要监狱。战时江西经济和文化教育在特殊环境和条件下,出现一个很不平常的勃兴之态。江西人民在极端艰苦的条件下,忍受巨大的痛苦和牺牲,坚忍不拔,同仇敌忾,节衣缩食,献粮出兵,以大量的兵役和粮食支持军需民食,并以不少工业品支援西南大后方,为抗战的胜利作出了重要的贡献。与此同时,以南昌、九江为中心的赣北14县市,被日军占领,日军在九江建立了伪省政权,对这一地区实行殖民统治。全省60多县先后遭到日军的侵扰,日军在江西境内犯下烧杀抢淫等累累罪行,使江西人民的生命财产和社会经济造成严重的损失。1945年9月,第九战区在南昌、九江接受日军的投降,为长期抗战的胜利画上了完满的句号。抗日战争的胜利,是近代以来中华民族进行的民族解放战争取得的第一次伟大的胜利,是包括江西人民在内的中国人民不畏强暴、抵抗外敌、追求自由、独立和光明的伟大精神的生动体现。

抗日战争胜利后,中国历史进入一个重要的转折时期。国共两党在中国向何处去这一关系国家前途和命运的重大问题上,发生尖锐的分歧,两党的谈判和斗争,成为决定战后政局变化和历史进程的根本因素。在这一政治格局中,江西处于后方腹地,属国民党统治的基本地区。面对战后社会的百孔千疮和农工百业的凋敝,江西全省的善后救济和恢复建设有所动作。国共两党和谈失败、国民党发动全面内战后,江西省于1947年9月宣告进入"动员戡乱"时期。所谓"动员戡乱",就是全社会进入战时体制,集中人力、物力进行与中共的战争。9月2日,江西发布《为防匪戡乱告江西全省人士书》,不久,连颁10项法令,成立"江西省剿匪会报"和"戡乱建国动员委员会",由省政府主席、省党部主委等政、党、驻军、保安、警察、民意机关主要人物组成,作为"动员戡乱"的领导机构,江西政局转入战时体制。全省党政的工作重心,由此全部转向支援和应对"动员戡乱",持续进行反共侦讯,组训"民众自卫队",编组保甲户口,修建城垣碉堡,管制交通工具,镇压学生的爱国运动,以及党团合并。由于全社会无一例外地被纳入"动员戡乱"的战争体制,全省行政围绕这一中心运转,严重影响了地方建设的开展和经济社会的复兴。1949年1月,省政府主席方天兼任省党部主委,是继熊式辉之后独揽党政大权的第二人。方天意图有所作为,但已不可能如愿,布置"应变工作",建立"潜伏"的地下组织,遂为其关注所在。在人民解放军突破长江天堑进军江西时,国民党桂系军队节节败退,方天也率党政机构相继由南昌退逃吉安、赣州、广东和台湾,国民党在江西的统治,随着1949年5月省会南昌的解放而告结束。

三

如实全面地反映民国江西的复杂历史，记载政党、团体和各类人物的思想和活动，反映历史的波澜与逶迤，以便有助于文化的积累和建设，有助于人们了解整体的、客观的历史原貌，总结经验，知往鉴来，是撰写本书的主要目的。

无论是作为革命党还是执政党，国民党在江西的活动，都是本卷的主要研究对象。因此，如何认识与评价主持江西省政的统治当局，便成为需要重点讨论的问题。国民党的江西组织，是在江西出现的第一个近代政党。在其从建立、发展到溃败的兴替过程中，它的性质、地位几经转换，实际表现起伏不一。在反对清朝和北洋军阀封建统治的斗争中，它是一个革命的政党，特别是1924年实现国共合作后，它具有更加广泛的人民性，富有生气，流血牺牲，前仆后继，为在江西结束清朝和北洋军阀的反动统治，作出了重大的贡献。

国民党成为独掌全国政权的执政党后，江西的国民党与政权组织，在性质和地位上同样发生了根本的变化。其党务政务活动，也是在执政和国内战争、民族战争中展开的。党的性质、执政地位和战争环境，给当政的国民党以严峻的考验，也在很大程度上规定和制约着其活动的内容和结果。因此，一方面，执掌省政23年间，江西在形式上，建立了现代政治在省一级区域内运行的党政框架和法律规制，组成了由省市到乡村的省、专署、县、区、乡、保甲六级纵向组织网络，以及覆盖省县政治、经济、文化、保安、警察各机构以及各社会团体的横向组织网络，在江西历史上，第一次在全省范围内，将社会生活和民众纳入有着较严密组织的党政一体轨制内，国家权力深入基层社会和偏远乡村，引起了社会结构和社会秩序的重大变化，也给社会和民众灌输了一些现代政治意识，并主导了民国时期江西经济社会的发展走向。

另一方面，江西国民党的党务政务活动，受到党政组织自身条件与客观环境的制约，而优劣并存、优不敌劣，集中的表现是制度形态与实际形态不一致：宣言代表人民利益而人民利益不保，号召铲除腐恶而腐恶日增，强调组织力量而派别纷争不断，活动频繁不绝而实效不佳，条规庞杂细密而多徒具空文。从抗战中期开始出现日益加剧的腐败，而迅速地走向崩溃，是有其深刻原因的。

关于民国时期的江西人，也是需要特别探讨的重要问题。民国时期，如蒋介石、张继、陈立夫、居正、陈布雷等不少名人，都对江西的民性民风做过阐述，其中又以陈布雷的分析最具客观性和代表性。陈布雷1934年5月在南昌的一次讲演中说,他自幼对江西便有深切的印象,认为江西人之诚朴勤劳、节俭刻苦,是超过江浙几省不知多少倍,江西人普遍待人以诚,对人恳挚有热情,在礼貌与礼节上均异常周到,不过性情上质胜于文,古板一些,也可以说“勤苦有余而发育不足,质朴有余而进取不足,守分有余而自强不足,礼让有余而微少勇气,诚笃有余而欠缺蓬勃慷慨的热情”。此外,其他人也有江西人文弱,尚文不尚武,人不知兵,不如湖南人强悍等议论。类似分析,因为均有一个鼓动江西人民起而协力“围剿”红军的前提,所以也难说不带有片面性,例如与毛泽东等人对江西革命根据地人民革命性和创造性等的分析,便大有不同。不过,作为一种流传甚广的社会性评价,多少也反映了民国时期江西民性民风的一些真实,是研究民国史时不能太过忽略的问题——尽管限于篇幅和体例,本卷书稿不能展开对这一问题的论述。人是历史活动的主体,从根本上决定着历史发展的整体面貌和发展程度。

在江西民国史上,与民性民风同样值得重视的,依然是众多杰出人物的涌现。波激浪涌的反帝反封建的时代大潮,源远流长的优秀人文传统,美丽富饶的青山绿水,造就了一大批蜚声中外、留名青史的优秀才俊。民国时期江西籍著名的革命家、政治家、思想家、军事家,经济和文化名人、学者,层出不穷,再次重现江西历史上物华天宝、人杰地灵的人文景观。其中,有在赣率先传播新思想、组建国共两党组织的革命先驱赵醒侬、袁玉冰,有在创建革命根据地和开展土地革命斗争中叱咤风云的方志敏、陈正人、曾山、黄道、邵式平,以及张世熙、沈剑华、张国庶、李文林、何克全、吴先民、周建屏、万永诚、刘英、汪金祥、林瑞笙、钟世斌、钟循仁、刘启耀、胡海、古柏、高自立、邓振询、赖昌作、李才莲等一大批省级以上党政领导干部和红军将领(在新中国建国初期授衔的人民军队将领中,江西籍将军有3位上将、37位中将和196位少将);有奋然首举反袁二次革命义旗的民主革命家李烈钧,有被鲁迅称为“真的猛士”、“为了中国而死”的反帝爱国学生运动领袖刘和珍,有不畏日军强暴、坚持民族气节而壮烈殉国的民族英雄蔡公时、姚名达,有在远东国际军事法庭坚持伸张人类和国际正义的大法官梅汝璈,有富有民主进步思想的著名爱国人士邹韬奋、杨杏佛、许德珩、王造时、罗隆基、彭文应、李世璋,有杰出的科学家、教育家、政治学家、史学家、农学家、翻译家、文学艺术家、佛学家、新闻记者陈三立、吴有训、胡先骕、程孝刚、陈寅恪、萧公权、饶毓泰、萧纯锦、游国恩、夏敬观、杨惟义、黄家驷、盛彤笙、王礼锡、熊佛西、傅抱石、程懋筠、欧阳渐、黄远生等等。一批早年富有理想，积极投身五四运动和国民革命的人士，如段锡朋、程天放、刘峙、桂永清、熊式辉、曹浩森、魏道明等，而后成为国民党高级军政要员。当然，在时代前进的洪流中，在历史转变的重大关头，也出现了一些落伍者，“辫帅”张勋悍然拥清复辟帝制，江亢虎由中国社会党党魁而至大汉奸，张国焘早先积极参与创建中国共产党和领导土地革命斗争，而后竟然叛变中共投向国民党。

民国江西的历史，进步与倒退同存，几种社会形态交替或重叠，时贤先进发生着分化，建设新江西的路途曲折多难，因而呈现出前所未有的历史复杂性。无疑，对于所有认真的读者来说，自不难从这绵绵复杂性中读出历史的理路和道理来。

第一章

北洋江西政权的建立与演变

1912年1月1日，孙中山在南京就任临时大总统，定国号为“中华民国”，组成南京临时政府，宣告中华民国成立。[①]中华民国的成立，在中华大地上结束了两千多年的封建帝制和清朝二百六十多年的统治，开创了现代社会发展的历史新阶段。

南京临时政府成立之时，北方各省尚在清廷及其重臣袁世凯的控制之下。经过随即完成的南北议和和清廷退位，孙中山让出临时大总统职位，袁世凯取得这一职位并于1912年3月就职，全国实现表面上的统一，临时政府由南京移迁北京。中华民国由临时政府时期进入了北洋军阀政府统治的时期。

民国成立后，江西政权最初为革命党人所掌握。1913年秋“二次革命”失败，北洋军阀入主江西，开始了对江西长达14年的统治。在这一长时期，江西被裹入激烈的社会大转型潮流：一方面，北洋军阀的暴戾恣肆和多年战乱，给江西人民带来深重的灾难；另一方面，因为时代的变化，全省政治、经济和文化形态也日益发生着深刻的变化，出现了许多以往所不曾有的新鲜事物。江西曾长期处于南北战争的前线，境内多次发生过局部战争和客军过境，时局动荡在不少年份成为基本特征。新的政治学说、思想观念、政党组织和文化运动，通过上

---

① 孙中山在就职宣言中指出，中华民国政府的任务为尽扫专制之流毒，确定共和，对内谋民族、领土、军政、内治、财政的统一，对外持平和睦谊而求中国见重于国际社会。1月2日，孙中山通电各省改用阳历，以1月1日（黄帝纪元四千六百零九年，即阴历辛亥年十一月十三日）作为中华民国建元的开始。3日，在南京成立了中华民国临时政府。

海、北京和广东,相继传入江西并在社会尤其是青年中引起巨大反响。军阀始终主导着全省政权,但在民国和民主的大背景下,行政体制也有较大的改变和创新;中国国民党和中国共产党均在江西建立了自己的组织,并引导国民革命和工农运动蓬勃发展。农业优势的主体地位仍然保持,但新型的资本主义经济乘势而兴,出现一个创办实业的小高潮。近代教育体制逐渐建立,中小学教育和留学教育出现新的气象。所有这一切,构成这一时期社会变动和社会转型的基本内容和重要特点。

第一节 李烈钧督赣与湖口起义

一、辛亥革命后的江西形势

辛亥革命在武昌爆发后,江西是全国第三个(晚湖南、陕西一天)首先起而响应的省区。1911 年 10 月 23 日,由同盟会会员掌握的驻九江新军第五十四标奋起响应武昌起义,拥标统(相当于团长)马毓宝为九江军政府都督,宣布独立。31 日,同盟会员蔡公时、蔡森等发动南昌新军起义成功,建立了江西军政府。江西独立,壮大了革命的声威,对长江下游产生了重要的影响,有论者称:江西既定,“由是而苏而浙而皖,革命之声势骤盛,两月之间披靡全国,真亘古所未有也”①。随即,孙中山在南京就任临时大总统,宣告中华民国诞生。

江西对辛亥革命的磅礴推进富有重大贡献,但由于革命发生得相当突然,人们自身却显得准备不足,特别是江西的起义者们缺乏自己的领袖,革命后的时局也就颇有些混乱。

江西光复后的第一任都督是吴介璋。吴介璋是驻南昌的新军第二十七协协统(相当于旅长),他的上台很有戏剧性,是在起义者们劝说原清朝巡抚冯汝骙出任都督而冯不答应的情况下②,被推举为江西军政府都督的。吴介璋与同

---

① 《整理本省文献,省通志馆成立》,《江西民国日报》1941年6月10日。

② 在 1911 年 10 月 31 日江西同盟会支部召集的各界人士会议上,冯汝骙拒绝接受与会者让其出任都督的劝说,称“本人以末秩,受清朝厚恩,准任封疆重寄,既不欲违背朝流以糜烂地方,尤不能受各界推戴为国之叛臣,即请咨议局代表人民公意,另推都督,以维持治安”(《南昌市志》,方志出版社 1997 年版,第 5 册,第 302 页)。随后,他交出印信,在南昌、九江均受到优待,不几日在九江自杀以殉清廷。

盟会素无联系，对革命并无认识，也没有执掌省政的社会基础和政策主张。因此，他上台后，以军政府名义向全省发布的通令，要求“各道府厅州县所属各官，仍著照旧视事。……所有民事、刑事暨习艺所、监狱、学堂，一切地方行政，均著照常办理”[①]。他一切“照旧”地维持着过去的地方官员、行政制度和社会秩序。同时，对冯汝骙等清朝江西高官均予优待，礼送他们回籍。

军界内部部分与吴介璋有隙的人很快制造了倒吴的行动。在他就任的第12天，即11月12日，这些人假称孙中山、黄兴已经委任彭程万摄理江西都督，径入军政府宣读彭程万授命书。吴介璋不明所以，于是以患病为由辞职。岂料彭程万对都督一职竟力辞不就，经众人以大局力劝，才勉允暂代。这样，彭程万便成为辛亥革命后江西的第二任都督。[②]

彭程万原为江西陆军测绘学堂教官，参与谋划了光复南昌的起义，属革命有功之人。他接任后，做了几件较有影响的事情：一是派出3000多人的军队前往武汉，1000多人的军队前往南京，援助受到北洋军队围攻的湖北军政府（都督黎元洪）和江苏军政府；二是下令收复接管了萍乡煤矿和南浔铁路；对鼎革后留居境内的满清旗人，也作了妥善处置。但他仍然缺乏当时复杂环境下掌政的必要条件，形势的纷乱更增加了他的畏难与退避之心。史载因“军政两部，头绪纷繁”，“军饷筹备，各属要求，各种困难，不堪言状”，彭程万于11月21日提出辞职[③]。经省军政两部秘密会议商议，推举九江军政分府都督马毓宝继任并派人赴浔商洽，在马到任前仍由彭暂代。12月8日晚，马毓宝在省军政府派出的吴宗慈、贺赞元、夏之麒、郁观澜等四人迎接下到达南昌，次日接篆视事。马于是成为革命后江西的第三任都督。彭程万在任也仅26天。

人们对马毓宝寄予较大的期望，并以购买军政府为解决巨额军费发行的省内公债以示支持。马上任后，也立即改组都督府，聘请吴介璋、彭程万、夏之麒为高等顾问，以贺赞元、邹树声、杨纶、罗家衡、蔡公时、邱冠芳、胡绎分别出任民政、财政、政事、外交、交通、内政、司法各部部长，吴照轩、刘麒、方先亮、王禄之分任警察、参谋、军备、总务各厅厅长。同时，一面下令解散一切会党，以维

---

① 郭孝成：《中国革命纪事本末》，第二编，第21页，转引自胡绳《从鸦片战争到五四运动》，上海人民出版社1982年版，下册，第1064页。

② 参见陈荣华、陈文华主编《江西通史》，江西人民出版社1999年版，第734页；李寅生撰《彭程万》，江西省省志编辑室编《江西近现代人物传稿》，第一辑，海南人民出版社1989年版，第93—94页。

③ 《赣军又议换都督》，《申报》1911年11月28日。

持社会秩序(江西洪江会等会党曾积极参加革命,但革命后无法约束,多有勒索、滋事等不轨行为);一面排除反对,于1912年1月成立省临时议会,作为取代前清咨议局的全省民意与议政机关,并由临时议会很快通过了《江西省临时约法》。马毓宝的一些措置,被看成“江西新猷种种”,被《申报》等报道[①]。

马毓宝虽有威望,但其“行政不满人意”。九江的革命党人乃最先揭露马毓宝短处并发动倒马。先是,担任九江卫戍司令部长官的朱汉涛因骄奢淫逸,为非作歹,1912年3月4日被九江革命党人捕杀。朱是马的亲信、红帮的首领,朱的被杀,使马失去了倚靠的力量。3月7日,九江革命党人陈廷训、戈克安、余鹤松、刘世均、蔡锐霆及军绅学商各界联名致电南昌各界,指责马毓宝“事多徇私,懒于问政,而且身体孱弱,烟瘾甚巨”,全省“抢案层见叠出,赣人实不堪命”,因此决议请其自行退位,推举李烈钧继任,并要求南昌准备如何欢迎。[②]同时,还放风将暗杀马毓宝。马不堪压力,当晚致电孙中山要求辞职。孙中山立即电示江西省临时议会,要求正式选举都督并报核委。

3月8日,马毓宝在南昌召开各界首领及各部厅长会议,宣布因病辞职,表示仍可为一军界长官。与此同时,省临时议会开会选举新督,除议长因在马毓宝处参加会议外,到会94名议员一致选举李烈钧为继任都督。但南昌的“兵士及商界,仍有多数挽留毓宝”[③],表示出不同意见。陈廷训等人于是在南昌召开各界全体会议,进行疏通,最终达成一致,并电告孙中山、袁世凯两大总统及陆军部长黄兴、副总统黎元洪。随后,孙中山颁发“任李烈钧为江西都督”令,电复江西省议会。

李烈钧(1882—1946年),字协和,江西武宁人。毕业于江西武备学堂、日本陆军士官学校。在日本结识孙中山,加入同盟会。1909年回国后在江西、云南陆军中任职,宣传革命。辛亥革命时由北京南下响应,到九江被都督马毓宝任用为总参谋长。1911年11月率兵援皖,光复安庆,被推举为安徽都督。又应黎元洪急电,辞去皖督应援武昌,任五省联军总司令、中央军(后称第二军)总司令官,抵御北洋军冯国璋部对武汉的进攻。被推举为江西都督后,他乘鄂督

---

① 如1912年1月2日、12日的《申报》,曾以《江西新猷种种》、《江西新事物纪》为题进行报道。

② 《赣省更举都督情形》,《申报》1912年3月14日。

③ 《马毓宝致鄂督黎元洪电》(1912年3月11日),朱汇森主编《中华民国史事纪要》,台北中华民国史料研究中心1971年版,1912年3月8日。该《纪要》是一套长篇大事记体史料集,以年份编排,每年分成1—4册不等,从1971年起陆续出版。为便于查找,本书所引均直接注年月日。

黎元洪派出的楚豫舰，由武汉经九江，于3月17日驶至南昌，受到南昌各界的欢迎。马毓宝在李到达九江时，也致电欢迎，并由督署搬到旧藩署。李继吴介璋、彭程万、马毓宝之后，成为江西的第四任都督。

江西在辛亥革命后不到5个月的时间内，四换都督，有着复杂的政治、经济和社会原因。除了辛亥革命后社会尚未稳定，南北斗争激烈及其后总统权力由孙中山向袁世凯转移的大背景外，就江西而言，革命党人自身思想准备不足、缺乏强有力的领袖人物，而又"党见分立"[①]；全省政团、军队、会党等各种势力并存互争，政治与社会秩序比较混乱；军队众多，军费需求浩大，而财政经济实力不强，难以支撑，等等，是最为主要的原因。李烈钧在其《就职宣言》中说，江西"内讧屡起，群盗满山，奸淫抢劫，层见叠出，是名称实[虽]曰维新，腐败依然如故，假改革之面具，致善因而反结恶果"，民众"出水火而未登衽席，上而党派分歧，合争意见，下而社会混乱，全无秩序"[②]，大体反映了当时全省的形势。前面三任都督都未能解决好这些问题，李烈钧所面临的，自然是并不轻松的重任。

二、李烈钧督赣

李烈钧是带着军队到南昌就任的。史料记载，他带着廖伯琅部宪兵240名，欧阳武部800人，刘世均部500人和卫队400人，乘坐大小船只60余艘，17日浩浩荡荡来昌；19日在省临时议会举行就职典礼，典礼程序多达12项。[③]这一切，显然有造势的因素，但也表露了他施政的决心与基础。

李烈钧发表了《就职誓词》和《就职宣言》。首先，他表示受全省83县父老付托，以赣人治赣事，誓将"奋励壮志，荡涤旧染，无敢歆法，无敢作慝，无敢拂舆论以逞私

李烈钧(《中国历史图说(十二)现代》)

① 《赣省更举都督情形》，《申报》1912年3月14日。

② 《就职宣言》(1912年3月19日)，徐辉琪编《李烈钧文集》，江西人民出版社1988年版，第5—6页。

③ 《赣都督履新记》，《申报》1912年3月24日。

见，无敢任非人以害群治”[1]。明示其身任公仆，“份当拥护地方利益，增进人民幸福”，锲而不舍，期必有成。其次，他揭示其治赣方针、目标和主要事务：

……夫障碍共和，即天下公敌；保卫治安，乃吾人重任。况维桑与梓，更有密切关系者乎？遵古人疾病扶持之训，宜相友相助；据近世改良进步之说，当再接再厉。今日惟一之目的，为地方计安全，为人民谋乐利，必使章贡流域，市肆不惊，四民乐业，无一夫不得其所，俾最初之希望圆满达到，而后可以告无罪于故乡，释负担之义务。烈钧不敏，不敢不勉。立法务严，防患务密。人无问新旧，惟求其是；地无分畛域，惟视其材。恒虑偶一不慎，为父老羞，栗栗危惧，无不讨军实而申儆之令，恪守纪律，秋毫无犯，不敢一草一木，稍滋扰累。即有无业游民乘机抢掠，亦慎防于先，严惩于后，必不使受意外之恐慌，有丝毫之损失。

破坏已竟，从事建设。群策群力，同舟共济。用人与众共之，刑人与众弃之。推心置腹，实事求是。萃大多数之心思，谋一般人之福利。[庶几]大好湖山，遍地开自由之花；国民分子，尽人食革新之果。其各安堵，慎毋自扰。[2]

这一宣言，表明了李烈钧在行政、用人和治事上的全面主张，体现了民主主义精神，是近代江西历史上第一个反映时代潮流和民主诉求的治省政纲。但是，它的一些词句，也显得过于理想，而易流于空言。

其后，李烈钧以雷霆之势廓清内政。首先，“对军政两界人员大加淘汰”[3]，整顿和建立省军政机构。他任命欧阳武为护卫军司令官，廖伯琅为全省宪兵总司令官，蔡锐霆为都督府中军官，刘世均为军务部长，牢牢地掌控了全省的军队，并形成以他们为主、全部是革命党人的都督府领导核心。在此基础上，对前军政人员大加淘汰，将原军政府各部改为司，选定内政司长钟震川，财政司长魏期灵，司法司长王侃，交通司长胡泽(后换曾贞)，教育司长宋育德，军政司长俞应麓，审计处长高巨瑗，参谋处长何文斌，警察总监吴照轩，高等审判厅长漆璜，高等检察厅长潘学海，两淮盐运使黄缉熙，总务厅长王良箴，高等顾问官陈

① 《就职誓词》，1912年3月19日。

② 《李烈钧文集》，第5—6页。

③ 《李都督之新猷》，《申报》1912年3月26日。

戎生、陈德生。[①]同时，作出礼送前都督马毓宝的行动：马退居藩署后，并无离开江西之念，李烈钧显然认为这对其治政不利，但他曾任马的总参谋长，也不好明令驱赶。于是，他请省议会为马叙功，并共同署名赠送赆仪10万元，又令"满街结彩，全城鸣炮"，集合市民欢送。马得知李之举动，也就只好离昌。李烈钧巧妙地消除了一个后顾之忧。

在行政体制上，省一级以都督掌全省军政大权。1912年底增设民政长（即后来的省长），江西先后由中央任命汪瑞闿、赵从蕃为民政长，但均因受到抵制而未能赴任视事。此外，尚有临时省议会，议长刘景烈。1912年6月解散临时省议会后，同年底由全省选举产生了江西省的国会议员和省议员，次年2月正式成立了由140人组成的江西省议会，议长任寿祺。省议会为立法机关，承担议事、质询和制定地方法律法令等事务，具有立法和监督省政之权。省以下，则将前清所设道、府一级机构全部裁撤，厅、州等名称一律改为县，县级行政长官通称知事，形成省、县两级行政架构。[②]全省设81个县，各县知事的择任，由内务司选择，每职列3人备选，择优试用，称职者实授。县政机构设立民事、财政、学务、实业、警务、司法6课，前4课课长由县知事择用，后2课课长由省内务司、司法司分别择任，均呈省核准。[③]

其次，裁减冗兵，整编军队。江西在清末时，仅驻有一个混成协（相当于旅）和一个标（相当于团）的军队。但辛亥革命后大量募兵，全省兵员竟可编足4个镇（相当于师），多达17标、数万人。兵员众多，纪律涣散，不但时生扰民之患，而且军费过巨，"饷项竭蹶，实难筹划"[④]，全省财政根本无力承担。为此，李烈钧多次致电袁世凯等，提出江西军队"非亟裁并，难资整顿"，要通过裁减冗兵，达到"编练劲旅"和"撙节经费"两个目的，并从4月起，分两期在赣实行。在1912年春夏的短短几个月中，李烈钧以多种方式裁并军队，到9月底，全省共计遣散省防

---

① 《李烈钧自传》，载《李烈钧文集》，第799—800页。另据北京《政府公报》第236号（1912年12月23日）所附《赣省各司厅处局名称一览表、各县名称一览表》，所设司、厅、处、局为：军务司、内务司、财政司、司法司、教育司、实业司、交涉司、交通司、参谋处、审计厅、警视厅、军事执法处、军械局、粮饷局、卫戍病院、九江通商交涉局、督销淮盐局。与此略有不同，但当时设置也多变动，如这里说的军械局、粮饷局、卫戍病院随后即被并入军务司。

② 北京《政府公报》，1912 年 12 月 23 日，第 236 号。

③ 《呈袁世凯文》（1912 年 12 月），《李烈钧文集》第 121 页。

④ 《南昌军事记》，《申报》1912 年 3 月 28 日。

军36个营,裁减新军8个标以上,其余部队整编为4个旅[①]。大量裁减冗兵和整编军队,最明显的效果是减轻了江西的财政负担,而裁兵尤其是辛亥革命后组建的军队,也符合袁世凯裁减北洋军以外军队的意图,因此江西的裁兵得到民众和中枢两个方面的支持,进展大体顺利(期间也发生过小规模反抗)。其后,李烈钧发布《征兵令》(1912年11月22日),建立挑选壮丁、服役3年、出则入伍、退则归田的现代征兵制度,以期提高军队质量。江西军队,也随之统编为两个师,分别以欧阳武、刘世均为师长。

取缔会党,清肃匪患,整顿社会秩序也是李烈钧治政的重点。清末江西会党众多,在反清斗争中,会党曾经是一支重要的力量。革命后宣称取缔会党,将各地会党改编为民团。但在民团这一新形式的组织中,会党更形发展,且有的以民团兼理词讼,勒捐罚款,乃至聚众滋事,进攻县城,形成被当政者视为欺凌百姓、扰害地方的"匪患"[②]。因此,李烈钧认为"欲治赣,必先清匪",遂定下"歼厥渠魁,协从罔治"的方针,以猛力进行整治。他下令解散民团、取缔"同盟改进党"等会党组织,派副官长张于浔到湖北捕拿"匪首龙正文、陈细鬼"并押回南昌枪毙,"严查缉获"并枪毙洪会魁首及进攻永新县城和为害萍乡等的匪首,迅速地平定了匪患,稳定了社会。这成为李烈钧自己最为满意的事,自认为这是他"到赣所办第一大事也"。但会党是否都是土匪以及是否要以严厉镇压来对待昔日的革命同盟者,李烈钧显然也缺乏必要的区分和分析。

在经济和教育等方面,李烈钧也颇有建树。经济上,他下力气整理财政,在地方绅商周馥九、危子远等支持下,开办了江西民国银行;整理盐税,争取扩大留赣比例,清理江西承担的国家对外赔款,维护地方利益;恢复萍乡煤矿生产,借款恢复修建南浔铁路,修筑南昌、新建河堤,等等。这些措施,对缓解当时的财政困难和发展民生事业,产生了积极的作用。教育上,他采取筹款办学的办法,用在江西募集公债的相当一部分,以及自治附加捐的七成,支持中学尤其是小学教育;以"造就人才,储为国用"的远大眼光,宽筹经费,先后选派100多名优秀青年分赴欧洲、美国和日本留学,被称为"一时盛事"。在社会政策上,他严令取缔娼妓,并曾提出将裁减的士兵转入务工务农的办法。

---

① 《李烈钧复陆军部电》(1912年9月30日),《李烈钧文集》第90页。

② 分见《江西玉山兵变》,《东方杂志》第8卷第12号;《南昌军事记》,《申报》1912年3月28日;《令警视厅》(1912年9月),《李烈钧文集》第91页。

李烈钧以同盟会[①]江西支部长的身份担任都督，江西军政大权实质上由同盟会(国民党)掌握，是以孙中山为首的南方革命党人阵营的核心地区之一，因此在政见上与总统袁世凯并不相同。李烈钧是如何处理与中央政府的关系而又坚持民主共和的政治主张呢？

1912年10月以前，大体上说，李烈钧虽然也有违忤袁世凯的举动，但两人关系表面上尚可。袁世凯意图笼络或麻痹他，先是在7月间重新任命他为江西都督，继又称赞其"光复有功"，督赣以来"整顿地方，维持秩序，尤著勋劳"，说自己早在天津时对李"即以远大相期"，现观其治，更是"益为欣慰"，两人要同持舟楫，共与有功。[②]

从10月起，因相继发生的邀请孙中山访赣、抵制民政长和陆军部扣押枪械等几件事，使"中央与赣隔阂"逐渐表面化，双方的矛盾和斗争日益显露，并引起全国关注。

邀请国民党总理孙中山游历江西。孙中山格于当时形势，已于1912年4月1日交卸大总统职务，专任督办全国铁路建设事务。经李烈钧邀请，1912年10月24日晚，孙中山经九江抵达南昌。李以南昌百花洲陈列馆为孙中山行辕，派林虎率军队担任警卫。25日，孙中山出席南昌军政学联合会举行的盛大欢迎会，并发表《造成共和因果及国民应尽之责任》的演讲，强调"全世界文明进化，尚在竞争时代，而非大同时代。处此竞争剧烈之际，人人须以爱国保种为前提"[③]。此后，孙中山连日接见各界代表，出席两广会馆的欢迎会并观戏，与李烈钧讨论要政，发表谈话论述修铁路、借款、中央集权与地方分权、江西市政等四个问题。关于江西市政建设问题，他提出，现有街市不必再改，唯须择一最大之地段另辟新埠，将衙署、公所及学校、营房迁入其中，其办法为从公家向人民公平购买土地和发展交通入手，"将来此策如行，则另建一伟大之新江西，不须多日。而江西能从此扩大，则南昌、九江、吉安、饶州、赣州等地，皆可能为今日之上海矣"。28日，李烈钧请孙中山阅兵，"总理按辔徐行，观者万人空巷"，孙中山在军乐声中检阅各军，并与张继、马君武、王正廷等三位主要随员相继演说，"军民

① 李烈钧之前为同盟会江西支部长者，有钟震川、贺国昌。1912年8月同盟会与统一共和党等4党合并改组为国民党时，李烈钧以江西支部长名义，与会员徐秀钧、欧阳武、刘世均、刘家骥署名，于8月20日致电同盟会本部，称"在赣支部开大会研究，咸表赞成"。

② 《袁世凯复李烈钧函》(1912年12月)，《李烈钧文集》第106—107页。

③ 广东省社科所历史室等编《孙中山年谱》，中华书局1980年版，第154—155页。

欢声雷动”[1]。论者认为,这一阅兵,在当时是绝无仅有的,十分令人注目[2]。29日,孙中山由南昌抵达九江,在各界欢迎会上演说铁路政策问题,随后赴上海。孙中山的江西之行,原本出自李烈钧为国民党人制造声势、营建大本营的考虑,又受到江西民众的热烈欢迎,南昌还出现了“欢呼万岁”的场面,先孙中山几天到昌的张继在演说中,还公开谈论了国民党与袁世凯之间的不同政见[3],因而深为袁世凯所忌恨。李烈钧说,袁世凯也曾因其欢迎孙中山莅赣而派人拉拢他,遭拒后,“疑忌颇甚,欲去余尤急”[4]。

江西抵制中央任命的民政长事件和陆军部扣押江西所购枪支事件。1912年4月,袁世凯授意黎元洪首先提议“军民分治”、设立民政长,以分都督之权。12月16日,袁发布大总统令,任命汪瑞闿为江西民政长。[5]袁此举是其加强中央集权的举措之一,暗含削弱南方各省由国民党人担任的都督权力的深意,但又披上了民主共和的外衣,因而处于十分主动的地位。国民党不能反对设民政长,但主张民政长应由民选产生,而不是袁世凯任命。李烈钧更是国民党都督中最先通电反对北京中央集权的人。因此,汪瑞闿来江西上任时,受到江西民众的坚决抵制,遂于12月31日托病去上海,不久上书袁世凯,指责江西目无法纪,藐视中央,李烈钧“即非主动,亦近纵容”。袁世凯闻讯“大恚”,在公开指责李烈钧的同时,又暗中指使江西议员李国珍、郭同等多人控告李烈钧,下令陆军部让九江镇守使戈克安扣押江西所购枪械,同时派出6艘军舰停泊九江长江江面进行示威。江西这批枪械,原为“供省内练兵之用”,是前任都督马毓宝在上海所购,有步枪7000支,子弹300万发,早已分别向南京、北京陆军部办理手续,但迟至1913年1月才运到九江。袁世凯的扣枪和军舰示威,引起李烈钧的强烈不满。李烈钧于是致电要求发还枪械,并以冬防为名,派遣军队分驻九江各要隘。抵制民政长和扣押枪械两件事交结到一起,加剧了双方的矛盾,李烈钧与袁世凯之间,形成尖锐的对峙。

---

① 《李烈钧自传》,载《李烈钧文集》第802页。

② 李新、李宗一主编《中华民国史》,第二编第一卷(上),中华书局版,第131页。

③ 详见《中华民国史事纪要》,1912年10月1日,附录:张溥泉之政谈。另外,在李烈钧的招待宴会上,孙中山的随员马君武对李赞赏有加:“地方集权为吾党所主张,而李都督为实行本党之第一资豪,深愿猛进不怠,造成新江西,以为中国模范。”(转引自胡春惠《民初的地方主义与联省自治》,中国社会科学出版社2001年版,第65页。)

④ 《李烈钧自传》,载《李烈钧文集》第802页。

⑤ 北京《政府公报》,第230号,1912年12月17日。

其后，副总统黎元洪出面调停，提出北京发还枪械、调回军舰，江西派人迎接汪瑞闿上任，以平息争议。陆军总长段祺瑞派其侄到江西调查，也主张和平解决。国务院按袁世凯意通电各省，解释中央与江西之“误会”，要求江西接受黎元洪的办法，袁世凯还派上将王芝祥为赣事查办使，于2月16日赴赣处理争端。江西方面，李烈钧继续保持不反对汪瑞闿任民政长的态度，但由各界代表组成的“江西公民联合会”，则通电各省明确反对袁世凯“擅布官制”，不承认汪瑞闿。最后，汪瑞闿自己表示不受赣任，王芝祥建议袁世凯撤回汪之任命、另择他人，发还江西枪械。袁世凯于3月11日任命赵从蕃署江西民政长，14日下令发还枪械，这事才算了结。[①]李烈钧与袁世凯的这场斗争，持续三个多月，双方多次通电全国，影响很大，可以说最终以江西的胜利而告结束。但事情并没有真正完结，李烈钧以革命党人出任江西都督，在本质上决定了不可能与袁世凯合流。反之，袁世凯的本质，也决定了他的退让只能是一时之需。双方的裂缝已不可能缝合，且还在继续扩大，分裂对决终归难免。

三、湖口起义

1913年三四月间，事情开始发生质的变化，成为爆发武力对抗的转折点。

在省内，相继发生抵制新任民政长和裁撤九江镇守使事件。先是，江西省议会通电指责北京对江西民政长的新任命未经过参议院，是违背约法的行为；在北京政府补办参议院通过手续后，省议会续于3月16日、19日电复国务院，表示绝对不承认这种取代法律的大总统“命令官制”，并通电各省吁请“主持正论，保障约法”[②]。袁世凯新任的民政长赵从蕃，于是未能在江西上任。继而，由李烈钧任命的九江镇守使戈克安，在3月间突然发难，倒向袁世凯，向袁及全国发电诋毁李烈钧，并于24日与李所派接收炮台的部队形成对峙。在李烈钧的军事压力和王芝祥的促其辞职下，戈离浔去北京见袁世凯。其后，李烈钧通电宣布戈克安罪状，江西省议会则致电袁世凯，要求裁撤九江镇守使一职，以统一军政，节省经费。这两件事，前者反映的是分权与集权、民主与独裁的斗争，后者则表现为对九江军事重地的争夺，也使李烈钧与袁世凯的关系，再度面临破裂。

① 详见《中华民国史事纪要》，1913年1月25日；1月26日；1月29日；2月3日；2月16日；3月1日；5月22日。另参见胡春惠《民初的地方主义与联省自治》，第84—87页。

② 《中华民国史事纪要》，1913年3月16日。

在省外，这期间发生了袁世凯指使暗杀宋教仁案和向五个国家的“大借款”事件。国民党在年初的正式国会选举中获胜后，代理理事长宋教仁准备组织内阁。这对袁世凯的独裁形成威胁，袁为阻止国民党组阁执政，竟派人收买凶手，于3月20日晚在上海沪宁车站将宋教仁暗杀。4月26日，袁为解决军政费用，进一步与五国银行团达成2500万英镑的大借款意向。这笔借款以盐税作担保，须由五国银行团派员稽查盐务和监督借款的使用。虽然是一种带有奴役性的政治借款，但它使地方各省由此失去了向所倚靠的盐税支持，宽裕了中央的财力，为袁世凯对南方革命力量采取军事行动提供了资金上的保证。

这些事件的发生，直接构成为李烈钧发动湖口起义、首举“二次革命”大旗的背景。

李烈钧对袁世凯的行为深恶痛绝。4月16日，他在为宋案致袁世凯的电报中说，“如果有神奸巨蠹，必欲推倒共和，即为国人之公敌，赣虽械缺兵单，亦谨当以昔日推翻专制之精神，再随各省之后而拥护之也”①。同日，他派徐秀钧、王有兰为驻京全权代表，令其与南方各省驻京代表相联络。29日，他为大借款事再电袁世凯，指责这是违悖约法、丧失主权、灭国亡种的借款，是丧心病狂之举，明确表示“宁为共和之鬼，不为专制之民”，要求袁世凯“速罢此议”②。也就是在这个月，李烈钧明确了袁氏中央“可歼”的认识③，下定了与袁决裂的决心。李烈钧成为向来反对袁世凯专制集权“最力”④的国民党人。

宋案惊醒了孙中山。他中断正在日本的考察，返回上海，主张武力讨袁。但国民党内部并不完全赞成孙中山的意见，孙中山于是将目光转向李烈钧。他派遣张继、马君武、邵元冲、白逾桓等四人到江西，授意“声罪讨袁”。与此同时，袁世凯加快进行战争部署。继完成借款、解决战争经费后，5月1日，任命陆军总长段祺瑞兼代国务总理。6日，召开秘密军事会议，制定对赣、湘、皖、苏四省用兵计划，决定一路主攻江西，一路主攻上海、南京，一路控制湖南。中旬，北洋军大举南下，北洋第六师、第二师相继入鄂，形成监视及进逼江西、湖南之势，完成了全部的战争准备。

6月9日，袁世凯下令罢免李烈钧江西都督职务，所列李之罪状，有反对汪

---

① 《李烈钧文集》，第180—181页。

② 《李烈钧文集》，第188页。

③ 《李烈钧文集》，第189页。

④ 胡春惠：《民初的地方主义与联省自治》，第88页。

讨袁军架设大炮(《图文20世纪中国史》)

瑞闿为江西民政长、擅自改编师团、调兵派员管理九江炮台、迫胁镇守使戈克安离浔、调兵运械进逼鄂境等①。同一天,袁另发5道命令,任命黎元洪兼署江西都督,并任李烈钧部下贺国昌护理江西民政长,欧阳武为江西护军使兼第一师师长节制所有江西陆军各营,陈廷训为江西要塞司令官节制九江湖口一带江防各营队并直隶陆军部管辖,意图分裂李烈钧阵营(但除陈廷训外均未为袁所动)。其后,接续罢免广东胡汉民、安徽柏文蔚的都督职务,摆开了与南方国民党对决的阵势。

李烈钧当即向各方交卸职任,15日赴上海向孙中山请示机宜。在孙中山召集的国民党人会议上,李烈钧表示拥护孙中山的讨袁主张,江西愿意首先起兵。与会者闻之感奋,遂一致推李为七省讨袁军总司令。7月5日,北洋军李纯第六师开始由鄂攻赣,8日进占九江,同日李烈钧与在沪的江西第一旅旅长林虎、混成旅旅长方声涛,从上海回到湖口,召集水巡总监何子奇、师长刘世均等,成立讨袁军总司令部。12日,李烈钧发表讨袁檄文和对外通电,正式发起湖口起义,宣布江西独立。13日,江西省议会议决江西宣告独立,组织讨袁军,并向全国发表宣言,称"袁世凯专横违法,破坏共和,罪恶昭著",对此共和大蠹、国家叛徒、人民公敌,"人人得而诛之"。宣言宣布,经省议会特别大会公推,以李烈钧为讨袁军总司令,欧阳武为江西都督,贺国昌为省长;呼吁全国同胞"同心协力,速起义师,共殛大憝,重建共和"②。至此,李烈钧在江西湖口首举讨袁大旗。随后,南京、上海、安徽、湖南、广东、福建、重庆等省市相继响应,宣布独立,兴师讨袁。这就是历史上著名的国民党"二次革命"。这场讨袁二次革命,因为发生在癸丑年,以江西、南京为主要战场,故而又称"癸丑之役"、"赣宁之役"。

战争之初,江西文武并举,先声夺人,很有气势。李烈钧讨袁军继击败月初

① 北京《政府公报》,第393号,1913年6月10日。

② 《中华民国史事纪要》,1913年7月13日。

由湖北进入九江沙河的北洋军(以下简称“袁军”)李纯第六师一部,占领沙河和湖口炮台后,分兵三路进行攻守:右路以混成旅布防湖口、彭泽一线,由旅长方声涛为司令;左路以第一师第一旅驻瑞昌、九江一线,由旅长林虎为司令;中路李烈钧自兼司令,率第一师第二、第三旅驻湖口,同时,以水巡总监何子奇兼湖口守备司令,李明扬为湖口炮台总台长,守卫湖口要塞。其后,与袁军在沙河、瑞昌、湖口等处连日激战,林虎等部在瑞昌、赛湖击败袁军,并向全国通电报捷。

另一方面,以江西省议会为中心,江西民众反对袁军入赣,在舆论宣传上也一度形成激烈攻势。继省议会通电讨袁、宣布与中央脱离关系后,15日,江西省79县公民发布讨袁檄文,历数袁世凯“蹂躏约法,干涉议会,戕害无辜,摧残言论,擅免官吏,私借外债,丧失主权”的罪行,呼吁“力除民国蟊贼”。又以江西军民名义,颁布招谕北军将士檄文。16日,省议会和都督欧阳武、省长贺国昌联名致电参众两院及各省军政机构,称赣省军民人士“均不承认万恶之[袁]世凯为中华民国大总统”,呼吁全国一致声罪致讨,“另举才德兼全,威望素著者,以代其位”,从而“铲除专制,巩固共和,慰烈士在天之灵,造人民无疆之福”。同日,还以省议会联合会名义致电袁世凯,指斥其泫浊政治、违法专权、残民以逞、卖国求荣,劝其诛前敌悍将以谢赣人,罪己悔过以谢天下,以免“追随查尔斯路易辈于断头台下也”①。省议会坚定地站在都督一边支持讨袁,是“二次革命”时江西的一个突出政治现象。

但是,这是一场力量对比实在过于悬殊的战争。江西讨袁军在湖口、九江战场的兵力,不过1个师又1个混成旅,加上在南昌等地的1个师,也只有两个师1个旅(其中还有的部队如九江陈廷训等已倒向袁世凯)。原计划中的湘、粤援军,则从未出现。袁世凯却在李纯部失利后,立即向江西增兵。他从奉天(今辽宁)、保定、河南调兵1.5万,任命段芝贵为第一军军长兼江西宣抚使,急速南下加入江西作战;任命海军部次长汤芗铭率舰队增援湖口,协同作战。袁军1个军、1个师又1个海军舰队集中赣北,“械精粮足”,形成段芝贵居中、李纯居左、王占元居右、海军在江湖协同的四路配合作战态势,致使战场形势很快发生逆转。25日,在袁军海陆军重兵夹攻下,湖口失守,湖口东西两炮台的大炮,也被汤芗铭拆卸到军舰上。其后,讨袁军因难以抵御袁军攻势而节节退却,九江姑

① 上述各电电文详见《中华民国史事纪要》,1913年7月15日、16日。

塘、星子、德安、吴城等相继失陷。袁世凯以重金、军衔大量奖励作战官兵，并在阵前提升师长李纯为江西护军使，旅长马继增为第六师师长，团长张敬尧为混成旅旅长。

8月10日，李烈钧率余部退入南昌。此前，袁世凯已于6日下令解散江西省议会。由省议会选举的江西都督欧阳武、民政长贺国昌，则于9日离开南昌，避往吉安；兵站总监俞应麓、警察总监阎恩荣、财政司长魏思旻等高级官员亦多撤离。南昌成为孤城且陷于混乱之中。李烈钧遂以第三团团长伍毓瑞为江西陆军独立旅旅长，各界公推伍毓瑞代理江西都督。伍率所部布防昌北樵舍、乐化、牛行一线，阻挡袁军进攻南昌。这时，安徽、福建、湖南等地先后取消独立，江西更陷于孤军作战之中。

随后，袁军马继增、张敬尧部由水陆会攻南昌。经激战退守牛行时，伍毓瑞以战况告李烈钧并劝其先行撤离。16日，李烈钧带何子奇、李明扬、卓仁机、邓祖禹等出城西走，旋经樟树、宜春、萍乡到长沙，而后流亡日本。伍毓瑞也率吴懋松、万勋两团退向进贤，随后解散部队，由浙江避往日本。[①]18日，袁军攻入南昌，李纯致电袁世凯，自称毙敌一千余人，招降四营，缴获火轮七只，步枪五千余杆，快炮六尊，而自身仅阵亡官兵数人、受伤一百余人[②]。袁军入城后，对南昌进行了洗劫。李纯原在作战之初，即曾发布命令，“谓凡进攻之处，准抢三日，故一时赣省乃沦为强盗世界。尤以张敬尧所部，一如辫子军张勋所部一样，在入南昌的第一天，就使该城横尸千余具，凡南昌富室均被指为国民党，劫掠其财物，奸淫其子女，其情状之惨，令人发指”[③]。袁世凯对此无动于衷，反向段芝贵、李纯授以勋章，加张敬尧陆军中将衔。南昌的失陷，标志着“二次革命”在江西的失败。

有论者对以湖口首义的“二次革命”的兴起与失败作过客观的论述，指出自表面上看，“二次革命”似乎起自李烈钧之湖口举义，但是实际上却是袁氏早有军事上消灭南方反对势力之安排。当事起之时，南方各省均系仓促应战。宣布对抗中央的独立省份虽包括了江西、江苏、安徽、湖南、广东、福建和四川，但真正稍有实力且有决心应战者，唯有江西一省和黄兴坐镇之南京。所以在双方

---

① 参见《江西通史》，第740页。

② 李纯通电，载《革命文献》，台北影印版，第44辑第145页。

③ 详见上海《民立报》，1913年8月24日；郭廷以：《中华民国史事日志》，第1册，第100页，转引自《中华民国史事纪要》，1913年8月18日。

势力悬殊情况下,代表各省地方势力反抗袁氏中央集权的"二次革命",遂在9月间全归失败。①

"二次革命"是一场保卫辛亥革命成果的斗争。李烈钧忠实遵循孙中山的革命意图,冒险犯难,在江西首举革命大旗,表现出可贵的民主革命精神和大无畏的气概,在中华民国开国史上,留下了重要的一页。"二次革命"虽然只坚持了两个月,但其精神一直流传了下来。革命失败后流亡东京的江西讨袁军参谋长夏之麒,曾于1914年返沪,受孙中山命主持江西军事,派出刘万、欧阳靖国等人潜回江西,建立秘密革命组织"新华社",密谋在赣发动"三次革命"。这次活动因领导机关遭到北洋江西当局破获,亦告失败。但此后革命党人在江西的组织与革命活动,绵延不绝,从未中断。

第二节
北洋江西政权的建立

一、社会精英的散落

"二次革命"的失败,也成为结束革命党(国民党)人掌握南方各省政权的标志,北洋军阀由此切实控制了南方政权。1913年8月22日,北洋江西宣慰使段芝贵进入南昌,宣布李纯任江西护军使,汪瑞闿重任江西民政长。9月29日,袁世凯任命李纯署江西都督。至是,在江西建立起由李纯主导的北洋省政权。

李纯(1874—1916年),字秀山,天津河东人。早年家贫,随父经营小杂货铺。15岁入营当差,1891年被保送入天津北洋武备学堂。为人精明干练,勤奋好学,尤善交结。毕业时留在学堂任用。1895年袁世凯在小站操练新军,李纯入营任教练,备受青睐,连升为提调、管带、标统。1907年出任北洋陆军第六镇第十一协协统(旅长)、随营学堂监督,驻防北京南苑,成为袁世凯的亲信。辛亥革命爆发时,率军南下至武汉,协攻汉口,升任第六镇统制(民国后改为第六师师长)。"二次革命"时统兵入赣,升江西护军使、署江西都督(不久后实授),成为掌握一省军政实权的大员。②

---

① 胡春惠:《民初的地方主义与联省自治》,第89页。

② 详见廖信春撰《李纯》,《江西近现代人物传稿》,第一辑,第139—144页。

李纯将清除李烈钧余党、肃清国民党人作为头等任务。他与汪瑞闿按照袁世凯的旨意，交替发布全省戒严令，在全省各地严厉捕捉和镇压国民党人，凡党人“为文武官员及议员、记者者，一律按册缉捕”[①]。据12月13日都督署颁发的悬赏缉拿党人条例记载，江西还以重赏鼓励缉捕党人，凡捕获要员5人，奖5000元；3人奖3000元，依次类推。[②]

当时，江西国民党人主要集中在军队、省议会和国会三个方面。在军队方面，根据李纯等的呈报，袁世凯在1913年10月15日对孙中山及“二次革命”首要的通缉令中，列出的江西省名单为：“首魁”李烈钧、欧阳武，“执重要事务”者林虎、罗全、李明扬、周璧阶、卓人机(即卓仁机)、贺国昌、刘世均(11月4日加列俞应麓、方声涛、蔡锐霆、彭程万)。这些人在起义失败后，大多逃亡日本等地，后来在李烈钧率领下，转入云南继续参加反对袁世凯的护法运动。他们长期被迫离开江西，是后来组建赣军的骨干。当时未逃出江西的欧阳武，在吉安被捕，被押送北京，判处8年徒刑(不久被赦免)；曾任江西卫戍司令的廖伯琅、李烈钧军政府顾问的黄九言等，则在南昌被杀害。

在省议会方面，8月6日，袁世凯已下令解散江西省议会。随后，李纯、汪瑞闿奉令进一步调查各议员行为，袁世凯据其呈文，于10月13日发出对46名议员的缉拿令。他们将这些议员的罪名分为三类：副议长颜丙临、欧阳莘，议员黾用中、吴鸿钧、魏调元、李儒修、巢广源、邱汉宗、陈鸿藻、罗铨、杜凤楼、杨赓笙、汪征源、曹和济、胡廷銮、邓炎、尹士珍等17人，罪名为“或提倡宣布独立，或主张倾覆中央，或充间谍侦探军情，或临战地与闻乱事”，应即“严密查拿，按法惩办”；议长任寿祺，议员王光祖、涂树霖、潘震甲、王镇寰、陈肇志、张家树、萧炳章、杨中流、蔡吉士、邓维贤、钟士林、燕世经、胡廷校、尹纶、罗士杰、李政准等17人，罪名为“或妄逞谬说，或附和逆谋，或发起公债票以筹助军需，或代表联合会以搅乱大局，均属于乱事有密切关系”；议员叶含芳、吴肇荆、刘树森、赖天球、吴祖植、黄顷波、陶桢、陈炳图、吴爵壬、黄甲、李嘉韶、邹树炘等12人，罪名为“于该省集议倡乱之时，同在会场投票，选举伪都督、司令等，亦属甘心从逆”，因此对他们也要“一律拿捕”，分别究办。[③]这些被通缉的议员，约占议员总

① 《江西代表在中国国民党第一次全国代表大会上的报告》，国民党中央党史会编《中国国民党党务发展史料——组织工作》上，台北近代中国出版社，1993年版，第30页。

② 黄智权主修《江西省志·江西省大事记》，方志出版社2002年版，第154页。

③ 北京《政府公报》，第519号，1913年10月14日。

数140名的1/3,其中有多少人被捕,尚无确数,未被捕者,也被迫流散省外、海外。与缉捕这些省议会议员的同时,李纯还公布了对30多名已逃县官的通缉名单。

江西当选为国会议员的有45人,其中众议员35人,参议员10人。11月4日,袁世凯以“查获乱党首魁李烈钧与乱党议员徐秀钧等”往来密电,发现国民党本部与该党议员“勾结为乱”重情为名,下令“凡国会议员之隶籍国民党者,一律追缴议员证书、徽章”,各地国民党机构“不拘为支部、分部、交通部及其他名称”,“一律勒令解散”①。江西的众议员中,有国民党人27人,参议员则全为国民党人,他们由此均被剥夺了国会议员的身份。同日,袁世凯还发出长篇布告,点名攻击一批国民党议员,江西国会议员尤首当其冲,在众议员中,点名者达17人:徐秀钧、王有兰、欧阳沂、贺赞元、辛际唐、文群、王侃、邓元、黄格鸥、曾干桢、邱冠棻、彭学浚、卢元弼、王恒、张于浔、程铎、陈子斌,而且其中大多数被多次点名;在参议员中,点名者达9人:朱念祖、蔡突灵、萧辉锦、卢式楷、刘濂、符鼎升、燕善达、邵树声、汤漪。②这些议员,大多也被迫流亡海外。徐秀钧则在此前已被袁世凯拘捕,并押回江西九江,受到严刑拷打,因坚贞不屈,10月7日被袁世凯下令杀害,在中枪未死时即惨遭活埋③。

在被通缉者本人逃亡后,李纯还对其家属重加摧残。如蔡突灵、蔡锐霆兄弟逃亡日本后,李纯派兵至宜丰,抄没其家,并将其父、弟数人拘捕关押,判刑10年。④这类情况,同样发生在其他逃亡者身上。李纯还常以各种“政治嫌疑”为借口,拘捕无辜群众,致使南昌出现“逐日刑人”的恐怖局面⑤。这种局面,一直延续到1915年李纯彻底镇压国民党人密谋组织“新华社”发动“三次革命”、江西党人除被捕杀数十人外“余悉逃伏”时为止。⑥

一般而言,在军政机构和议会中,集中着一个地方的精英人才。以江西议员为例,在140名省议员中,国民党人占74%;45名国会议员中,国民党人占82%。当时的国民党人,大多是接受民主思想、新式教育的时代才俊,如45名国

① 北京《政府公报》,第541号,1913年11月5日。

② 北京《政府公报》,第541号,1913年11月5日。

③ 伍常安撰《徐秀钧》,《江西近现代人物传稿》,第二辑,江西人民出版社1991年版,第106页。

④ 熊步成撰《蔡锐霆》,《江西近现代人物传稿》,第三辑,团结出版社1993年版,第121页。

⑤ 廖信春撰《李纯》,《江西近现代人物传稿》,第一辑,第141页。

⑥ 《江西省将军署、巡按使署招新华社党员自首令》,1915年4月。

会议员中，出身传统功名的有12人，占26.7%，比全国51%的平均数低得多；而有确实资料可考的留日回国者有17人，从国内新式学堂毕业者有5人，共占48.9%，其知识结构和思想观念相当优越；在年龄上，45人平均为33.42岁，思想敏锐、勇于挑战的特点也十分突出。[①]这是在当时社会大转型中，一批十分难得的精英人才。因此，袁世凯和李纯的镇压，严重地摧残了江西的民主革命力量，全省社会精英或死或逃，受到沉重的打击。这是“二次革命”后江西政治、经济和社会长期无大起色的一个重要原因。

二、北洋军政体制的确立与施行

为了加强对地方的军事控制，北洋政府实施的一项重要措置，是普遍设立镇守使署的二级军事体制。1913年10月，李纯在九江、宜春分别设立赣北、赣西镇守使署，12月在赣州设立赣南镇守使署（1919年9月还在上饶增设赣东镇守使署）。先后任命陈廷训、马继增、吴金彪等为赣北镇守使，刘槐森、洪自成、马克耀、方本仁等为赣西镇守使，李廷玉、吴金彪、吴鸿昌等为赣南镇守使。三个镇守使署的设立，是省级地方军事体制的重大变化，它形成了都督署、镇守使署的两级军事体制，加强了军事力量对地方的有效控制，镇守使长期成为当地的最高长官，主宰着当地的军政事务。赣南镇守使李廷玉即曾滥用职权，违法扰民，逮捕、刑逼地方无辜士绅并抄没其家产，引发民愤，当局不得不革去其陆军中将及镇守使职。[②]其他镇守使也程度不同地存在这类胡作非为的情事。

与此同时，李纯大肆扩充军事实力。一方面，他整编吞并原赣军余部，编练为7个步兵团。[③]另一方面，他派团长毕化东负招兵专责，到河北、河南两省招募士兵，以补充第六师战后的缺额。“自民国三年起，陆续扩编三个混成旅、三个省防独立团，以吴鸿昌、李展臣、黄振奎（先为张敬尧）分任一、二、三混成旅旅长”，装备均系德国器械，由北京政府领来。[④]这样，江西驻兵及其战斗力也达到了民国以来的高峰。这为李纯巩固其统治，提供了强有力的保障。

---

① 吕芳上：《民国初年的江西省议会，1912—1924》，台北中研院近代史所编《中央研究院近代史研究所集刊》，第18期，第228—229页。

② 北京《政府公报》，第 811 号，1914 年 8 月 8 日。

③ 《江西通史》，第 741 页。

④ 窦守镛、苏雨眉：《李纯一生的聚敛》，杜春和等编《北洋军阀史料选辑》下，中国社会科学出版社 1981 年版，第 259 页。

在行政上,李纯则首先解决了与民政长汪瑞闿的矛盾。原被李烈钧等所驱逐的汪瑞闿,是带着十分喜悦的心情重返江西民政长之任的。他一到任,即荐举贾宝棻为秘书长,戚扬、夏孙桐、田春廷分任内务、财政、实业司司长,颇有实行军政分治之心。同时,为笼络人心,也大胆地为因"二次革命"受到不当处置的部分议员和官员平反,并相应予以任用。但汪瑞闿的行为显然为李纯所不容。汪在任不到4个月,即被以10条罪状举报和查究,主要如依靠郭同(原最先向袁世凯举报李烈钧的江西议员)及其引介的高巨瑗,网罗建立自己的班底,以致不少县长、税吏等"现委差缺,多系郭、高二人所引进者";"不待中央命令,擅发九五钱票二百万串"等。①1914年1月21日,袁世凯以"紊乱财政,任用非人,颇滋物议"之名,下令解除汪瑞闿职务,交中央高等文官惩戒委员会议处;任命戚扬代理江西民政长。②汪瑞闿的去职,固然与其任用非人有关,但实质上反映的是军政之争,即都督与省长之间的矛盾。

1914年5月23日,袁世凯颁布省、道、县官制。6月,江西据此变动行政体制。主要内容为:1.省级行政机构简缩,都督改称将军,民政长改称巡按使(1916年7月将军改称督军,巡按使改称省长);裁撤原设内务、教育、实业、财政各司及国税厅,设立政务厅、财政厅,并在政务厅内设总务、内务、教育、实业四科,原国税厅事务并入财政厅。③李纯任将军(督军),戚扬任巡按使(省长),陈嘉善、王纯分任政务、财政厅长(财政厅长职务先后由濮良至、罗述稷继任)。2.在省、县之间增设道一级行政机构。江西全省划分为4道:豫章道,辖南昌、新建、临川、上饶等23县;庐陵道,辖宜春、吉安、萍乡、高安等21县;赣南道,辖赣县、南康、宁都、瑞金等17县;浔阳道,辖九江、安义、奉新、乐平等20县。④各道道署分别设南昌、宜春、赣县、九江。道行政长官称道尹,从首任到1927年止,豫章道尹为何刚德(后曹本章),庐陵道尹罗述稷(后夏炎甲、程用杰、赵毓奎、董锡成、刘印昌、王杜、高崇佑、陈方赞、杜天骥),赣南道尹袁学昌(后邵启贤、邹日奎、陈

---

① 北京《政府公报》,第726号,1914年5月15日。

② 北京《政府公报》,第614号,1914年1月22日。该委员会4月15日认定汪瑞闿8条事实,决定对汪"处以褫职"。28日袁世凯下令"即行褫职"。1915年5月4日,北京政府因江西士绅欧阳霖等联名上书,"沥陈其在赣时励精图治,坦白无私","因应咸宜,卒成分治之局",认为其实在情形,不无可谅,决定对汪瑞闿"着即开复褫职处分,听候录用"(北京《政府公报》第1074号,1915年5月5日)。

③ 北京《政府公报》,第735号,1914年5月24日。

④ 北京《政府公报》,第745号,1914年6月3日。

俊、高崇佑、薛雪),浔阳道尹吴筠孙(后傅春官、高培枢、邹日奎)[①]。3.县一级在体制上无甚变动,但江西当时对县知事作了大规模的调整,将撤下的35名县知事送北京考试院考核。北京政府则在全国分期招考县知事,合格者分发各省任用,如1914年8月29日,袁世凯下令任命第三期知事考试录用人员,全国录取830人,分发各省任用535人,其中分发江西48人。[②]这次体制变动,是一次全国统一的行动,起因显然出于袁世凯的企图称帝,但从政制上说,是对地方原二级行政体制的重要改变,由此建立的省、道、县三级行政体制,比较有利于地方政务的推行。因此,这一体制在袁世凯死后仍然被延续下来,一直到北洋军阀统治覆灭时止。

由于连续的战争和重兵的屯驻,李纯统治江西时期,全省财政经济状况十分窘迫。1914年北洋政府财政部调查各省滥发钞票情况, 其中江西滥发14697170元,占全国总数145574165元的1/10,仅次于湖北、广东、吉林三省[③]。此后,虽然也开办过一些地方实业,但主要还是靠发行地方公债、贷款和向中央政府要钱等,来维持政权的运转。在政治上,与从未间断的严厉镇压革命党人相配合,社会控制与舆论控制也十分严密,一些较有影响的报刊,如《天佣日报》、《舆论报》和《豫章日报》等,因有言论不合当局口味相继被查封,有的报馆负责人遭拘捕。而因重捐重税、派款派债等引发的小规模社会骚乱,也不时发生。在全省建立了官员奖惩制度,如省财政厅长王纯因受贿500元,即于1915年7月被司法部核准判处死刑[④],继任濮良至因发行纸币引发省内金融危机,在任一年即解部察查;一些县知事因疏于政务也屡屡受到撤换的处分。这些措施看似比较严厉,但李纯本人却大肆搜括,他将在江西聚敛的钱财送回天津老家购买地产,营建房屋,因房屋成片相连,以致被人称为“江西街”。[⑤]

三、反对复辟帝制的斗争

1.江西民众拥袁者罕有所闻

① 刘寿林编《辛亥以后十七年职官年表》,沈云龙主编《近代中国史料丛刊续编》第5辑,台北影印本,第332—340页。

② 《中华民国史事纪要》,1914年8月29日。

③ 《中华民国史事纪要》,1914年1月15日。

④ 1916年春在家属运动下获特赦。

⑤ 《江西通史》,第741页。又参见窦守镛、苏雨眉《李纯一生的聚敛》。

1915年12月，袁世凯开始使用皇帝称号，并预定在1916年元旦举行"登极大典"，实行帝制。袁的复辟帝制行为，受到经受民国理念洗礼的国人的反对，云南率先兴兵讨袁，宣布独立，发动了颇有声势的护国运动。在云南护国军中，原江西都督李烈钧被任命为第二军总司令，率部由云南东出桂、粤，拟取道江西北上。原赣军将领方声涛、李明扬、胡谦、彭程万、伍毓瑞、卓仁机、赖世璜、曹浩森、熊式辉等，均在该军担任要职。他们由广东北上，一度对赣南形成严重的威胁。

对于袁世凯的称帝，掌握江西军政大权的李纯、戚扬取完全支持的态度。袁本人因遭到反对，预定的"登极大典"不敢举行，并让各省陈述意见。1916年1月5日，李纯、戚扬上书，要求袁世凯不顾反对，"速登宝位"，早日为帝。他们假冒民意，伪称全国人民"一致主张君宪，推戴我皇帝救国救民"，"君宪问题业成铁案，无讨论之余地"，"当此之时，民国业已取消，帝制又不实施，蹉跎委蛇，危险万分。惟有仰吁我皇帝速登宝位，以保大局，从此九五当阳，幺〔妖〕魔潜迹，内则天泽分严，外则交际易缔，名正言顺，国体固矣。"他们谀言袁之称帝是"中国之福"，劝袁称帝"莫此为先"，而不要在乎仪文末节。同时，建议对破坏袁帝制自为的云南唐继尧、蔡锷进行讨伐，即所谓"仰吁我皇帝，遽将唐继尧等罪状宣示中外，命将出师，大施挞伐，俾全国以乱臣贼子为炯戒，无敢效尤，定人心而有纲常，端在此举"。表示他们将督率江西"筹备饷糈，责无旁责[贷]"[①]。这封电报，反映了袁世凯的心腹亲信对他称帝的衷心拥护，也典型地折射出李纯这类依靠裙带关系出掌大权的人物，在国家民族发展的重大关头只认个人利益而无是非原则的真实面目。

但是，李纯也很快被反袁护国运动的大潮流所冲击，而陷入极端的被动之中。显然是为了避免与袁世凯一同被历史潮流淹没，李纯在两个月后改变了劝进的态度。3月21日，李纯与江苏将军冯国璋、长江巡阅使张勋、山东将军靳云鹏、浙江将军朱瑞联名，向袁世凯发出密电，要求其取消帝制，以平滇黔之气。[②]袁世凯面对国内外一片反对之声和众叛亲离的形势，接受五将军的要求，于次日宣布撤销帝制。从元旦改元至撤销帝制，袁之83天的皇帝梦彻底破灭。

袁世凯取消帝制后，又企图继续留任大总统。对此，不但西南独立各省反

① 《李纯等要袁世凯不顾反对速登帝位电》(1916年1月5日)，中国第二历史档案馆等编《中华民国史档案资料丛刊：护国运动》，江苏古籍出版社1988年版，第137—138页。

② 《中华民国史事纪要》，1916年3月22日。

对，而且其亲信冯国璋也劝他自动退位，原本效忠袁的广东、浙江、陕西、四川、湖南地方军阀相继响应护国运动，在4、5月间宣告独立。但李纯再次逆流而动，明确拥护袁世凯留任总统。1916年4月3日，李纯向全国发出拥袁留任总统和反对西南兴兵讨袁的电文，公然宣称："帝制一案，业经奉令撤销，推戴各书，亦已退院焚毁。大总统不忍生灵荼炭，以期息事宁人，以救国救民之苦心，示屈己从人之谦德，凡我国民，皆宜共谅。即有一部分人政见不合，反对兴戎，今已如所要求，达到目的，正宜和平解决，听候政府处分。……乃近阅各报载，有滇、黔二省要求元首退位之说，果有此言，殊堪骇异。伏思今大总统莅职四载，凡历史未经之困苦，靡不备尝，卒能奠定国基，因应悉当，保持国内之秩序，不失外人之信仰。"因此，他指责要求袁世凯退位是摇动根本，陷国家于危险地位，置同胞于万劫不复之地，表示"倘该一部分人坚执此议，肆意要挟，则是逞其私怀，为国公敌。纯惟有与之俱尽，誓不两存，一切牺牲，在所不恤"[①]。李纯的电文，再次勾画出其不明大势、颟顸无知的面目。

江西民众与李纯的态度适成鲜明对照。4月上旬，江西商民已经要求李纯宣告江西独立，消息传到北京，北京政府在13日决定一面派兵恫吓，一面请张勋电劝赣省长官及绅耆取消独立之议。[②]17日，李纯、戚扬得到浙江独立消息后，在南昌召集军政警绅商学各界领袖会议，再次重申其帝制取消、即为民国，要以拥护中央、保卫地方为目的的主张。但此后，全省独立传言"日甚一日"，当地及护国军所派革命党人在九江、上饶、赣州等地活动活跃，李烈钧派伍毓瑞来赣宣慰、运动独立的消息流传广泛。22日，假"浙江独立军"之名的革命党人一举占领紧邻浙江的玉山县署，宣布独立，随后派人分往上饶、广丰、河口等地，并一度占领上饶、宣布独立。李纯对全省的反袁独立活动严厉镇压，派兵重点加强萍乡、赣州、九江的防务，赣东的独立活动在当地武力镇压下失败，在九江运动独立的革命党人谭风歧等30多人被捕，谭等6人当即遭杀害。5月30日，《大陆报》记者曾将江西民情与李纯的不同态度作有一个比较，指出江西"当道今仍忠于中央政府，舆情皆趋向革命方面，而拥袁氏者则罕有所闻"。[③]这个报

① 《李纯反对袁世凯退出总统位电》(1916年4月3日)，《护国运动》，第708—709页。

② 《漩涡中之粤浙苏湘赣》，《申报》1916年4月19日。

③ 《南昌舆情之趋向》，《申报》1916年6月5日。这种分野，在袁世凯死后仍十分鲜明地表现出来。当时的报道称，袁死后，江西官厅为之下旗志哀，而"商学各界及地方各公团除悬旗庆祝黎总统外，志哀一事，皆未遵令举行。如此可见赣人对于袁氏之心理矣"。

道，反映了江西人民反对袁世凯专制独裁的坚定态度，以及与李纯截然不同的政治立场。

6月6日，袁世凯病死，黎元洪继任总统。围绕着袁之称帝、留任总统的民主与专制的斗争，告一段落。7月6日，黎元洪颁布命令，统一各省军政长官名称，将督理军务长官改称督军，民政长官改称省长；任命李纯为江西督军，戚扬为江西省长。地方官制正式出现省长名称，即由此始。此后，江西政治、军事的中心，转向防阻护国军从广东的北上。

2.反对张勋复辟帝制

继袁世凯称帝败亡后不久，中华民国史上，又发生了与江西人关系更为密切的张勋复辟事件。

袁世凯死后，北洋军阀逐渐分裂为以段祺瑞为首的皖系、以冯国璋为首的直系和以张作霖为首的奉系等几大派系，追逐着中央政权。1917年5月，大总统黎元洪与总理段祺瑞在是否加入协约国对德国宣战问题上闹翻，黎罢免段之职务，段则组织安徽等八省独立，公开反黎。以冯国璋为首的江苏、江西、湖北三省军阀(时称“长江三督”)，两边皆不附和，表示中立。黎元洪在四处求救碰壁后，转而求助驻守徐州的“定武上将军”张勋，“盼即来京，共商国是”。张勋①曾任清朝官职，辛亥革命后一向主张清王朝复辟，得黎元洪电召后，他认为复辟时机已到，立即以调停黎、段纷争为名，率3000名“辫子军”入京。6月中旬，胁迫黎元洪解散国会。7月1日，与康有为等扶拥被废除的清朝宣统皇帝溥仪“重登大宝”，演出了一幕清朝复辟的丑剧。这是民国建立后第二次恢复帝制，史称“张勋复辟”或“丁巳复辟”。

在全国一致声讨张勋复辟的浪潮中，江西当局与民众这一次有了共同的行动。2日，江西督军李纯向全国发出通电，指出复辟之举是妄视国家为儿戏，

---

① 张勋(1854—1923年)，字绍轩，江西奉新人。行伍出身。1895年投入袁世凯新军，任管带，1899年升总兵。1911年被清廷任命为江苏巡抚兼署两江总督、南洋大臣，驻南京。辛亥革命后退驻徐州、兖州一带，扩充兵力至2万人。为表示忠于清廷，本人及所部均留发辫，故被人称为“辫帅”、“辫子军”。“二次革命”时奉袁世凯命率部镇压南京讨袁军，纵兵抢掠。任北洋长江巡阅使、上将军、安徽督军。袁世凯死后在徐州成立7省(后增至13省)同盟，自认盟主，谋清室复辟。复辟失败，逃入荷兰使馆，被通缉。1923年在天津公馆“松寿堂”病逝，葬仪空前隆重，沿街数里，轰动津门。其灵柩经几番周折运回老家奉新安葬时，在江西也轰动一时。

万难承认，并“盼同心协力，遏此横流”[①]。3日，李纯召集军政警法特别会议，会议谴责“张勋等胆敢谋叛民国，恢复清室，卖国求荣，令人发指”，决定江西即日起宣布“自立”，一切军政民政司法概归本省政府自理，应解中央各款自7月1日起停止汇解，以九江为重点在全省实行特别戒严。[②]这一决定，得到了省议会和绅商学报各界的一致支持。同日，江西省议会由议长任寿祺领衔，向全国各省军政长官、议会、孙中山等以及各报馆发出通电，指出：张勋等拥戴宣统，实行复辟，将先烈铁血构成之民国，一朝颠覆，其“肇逆谋乱，罪通于天”。通电认为，救国良图，除出兵讨贼外，实再无观望调停之余地，因此号召全国各地“协力同心，速定大计，会师宁鄂，勒马燕云，殄彼妖魔，还我民国”[③]。江西各界各种声讨会议和行动，也持续不断。随后，江西当局还跟随冯国璋之后，将全省军队组织为北伐军，以齐燮元、吴鸿昌分任北伐第一、二军军长，吴金彪为江西留守总司令，声言出师北伐。第一军第一支队当即由南昌开向九江，并抵达南京。[④]后因复辟失败，江西北伐动作亦告停止。

江西人激烈反对张勋复辟，还有一个特殊的原因，这就是张勋及其复辟活动的部分骨干分子，原籍江西。张勋是奉新人，其与谋活动者还有一部分江西籍人，如刘廷琛、万绳栻、叶椿泰、魏元旷、李其光等。其中刘廷琛是九江人，复辟时任7名内阁议政大臣之一，地位显要；万绳栻是南昌人，复辟时也被任为内阁阁臣。据《复辟纪实》记载，江西人感到他们丢了家乡的脸，所以特别愤怒，“报馆张目大骂”，谴责张勋、万绳栻为复辟之“祸胎”。万绳栻的家属难犯众怒，吓得从南昌逃走。刘廷琛则被九江人“无不唾骂其甘心从逆”，其父亲亦“以不堪众矢之集，举家避去”[⑤]。张勋在奉新的家产，也被李纯派人查抄，悉数充公。

7月12日，自任讨逆军总司令的段祺瑞率兵攻入北京。张勋逃入荷兰使馆，溥仪再次退位。张勋复辟历时12天即告失败。8月13日，李纯通电全国，称复辟

---

① 《南昌李纯通电》(1917年7月2日)，《申报》1917年7月5日。

② 《反对复辟之赣闻》，《申报》，1917年7月9日。江西这次戒严时间相当长，据陈光远电所称，到1919年秋尚未解除：“查江西系于民国六年七月三日由李督军宣告，以全省为警备地域，实行临时戒严在案。嗣因军事继起，江西为接战地域，赓续执行戒严。大局迄今未定，本省仍在警备期中，故未解除。”《陈光远关于赣省仍实行临时戒严电》，1919年8月28日。

③ 《江西省议会议长任寿祺反对复辟通电》，1917 年 7 月 3 日。

④ 《赣省北伐队出发之第一声》，《赣省之北伐军与省会》，《申报》1917 年 7 月 11 日、20 日。

⑤ 转引自《中国近代史》编写组：《中国近代史》，中华书局 1983 年版，第 460 页。

事态已经平息，江西取消自立。①

张勋复辟是继袁世凯称帝之后，封建势力对时代潮流和民主共和政体的又一次反动。在这一次反对复辟的斗争中，江西人民坚定地维护民主共和政体、反对恢复封建帝制的可贵精神，再次得到充分的展示。江西当局虽然在动因上不完全与人民一致(例如张勋不属于北洋嫡系及几个派系，在他赶走黎元洪、黎让冯国璋代总统后，直、皖两系联手反张，江西李纯属于冯国璋直系系统，故必然取一致行动)，但其反对张勋复辟的言行，也是应该肯定的。张勋复辟的失败，产生了另一个与江西有直接关联的结果，这就是彻底终结了江西旧官僚士大夫们重返中央权力中枢的幻梦。有论者指出，作为一个江西人，张勋之死也结束了江西旧官僚们许多不切实际的梦想。张勋复辟队伍中有一部分江西骨干分子，如刘廷琛、万绳栻、叶椿泰、魏元旷、李其光等。胡思敬在《国闻备乘》中曾经抱怨江西人在陈孚恩(肃顺死党、军机大臣兼户部尚书)之后，再也没有出现重要的政治人物，因而极力鼓吹张勋复辟，并且再三向辫帅推荐刘廷琛、魏元旷等参与机密。李其光致信辫帅重复胡在《国闻备乘》中的观点，认为“清待赣人薄，赣人报独厚”。但是，从北京宣武门外江西会馆发起的复辟，并没有给江西官僚系统创造一个惊奇运数，遗老们最后一线希望也因此而破灭。刘、叶客死他乡，万绳栻一直追随溥仪复辟逆流到东北建立“满洲帝国”，更多的遗老则是蛰伏山林，抑郁而终。②

第三节 自治运动的兴起与军阀的乱政

一、北军的前线

冯国璋就任总统后，任命李纯接任其江苏督军职务，北洋军第十二师师长陈光远继李纯任江西督军。1917 年 9 月 3 日，陈光远③率部抵达南昌就职。江

① 《江西省志·江西省大事记》，第161页。

② 龚汝富：《张勋之死》，《书屋》2004年第11期。

③ 陈光远(1873—1939年)，天津武清人。毕业于天津武备学堂，入袁世凯部北洋军，任队官、总务处总办、协统。1911年率部到武汉参加镇压辛亥革命，升第四镇统制。1915年任陆军第十二师师长，兼京津警备副司令。担任江西督军后，继续维护“长江三督”地方军事势力，是直系军阀在地方的重要督军之一。1920年实授陆军上将衔。1922年6月，北京政府批准其辞职，并明令废除江西督军，遂成为全国废除督军职务的第一人。后在天津经商。

西省长仍由戚扬担任,但新任命了财政、实业和教育厅长(分别为王荃本、夏同和、许寿棠),组成了新的省政府。由此,开始了陈光远对江西为期近 5 年的当政。

陈光远就职之际,正是孙中山联合西南军阀力量,在广州举起"护法"(指维护继袁世凯之后复被北洋军阀废弃的民国元年的《临时约法》)旗帜,举兵北伐,发动护法战争之时。北洋军阀段祺瑞以"武力统一"为名,调集大批军队(简称北军)南下防阻护法军(又称南军),爆发了护法战争。江西与湖南位处南北两方的接战之地,战争以湖南为主要战场,江西赣南为次要战场,赣中、赣北、赣西及湖北则成为北军的兵运通道。全省一时大军云集,如何应对战争和在境、过境客军,成为陈光远督赣的一个主要问题。

这时,北洋直系与皖系军阀之间的矛盾已趋加剧。直系不愿为主战的皖系打头阵,遂高唱起主和的论调。1917 年 11 月 18 日,陈光远与直隶、湖北、江苏督军曹锟、王占元、李纯联名通电北京政府及西南各省,吁请撤兵停战、和平解决。四省督军的通电以为四亿人民请命、拯救国家之危难为阐发点,写得相当感人,如所述财政问题:"民国财政之窘,殆为亘古所无,政府之债台日高,各省之库储早尽。一日兴师之费,中产破及万家。千里哄斗之场,民业毁于俄顷。迨夫上下交困,晨夕难支,内无以给军需,则议溃而变兴;外无以偿债款,则监督而权去矣。非乞贷而更增国家之担负,即搜括而重甚国民之穷愁,势所必然。"[①]这一通电,将北洋军阀的内部矛盾公诸社会。1918 年初,为直系首领、时任大总统的冯国璋所倚重的长江三督军,即江苏李纯、江西陈光远、湖北王占元,坚决支持冯国璋的主和主张,反对皖系首领、时任国务总理的段祺瑞的主战主张,进一步形成三省联盟,达成 4 项联合条件:"一、北军南行者,坚拒不许过汉口、浦口;二、苏、赣、鄂有急时,同一动作;三、苏、赣、鄂遇事联防;四、海军第二舰队饷款,由苏、赣、鄂共同担任。以上四条,皆由三督亲笔签字。"[②]长江三督的行动,在当时影响很大,但最终受到北京政府的制约。1918 年 2 月 5 日,北京政府因南军攻占湖南岳阳,以江西督军陈光远不理迭电进援之令,"托故延缓,致误湘局"的罪名,褫夺其上将衔陆军中将军衔,保留督军本职[③]。陈光远则于

① 《曹锟、王占元、陈光远、李纯调和南北之通电》,转引自《中华民国史事纪要》1917年11月18日。曹锟后申明他对该通电并未与闻。

② 《徐树铮告皖系各督军电》,转引自《中华民国史事纪要》1918 年 2 月 2 日。

③ 北京《政府公报》,第 734 号,1918 年 2 月 6 日。

10日电请辞职，而仍坚持南北和平主张，强调本人力主南北和睦，不兴兵戎，“此心此志，天人共鉴”；明确指责讨伐南方的命令“非我大总统之素衷，实主战派之强要”，要求北京政府“收回战令，派员议和”[1]。在此前几日，孙中山大元帅也派出江西籍参议邓惟贤“回赣联络赣督，助我义师”[2]。由此可见，陈光远当时所持的是比较鲜明的主和反战立场。这种立场，固然源于其维护直系集团以及江西地方利益的考虑，但在主战派势力强大的当时，客观上也有利于南方军政府。

1918年初，北京政府颁布对南方的讨伐令后，续遣大军南下。陈光远在强大压力之下，被迫同意对南方用兵和大军过境。随之，“鄂赣两省，重兵已集”。先后进入江西境内的军队主要有：第二路总司令、湘赣检阅使张怀芝率领的山东等地部队，奉命“协助赣防”及助攻湖南，2月入赣，其中鲁军第一师（师长施从滨）、陆军第六旅（旅长张宗昌）两部驻九江、南昌、铜鼓，协攻湖南浏阳；李传业、张之杰部驻萍乡，协攻湖南醴陵。皖军奉命入赣援湘，派安武军马联甲师入赣，先驻宜春，后下赣州，又驻樟树。苏军调赣协防广东，派第十九师师长率一个混成旅驻扎吉安、万安一带，长达3年。[3]由于重兵集结境内，致使江西财政支付的军费、杂费浩繁沉重，江西省政府财政枯竭，被迫从1918年4月起，停发行政、司法、教育、实业各界职官薪俸两个月，并将军饷搭放军用票2成发放。特别是5月间第二路军援湘作战失败，溃兵拥回江西，“窜至袁州者，安武军为多，第一师次之，及其他少数各军……间有分途窜赴南昌者约千余人”[4]。这些都加重了江西人民的负担，破坏了社会秩序，因而“民情汹汹”，引起强烈的民愤。各入赣军队，到1919年初因南北停战议和后，才逐步撤出江西。

江西为数不多的军队也被投入对南方的战争。按照段祺瑞及陆军部要求赣军“援粤”即防堵并出击广东护法军、夺取南雄、韶关的命令，陈光远于1918年4月将集中在赣南的两个旅投入行动，任命第二旅旅长丁效兰为援粤司令，第九旅旅长王余庆为副司令，赣南镇守使吴鸿昌为后路总指挥，“迅出庾岭，力下南雄”[5]。赣军进攻南雄，遇到护法军两个混成旅的顽强抵抗，双方激战7昼

① 《江西督军陈光远请求议和与辞职电》，1918年2月10日。

② 转引自《中华民国史事纪要》1918年1月27日。

③ 《齐燮元为苏军调赣协防“援粤”请奖有功人员呈》（1920年12月20日），中国第二历史档案馆、云南省档案馆编：《中华民国史档案资料丛刊：护法运动》，档案出版社1993年版，第940—941页。

④ 《徐鸿宾报告收容溃退袁州败兵情形密电》（1918年5月11日），《护法运动》，第879—880页。

⑤ 《陈光远为援粤事致陆军部电》，1918年4月7日。

夜,至30日才在付出重大伤亡后,将南雄攻克。[1]北京政府因该战胜利,乃将陈光远被褫上将衔陆军中将军衔恢复。南雄为入粤咽喉,该地不守,粤局危急,故护法军当即以重兵增援,赣军不敌,于6月上旬退守大庾(即今大余)。年底南北停战后,赣军在赣南撤防,分散驻守。

二、自治运动的高涨

战争给江西人民带来沉重的损伤。境内驻扎的北洋军队既多且杂,社会扰乱不安;江西财政支出浩繁,库空如洗,而军政当局为应付军费支出及中饱私囊,极尽搜括之能事,举凡盐斤加价,丁漕加征,统税投标,以及滥发金库证券、军用钞票、县知事保证金、长短期公债等,“种种取盈诸法,无不尝试”[2]。江西人民在蛮兵贪官的交相盘剥下,深受苦难,对督军陈光远、省长戚扬的愤怒不满之声,逐日高涨。因此,当1920年夏湖南赶走督军张敬尧、率先发动自治运动之时,江西旅京、旅沪同乡会及省内各界也立即行动,将此前提出的弹劾省长、“赣人治赣”要求,推向沸腾一时的自治运动。

江西的自治运动首发于北京。1920年10月,旅京赣人同乡会在欢迎江西省议会参观团的聚会上,首先提出在军阀掌操大政下,江西前途的改善,“非厉行地方自治必遭致不可收拾之患”。同乡会随即发表《哀告江西同胞文》,指出近月以来,国民自决奋斗而起,湘人治湘,粤人治粤,已成明确之事实。江西因深居内地,素称闭塞,“土地、人民、财富,不亚于湘粤苏鄂四省,而民气则不及”,故而应“当头一棒,打醒梦人,乘机应时,亟图自立”。文中号召“江西同胞绅界、学界、商界、农界、工界、议论界,同心敌忾,一致进行,应良好之机会,振自决之精神,一息尚存,不容稍懈”[3]。旅京赣人的号召,得到旅沪赣人的声援,并立即在省内引起巨大的反响。

江西自治运动的一个主要目标仍是驱逐省长戚扬。戚扬(1861—1945年),浙江绍兴人。自1913年二次革命后到赣任内务司长,次年升巡按使(相当于省长),到1921年去职,主持赣政长达8年。其人政治手腕高强,用人行政多门生

---

① 《陈光远报告北军攻占南雄经过情形密电》,1918年4月30日。

② 吕芳上:《民国初年的江西省议会,1912—1924》,台北《中央研究院近代史研究所集刊》第18期(1989年6月)。

③ 《赣人自治前途》、《赣人运动自治之进行》,上海《时报》1920年10月20日、30日,转引自胡春惠《民初的地方主义与联省自治》,第277—278页。

故旧,喜滥借外债,结托军阀以自固,故为人訾议①。在这次驱戚行动之前,即曾三次遭到查劾:第一次是1916年12月,经众议员罗家衡等提案,由国务院派员查办,次年3月被免予置议。第二次是1917年5月,江西省议会通过议员杨赓笙提出的《弹劾省长戚扬案》,该案列举其败坏吏治,紊乱财政,滥用私人,蹂躏司法,草菅人命,侵吞公款,蔑视议会等8条罪状。省议会将此案通电北京政府,要求查办,但被搁置并令维持其职务。第三次在1919年7月,省议会以戚扬妄用非人、行政淆混等,又一次提出弹劾案,认为戚扬不宜再任省长,并进而提出了"赣人治赣"的主张。到9月,更有议员姜伯彰、邹恩沛、卢常等分别提出3个弹劾案,揭露戚扬的上述不端行为。②北京政府这一次较为重视,初拟改任丁乃扬为江西省长。但消息传出,又引起江西人的反对。他们当即以"江西各界联合公民会"和"南昌公民大会"名义,分电北京政府,指出丁乃扬在前清时为官江西,声名狼藉,用其长赣,是"安福系不顾大局、位置已党之私意",江西公民等决不承认,"务恳万勿颁布,以顺舆情"③。这样,戚扬便依然得以留任。

自治运动兴起后,形成一股强大气势,促使情况发生了大的改变。1920年11月6日,江苏、湖北、江西、四川等各省区代表,聚集于北京江西会馆,召开自治联合大会,正式成立了各省自治联合会。④12月1日,省议会议员邱玉麟提出江西实行地方自治案,认为地方自治既可锐意振兴各地实业、教育诸端,也能拥护中央、一致对外,提请省议会电请中央要求实行地方自治。陈祖诒议员进一步提议由议会组织一起草委员会,正式起草江西省自治法案。这表明,江西自治运动,一开始也曾越出单纯针对省长个人的政争范围,提出了关于改变地方行政体制特别是制定地方自治法律法规的要求。

但是,其后议会发生的分歧使自治运动在内容和目标上发生后退。在省议员中,对自治问题很快形成两派对立的意见,一派极力主张自治,另一派则坚决反对。⑤由于两派争执不下,自治派随即改变策略,转向诉诸社会和民选省长问题。17日,议长龙钦海出面邀集各界人士数百人讨论,首由议员欧阳魁演说江西实行地方自治实不可缓的4条理由, 特别强调赣省人民每年负担税捐一

① 吕芳上:《民国初年的江西省议会,1912—1924》。
② 《江西省志·江西省大事记》第660、668页;吕芳上:《民国初年的江西省议会,1912—1924》。
③ 两电见《中华民国史事纪要》,1917年7月21日。
④ 《东方杂志》,第17卷第23号,第136页。
⑤ 胡春惠:《民初的地方主义与联省自治》,第281页。

千多万元,但政府用于地方实业和教育建设的仅数十万元,因此自治之事实不可不争。各界讨论后在实行自治问题上达成共识。自治派乘势出击,在次日的议会会议上,邱玉麟等提出《省长民选应规定选举法案》,获得通过。卢常继之提出弹劾戚扬案,当时"旁听者掌声大作助势,初读通过,户外叫'江西万岁'之声震天,接着二读付表决,议员复迫于形势,有'勉强起立,且有仅呵一呵腰者,亦有略将身子一抬便又坐下者',八十三人中起立赞成者同勉强呵腰者七十二人,随又付三读表决,赞成原案通过者七十一人,弹劾案煞时宣告通过。二十日弹劾文呈送内务部转提国务会议惩办"①。

自治案和弹劾案的通过,招来意料不到的强烈反应。支持者众,反对者也不弱,陈光远、戚扬、北京政府以及拥戚议员,各从其利害关系出发表述其反对立场,陈光远甚至派出军警弹压议会,导致议会愤而宣告休会,并发表宣言表示戚扬一日不去职,则同人一日不能出席会议,"宁甘解散,羞与戚扬相见于吾赣政治舞台之上"。至此,双方斗争趋于白热化。最后,在公团和舆论的压力下,戚扬不得不在1921年2月悄然去职。戚的去职,是江西自治运动的一个主要成果。

自治运动是当时风靡南方及至全国的一件大事,其主流是在民主共和理念下,地方省区反对北洋军阀军事统治的民主斗争。江西的自治运动,是这场斗争的一个组成部分,也是地方"联省自治"对抗北洋军阀"武力统一"浪潮中的一朵浪花。江西民众在自治运动中,表现出了一定的自强自立精神,值得充分给予肯定。这个运动,在1922年及其后也仍有微波。但江西自治运动从整体上说是不成功的。首先,将运动的目标锁定在驱戚和"赣人治赣"上,太过局限,且后者也嫌模糊和狭隘,并不适宜于作为自治的政纲性主张。其次,自治所要求的地方制宪、体制设置和纲领目标等根本性内容,在地方当局的压制下,无一形成条文,更谈不上实现(1921年6月省议会一度召开省宪会议,但并未像浙江那样催生出一部省宪)。戚扬去后,江西仍然处在北洋军阀的统治之下。有论者指出,江西自治运动的不成功,其因在于既缺少湖南那样的中坚势力,也缺乏浙江那样的地方士绅的号召力量,更重要的是也没有湖南那样左右逢源的好环境,而是遭逢北洋将领陈光远和张宗昌部的大军压境和争粮争饷的冲突,以及南北对抗中时来时往的断断续续战争。此外,"领导赣省自治运动者意见

① 吕芳上:《民国初年的江西省议会,1912—1924》。

纷纷,不能团结,不能形成一个坚强的领导核心,也是一个重要的因素”①。

三、军阀乱政与民众的反陈倒蔡斗争

1.南军攻占赣南与陈光远去职

在北洋军阀连续不断的混战中,江西始终属于直系集团的势力范围。赣督陈光远一面竭力表达对全国大局的意见,一面力避外军过境或在境内交战。1919年3月,他加入了以直系为核心的8省反段(祺瑞)联盟,与长江数省及中原腹地联成一体。在次年7月的直皖战争中,江西不是交战之区,陈光远部主要担任防止皖系的福建军队“侵赣”及加入湘鄂赣豫四省援直联军,实际无甚动作,只是强行遣散了被逐湘督张敬尧溃逃入赣的两个团。1921年又将流窜并扰乱宜春等地的鲁军张宗昌部包围缴械,张宗昌仓皇逃往北京。1922年4月第一次直奉战争时,他则主要是与几个人一起充当调和角色。因此,这几年,江西地域上基本上没有发生大的战事。但1922年5月孙中山发动的第一次北伐,改变了这种局面,也改变了陈光远的命运。

孙中山在广东重建革命政府后,再举护法旗帜,出师讨伐北洋军阀,1922年2月发起又一次北伐行动(史称第一次北伐)。在进攻湖南计划受挫后,孙中山改变进攻方向,决定“出师江西”,设大本营于韶关,集中朱培德为总司令的滇军、彭程万为总司令的赣军、谷正伦为总司令的黔军和许崇智、李福林所部粤军(总司令为陈炯明),由大本营参谋长李烈钧指挥出击赣南。5月6日,孙中山在韶关誓师,发出总攻击令,分兵进攻江西。其中一路由大庾、南康、信丰,一路经寻邬(即今寻乌)、会昌、雩都(即今于都),进军赣州。南军进军,“全赣震动”。江西督军陈光远一面向北京政府紧急求援,一面集中周荫人师3个旅两万余人,由赣南镇守使岳兆麟指挥坚守赣州。南军以粤军第二军许崇智部、第一军梁鸿楷师李福林部从城东进攻赣州,与北军激战于楼梯岭一带;以滇军朱培德部从城西进攻赣州,与北军在赣州南康边境的朱家村发生战斗;以赣军彭程万率第一旅李明扬、第二旅赖世璜以及胡谦所部别动队、余维谦所部先遣队、赖天球所部游击队分头接应。双方相持10多天,“声震山岳。北军节节败退,纪律遂弛,远近居民多遭蹂躏”。5月15日,赣州绅商和学界“佥以两军对峙,死伤必多,为避免涂炭生灵计,分向双方请求停战”。②这一提议正合北军之意,南军

① 胡春惠:《民初的地方主义与联省自治》,第282—283页。

② 民国《赣县新志稿》,1946年印行,第13页;另见《李烈钧文集》第735—737页、834—835页。

朱培德则允准停战24小时，限令北军撤退，否则继续进攻。18日晨，北军自动退出赣州城，南军入城，委派刘景烈为赣县知事，并组设县议会，以张周坦、谢溥泉为正副议长，实行军民分治，秩序渐定。南军乘胜前进，占领遂川、吉安等地，孙中山还于6月3日任命江西人谢远涵为江西省长，在全国引起很大的震动。但随后因陈炯明在广东发动叛乱，进入江西的南军于7月奉命回师平叛，撤出江西，吉安、赣州重为北军所占。广东革命政府的这一次北伐，遂告结束。

在南军攻赣之时，省内外的江西人反对陈光远的斗争也形成高潮。

在1920年的自治运动高潮中，江西人没有把斗争矛头指向陈光远，故陈光远并未受到什么冲击。这一次形成激烈的反陈态势，除了有李烈钧胜利进军的外部原因，陈光远所做的两件事也成了直接的导火线。一是，陈在省长问题上排赵用杨。1921年2月，北京政府接受"赣人治赣"的要求，任命江西人赵从蕃继任省长。但赵受到陈光远的排拒，在赴任抵达九江时，因陈不让其进南昌，被迫托病折返上海，无法上任。5月，北京政府依从陈光远的举荐，改派杨庆鋆署理省长。杨是直隶枣强县人，曾任山东济南道尹。江西人刚刚为"赣人治赣"主张呼号半年，才达到驱逐戚扬的目标，又来一杨庆鋆，遂坚决反对该任命，并分别要求赵从蕃仍速赴任、省议会与杨断绝关系。[①]但在陈光远的强力卫护下，杨安然到赣任职，直到次年6月陈光远潜离南昌时才被迫辞职。二是，陈为准备战事加征、追征债款。1921年10月6日，陈在广东北伐声浪频传情况下，指使江西财政会议以财政入不敷出、积成巨亏为名，向全省各地丁漕项下摊派"金融善后借款"，规定从当天起到1927年底，每地丁一两带征银元三角，米折一石带征银元五角；无论新赋还是旧欠，一律带征。[②]这是一次在此前滥发金库证券、长短期公债、九九商捐、食盐加价、一五统税、县知事保证金以外的新的特重苛捐[③]，于人民生计影响极大。

因此，陈光远引起江西民众的痛恨。在南军入赣后，江西各公团迭发文电，"宣布罪状"；江西旅京同乡会、旅京江西自治会也通电全国，控诉陈之逆行。这

---

① 电文见《中华民国史事纪要》，1921年5月14日。

② 《东方杂志》，第18卷，第202号，第131页。

③ 据讨贼军赣军第二旅旅长赖世璜1922年4月29日所发《敬告江西父老兄弟》载，陈光远、杨庆鋆用种种方法搜括民财，滥发金库证券八九百万元，长期公债八百万元，短期公债二百余万元，续收九九商捐每年约六十万元，食盐每斤加洋七角，县知事保证金每人一至三千元不等。陈还将钱财汇往天津老家。另据李烈钧特使孙绍康1922年4月15日《泣告同乡父老书》载，陈光远督赣6年，"闻其贪婪不下五千万"。因上文发表于战争期间，故具体数字是否准确，尚待进一步考证。

些文电宣称，“陈光远祸赣之罪，擢发难数，赣人誓不与之偕存”；“惟我赣民，苦陈久矣。彼陈氏犬马我士庶，囊括我脂膏，借国军之积威，行盗贼所未忍，贪黩残逞，罄竹难书……就公理以谈事实，陈光远罪贯恶盈，当无久存之理。”[①]至此，陈光远已难以再维持其统治。随着赣南战事的失败，陈向北京政府自请辞去江西督军职务，并在南军占领吉安之时，弃众逃亡，与其弟陈光逵潜离江西。陈光远在江西为期5年的统治，遂告结束。

2.蔡成勋的乱政与民众的反抗

在陈光远呼请北京增援后，直系首领曹锟命驻内蒙的陆军第一师师长蔡成勋率所部及河南常德盛暂编第一师、绥远第一混成旅等南下援赣，并令桂系残部沈鸿英由湖南进入江西助战。6月13日，蔡成勋[②]抵达南昌。15日，北京政府批准陈光远及省长杨庆鋆辞职，任命蔡成勋节制江西全省军事，承认孙中山对江西省长的任命，任谢远涵为江西省长；17日，下令裁撤江西督军一职，在谢远涵未到前由何刚德暂行护理省长，并负责办理结束督军署事宜。江西是在当时“废督裁兵”浪潮中，第一个被废除督军一职的省份。

蔡成勋入昌即入住原督军署，摆出“抢督”江西的架势。升任陈光远原十二师旅长周荫人为该师师长，张林为第三混成旅旅长，方本仁接替张之杰任赣南镇守使，并派周荫人、常德盛、沈鸿英各部分驻赣南、赣西和赣东等地。省城南昌戒严司令一席，则派其胞弟蔡用勋（曾任绥远骑兵团团长）充当。由此，建立起他的以军事控制为支撑的政治统制。

尽管李纯、陈光远也是军人督赣，但蔡成勋的军阀作风更为突出。他不讲法度，不讲规则，也不顾及上至中央政府、下到平民百姓的感受与反应，独断专行，肆意乱政，致使江西政局长期处于紧张状态，也使得他在江西的3年中，一直处在江西民众的激烈抗拒之中。

第一，拒绝中央委任的官员到任，并抢占省长职位。

为了防止有经验的行政官员对其独占江西构成威胁，蔡成勋在到江西的同时，立即下令阻挡北京政府任命的调和代表欧阳武、徐元诰、刘启垣、程守箴

① 《江西旅京同乡会要求直豫鄂苏皖等省严守中立通电》，《旅京江西自治会呈北京政府及曹锟吴佩孚电》，转引自《中华民国史事纪要》，1922年5月27日。

② 蔡成勋（1871—1946年），字虎臣，天津人。1900年毕业于北洋武备学堂。后追随徐世昌，历任近畿督练处参议官，浙江第四十一混成协协统，总统府侍从官，陆军第一师第一旅旅长，1914年升师长，后兼任绥远都统等。1924年底在江西兵败逃回天津，在老家闲居而终。

等进入南昌，逼迫他们到九江后返回北京。紧接着，相继拒绝北京政府任命并受到江西人欢迎的江西财政厅长文群、教育厅长朱念祖、实业厅长卢建侯、榷运局长尹朝桢、电政监督沈璋等来赣就任（大多在他们南下到达九江时实行拦阻，迫其返京，个别的到南昌后也不让履职视事），而擅自委任财政、教育厅长等省政府主要人员。蔡的行为引起江西人的愤慨，北京政府教育部等也十分惊诧并发电指责。蔡因有徐世昌、曹锟为靠山，有恃无恐，不仅不予理会，反进而将手伸向省长位置。首先，他对护理省长何刚德连施掣肘，致使在任仅 2 个月的何刚德于 8 月 22 日向北京电请辞职（9 月 17 日被迫离职）。9 月 2 日，北京政府正式任命蔡成勋督理江西善后军务（简称督理，是废除督军称呼后对各省军事长官的通称），蔡随即网罗亲信，在督理署内专设一个“江西善后讨论会”，以李廷玉为会长，宣布 6 条善后办法[①]，意图改变人民的观感。17 日，蔡、李伪造民意，上演一幕自任省长的丑剧。先由蔡向北京保荐李廷玉为省长，李则在北京政府并未表态时即通电接印视事。不料此举遭到江西民众的激烈反对，北京政府也不赞成，来电要求蔡成勋遵守中央政令，不能骤于变更，并告诉他已经电促省长谢远涵赴任。谢远涵也当即在北京表示，将尊重中央命令和江西民意，返省赴任。岂料蔡成勋竟于 28 日公然发出通电，拒绝谢远涵就任。面对这种局面，李廷玉不敢触犯众怒，于 10 月 4 日将省长印信送交蔡成勋，并致电北京政府通报此事[②]。蔡成勋则在接过印信的当天，致电北京政府，宣布“自行兼职”，即由他自己兼任江西省长。同时鼓动江西的 4 个镇守使、6 个旅长等 116 名军官联名通电，拒绝谢远涵出任江西省长。蔡成勋的颟顸行为，让北京政府也很难堪，犹疑良久，终不敢轻予应允。1923 年 3 月 23 日，北京政府令江西省长谢远涵开缺（另特派为江西全省官矿督办），特任徐元诰为江西省长，徐未到

---

① 六条善后办法为：一、招集流亡，使复本业。二、调查灾黎，会筹账抚。三、维持教育，期回原状。四、注重实业，以厚民生。五、保护外人，以重交际。六、举办清乡，以绝匪根。善后讨论会内设立文牍、调查、交际、编辑、会计等5股，并发布了由18条内容构成的会章，俨然是一个省政府机构（详见《中华民国史事纪要》，1922年9月2日）。该会1923年5月因会长李廷玉去职离赣而自行解散。

② 《李廷玉致北京政府卸省长事电》（1922 年 10 月 4 日，原载《顺天时报》1922 年 10 月 7 日），《中华民国史事纪要》，1922 年 10 月 4 日。

任以前，由陶家瑶署理。[①]但这一任命仍受到蔡的刁难，不久曹锟贿选总统成功，即于12月11日，下令将江西省长徐元诰、署江西省长陶家瑶开缺，特任蔡成勋兼署江西省长。[②]至此，历时一年多的省长职务之争，以蔡成勋终于达到自兼的目的才告结束。

第二，截留税款，勒民种烟，搜括民财。

蔡成勋到赣之初，客观上面临着庞大的军费的压力，一些部队在吉安、九江等地确也发生闹饷兵变、抢劫地方的事情。但是，他解决庞大军费的办法，不是减少驻军和向中央请援，而是加害于地方。他先是将江西盐款尽数截走，并向每一县署派去一个连长，用武力提取该县收入。继而下令清理1917年以来各地所欠丁漕税款，不问丰歉如何，限令清还。“又下令延期偿还银行借款，停发所有机关经费（极个别除外）；并发放巨额没有担保的银元纸币和铜元纸币。”“蔡成勋还公开提倡淫业，从中抽取花捐。规定妓女分四等，头等每月捐洋8元，二等6元，三等4元，四等2元。由于政府允许和提倡，南昌市的许多街头巷尾纷纷挂起了堂名招牌。”[③]据一位蔡成勋当年的部属记载，“蔡成勋督赣三年多的工夫，没有留下什么‘德政’可言，相反地做了坏事不少”。其中最为典型的是勒民种烟和广设鸦片专卖局以掠取烟款。他的一位当时的部属后来记载说：

> 禁烟。这个问题分为两阶段。禁烟局成立前，赣省盛产鸦片烟土，大部分由私商贩运出境，行销苏、浙、湘、鄂、皖等省，同时因为土产质量差，又吸收一部分“广土”、“闽土”。当时省署借口烟土充斥，毒害人民，采取三季禁种的措施（春季查苗，夏季复查，秋季查土），但因从事禁种员工从中舞弊，以致名为禁种，实乃不啻放种。至于禁运、禁吸，也都成为营私舞弊的

---

① 北京《政府公报》，第2526号，1923年3月24日。徐元诰（1876—1955年），字寒松，江西吉水县人。清末江西高等学堂毕业，留学日本中央大学，加入中国同盟会。回国后在南昌创办江西法政专门学堂。参加辛亥革命和二次革命。与孙中山、李烈钧关系密切。历任江西司法司司长，上海道尹，广东大元帅府秘书长。1923年所任江西省长因蔡成勋阻拦未能到任。南京国民政府时期曾任立法院委员。抗战时在上海拒绝汪伪政权的诱劝。新中国成立后任上海文史馆专员。著述极丰，主要有《中华大字典》、《辞海》、《国语集解》等。陶家瑶(1871—?)，字星如。祖籍浙江绍兴，生于南昌。清朝贡生。曾任四川补用道、四川盐运使、长卢盐运使。1918年8月，任安福国会参议院议员。1923年3月，署理江西省省长。年底改任九江商埠督办。1926年7月，任全国水利局总裁。1928年去职，后寓居上海。

② 北京《政府公报》，第2782号，1923年12月12日。

③ 林颂华撰《蔡成勋》，《江西近现代人物传稿》，第二辑第165页。

手段。但是尽管省长在禁烟过程中,已经取得了大批罚款和大批贿赂,只因欲壑难填,所以在一九二三年冬又有全省禁烟局的成立。

禁烟局成立后,禁烟总局总办由督署参谋长王戢武兼充,但他不亲手办事,却介绍了他的房东朱鹗言(朱是从前江西县知事里"四大金刚"之一)。朱本是趋炎附势的人,借着住房关系,与参谋长过从逐渐频繁,终于巴结上禁烟总局襄办这个美差使。总局设在省城,总局以下设分局、分卡若干处。只因贩运土商络绎不绝于途,所以局卡的设置,星罗棋布。

禁烟局成立后,禁种的第一炮就打响了。它责令分局督同各乡保长勒令种户,先在各分局卡登记,注明要种的亩数,缴纳保证金,然后才能种。而各乡保长尤必须出具连坐甘结,以杜"私种"之弊。这样就成了古诗上所说的:"任是深山最深处,也应无计避征苗。"第二炮,总局印制大批印花税票,不论是本地烟土,还是外来的烟土,一律必须粘贴印花,以免偷漏,否则就是私货,照章予以没收。任何走私贩子要想绕过局卡,那是很不容易做到的。因为总局在各分局、卡境内和穷乡僻壤之间,派有川流不息昼夜轮查的缉私人员,堵截私运。总局的第三炮,就是改私烟馆为官烟馆,开灯供客,按灯派土,按土抽税捐。在重重剥削下,烟膏的价值上升了,可是有嗜好的人又非吸不可。

最后,总局因查获和充公的烟土日渐增多,为掩人耳目计,曾有多次当众焚毁烟土之举。但在焚毁前,经手人早已将烟土替出去了。然后再把替出来的烟土派销出去,辗转间烟土变成现金。总之,上述各点,都比未成立禁烟局以前搜刮的更厉害。无论是种的,运的,吸的都逃不出总局所设的天罗地网之中。无怪乎江西人对蔡成勋善于聚敛民财,曾有"天高三尺"之谣。①

蔡成勋的种销鸦片,也引起了当时在华的外国人的注意。据他们的记载:"江西省在过去两年中已经为鸦片种植和鸦片买卖的普遍潮流所屈服了。过去由邻近省区输入的鸦片是以很小的数量秘密出售的,并且只有小规模的种植,

① 王伟石:《记江西督理蔡成勋》,天津市政协文史委编《天津文史资料选辑》,第36辑,第137—138页。该文作者与蔡成勋的督署参谋长王戢武有同乡关系,当时经其介绍来赣,历充江西陆军军法处审判官、禁烟总局科长、援浙前敌执法营务处副处长等职,在赣将近3年,比较了解蔡成勋的情况。

但是现在是鼓励种鸦片了。自从设立了一个鸦片专利的组织以后,凡是能够出产稻米一石的土地,都被强征鸦片税四元。"[①]蔡成勋通过鼓励种植鸦片及在各地遍设鸦片专卖局,明禁暗许贩卖鸦片、吗啡、红白丸等毒品,征收到丰厚的钱款。

蔡成勋的行为给江西人民带来巨大的灾难。全省人民负担綦重,财政入不敷出。据调查,"蔡督继任,连年对粤用兵,军事费用日益增多。罗掘既穷,苛征百出,于是复向各银行钱庄零星息借三百余万元"[②]。当时报刊揭露,"蔡成勋寇赣三载,大肆搜括,实计窃去现款五千万,然犹以为不足……为所欲为,赣民亦任其宰割"[③]。因此,蔡成勋在江西当政的3年中,也一直受到江西人民的激烈反对,而成为民国江西政治中一个很突出的特例。

就在蔡成勋到赣的次月,江西籍国会议员汤漪等11人即致电曹锟,称蔡蓄意祸赣误国,"不特赣省人民所切齿,实为破坏统一之罪魁"。1922年8月17日,江西各团体赴京请愿团及旅京同乡会一百多人到国务院请愿,向总统黎元洪提出5条要求,要求迅速解除蔡成勋的职务、所有客军立即撤出江西,并警告中央如忽视江西的意见,江西人民将自决政务。[④]国务总理因此答应下令查办。旅京赣人还于9月9日在京成立江西自治促进会,再次发起江西自治号召,宣言非驱逐蔡成勋不足以谋江西之民治及挽救赣省之危局,并在赣人治赣的基础上,进一步提出"赣贤治赣"的口号。反蔡运动在蔡成勋导演李廷玉出任省长时达到高潮,南昌、九江等地市民、学生于9月18、19两日一同举行罢工、罢市、罢学,形成震惊全国的"绝大风潮",致使李廷玉不敢恋位,自动交出省长印信。此后,揭露、控诉蔡成勋多行不义、目无法纪、暴戾恣肆、有如饥鹰饿虎飞行食人之类的电文,要求罢免蔡成勋的呼声,在当时报纸上屡见不鲜。特别是到1924年,江西人民强烈反对蔡成勋专卖及勒种鸦片,贩卖吗啡、红白丸等毒

---

① 《英文中华年鉴》(1924,第558页),章有义编《中国近代农业史资料》,第二辑,1912—1927年,三联书店1957年版,第626页。

② 吴钫等:《整理江西财政案》(1925年),中国第二历史档案馆编《善后会议》,档案出版社1985年版,第359页。

③ 《蔡成勋将被方常逐击》,上海《民国日报》1924年11月2日。

④ 《东方杂志》,第19卷第18期,第141页;《顺天时报》1922年8月18日、19日;《中华民国史事纪要》,1922年8月17日。

品，曾将倒蔡运动再次推向高潮。[①]江西民众的坚决斗争，显示出为追求民主、捍卫权益而不屈不挠的斗争精神，对蔡成勋的统治是一种沉重的打击，在全国产生了良好的反响。

3.南军再次攻赣与方本仁的倒蔡

1924年9月，北洋军阀直系发动对皖系的江浙战争，由直系苏、皖、赣、闽四省对皖系的浙江督理卢永祥作战。孙中山当时与奉系张作霖、皖系段祺瑞组成“反直三角联盟”，为援助浙江而在广东发动第二次北伐，从粤北进兵江西。赣南、赣中遂再次发生局部战争。

广东建国军北伐先遣队总指挥樊钟秀部9月间率先进攻江西，连续攻占崇义、遂川、万安、泰和等地，进围吉安，对蔡成勋构成严重威胁。当时，蔡成勋所部第一旅驻石城、宁都等地，常德胜师驻赣东，而以赣南镇守使方本仁兵力最大，拥有邓如琢独立第九旅以及蒋镇臣、唐福山、杨池生、杨如轩[②]等部数万之众。遂由北京政府任命方本仁为赣粤边防督办，以蔡成勋部第二旅旅长冯绍闵接任赣南镇守使，率军南下增援。南军樊钟秀部不敌，退向湘东边境。11月初，建国军北伐总司令谭延闿率部增援，南军声势复震。方本仁原在1923年春、夏、冬季及本年夏秋间，曾与陈炯明联络，先后四次从赣南攻击广东，为孙中山所深恶痛绝，现在他首当南军锋芒，竟然打起利用南军力量取代蔡成勋的主意。11月6日，方本仁向谭延闿输诚，声称赞助革命，共举讨蔡，被谭委任为赣南督办，相约合力进攻蔡成勋。

其后，广东北伐各部在赣南同时并进，9日占领赣州，守军常德盛等部投向北伐军。21日再克吉安。方本仁则率邓如琢、唐福山、蒋镇臣等部北上，先是进攻蔡成勋部，继而获悉段祺瑞重新执掌北京政权及李烈钧即将回赣消息后，

① 这次斗争取得了重要的胜利，北京政府不得不下令蔡成勋撤销设局收取鸦片等毒品费用一事。事见1924年4月15日《国务院致南昌蔡省长密电》：“据江西旅京同乡会呈称，赣省假筹饷名义，创设拒毒局，实行招商贩卖烟土、吗啡、红白丸等毒品，恳请严行制止等情，并据该会代表等，率领多人向府、院两处请愿，势甚愤激。查烟土及各项毒品，迭经严令申禁，如照所呈各节，不特贻害地方，且将引起交涉。应请将设局收费一事，即日撤销，以顺舆情，而重烟禁。”（《政府公报》，总第2901号，1924年4月19日）

② 杨池生、杨如轩原为滇军朱培德部的团长，在广东因通敌罪被免职后，于1924年2月率残部逃入江西，投靠方本仁，方本仁将其扩编为滇军第一、第二两师，3月由北京政府正式任命两杨为两师师长。

背叛与广东的盟约，于25日在吉水反击广东北伐的湘军、滇军，致使朱培德、宋鹤庆、鲁涤平等部败退待援；同时，发出讨蔡通电，继续在吉安等地攻击蔡成勋部冯绍闵、王麟庆、张庆昶等，连克峡江、樟树，进逼南昌。蔡成勋在方本仁、常德盛的进攻下，节节败退，所属赣北镇守使吴金彪、赣西镇守使岳兆麟均不出手相助。据督署传出消息，蔡成勋面对进逼，向方、常索要500万元现款，“如允，则即刻离赣”。12月6日，蔡从南昌逃去九江，潜往上海。临行前将督理、省长印信分别交给岳兆麟、曹本章，所兼陆军第一师师长交旅长、赣东镇守使杨以来代理。至此，蔡成勋在江西的统治遂告结束。

9日，方本仁进入南昌，即电段祺瑞输诚。14日，段下令免去蔡成勋江西督理职务，并裁撤江西督理一职，特任方本仁暂行督办江西军务善后事宜。此前，段已于2日免去蔡的省长职务，令胡思义署理江西省长。江西由此形成方本仁主赣之局。①

广东北伐军进入赣南、赣中和赣东后，在占领地域建立了一些地方政权。10月6日，孙中山任命孔绍尧为委员长，组建了赣南善后委员会；11月17日，任命梁弼群为委员长，组建了赣中善后委员会；12月30日，任命潘震亚为委员长，组建了赣东善后委员会。委员会直隶于大元帅孙中山，受命办理该地区一切善后事宜，当前工作重心之一为宣传孙中山的三民主义及建国大纲；每县选任委员一名，其“资格为地方声望素著，或在高等专门大学毕业，或曾任省议会议员，或任县知事而无劣迹者”，均由孙中山任命。②这三个委员会，以赣南开展工作为最好，曾先后选任了赣南9个县的县知事，建立了县一级的政权组织。赣东成立较晚，并无多少实际活动。1925年1月初，北伐军退回广东后，这些组织也随之消解。

取得了江西军政大权的方本仁，不能容忍广东北伐军的驻境和京、津等地要求李烈钧回赣任省长的强烈呼声。进入南昌后，他即分电段祺瑞和孙中山，要求下令广东停止北伐，谭延闿指挥的北伐各部立即退出江西。方本仁得到段祺瑞的支持，但遭到孙中山的回电斥责，孙中山并向段推荐李烈钧为江西省长。12月下旬，方本仁调动全省军事力量，分5路对入赣北伐军进行反攻。北伐各军不敌，于1925年1月上旬退回广东。孙中山的第二次北伐行动至此失败。③

① 上述任免命令分见北京《政府公报》第3135号，1924年12月15日；第3123号，1924年12月3日。

② 《中华民国史事纪要》，1924年10月6日、11月17日、12月4日、12月30日。

③ 参见民国《赣县新志稿》第13页；《江西省志·江西省大事记》，第180—182页。

1924年是对江西尤其是人民生活影响巨大的一年。这一年,局部战争频仍,水灾严重。水灾造成南昌城内外“巷行街舟,哀鸿遍野”,城外数十里民房“为水淹没殆尽”,各堤圩决口不计其数,仅温家坊一小地方,在大王庙则淹毙226人,在北头则淹毙231人,房屋冲坏者无算,“白水汤汤,惨不忍睹”。全省“财产之损失,生命之丧亡,刻虽不能统计,然最少总在千万以上”①。战争则加剧了人民的负担和财产损失。报载战争即将打响前,“南昌食米、油、盐及洋货百物逐日飞涨,物价较战前上涨至少也在三四倍以上,米价由五元涨至八元”②。战争发生后,情形就更为恶劣了。

第四节
五四与社会改造运动的兴起

一、五四运动在江西的展开

1. 运动的第一阶段

1919年5月4日,北京学生数千人在天安门集会并游行,抗议帝国主义国家在“巴黎和会”上拒绝中国收回权利、取消日本强加的“二十一”条,并把德国在山东的各种特权全部转让给日本的无理行为,要求北京政府“外争国权,内惩国贼”③,“拒绝和约签字”,遭到军阀当局的镇压,学生被捕30多人。全北京学生立即实行总罢课,并通电全国表示抗议,由此爆发了一场声势浩大、席卷全国的五四爱国运动。江西社会各界以学生为先锋,积极呼应和支持北京学生的爱国行动,迅速、广泛地在江西掀起了一场波澜迭起、有声有色而且持续长久的爱国民主运动。

江西的爱国运动一开始就富有声势和特点。北京五四的消息首先传到九江和南昌,7日起,两地学生迅即行动,一星期中“屡开秘密会议,各学生所表示

① 《赣省水灾之赈济》,上海《民国日报》1924年7月11日。

② 《浙军变动后之赣垣》,《晨报》1924年10月5日。

③ “国贼”当时指曹汝霖、章宗祥、陆宗舆,曹汝霖是经手签订“二十一条”的北洋军阀政府的交通总长;章宗祥时任驻日公使,经手出卖胶济铁路经管权、济顺和高徐两铁路修筑权给日本;陆宗舆时任币制局总裁,1915年任驻日公使时曾经手向日本办理各种借款。三人被时论指为卖国贼。

之态度，均激昂慷慨，且极坚决。故各校校长及教员一致赞成，加入运动”[①]。10日，南昌各校学生在百花洲集议，急电北京政府，恳请对山东权益据理力争、万勿签字，对被捕学生迅予释放。12日，南昌市17所学校的3000多学生，以江西省学界游行警告团名义，举行游行示威，军乐前导，每一学生执白布或白纸旗一面，上书“诛卖国贼”、“力争青岛”、“救被捕之北京学生”、“抵制日货”、“同胞速醒”等，“各校校长及管教员等亦多随队前往”[②]。游行队伍从皇殿侧公共体育场出发，先后到省议会、督军署、省长公署、教育厅和省总商会请愿，学生代表痛切陈词，表示“我视同生命之青岛决不可断送，我视如蛇蝎之密约决不可存留，我视同神圣之北京学生决不可拘禁”[③]，要求他们致电北京政府，立行救国讨贼和释放北京学生。学生代表“声泪俱下，闻者动容”，出来接见的督军陈光远、省长戚扬及副议长、教育厅长、商会会长等人，均当场答应学生的要求，并分别在当天或次日向北京发出电文。学生们的行动，也得到市民们的支持，“沿途观者人山人海，而贩夫走卒以及妇女老稚莫不感动，甚有见旗帜而下泪，向队伍而脱帽致敬者。两旁之商家，均现戚容，无一嬉笑喧哗者，亦可见赣人之心理矣。……沿途警察保护秩序，极为热心，亦难得也”[④]。以警告团游行和请求地方当局出面支持的形式，表达学生的爱国要求，是江西学生在五四运动中的一项创举。学生们在行动中，显示出良好的斗争策略(感动并取得地方当局的支持)和约束能力(游行学生秩序整齐，有理有节)，造成“壮气为虹，和歌变征，兴忧风雨，涕已无从”(南昌游行学生致北京各学校电文)的强烈现场气氛，因而取得了声援和宣传的良好效果，在全国产生了很大的影响，以至于连在上海的外报《大陆报》也报道说：“江西人性质素来保守，今乃有此举动，殊不容轻视。”[⑤]

以12日南昌学生的警告游行为标志，江西五四运动同时向深度和广度全面发展，在很短时间内形成运动的第一个高潮：

一是运动以南昌、九江为中心，波及全省，顿成规模。从12日起，据不完全统计，赣州、吉安、泰和、万安、新干、永丰、峡江、吉水、遂川、抚州、南城、宜黄、

① 《南昌学生游街会西讯，可敬可爱之爱国行动》，上海《民国日报》1919年5月18日。转引自中共江西省委党史征委会、党史研究室编《江西党史资料》第9辑《五四爱国运动在江西专辑》，本目资料多引自该专辑，下不另注。

② 《赣学界游行警告团经过纪》，《申报》1919年5月17日。

③ 《江西商学界之爱国思潮》，《申报》1919年5月19日。

④ 《赣垣学生之爱国运动，全省学生之游行会》，上海《民国日报》1919年5月18日。

⑤ 《南昌学生游街会西讯，可敬可爱之爱国行动》，上海《民国日报》1919年5月18日。

崇仁、南丰、石城、宁都、上犹、乐安、黎川、上饶、弋阳、波阳、铅山、万年、贵溪、景德镇、都昌、湖口、彭泽、星子、德安、永修、修水、宜春、高安、铜鼓、清江、萍乡等县都开展了活动。“可以说,从鄱湖之滨到赣江两岸,从绵延武夷到幕阜山麓,到处响彻外争国权内惩国贼的怒吼!”[①]

二是运动以学生为先锋,但商会、教育会、农会等民众团体以及作为民意机关的省议会也同时参加,一道行动,形成强大的社会合力。这些团体机关,在五四运动前的几个月里,已经多次通电北京,表示反对日本掠夺山东的态度。北京五四消息传出后,他们立即与江西学生取一致行动。5月8日,九江教育会、总商会即分别致电北京政府请求拒签巴黎和约,释放被捕学生。10日,江西省农会、教育会、南昌总商会均向北京政府发出了同样内容的电文。13日,江西省议会亦致电北京政府,转陈江西要求中央据理力争、还我山河、释我学生、一致对外的“民意”,请中央“鉴纳,以保国土而顺舆情”[②]。其后,他们与学生实际上结成为一条战线,同仇敌忾,形成爱国运动的巨大的整体力量。

三是抵制日货。江西的爱国运动几乎一开始就将抵制日货作为一项主要内容。南昌学生12日下午游行结束时,即表示自即日起,各校学生不用日货,并劝告学生亲友提倡国货。同日,九江各界民众为抵制日本台湾银行发行的纸币,群起兑换现洋,致使日本银行紧急从南昌调运银元救急。14日,南昌市总商会集会讨论抵制日货办法,通告全市商行商帮和全省各县镇商会,不再贩运日货。随后,南昌、九江等地抵制日货形成高潮,各行业公会、商帮、商家纷纷响应,江西农校学生集中烧毁本校日货,省立女师学生程孝芬更是割断右手中指,血书“提倡国货,用日货就是冷血动物”13字,以至流血过多而昏倒,震动一时。[③]英人《字林西报》所发5月20日的九江通信,也进一步报道了九江抵制日货情况:“此间日人汽船营业大坏,只有华客三十人,货物实可谓全无。船上华人船员,咸有去意。九江排日运动之烈,与上海无殊,传单到处皆是。”[④]抵制日货是五四运动中全国各地几乎共同的做法,是当时被迫采取的一种斗争手段,反

---

① 陈立明:《五四爱国运动在江西》,载《五四爱国运动在江西专辑》,第43—44页;《江西省志·江西省大事记》,第165页。

② 电文原件存第二历史档案馆,见《五四爱国运动在江西专辑》,第 73 页。

③ 《南昌学生焚毁日货记》,《程孝芬女士断指血书,赣省各界大为感动》,分见上海《民国日报》1919 年 5 月 21 日、23 日。

④ 《九江爱国潮之西讯》,上海《民国日报》1919 年 5 月 31 日。

映了中国人民对日本帝国主义掠夺的不满。

四是学生的组织程度和责任意识较高。在成功举行警告游行的第二天，南昌各校学生即在百花洲开会，商议组织江西省学生联合会。当时，北京政府已经释放被捕学生，但其他问题尚未解决。学生们认为，学生是国家之优秀分子，自当尽其所能，组织团体，做精神上之联合，以交流知识，并向社会宣传和提倡爱国精神，使不识字者居多的人民，知国家之可爱和今日之艰难，将爱国斗争坚持到底。[①]经过两星期的筹备，江西学生联合会于25日在南昌正式成立。联合会以邵祖平、卢任华为正、副干事长，丁伟、汪宏毅为正、副评议长。在南昌学生酝酿组织团体的同时，九江学生也于20日筹组联合会，并于25日正式成立。[②]学生联合会的组织，不但表明学生们的行动有了统一的组织和领导，而且显示出学生们对宣传和动员民众，有一种自觉的责任意识和长远眼光。

在运动的高潮中，江西还发生了一个小插曲，即民众反对议员加薪的风潮。5月21日，省议会召开秘密会议，议决增加议员薪饷。31日，南昌各界发起召开公民临时大会，推举代表向省议会质询。代表们与议会警卫发生冲突，议会会场被捣毁，数名议员受伤。各界公民复推代表面见督军陈光远，要求陈取消议员加薪案，不得要领。6月1日，南昌全市商店宣布实行罢市后，陈光远答允取消议员加薪，商店才一齐开市。这场风波，反映了代表民意的议会过于注重自身利益，与民众的意愿发生了严重的疏离，因而受到以商民为主体的城市民众的抵制，致使地方当局也不得不最后向民众妥协。

2.运动的第二阶段

6月1日，北京政府下令取缔学生的一切爱国行动，并为曹、章、陆辩护；又于3、4两日，逮捕抗议的北京学生800余人，激起全国人民的更大愤怒，五四运动进入以工人阶级为主力的新阶段。江西爱国运动由此进入第二个高潮，特别是九江工人举行罢工，加入了以上海为中心的中国工人的第一次政治罢工、推动五四运动新发展的行列。

6月4日，江西学生接到由天津转上海、上海学联转江西学联要求速起援救北京学生的电文。5日，南昌各校学生立即举行罢课，并通电全国，要求北京政

---

① 《赣垣学生组织联合会》，上海《民国日报》1919年5月19日。该报24日、29日和31日对江西学生联合会的组建作有连续报道。

② 《九江学生联合会纪事》，上海《民国日报》1919 年 5 月 31 日；《江西省志·江西省大事记》，第165 页。

府严惩曹、章、陆，取消中日一切密约，释放被捕学生。南昌总商会继起声援，也于10日向北京政府发出要求保全学生、惩办国贼的通电。在实现释放学生、罢免曹等3人职务目标后，6月中下旬，江西爱国运动与全国同步，集中到要求拒签和约上。同时，江西与全国主要是京、津、沪的联系，以及与本省各县的联系，更为密切，南昌、九江还派出学生代表，出席了在上海举行的成立全国学生联合会的活动。因此，这一阶段运动的组织程度更高。

江西这一阶段的运动，以九江最为出色。码头工人加入斗争，形成“三罢”形势，九江实际成为江西爱国运动的中心，是这一阶段爱国运动的主要特点。6月6日，九江教会学校南伟烈大学率先实行罢课，并向全国发出通电。随后，罢课学生与其他已提前放假学校的未回家的学生，组成多个救国讲演团，在街头巷尾讲演爱国行动，并与北京学生代表张益轩共同动员各公团“一致行动”。[①]12日，九江商界举行全城罢市。上海《申报》报道说，九江“此次罢市，商界本早有此意，惟以商情非常涣散，无从提倡，遂致延宕多日。绅界某君等以沿江各埠业已罢市，九江迄无消息，殊为愤慨，适接上海学生来电，当即将原电油印分散各商店，并要求与沪、宁、苏(州)、扬(州)等处取一致行动，遂有本日结果”[②]。罢市得到学生们的欢迎，九江学生结队游行，手持“商界万岁”、“幸勿暴动”、“抵制日货”、“坚持到底”等旗帜，“高唱商民万岁，以表示学生欢迎商家协力援助之意。游行后，学生们又分段站岗并到各处演说，遇有日本人经过，学生伴随保护，秩序如常”[③]。这说明，九江学生在运动中显示出相当高的智慧，即使是在运动高潮中也保持了冷静和秩序。

爱国运动同时得到九江工人的声援。在商界罢市的同一天即12日，九江各趸船工人、码头运输工人实行罢工，相约定不取轮船货物，不搬货物上船。工人们说，现在商界罢市，学界罢课，我等工人何独无心肝，不为应援？这一说法成为共识，“各工人群以为然”。[④]罢工中，码头工人拒绝装卸货物，致使到埠的轮

① 《九江近事》，《申报》1919年6月14日。

② 《九江罢市之经过》，《申报》1919年6月16日。一说为6月11日“商会开会决议翌日全城罢市，如有违约营业者，众议公罚之”，12日晨随着学生游行团的活动，全城一律罢市(《九江罢市之别报》，《申报》1919年6月19日)。中共九江党史办编《九江人民革命史》(2001年出版)则称：“爱国商民的罢市风潮也酝酿已久，只因害怕官厅镇压，一直按兵未动，在工人阶级全体罢工以及学生罢课上街宣传的影响下，也先后关上店门，实行罢市。”

③ 《九江罢市之商讯》，《申报》1919年6月18日。

④ 《九江罢市之经过》，《申报》1919年6月16日。

船久停江岸或空驶而去。划船工人拒绝运载日本人过江,庐山的轿夫也拒绝抬运日本人上下庐山,致使日本人"感受非常困难"。罢工期间,工人们虽面对"饿肚不开工"的生活困难,但斗志不改。有美国人往庐山避暑,愿出高价请工人搬运20余件行李,罢工工人回答说:"我们并不是说先生钱少了不搬,是因为日本人欺我中国太甚,是以我们罢工。"以致美国人不但自己动手搬运行李,而且对中国工人的爱国行为大生感佩,称赞"中国人热心甚好,不久即可强国!"[①]学生们敬佩工人的坚决和勇敢,立即喊出了"工界万岁"的口号。九江工人的罢工,从根本上壮大了爱国运动的力量,形成了五四运动中江西仅有的一处学生罢课、商人罢市、工人罢工的"三罢"斗争局面,也是江西五四运动发展到高峰的标志。

九江"三罢"斗争坚持了好几天[②],产生了许多动人的情景和巨大的政治影响。《申报》记者报道说:"最奇者,此次举动,不论如何暴动,军警并不干涉;不论聚集多[少]人,只要学生一言,无不立散。即八九龄小学生,人民亦必信仰。俗云兴与不兴看后人。如此八九龄童子,均井井有条,中国转弱为强,谅不远矣。"[③]

在五四运动中,江西还有两个政治现象值得一提。其一,江西籍学生在全国爱国运动中发挥了重要的作用。在北京大学的许德珩和段锡朋、张国焘,是北京五四运动的重要参与者,许德珩是5月4日北京被捕的32个学生之一,段锡朋6月在上海当选为新成立的全国学生联合会会长。[④]他们曾多次或派人或自己到九江、南昌进行联络,为江西爱国运动的开展,同样起了重要作用。

其二,江西省军政当局多赞同学生和民众的要求。陈光远与戚扬在5月12日接见游行学生时,即支持和钦佩学生的爱国热忱,明确表示不能以寸土与人,"现已拟定电稿,通电力争","无论如何,誓以争回主权,保我疆圉为目的"[⑤]。陈、戚随即致电北京政府,转达学生"国可亡而青岛不能让,民可杀而主权不能失,应请切电我国代表坚持前议,请和会将青岛交还中国"和"勿过摧残"北京

---

① 《九江罢市之商讯》,《申报》1919年6月18日。

② 尚未发现哪一天结束的资料,从已有资料看,至少到17日还在坚持之中。

③ 《九江罢市之商讯》,《申报》1919年6月18日。

④ 参见彭明:《五四运动史》,人民出版社1984年版,第265—288页;李新、陈铁健主编《伟大的开端》,中国社会科学出版社,1983年版,第143—145页。

⑤《赣垣学生之爱国运动,全省学生之游行会》,上海《民国日报》1919年5月18日。

学生以保方刚之士气的要求。[1]江西省议会亦于13日致电北京政府，请其据理力争，“以保国土而顺舆情”。两电名为转达民意，实际上表示了他们自己的看法。因此，在北京政府密电征询意见后，陈光远即有明确表态。在16日复北京政府电中，他提出了不能不力争青岛的4条理由，认为此事“直关国家存亡，自当誓死力争，不能丝毫让步。如果抗议无效，惟有严拒签字”[2]。其后，他还与李纯、王占元以“长江三督”几次上呈对时局的意见，其中如6月8日通电北京政府，提出3点主张：(1)对于曹汝霖、陆宗舆、章宗祥等，请照学生要求将其免职；(2)对于外交问题主张不签字，万不得已时，须有确切之善后办法；(3)对于南北和议主张按照原议，先解决国会问题。[3]陈光远等对五四运动和江西学生、民众的态度，虽然在6月1日接到北京政府的命令后有所变化，但总体上是支持的，因而也是值得肯定的。他们之所以能够在运动中明确支持学生和民众，表明自己的意见，既源于其自身的民族立场，更因为他们看到了民众的力量，深知浩然民气之不可违。客观地说，他们的态度，也是影响北京政府最后决定罢免曹、陆、章和拒签和约的一个重要因素。

在全国人民的坚决斗争下，北京政府被迫于6月6日至8日释放被捕学生，撤去曹汝霖、陆宗舆、章宗祥的职务；28日，中国代表拒绝在巴黎和约上签字。五四运动取得胜利，并成为中国新民主主义革命的伟大的开端。江西人民的斗争，既有力地支援和配合了全国人民的爱国斗争，也是全国人民爱国斗争的重要组成部分，是对五四运动的重要贡献。

3. 五四运动的延续

五四运动到6月底取得拒签和约胜利而基本结束。但这场反帝爱国斗争的余波，还延续了几个月。在江西，这些斗争大体分为两类：

一类是继续支持和声援省外的反帝反封建斗争。主要有：8月起，声援山东人民反对“马良祸鲁”、要求惩办制造8月5日“济南血案”凶手的斗争，持续几个月，江西还派出代表参加了进京请愿活动；12月，为声援福建人民反对日本暴徒制造“福州惨案”，要求北京政府对日交涉、惩凶维权的斗争，江西学联组织了5000多学生参加的游行警告，抗议日本人枪杀福建同胞的罪行。江西女界联合会、南昌总商会、江西省教育会等团体以及九江的学生和市民，也纷

① 《赣学界游行警告团经过记》，《申报》1919年5月17日。
② 《陈光远请争青岛电》，《申报》1919年5月27日。
③ 《中华民国史事纪要》，1919年6月8日。

发通电或举行游行，指斥日本人的强暴行为，要求北京政府“严重交涉，惩办凶祸，以慰民望”[①]。

另一类是开展本省的民主运动，巩固五四运动成果，并维护本省的政治、经济利益。主要有：(1)召开江西国民大会。7月21日，经江西各公团共同发起，正式在江西大舞台举行国民大会。召开国民大会的宗旨，是表达江西民间对国事的态度，抒发国民外交的精神，“使东西诸友邦感受我国民之诚意，矫正对华政策，予以公道正谊之援助，以维持我国际地位，维持世界和平，斯则我江西国民大会之职志之希望也”[②]。这次大会通过了三条“救国方针”，即贯彻国民外交主张，全力对付中日交涉，惩办国内奸党。并向各友邦国、南北政府等发出电文，要求解决青岛问题、实现南北统一一致对外。[③]国民大会是五四运动中出现的一种民间斗争形式，当时在全国许多地方都有实行。江西到1920年2月还曾再次召开国民大会，各界到会者近万人，向北京政府发出警告，不得干涉山东省向德国索回主权的行动。(2)成立江西各界联合会。继五四中相继成立江西学联和江西女界联合会(6月16日成立)后，江西适应全国各地进一步联合力量、发展爱国运动的形势，响应京、津各界联合会的多次联络，于8月间由学联和女联发起，联合各团体筹建江西各界联合会。中经反复，终于11月3日召开成立大会，组成了由20多个团体加入的江西各界联合会。选举钱志铭为总干事，杨锦垣、金士珏为副总干事。随后，派出3名代表到上海出席了全国各界联合会成立大会，其中2人还被留在全国联合会工作。(3)救济南浔铁路和反对开放米禁。(4)继续提倡国货，深入检查和抵制洋货，特别是日货。

江西以爱国学生为主的这些斗争，一直坚持到1920年2月才告一段落。在1920年及其后，也仍多次发生。

二、改造社的成立与新思想的传播

五四运动后，江西出现了一个以先进的青年知识分子为主体的接受和传播新思想新文化的浪潮。在这个浪潮中，以南昌为中心，在全省出现了一批新文化社团及其主办的刊物，如南昌二中袁玉冰等组织的“改造社”及其社刊《新

① 参见《南昌学联声援闽案警告书》，上海《民国日报》1919年12月13日；《江西学界之游行准备》、《纪赣学生之游行警告》、《九江学生声援闽案之游行大会》，《申报》1919年12月12日、13日、14日。

② 《江西最近之三会》，《申报》1919年7月15日。

③ 《纪江西之国民大会》，《申报》1919年7月26日。

江西》,南昌女子师范学校孙师毅、刘和珍等组织的“觉社”及其创办的《时代之花》半月刊和《江西女子师范周刊》,南昌一中的“晨鸣社”及其《晨鸣月刊》,曾天宇、张世熙、王立生等组织的“万安青年学会”及其主办的《青年》杂志,恽代英、王子平等组织的“九江人社”,张朝燮、王环心等组织的“永修教育改造团”,方志敏组织的弋阳“九区青年社”,孙师毅主持的《新民报》副刊《作新民》周刊,吉安十属旅京学生会创办的《吉州》,等等。这些社团和刊物,以阐释民主观念、介绍新思想、提倡新教育、促进人的思想启蒙和改造社会为宗旨,形成了江西蓬勃一时的新文化运动,给社会带来一股清新、开化之风。其中,最富有影响和成果的社团和刊物是“改造社”及其社刊《新江西》,领军人物是袁玉冰、赵醒侬和方志敏。

改造社是在马克思主义影响下成立最早的江西进步社团。创办者袁玉冰(别名孟冰,1899—1927年)是泰和人,1918年考入南昌二中读书,负有改造社会的大志,曾赋诗“光阴去我太匆匆,忽忽年临二十中。矢愿从今坚立志,要为世界主人翁”①。五四运动时为南昌二中学生领袖,首次读到《新青年》,开始接触马克思主义。1920年7月,在校联合黄道、徐先兆、黄在璇(野萝)、黄家煌、刘铁、石廷瑜、支宏江(江岩)等7名有志学生,组织“鄱阳湖社”,谈论国事,抨击时弊,探寻改造社会的问题。随着思想的深入,他们感到“鄱阳湖社”的名称难以体现社团的宗旨,即于12月改名为“改造社”,并在1921年1月1日召开改造社成立大会。当时有会员10余人,共推袁玉冰为负责人,决定出版社刊《新江西》。改造社明确宣称以“改造社会”为宗旨,先从江西做起,最终的目的是把这个“黑暗的旧江西”变成一个“光明的新江西”②。随后,袁玉冰等订立了8条社规:(1)积极地破坏不良的社会制度。(2)社员只能信仰主义,绝对不能信仰宗教。(3)对于民主革命的政党,只能援助,不能加入。(4)社员须有一种体力劳动或精神劳动的正当职业。(5)社员不得为资本家的助手。(6)社员生活须平民化。(7)社员不得有不良嗜好,如嫖赌烟酒之类。(8)社员对于下列各种应该有所研究:①马克思学说;②社会学;③外国语(至少一种);④世界语。③社刊《新江西》也

① 中共江西省委党史资料征集委员会编《江西党史资料》第30辑(《袁玉冰专集》),中央文献出版社1994年版,第193页。该专集中《江西共产主义运动的先驱——袁玉冰》一文注明袁玉冰的出生时间为1897年。

② 《新江西宣言》,《袁玉冰专集》第5页。

③ 赵敏、李翰翟:《江西共产主义运动的先驱--袁玉冰》,《袁玉冰专集》第5页。

在5月1日出版了创刊号。该杂志随后在南昌、赣州、九江、吉安省内各地以至在北京、南京、上海、广州、武汉等地均有发行,是江西传播新思想新文化的一个最为主要的阵地,起了时代先锋的作用。从改造社的宗旨、社规及所办《新江西》杂志看,改造社是一个主张社会改造的革命团体,是中共成立前在江西出现的一个接受了马克思主义的进步组织。

改造社成立后,一批进步青年陆续加入。同年6月,在南昌省立甲种工业学校读书的方志敏(弋阳人,1899—1935年),也加入了改造社,并在校内积极组织学生运动。被学校开除后,他考入九江南伟烈大学读书,在校发起组织读书会和马克思主义研究小组。为寻求改造社会的真理,复于1922年7月毅然退学去上海,在沪相继结识赵醒侬和袁玉冰,并由赵介绍加入了中国社会主义青年团(1925年改称中国共产主义青年团)。赵醒侬(1899—1926年)是南丰人,早年到上海做工,因备受欺压,立志改造社会,在职业补习学校阅读到进步书刊后,接受了马克思主义和"工人解放"理论,1921年五一节时在上海工商友谊会演讲劳动节历史,不久加入中国社会主义青年团,并很快转为刚成立的中国共产党党员。赵、袁、方三人在上海分析江西时局和出路,感到新思想新文化在江西传播不广,决定从此入手,在南昌建立文化书社,作为传播新思想新文化的阵地,得到团中央的肯定。1922年8月,赵醒侬送方志敏返赣筹办文化书社,送袁玉冰赴北京大学入学。方志敏到南昌后,立即在三道桥东湖边开办文化书社,15名组织者多为改造社成员,方任总经理。文化书社宣言指出,该社以灌输文化为宗旨,专门介绍本国及外国新出版的书报杂志,即从别处运输来知识思想,在荒凉的江西,没有文化种子的江西,灌溉文化之芽,以使"江西青年思想界,开出几朵笑迷迷的'文化之花'来"①。袁玉冰去北大后,改造社成员也多到外地或外国求学,分布较广。10月6日,袁玉冰召集在北京的成员开会,决定在北大设立改造社总社,在南昌、上海设立分社;将《新江西》由季刊改为不定期刊(后该刊被当局封闭后移上海出版);社员每月每人至少通信一次,以加强联系。袁玉冰也由李大钊介绍加入中国社会主义青年团,并很快转为中共党员。改造社的活动形式至此有所改变,但其影响则更为扩大。

11月,赵醒侬受团中央委派,回到江西负责筹建南昌地方团组织。赵在南

---

① 《南昌文化书社宣言》,中共江西省委党史资料征集委员会编《江西党史资料》第29辑(《赵醒侬专集》),中央文献出版社1994年版,第108页。该专集所刊曾志巩、蒋伟撰写的《革命先锋赵醒侬》一文,对赵醒侬生平事迹有较全面的介绍。

昌一面着手组建团组织，一面与方志敏及寒假返家的袁玉冰继续扩大宣传新思想和组织革命活动，相继成立马克思学说研究会、民权运动同盟，确定把《新江西》及《青年声》周刊“作为宣传我主义的刊物”，指定胡占魁负责南昌工人的动员组织工作，并重点在南昌、九江、景德镇、丰城发展青年入团。这些活动虽然很快遭到江西督理蔡成勋的镇压，1923年春袁、胡相继被捕，赵、方等被迫避赴沪、宁，但新思想的种子已在江西大地萌生。

新思想新文化在青年知识分子中的传播和进步社团的组织，为中国国民党和中国共产党江西组织的创建和早期活动，建立了思想和组织的基础。

三、国、共等政党的组织与活动

1.中国国民党江西地方组织的创建

国民党在江西的早期组织，始于1906年。由此而至1926年底消灭北洋军阀取得江西政权，江西的国民党组织的活动，主要是以秘密方式进行组织建设、武装起义和策应北伐战争。这个过程，大体可分为三个阶段：

第一阶段(1906—1913年)，建立早期组织、举行武装起义和掌握江西全省政权。江西的国民党组织，由同盟会及反清革命团体发展而来。1905年中国同盟会在日本东京成立，1906年，孙中山派会员黄格鸥(清江人)、魏会英(赣州人)回江西发展组织。他们以1904年成立的易知社、我群社为主，建立了同盟会江西支部。由江西学生在南昌组织的易知社和在宜丰、南丰组织的我群社，是江西最早出现的反清革命团体。易知社推张惟圣、虞维煦为正副社长，成员60余人，主要是江西武备学堂、测绘学堂、陆军小学的师生和南京两江师范的赣籍学生；我群社由蔡突灵、蔡锐霆(两人亦是易知社成员)等组织，他们偏重于联络会党。江西支部成立后，致力于发展组织，魏会英到赣州，组建了赣州分部；蔡突灵、蔡锐霆兄弟则奔走于瑞州(治今高安市)、袁州(治今宜春市袁州区)、临江、吉安各地，建立多个分部。同盟会是中国早期的革命政党，也是国民党的前身，它在江西机构的设立，表明江西从此有了国民党的组织。担任同盟会江西支部长者，先后有钟震川、贺国昌等。

清末江西的另一革命团体是共进会。共进会是同盟会为了联络会党而建立的组织，1907年由焦达峰、张百祥和江西人邓文翚等在日本东京发起成立。1909年10月(一说1月)，邓文翚回到南昌，建立了共进会江西分会，以邓文翚为会长，虞维煦、丁立中为副会长。在此前后，萍乡、万载等地的洪门会党，则加入了湖南共进会。

同盟会江西地方组织和共进会相继成立后，分别将活动的重心放在学界、军界和会党方面，特别是1906年江西建立新军，不少同盟会员即投入了新军。他们秘密进行联络和发展力量，准备并积极发动反清武装起义。其中，最显著者，为1906年的萍浏醴起义、1911年的辛亥革命江西光复和1913年的“二次革命”。江西同盟会组织在这些革命活动中，起了领导作用，其成员表现出了牺牲精神和先锋作用。

1912年8月，孙中山等以中国同盟会为基础，与统一共和党等四党合并组成国民党。国民党的称谓，即从此始。8月20日，李烈钧以江西支部长名义，与会员徐秀钧、欧阳武、刘世均、刘家骥署名致电同盟会本部，称“在赣支部开大会研究，咸表赞成”①。江西的同盟会、共进会两组织随即奉国民党本部之命，合组为国民党江西支部。这时，国民党党员遍于全省，为数不下2万人，支部长李烈钧担任江西都督，江西的国会议员和省议会议员，也大多数是国民党人，国民党事实上掌握了江西全省军政大权。因此，这个时期被江西国民党人认为是一个“全盛时期”。1913年7月，李烈钧在江西首先发动讨袁的“二次革命”，成为影响全国的重大历史事件。

第二阶段(1913—1923年)，寓居东京、上海和反抗北洋军阀统治。1913年7月，袁世凯派驻鄂第六师师长李纯进军江西，一个多月间打败反袁的数万赣军，国民党领导的“二次革命”在江西宣告失败。李纯随即署理江西都督，建立起北洋军阀对江西的统治，同时对曾担任文武官员、记者的国民党人，和国民党籍的10名国会参议院议员、25名众议院议员以及众多省议会议员，“一律按册缉捕”，给全省的国民党组织以毁灭性的打击。江西国民党人徐秀钧(时任国会众议院议员)等被捕杀，大部分“尽为亡命”，“四方窜伏，而以日本东京为最多”。也有一些人屈节召侮，徘徊失机，被人“携袁世凯金钱暗中勾去不少”②。

1914年6月，孙中山在东京组建中华革命党，原国民党人需履行加盟手续，方得成为中华革命党员。孙中山以周道万为江西主盟人，任徐苏中为中华革命党江西支部长，夏之麒为江西革命军司令长官，江西支部设在东京，有党员约300人，其中有江西留日学生100多人。夏之麒二次革命时在湖口参与指挥，曾组织敢死队苦战月余，故受命后当即回到上海，派遣刘万等返赣设立机关，刘

① 《李烈钧等致宋教仁等电》(1912年8月20日)，《李烈钧文集》，第79—80页。

② 江西出席中国国民党一大代表：《江西省党务报告》，1924年1月。

万等被李纯捕获杀害后，再派欧阳靖国主持赣事，但夏之麒遭赣浙两省当局悬赏重金侦缉，1915年11月7日在上海被刺杀。[①]1916年，江西支部移设上海，有党员700余人。虽然支部不在江西，但支部通过派人等方式，活动重心仍在省内。江西革命党人当时仍致力于军事行动，曾组织新华社及卫军团等，力谋发动"三次革命"，遭当局破获，党员刘霖、刘辉堂、李佐等被杀害，入狱者数十人，其余逃伏各地。袁世凯死后，省议会恢复，国民党人乘机复起，江西组织又现起色。1919年10月10日，孙中山因中华革命党无法继续存在，遂恢复国民党的名称，改称中国国民党。江西组织遂相应改名，并长期未再变更。

1920年起，江西国民党员的构成发生了重大的变化。此前，党员主要来自军、政两界人士和江西留学生；这时开始转变为"以内地学生及工人为最多"，人数也日呈增长之势。这一变化，与五四运动的兴起及其在江西展开得很有声色有关。1922年，广东革命政府北伐，江西国民党人积极响应。北伐因陈炯明叛变失败后，江西国民党人在省内和上海均受到北洋军阀政府通缉，江西党务，于是再次陷入停顿。

这一阶段的江西党务活动，主要是反抗北洋军阀的统治；活动地域，为上海和成为革命根据地的广州，而以江西为主。其主要工作是：(1)发动小规模起义。江西支部曾先后派赖天球在龙南、定南、寻邬和广东南雄发动起义，祝光照在赣东北发动起义并一度占领上饶、铅山，黄干在鄱阳、都昌一带发动起义，刘霖、刘辉堂、李佐等在北洋军中运动起事(事泄被杀，国民党人被捕者数十人)。起义虽均失败，但扩大了革命的影响。(2)"着力于主义宣传"和设法参加群众运动。1916年，徐苏中返省恢复了1913年被封闭的机关报《晨钟报》(同时为党部办事机关)，任主笔。不久，因宣传革命及主张省议会弹劾北洋省长戚扬，徐遭通缉逃亡，报亦停办。1921年5月，江西改造社(其成员后来成为江西国共两党早期重要领导人)创办《新江西》季刊，季刊1923年被江西当局封闭后，移到上海，改出半月刊。该刊"抨击军阀，不遗余力"。其他有国民党人参加兴办的报纸和出版物，共有7种。此外，积极参加民权运动同盟，加入青年团体及各种学会，致力于"灌输吾党主义"[②]。(3)借托议会进行活动。1916年江西恢复省议会，时称第二届议会。国民党人乘机加入，与前一届议会一样，"仍占议席百分之八十"。这为国民党人借议席反抗北洋军阀的统治，提供了合法的条件。

---

① 《中华民国史事纪要》，1915年11月7日；1917年11月21日。

② 江西出席中国国民党一大代表：《江西省党务报告》，1924 年 1 月。

第三阶段(1924年—1927年春),重建江西组织和响应国民革命。1924年1月,中国国民党第一次代表大会在广州召开。孙中山改组国民党,实现中国国民党与中国共产党第一次合作,形成了国民革命的锐进态势。彭素民、徐苏中、赵干(即中共党员赵醒侬)、萧炳章、周道万、胡谦、孙宏义、刘伯伦、王恒等9人作为江西代表出席了国民党一大。3月,赵干、邓鹤鸣受国民党中央党部秘密派遣,担任筹备专员,由沪回赣筹建江西省党部。主要由以个人身份加入了国民党的共产党员,来筹建和主持国民党组织及其活动,是这一阶段最为突出的一大特征。

在赵醒侬、邓鹤鸣、方志敏等主持下,先建立了国民党江西省临时党部,继于1925年7月,在南昌召开中国国民党第一次全省代表大会,选举赵醒侬、邓鹤鸣、张朝燮、方志敏、许鸿、陈灼华、朱大贞为执行委员,涂振农、刘承休、曾振五、傅惠忠为候补执委;李松风、曾天宇、王镇寰为监察委员,姜伯彰、王立生为候补监委,组成了正式省党部。赵醒侬任组织部长,实际主持省党部工作;邓鹤鸣、张朝燮、刘承休、朱大贞、陈灼华分任宣传、工人、农民、青年、妇女部部长(农民部部长后先后由涂振农、方志敏担任)。全省党员这时有2698人,县、市党部17个。省党部归属于中央执行委员会上海执行部(原规定隶属于汉口执行部,但从1925年8月组织部长赵醒侬向上海执行部解送党员入党表、调查表看,江西实际隶属于上海执行部)。1926年3月召开第二次全省代表大会,领导成员及机构与一大相同。

省党部先后创办了《民治日报》(1925年秋)、九江《江声日报》(1925年秋)、《南昌民国日报》(1926年8月,后改名为《江西民国日报》)等报刊。在全省恢复重建组织,由张朝燮、王镇寰等在南昌市,许鸿等在九江,周利生、王湘等在吉安,姜伯彰等在上饶,萧赣、李人祝、颜承梁等在萍乡,以教书等为掩护,负责当地党务活动。积极进行响应广东国民政府的北伐军事,特别是在1926年的北伐战争中,动员江西人民箪食壶浆、支援战争,炸毁孙传芳部装载军械弹药的轮船,颇具贡献。全省党务活动,十分活跃,但也受到北洋军阀当局的残酷镇压。1926年8月,军阀邓如琢查封国民党江西省党部及其活动据点,逮捕省党部常委兼组织部长赵干(赵醒侬)并于9月将其杀害。全省党员及青年学生,随后被害者甚众。江西的国共两党组织,遭受沉重的损失。

2.中国共产党江西地方组织的建立

1924年3月,在上海的中共中央派遣赵醒侬(赵干,南丰人)、邓鹤鸣(高安人,当时在上海全国学联工作)到江西秘密筹建组织。此时,国、共两党已实现党内合作,并刚刚在1月召开了国民党一大,决定共同领导国民革命。赵、邓是以个人身份加入了国民党的中共党员,因此,在他们受命回赣筹建国民党江西地方组织时,中共中央为加强对江西革命的领导,也指令他们筹建中共江西地方组织。

在组建中共组织前,江西已经有了青年团的组织。其组建情况是:1923年1月20日,受命返赣建团的赵醒侬与方志敏邀集在南昌信仰马克思主义的同志,成立中国社会主义青年团江西地方团。当时由于"南昌信仰新文化[者]已经是少数,而热心社会主义的,尤其[是]少数的少数"①,所以江西地方团的发起人这时仅有赵、方及刘拜农、刘五郎、刘修竹、陈之琦、赵履和等七人,推定刘拜农为临时书记,决定向工人和学生作有力宣传,力争多介绍学生入团及援助工人运动。②8月,赵醒侬以江西代表身份,由上海赴南京出席中国社会主义青年团第二次全国代表大会,会后再次返赣工作,10月下旬,在南昌正式成立中国社会主义青年团南昌地方执行委员会,赵醒侬、曾宏毅(洪易)、徐竭夫为委员,崔豪为候补委员,赵醒侬任委员长。团地委继续传播《先驱》、《向导》等中共党、团刊物,秘密组织领导学生运动、工人运动、文化运动和国民运动,并在南昌设立了三个支部,在九江设立了一个支部,创办了机关刊物《红灯》,逐步扩大工作范围和进步思想文化的影响。江西青年团组织的建立及活动,为中国共产党江西地方组织的建立,奠定了基础。

赵醒侬、邓鹤鸣到南昌后,立即着手筹建中共地方组织。他们先在团员中发展方志敏、傅清华等加入中国共产党。1924年5月,领导建立中国共产党南昌支部,赵醒侬任书记兼组织干事,邓鹤鸣任宣传干事。支部设在南昌市解家厂附近,直属中共中央领导。③中国共产党江西地方组织的建立,是近代江西史上的一件大事,她不仅与革命的国民党一道,为近代江西历史增添了崭新的政

---

① 《赵醒侬致存统信》(1923年1月),中央档案馆、江西省档案馆编《江西革命历史文件汇集(1923—1926)》,1986年内部印行,第7页。

② 《江西地方团临时书记给团中央的报告——关于江西地方团成立及其第一次会议议案》(1923年1月22日),《江西革命历史文件汇集(1923—1926)》,第9—10页。

③ 参见中共江西省委组织部等编《中国共产党江西省组织史资料》,第一卷(1922—1987),中共党史出版社1999年版,第23—25页;中共江西省委党史研究室编《中国共产党江西历史简编》,江西人民出版社2003年版,第14—15页。

治、思想和文化的内容,而且使江西人民改造社会、追求建设新江西的斗争,有了无产阶级先进政党的领导,从而表现出更大的自觉性和更强的使命感。以赵醒侬、袁玉冰、方志敏等为代表的一批先进分子,为江西党团组织的创建,为使江西不落后于时代前进的步伐,作出了重大的贡献。

中共南昌支部建立后,致力于扩大建立国共两党地方组织和领导革命活动。由于国民党当时是革命统一战线的领导及活动形式,赵醒侬等中共党员下力气建立全省国民党组织。因此,在中国国民党江西省一大选举产生的16名执行委员和监察委员中,有12名为中共党员。当时至1926年创建的全省61个县、市党部,绝大多数也是以中共党员为主创建起来的。这是国民革命时期,中共党员和国民党左派力量在江西占据优势的主要原因。

中共江西地方组织自身的发展,则以赣江两岸和南浔铁路沿线的南昌、九江、吉安等为重点,发展党员和建立下属组织,积极开展工人、农民、青年和妇女运动。为扩大革命宣传和准备革命力量,党组织还在南昌分别创办了明星书社和黎明中学。明星书社 1924 年 6 月在南昌市西湖横街开业,曾天宇任经理,是中共中央开办的上海书店在江西的发行点,也是江西党组织的重要活动场所。黎明中学 8 月在南昌市杨家厂附近开办,校名寓意为“黑暗即将过去,黎明即将到来”,是江西最早的一所培养革命人才的学校,也是当时国、共两党的重要活动机关。该校后被军阀当局查封,北伐占领南昌后并入南昌中学。①

1926 年初,在江西督办方本仁逮捕准备到广东出席国民党二大的赵醒侬、刘承休、陈灼华(均为中共党员)、形势一时严峻的情况下,中共中央为加强江西的领导力量,先后派出在上海的江西吉安籍中共党员罗石冰、刘峻山(九峰)为特派员,营救赵醒侬等被捕者,整顿和发展党团组织,先后将吉安、九江的党小组升为特别支部。4 月 8 日,经中共中央批准,在南昌建立中共江西地方执行委员会(简称中共江西地委),罗石冰任书记兼宣传部主任,赵醒侬任组织部主任,方志敏任工农部主任。到年底,中共江西地委在全省 50 个县、市建立了基层组织,拥有党员 800 多人。党的工作,在这一年全力转入策应北伐军的进军江西。

3. 其他政党社团

民国初年,是全国组建政党社团十分活跃的时期,时人称“集会结社,犹如

---

① 陈文华、陈荣华主编《江西通史》,第753—754页。

疯狂，而政党之名，如春草怒生，为数几至近百”[①]。这种趋势，在江西也有所反映。

据台湾学者研究，民国初年（这里指1911—1913年），全国各地成立的具有现代性质的新兴公开党会，初步统计有682个，其中政治类的有312个，其余为联谊、实业、公益、学术、教育、慈善、军事、宗教、国防、进德各类等。这些党会主要分布在上海、北京、广州，其中在江西成立的有4个，这就是属于政治类的赣省公民联合会，1913年5月在南昌成立，是反对袁世凯的政治组织；属于联谊类的江西警察协会，1912年10月在南昌成立，主要职能是保障警察权利，发起人为阎恩荣等；属于慈善类的九江红十字会，1911年12月成立，负责人有白坚、蔡惠、江楚鸣等；属于公益类的女子军事协进会，设在南昌，主要职能为赞助革命进行。[②]严格地说，这些还只能算是社团，还不能说是完全的现代政党。

当时江西的党会政团实际上并不止此。还有另外两种情况，也可列入：

一种是江西籍人士在外省组织或参与组织的党会政团，为数不少。比较著名的，政治类的如谢远涵在北京参与组织的民主党，李盛铎在北京参与组织的政治研究会，吴宗慈在北京参与组织的国家学会和新共和党，江亢虎在上海发起组织的中国社会党等，联谊类的如谢远涵、梅光远等在上海组织的江西共和建设讨论会，在上海成立的江西公会，以及旅京、旅沪、旅汉江西同乡会等。[③]

另一种是一些在京、沪成立的政党，在江西设立了分支机构。如1912年，共和党、民主党都在江西建立了支部组织，并与同盟会相对立，失势后“其顽强者乃托黎元洪，以后投身于袁世凯，而为之虎伥焉”。统一党也在九江建立了交通部。1913年5月，共和党、民主党和统一党三党合并成立进步党，江西的三党组织经过7月间的合并纠纷后，也实现合并并成立了江西支部，支部部长谢远涵，副部长高巨瑗。该党反对李烈钧领导的“二次革命”，在湖口起义爆发后，曾致电北京政府要求“迅速戡乱”。“二次革命”失败后，江西支部携袁世凯金钱，拉拢国民党党员，国民党员被“暗中勾去不少”[④]。随后，该党在江西有较大

① 《善哉民国一年来之政党》，《国是》第1期，转引自朱建华主编《中国近代政党史》，吉林大学出版社1990年版，第441—442页。

② 张玉法：《民国初年的政党》，岳麓书社2004年版，第32—34页；附录一。

③ 张玉法：《民国初年的政党》，附录一。

④ 江西出席中国国民党一大代表：《江西省党务报告》，1924年1月。

的发展，在大多数县建立了分部。1914年春，赣南的党员因与地方当局发生纠纷，该党赣南24个县的分部部长、副部长40多人被赣南镇守使李廷玉下令密捕，引起该党北京本部的抗议，由大总统袁世凯下令江西民政长戚扬查究，可见其组织具有相当的规模和力量。[①]次年，该党江西支部发生分裂，分为两支，一支由谢远涵主持，开办机关报《大江报》；一支由高巨瑗主持，开办机关报《大公报》。袁世凯帝制自为失败后，该党逐渐瓦解。

民初后，党潮逐渐消解。五四时期，江西也建立了一些社团，但除属于国、共两党者外，一般没有什么影响。

四、安源工人运动

安源工人运动是刚刚诞生的中国共产党组织，在江西境内组织的声势浩大的产业工人的政治斗争，也是当时极富特色、震动全国的一件大事。

1.安源工人的动员和组织

安源地处江西省萍乡县。安源路矿是安源煤矿和株(洲)萍(乡)铁路的统称。安源煤矿是江西境内最早出现的近代工矿企业之一，日出煤2000多吨，主要供给在湖北的大冶铁矿和汉阳铁厂(1908年将汉阳铁厂、大冶铁矿和萍乡煤矿合组为汉冶萍煤铁厂矿公司，是当时中国最大的近代企业之一)。为将萍煤运往大冶和汉阳，1898年动工专门修建从安源到湖南株洲的铁路(1906年竣工)，与粤汉路相接，归湘鄂路局管理。因此，安源不但路、矿相连，而且因与湖南毗邻，工人大多也来自湖南，故与湖南的关系特别密切。

中国共产党成立后，立即致力于组织和发动工人运动，并建立了以张国焘为主任的中国劳动组合书记部专负其责。当时，安源路矿集中了1.7万名产业工人[②]，因而受到劳动组合书记部的重视。书记部最早通过通信和寄送《工人周刊》等书报的办法，宣传劳工解放等道理，与安源工人建立了联系。1921年12月，应萌生了要求解放之念的安源工人的请求，书记部特派毛润之(泽东)、李能至(立三)、宋友生、张理全四人到安源考察情况，开展活动。毛泽东时任中共湖南支部书记、湖南劳动组合分部主任，也将动员领导安源工人运动作为湖南

---

① 《内务部要求查究赣南镇守使迫害进步党党员事件电稿》，(1914年5月16日)，引自方庆秋主编《北洋军阀统治时期的党派》，档案出版社1994年版，第258—259页。

② 据《伟大的开端》第650页载，其中安源煤矿12000人，株萍铁路4500人。另据《安源路矿工人俱乐部略史》记载，安源煤矿常年有工人12000人，但开大工时还须增加；株萍铁路工人为1100余人。

党组织的重要工作。到安源后，“他们先以朋友的关系与各工友接洽，渐渐谈及工人受痛苦受压迫及有组织团体之必要等情况，于是大得工友欢迎”①。其后，毛泽东留下李立三，专门负责组织与发动安源的工人运动，并加派蒋先云等来协助李的工作。毛泽东自己也于1922年5月和9月初两次到安源，检查和部署组织工作，并经常性地向李立三等指示工运的方针策略，调配组织力量②。湖南党和毛泽东的重视及组织领导的有力，是安源工人运动兴起的重要原因。

安源工人中也具有组织起来的基本条件。安源煤矿工人绝大多数实行包工制，工人受到工头的残酷剥削，如窿内工人，矿局所给工资，每人每日可合银洋二角七八分，而工头转手后只给工人铜元二十六七枚(安源当时1元银洋可换铜元210余枚)，此外还有延长工作时间、歇工扣伙食、误事罚工资、重利盘剥等。矿局职员和工头对稍不如意的工人，“即滥用私刑，如跪火炉、背铁球、戴篾枷、抽马鞭、跪壁块等，或送警扣留蛮加拷打”③。由于劳动和卫生条件恶劣，据1918年统计，全矿“患矽肺病、肠胃病的工人达百分之九十以上”④。因此，安源工人对其生活、生产现状，极度不满。另一方面，“安源路矿工友性质俱十分激烈，不畏生死，重侠好义，极能服从。又以万余工友，团聚一处，声息相通，故团结力亦十分充足”。由于这两方面的原因，所以“组织团体、解除压迫、改良待遇、减少剥削”之口号一出，即万众景从，群焉归附。⑤

李立三等进行了艰苦而卓有成效的工作。1922年1月，在五福巷成立安源第一所工人补习学校，由李立三、蔡增准任教员，在授课中宣传工人在世界上之地位及组织起来奋斗以减少痛苦、解除压迫的道理，工人因此而觉悟者甚多。2月，成立了以李立三为书记的中共安源支部，这是中国产业工人中的第一个中共基层组织，也是江西境内最早建立的中共组织。5月，经过两个月筹备的安源路矿工人俱乐部成立，选举李立三为主任、朱少连为副主任，部址设在牛角坡52号。俱乐部的宗旨，为保护工人的利益，减除工人的压迫与痛苦，成为安

---

① 刘少奇、朱少连：《安源路矿工人俱乐部略史》，1923年8月10日，收入中国社会科学院近代史所、安源工人运动纪念馆编：《刘少奇与安源工人运动》，中国社会科学出版社1981年版，第1—28页。

② 罢工前及其后有几十名中共党员先后被派到安源工作，主要有：刘少奇、蒋先云、任弼时、贺昌、易礼容、陈潭秋、李求实、陆沉、萧劲光、吴化之、毛泽民、林育英等。

③ 刘少奇、朱少连：《安源路矿工人俱乐部略史》，1923 年 8 月 10 日。

④ 李昌学：《安源工人阶级的自发斗争》，《江西文史资料选辑》第 23 辑，第 145—146 页。

⑤ 刘少奇、朱少连：《安源路矿工人俱乐部略史》，1923 年 8 月 10 日。

源工人利益的直接代表者和维护者，更是党支部领导下的安源工人运动的直接组织和指挥机构。加入俱乐部的会员，到罢工时有700多人。为了实际帮助工人解决经济困难，俱乐部还于7月间创办了安源路矿工人消费合作社，李立三、毛泽民先后任总经理。消费合作社因其能让工人买到便宜生活用品，受到工人们的极大欢迎，当时被称为“中国人工阶级自己的第一个商店”[①]。所有这些工作，为工人大罢工斗争作了较好的准备。

2.罢工斗争及其胜利

7月，汉阳铁厂工人因其俱乐部被当局封闭而举行罢工，并取得胜利。这个消息给安源工人带来很大的鼓舞，也使路矿当局受到震动。面对斗争情绪日益高涨的工人，当局起初企图笼络俱乐部负责人朱少连、蒋先云、蔡增准等人，未得逞后转行威胁恐吓，以不速离安源必有杀身之祸相逼，朱、蒋、蔡等仍不为所动，凛然表示“秉正大光明之宗旨，作正大光明之事业，死也不怕”。工人群众则在俱乐部的宣传演讲下，听者日众，加入俱乐部者亦日以数十计，并提出了举行罢工以改善待遇的要求。路矿当局在软硬两手失败后，则由副矿长舒修泰(楚生)与路局机务处长联名具禀萍乡县署和赣西镇守使署，诬称俱乐部为乱党机关，请以武力封闭。双方对立的形势，于是日趋紧张。

9月初，毛泽东再次到安源，与蒋先云、朱少连等研究工人们要求举行罢工以改善待遇的问题，认为罢工的时机已经成熟，要求党支部迅速将大多数工人发动组织起来，准备斗争。同时，他要正在醴陵的李立三速回安源。9日，李立三回到安源。返回长沙的毛泽东根据中国劳动组合书记部的命令，主持中共湘区执行委员会研究确定，加派当年由莫斯科回国的刘少奇到安源参与领导工人运动。11日，刘少奇到达安源。同时，毛泽东又写信给李立三，指出罢工胜利的条件首先要靠工人群众有坚固的团结和坚强的斗志，同时必须取得社会舆论的同情和支持。因此，要用“哀兵必胜”的道理，提出哀而动人的口号。[②]李立三当即主持党支部召开紧急会议，会议根据毛泽东的意见，提出“从前是牛马，现在要做人”的口号，并对罢工斗争作了部署，决定成立罢工指挥部，李立三为罢工总指挥，刘少奇为工人俱乐部全权代表，领导罢工斗争。

9月9日，粤汉铁路工人罢工的消息传到安源。路矿当局害怕激化矛盾，急

① 陈文华、陈荣华主编《江西通史》，第755页。

② 中共中央文献研究室编《毛泽东年谱》，上册，第98—100页。

请李立三不要公布萍乡县府让俱乐部自行停闭的训令，表示将与官厅疏通保护俱乐部。俱乐部则于11日趁机提出出示官府保护俱乐部的告示和7日内发清从前积欠工人的存饷等3项要求，警告当局如2日内不圆满答复，即行罢工。在上海的中国劳动组合书记部也来函支持，鼓励工人们不要为官威所降服，与其因压迫而死，毋宁奋斗而死，并表示将没法为他们声援。延至13日午夜12时，未能得到满意答复的俱乐部，遂下令罢工。铁路工人当即停开火车，拆除火车头重要机件，煤矿工人切断电线，停驶运煤车，窿内工人如潮水一般一群群涌出窿外，大呼“罢工”不绝。洗煤台、制造处、修理厂、炼焦处等也于14日上午相继罢工。俱乐部组织监察队各持白旗密布街市及工厂附近，以维持秩序和防止破坏。各处张贴俱乐部布告，有“候俱乐部通告方准开工”、“各归住房，不得扰乱”等内容。总指挥李立三在工人保护下居中秘密策应，全权代表刘少奇则长住俱乐部出面应付一切。17000名工人参加的安源路矿工人大罢工，在高度组织下紧张有序地进行。

14日，俱乐部发出《萍乡安源路矿工人罢工宣言》。宣言向各界父老兄弟姊妹申诉工人的痛苦境遇和罢工的原因，写得哀怨动人，其中有：

> 我们的工作何等的苦呵！我们的工钱何等的少呵！我们时时受人家的打骂，是何等的丧失人格呵！我们所受的压迫已经到了极点，所以我们要“改良待遇”、“增加工资”、“组织团体——俱乐部”。
>
> 现在我们的团体被人造谣破坏；我们的工钱被当局积欠不发，我们已再三向当局要求，迄今没有圆满答复，社会上简直没有我们说话的地方呵！
>
> 我们要命！我们要饭吃！现在我们饿着了！我们的命要不成了！我们于死中求活，迫不得已以罢工为最后的手段。我们要求的条件下面另附。
>
> 我们要求的条件是极正当的，我们死也要达到目的。我们不作工，不过是死！我们照从前一样作工，做人家的牛马，比死还要痛苦些。我们誓以死力对待，大家严守秩序！坚持到底！
>
> 各界的父老兄弟姊妹们呵！我们罢工是受压迫太重，完全出于自动，与政治军事问题不发生关系的呵！请你们一致援助！我们两万多人饿着肚子在这里等着呵！

宣言提出了17条涉及维护工人权益的要求。俱乐部将这17条函送路矿当局，称当局如欲商谈，“即请派遣正式代表由商会介绍与俱乐部代表刘少奇接洽”[①]。

路矿当局软硬兼施，一面由总监工王鸿卿出面，让各工头动员其有亲戚关系的工人开工，被罢工监察队阻止后，又悬赏重金收买暗探，企图刺杀李立三，因工人严加警卫亦不能如愿，遂改取武力威胁，请由赣西镇守使署将安源划为戒严区，出价每人每天2元，由旅长李鸿程任戒严司令，率领军队数百人入驻安源。另一面，则由地方商会和士绅作调人，与俱乐部进行谈判。

劳资双方最激烈的斗争发生在谈判期间。罢工当天上午，商会代表谢岚舫和地方士绅陈盛芳来到俱乐部，表示愿充调解人，刘少奇即将17条交其带给路矿两局。两局当晚回信，表示各条皆可承认，但现在做不到，请工人先开工，再慢慢商谈条件。刘少奇讥其为“滑稽空言”，立予拒绝。15日，两局派出全权代表到商会，与李立三、刘少奇等谈判，因仍坚持先开工后商条件，而无结果。16日，绅商各界劝工人让步先开工，全体工人则再次发表宣言，痛诉工人之苦，坚持如不承认条件无说话之余地。中午，路矿当局意图借军队来压服工人，遂请工人代表刘少奇到戒严司令部商谈。戒严司令李鸿程多方恐吓刘少奇，称“如坚持作乱，就把代表先行正法！”但刘少奇丝毫不为所动，反谓“万余工人如此要求，虽把代表砍成肉泥，仍是不能解决！”这时数千工人已将司令部包围，喧声如雷，声言请工人代表出来，要司令、矿长到俱乐部去谈。刘少奇出来与大家见面后，复入室续谈。在工人们的强大压力下，李鸿程和参与商谈的副矿长舒修泰等都软了下来，要求下午再谈。刘少奇回俱乐部后，李鸿程“即来一信，代表驻军向俱乐部道歉，并愿自为调人，请从速解决”[②]。

安源工人的罢工，被全国各地报刊广为登载，各地声援之声不断；江西督军蔡成勋及在北京的株萍铁路局长王昌学也来电主和。[③]矿长李寿铨（镜澄）面对内外形势和压力，17日转取调和、磋商态度。当晚，路矿两局、俱乐部与商绅三方代表会谈，将工人提出的17条细加磋商，订就草约。18日上午，由三方全权代表，即萍矿总局舒修泰、株萍路局李义藩、工人俱乐部李立三，在路局机务段签订正式条约。条约内容为13条：（1）路矿两局承认俱乐部有代表工人之权。

① 该罢工宣言及17条详见刘少奇、朱少连：《安源路矿工人俱乐部略史》，1923年8月10日。

② 刘少奇、朱少连：《安源路矿工人俱乐部略史》，1923年8月10日。

③ 江西省总工会编《江西工人运动史》，江西人民出版社1995年版，第59页。

(2)以后路矿两局开除工人须有正当理由宣布,并不得借此次罢工开除工人。(3)以后例假属日给长工,路矿两局须照发工资;假日照常工作者须发夹薪,病假须发工资一半,以四个月为限,但须路矿两局医生证明书。(4)每年12月须加发工资半月,候呈准主管机关后实行。(5)工人因公殒命,年薪在150元以上者,须给工资一年,在150元以下者,给150元,一次发给。(6)工人因公受伤不能工作者,路矿两局须予以相当之职业,否则照工人工资多少按月发给半饷,但工资在20元以上者,每月以10元为限。(7)路矿两局存饷分5个月发清,自10月起每月发十分之二;但路局8月份饷,须于本月20日发给。(8)罢工期间工资,须由路矿两局照发。(9)路矿两局每月须津贴俱乐部常月费洋200元,从本月起实行。(10)以后路矿两局职员工头不得殴打工人。(11)窿工包头发给窿工工价,小工每日1角5分递加至1角8分,大工2角4分递加至2角8分,分别工程难易递加。(12)添补窿工工头,须由窿内管班大工照资格深浅提升,不得由监工私行录用。(13)路矿工人每日工资在4角以下者须加大洋6分,4角以上者至1元者照原薪加5%。①

条约签订后,一万多工人集中到大操场,召开罢工胜利庆祝会。李立三、刘少奇先后发表演说,希望大家永远保持齐心协力的精神,继续斗争,同时安心开工。会后,李、刘等率万余名工人举行大游行,高呼“劳工万岁”等口号,旗帜蔽天,爆声震地,热烈非常。当天,全体工人复工。历时5天的安源工人大罢工,胜利结束。

安源工人大罢工是尚处幼年的中共领导工人运动取得的第一次完全的胜利,当时即被认为“实在是幼稚的中国劳动运动中绝无仅有的事”,在中国工人运动史上占有重要的地位。这次罢工斗争所以能够取得完全胜利,主要原因是:

第一,中共组织的得力的动员领导是胜利的根本原因。毛泽东的多次深入安源工人群众中的动员宣传,以及为罢工斗争确定方针策略、组织领导;李立三的长期与工人在一起,实际主持动员、教育和组织工作,成为深受工人爱戴的领导人;刘少奇的坚持在罢工第一线领导斗争,被工人誉为“一身是胆”,以及朱少连、蒋先云等其他许多中共党员的深入工作,共同形成为一股坚强有力的领导力量,保证了罢工斗争始终在有理有节中进行并取得胜利。

---

① 参见刘少奇、朱少连撰《安源路矿工人俱乐部略史》,1923年8月10日。

第二，工人遵守纪律，秩序良好，显示了有组织的强大力量。罢工发生时，商家害怕抢劫，大起恐慌。但罢工秩序之好，出乎意料。罢工后，“工人举动，则极为文明”[①]，他们各归住房，每房派一人到俱乐部联络，有事即一呼百应，如臂使指。俱乐部命令之严，远过军令，平时街上赌钱及窿工食宿处赌博的现象，在罢工时均绝迹；各重要处所均有工人监守和巡视，非俱乐部条子不得通行，以至连路矿两局及戒严司令部也到俱乐部请发通行徽章。工人们对罢工领导人的保护，更是周密。因此，中国劳动组合书记部总结罢工的胜利经验，也赞扬安源工人“是很有战斗能力和组织能力的”。

第三，斗争策略既实际又灵活。罢工中运用“哀兵必胜”的策略，博得了社会和舆论的广泛同情。俱乐部主动行文萍乡县署和赣西镇守使署，说明罢工原委；对参加戒严的军队，亦以理说服，致使担任戒严司令的李鸿程旅长，也“知工人此举在要求改良生活，非武力所能解决，因而对于这次罢工，后来反积极维持，出力甚多”[②]。针对工人中加入红帮（洪帮）者较多的情况，俱乐部则采取了对帮会首领团结争取的策略。李立三在罢工前夕亲自去见红帮首领，同喝鸡血，并宣传保护穷人等道理，提出在罢工时鸦片馆关门、街上的赌摊收起来和不发生抢劫案等三项要求，得到红帮首领连拍三下胸脯的保证，并在罢工时均一一实现。这件事当时在社会上震动很大，“甚至一些资本家和知识分子也都认为俱乐部了不起”。[③]

3.安源工运的延续

安源工人罢工斗争的胜利，是全国第一次工人运动高潮中一件“增了中国劳动运动历史的光荣不少”[④]的大事，在中国工人运动史上占有重要的地位。罢工斗争胜利后尤其是郑州二七惨案发生后，安源工人运动继续发展，进一步创造了中国工运的奇迹。

一是俱乐部组织进一步扩大和严密。一万多名工人在罢工胜利后要求加入俱乐部，俱乐部遂乘势进行改组，实行自下而上的代表制即“民主的集权

---

① 《萍乡路矿工潮之经过》，《申报》1922年10月28日。

② 刘少奇、朱少连：《安源路矿工人俱乐部略史》，1923 年 8 月 10 日。

③ 《李立三同志谈安源工人运动》，中国社会科学院近代史所、安源工人运动纪念馆编《刘少奇与安源工人运动》，中国社会科学出版社 1981 年版，第 148 页。

④ 《中国劳动组合书记部祝安源路矿工会罢工胜利周年纪念电》（1923 年 9 月 18 日），《刘少奇与安源工人运动》，第 113 页。

制”，以十人团为基本组织，每10人为一团，选举十代表1人；10团选举百代表1人；每一工作处选举总代表1人；百代表、总代表均由该处十代表选举，各处总代表组织最高代表会，作为俱乐部最高决议机关，商决各项重大事项；由各百代表组织百代表会议，作为俱乐部的复决机关，议决最高代表会提交的复决案件。[①]如此，安源路矿的全体工人，便“完全组织在一个严密系统之下”[②]。1922年10月，俱乐部完成了自下而上的选举，选举李立三为路矿工人俱乐部总主任，朱少连为路局主任，刘少奇为窿外主任，余江涛为窿内主任，以及总代表45名，百代表140余名，十代表1382名。俱乐部内设文书、会计、庶务、教育、宣传、互济、游艺、交际8股，4名主任与各股股长组成干事会，作为最高代表会的执行机构。俱乐部实际成为工人的准政权组织，在安源工运中继续发挥着中心的作用。

二是打破包工制。罢工胜利后，工头职员不能剥削工人了，于是密谋破坏工人俱乐部，遭到工人重惩。工人俱乐部便进一步决定废除包工制，改为合作制，议定合作办法为：窿工处工头每月工资为10元至30元，工人工资照罢工时条约不改，其余各项消耗费，归合作账内开支，所得红利15%归工头，5%归管班，80%由工人平分。窿外依各处情况不同临时规定。至此，在安源煤矿推行20多年的包工制，被完全打破。

三是与汉阳、大冶铁厂工会形成联合，1922年12月10日，在汉阳建立了汉冶萍总工会。这是当时全国最大的一个产业工会，拥有会员3万多人。三处工会的联合，当时被认为“结成一条强固精密的阶级战争的广大战线，开中国劳动运动未有之创局”[③]。

1923年京汉铁路工人“二七”大罢工失败后，全国工人运动陷入低潮。但安源工运仍是一个高涨的形势。在路矿当局方面，虽然也接到交通部封闭工会的电令，但当局因“安源工人势力集中，产业又极重要，工人组织力与战斗力亦相当丰富，若封闭工会，无疑的必遭到工人决死的反抗，于矿山生存实有重大危

---

① 详见刘少奇、李求实《俱乐部组织概况》(1923年10月)，《刘少奇与安源工人运动》，第46页。

② 邓中夏：《中国职工运动简史(1919—1926)》，人民出版社 1979 年版，第 111 页。

③ 《武汉劳动组合书记分部祝词》，转引自陈文华、陈荣华主编《江西通史》，第 757 页。

险”,故而“不敢遽尔压迫”[①];在俱乐部方面,反而执行正确的方针和策略,做出了很多的成绩,最大的如进一步创办消费合作社、工人教育,继续取得资方对工会和工人的资金支持,继续公开举行各种大的会议及示威游行,援助和支持全国各地工会团体及失业工人等。[②]因此,安源工运这时再次出现蓬勃发展的景象,得到中共的高度评价。邓中夏在其《中国职工运动简史》中,将安源工人俱乐部誉为“硕果仅存的安源工会”,指出“在此消沉期中,特别出奇的要算安源路矿工人俱乐部”,不但仍旧巍然独存,一直支持下去而不溃,而且做出许多成绩,竟然好似工人的“世外桃源”。出现这种独特的现象,从根本上说,是李立三及在1923年4月后接替他职位的刘少奇等的正确领导,以及安源工人齐心、奋斗的结果。

1925年9月,安源工运遭到路矿当局和反动军阀的残酷镇压。主持俱乐部工作的副主任黄静源等数十人被逮捕(黄静源10月被杀害),伤亡工人数十人(遭枪击死亡6人,伤30多人),工人俱乐部被封闭。[③]当局制造“九月惨案”和杀害工人领袖,受到社会的谴责。此后,安源工人汇入国民革命的洪流,其“革命精神并未稍杀,于是投入革命军者有人,在各地领导农民组织协会者有人,革命种子,于是遍布湘鄂各地点”[④]。

---

① 邓中夏:《中国职工运动简史(1919—1926)》,第110页。另外,当时一部分民族资本家对北洋政府的镇压政策也不赞成,如汉冶萍公司董事会会长孙宝琦在1923年2月10日就工潮问题致公司副经理函中指出:工潮“系潮流所趋或含有别种作用,预防方法惟有责成各厂矿首领平时待遇工人宜采取宽大主义”,“如仰仗政府以强力抵制,虽能平息于一时,而恶感日深,一旦暴动,更难处理”。这应是安源煤矿当局不取武力封闭工人俱乐部政策的重要原因。

② 详见刘少奇《二七失败后的安源工会》,《刘少奇与安源工人运动》,第48—51页。

③ 详见《江西工人运动史》,第87—89页。

④ 《江西工人运动史》,第91页。

第二章

北洋时期江西的经济与文化

民国成立后，江西政权最初为革命党人所掌握。1913年秋“二次革命”失败，北洋军阀入主江西，开始了对江西长达14年的统治。在这一时期，江西被裹入激烈的社会大转型潮流，主动而更多的是被动地走上近代化的路途：一方面，北洋军阀的暴戾恣肆和多年战乱，给江西人民带来深重的灾难；另一方面，因为时代的变化，全省政治、经济和文化形态也发生着深刻的变化，出现了许多以往所不曾有的新鲜事物。江西曾长期处于南北战争的前线，境内多次发生过局部战争和客军过境，时局动荡在不少年份成为基本特征，而新的政治学说、思想观念、政党组织和文化运动，通过上海、北京和广东，也相继传入江西并在社会尤其是青年中引起巨大反响。军阀始终主导着全省政权，但在民主共和的大背景下，行政体制也有较大的改变和创新；中国国民党和中国共产党均在江西建立了自己的组织，并引导国民革命和工农运动蓬勃发展。农业优势的主体地位仍然保持，但新兴的资本主义经济有所发展，继清末之后，再次出现一个创办新式实业的小高潮。近代教育体制逐渐建立，中小学教育和留学教育出现新的气象。所有这一切，构成这一时期社会变动和社会转型的基本内容和重要特点，也折射出历史的复杂性和多样性。

第一节 近代经济的继续发展

一、新式实业的艰难生长

近代经济与古代经济的根本区别，是新兴资本主义经济的生长和发展。江西新式实业，产生于19世纪末。新式实业，实质上就是新兴的资本主义经济。1895—1911年，江西在晚于周边省份一二十年后，出现一个兴办新式实业的高潮，产生了新兴的资本主义经济。在近代经济史的划分上，人们通常将继其后的1912年至1927年，视为中国资本主义的生长期。经过此前的产生期以后，江西新兴的资本主义经济，在这个时期有较大的发展。下表可以概见这个时期江西新式实业生长的全貌。

北洋政府时期江西全省新式实业一览表①

成立年代	名称	所在地	资本（万元）	经营性质	创办人或企业代表	备注
1920	久兴纺织公司	九江	252	商办	张勋、周缉之等	1927年开工
1916	大生染织公司	南昌	9	商办	黄邦懋、万方任	
1921	利丰面粉公司	九江	30	商办	傅紫庭、胡养新	
1914	大生米厂	景德镇	1	商办		
1925	兆余丰记米厂	南昌	3	商办		
1920	裕生火柴公司	九江	25	商办	金浩如，一说刘鸿生、金少三	一说资本10万元

① 本表根据中国第二历史档案馆编《中华民国档案资料汇编》，第三辑，“工矿业”，第354—420页《北洋政府时期工业统计表》、第906—921页《北洋政府时期矿业统计表》；“农商”，第1408—1422页《北洋时期商业公司简表》；“金融”，第556—588页《北洋政府时期全国银行一览表》等附录以及杜恂诚：《民族资本主义与旧中国政府》，上海社会科学院出版社1991年版，附录《历年所设本国民用工矿、航运及新式金融企业一览表》综合制成。

续表：

成立年代	名称	所在地	资本（万元）	经营性质	创办人或企业代表	备注
1917	宁茶振植公司	修水	17	商办	柯锦廷、陈聘萃	1915年由唐吉轩等创办
1924	利用火砖厂	不详	不详	江西实业厅		
1923	江西新华窑厂	景德镇	1.2	商办	邹洁珊、舒似藩	
1924	天佑华瓷业公司	不详	不详	江西实业厅		
1918	高松大肥皂厂	九江	0.5，后增资至2万	商办	高佩西，1922年增加郑伟生	后更名为松大仁烛皂厂
1924	章江烛皂厂	南昌	2	商办	萧贻远	
1917	映庐电灯公司	九江	5	商办	许鸿模、唐伯龙	1925年增资10万元
1917	光华电灯公司	赣县	5	商办	罗易元	
1918	永耀电灯公司	吉安	7	商办	戴乃溢	
1919	光耀电灯公司	吉安	7	商办	戴乃溢	
1919	景耀电灯公司	景德镇	16.5	商办	吴济中，一说李偶耕、魏阜欧	一说资本10万元
1920	吉州电灯公司	吉安	6	商办	萧子奮、王崇鼎	1924年增资至10万元
1920	广耀电灯公司	铅山	6	商办	刘虎	
1925	普济自来水公司	九江	不详	商办	不详	
1926	光裕电灯公司	临川	4		江西实业厅	
1913	阜安煤矿	吉安	1.1	商办	不详	

续表：

成立年代	名称	所在地	资本（万元）	经营性质	创办人或企业代表	备注
1914	顺济煤矿公司	丰城	60	中日合资	管尚华、河野久太郎	
1919	鄱乐煤矿公司	鄱阳、乐平	60，一说100万元	商办	谢天锡、朱佩珍、林光裕	1920年增资到600万元
1927	花彭山煤矿公司	新喻	10	商办		
1923	乐平锰矿	乐平	不详	商办	张树棠	
1915	仙居铁矿公司	九江	200	商办	杨士骢	1919年改为王揖唐领办，增资60万元
1916	上珠岭铁矿	萍乡	5	商办	贺国昌	
1914	崇义钨矿	崇义	不详	商办	杨哲炜	
1914	西华山钨矿	大庾	不详	商办	萧琦	
1923	正德滑石公司	贵溪	0.5	商办	李苏、李树阿	
1922	亨大利钟表公司	南昌	0.9	商办	吴守道、吴子章	
1923	美华钟表眼镜公司	南昌	0.9	商办	吴子章	
1923	大进靴鞋公司	南昌	0.4	商办	熊嘉祥、熊福祥	
1914	晋康轮船局	九江、南昌	5.8	商办		小船6只，181吨
1915	利涛轮船局	九江、南昌	3	商办		小船5只
1918	亚洲轮船局	九江	3.4			小船2只，100吨

续表：

成立年代	名称	所在地	资本（万元）	经营性质	创办人或企业代表	备注
1924	捷安轮船公司	江西	不详	商办		
1912	江西民国银行	南昌	87.2	官办	地方政府	1916 年改名江西银行
1912	江西劝业银行	南昌	6	官办	地方政府	1916 年歇业
1912	赣省储蓄银行	南昌	5	官办	地方政府	1916 年歇业
1916	南昌振商银行	南昌	20	商办	侯铭鼎、侯国浚	
1919	同益银行	南昌	25	商办	包竹峰	1925 年资本额
1919	新安商业银行	南昌	商办			同年停业
1919	南昌振商银行	南昌	155	商办	胡庆培、龚士材	
1920	江西惠通银行	南昌	30	商办	邹日烇、萧子韵、侯勋臣	1925 年资本额
1920	振华银行	南昌	50	商办	袁秋舫、卢馥窗	
1920	华泰银行	南昌	30	商办		1927 年资本额
1920	利商银行	吴城镇	10	商办	刘炎南	一说 20 万元
1920	同益商业银行	南昌	25	商办	包竺峰、傅绍庭	
1920	万载实业银行	万载	不详	商办	辛际唐、龙晃	
1921	江西银行	南昌	25	官商合办		
1922	振华商业银行	南昌	20	商办	张叔俨、袁曲帆	

续表：

成立年代	名称	所在地	资本（万元）	经营性质	创办人或企业代表	备注
1922	赣省银行	南昌	25	官商合办		约1925年收归官办
1923	振兴茶业银行	修水	5	商办	李箴文、章国华	
1923	福利商业银行	河口镇	5	商办	朱尔政、丁翕	
1923	公共银行	南昌	25	官商合办	全省善后讨论会	1925年资本额
1924	保成商业银行	清江	10	商办	严为宝、姚公礼	
1915	和兴顺股份公司	铅山	不详	商办	艾夔堂	
1920	珠山采木股份公司	景德镇	0.5	商办	周祖讴、高翔	在鄱阳枧田设分公司

表中所列，难言完全。但从中也可看出，在清末江西属于资本主义性质的新式实业产生的基础上(当时兴办资本万元以上的新式实业约30家)，北洋时期继续兴办江西新式实业，在规模和数量上均有所扩大，资本万元以上的实业已增加了55家。一些清末开办的企业，在北洋时期有了更大的发展(也有的倒闭歇业)，最显著的如萍乡安源煤矿，这是江西最早的近代企业之一，进入民国后生产的近代化程度日高，在20年代已具备较强的生产能力，全矿“煤槽铁轨，六通四达；煤蘼电车，往来不绝。外而洗煤机、煤砖机、炼焦炉，附设之机器厂、火砖厂；余如医院、学堂、米仓、料库之属，因地制宜，规模完备。……日出煤二千吨，月可炼焦一万二千吨，年可造砖六七万吨，造火砖数万吨。……而转运分销，如湘之株洲、湘潭、长沙、岳州；赣之九江、南昌；皖之安庆、芜湖、大通；苏之南京、镇江、常州、上海，各有分局。而于汉口设运销总局，以汇上下游各分[局]之总。轮艘囤储之厂栈，逐年加增，咸足备用。额定销数，除专供汉阳铁厂焦煤外，如长江各项商轮，京汉铁路火车，长江各埠各局厂，及其他西洋之兵轮，东洋之制铁所，咸取给焉。而美属旧金山各厂商，亦以货高价廉，远来议订。

萍乡煤矿全景(《中国历史图说》)

蓬勃之势,声振遐迩,此诚我国第一之实业也”①。而新开办的企业,则不但相继填补着近代江西产业的空白,为生产力的发展提供了崭新的内容,而且有的企业、产业呈现良好的发展势头,特别是丰富的地下矿藏相继采掘,1915 年在大余西华山首先发现钨矿,立即震动一时。因正值第一次世界大战,需求旺盛,高价收买,西华山遂极一时之盛。到 1918 年前后,赣南地区已发现钨矿 30 余处,且“营业发达,公司林立”,其产量居世界产钨国家的首位,占据中国总产量的 70%。1918 年高达 1.3 万吨,1919 年到 1926 年间,年产量也常在 9000 吨上下。②

这一时期开办的新式实业,在江西近代历史发展中具有进步性,值得肯定。当然,如果放在全国格局中看,不足也很明显。这主要是:第一,江西兴办的实业总量仍然不多,该时期全国兴办资本万元以上的企业 2000 多家,江西实际上达不到各省的平均数,较之周边省份,差得更多。第二,分布局促,规模不大,在当时 47 类开办有新式企业的行业中,江西仅在十六七个行业办有企业,

① 李寿铨:《萍矿说略·序》,转引自《萍乡煤炭发展史略》,第67页。

② 详见江西省建设厅编《江西建设汇刊》(1930年1月)第61—64页;《江西建设三年计划》,1932年12月出版,第402页;民国《江西通志稿》,第19册第77、80页。

江西银行1916年印发的五元兑换券。(《中华印刷通史》)

企业较多的行业仅为银行业和航运业,以银行为例,仅南昌一地“所有各银钱行号,计官商合办者则有江西银行、赣省银行、公共银行。商办者则有振商银行、惠通银行、振华银行、同益银行、华泰银行。其他银号、钱庄,城厢内外亦不下四五十处”[①]。其他行业的新式企业则属寥寥,“更不足以语重工业”,还谈不上结构和覆盖的问题。除少数几个大企业外,其余大多数资本较少,规模较小,设备简陋,包括更多的上表未列出的小企业,“实远未达新式工厂标准”[②]。第三,工商业经济在整体上发展程度不高,因而对全省财政的贡献不大。由于缺乏近代工商经济的有力支撑,江西财政除少数年份外大多相当拮据,以至于众多银行漫无限制,任意发行纸币,造成经济秩序混乱和赤字严重。[③]因此,江西新兴经济的发展,与历史比有很大的进步,但在全国的格局中,则处于较为落后的位置。

造成新式实业不能有更大发展的原因,不一而足。既有封建制度的压制,战争的影响,也有观念滞后、资金投入不足、商品产出不畅等问题。这些原因的集中表现,便是沉重的厘金制度。江西这时的厘金税捐仍在一个较高的位置。据北洋政府财政部的统计,江西1916年至1922年的厘税实收情况为[④]:1916年2651936元;1917年2651684元;1920年3233019元;1921年2655156元;1922年2492031元。在全国有统计数字的27个省区中,以江西的征收税率最高,为值百抽十,即经过税关时,商品货物价值100元者要完纳10元的税金。而其他省区与江西有很大的不同,如浙江、陕西等八省区值百抽五,福建、湖北等四省区值百

① 《周九龄陈述江西各银钱行号近况呈》,1925年6月2日。

② 张泽垚:《十年来之江西工业》,江西省政府编《赣政十年》(23)第4页。

③ 《江西省议会为市面纸币充斥物价高腾请饬省主管机关通令公私各银行限期收回的快邮代电》(1923年3月9日),《中华民国史档案资料汇编》,第三辑,金融,第806页。

④ 据财政部1916年、1917年、1920—1922年各省区厘金税捐实收数表整理,《中华民国史档案资料汇编》,第三辑,财政(一),第1483—1487页。

抽三，四川、河南、直隶等四省区值百抽二点五，山东、安徽、湖南、广东等六省区值百抽二，江苏抽一点五至二。江西近代工商企业不能有更大发展，厘税过重是一个致命性的原因。因此，江西新式实业在北洋时期，经历的是一个相当艰难的生长过程。

二、农业经济的起伏

江西向来为粮食主产区，是农业发达的省份。但在19世纪中后期，因为江西是太平军与清军战争的主要地区之一，造成人口严重伤亡，"实际上结束了江西在十九世纪后期的粮食输出者地位"①。这个下降的曲线，进入20世纪后开始抬升，在1916年前后江西农业达到一个新的高点，但后来又有反复和下降。

从19世纪80年代起，江西农业中出现零星的资本主义经济。进入民国后，这一新经济继续发展。最有代表性的，如1915年广东商人唐吉轩等集资13万两，在修水创办宁茶振植有限公司。该公司"购备制茶机器，自辟茶园，其目的在求由栽培、制造以至贩卖，相提并进，谋整个的发展。其目标既甚高远，规模亦颇宏大，在宁茶占有重要地位"②。其后，该公司复加入新人，增加资本，对扶植修水茶叶生产尤其是销售，起了良好作用。只是，当时江西农业中这种产销合一的资本主义性质的经济实体，为数极少。

占农业主导地位的，还是传统的自然经济。当时调查全省农田面积，1914年为3426.1万亩，1916年为3595.7万亩，1918年为3631.5万亩，整个北洋时期，未能超过4000万亩，较此前清同治时期的4600万亩和此后国民党统治时期的4000多万亩，相差数百甚至上千万亩③。北洋政府对农业发展，也有一些扶持政策，如倡修水利、提倡良种、改良茶业、减少茶叶出口税等。全省农林产品的生产，主要有粮食、茶叶、大豆、棉花、麦子、烟草、靛青、花生、菜油、茶油、柏油、桐油、樟脑油、木料、木柴等。粮食生产以1918年前的数年间最好，

---

① ［美］德·希·珀金斯著，宋海文等译《中国农业的发展（1368—1968）》，上海译文出版社1984年版，第200页。

② 俞海清：《江西之茶业》，彭泽益：《中国近代手工业史资料》第二卷，三联书店1957年版，第685页。

③ 数字详见民国《江西通志稿》第19册，第2页。这个数据，也含有估计，故难言准确。但其中1916年数字，被注明来源为北洋政府农商部调查。而珀金斯著《中国农业的发展》第338页所载1914—1918年江西每年平均的稻田面积，即有4382万亩。

1914—1918 年江西的稻谷平均年产量,据计算约为 124 亿斤。[①]

农林产品除自用外,基本保持着一个较高的出口态势。据九江海关关于 1916 和 1917 年出口情况的记载:“就出口货表观之,豆子暨米麦、棉花,均极畅旺,水靛尤形发达,……米一项,自五年一月九日弛禁后,是年出口之数,已达三十六万六千四百余担,本年竟增至六十三万五百余担,此为本关册纪以来所未有者。”[②]但这个数据仍不能完全反映江西粮食的生产及剩余状况,一是出口处不止九江一地;二是江西时常发生禁止米谷出口的情况,往往在开禁后的一年会出现出口的剧增,如 1919 年禁止米谷出口,1920 年出口即达到 250 万担。因此,有研究者认为,江西在 1915 年后又成为一个大的粮食输出者了。[③]大量农产品出口的情况说明,江西农产品的商品率程度,在北洋时期继续保持在一个较高的水平上。因此,有人分析这个时期农林产品生产量及输出概况后认为,江西同时也“为农商业最发达之区”[④]。

农业中的另一个新情况,是九江开埠以来外资收购农产品的情形,趋于加强。江西烟叶生产,以鄱阳、广丰两县为最著。鄱阳所产者,多制本国烟丝,外人鲜有贩运。广丰所产者,自 1917 年来,几全为外人贩去。1919 年烟叶收成颇好,英、美、日本各烟商群聚购买,而尤以美商所收为最多。美商美星行先后分三批购运 6000 余担,日商伊藤行也购买了 1500 余担,英商裕通行分两批购买了 3500 余担,三国总计购买 12000 余担,平均每担价格以 25 元计算,总共合洋 30 余万元。“以故近年来所有田地,多变为种烟之用,盖以利之所在故也。又闻瑞金所产之烟叶,亦多为外人所购去。”[⑤]

这个时期的全省农业生产,也遇到新的困难。这主要是:第一,九江开埠通商后,国外以棉纱、棉布、纸张等为主的商品大量进入内地,对江西的自然经济和农民的生产生活形成较大的冲击。[⑥]第二,国内外形势的变化,对农产品的国

---

① 据珀金斯《中国农业的发展》第338、370页载,江西1914—1918年间,年平均稻田面积4382万亩,产量124亿斤。

② 《中华民国六年九江口华洋贸易情形论略》,《一九一七年通商海关华洋贸易全年总册》下,第 688 页,存中国第二历史档案馆。

③ 《中国农业的发展(1368—1968)》,第 200 页注③。

④ 江西省政府经济委员会编《江西经济问题》,1933 年印行,第 1 页。

⑤ 《农商公报》65 期,1919 年 12 月,章有义《中国近代农业史资料》第二辑,第 152 页。

⑥ 陈荣华、何友良:《九江通商口岸史略》,第 122—151 页;万振凡、吴小卫:《近代江西农村经济研究》,江西高校出版社 1998 年版,第 177—183 页等,对此均有详细分析。

内、国际市场形成冲击，影响到江西农产品的生产与输出。例如江西茶叶一向在出口中占有很大比重，但第一次世界大战发生后，英国禁止华茶入口，俄国因国内发生革命而使交易大减，江西茶叶“以致大遭打击”，1917 年比上年出口的 295200 担减少 61800 担，此后亦逐年降低，致使 1915 年起出现种茶高潮衰退。[①]当然，江西农产品也有因第一次世界大战而得到厚利的，如著名的江西靛青产销，因欧战发生、需求旺盛而出现盛况。乐平等为江西最大之靛青产区，所产者颇著名。“当欧战初起时，种植蓝树，成为该地之主要农业。”靛青在清末时每 200 斤只值二三元，欧战时则涨至20元；1920年时每亩产值降为10元，而在1917—1918年则为60元。[②]第三，战乱、灾害和厘金制度的严重影响。江西在1912—1915年、1918年、1924—1925年，均发生严重的水灾，破坏极大。厘金制度对农业的影响也极明显，如赣南地区所产之糖，远销湖口及安庆、汉口等处，“近因厘金较繁，成本太重，销路阻滞，制糖种蔗之户，均渐次减少”[③]。第四，税捐和地租较高，对农民的再生产影响极大，致使农业的内部生产环境较为恶劣。例如田赋，江西1915—1918年间，实收在440万至520万元之间；地租，北洋时期全省68县中，除萍乡、梓山、铜鼓、分宜、宜春、寻乌6县未详外，其他62县中地租占收获量的比率，在50%以下的仅12县，占50%的有22县，55%的有4县，60%的有26县，65%的1县，70%的4县，还有2县占75%。[④]大多数县地租的比率，超过了土地收获量的一半，最高的竟然占到了三分之二。因此，江西农户“终年碌碌而负债累累，不能饱暖者，迨居十之四五”[⑤]。

三、南浔铁路的通车

江西修建铁路，始于清末。境内最早建成的一条铁路，是1899年12月动工、1906年竣工通车的株(洲)萍(乡)铁路，全长101公里。这是全国铁路总公司修筑、为运输萍乡煤炭的一条官办铁路。

江西自己修筑的第一条铁路是南浔铁路。1904年秋，江西京官李盛铎等百

---

① 《中华民国六年九江口华洋贸易情形论略》，《一九一七年通商海关华洋贸易全年总册》下，第690、695页。

② 《中国经济月刊》2 卷 8 期，1925 年 5 月，章有义：《中国近代农业史资料》第二辑，第 146 页。

③ 高文炳、葛敬猷：《调查江西省糖业报告》，《农商公报》第 4 期，1914 年 11 月。

④ 《农民运动》，第 25 期，章有义：《中国近代农业史资料》第二辑，第 102 页。

⑤ 《各地农民状况调查》，新建(裘俊夫)，《东方杂志》第 24 卷第 16 号(1927 年 8 月 25 日)，第143 页。

余人受全国收回铁路自办形势的影响,呈请商部创办江西通省铁路总公司,将全省铁路统归本省绅商自行承办,得到允准。当时计划,拟以南昌为中枢,修筑一条干线(九江经南昌至广东南雄)、三条支线(南昌至福建、南昌至浙江、南昌经萍乡接株萍铁路)。后因经费无着,先修南昌至九江铁路,1908年开工,因九江简称为“浔”,这条铁路遂称南浔铁路。铁路因借日款修筑,全部工程遂由日本大仓洋行承办。到1911年,仅修成九江至德安段即因款绌而停工。1912年5月,九德段通车。

1912年,南浔铁路改为官商合办,成立南浔铁路有限公司,以吴钫为总理(继任者有孙多森、李盛铎、蔡儒楷),赵世瑄、罗兆栋(继任者有刘廷琦、刘世珍、张肇达)为协理,继续开工修筑。由于资金短缺,7月向日本东亚兴业会社借日元500万元,年息6.5厘,限15年还清本息,以全路财产及进款抵押,规定到期本利未还,即由日方代行营业。1914年5月,续借日元250万元,一切条件仍旧。1915年11月,德安至南昌(牛行)段建成通车。全路总长138公里(含10公里延长线),总建设费截至1921年,为9067001元。①

南浔铁路建成通车后,改善了赣北的交通条件,特别是结束了江西最主要的两个城市南昌和九江之间靠航运联系的历史, 也极大地方便了江西人员与物产的进出。据记载,南浔铁路的载客人数和货物运输,以1916年刚通车的一年为最低,在1917—1921年间,载客量每年在28万人左右,运货量在11万吨左右。虽然由于初期营业“所入固微,即应付息款,亦不能以时给”②,但这种状况很快有了改变。这条铁路对江西政治、经济的意义,是不言而喻的。③

与大张旗鼓修建铁路不同,这期间江西公路的修筑要落后得多。清末修筑九江到庐山脚下莲花洞的公路,为江西公路建筑之嚆矢。当时修成路长为13公里。进入民国后,江西修筑公路“虽屡有倡议,未见实施”④。1925年,当局感到省

---

① 曾鲲化:《中国铁路史》,第3册,台北文海出版社版,第879—884页;《中华民国史事纪要》,1915年1月10日;王晓华、李占才:《艰难延伸的民国铁路》,河南人民出版社1993年版,第23、27、66页。

② 《中华民国六年九江口华洋贸易情形论略》,《一九一七年通商海关华洋贸易全年总册》下,第685页。

③ 1923年3月,江西督理兼省长蔡成勋还以九江濒临长江,商业繁盛,自南浔铁路修成后,水陆交通益形方便等为由,请北京政府允准在九江英租界以外的地区,开辟九江商埠,自任督办,并任前赣南道尹陈富元为商埠局局长,5月得到北京政府的允准。

④ 江西省建设厅编《江西建设事业概要》,江西省图书馆编《江西近现代地方文献资料汇编》,初编第2册,第1–2页。

境内交通不便,曾规划兴修省道,以利运输,为此设立江西省道局。江西有路政机关,即由此始。省道局着手兴修南昌到莲塘的南莲公路,尚未竣工,因北伐战争而中止。

四、进出口贸易的小幅增长

进出口贸易是一地经济发展状况的一个反映。在1912—1926年间,江西全省进出口贸易的大致情况,可见下表:

1912—1926 年江西省进出口货值统计表①　　单位:关平两

年份	进口	出口	出超(+)或入超(-)
1912	16 557 235	18 104 415	+1 547 180
1913	16 836 936	15 514 494	-1 322 442
1914	21 107 996	16 451 675	-4 656 321
1915	18 163 859	21 114 261	+2 950 402
1916	18 985 561	23 143 435	+4 455 843
1917	13 644 844	23 271 150	+9 606 266
1918	18 863 631	21 180 299	+2 316 668
1919	18 977 441	24 284 682	+5 307 241
1920	24 210 508	24 205 785	-4 723
1921	24 835 968	18 621 597	-6 214 371
1922	21 618 445	22 472 864	+854 419
1923	30 471 744	30 642 386	+170 642
1924	32 066 995	32 549 148	+482 153
1925	28 540 099	28 153 180	-386 919
1926	29 934 068	26 100 185	-3 833 883

① 《江西省历年主要产品输出数量统计图表》,《江西近代贸易史资料》,江西人民出版社 1988 年版,第 322—323 页。表中数据可能也有不准确者,如 1914 年仅经九江海关的出口货值即有 21145791 海关两(陈荣华、何友良:《九江通商口岸史略》,江西教育出版社 1985 年版,第 108 页)。

这期间全省的进出口贸易，在整体上，15 年中有 9 年处于出超，6 年处于入超的状况，基本上保持了自 1904 年起扭转过来的出超趋势，是一个相对较好的经济贸易时期。从进口看，进口商品主要为棉纱、布料、衬衣、药品、面粉、煤油、火柴等日用工业品和钢铁及钢铁制品等，每年进口的总值，较之 1865—1894 年间每年经九江海关进口在 2600 万~4500 多万两之间情况，是一个明显的下降趋势；较 1904—1911 年(最高的 1910 年为 17677840 两，最低的 1906 年为 9219728 两，年平均为 12725395 两)，则有较大幅度的上升。从出口看，江西的出口商品，除瓷器外，主要是农副产品和一两种矿产，有茶叶、米谷、棉麻、瓷器、纸张、花生、大豆、煤炭、钨砂等。这期间每年出口的总值，较之 1865—1894 年间每年经九江海关出口值的 400 万~900 多万两之间情况，增长均在 1~3 倍左右；较清末最好的 1904—1911 年(最高的 1911 年为 19071686 两，最低的 1905 年为 12154563 两，年平均为 15372650 两)，除个别年份，增加数也十分明显。

第二节
财政状况的日益恶化

一、田赋折征银元的改革

江西的财政收入，因关税直隶中央，盐税向归两淮盐运使署收取，故主要来源仅为田赋和统税两项。这两税征收的无序与混乱，又是封建时代以来历代行政中最为明显的特点之一。

民国建立后，即对田赋进行统一征收银元的改革。按清代旧制，田赋名目不一，银、钱、物相混，地丁银以两、钱、分、厘为单位计算，漕粮、兵米以石、斗、升、合为单位计算，草以束为单位计算。名为征银，而折收钱文，或银钱并征，多少各不等；名为征粮征草，而折收银钱，或实收粮石草束，多少亦各不等，纷繁错杂，莫可究诘，为官吏恣意侵吞提供了便利，而国家与人民均“交受其病”。1912年2月，江西省议会议决，实行略低于清末的田赋折征铜钱数，即每地丁一两，征收铜钱2700文；每米一石，征收铜钱3600文。当年全省实收田赋折合银元251万余元，较财政部核定的448万余元相差较远。

随后，财政部通令各省整顿税收，规定完纳丁课一概以银元计算，漕粮等项也相继改折银元。江西省1914年照此规定进一步进行改革，其具体情况为：地丁及兵折、湖课、河课、渔课、芦课、新升课，并屯粮、丁银，每两折征银元2元2角（其中1.8元为国家税，0.4元为省税），兵加每两折征2元，山钞税、鱼油税、商税、贾税、落地税、官山租、藕息，每两折征1元8角，官租、地租、救租每两折征1元7角，濠租除永修一县按2元折征外，其余各县均按1元7角折征。湖租则南昌县每两折征1元7角，德安县每两折征1元8角。全省漕米每石折征2元9角（其中2.4元为国家税，0.5元为省税）。凡属田赋范围内的租课，均以上项标准折纳。照此规定，江西在1914年至1918年实收田赋数目为：1914年，全省实收银元4047481元（占应征额的七成多）；1915年，全省实收银元5152944元（应征6149691元）；1916年，全省实收银元4371694元（应征额6226697元）；1917年，全省实收银元4454906元；1918年，全省实收银元437432□元[①]。田赋折征的改革，简化了征收手续，统一了折算比例，也有助于堵塞各级征收过程中的漏洞，其作用较为明显。

二、全省财政收支状况

江西财政极度困乏始于清末。《辛丑条约》签订，江西被摊派的赔款达140万两。此后，江西全省岁入仅700余万两，但每年负担的中央指拨协饷、摊派洋赔款等各项，累计竟达近500万两（其中洋赔款295万余两，京调银99万余两，协饷银60万两，共计450多万两），“实较他省所罕有”。这种情况，在民国建立后并未改变，以致都督李烈钧因财政负债累累，多次向财政部吁请减轻江西负担。[②]

李烈钧督赣时期，财政权在地方。当时政治更新，财政上也追求清明，减轻征徭税捐，故收入亦有所减少，如1912年田赋、统税两项收入，折合银元约为420万元。但开支则因机关林立，军费骤增等，较清末为大。由于当局主要采取减交缓交中央款项、建立民国银行发行纸币、发行公债400万元等办法，这两年间的江西财政，基本达到了平衡。

在1914至1917财政年度（每年度以当年7月1日至次年6月30日计），地方财权收归中央。在袁世凯的集权专制下，中央政府厉行收入主义，先后召开全国财政会议、在各省设立国税厅等专门机构，确定各省接济中央专款政策。江西

① 财政部编《1912—1918年各省区田赋情形汇编》（1919年8月），《中华民国史档案资料汇编》，第三辑，财政（一），第1253—1285页。另注：1918年原数据为437432.796元，缺一个位数。

② 《复财政部电》（1912年10月15日；11月），《李烈钧文集》第93页、105页。

这几年间“四境乂安，兵戎不兴。论赣省财政之佳况，莫不盛称此时”。为保证开支，江西还从两个方面来增大财政收入：相继实行赋税改征银元、屯田给照、增加田赋征收手续费、创办船捐等办法，每年增加收入64万余元；尽力裁减行政费、军政费，核减财政、教育、司法、农林等费，每年达212.7万元。但就这几年的决算看，仅1915年“收支尚能适合”①，其余各年收支不敷共计310万元，每年平均负债仍有80万元。所以如此，其根本原因，在于江西“当局竭财赋以供中央，对于地方建设，反多漠视”②。赣督李纯“惟偏重国家之收入，而忽视地方发展”，对中央专款不但按数解送，而且每年均有超额，最多的1917年超额达31万多元；军费过高，如1917年实际开支军费416万元，占实际收入910.8万元的将近一半，引致地方建设受到减少经费和缺乏投入的制约，税源不足，并从此种下江西财政“负累日增”、日形恶化的根子。

陈光远督赣后，军队骤增，饷糈浩繁，入不敷出，经费无着，于是开始连续借债。“调查江西债款大别为三：(一)为各银行借款。(二)为十年公债。(三)为积欠军政各费。其中如中行币制借款、长期借款、台湾银行借款为数约四百万元，又十年公债六百余万元，均系陈督任内之事。”③总计1918—1920年的全省财政开支，实际收入各年分别为864.9万元、899.3万元、821.7万元，实际支出各年分别为1038.2万元、996.1万、1008.3万元，各年超支在100万~150万元。各年度开支中，最大一项均为军费，分别为403万元、403万元、407万元，占各年实际收入也都将近一半。到1920年，全省历年亏欠达1300万元。有论者指出，江西财政增之者一，耗之者十，取之者尽锱铢，用之者如泥沙。竭闾阎汗血之资，以供军政不时之需，杼轴虽空，诛求不已。全省自1918年后，财政已失其独立之精神，重以债券准抵赋税，收入极少现金，商业不振，金融已竭。④

1921年后，军事迭兴，支出愈加增长，财政日显崩溃状况。“蔡督继任，连年对粤用兵，军事费用日益增多。罗掘既穷，苛征百出，于是复向各银行钱庄零星息借三百余万元。方督到任后，又加借一百余万元。大都以统税丁漕为抵押，而欠发各机关政费不下五百万元。综核负债数目，约共二千余万元，遂使赣省财

① 吴钫等：《整理江西财政案》(1925年)，中国第二历史档案馆编《善后会议》，档案出版社1985年版，第359页。

② 陈家栋主编《江西财政纪要》，1930年印刷，第一册，概要，第12页。

③ 吴钫等：《整理江西财政案》，1925年，中国第二历史档案馆编《善后会议》，第359页。

④ 陈家栋主编《江西财政纪要》，第一册，概要，第15页。

政混乱，达于极点，致陷全省于破产之地位。”[①]具体开支，以1924年为例，详细项目为：

收入(据江西财政厅开报)：

1.田赋(地丁、米折、租课等项)共5375460元。

2.统税共2302001元。

3.正杂各税(茶税、糖税、屠宰税、一五加税、米石特别税等项)共905636元。

4.正杂各捐(船捐、街捐、铺捐、乐捐、灯捐、公益花捐等)共107192元。

5.杂收(统税、五厘附税、丁米串费、官契纸价等项)共446669元。

6.矿税、契税、牙当税共351498元。

以上6项，收银元9488456元。

支出：

甲、政费

1.各行政机关薪工及行政费共3033528元。

2.外交经费21276元。

3.教育经费841737元。

4. 司法经费 491612 元。

5. 实业经费 138657 元。

6. 债款息金 2396280 元。

以上政费及债息共 6 项，1924 年度预算列支 6933090 元。

乙、军费

1. 督办公署，各镇守使署，各军事机关及江西第一、二、三师，中央暨滇、赣、鲁各师旅饷项，共 11760000 元(此项据督办公署函，以 1925 年 2 月份薪饷等项 98 万元为标准，计算全年为此数。但服装给养临时军费仍不在内)。

2. 新编江西第四师赖部薪饷 960000 万元。

以上军费两项，支出为 12720000 元(1925 年支出数)。连同政费，合计支出为 19606090 元。

从以上收支项目及实数看，即使将全省全年收入全数拨充军费，尚有差额 300 余万元。再将国税收入 179 万余元(为中央收入，主要项目有榷运局 102 万余元、印花处 7 万余元、烟酒公卖局 67 万余元、赣关 3.4 万余元，四项岁入

① 吴钫等：《整理江西财政案》，1925年，中国第二历史档案馆编《善后会议》，第359—360页。

银元179万余元)拨抵中央军队薪饷,仍有不敷。这些不足之数,多靠拖欠政费、借款和滥发纸币、发行公债(如1925年发行新公债800万元)、整顿税收、追索欠赋、增加杂捐杂税等来应付。统计表明,1921—1925年度,全省赋税超过半数被作为借款抵押,由银行团支配债权①,累计财政亏欠共达2700万元。因此,有人评论此时的江西,四郊有竭泽之叹,司农兴仰屋之嗟。赣省财政之危窘,无有过于是时者。地方民众精枯髓竭,失生存之乐,社会经济岌岌如累卵,濒临崩溃。现在看来,若以财政赤字总额论,数目并不是太大,但若从当时条件看,北洋军阀主政下的江西财政,也确实陷入了入不敷出、难以为继的困境。这种财政困境,反过来又不能不对军阀政治产生根本性的影响。

第三节
教育与文化的更新

一、新式教育的推广

江西向为科举教育的发达之区。自清末废科举、兴学校,仿行欧美新式教育制度后,开始实行教育体制和教学形式、内容的转变,到1911年的10年间,全省办有新式中学23校,小学80多校(每县一校)。"民国成立,气象一新,各县人士均感兴学之重要"②,江西新式教育在清末的基础上,出现一个较大的发展。

发展最快的是小学教育。1912年,主持江西教育行政的符鼎升得到李烈钧的支持,取全省串票附税的十分之七为办学之用,各县小学遂骤然增加,全省计达三千余校,出现一个办学高潮。到1914年7月,全省兴办的公立、私立初等、高等小学,共有4262所,学生达148565人。其中,私立学校及学生均超过半数,男校及男生更远远超过女校及女生。具体数字为③:

---

① 如到1925年3月止,全省共有指定县局赋税抵押借款255.7万元,不指定县局赋税抵押借款46.4万元,有利兑换券抵押借款31.3万元,米护照抵押借款30.3万元,十年公债票抵押债款45.6万元,暂不还本借款302.4万元,台湾银行及古河公司外债160万元,盐、烟、酒各税抵押借款83.8万元,临时借款及各行庄欠息94万元,有利流通券本息167.4万元,十年公债未还本息550万元,造币厂欠赣省银行4万元,积欠军政费500万元,总计2000多万元。

② 民国《江西通志稿》,第23册,第10页。

③ 李桂林等编《中国近代教育史资料汇编·普通教育》,上海教育出版社1995年版,第526页。

1914 年全省公私立小学及学生统计表

	初等小学校		高等小学校		合计	初等小学校		高等小学校		合计
	男	女	男	女		男	女	男	女	
公立	1242	35	283	14	4262	43269	3494	12793	431	148565
私立	2344	12	328	4		76826	2072	9576	104	

这些小学,“以省立模范小学校较为优良,他若省立初等小学校八处,以第一、第二、第三、第四、第八各校尚为得法,惟校舍均系迁就,设备太不完全,是其缺点耳”。在私立小学中,蔡敬襄独立创办女子小学,义务办学,苦心经营,以至于以典物、募捐及兼职薪水来捐助教学,“形式精神均有可观,为赣垣私立女学之最优良者”[①]。各地办学情况也很不平衡,从 1916 年 9 月实有学校数目看,全省这时办有高小 437 所,国民学校(即初小)3266 所,其中省会南昌有高小 5 所,国民学校 13 所。全省 81 个县中,则以萍乡县小学校为最多,有高小 20 所,国民学校 235 所。万载县次之,有高小 17 所,国民学校 134 所。小学校设立最少的是南城(高小 1 所,国民学校 2 所)、宁冈(高小 1 所,国民学校 6 所)、德兴(高小 1 所,国民学校 7 所)等县[②]。宜春、吉安和赣县的小学兴办,这时也有一个较大的增长。

全省小学当时实行壬子癸丑学制的四三制,即初小四年,高小三年。1923 年改行壬戌新学制,实行四二制,此后长期未变。按照教育部 1915 年公布、次年 10 月修正的《国民学校令》和《高等小学校令》的规定,国民学校即初小设置课目为修身、国文、算术、手工、图画、唱歌、体操,女子加缝纫课;高小课目为修身、国文、算术、本国历史、地理、理科、手工、图画、唱歌、体操,男子加农业课,女子加家事课;教科书由教育部编写或审定。这些课程设置,与清末相比较又有了改进,体现了民国教育的新的要求。改行新学制后,还在小学中附设幼稚园,连带开办幼儿教育。在兴办小学的同时,全省对私塾教育也进行了整理和

① 《教育部视察各学区学务总报告》(1913年8月),载《教育公报》,1914年第一卷。关于全省学校和学生数,1936年出版的《江西年鉴》所载全省初等教育数据为:1912年度学校3107所,学生309387人;1913年度学校4270所,学生148930人;1914年度学校3925所,学生131936人;1915年度学校3458所,学生111728人;1916年度学校3968所,学生127210人;1922年度学校6105所,学生213709人。

② 《全国教育行政会议各省区报告汇录》,1916 年 11 月。

改良。由于处在新旧教育制度的转换时期,也有一些小学在教学质量上与新制尚有较大距离。1922 年,即有新文化人士批评兴国的小学教育说:城乡小学合计有 72 个,但多数小学还是私塾的变相,也有形式上好一点的,并实行了男女同校。至于小学教职员,简直不知道教育是什么一回事,所以社会上一般人多不信任学校,说学校不好的极多,顽固不化的八股先生们,更拼命地摧残,叫人家的子弟送到私塾里去读三字经百家姓,弄得虽有学校却少人进。[①]

中学教育经过清末的草创期后,这时有一个缓慢的进展。1912年,曾统一将清末的中学堂改称中学校。其教学情况,据教育部视察报告称,江西"公立中学校在省城者仅有一处,原在高等学校校内办理,近因该校舍为军队借用,遂与师范学校在百花洲陈列所内开办。视察时已停课温习,未及实查管教各法,然校址为游览之地,改为校舍,殊有未宜。私立中学校以心远中学、章江中学二校开办较早,成效颇著。唯私人创立学校,筹划容有未周,或职员多系义务,管理失之稍松,或中学人数太少,教授诸多不便,幸创办人苦心毅力,得以维持,未至停罢。至洪都中学,校舍太小,积习颇深;吉安中学,学期试验漫无规则,设备缺乏,管理废弛,皆亟待整理者也"[②]。这一情况,反映了中学教育初创时的艰难。1914年,省教育厅将原由省及各府主办的中学校,统一改为省立中学,并按序号排列。[③]1915年,全省有中学16所,学生2342人,毕业学生 246人。16所中学办学经费106347元,所均仅6000余元。[④]到1926年,公立中学增设9所,其中3所为师范学校、1所为女子中学。私立中学较公立中学发展更快一些,增设20余所。此外,南昌的葆灵女学、九江的儒励女学、南伟烈学校等教会学校,仍继续办学。中学课程设置,教育部要求为修身、国文、外国语、历史、地理、数学、博物、化学、法制经济、图画、手工、乐歌、体操,女子中学加家事、园艺、缝纫课;外国语以英语为主。这些课程设置,已比较完全地与传统教育区别开来,学生接触到的已经是新的世界、新的科学知识。因此,中学校及学生虽然不多,却是全省最具活力之所在,各地中学成为接受新文化新思想的主要场所,中学生不但

① 黄家煌:《兴国的社会情形》,《新江西》第一卷第二号。

② 《教育部视察各学区学务总报告》,1913年8月。

③ 其中省立第一、二中学在南昌,三中在九江,四中在赣县,五中在鄱阳,六中在吉安,七中在临川,八中在宜春,九中在宁都。1923 年增设十中在上饶,十一中在南城,十二中在樟树,十三中在星子,十四中在大庾,女子中学在南昌。

④ 李桂林等编《中国近代教育史资料汇编·普通教育》,第 848 页。

是当时出国留学深造的主要来源，而且是当时全省最富有思想活力和组织活力的群体，不少人成为江西五四运动的中坚，江西最早的国、共两党党员和青年团员，也主要出自中学生中。

几所公、私立专门学校的创办，首开江西高等教育的滥觞。这些学校，据教育部公布的资料，有江西公立法政专门学校，校长胡薰，设南昌市德胜门；江西公立农业专门学校，校长熊世绩，设南昌市进贤门外关口；江西公立工业专门学校，校长胡飞，设南昌市书院街；江西公立医学专门学校，校长何焕奎，设南昌市贡院前；私立心远大学，校长熊育钖，设南昌市三道桥；私立江西豫章法政专门学校，校长邱玺，设南昌县城；私立江西法政专门学校，校长龙钦海，设南昌市高升巷。①它们均是在1921年前创办，其中公立学校在数量上占1921年时全国地方12所省立专科学校总数的1/3，“这种情况表明，江西在依靠本身力量创办新式高校方面，走在全国最前列”②。此外，在九江尚有美国教会办的南伟烈学校，也曾称南伟烈大学，实介于中学与高专之间。

以官费为主的留学教育在这个时期成绩明显。1912年，赣督李烈钧认为造就人才至为要着，一上任即在全省招考并宽筹经费，选拔优秀青年20人，以官费派遣前往日本和欧美求学。③江西的留学高潮，出现在1914—1915年。据统计，这两年间，江西留学美国者有14人，留学欧洲（主要为法国）者7人，而留学日本者为80人。④江西留学生大部分东渡日本，与这时出现的继清末后中国人留日运动的第二次高潮正相同步。在全部留学生中，除12人学习法科、1人学习文科外，其余88人均选择了理科、工科、农医商科和师范。这次高潮之后，江西的留学教育，持续进行，陆续派遣了官费留学生出国留学。留学教育的发展，为江西乃至全国培养了一批杰出的人才，如陈寅恪、饶毓泰、胡先骕、程孝刚、吴有训、傅烈等(其中有的从清末即已留学，如陈寅恪)，后来都为我国的科学、教育和政治事业作出了突出的贡献。在北洋中央政府、议会和江西省的军政官员中，有一批江西籍留学生出身者。

---

① 中国第二历史档案馆编《中华民国史档案资料》，第三辑，教育，第201—203页。

② 温锐等著：《百年巨变与振兴之梦——20 世纪江西经济研究》，江西人民出版社 2000 年版，第 135 页。

③ 《李烈钧自传》(1944 年三户图书社出版)记载这批留学者为“百余人”，杨仲子《辛亥革命后江西首批官费留学生简介》(《江西文史资料》第十五辑第 96 页)记载为 20 人。此处依杨说。

④ 陈学恂、田正平编《中国近代教育史资料汇编·留学教育》，上海教育出版社 1991 年版，第 690—693 页。

专门性教育也有所发展,尤以农业职业教育和师范教育为好。在清末开办有江西农业专科学校和工业专科学校的基础上，这个时期的职业教育继续向南昌以外地区延伸。在1912—1926年间,先后开办了省立陶业学校、省立女子职业学校、省立商业学校以及赣县、临川、九江、吉安农业学校等13所职业学校。职业教育因其专门性而显出较高的办学质量,如省立陶业学校,“以五年为卒业期限,以养成陶瓷业学生。现有学生六十名,校长及教务长皆日本东京高等工业学校卒业生。校中设备甚为完全,试验室中设有汽机,多方研究。其制造品,比前所有之生地甚为洁白。其绘画则以写生画为多。又其制造品,在圣路易万国博览会受奖牌者不少。以前中国无铜版画,现该校亦能完全制成”①。师范教育则呈现分布较为合理的特点。到1919年教育部公布全国师范教育情况时,江西全省开办的师范学校一共有9所,其中,省立第一至第七师范学校分别设立于南昌、赣县、临川、铅山、清江、九江、吉安,另有省立女师在南昌,萍乡则创办了县立女师。

这个时期兴办教育的最大困难,还是经费不足的问题。1912年全省教育经费银20万两,1913年增至银元40万元,到1916年也仅45万元。而“其中留学费已去其半,故甚拮据”。各县经费主要来源于丁漕附加税,尤其短缺,最多的吉安县仅2.9万元,最少的虔南县(今龙南县)竟只有400元。②此后,全省教育经费略有增加,但数量不大,1922年前,每年为60余万元;1923年为76.4万元,1924年81.4万元,1925年突破了百万元,为125万元,1926年为133.2万元。③由于经费的不足，既影响到办学的规模和质量，也使一大批家境贫苦的学生难以入学。1918年2月,江西教育界人士便曾反映,“赣省人民生计困难异常,故一般青年之志望入学者,卒以学费难筹,不克入校”,故要求减免职业教育的学费。④

二、文化领域的新气象

进入民国尤其是经过新文化运动洗礼后，江西的文化领域产生了日新月

① 张仁任:《饶州及景德镇之陶瓷业》(1918 年),《中华民国史档案资料汇编》,第三编“工矿业”,第 343 页。

② 《全国教育行政会议各省区报告汇录》,1916 年 11 月。

③ 民国《江西通志稿》,第 23 册,第 6 页。

④ 《教育部咨广西、江西等省省长实业会议议决实业学生给予公费请酌量核办文》(1918 年 2 月 4 日),北洋《政府公报》第 737 号,1918 年 2 月 9 日。

异的变化。这种变化，既表现为许多新的文化形式的出现，更反映在文化内容的改变上。尽管北洋政府对言论的压制相当严厉，这个时期仍不失为文化的新兴与活跃期。

首先是大量报纸杂志的创办。据《南昌市志》记载，民国成立，南京临时政府随即颁布《中华民国临时约法》，规定人民有“言论、著作、刊行之自由”，南昌“一时报刊似雨后春笋般地涌现：《大江报》、《豫章日报》、《晨钟报》、《商务日报》、《新闻迅报》、《天佣报》、《共和公报》、《章贡潮》、《民治日报》、《民权日报》、《社会日报》、《和平日报》、《女界旬报》、《神州日报》、《正义报》、《江声报》、《新世界》、《学务周报》、《通俗周报》、《匡报》、《中庸报》、《工商报》等20种报纸相继在南昌创办（大都已佚）”①。“江西的报纸大多为党派所操纵”②，因而其政治倾向不一，但大多致力于新文化知识和时事新闻的传播。其中，《大江报》“运动新文化，进步一日千里”，在江西报业中“是很好的”；《新民报》的前身为《江西民报》，民报是吴宗慈等主办、江西发行最早的报纸，被号称为“江西之申报”③，这时则以其副刊《作新民》而著名，副刊编辑李立侯、孙师毅注重科学知识、新诗等，刊载自由恋爱的小说、新诗以及宣传文学革命、言论独立、社会改造、社交公开等主张，传播新文化新知识，别开生面，一期比一期进步；《中庸报》在五四运动后一度也很有改革的精神，其“文化运动”专栏在袁玉冰看来“很有精彩”；《正义报》则自称特聘了“新文化的巨子”为其编辑专栏“到光明之路”。但这时的报纸也存在缺乏新知识和肤浅的问题，有的对社会问题不能有精确的判断，有的甚至因不懂新知识而闹出笑话（如《南昌新报》报道1921年江亢虎来南昌演讲时，便把“唯心唯物”写成“维新维旧”）。另外，在上述南昌的报纸中，据袁玉冰当时所言，《新世界》和《章贡潮》开办时原为南昌花界的报纸，后来才改版，“内容当然是不堪问的”④。

1914年袁世凯颁布《报纸条例》与《出版法》以控制舆论后，报纸蜂起的势

---

① 《南昌市志》，方志出版社1997年版，第6册第351页。这些报纸，有的被当局封闭，如《晨钟报》（江西国民党支部的机关报，“二次革命”失败后被军阀当局封闭）、《大江报》（1922年5月因刊登袁玉冰主编的五一特刊被军阀当局查封）；有的停办后改变报名继续出版，如1918年《江西民报》更名为《新民报》。

② 袁玉冰：《江西的出版界》（1922年9月），《袁玉冰专集》，第52页。

③ 欧阳祖经：《十年来之江西文化事业》，《赣政十年》（18）第17页。

④ 袁玉冰：《江西的出版界》（1922年9月），《袁玉冰专集》，第50页。

头大为抑减，一些报纸还被封闭或被迫停办（《报纸条例》于1916年7月被废止）。但在新文化运动中，杂志蜂起成为新的特殊现象。1922年夏，袁玉冰曾对全省出版的杂志做过一个粗略的检视，所提及的即达20多种。最主要的是两大类：一类是学校、学生及学生社团主办的杂志，这类杂志以政论性、思想启蒙性和传播新文化为主，如南昌二中改造社的《新江西》、吉安青年学会的《青年》、吉安旅京学生会的《吉州》、南昌觉社的《时代之花》、女师的《江西女子师范周刊》、北大赣籍学生的《赣治周报》、高安籍学生的《锦江新潮》、《高安曙光》、丰城旅省学生的《丰城周刊》、万安学生的《周刊》、武宁的《武宁平民》、少年江西学会的《赣声》，以及江西《第二师范月刊》、第三师范的《教育镜》（原名《学生周刊》）、《第四师范杂志》、省立《二中周刊》、私立心远中学的《心远周刊》、《清江旅省学友会期刊》，等等。它们大多及时地反映了当时的时代变化、思想潮流、社会主张、文化新潮等，给江西文化领域带来一种蓬勃的生气。另一类为专业性的社会团体刊物，如江西小学教育研究会主办的《新铎》月刊，教育界人士主办的《学殖》、《万安社会教育促进会会刊》，江西通俗教育会主办的《通俗周报》，江西学术研究会主办的《学潮》，江西文艺通信社主办的《消夏》周刊，等等。这类刊物除个别为娱乐性质外，大多也比较注意反映各自领域内的新主张、新形式，如《通俗周报》刊发风俗谈、谚语、歌谣、中外要讯、本省记事等栏目，而且“攻击一切坏风俗”，“能供给读者新知识”[①]。客观地说，大量报纸杂志的创办发行，本身就是文化事业的新内容新现象，而通过它们的传播，在更大的程度上推动了江西的新文化运动，促进了思想的启蒙和文化的更新。因此，在北洋时期的江西，报刊可以说是文化事业和新文化运动的主力军。

随着报刊的创办，现代文学创作相伴而生。在报纸的副刊及杂志上，不时有新式的短篇小说、诗歌、散文发表；有的江西籍作者还在上海、长沙等地出版作品。如徐先兆1921在《新江西》上发表小说《这也应该承认她做母亲吗》，白采先后在中华书局自费出版小说集《白采的小说》和长诗《羸疾者的爱》，罗黑芷1926年在长沙出版散文集《牵牛花》等。[②]但从数量上说，这时的现代文学作品尚不多，有影响的作家更少，且多在省外生活、创作，他们的作品在省内反倒流传有限。

---

① 袁玉冰：《江西的出版界》（1922年9月），《袁玉冰专集》，第47页。

② 王秀凡主编《江西省志·江西省文化艺术志》，新华出版社1999年版，第42—52页。

继1898年九江首先放映电影之后，南昌1914年在洗马池的福音堂放映无声电影（隶属省教育司的宣导所，在1913年夏秋也曾拟更名为江西模范讲演团，添置活动电影，往外县巡行讲演社会知识。但此事因二次革命失败而未办成）。此后，电影放映逐步向萍乡、修水、赣州、抚州、吉安、泰和等全省其他地方传开。这时的电影，主要是卫生科教片和风光纪录片，其放映活动，均为非营业性质。比较而言，最为活跃的仍为传统戏剧。久负盛名的弋阳腔（1950年定名为赣剧）在民国初年吸收传入江西的安徽梆子后，进一步丰富了其三大声腔之一的乱弹腔，成为一个具有地方特色的多声腔的剧种。[①]弋阳腔、采茶剧、宜黄戏、京剧等多剧种、多支派、多形式的戏剧艺术，在社会文化中占据重要的地位。

江西近代文化中的另一新事物，是图书馆的设立。1912年，著名藏书家、宜丰人胡思敬捐书10万余卷，在南昌百花洲旁设立私立“江西全省图书馆”。此为江西创办图书馆之始。“惟藏书均系经史子集各部图书，无科学及通俗书籍”[②]。次年，开始筹办通俗图书馆，以为中小学生及一般国民阅览。到1916年，全省已设立通俗图书馆5个，全部为公立性质。[③]1918年，江西省立通俗图书馆开办，内设藏书、公众阅览、儿童阅览、新闻阅览、巡回阅览及办公、招待各室，是江西省“历史上第一所初具综合性图书馆规模的省级公共图书馆”[④]。1922年，又成立了江西省公立图书馆，该馆藏书近9000册，设有汉文、日文、英文和日报杂志等四个部。到1926年底，江西省立图书馆藏书增至1.35万册；全省公、私立图书馆这时已有15所（一说民国初期全省县以上图书馆有20余座），其中大多数为私立图书馆。

第四节
社会结构与习俗

一、人口变化与结构

北洋时期的江西人口总数，因缺乏准确的人口统计，大多出于有关机构的

① 《江西省志·江西省文化艺术志》，第 71 页。

② 李桂林等编《中国近代教育史资料汇编·普通教育》，第973页。

③ 中国第二历史档案馆编《中华民国史档案资料汇编》，第三辑，文化，第 127 页。

④ 《江西省志·江西省文化艺术志》，第 374 页。

调查估计，故而是一个相当模糊的数字。据这些估计，江西1910年人口总数为23225008人（国务院统计局报告），1916年为25090834人（内务部调查报告），1918年为20000000人（九江海关职员莱德估计，内政部估计，同年另一数据是内政部估计江西62县人口为13369752人），1921年为24534000人（海关调查估计），1922年为24466800人（邮政总局调查估计）。[①]据当时研究者认为，这些估计比实际人数略高，从文化、经济、政治、社会各种变迁上与数字比较上研究，从清光绪末年到1930年代的30多年间，江西人口是一个递减的趋势，更为多数的估计是，1920年代江西人口在2000万上下。[②]

社会结构的最大变化，是产业工人较之清末有较大的增加。江西近代产业工人最为集中的九江、萍乡、景德镇和南昌，情况都差不多。如在诞生了江西最早一批产业工人的九江，清末时有工人数千人，1919年时已增加到10000余人，约占同期九江城市人口的1/5。萍乡煤矿的工人，1910年时为3500人，1922年时已达13000余人（安源路矿工人罢工时，加上株萍铁路工人，共有17000人）。[③]景德镇陶瓷业工人，长期保持在10多万人的规模，则是工人人数最多的地方。当然，产业工人在全省人口中所占的比例，仍然是一个极低的数目。

与近代产业工人相伴而生的，是近代城市的发展。随着近代工商企业的生长和水电、新式银行等近代市政设施的创办，以南昌、九江、萍乡、景德镇、赣州等地为代表的近代城市，在这一时期有一个较好的起步性发展，由古老的城市走上了向近代城市转换的历程，尽管在这同时，也出现了一些曾经繁华的古代市镇的衰落。

占江西人口大多数的是农民。全省农户，尚缺乏精确的统计与分析，据《中国近代农业生产及贸易统计资料》的记载，1914年时全省农户总数为4077000户。[④]如以每户人口平均4人计算（实际可能不止4人），则全省农村人口约在1600多万人。以当时全省人口总数在2000万左右计，则农村人口当不少于85%。全省农民的阶层结构，据1934年中央农业实验所对23个县的调查，

① 详见《江西人口总数之估计》，江西省政府经济委员会编《江西经济问题》，1933年编印，第33—50页；江西省政府统计室编《江西省农业统计》，1939年编印，序。

② 《江西人口总数之估计》作者甚至也无法确认准确数字，故文中出现“江西人口在民国十六七年间，如确在二千数十万，至二千一百数十万之间”的模糊性语言（《江西经济问题》第48—50页）。

③ 陈荣华、何友良：《九江通商口岸史略》，江西教育出版社1986年版，第153页。

④ 温锐等：《百年巨变与振兴之梦——20世纪江西经济研究》，第49页。

1912年江西的农民中，佃农占41%，自耕农占29%，半自耕农占30%。[①]这个结构，在整个北洋时期相当稳定，没有什么大的变化。

在社会的底层，有一个相当庞大的秘密会社群体。他们被称为帮会、会党，江西的帮会组织主要有洪江(三点)会、哥老会等，清末革命时，他们曾积极参与，曾是萍(乡)浏(阳)醴(陵)起义和辛亥革命的主要参加者。革命党人掌握政权后，从稳定社会秩序着眼，立即转向取缔和镇压会党，与昔日的同盟者的关系发生了急剧的变化。1911年12月，江西军政府连续两次发布《解散洪江、三点、哥老会布告》，命令“所有前项各会应克日一律解散，并将票布自行销毁，不得稍有私藏，否则甘为匪人，决不宽大”[②]。这一做法，其后被延续下来，并被湖南、湖北等省相继效仿，虽然对稳定当时的社会秩序起了一定的作用，但因善后乏术，也产生了长久的不良社会影响。会党成为当局的打击对象后，纷纷转入地下，不少转而成为土匪或地方政权的对抗力量，对社会秩序构成更大的危害。

土匪则是一个公开与政权对抗的群体。土匪主要是一些失去生产、生活资料的游民与农民。江西的土匪，总量并不大，但对社会秩序影响较大。1923年江西发生的两处匪乱，震动一时。这年夏，安福县城被大股土匪攻破。据1923年8月13日《时报》记载，这批土匪训练有素，显然曾经当过兵打过仗。安福县知事指挥抵抗不敌，被迫出走。居民被杀者47人，当地百姓自行估算损失达百余万元。另一例9月11日发生在宁冈县。这一天，宁冈九伴塘家资富厚的杨性善家遭持枪土匪抢劫，掳走数千金，又绑去肉票6人，敲诈数千元。宁冈本为江西山区小城，却以匪患频频而闻名全省。这里地处湘赣边界，时常聚散着两省的散兵游勇，以至烧杀掳掠时有所闻，居然被当时国内颇有影响的《时报》称为“临城第二”(指民国著名的“临城劫车案”)[③]。

在当时江西的常住民中，还有一群特殊的群体，这就是外国人。他们主要分为两部分，一部分是散处全省各地的传教士，这部分人没有准确的统计，但据《东方杂志》的有关记载，到1908年止，江西全省“各府、厅、州、县，天主、耶稣

---

① 《申报年鉴》，1935年，台北文海出版社《近代中国史料丛刊》第98辑，下，第704页。

② 转引自蔡少卿主编《民国时期的土匪》，中国人民大学出版社1993年版，第179页。

③ 《民国时期的土匪》，第187页。

两教华式、洋式各教堂，共有三百数十处之多”[1]，若以每一教堂有一个洋教士计算，则将近有400人；另一部分是在九江和庐山的外国领事馆人员、租界人员、商人以及教会学校、教会医院的人员等，据九江海关1913年的记载，常住九江包括庐山的以商人为主的各种外国人，有1200多人，而且“每年并没有什么变动”[2]。如是估算，江西的居民中，每年最少有外国人约2000人。

二、社会生活与习俗

进入民国，受欧风美雨和时代风尚的影响，江西民众的衣食住行等生活习俗渐显新潮。占风气之先者，首为受上海、武汉直接影响的九江、南昌和受广东直接影响的赣南。

民国之始，社会生活中的一件大事是剪辫子。自清朝强行推行雉发制度，蓄辫已历200多年。辛亥革命爆发后，在江西，九江、南昌等革命首应地方，民众多已剪辫，但中心城市以外则仍有不少留辫者。1912年3月5日，临时大总统孙中山发布通令，令各省都督令其所属地方“未去辫者，于令到之日限二十日，一律剪除净尽，有不遵者以违法论”[3]。经此，蓄辫者在江西已不多见，而各式新鲜发式，则纷纷出现。据寻乌县的记载，民国元年以前理发器具都是旧式的，头发装式一律是辫子。民国元年起，开始用洋剪，装式一概为和尚头。次年开始兴“东洋装”，民国六七年在学生和商人中兴“平头装”、“陆军装”，十年到赣州读书的学生传来“博士装”，理发器具用上了大镜子、靠背椅和轻铁梳。十五六年时传来了化学梳，东洋装、博士装式样则不见了，而平头装、陆军装则在普通民众中盛行开来，还新添了文装、花旗装、圆头装三种花样，乡村农民中则有一大部分是剃光头[4]。仅从头发样式的变化，也可概见民国时尚的频繁翻新和人们趋新顺势的心理。

时尚趋新还表现在服饰上。以往服饰，一律是旧式的“大襟装”，清末兴新学后，开始出现“破胸新装”，1918年前后在赣南渐渐多了起来。这时缝纫机进

---

① 《东方杂志》第五年第二期，宗教。

② 九江海关档案：《1911—1920年九江关贸易报告》。九江海关档案原存江西省公安厅档案室，现存江西省档案馆。著者是在江西省公安厅档案室查阅这部分档案的。

③ 南京《临时政府公报》，第29号，1912年3月5日。

④ 毛泽东：《寻乌调查》(1930年5月)，《毛泽东农村调查文集》，人民出版社1982年版，第87—88页。

入赣南，因新式裁缝而带来了上海装（破胸、圆角、打边），但到1923年，上海装不兴了，又“行一种破胸、方角、大边装”，此后则相继流行广州装（七扣四袋，应即是中山装）等新式服装，但就普遍性而言，农村中还是旧装多。服饰、发式和日常用品（如兴洋伞、胶底鞋、运动鞋等）的变化，是民国社会和习俗变化的一个侧影，也是社会之“新”的体现。

但是，更多的生活习俗不如服饰、发式这样容易改变。许多传统民间习俗，具有更深的惯性积淀而迁延难改，从而也更加鲜明地反映出民国新旧交替、新旧并存的时代特征。

全省农民的生产方式，仍然是以耕织结合为主。除耕作土地外，以织布补充家用。“南昌之农民，各家皆有织布木机，且所备机数，皆按各家人数之多寡。所有摇管、牵纱、织机等事，悉由本家之男妇老幼同力合作。其开始织布之期，大率在每年农事毕时，至翌年将行栽秧，始行停止。”[①]这种情况，全省皆然，并不独南昌一地。但多数农民，入不敷出、衣食不能饱暖的情况相当严重，据《东方杂志》1927年1月发起的农民状况调查征文中，新建作者裘俊夫调查该县农民生活状况，发现新建农民的中等户，“终年碌碌而负债累累，不能饱暖者，迨居十之四五”[②]。

不少县由于没有一个工厂，也就没有真正的产业工人。因此，那里的劳工，主要是为商人做工者。这种劳工，例如在兴国，有长工和短工、远地工和近地工之分。长时劳工男多女少，以年、月计算工作时间，忙的时候还要打夜工，除年节外没有休息时间，饮食居住多不和主人在一起，工资好的每年30多块钱，少的只几块钱；短工也叫零工，男女都有，工资和待遇要较好一点。远地工净是男人，他们“是做商人的驼马，到赣州、吉安或广东、福建去搬运货，披风戴月，是最苦的劳工”，工资有按日数和按重量计算两种方式，每天一两角钱；近地工不出县界，也是为商人搬运和往乡挑运米谷杂物，工资每天也不过一两角钱，但“这种劳工，多属女人——兴国县的女人，尽是大脚，她的气力和男人一样，能挑一百多斤的重物。这是兴国县劳动界的特色”[③]。在一些开办有工矿业的县，还有农工。农工的收入同样较低。例如东乡、乐平两县均无甚差异，常年雇工，

① 《南昌土布洋布业之近况》，《中外经济周刊》，第166号，1926年6月12日。章有义编《中国近代农业史资料》，第二辑（1912—1927），生活·读书·新知三联书店1957年版，第412页。

② 《东方杂志》第24卷，第16号，第143页。

③ 黄家煌：《兴国的社会情形》，《新江西》第一卷第二号（1922年）。

每人每月工食约四元左右，临时雇工，每人每月工食约五元。赣县常年雇工，每月工资约二元左右，膳食在外。[①]

借贷是民间的经常性生活行为。借贷形式多为高利贷，且一般都要实物抵押和订立借约。以南昌为例，乡间习惯，如需银钱应用，向人借贷，往往书立借约之外，另将所有不动产，书立绝卖文契一纸为担保。其卖契与寻常所立之卖契无异，而所裁价值亦于借贷之数目相符，惟于契尾月日之后，批有此业□(资料原件缺一字)押契买，以后如拖欠借项，任凭押主裁契管业字样，其不动产仍由原业主管有。至债务能依期清偿，即将借约及卖契收回；倘有拖欠情形，即由债权人裁去年月日后所批之字，认为完全卖契，实行管业，其间或有借贷数目与契价不符者，仍得由债务者请凭中证人估找价值。[②]

民间生活中的另一突出现象，是迷信和赌博盛行。迷信神鬼之风，盛行全省，农村地区尤甚，“一年三百六十天，没有一天不是在迷信鬼神中，名堂太多”，“可说应有尽有”。赌博也是这样。黄家煌调查兴国的情况是：兴国的赌风没有那里比得他上，什么花会呀，标呀，就是妇人孺子都会赌。1921年腊月，有一个农民来县粜薯米，卖了一吊整百钱，随即去赌，结果赌输了不敢回家，就在路上上吊死了。次年正月初七，一个姓钟的人也是赌博输了一吊钱，就投塘而死，他的兄弟去救他，也溺死了。黄家煌因此大发感慨：因一吊钱去两条命，赌博，赌博，真是万恶！

史料中也不乏江西“民气强悍”之类的记载，特别是少数地方宗族之间发生愈演愈烈的械斗，进一步强化了人们的这种印象。“中国械斗以福建之漳泉、江西之乐平、余干为最烈”[③]，萍乡、宜春等地也颇负“盛名”。据记载，仅乐平南东乡八大姓，在清朝咸丰年间到民国初年的60多年里，发生焚屋屠村的激烈械斗近40次，几乎每一年半便要厮杀一场。其中1918年张、胡两姓的第七次械斗，“焚烧四十余村，仇杀四五百人，劫商贩，断交通。因仇张姓而波及同音之章姓，焚其室庐。因拦路截杀而断十三岁张姓童子之首，刳腹去肠，暴尸于道。于是乡约破坏，全邑震惊”[④]，造成赤地数十里的后果，人称“蛮触之争”。该县众埠杨、

① 高文炳、葛敬猷：《调查江西省糖业报告》，《农商公报》，第4期，1914年11月。章有义编《中国近代农业史资料》，第二辑，第458页。

② 《中国民事习惯大全》，第1编第3类，第12页，1924年印行。章有义编《中国近代农业史资料》，第二辑(1912—1927)，第552页。

③ 余重耀：《乐平械斗记》，《乐平县志》，上海古籍出版社1987版，第484页。

④ 余重耀：《乐平械斗记》，《乐平县志》，第484页。

叶两村的械斗，从1900到1949年间发生7次，死伤人员也颇为骇人。其中1914年的“一次械斗，杨家败了，死了一百零四人，房子全部烧光；叶家也死了十四人，尸横田野，血染台阶，到处是惨叫和哭声”[①]。宗族械斗是宗法势力强盛的表现，也是宗族首领以卫护狭隘的宗族利益为借口而驱使族人流血送命的恶俗。

民众生活尤其受到战争、灾荒和市面物价的影响，不少人处于饥饿状态，最严重者不得已走上自杀惨路。有研究者统计，从1912年至1926年间，江西先后发生过8次水灾、1次旱灾，其中7次为大水灾，水灾成为制约江西农业生产和农民生活的一个主要灾害。[②]据记载，1925年受水灾和战争的影响，在青黄不接之时，赣南各属，米价腾贵，民众生活艰难。第三届省议员王隆骧从其原籍由信丰返南昌，曾详述赣南大闹米荒之惨象：其在信丰县起程时，地方存米已十分枯竭，平民日食，只有稀粥两餐；6月初旬即呈荒象，“迨至十一、十二等日，则全县仓廪业已罄空，谷价每担(每两担半合得熟米一担)需洋八元，且逐日增涨不已，甚至一日之中亦涨价数次。有青村圩农某甲，因家已绝粒，特携洋八元至城买谷，时谷价已涨至九元，某甲因洋数不敷付一担谷之价，即转往亲友处借洋一元，讵俟某甲借洋时，谷价又复涨数角；终日奔驰，卒未购得粒米。某甲因一家数口嗷嗷待哺，购米未得，焦急万分，竟抱厌世主义：即购米三升，砒霜一包，白糖一斤，回家煮稀饭一锅，全家食毙。此为王氏在信丰所亲见之惨状。举此以例其余，饿毙及自杀者当尚不在少数。又王氏曾亲闻寻邬县篁乡、流车各处，遍地绝粮，乡民饿毙者已多至二千余人，现幸尚生存者，亦惟采取草根树皮度日，哀鸿遍野，令人不忍目睹。又雩都县全境，米谷搜括已尽，因绝粮自杀者，日有所闻。刻下赣南米价，每担已涨至三十元，青黄不接，为时尚远，将来惨象，必有更甚于此时者。……加之近自陈炯明、林虎所部军队，退入赣南后，信丰、寻邬、雩都、龙南、定南、虔南、会昌各县大军云集，食米消耗额骤增。此际各地既闹米荒，则地方治安，尤含有无穷之险象”[③]。如此惨景，闻之令人不胜悲愤。次年北伐战争在江西境内势如破竹，与这样的社会现状不无关系。

① 詹锡昌、陈国藩：《世代冤家变亲人》，《中国农民报》1984年8月26日，《乐平县志》第489页。

② 万振凡、吴小卫：《近代江西农村经济研究》，江西高校出版社 1998 年版，第 160—161 页。

③ 《农商公报》第 132 期，1925 年 7 月。章有义编《中国近代农业史资料》，第二辑(1912—1927)，第 631—632 页。

第三章

北伐进军江西与国民党政权的建立

北伐战争开始前后,国共合作领导的国民革命,在江西逐渐走向高潮,江西历史进入重要的转折时期,也呈现出空前的复杂性和尖锐性。期间,既有国民革命气势如虹的行进,北洋军阀政权向国民党政权转换的新旧政权交替,为期66年的九江英租界被革命政府一举收回,有组织的民众力量走上政治舞台;也有革命阵营内部各派力量由联合对敌转为分裂对立,国民党右派与左派之间的矛盾和斗争,国民党右派与中共及工农民众之间的矛盾和斗争,相互交织,错综复杂,并在共同进行的对北洋军阀的作战中,日益激烈、直接地显露出来,影响和左右着江西政局及其走向。后期出主江西政务的朱培德,在以蒋介石为首的南京政权、以汪精卫为首的武汉政权以及中国共产党之间,依违留连,折冲分合,加剧了政局的波谲云诡和各派力量的兴替消长。国民革命失败后,几经反复与周折,江西最终成为南京国民政府统治下的一个基本政区。

第一节 北伐前江西的政治态势

一、江西军阀的扩军、内乱与孙传芳的染指

1925 年 1 月 16 日,方本仁被北京政府正式任命为江西军务督办。

方本仁掌握省政后,面临着严峻的内外形势:因其反复,与广东革命政府

(7月1日正式成立广东国民政府)方面形成对立;第二次直奉战争直系失败后,奉系势力大举进入长江流域,占据南京、上海、安徽等地,威逼江西;旧直系吴佩孚与新起的孙传芳日渐形成两个集团,均有争夺江西之意。方本仁面对这一局势,仍然将加强军事作为其统治的中心政策。为此,他在对外极力周旋的同时,重点在江西进行整肃与扩军。他一面整肃异己,先将蔡成勋旧部张庆昶解决,继而派杨如轩进攻原随蔡成勋入赣的豫军常德盛师,常率残部逃入安徽后被遣散,江西境内至此无豫军。一面加强武力建设,大力扩军,建立江西陆军第一、二、四等3个师,升旅长唐福山、蒋镇臣及赖世璜分任师长,连同中央第一师(兼师长邓如琢)、中央第二师(师长杨如轩)、陆军第一师(师长杨池生,该师与杨如轩师均为原滇军)、第三混成旅(旅长刘宝题)、第九混成旅(旅长张凤岐)等,1925年时江西境内驻有部队多达6个师、2个旅(尚未计入被逐走的常德盛师),“军队暨各机关薪饷骤增至一千二百余万元,而服装给养及临时军费尚不在内”①。

在如此沉重的军事负担下,江西省政权的主要精力,被迫放在筹措军饷上。3月,方本仁以省长胡思义筹款不力,贻误戎机为名,致电北京政府大加攻讦,要求将其免职。北京政府立即遂其所愿,免去胡职,任命方本仁保荐的李定魁暂代江西省长。②李是南丰人,为职业军人,长期在江西军界任职,此前因曾任赣粤边防督办公署参谋长、赣南镇守使、江西全省警务处长等,与方本仁过从甚密,遂为其所用。李就任后,秉承方本仁之意,先将江西银行改为官办(次年与赣省银行合并为江西地方银行),借款100万元;接着又在6月1日以省长公署名义,发行地方公债800万元,基本上满足了方本仁对军费的要求。

10月,孙传芳召集浙赣皖苏闽五省代表会议,利用人民对奉系军阀的不满,组成“五省联盟”,自任五省联军总司令,发动第二次江浙战争,起兵反奉。战争期间,方本仁被任命为联军第四路军总司令,按照孙的意图,通电反奉,并派出江西军务帮办、赣北镇守使兼中央第一师师长邓如琢,以赣皖联军前敌总指挥名义率部进入安徽作战。邓如琢即于24日发出响应孙传芳声讨张作霖通电,表示要在孙传芳、方本仁统领下,共匡国难,誓平元凶。对进入苏皖的奉系作战胜利后,孙传芳占据南京,据有南方五省地盘,江西成为其势力范围之一。

---

① 吴钫等:《整理江西财政案》(1925年),中国第二历史档案馆编《善后会议》,第361页。

② 北洋《政府公报》,第3226号,1925年3月25日。

邓如琢则辞就安徽督办职务(邓是安徽阜阳人),率部仍返驻九江。

1926 年 2 月,北京政府临时执政段祺瑞为与吴佩孚争夺湖北,任命方本仁为湖北查办使,令其派兵驰往湖北,与段所委任的湖北军政长官里应外合,逐走吴佩孚。方本仁是湖北人,早有心返乡称雄,遂一面调兵到赣鄂边境,一面派密使联络广东,表示愿意出兵讨吴。广东方面亦派蒋作宾到南昌,督促其行动。但方的行为,遭到邓如琢及孙传芳、吴佩孚的联合反对。邓如琢对方本仁早有不满,"朝夕不忘驱逐方本仁以攫取全赣地盘"。在方决定出兵攻鄂后,23 日,邓如琢以讨论攻鄂为名,电邀方之心腹师长蒋镇臣、唐福山、杨如轩等到九江,随即诱迫其参加庐山秘密军事会议,达成逼方本仁"和平下台"以免江西遭受兵灾的协议。孙传芳不能容忍方的擅自作为,遂派出多艘军舰到九江示威助邓;吴佩孚则趁机调兵进驻武穴,防阻赣军,形成孙、吴联手对付方本仁之态势。方本仁在内外夹攻下,不得不自动下台。24 日,孙、吴任命邓如琢为赣军总司令。[①]4 月 1 日,方本仁通电辞职,旋即投奔广东革命政府,邓如琢通电就职(北京政府并未发布邓的任职令,邓仅受吴、孙之命,可见当时北京政府已失去对长江流域的控制权),18 日由九江进入南昌,掌握了江西军政大权。

邓如琢掌政后,"政局常在飘摇无定之中"。一方面,广东国民政府北伐的声势日浓,而邓与省长李定魁之间的"冲突日甚一日",邓有去李之意,李则与方本仁的旧部蒋镇臣、赖世璜等关系密切,亦想倒邓,邓为防备不测而将蒋师远调赣南、赣西布防。另一方面,此时"江西财政更是稀糟已极"。邓为筹集经费,既向各银行"强捐勒借",又设立财政整理会,主要以银行家及富商为委员,该会因建议增开税目和提高税率,而被斥为邓如琢"宰割人民之唯一的机关"[②]。邓如琢的统治,已是风雨飘摇,不可能经受得起北伐战争的打击。

二、国民革命的动员

江西国共两党组织建立后,立即以南昌、九江、吉安、赣州等地为重点,在全省各地秘密或半公开地从事宣传和组织活动,动员人民投入反帝反封建的

---

① 参见《团南昌地委给曾延的报告——关于江西政局、援助北京市民大会情况及地委改选结果》,1926年3月30日;《中华民国史事纪要》,1926年3月24日;刘善庆:《方本仁》,《江西近现代人物传稿》,第二辑,第168—175页。

② 《团南昌地委报告——五月份工作情形与江西政治经济概况》,1926 年 6 月 10 日,中央档案馆、江西省档案馆编:《江西革命历史文件汇集》(1923—1926 年),1986 年印刷,第 520—521 页。

国民革命。其最有声势和影响的活动主要有：

开展反帝反军阀统治的爱国民主运动。主要有：1924年底响应孙中山召开国民会议的号召，发动国民会议江西促成会运动；1925年追悼孙中山逝世的盛大活动；五一国际劳动节、五四运动纪念活动；"五九"国耻日纪念(反对日本帝国主义意图灭亡中国的"二十一条")活动；声援五卅运动和1926年的声援三一八学生运动等。其中如声援五卅运动，组织了"帝国主义者惨杀上海同胞江西后援会"(指五卅惨案)，南昌在1925年6月5日举行声援五卅惨案大会和游行，3万多人在公共体育场集会，赵醒侬发表演说，会后游行时一路高呼打倒帝国主义、取消不平等条约、抵制外货、实行国民革命等口号，声势浩大。九江举行集会游行时，参加者除学生外，还有许多码头、建筑、印刷、皮匠等行业工人，太古、怡和、日清三个码头的工人更于当日实行罢工。1926年北洋军阀制造三一八惨案后，江西各界奋起斗争，组织了以学生为主的大规模集会、游行和讲演，散发各类传单和标语，如吉安共青团地委组织的纪念三一八惨案市民大会，参加"人数之多为以前各种群众运动所未有"，游行时打倒一切军阀与帝国主义等口号，喊得多且整齐，传单也既多又精彩，"市民被感动的不少"[①]。所有这些活动，成为江西反帝反军阀的爱国运动的重要内容。

加强进行思想理论宣传。通过组织进步团体和文化书店，推销革命刊物和进步书籍，宣传马克思列宁主义、新三民主义和其他进步思想。当时的组织，主要有国、共两党和共青团下属的马克思主义研究会、中山主义研究团、江西青年学会(各地设有分会)、女青年社、读书会等，创办有《红灯》等机关刊物，发行推销《向导》、《中国青年》、《新青年》、《马克思主义浅说》、《唯物史观》、《社会主义讨论集》、《新社会观》、《新建设》、《新民国》、《上海民国日报》等书籍、报纸和杂志。

开展工农运动，组织工会、农会等工农团体。扶助农工是国共两党合作推进国民革命的一项基本政策。1924 年 4 月，赵醒侬领导建立了南昌铅印工人工会和海员工会，这是江西继安源工人俱乐部后出现的最早的工会。江西最早的农会，是 1924 年秋成立的南昌市郊扬子洲农民协会。此后，江西工农运动陆续发展，到北伐军入赣前，全省相继成立了十多个行业工会，组织了 20 多次罢工；成立了 6 个县农民协会，发展会员有 6000 多人。这些工会和农会，主要分

① 《罗石冰给曾延的报告——关于吉安团组织工作和援助京案市民大会情况》，1926年4月20日。

布在赣江沿岸及南浔路沿线。

在领导开展国民革命运动中，国共两党和共青团组织也同时有了进一步的发展。1926年3月，赵醒侬、方志敏等领导召开了中国国民党江西省第二次代表大会，会议通过了工人运动、农民运动、妇女运动、青年及商民运动、党务工作等决议案，进一步明确了在江西大力推进国民革命的方针。与此同时，江西的中共组织不断加强。1926年1月，中共中央从上海调派江西籍党员罗石冰回赣工作。4月，在特别支部基础上组建中共江西地方委员会，罗石冰任书记兼宣传部长，赵醒侬任组织部长。按照中共中央关于积极发展工农运动、迎接国民革命军北伐的指示，6月，中共江西地委和共青团南昌地委召开党团联席会议，决定将党员、团员派回其原籍各县，广泛建立中共、共青团和国民党组织及民众团体，就地组织群众，准备配合与支援北伐战争。8月，中共江西地委改组，刘峻山(刘九峰)任书记，罗石冰、赵醒侬分任宣传、组织主任。到北伐前，国共两党和共青团在赣江流域、南浔铁路沿线各地，普遍建立了基层组织及其领导下的工会、农会，并秘密组建了宣传、谍报、运输、向导、慰问等队伍，准备迎接北伐军向江西的进军。此外，江西国共两党组织还选派输送了大批革命青年，相继进入黄埔军校、广州农民运动讲习所学习和留学苏联，造就培养了一批政治、军事人才。

国民革命运动的发展，引起当政的北洋军阀的恐慌，方本仁、邓如琢相继对革命活动尤其是领导人进行镇压。方本仁先后多次封闭国、共两党的活动场所、机关报和进步刊物(如《红灯》、《民治日报》、《九江江声报》等)，1925年12月，又以“过激党”罪名，逮捕准备前往广东出席国民党第二次全国代表大会的江西代表赵醒侬、刘承休、陈灼华。1926年8月10日，邓如琢在继上月搜查、封闭国民党江西省党部后，再次逮捕时任国民党江西省党部常务委员兼组织部长、中共江西地委组织部长的赵醒侬，并以“宣传赤化，图谋不轨”的罪名，于9月16日晨将其杀害。赵醒侬“临刑时，态度从容，并呼打倒帝国主义、打倒军阀等口号”①。赵醒侬是江西青年团和国共两党组织的创始人，对江西革命事业的发起和推进作出了重要贡献，在社会和党组织两方面都深得群众信仰。他牺牲在北伐军已经进入江西、北洋军阀统治行将倒台的前夕，既是江西国民革命的一个重大损失，也更加激起人民群众对北洋军阀的愤恨。

---

① 《赣垣枪决党人，赵醒侬从容就义》，上海《民国日报》1926年9月20日。

第二节 江西战场的北伐作战

一、江西战场的开辟

1926年7月9日，广东国民政府举行国民革命军总司令就职暨北伐誓师典礼，正式揭开北伐战争的大幕。

这次北伐，与前几次以江西为出师主攻方向不同，采取的是先集中兵力进军两湖、打击北洋军阀吴佩孚的战略。据此战略，7月1日随北伐动员令下发的集中湖南计划及命令，以第三、第六两军入湘后分别集中茶陵、安仁，“监视江西方面敌人”；第二军向酃县前进，担任威胁赣南敌军和掩护主力进军任务[①]。

江西境内的北洋驻军，属孙传芳五省联军系统，此时兵力分布为，江西总司令兼中央第一师师长邓如琢，领兵7千，驻南昌、九江；江西陆军第一师师长兼赣西镇守使唐福山部5千人，驻萍乡、宜春；江西军务帮办兼江西陆军第二师师长蒋镇臣部5千人，驻吉安；江西陆军第四师师长赖世璜部4千人，驻瑞金、会昌；中央第六师师长兼赣粤边防督办杨如轩部2千余人，驻信丰、定南等地；滇军第一师师长兼赣南镇守使杨池生部2千余人，驻赣州、大余；中央陆军第九混成旅张凤岐部3千人，驻万载；江西陆军第一混成旅刘宝题部2千人，驻抚州。各部总数3万余人，实力不强，难以对北伐军构成大的威胁。特别是赣军第四师师长赖世璜在广东北伐出师时，即派代表赴粤，与何应钦接洽，投归革命军，该部遂于7月24日被改编为国民革命军独立第一师(8月26日升编为第十四军，赖任军长；9月8日熊式辉任军党代表)，受命进攻赣州。因此，江西方向在北伐之初，没有受到中枢的重视。

攻取长沙之后，北伐前线将领对下一步进军方略颇有争论。在7月24日召开的第四、七、八军将领长沙军事会议上，八军军长兼前敌总指挥唐生智、七军军长李宗仁主张同时进攻湖北、江西，七军第二路指挥官胡宗铎则坚持对江西暂取监视的原议。会议通过了迅速进攻鄂、赣的主张，并作出部署，报告总司

① 中国第二历史档案馆编《蒋介石年谱初稿》，档案出版社1992年版，第604页。该书即毛思诚撰《蒋公介石年谱初稿》秘本(经蒋介石审定修改)，并以《民国十五年以前之蒋介石先生》一书参校。

令蒋介石。8 月 5 日,蒋介石赞同苏联军事顾问加伦的建议,决以主要力量先攻武汉,对江西暂取守势。这一意见,在 12 日正式讨论进军方案的长沙军事会议上,经过反复讨论,被确定下来[①]。14 日,蒋介石电告何应钦、赖世璜、谭道源北伐第二期作战计划:"先取武汉,对江西暂取攻势防御",全军分中央、左、右三路进军,其中右翼军由第二、三两军及独立第一师组成,以三军军长朱培德指挥,集结于醴陵、攸县之线,对萍乡、莲花之敌严密警戒,如敌有向我攻击企图,即转取攻势,以二、三军主力进占萍乡,并相机进取南昌、九江;以南雄第五师及独立第一师,协同攻取赣州,进占吉安[②]。

这说明,江西战场实际上尚未开辟,对江西实行监视、守势的右翼军,承担的是侧翼掩护主力进攻湖北的任务。

江西的平静局面,到 8 月下旬因孙传芳的援赣开始被打破。孙传芳起初对北伐军进攻吴佩孚,持坐山观虎斗之心,并不理睬吴之求援。8 月中旬北伐军向武汉方向发起激烈进攻后,他开始考虑出兵江西、趁机威胁北伐军侧后方的问题。他在持续致电或派人与蒋介石联络,要求罢兵言和的同时,着手部署对北伐军用兵:19 日,孙发出皓电,宣言"一省告急,则五省共以全力捍卫",呼吁东南五省联防互保,并随之作出三项军事部署,一是令江西邓如琢、唐福山部向湘赣边境进兵,威胁在湖南的北伐军;二是令福建周荫人部积极行动,威胁广东和支援江西;三是在江苏、浙江进行援赣总动员,在 25 日的南京军事会议上,孙传芳决定动员苏浙皖三省 10 万兵力入赣,与北伐军直接作战。

孙传芳的三项部署中,对北伐军影响最大的是援兵入赣。孙的援赣军,以其主力谢鸿勋部为先锋,8 月 20 日即已经长江向九江开进。郑俊彦、卢香亭、周凤岐等部相继进入江西。31 日,孙颁发援赣军事计划,以卢香亭为援赣总司令(9 月 1 日进驻九江);将联军各部统编为 5 个方面军,分别以邓如琢(辖江西唐福山、蒋镇臣、岳思寅、杨如轩为司令的 4 个军)、郑俊彦(辖江苏李彦清、彭德铨、王良田、杨赓和为司令的 4 个军,及梁鸿恩独立支队)、卢香亭(辖浙、苏刘士林、刘景义、谢鸿勋、颜景崇为司令的 4 个军)、周荫人(辖闽军 4 个军)、陈调元(辖安徽王普、刘凤图、毕化东为司令的 3 个军又一个混成旅)为一至五方面军总司令,以浙军周凤岐为总预备队司令[③]。这些部队,号称"军"者,实际

① 杨天石:《北伐战争与北洋军阀的覆灭》,中华书局1996年版,第29页。

② 《蒋介石年谱初稿》,第 643 页。

③ 参见陈立明著《北伐战争在江西》,载江西省党史征委会、党史学会编《江西党史讲义》第 113—114 页。

均为原来的师或混成旅；有两个方面军并未入赣，即周荫人部在福建，陈调元部主要在皖赣鄂边境活动；在江西者，除邓如琢部分散在赣西、赣南和赣中地区外，入赣援军主要集结于以九江和南浔路为中心的赣北地区。孙传芳在江西的作战意图是，以苏军主力经赣北武宁、修水、铜鼓向湖南平江和湖北通城、通山进发，截断武长路、袭击北伐军侧后[①]。

孙传芳趁北伐军在鄂南、武昌鏖战之机，"主力尽行入赣"，使江西的军事局面急速变化，进而根本改变了北伐军面临的战争形势，对北伐军构成了重大的威胁。如孙之意图得逞，北伐军必将陷入腹背受敌、前后夹攻的危险境地。在湖北前线的蒋介石，敏锐地感觉到"江西告急"的战局变化和江西战场的重大意义，遂"会精聚力，谋所以冲破重围，转危为安之道"[②]。北伐军的作战战略开始发生重大变化。

8月25日，蒋介石致电李济深、何应钦、朱培德，决定"无论敌方行动如何，我军皆以进攻江西为唯一方针"。29日，蒋进一步产生了亲赴江西督战的决心，同日增调第六军程潜部加入对赣作战(31日他电告程潜，为策侧背之安全计，不能不略予变更原定先鄂后赣的作战计划，实际上也是解释调其入赣的原因)。30日至9月1日，蒋经与朱培德等相商，基本形成了对赣作战计划：第二、三军主力出湖南浏阳进攻萍乡、万载、袁州(今宜春)；第六军经湖北通城进攻修水；增调第一军第一师归朱培德指挥，出击铜鼓；驻瑞金的第十四军、驻广东南雄的第五师、驻湖南汝阳的第四十六团会同进攻赣州。各部对赣作战，在9月5日以前开始[③]。

9月5日，江西作战在赣西、赣南和赣北三个方向同时打响。6日，第二、三军攻占萍乡，第十四军攻占赣州。8日，第六军在修水击退敌谢鸿勋部，引起"南浔路北段震动"。10日，第二军攻占宜春。至此，北伐战争的江西战场正式开辟。

江西作战之初虽然顺利，但仅仅只是一个开头，并未给敌手造成多大损

---

① 国民政府军委会档：《蒋中正关于国民革命军北伐作战经过报告书》，1927年3月。藏中国第二历史档案馆。

② 《蒋介石年谱初稿》，第669页。10月30日，蒋介石产生另一个战略判断：孙传芳把五省最好的军队集中在江西，如果被我们消灭了，不仅江西完全可以平定，湖南湖北可以稳固，就是江苏浙江福建安徽都完全可以被我们革命统一(同上书，第772页)。

③ 《蒋介石年谱初稿》，第667—670页；国民政府军委会档：《国民革命军进攻武汉南昌经过概要》，1926年11月。藏中国第二历史档案馆。

失。蒋介石继续将目光盯住江西。根据“以后战争重心在江西”[①]的战略判断,9月10日,蒋介石将正在围攻武昌的主力部队李宗仁第七军,从火线上抽下增调入赣,担任对九江地区的作战(后又相继增调贺耀祖独立第二师、第一军第二师刘峙部和第四军入赣)。17日,蒋自己亲率第一军第二师从武汉前线启程,经湘东于19日进入萍乡,指挥江西作战。江西战场的开辟、北伐军的大军云集和总司令蒋介石的入赣指挥,表明江西战场的态势,已经完成了由侧翼监视向作战重心的战略转变。江西“成为打击孙传芳的关键性战场,北伐军的主攻方向也就由两湖转到了江西”[②]。

二、江西作战的胜利

江西战场双方力量的对比,北伐军依然处于下风。孙军不仅有兵员数量上的优势,在技术、供给和器械上,照蒋介石所说,也比北伐军精巧、充足和精良。而北伐军内部,还存在战斗力不一、力量分散、通讯不敏和初期作战主官之间不谐[③]、战役指挥失误等问题。因此,北伐军在江西战场的作战,具有相当大的艰难性。

从攻防态势、战场指挥上看,江西作战分三期进行:

第一期,9月中旬至10月初。9月12日,尚在湖北的蒋介石向朱培德下达“从速猛进南昌”的命令。各部在缺乏强有力的统一指挥下,从多个方向发动进攻。第二、三军12日进攻新喻(今新余)邓如琢部,激战三昼夜,先败后胜,敌溃渡赣江退守樟树。这是北伐军入赣后遭遇的第一场硬仗。第二军随后跟进与敌隔江对峙于樟树,第三军则向高安进军。

修水第六军和铜鼓第一军第一师,17日攻占奉新,击败敌杨镇东部。侦知南昌守敌仅600余人,防守空虚,程潜遂不听军事顾问劝其与朱培德协调的建议,临机改变原定进攻德安截断南浔路的计划,抢在朱培德之前袭击南昌。19

① 《蒋介石致张静江、谭延闿铣电》,载《蒋介石年谱初稿》,第688页。

② 周銮书、廖信春:《北伐战争中的江西战场》,载《江西师范大学学报》,1991年第4期。蒋介石在1926年12月20日完成的《北伐军事报告》稿中,也指出随着第七军和独立第二师的入赣,“于是战事重心,已由鄂移于赣”。

③ 如第六军军长程潜对隶属于战场总指挥朱培德“不能忍受”(康奇茨著、王启中等译:《苏俄在华军事顾问团回忆录》二,台北“国防部情报局”1976年版第134页)。杨天石《北伐战争与北洋军阀的覆灭》第58页也有记载。

日,程部十九师等在城内工人、学生和省长公署警备队的内应下,攻占南昌,北洋省长李定魁、警备司令刘焕臣等越城墙逃去。程潜和第一军代军长王柏龄等相继入城,入城北伐军"制服不一,大半为青年兵士,间有学生,亦有少年女兵一队,并有俄人数名","军纪绝佳,对人民和蔼有恩"①,受到全城百姓的盛大欢迎。

南昌失落,令孙传芳大为震惊。孙传芳遂严令卢香亭和邓如琢南北合击,孙自己亦于21日离宁,次日抵达九江亲自指挥江西作战。卢香亭即令刚到九江的郑俊彦师及杨赓和独立旅约2万人,沿南浔路逼进南昌;邓如琢则从樟树、丰城抽调1.5万兵力,向南昌反攻,并向士兵许以进城后大抢三天②。21日,北伐军第一军第一师和六军第十七师进攻昌北牛行车站不遂,次日第十九师加入作战,又逢九江援敌逼近乐化,第一师孙元良团奉命阻敌败北,而一军代军长王柏龄却在南昌妓院嫖娼,以致一军军中无主。程潜以寡不敌众,22日晚下令撤离南昌,计划从城南出城渡江西向,次日晨在城西南的万舍被邓如琢部包围。24日,经苦战得以突围渡江至西山。程潜、王柏龄等着便装逃出,六军和一军第一师兵力损失大半。南昌战事激烈时,近在高安的朱培德按兵不前,并未出手相救,因此程潜认为这是其失败的一个主要原因。③这次南昌作战,蒋介石事后才得知晓。

邓如琢进城后,纵兵大肆烧杀抢掠。据记者记载,邓部自南郊而来,"沿途抢劫不辍,入城后更四出搜掠,商店居户之被抢者,什居其七,昨日(按指10月10日)记者出门,犹见兵士纷纷以包裹邮寄回家。此次店铺共闭六日。凡人民之曾欢迎南军者,多被搜杀,尤以学生为多。据警署统计,被杀者不下二千人"④。

赣州第十四军及第五师等,分两路北上吉安,进攻守敌蒋镇臣部。在第二

① 《西报追记南昌一度陷落情形》,《申报》1926年10月16日。

② 据上海泰晤士报记者1926年10月4日所发南昌通讯,邓如琢在反攻前许以三事:一、克城后发饷三个月;二、官佐升级;三、大掠南昌三日。见《西报追记南昌一度陷落情形》,《申报》1926年10月16日。

③ 《六军参加江西战争记》,1926年11月8日,载中央档案馆编《北伐战争》,中央党校出版社1981年版,第17页;韩梅村:《第一次国内革命战争片断回忆》,李世璋:《关于北伐前后的第六军》,均载《江西文史资料选辑》第二辑,江西人民出版社1980年版。又见杨天石《北伐战争与北洋军阀的覆灭》第58—60页;康奇茨著:《苏俄在华军事顾问团回忆录》二,第138页,等。

④ 此为上海泰晤士报记者1926年10月11日所发南昌通讯,见《西报追记南昌一度陷落情形》,《申报》1926年10月16日。

军一部的侧应下,9 月 24 日一举攻下吉安。其后,十四军向吉水、永丰和抚州追击;五师归还第二军建制,全军主力在第一军二师配合下进逼樟树,10 月 5 日攻占樟树,6 日占领丰城。残敌分窜南昌、抚州。

由阳新入赣的第七军军长李宗仁,根据九江的敌情变化,临机改变原定进军九江的计划,不顾苏联军事顾问的反对,挥师南向,往第六军靠拢,29 日抵达武宁,在箬溪与拥兵 2 万的敌精锐谢鸿勋部相遇。30 日发动猛攻,激战竟日,将敌全部解决,敌旅长龙广荫被击毙,军长谢鸿勋负重伤(后在上海不治)。这是"国民革命军入赣后一个空前的胜利"[①],对敌军造成重大打击。10月3日,第七军乘胜向敌重兵据守的南浔路战略要地德安进攻,与敌卢香亭、颜景琮、李俊义等部在城外发生激战,连预备队亦已用尽,至晚歼敌千余人,俘虏无算,攻占德安。德安作战,第七军死伤2000余人,阵亡团长一员,是该军"北伐以来,战斗最激烈、死伤最大的一役"[②]。其后,因敌集中重兵反攻,七军于5日撤回箬溪。[③]

在第七军箬溪大捷的同时, 第三军朱培德部在西山万寿宫也打了一个大胜仗。9月30日,挟南昌战胜之威的敌郑俊彦、王良田、彭德铨部1万余众,向驻守万寿宫附近招山、白仙岭阵地的朱培德第三军进攻。这是两军在江西交锋以来,敌军少有的一次对北伐军的主动进攻。战事十分激烈,但第三军很快由抗击转为对敌的包围出击作战,10月2日,大破敌军于万寿宫并占领之,残敌退守牛行车站。敌江西总司令邓如琢由于近前而坐视不援,3日被孙传芳撤职,以郑俊彦继任。

这一期作战,北伐军缺乏战场的统一指挥,大多为各军指挥官在各分散的战场的临机独断,这与总司令蒋介石靠近前线较晚和通讯联络不敏有关(往往命令到时已时过境迁)。但战果仍然不小,北伐军在20多天的作战中,已经将江西战场缩小到南昌、九江一线和抚州的狭窄地区,为后期的作战打下了良好的基础。

第二期,从10月上旬到中旬。蒋介石在9月19日抵萍乡后,经宜春、新余、樟树等地,于10月2日抵达高安,就近统一指挥作战。随即,蒋作出敌迭遭重创、宜

① 《李宗仁回忆录》(上),广西政协文史资料研究委员会1980年版,第396页。

② 《李宗仁回忆录》(上),第 396 页。

③ 国民政府军委会档:《国民革命军进攻武汉南昌经过概要》,1926 年 11 月。藏中国第二历史档案馆。

乘时合击的决断，令三军攻牛行，六军及一军一师攻永修、涂家埠，七军攻德安，二军及一军二师围攻南昌，十四军出抚州，各部于6日开始总攻击。北伐军由此开始入赣后的新一轮作战。作战的重点，是第二次进攻南昌。

三军于8日猛攻牛行车站，从西北方向配合攻打南昌，因敌阵地坚固，相持一周而无进展。六军等7日进占永修，随即在柘林、白槎一带，求与退居武宁的第七军联络。第七军自德安撤退后，在箬溪休整一星期，11日侦知皖敌陈调元部刘凤图、毕化东以六个团，由瑞昌进入王家铺，企图围攻箬溪，李宗仁当晚向敌发起反攻，激战至12日晚7时，与赶来增援的第一军一师，将敌击溃。全军伤亡2000余人，敌军伤亡更大，缴获极丰。蒋介石电赞第七军“孤军深入，屡摧强敌，赣局转危为安，实深利赖”。

担任南昌攻城主力的六军第五、六两师和一军第二师，9日经丰城进抵南昌城外，敌岳思寅、唐福山、张凤岐率五六千人闭城固守。11日晨，三个师同时发起攻城，蒋介石亲抵生米街就近指挥。守敌岳思寅等为使北伐军失去攻城屏障，赏洋2万元，令工兵营400余人向城外纵火，将惠民、章江、广润、德胜等城门外的民房商店尽数烧毁，大火延烧两日不灭，民房烧毁万户以上，滕王阁亦在大火中化为灰烬，千古名阁，又一次被毁于兵燹[①]。北伐军组织以共产党员、共青团员为骨干的敢死队，“强冒敌火，缘梯登城，死伤枕藉”[②]。敌亦一度组织敢死队数百人出城狙袭，并在城内野蛮杀掠平民。13日，蒋介石鉴于坚城难下，死伤惨重，接受城内绅商“泣请暂退，徐图解决”[③]的要求，下令撤围。此战北伐军阵亡团长三员，伤亡官兵数百人，是一次得不偿失的攻坚败仗。蒋介石为自己的“疏忽卤莽”而自责，深感“罪莫大焉”[④]。当时敌方讹传，蒋介石、李宗仁等都在作战中伤重阵亡。

南昌撤围后，北伐军在赣北中止进攻，转入休整。在赣东，则以第二军主力转进抚州，配合十四军作战。17日，十四军军长赖世璜指挥发动攻打抚州作战。20日攻占抚州，该军第一师师长易简在攻城中阵亡，被国民政府追赠为陆军中

---

① 这次被烧毁的滕王阁为清宣统元年(1909年)重建，这也是滕王阁建成以来第28次被烧毁。

② 国民政府军委会档：《国民革命军进攻武汉南昌经过概要》，1926年11月。藏中国第二历史档案馆。

③ 国民政府军委会档：《蒋中正关于国民革命军北伐作战经过报告书》，1927年3月。藏中国第二历史档案馆。

④ 《蒋介石日记类抄·军务》，1926年10月13日，转引自杨天石《北伐战争与北洋军阀的覆灭》第62页。

将。[①]敌蒋镇臣、杨池生、杨如轩、陈修爵、谢文炳、刘宝题分向东乡、进贤溃退。23日，二军乘胜攻占进贤，25日，十四军占领东乡。赣东一片相继克复，敌两杨被北伐军收编，蒋镇臣逃入南昌，陈修爵等逃向浙赣边境。江西敌军至此被孤立在南昌、九江一线。这期间，北伐军还多次挫败了孙传芳求和停战、恢复原状的企图。

第三期，10月底至11月上旬。这时，孙传芳入赣的部队，尚有4万余人，集中在九江、德安、永修等南浔路地区，据守南昌的赣军则已不足1万人。蒋介石为求一举聚歼敌军，进一步强化"东南问题，全在赣战"的战略指导思想，于10月中旬电调刚攻下武昌城的第四军以及独立第二师入赣作战（两部28日到达武宁），并与总军事顾问加伦和白崇禧等人，商定以南浔路为重心的肃清江西计划。27日，蒋介石将部队划分为左中右三路，并向各路各军发出总攻击命令，令29日开始运动，31日前到达攻击位置，"决于十一月一日拂晓，对南浔铁路施行总攻击"：左翼军，指挥官李宗仁，辖第四军、第七军、独立第二师，以占领德安、涂家埠，歼灭敌军主力为任务和目的。中央军，指挥官程潜，辖第六军，攻击乐化，并北进协同左翼军夹击涂家埠、永修之敌。右翼军，指挥官朱培德，该路又分两个纵队：左纵队朱培德兼指挥官，辖第三军及第二十六团，先攻蛟桥，继攻牛行车站，然后警戒南昌并协同攻击涂家埠之敌；右纵队指挥官鲁涤平，辖第二军，第十四军，第五军一部，由谢埠市邓家铺之线推进南昌。总预备队，指挥官刘峙，辖第一军，炮兵团，航空队，随中央军推进，航空队主要轰炸牛行车站、涂家埠和吴城兵站。[②]这一次，北伐军以歼灭敌军为目的，将作战重心放在牛行、涂家埠、德安等南浔路的重要地区。

11月2日晨，总攻击在延期一天后开始。左翼第四军、第七军当天击败守敌颜景琮第六方面军(因上月增援德安有功而升编)，下午3时占领德安。七军随即向涂家埠前进，在九仙岭附近与敌发生激战并于4日将敌击退；四军及独二师向马回岭迎击来援之敌上官云相旅等部，因援敌经火车大批运到，将在湖北作战时有"铁军"之称的四军"陷在核心"，四军几陷绝地，"危险万分"，经昼夜转战，终于3日击败敌军，占领马回岭，官兵牺牲700多人[③]。5日，独二师攻占九

① 《中华民国国民政府公报》，第49号，1926年10月；赖暋：《赖世璜将军遇害五十周年》，台北国史馆专档，转引自《中华民国史事纪要》，1927年10月17日。

② 《蒋介石年谱初稿》，第762—764页。

③ 《四军在马回岭激战记——张发奎师给副官长的报告》(1926年12月9日发表)，《北伐战争》第36—39页。

北伐军部分政治工作人员在南昌的合影。前排左2郭沫若,左3朱克靖,左4李富春,后排左2李一氓,左3林伯渠(《中国人民解放军70年图集》)

江,并连克瑞昌、武穴、湖口。九江守敌孟昭月、周凤岐部退回苏浙,陈调元部退回安徽,在军舰上坐镇指挥的联军总司令孙传芳从湖口退回南京。

中央军11月3日攻占芦坑,4日晚占乐化,5日晚六军攻占战略重镇涂家埠,敌卢香亭败走吴城,复遭中央军刘峙部与南下的七军的夹击,全军覆灭,敌旅长刘士林等被俘,卢只身逃走。

右翼军右纵队11月2日从东南两面进抵南昌城下。左纵队3日攻占蛟桥,4日攻击牛行、瀛上郑俊彦部守敌,敌凭借“建筑很好的欧洲式工事”①顽强固守,且援敌续至,战事异常激烈,第三军阵地一度动摇,后在中央军和七军一部增援下才稳定下来。6日,牛行敌军渡江逃向余干方向,白崇禧率二、三、七军各一部追击,遭十四军拦截,7日在滁槎将敌包围缴械,俘1.5万人及敌军长李彦清、王良田、杨赓和。牛行亦被三军占领,城外蒋镇臣部被缴械。南昌守敌至此被困孤城。8日,守敌岳思寅、唐福山、张凤岐因败局已定,被迫洞开城门,“依议”率部出城,在七里铺被三军“悉数围缴”,岳、唐、张皆被俘(1927年1月经“江西人民审判逆犯委员会审判后,此3人及其参谋长白家骏、烟酒局长侯全本以烧杀抢及贩毒包赌等罪行,被判处死刑)。北伐军当日进城,“纪律极严”②。

江西作战至此胜利结束。在2个多月的作战中,北伐军以少击多,打败孙传芳的10万联军,歼敌6万余人(俘虏4万多人),缴枪5万支以上。由于江西

① 《飞同志报告》(1926年11月21日),载《北伐战争》,第30页。

② 《南昌战争之经过及现状》(11月8日南昌通讯),《申报》1926年11月19日。

作战的激烈程度,“为近代所罕见罕闻,视武昌殆有过之”[①],北伐军也遭受重大牺牲,总计死伤官兵1.5万人,中下级军官损失约占军官总数的70%[②]。11月9日,蒋介石进入南昌城。11日,南昌市民举行欢迎大会,蒋介石在致词中宣布,江西政权已从北洋军阀手中夺回,江西同胞从今日起,有了一个自由、光明的日子。

三、江西战场胜利的意义

江西战场的胜利对北伐全局具有重要的意义。江西胜利之后,“革命军胜利的声浪震撼全国”,蒋介石之名妇孺皆知[③],东南、西南及至北方军阀,望风披靡,“纷纷来请改编,或请方略,或告就职,以求生存”[④]。据总司令部参谋处的统计,到1927年3月,国民革命军已从广东出师时的8个军,扩编为34个军又7个独立师、1个混成旅,兵员激增。特别是,江西的底定,使北伐军不但在军事上消灭了孙传芳的主力,孙传芳“以赣江之役,三战三北”,主力丧失,遭受痛创而失去实力,只得转而自请追随张作霖[⑤],而且在地理上控扼了长江,打通了进军长江下游、东南地区的通道,因此成为“革命军底定长江流域的关键,此后安徽得传而定,苏浙势如破竹,都是南昌一役先声有以致之”[⑥]。战役的胜利对江西也具有重要意义。它结束了北洋军阀对江西为期14年的统治,将国共合作的国民革命在江西推向高潮,有力地推动了全省的社会进程。

---

① 《南昌战争之经过及现状》,《申报》1926年11月19日。又见《德安战后之两军情况》,《申报》1926年10月11日。蒋介石、李宗仁等也有类似说法。

② 《加同志报告》,载《北伐战争》,第26页。该报告还称团长牺牲占半数,似不确,据蒋介石1926年12月28日在江西战役阵亡将士追悼会上演讲,牺牲了9个团长、7000余官兵。

③ 《中央局关于全国政治情形及党的策略的报告》(1926年12月5日),载中央档案馆编《中共中央文件选集》,第2册,中共中央党校出版社1983年版,第372页。

④ 《蒋介石年谱初稿》,第854页。

⑤ 《孙传芳痛陈赣江三战败北誓随张作霖与北伐军决战电》,(1927年4月19日),《中华民国史档案资料汇编》第三编,军事(三),第796页。

⑥ 《省党部昨举行克复南昌纪念大会》,《江西民国日报》1933年11月8日。

第三节
国民党政权的成立与民众运动的高涨

一、国民党江西省政权的成立

蒋介石在指挥作战的同时，也在为组建江西省政权做准备。1926 年 9 月 21 日，即他入赣后的第三天，即分别致电宋子文和朱培德，称在省政府正式成立前，拟暂设江西省财政委员会，管理江西财政；委员会由各军及省党部各派一委员组成，委任总司令部军需处长俞飞鹏为主任。该会在进入南昌后正式成立，立即接管原省财政厅事务及职员，委派了榷运、烟酒等局的新局长，并分设赣北、赣南、赣西和赣东 4 个办事处，统一办理地方和军队的财政事务。

继而组建政务委员会。10 月 3 日，蒋介石电复第二军副党代表李富春，告拟组织江西省政务委员会，管理全省政务；组成人员由各军政治部选派。委员会于 11 月 15 日通电成立。按照经蒋介石批准的《江西政务委员会组织大纲》的规定，在省政府未正式成立前，政务会“秉承国民革命军总司令〔之命〕办理江西全省一切政务”，11 名委员及主任均由总司令任命。该会由陈公博任主任，姜济寰为副主任，内设一处四科（即秘书处，总务科、民治科、教育科、建设科）①。

在财政、政务两委员会之上，还组建了作为最高权力机关的江西省政治委员会。11 月 12 日，蒋介石以中常会主席名义，委任朱培德、白崇禧、程潜、李宗仁、鲁涤平、李富春、朱克靖、林祖涵、熊式辉（正式成立时改为赖世璜）、张国焘、李仲公、张定璠为委员，以朱培德为代理主席，组成江西省临时政治会议（正式成立时改称政治委员会）。政治委员会奉中央政治会议和总司令之命，指导和决定全省政治、财政和军事事务。该会于12月4日通电就职。它与财政、政务委员会共同构成江西全省临时政权机关。三委员会的相继成立，标志着国民党江西省政权的建立。

政治、政务两委员会均设于原省长公署。新政权以“打倒贪官污吏，铲除土

① 《南方要人开庐山会议》，《申报》1926年12月8日；陈公博：《苦笑录（1925年至1936年）》，现代史料编刊社1981年版，第64页。

豪劣绅,建设廉洁政府”[1]为口号,在3个月的时间里,为建立新的社会秩序,有所作为。政治上,制定《江西各县行政公署临时组织法》,在各县设县长一人,“承政务委员会之命管理一县行政事务”,县署内设总务、民政、财政、建设四股,建立起了新的县一级政权系统;组建南昌市政府,1927年元旦成立的市政府,由张定璠任市长[2],分别以周贯虹、张黄、戴石浮、冷沫光、程懋型任财政、教育、公安、工务、公用五局局长,在南昌历史上第一次建立起了现代市政机关;解散省议会、省农会等旧机关团体,批准设立新的省总工会、省农会等社会团体;组织“逆犯”惩办委员会,审判并枪决了民愤极大的张凤岐、岳思寅、唐福山等5人(在赣北被俘的3个军长中的两人,也因孙传芳枪杀了北伐军的一个团长而被枪决),等等。经济上,组织清查逆产委员会,查出逆产一千万元,还抄没了张天师的财产;整顿财政,平抑物价,平息了一度因旧纸币引发的金融风波和第三军部分军人的闹饷事件。但南昌城墙也被决定拆毁。文化上,拟议在南昌市以原省立法、工、农、医四个专门学校为基础,合组江西中山大学,1927年2月1日,政务会任命王恒、吴有训等7人为委员,组成筹备委员会,筹委会秘书处也随即设立并开始工作。该大学后因故未能设立。临时政权这个时期的运行,与北洋军人的统治判然不同,因而被舆论称为“新政”[3]。

这时的南昌,据当时苏联顾问们的描述,是一个“商人、手工业和小官僚的宁静的城市。该城总共不到二十万居民,四周围着中世纪的厚厚的城墙,在这里没有工厂式的工业,一所不大的电厂是个例外”[4]。在这个“大而古老的城市”中,也“差不多没有欧式建筑物”[5]。而战争对南昌以及赣西、赣中、赣北、赣东的破坏也很大,特别是“南昌遭灾,比武昌厉害,城边一带街市咸被烧毁”[6]。因此,

① 《江西之新政》,《汉口民国日报》1927年1月19日。

② 张定璠(1891—1945年),字伯璇,江西南昌人。先后就读于南昌、武汉和保定军校。在武昌参加辛亥革命。历任江西陆军参谋、云南讲武堂教师、军参谋长、师长、黄埔军校办公厅主任、北伐军总司令部参谋处处长。北伐军占领南昌后出任南昌首任市长。不久随北伐军攻占上海,任第十三军军长、新成立的上海市市长。后曾任国民党第四、五届候补中央委员,中央政治委员会委员,军事委员会第一部副部长,军政部常务次长等。1939年授陆军中将。病逝后追赠为上将。

③ 《江西之新政》,《汉口民国日报》1927 年 1 月 19 日。

④ 〔苏〕亚·伊·切列潘诺夫著,中国社会科学院近代史研究所翻译室译:《中国国民革命军的北伐》,中国社会科学出版社,1981 年版,第 492 页。

⑤ 〔苏〕C.A.达林著,侯均初等译《中国回忆录(1921—1927)》,中国社会科学出版社 1981 年版,第 261 页。

⑥ 《飞同志报告》,1926 年 11 月 21 日, 载《北伐战争》第 31 页。

新政权面临的建设任务，是相当艰巨的。

按照三个月内设立正式省政府的要求，蒋介石也在紧锣密鼓地选择政府人员。他不依政治委员会代主席转任省政府主席的常例，电召时在冯玉祥处的李烈钧返赣主政。1927年1月11日，李奉命回到南昌，受到盛大欢迎。2月中旬，蒋介石在昌召集国民党中央政治会议第59次会议，通过他选定的省政府成员名单：由李烈钧、朱培德、杨赓笙、周利生、王镇寰、程天放、周雍能、姜济寰、徐元诰、熊式辉、张国焘11人组成省政府，以李烈钧为主席，杨赓笙为民政、周雍能为财政、程天放为教育、徐元诰为司法、姜济寰为建设厅厅长。与前面的政治委员会不同，省政府委员名单中，基本上排斥了共产党人和国民党左派(共产党人只剩张国焘，而张并不在江西，实属空名；左派只有姜济寰，朱培德态度此时尚不明朗)。2月20日，江西省政府成立典礼在南昌举行，国民政府主席谭延闿、总司令蒋介石发表训词，各委员宣誓就职，同时向全国发表就职通电和《江西省政府成立宣言》①。至此，国民党江西省政权正式成立，政治、政务、财务三个临时委员会随告结束。

蒋介石一面掌控着政权，一面盯住了党权。国民党江西省党部在北伐军进入江西后，由秘密转为公开，执、监委员均为“一大”所选各人，由方志敏、邓鹤鸣、涂振农三位常务执行委员主持全省党务(常务执委赵醒侬于北伐军打下南昌前夕被军阀邓如琢杀害)。省党部以共产党人为主体，在配合北伐军作战、动员工农群众及恢复、发展组织等方面，富有贡献。同时，在一些政治、财政问题上，也十分坚持原则，如“财务委员会坚持要继续征收鸦片捐，并且美其名曰‘寓禁于征’；而省党部则坚决主张禁绝鸦片，反对继续征收鸦片捐，提出可以开征殷富捐，以弥补财政的收入”②。国民党右派对省党部十分不满，攻击“省党部均为共党操纵”③，而改选省党部以掌握党权，亦早在蒋介石的计划内。蒋介石刚刚进入江西，即特调赣籍国民党人段锡朋、郑异(11月又加调洪轨)入赣专办党务。段锡朋等因在江西没有政治基础，随即罗致人员，在南昌和各县组织拥蒋反共的国民党右派政治团体AB团。段锡朋后来说：民国十五年底，“共党

① 《中央政治会议决定江西省政府委员及各厅长》，《江西省政府举行成立典礼》，分载《广州民国日报》，1927年2月26日；3月7日。

② 王渔等：《林伯渠传》，红旗出版社 1986 年版，第 116 页。

③ 《孔绍尧关于江西党务沿革的记载》；姜达阶：《江西省秘密党务纪略》，均藏台北国民党党史馆，类 333，号 14。

把持江西党务，操纵民运。彼以党团运用，我则散漫无归”，他作为中央特派员，视此焦急异常，遂向几位到昌的中央常务委员商请办法，“嗣得中央命，遂仿其他各地组织忠实同志之法，组织本省忠实同志，以与共产党团奋斗。因是遂由程天放、周利生、王镇寰、洪轨等同志及兄弟组织AB团，取英文反布尔扎(什)维克之义，团结一般忠实同志，以从事于反赤工作”[①]。AB团成员主要有(后来有分化)：段锡朋、周利生、程天放、洪轨、巫启圣、曾华英(女)、熊育钖、王礼锡、王冠英、罗时实、贺扬灵、贺其燊、姜伯彰、王镇寰、甘家馨、黄北雅、薛秋泉、何人豪、尹敬让、戴源清、刘抱一等[②]。11月下旬，蒋介石主持召开江西政治、经济、党务联席会议，决定“克期”召集党代会，“准备省党部之改选”[③]。1927年1月1—15日，国民党江西省第三次代表大会召开，会议由方志敏等上届执委主持，但最后由蒋介石和中央组织部长陈果夫等“圈定”新一届执行委员，组成了以AB团成员为主的新一届省党部[④]。在九名执委中，共产党人仅只一人[⑤]。由此，蒋介石在党务方面，也实现了基本排除共产党人、完全控制省党部的目的。

需要指出的是，蒋介石排挤共产党人的意图能够实现，也与中共中央此时的退让政策关系极大。1926年12月，中共中央曾就江西政府组织和党的工作致信批评江西中共组织，内容为：(1)江西临时政权中的4名中共党员可以暂不退出，但“以后必需换人”，“决不能兼作政府委员”；(2)赣北3名中共党员出任县长，是“江西同志之腐败堕落”，是“机会主义作官热的倾向”，忘记了“我们的党还是一个在野党，绝不能就跑在政府中去占位置”，要求江西“必须急速纠正”、“严厉取缔”这种“错误倾向”，并立刻限期命令已任县长者辞职，否则开除党籍；(3)过去江西同志拼命占据国民党的位置(省党部9人中占了8人)，这是“不讨好”的事情，“是一群小孩子在闹”，因此要准备改选，“我们至多只占农民、青年、宣传三部”[⑥]。在同月召开的中央特别会议上，也作出决议，批评“江西同志

---

① 《剿赤之意义和方略——段锡朋先生在省党部纪念周演讲》，《江西民国日报》1931年6月16日。

② 参见文耀奎《大革命时期江西人民反对国民党右派的斗争》，载江西省党史委、党史学会编《江西党史讲义》1984年刊印，第186页。

③ 《蒋总司令在赣开联席会议》，《广州民国日报》1926年12月13日。

④ 蒋介石圈定的执行委员为：段锡朋、周利生、刘一峰、洪轨、刘伯伦、王镇寰、程天放、王礼锡、邓鹤鸣，监察委员为熊育钖、姜伯彰、杨赓笙。另有3名候补执委、2名候补监委。

⑤ 《中国共产党为肃清军阀势力及团结革命势力问题致中国国民党书》(1927年3月13日)，中央档案馆编《中共中央文件选集》三，中央党校出版社1983年版，第26页。

⑥ 《中央局给江西地方信》(1926年12月2日)，《中共中央文件选集》二，第344—345页。

尤其是任国民党工作的同志，常表现猎取官职的倾向，江西党部应严厉的纠正之”。这样，一面是蒋介石的排斥，一面是中共的退让，最终造成了江西党政权力一边倒的现实。

二、全省民众运动的高涨

在北伐进军中，江西民众运动迅速兴起。各级党部公开领导民众运动，全省民众遂首先成为支援北伐作战的重要力量。

江西民众尤其是工农群众，给北伐军以巨大的支持。“人民之希望与拥护革命军，不减于湘境”[①]，他们热情“帮助国民革命军，到处与孙军为难，而使孙军到旱地来就觉得运输粮食等困难，民众只给国民革命军种种便利(引路、当侦探、组输送队)”[②]。1926年10月10日战况激烈之际，九江码头工人和船员还一举将孙传芳装载2000余士兵和军用物资的“江永”号大货轮炸毁，给孙军以沉重打击。北伐入赣各军在其军事报告中，几乎都记录有江西民众大力支援作战的情形。蒋介石也认为，“从两广出来，先到湖南、湖北，再到江西，没有一处不受到人民欢迎，不得人民帮助”，是北伐军战无不胜、攻无不克的重要原因。[③]

北伐军进军和攻占江西，反过来也成为极大地促进民众运动发展的决定性因素。此前，在军阀压制之下，民众不敢有何组织。“当时有所谓四法团，如省议会、总商会、省教育会、省农会者，则不过军阀之应声虫耳。”[④]南昌攻克后，它们立即被解散。在党政当局支持下，相继组建各类新的民众团体，民众运动遂勃然兴起。

1.农民运动

如前所述，农民群众在江西最先得到较广泛的动员组织。因此，“革命军来，农民协会如怒潮般地发展”[⑤]，农民群众对革命军欢迎“尤甚，帮助革命军的

---

① 《林伯渠日记》(1926年9月20日)，中共中央党校出版社1981年版，第24页。

② 《飞同志报告》(1926 年 11 月 21 日)，《北伐战争》第 33 页。

③ 蒋介石 1926 年 11 月 13 日在宴请九江各将领时的讲话，载《蒋介石年谱初编》第 788 页。

④ 民国《江西通志稿》第 32 册，第 9—10 页。

⑤ 《方志敏在江西第一次全省农民代表大会上的会务总报告》(1927 年 2 月 23 日)，江西省党史委、江西农业大学编《江西党史资料》第 27 辑(《大革命时期的江西农民运动》)，中央文献出版社 1993 年版，第 57 页。

工作比他省更多”，较各界“其功尤大”[①]。1926年11月19日，江西省农民协会筹备处首先在南昌百花洲成立。筹备处在临川、吉安、赣州分设赣东、赣西、赣南办事处，迅速建立起对全省各县农运的联系和领导，并积极筹建省农民协会。

江西农运得到中共中央和江西临时政权的重视与支持。1926年11月，中共中央局通过了当前集中发展湘鄂赣豫四省农民运动、举办湘鄂赣三省农民运动讲习所的计划。11月26日，由沪赴鄂的中共中央农委书记毛泽东到达南昌，在昌几天中相继会见第六军党代表林伯渠、第二军代军长鲁涤平和副党代表李富春、江西省党部和省农运负责人方志敏等，商谈开办农讲所和选派学员、筹集经费问题。“由于林伯渠和李富春多方面做工作，二十九日江西临时政治委员会作出决议：江西选派一百五十名学员送武昌农讲所，并负担经费一万二千元。”[②]这件事产生了良好反响。后来，湘、鄂两省选派学员及负担经费，也仿照江西的办法。江西还选派龙式农、王礼锡为江西省筹备员，参加武昌农讲所筹备处的工作。“稍后，江西省政治委员会和财务委员会决定，由通志局款项下每年拨十三万五千元作为省农协的经费。”[③]

1927年2月20日至28日，江西省第一次全省农民代表大会在南昌举行。这时，全省县、区、乡农民协会的会员，“总共不下三十万人”，大会代表来自54县农民协会。大会在方志敏等主持下进行，以团结和集中全省农友“设法子起来解除自己的痛苦”为中心，通过了《江西省农民协会章程》等35项议案，提出各县农协应与县政府、县党部及各民众团体共组特别法庭审判土豪劣绅，组织农民自卫军，工农大联合，减轻佃租25%，取缔高利贷，废除苛捐杂税，解放妇女，组织合作社。大会在中共中央农委书记毛泽东的支持下，挫败了国民党右派圈定执行委员的企图，选举产生了17人组成的江西省农民协会执行委员会，执委会以方志敏、陆智西、刘一峰、王枕心、丘倜为常务委员，方志敏兼秘书长。省农民协会正式成立。省农协成立后，出版《江西农民》作为机关刊物，宣传农民运动和国民革命；先后在省、县组建了农民自卫军和自卫队。全省农运有了直接的领导机关和言论阵地，呈现出更大规模的发展势态。到1927年夏，70余县建

① 《总政治部郭沫若副主任在江西第一次全省农民代表大会上的政治报告》(1927年2月21日)，《大革命时期的江西农民运动》第63页。

② 中共中央文献研究室编：《毛泽东年谱》上卷，人民出版社、中央文献出版社1993年版，第173页。

③ 王渔：《林伯渠传》，第116—117页。

立了农协组织,农协会员发展到约60万人。

2.工人运动

北伐军入赣后,江西工人运动日渐高涨。1926年9月10日在萍乡、11月3日在赣州、12月26日在九江、1927年1月1日在南昌相继成立了总工会(吉安则早在1925年9月20日成立了总工会),开展以支援北伐和保障职业、改善待遇为中心的工人运动。1927年1月17日,江西省总工会筹备处在南昌成立。经过一个月的筹备,2月23日,在南昌召开江西全省工人第一次代表大会。这时,全省已有17县市成立了总工会,25个县市成立了总工会筹备处,加入工会的会员人数有10余万人①。大会通过了11项决议案,提出改良工人待遇、无故不得开除工人、女工与男工同等工作同等待遇、组织工人纠察队、制定劳工保护法、创办合作社和工人补习学校及子弟学校,号召全省工友"严密组织,加紧训练,一方面为工人本身利益而奋斗,一方面与农、商、学、兵一致联合,向帝国主义、军阀反革命派决战,完成国民革命,以达到自身的完全解放"②。大会选举肖弩锋、张国、陈赞贤、沈建华等9人为执行委员,以肖弩锋为委员长,李筱青为副委员长,正式成立了江西省总工会③。会后,全省工运进一步发展,各县筹备处纷纷转而成立总工会,工人群众在对国民党右派的斗争中发挥了重要的骨干和领导作用。到1927年7月底,全省县一级总工会发展到64个,工会会员发展到20多万人。

在工运高潮中,江西也出现过一些过激行为。有的地方将小资本家列为斗争对象,打击面过宽;有的提出普遍增加工资30%,南昌洋货店员甚至提出三级加薪(每级每月依次增加现洋20元、15元、10元),经济要求过高;罢工频繁,行为激烈,仅南昌1926年底1927年初"计前后罢工者,已不下十余业,所有要求条件大抵强迫承认,甚有将业主捆绑游街者"④。这种过激行为,在农运高潮中有的地方也发生过。需要指出的是,由于当时为国民党右派所掌控的江西党政当局对民众运动采取既支持又压制的政策,江西工农运动中的过激行为,相对说来并不十分严重,这是当时江西比较特殊的一个现象。

① 《江西全省总工会电告筹备情形》,《汉口民国日报》1927年2月19日。

② 《江西全省第一次工人代表大会宣言》(1927年2月23日),江西省党史委、省总工会等编《党的创立和第一次国内革命战争时期的江西工人运动》,1991年印行,第22页。

③ 江西省总工会编《江西工人运动史》,江西人民出版社1995年版,第108页;中共江西省委组织部等编《中国共产党江西省组织史资料》,第一卷,中共党史出版社1999年版,第56页。

④ 《江西工人运动史》,第101—102页。

3.其他民众运动

1926年3月,国民党江西省党部内增设商民部,负责组织、联络商民工作。北伐占领南昌后,省临时政委会立即颁布《商民协会章程》,规定商民协会是参加国民革命的商民的组织,凡买办、牧师、劣绅、贪官污吏及外国籍者不得加入。继萍乡之后,各县相继成立了商民协会(不少由当地党部商民部长负责)组织。景德镇、丰城、南昌等地将原商会改称为商民协会,但也有不少地方未改,仍称商会。江西全省商民协会亦在南昌成立。各地商民协会多以筹款方式支持北伐军。但也有的协会为在与工人的谈判、斗争中维护商民的利益,而出款贿赂军政当局人员(如赣州)。

妇女运动十分活跃。1926年11月间,国民党中央党部妇女部的蔡畅、邓颖超、刘清扬等人,从广东来到南昌指导妇运。她们在省第一女子师范学校内开办妇女短期训练班,培训妇运干部,筹建妇女组织。12月3日,南昌妇女解放协会召开成立大会,选举李桂生、周治中、程孝福、曾华英等9人为执行委员,肖国华、贺服丹等5人为候补委员,李桂生(1927年5月担任省党部妇女部部长)任主任委员,周治中、曾华英任副主任委员。该会在江西省妇女解放协会未成立前(1926年11月成立了筹委会,但后来一直未正式成立),代行其职权。在此前后,全省各地相继成立妇女解放协会、女界联合会等有57个。协会的主要任务是动员妇女群众投身反帝反封建斗争,争取男女平权和婚姻自由,还发动妇女剪发、放足、保护女婴。①

在以邹努为主席的江西全省学生总会(1926年5月在南昌成立)的主持下,江西青年运动的开展,也极为热烈。南昌、九江、赣州等一些市县也成立了学生联合会的组织。青年学生革命热情高涨,许多人还投笔从戎,纷纷加入北伐军。

三、九江英租界的收回

北伐进军和民众运动兴起的一个重要成果,是促进了江西人民反帝斗争的高涨,一举收回了九江英租界。

北伐军占领九江后,由独立第二师担任九江警备任务。师长贺耀祖为避免引发外交纠纷,派出宪兵在九江英租界四周日夜梭巡。与此同时,英人也加强了租界的警戒。

---

① 《江西省妇女组织志》,方志出版社2002年版,第14—15页。

1926年11月27日，九江英商太古、怡和和日商日清三大公司的码头工人，向英、日公司提出承认工会有代表工人权利、不得随意开除工人、增加工资等九项要求，遭到拒绝后当天举行联合大罢工。其后，国民党九江市党部、市总工会、独立二师政治部及江西省财政委员会委员周雍能等，邀请工人与公司双方代表举行了多次谈判。期间，日清公司于1927年1月3日同意了工人们的要求，两个英商公司则仍坚持一概拒绝，该两码头工人的罢工也就仍然持续，大量物资因无人搬运，在码头堆积如山。工人们还组织纠察队，每天在码头及沿江地区巡逻，以维护秩序并防止有人破坏。①

1927年1月3日，汉口英租界发生英兵杀伤码头工人的“一三惨案”，5日，汉口英租界被武汉人民占领。消息传到九江，在全城人民中产生激烈反应。6日，在中共组织发动下，数万九江民众上街举行反英示威游行。下午3时，工人纠察队员吴宜山等发现有英人雇使华工搬运行李和大米上船，上前阻止。英人遂招水兵上岸，殴打纠察队员，至吴宜山“当即昏去，受伤甚重”，造成九江“一六惨案”。在场民众纷纷怒斥英人，英人当即关闭租界铁门，架起机枪，江中英舰脱去炮衣，并对市区施放两炮(未装实弹)。英人的行为引发民众的更大愤怒，租界内的码头工人遂首先拔除铁丝网，撞开租界大门，租界外的民众趁势拥入，一举占领了九江英租界。租界内的英人及上岸水兵均退上英舰。由于当时民众革命积极性高涨，而英国方面也缺乏思想和军事上的准备，因此未发生武装冲突。

事件发生时，国民政府财政部长宋子文适在九江，应英领事请求，宋出面演说劝解民众，并命贺耀祖派兵“平息骚动”，向英人许诺将采取一切必要措施，确保民众与英方不发生“直接冲突”②。其后，驻军当局亦应英领事要求，派兵入驻租界。九江军民均要求武汉国民政府与英方交涉，收回租界。1月10日，国民政府外交部委派赵畸、周雍能组织九江英租界临时管理委员会，周任委员长，在军队配合下，管理租界内的一切行政事务。郭沫若、林伯渠、贺耀祖等均到租界内视察，指示机宜。全省和全国许多地方的民众，以及部分海外侨胞对九江人民的斗争，给予了热烈的支持。江西省各民众团体共同组织了南昌市民

① 陈荣华、何友良：《九江通商口岸史略》，江西教育出版社1986年版，第186页。关于收回九江英租界的资料，详见湖北省社科院历史所编《汉口九江收回英租界资料选编》，湖北人民出版社1982年版；江西省党史委编《江西党史资料》第12辑《收回九江英租界专辑》，1989年印行。

② 详见宋子文在武汉报告浔案发生情形，载蒋永敬《鲍罗廷与武汉政权》，第103页。

反英大同盟援助汉浔案件委员会和反英市民大会等活动。

武汉国民政府与英国双方代表，于1月12日开始就汉、浔租界问题在武汉举行谈判。由于英国政府经过反复考虑，决定不采取武装夺回租界的强硬行动，交出汉口、九江英租界的行政权和治安权，继19日签订“汉案协定”后，20日，“浔案协定”也在汉口签字。“浔案协定”规定，“由英国政府将九江英工部局章程，悉行取消。并自三月十五日起，将九江租界区域行政事宜，无条件移交国民政府”。国民政府同意给予银元四万元，以清偿在收回租界行动中英国人所受的损失。[①]根据这一协定，1927年3月15日，九江英租界由国民政府正式收回管理。同年7月，庐山牯岭租借地的行政管理权，也由国民政府正式收回。汉口、九江英租界和庐山租借地的收回，是近代以来中国人民反对帝国主义斗争的重大胜利。

第四节 宁汉对立下的江西政局

一、迁都之争、赣州惨案与捣毁昌浔市党部事件

1927年元旦刚过，据有江西的蒋介石，在南昌引发了震惊一时的“迁都之争”。

从广东迁都武汉的主张原本出自蒋介石，经多方考虑被广东国民政府所接受。1926年11月16日，鲍罗廷、徐谦、宋子文、陈友仁、宋庆龄等受命北上筹备迁都，自广州经江西赴武汉。12月2日，鲍罗廷一行由赣江抵达南昌，6—7日与蒋介石在庐山举行谈话会，“均认革命势力之集中及迁鄂为必要”[②]。鲍等10日到达武昌。13日，成立由在汉的国民党中央执行委员和国民政府委员组成的临时联席会议，联席会议推徐谦为主席，成员主要为国民党左派，在广州中央党部和国民政府已于12月5日宣布停止办公的情况下，执行中央最高职权。

但蒋介石很快便改变了迁都武汉及对武汉联席会议的态度。12月31日，中央党部和国民政府第一批北迁武汉的人员张静江、谭延闿、何香凝、顾孟余、丁

① 《外交部公布收回九江英租界内容》，《汉口民国日报》1927年3月5日。《收回九江英租界之协定》全文，见王铁崖编《中外旧约章汇编》第三册，第608—609页。

② 《陈友仁等为不宜变更中执会迁鄂决定致蒋介石等密电》，1927年1月7日。

惟汾等到达南昌。蒋介石将他们留下,并于1927年1月3日召集他们及邓演达、宋子文、林伯渠、朱培德、陈公博等人,在南昌举行中央政治会议第六次临时会议,改变原定迁都武汉的决定,决议中央党部和国民政府暂驻南昌;1月7日,又举行中央政治会议第七次临时会议,除维持3日决议外,决定派徐谦等13人组成政治会议武汉分会,从而在实际上相继否决了迁都武汉以及武汉联席会议的最高政治地位。

武汉方面在力图维持与蒋介石关系的同时,明确反对蒋介石等"暂都南昌"的意见。双方形成争执和对立,文电、人员往来不断。1月12—18日,蒋介石到武汉出席会议,要求武汉的中央委员和国府委员迁赣,但同时也受到鲍罗廷、国民党左派及社会各界呼吁迁都武汉的强大压力。在各方压力、军费告急及宋子文、"邓演达、陈铭枢等至南昌积极活动"[①]等多重因素下,2月8日,蒋在南昌召开中央政治会议第五十八次会议,"决议中央党部与国民政府迁至武汉"。虽然会后并未立即行动,南昌各界于20日召开欢送党部、政府迁鄂大会后,也迟迟无人启程,但迁都之争以武汉国民党左派的胜利而告结束。[②]

迁都之争是蒋介石在北伐新占赣闽和指向浙沪的新形势下,企求以其所在的南昌为中心,控制国民党中央权力和压制国民党左派与共产党人的重大行动,也是其不满国民党左派尤其是反共态度的又一次爆发。因此,迁都问题虽告解决,但蒋介石与国民党左派和共产党的斗争却进一步尖锐化。2月底3月初,他便在南昌公开其反共态度,声言"要制裁左派","制裁共产党"。江西省党部、省政府等则"密切配合",于是迅速在江西制造一系列流血惨案和反共事件。这一系列事件,成为蒋介石发动四一二政变的前奏。

1.赣州惨案

赣州是大革命时期工人运动极有声势的一个地区。赣州工人运动的领导者,是1926年八九月间回到赣州的中华全国总工会特派员陈赞贤和随军北伐留置赣州工作的总政治部宣传员肖韶、钟友千。在他们组织下,"各业工人,都纷纷组织工会,前后成立的有二十九个工会……全体人数在一万左右"[③]。11

① 《中央政治会议第五十八次会议记录》,《中华民国史事纪要》1927年2月8日。

② 详见《中华民国史档案资料汇编》第四辑(上),第373—377页"迁都之争";《北伐战争与北洋军阀的覆灭》,第133—143页。

③ 朱由铿:《赣南各县党务及民众运动总报告》(1927年1月6日在国民党江西全省"三大"上的报告),《党的创立和第一次国内革命战争时期江西工人运动》,第211—212页。

月,召开赣州工人第一次代表大会,成立赣州总工会,陈赞贤当选为委员长,肖、钟为副委员长。此后,赣州工人运动的组织程度更高,要求保障职业、增加工资、改善待遇的斗争也更为高涨(其中亦有过激的行为),还成立了200多人组成的工人纠察队,“皆穿军衣,持长矛……整齐严肃,令人望而起敬”。赣州工人运动的形势,给路过这里的共产国际官员很大的感染,认为这里“是另一个真正革命的中国”[①]。

工人运动的高涨和罢工斗争的频频发生,也引起掌握赣州党、政权力的国民党右派的不满。一个偶然发生的事件,成为他们借机发作的导火线。12月30日,几个洋货布业店员欲入第二女子师范学校看演新戏,遭到拒绝,其中“一二无识工友”遂愤而在墙上涂写“男女不平等便是反革命”及男在上、女在下等污辱妇女的字画。二女师校长、国家主义派分子欧阳魁等即请县党部召集各级党部和各公团紧急会议,决议解散工会、工人不得加入国民党及开除涂写字画的工人。次日再开会议,讨论解散工会之事,还扣留了总工会出席人肖韶、钟友千。这些做法激起工人愤怒,一千多工人于是包围县署,有人还殴打了县党部筹备会主席兼赣县临时政务委员会主席陈铁和欧阳魁[②],随即在军队弹压下平息。其后,工会方面将一个涂写字画的店员关禁(被关了一个多月),但得不到谅解,右派们以临时政务会、县党部筹备处及一些团体名义,相继致电蒋介石,指责工人罢工捣乱,扰乱秩序,破坏党务,殴辱党员,摧残女界,要求“严惩”陈赞贤等工会领导人[③]。一个原本很小的事情,被国民党右派逐步扩大升级为政治事件。

以驻赣州的新编第一师党代表、原黄埔军校孙文主义学会分子倪弼为核心的国民党右派,决意以武力镇压工人运动。1927年1月26日,由临时政务会出面召集各团体负责人会议,倪弼计划在会议召开时捆押陈赞贤,陈侦悉其意即化装成伙夫于27日晨潜往南昌。倪等随即一面呈文中央党部、国民政府“拿办”

---

① 〔苏〕C.A.达林著,侯均初等译《中国回忆录1921—1927》,中国社会科学出版社1981年版,第250页。

② 台北党史会藏汉口档:《赣州妇女解放协会执行委员会主任戴源清呈文》,《中华民国史事纪要》,1927年1月2日。工会方面的说法为:开会时,各界旁观者约有千人之谱,商人工人学界妇女小孩无所不有。因主持者不准工人辩白,引起责问和喧嚣,欧阳魁等所谓陈赞贤纠集工友千余人包围会场,殴打党员,是无中生有的捏造(赵幼侬《赣州总工会横遭摧残的情形》,1927年2月15日)。

③ 《蒋介石收各方电稿摘由》,转引自杨天石著《北伐战争与北洋军阀的覆灭》,第358页。

陈赞贤，组织审判委员会“讯明议处”[①]；一面派兵搜查总工会，通缉陈赞贤、肖韶、钟友千，并截查总工会往来文电[②]。但倪的行为也遭到了新编第一师中进步人士和共产党人的反对，有230人联名致电总司令部，要求将倪撤差严办。29日晚，倪与师长张与仁召开军官会议解释，结果两人在会上均被打了，倪即逃往南昌向蒋介石求援。[③]

在南昌，倪弼得到了蒋介石的支持，而陈赞贤的求见则被蒋拒绝。随后，倪弼回到赣州，右派把持的省党部也派特派员贺其燊到赣州。贺一到赣州，即命令陈赞贤停职，并要求“新编第一师部及赣县县长，拘陈到案”。这时，陈赞贤也不顾个人安危，在全省工会一大尚未结束时，回到赣州。在3月1日总工会召开的欢迎大会上，陈赞贤慷慨陈词，表示要坚决与反动派作斗争，为工人阶级谋利益。6日，陈赞贤被以开会为名骗到县署，倪弼、贺其燊、郭巩等限令其立即解散总工会，被他严词拒绝。倪说：“蒋总司令有令在此，今晚要枪毙你！”话音刚落，倪之左右胡启儒等人当即向他乱枪射击。陈身中18枪，当场牺牲。[④]史称“赣州惨案”。

赣州惨案惊骇一时，引起武汉中央党部、国民政府及各地民众的强烈反应。各地强烈抗议、惩办凶手的通电纷见报端，国民党中执委全体会议15日也作出决议，要求蒋介石速将倪弼解送中央讯办。北伐军总政治部下令撤销倪弼新一师党代表职务，师政治部停止活动。由于杀陈原本出于蒋之怂恿，倪弼等各凶手则得到他的保护而安然无恙[⑤]。不仅如此，他接下来又指使制造了南昌、九江事件。赣州惨案是蒋介石四一二政变前夕在江西开的第一刀，它使国共之间的矛盾进一步加剧并公开暴露出来。

2. 捣毁南昌、九江市党部事件

---

① 《新编第一师政治部等报告陈赞贤劣迹文》，《中华民国史事纪要》，1927年1月2日。

② 《赣州各工会代表请愿书》(1927年2月12日)，《党的创立和第一次国内革命战争时期江西工人运动》，第219—220页。

③ 《审讯倪弼记录(节录)》(1958年7月19日)，《党的创立和第一次国内革命战争时期江西工人运动》，第259—261页。

④ 《江西工人运动史》，第117页。分见君实：《陈赞贤为什么死了》，1927年3月20日；《总司令坐镇之江西驻军惨杀陈赞贤烈士之真相——赣州各工会请愿团的报告》，《汉口民国日报》1927年3月22日；《党的创立和第一次国内革命战争时期江西工人运动》所载《陈赞贤烈士事略》、《审讯倪弼记录》、《沈洪标口供》等。倪弼、郭巩解放后被捕获，经审判后被处死刑。

⑤ 倪弼等当时逃往福州，旋到上海见蒋介石，蒋让他们到广州钱大钧部，随即在钱之派兵保护下，回到赣州原职并参与主持清党。

3月6日，江西省主席李烈钧偕谭延闿、何香凝、丁惟汾、陈果夫、陈公博等离开南昌，到武汉参加国民党二届三中全会(蒋介石、张静江留昌未去)。7日预备会间，李烈钧得知会议对蒋不利(这次会议决定免除蒋介石中央常务委员会主席、军事委员会主席和军人部长职务，撤销张静江代理中执委常委会主席职务)，遂不等正式会议开始，即于次日返回南昌，劝蒋介石“速作移节之计”，东下南京[①]。蒋“然之”，并让段锡朋等继续“制裁”江西国民党左派。南昌、九江市党部于是首当其冲。

与省党部由右派把持不同，南昌、九江市党部掌握在国民党左派和共产党人手中。两市党部在政策、行为上都与省党部不同，不但反对以段锡朋为首的省党部反共和压制民众运动，而且拥护武汉国民党左派恢复党权、限制蒋介石权力的运动。3月11日，南昌市党部派执行委员李松风等去武汉，要求中央改组省党部并惩办段锡朋。同一天，九江市党部召开全体党员大会，也作出了呈请中央惩段的决议。[②]因此，南昌、九江市党部为蒋介石和省党部所不容。

14日，省党部下令解散南昌市党部，通缉市执、监委员。南昌市党部对此未予理会。段锡朋当即呈准蒋介石，决于15日晚封闭市党部机关报《贯彻日报》，次日强制接收市党部。15日，南昌市党部召开20万人参加的群众大会，纪念孙中山逝世两周年。大会提出了“提高党权”等口号，让到场的蒋介石大为不满，责问口号是谁提出的？人们回复这是“民众意思”，蒋说：“我有我的口号，就是拥护江西省党部，反对江西省党部的即应打倒。”[③]当晚，蒋介石离开南昌去九江。临行前，总政治部副主任郭沫若听说省党部有解决市党部的消息，特向蒋介石反映，蒋当面便写一信给段锡朋，说江西党务以后事事须与总政治部接洽，对于市党部事宜缓和为是，使郭非常的满意[④]。

但是，事情完全出乎郭沫若的意料。16日，省党部召集500多人，在尹敬让等带领下，沿途呼喊“打倒左派”、“拥护蒋总司令”等口号，蜂拥冲入南昌市党部，逢人便打，遇物即毁[⑤]。强行宣布解散市党部、农协和工会，封闭《贯彻日

① 《李烈钧文集》，第844页。

② 《中华民国史事纪要》1927年3月26日。

③ 《江西代表邓鹤鸣报告》(中国国民党中执委第二届常务委员会第一次扩大会议速记录)，《中华民国史档案资料汇编》，第四辑(上)，第406页。

④ 郭沫若：《请看今日之蒋介石》，《四一二反革命政变资料选编》，人民出版社1987年版，第86—87页。

⑤ 《南昌之白色恐怖》，《汉口民国日报》1927年3月23日。

报》，捕去新闻记者和会计，并通缉市党部委员。南昌市党部遂遭捣毁。

紧接南昌之后，九江市党部也在次日被捣毁。蒋介石15日离开南昌后，16日抵达九江。在蒋怂恿下，17日，几百个地主、豪绅和地痞流氓在王若渊等带领下，持刀剑、棍棒包围并捣毁九江市党部、农协、总工会和国民新闻社，党部门窗、板壁被捣得稀烂，文件书籍悉被烧毁，孙中山像亦被撕成碎片，当场杀害市党部人员3人、农协和总工会职员各1人，捕捉职员六七十人并解送蒋介石的总司令部。[①]蒋介石阳为答应郭沫若和工人纠察队派兵弹压暴徒的要求，却让其卫队掩护暴徒们安全溜出九江市，当晚又任命唐蟒为戒严司令，让其禁止工人罢工，一有工人罢工，便立行拘捕。[②]其后，蒋介石一路转往安庆、上海，并相继制造了安庆惨案、上海四一二政变。

3.圈定县党部成员和摧残工农运动

省党部成立后，立即按照“党权不要插在共产党手里”[③]的原则和圈定省党部委员的办法，对县党部进行改组、圈定，“指定土豪劣绅，或贪官污吏、老朽分子为执行委员”，而原先在秘密时期努力工作的革命青年，反被排斥而无处安身。同时，由省党部训令所有民众团体，必须到党部注册方可活动，农民协会的一切款项和公文均须由省党部转发；省政府通令各地“一律取消”农民自卫军。尤其是，赣州惨案后，省党部派往各地的特派员相继跟进，纠集人员在抚州、丰城、永丰、于都、鄱阳等地，“无恶不作，杀害工友，捣毁工会，破坏农民运动，屠杀农民”[④]。时人指出，江西在北伐胜利不久，便进入了“受着反动派摧残杀戮的时期”[⑤]。另一方面，省党部也将矛头直指武汉中央，从3月中旬起，冒用各民众团体名义，在南昌举行所谓“江西各界拥护国民党示威运动”，散发“打倒中央执行委员会”、“拥护江西省党部”等言论[⑥]，“作驱逐鲍罗庭，拥护蒋总司令之运动”[⑦]，影响视听，并对左派和共产党人进行反击。

---

① 《九江代表报告》（中国国民党中执委第二届常务委员会第一次扩大会议速记录），《中华民国史档案资料汇编》，第四辑（上），第408页。

② 郭沫若：《请看今日之蒋介石》，《四一二反革命政变资料选编》，第87—88页。

③ 《黑幕重重之江西党务》，《汉口民国日报》1927年3月25日。

④ 荻零：《我们的时代》，载江西农协《农民运动之理论与实际》，创刊号，1927年3月20日印。

⑤ 《南昌省市团体来电拥护中央执行委员会》，《汉口民国日报》1927年3月30日。

⑥ 《剿赤之意义和方略——段锡朋先生在省党部纪念周演讲》，《江西民国日报》，1931年6月16日。

二、南昌四二暴动与省党政权力的重组

连续发生的惨案、事件,引起江西的国民党左派、共产党人和广大民众的愤怒。3月17日,江西省、南昌市、九江市均派代表去武汉向中央党部和国民政府申控,要求中央“早日解决”江西问题,改选省党部和省政府,以免演成更大流血事件。与此同时,武汉中央所收“江西各级党部及各人民团体,呈请中央改组省政府之电文,盈寸满尺”[①],也形成了民众的强烈诉求。

其实,早在3月14日,国民党二届三中全会即已认定圈选产生的江西等省党部“违法”,决议进行改选。23日,武汉中央认为江西“迭次发生重大案件,可见反革命空气,已弥漫全赣”,非严行根究不足以肃党纪而遏乱萌,乃电令江西省党部“着即停止职权,听候查办”[②]。26日,武汉中常会第三次扩大会议决定,派刘一峰、李松风、邓鹤鸣、黄实、傅惠忠、方志敏、王枕心、李尚庸等8人为改组委员,负责改组江西省党部,筹设正式省党部。在正式省党部成立前,改组委员会“代替省党部职权,并查办以前反动派捣乱经过,呈中央核办”[③]。可见,武汉中央赋予了改组委员会接管和主持江西党务的全权。8位委员中,共产党员和国民党左派各占一半。紧接着,吴玉章在3月28日的武汉中央政治会议第六次会议上,提出李烈钧“行动不好”,建议对江西省政府早定办法。次日,林伯渠在九江根据与朱培德交谈了解的情况,也致电武汉中央建议改组江西省政府。30日,国民党中央政治会议第七次会议作出决定,改组江西省政府,免去李烈钧等人的职务,任命朱培德为省主席。

武汉中央的决定,在十分困难的时刻支持了江西的革命力量。南昌市的反右气氛,于是日形浓烈。据袁玉冰记载,3月底的几天,南昌“街头巷角之间,空场之中,到处都发现一群一群的人民,或围听演讲队的演讲,或站看墙壁上的标语,也有指手划脚在互相谈话的,空气中充满着不宁的情感”,“满地都遍洒了对于省党部反抗的心泉”,也有在百花洲省党部门前叫一两声“打倒省党部”,而省党部的人也不敢神气了,上街甚至不敢戴嘉禾胸章了。[④]4月1日,改组

---

① 《改组江西省政府》,《汉口民国日报》1927年3月31日。

② 《中央执行委员会致江西省党部漾电》,1927年3月23日,存江西省档案馆。

③ 《中国国民党中执委第二届常务委员会第三次扩大会议速记录》,《中华民国史事纪要》,1927年3月26日。

④ 江西省党史委编:《袁玉冰专集》,中央文献出版社1994年版,第90—91页。

省政府的消息传到南昌,“真和一颗炸弹一般。革命的民众与反革命的右派决死的斗争,不是一天一天的而是一秒一秒的近了”[①]。2日下午,在袁玉冰等带领下,南昌民众群集百花洲一带,高喊“捉拿反革命”等口号,一举占领了右派把持的省党部、省政府和教育厅,解除了省党部纠察队的武装,捕获AB团首要程天放、罗时实、曾华英、巫启圣、王冠英等人,段锡朋、周利生等逃脱,原省主席李烈钧在向各报馆发出《江西省党部被共产党徒捣毁电》后,率部分人员避往上饶。这就是当时影响很大的南昌四二暴动[②]。3日,由江西全省总工会、农民协会、商民协会、学生总会和南昌市党部等九团体组织南昌民众3万多人,在公共体育场举行“欢迎朱主席改组省政府暨中央特派员改组省党部大会”,程天放等人被押至会场示众。四二暴动是江西有组织的民众在武汉中央支持下反抗国民党右派的一次重大行动,此举基本摧毁了蒋介石在江西精心营建的右派势力,将江西的国民革命运动推至高潮[③]。

4月5日,刘一峰等中央特派员到达南昌。5月20—29日,在南昌重新举行中国国民党江西省第三次代表大会。会议重申并坚持孙中山的三大政策,选举产生了新的省执、监委员。刘一峰、李松风、王枕心、罗石冰、邓鹤鸣、方志敏、姜济寰、王均、黄实、朱克靖、李桂生、黄道、李小青等 13 人当选为执行委员,傅惠忠、朱由铿、饶思诚、张汉杰、严延生等 5 人为候补执行委员;萧炳章、涂振农、蒋睦修、李尚庸、邵式平为监察委员,俞谟、曾振五、周继晖为候补监察委员。在次日举行的执、监委第一次常会上,推定王枕心、李松风、罗石冰为执委会常务委员,刘一峰、黄道、方志敏、李小青、邓鹤鸣、李松风、李桂生分任组织、宣传、农民、工人、商民、青年、妇女各部部长;萧炳章为监委会常务委员[④]。国民党江西省党部领导机构至是重新组成,其成员基本上是国民党左派和共产党人。

也是在 4 月 5 日,朱培德从九江进入南昌就任省主席,组建新的省政府。朱培德、杨赓笙、姜济寰、萧炳章、黄实、刘芬、张国焘、刘一峰、李尚庸、李松风、王均等 11 人任省政府委员,杨赓笙、姜济寰、萧炳章、黄实、刘芬分长民政、建

① 参见《袁玉冰专集》,第 91 页;戴向青、罗惠兰:《AB 团与富田事变始末》,河南人民出版社 1994 年版,第 33—36 页。

② 参见程天放《我所经历的四二事变》,载《中华民国史事纪要》,1927 年 4 月 2 日。

③ 也有人认为,四二事变“促成了国民党中央的决心,在四月十二日实行清党”(程天放《我所经历的四二事变》),此说不确,有为蒋介石解脱之嫌。

④ 《江西省党部执监委员就职》,《汉口民国日报》1927 年 6 月 11 日。

设、教育、财政、司法各厅。同时,委任朱德兼南昌市公安局局长。朱德兼任公安局长,对其后八一南昌起义的成功起了重大作用。

江西反右派运动的胜利和省党政权力的转换,主要原因是:第一,得力于国共合作的武汉中央的支持。武汉中央支持江西的革命力量,一方面出于不满右派把持的江西省党部、省政府的作为。大体上从迁都之争起,武汉方面对江西省党部、政府的完全听命于蒋介石,反对国民党左派、压制工农运动,就十分不满,乃至一直不承认省党部的资格,邓演达更直称江西省政府为“伪省政府”[①]。因此,变换省党政机构,乃武汉方面坚持其革命原则和立场的必然行动。另一方面,也不愿在与蒋介石的斗争中失去江西。这个时候,武汉中央与蒋介石之间,已处于斗争的白热化阶段。因此,当右派摧残革命力量时,江西的国民党左派和共产党领导人大多在武汉受到了保护,而当蒋介石离赣、具备了解决江西问题的条件时,武汉中央迅速决定改组由蒋介石一手扶持的江西省党部和政府,使得江西的反右派斗争具有了合法性,并且直接成为这场斗争的导火线。显然,支持江西,也是武汉方面与蒋介石斗争并保有江西的必然行动。第二,是江西的共产党人、国民党左派和广大民众团结合作、坚持斗争的结果。第三,也与当时掌握江西军权的朱培德有很大关系。朱培德具有很大的摇摆性,但当时却因蒋介石在占领江西后安排李烈钧而不是他任省主席心有不满,故早在2月11日,人们即已料定“第三军军长朱培德肯定会反对蒋介石”[②]。所以,武汉改任他为省主席时,他的态度如李宗仁所说是“激烈反蒋”的。因此,有的研究者认为,南昌发生四二暴动,朱培德“难脱包庇纵容之嫌”[③]。

三、朱培德的分共与统政

蒋介石发动四一二政变后,在南京另立国民党中央和国民政府,实行“清党”反共政策,形成与尚称革命的武汉国民党中央和国民政府相对峙的局面,史称“宁汉对立”。江西此时属于武汉阵营,朱培德主政后,遂立即面临着宁汉对立的尖锐矛盾,因而无心致力于政事:领有两湖和江西的武汉阵营力量较弱,且内部危机日益严重。4月25日起,宁汉双方军队在安庆、湖口形成对峙,

---

① 《邓演达文集》,人民出版社1981年版,第69页。

② 〔苏〕A.B.巴库林著,郑厚安等译《中国大革命武汉时期见闻录》,中国社会科学出版社1985年版,第75页。

③ 李云汉:《从容共到清党》,台北1973年影印版,第597页。

军事形势紧张,江西在地理上处于宁汉对立的前沿,影响更大。江西境内,也危机深伏。南京阵营的李烈钧在上饶、钱大钧入赣州,从东南两面形成对朱培德的威胁;而蒋介石同时既加强对朱培德的工作,派人驻昌维持联络,又加紧拉拢其部下军官,对朱形成直接胁迫。在此背景下,朱培德最终采取“礼送”共产党人出境的分共办法,来化解困境。

朱培德首先突然遣送军队中的政治工作人员。5 月 29 日,朱召集所辖第五方面军[①]政治工作会议,自己不出席,而让人传话说,军队中的武装人员和几位政工人员发生了一点意见,为免引出不好的结果,他要求那几位政工人员离开江西。此举遭到部分与会政工人员的反对,他们表示,要走大家走,要留大家留。朱培德于是决定将全军政工人员尽行遣送。[②]当天,第三军属下的师党部、警卫团、宪兵营等,相率在南昌张贴标语,“欢送共产党离赣”。30 日,以第五方面军政治部主任、江西省政府秘书长朱克靖为首的全军政工人员 142 人,被遣送出江西去武汉。军队政工人员一般都是共产党员。

6 月 5 日,朱培德继续“礼送”“共产及左倾分子离境”[③]。先一日,朱开出一个在南昌的共产党负责人和国民党左派人士的 22 人名单, 让人通知他们离赣。经陈其瑗等要求,留下 2 位女共产党员。5 日,刘一峰、方志敏、朱德、李松风、傅惠忠、王枕心等 20 人,在两名军官监送下离开江西去武汉(个别人如方志敏潜留江西)。朱培德出资 3 万元作为“礼送”费(其中一半为路费,一半为家属安置费)。同日,朱派兵查封江西省总工会、农民协会、国民党南昌市党部、学生会和《贯彻日报》,收缴工农武装(仅农民自卫军枪械即有800余支)。同时,将南昌四二暴动时被拘押的程天放等人从“看守所释出”。

除“礼送”少数负责人之外,朱还以布告形式进行分共。6日,朱发出通告,宣布三事:凡共产党员应完全退出;省内农工运动听候中央指导;对农工运动之人不得寻仇报复、胁迫诬陷[④]。11日,朱继续发出最后通牒式的布告,“以最后之言,忠告江西共产党党员克日离赣”,“省内一切农工运动,暂时自行停止,听

① 朱原辖第三军进入江西后已扩编为三、九两军,1927年5月6日,武汉方面又将朱部编为第五方面军,朱任总指挥兼九军军长,王钧任三军军长。

② 参见《陈其瑗在国民党中央执行委员会政治委员会第二十八次会议的报告》,1927 年 6 月 13 日;赵济:《“礼送”出境记》、梅原:《朱培德对政治工作的欢迎欢送》,分载全国政协《文史资料选辑》第 77 辑、第 45 辑。

③ 《陈其瑗致汪精卫、徐季龙、孙哲生、吴玉章急电》,1927 年 6 月 5 日。存台北国民党党史馆。

④ 《蔡熙盛电告朱培德肃清江西共党》,《广州民国日报》1927 年 6 月 15 日。

候中央指导”[①]。至此,朱培德将分共范围从南昌扩大到全省。

朱培德自述其分共的原因,是共产分子未遵照国民党党纲和国民政府决议案行事,认为造成“民众不安、社会骚动之原因,共产党实难辞咎”,因此他要对共产党“极力镇摄”,“劝其远行”[②]。实际上,朱培德是要以和平分共作为突破口,在宁汉对立的大势中,表明其中立的立场,既取谅于南京的蒋介石集团,又见容于日益不满共产党的武汉汪精卫集团,从而寻求主动,保障其拥有的地盘、权力等既得利益[③]。

朱培德在江西的分共,继蒋介石和武汉阵营夏斗寅、许克祥的清党反共之后发生,震动一时,引起各方不同的反应,也基本上达到了朱培德所要追求的目标。南京阵营以“朱培德肃清共产党”、“赣垣共产党现已告肃清”之类语言,欢迎朱的分共,双方联络此后更为频繁、紧密,进入江西的蒋系军队也停止了对朱的军事行动。武汉当局认为朱是在苦心孤诣为大局着想,认为如果中央不能体谅他,江西的局面马上就会起变化[④],因此派陈公博为中央特派员赴赣抚慰,并阻止武汉各界民众团体对朱的抗议活动,汪精卫其后还当面夸奖朱苦心维持江西,“一切处置,极为适当”[⑤]。中共方面原拟立即进行反击,但受阻于苏联顾问鲍罗廷[⑥]。继而,朱培德对中共的态度也出现新的变化:从6月中下旬到7月,朱培德很快恢复了省农民协会、总工会及全省工农运动,接收了在武汉农讲所毕业的150名江西籍学生并分派他们到28个县工作;派人到武汉向被遣送政工人员“解释误会,并希望仍返赣工作”[⑦];还压制了“江西清党运动委员会”等反共组织及活动,等等。因此,江西的革命力量再次兴起,不少被遣送的共产党人如朱德又回到江西,这又成为七一五武汉汪精卫集团叛变革命后,中国共产党注重江西和八一南昌起义成功举行的重要条件。

---

① 《中央特派江西特别委员会、国民革命军第五方面军总指挥部布告》,1927年6月11日,原存江西省公安厅档案室,现存江西省档案馆。

② 《中央特派江西特别委员会、国民革命军第五方面军总指挥部布告》,1927年6月11日。

③ 详见何友良:《中间立场:朱培德分共的原因及其影响》,南京大学学报特辑《民国研究》总第7辑(2003年)。

④ 汪精卫语,转引自李云汉:《从容共到清党》,第714页。

⑤ 汪精卫:《敬告江西同志》,1927年7月31日。存江西省档案馆。

⑥ 蔡和森:《党的机会主义史》,存江西省博物馆资料室。

⑦ 《朱总指挥最近之演说》,《汉口民国日报》,1927年6月17日;梅原:《朱培德对政治工作的欢迎欢送》。

朱培德在费力处理与中共关系的同时，也着力进行了统一全省政令的活动。当时，上饶有4月初李烈钧迁驻的被武汉国民政府免职的省政府，也称赣东或上饶省政府。这个政府隶属于南京，5月中旬李烈钧赴南京军事委员会主事后，“先后由姜伯彰、巫启圣、王镇寰、刘伯伦、蒋笈、徐惠如、许鸿等分负党政责任”[①]。他们占据赣东各县，得到“蒋介石在南京不断增援”[②]。在赣南，属南京阵营的广东当局为牵制武汉和阻止张发奎部回粤，派广东警备司令钱大钧进兵赣州，5月18日夜在赣州发动清党行动，逮捕中共党员。随即由广州政治分会委派蔡申熙、倪弼等11人组织赣南特别委员会，作为赣南最高党务机关，代行省党部职权；成立以倪弼为首的赣南行政委员会，作为赣南最高行政机关，代行省政府职权，管辖赣南各县。赣东、赣南两处各自“委任官吏，征收税款，又复各自组党”，使江西一省“割裂为三，以致党无统系可言，政更纷歧日甚”[③]，从东面和南面构成对朱培德统治的威胁，割裂了朱培德对全省的治权。

朱培德不能忍受这种局面。最初，他打算以武力统一全省政令。于是，一面派兵进剿赣东，与赣东省政府发生武装冲突；一面策划对赣南用兵。首先，他用武力解决了蒋介石留在江西的第十四军余部，然后，他宣称钱大钧部为“反动势力”，调动驻九江等地的部队第三军第八、九两师及第七师大部到吉安地区，与钱部相对峙。此时宁汉已趋向合流，广东当局自然不愿引发战争。8月15日，广东李济深致电朱培德，表示粤军将尽快退出赣南，“一俟赶办就绪，当即通电贵部前来驻防”，请朱“勿派兵前来，以免发生误会”[④]。不久，宁汉合流，朱培德作为武汉方面的代表加入南京特别委员会。9月17日，他率省政府各委员致电南京国民党中央党部、国民政府，要求改变江西政治分裂的现状，明令克日撤销上饶所设省政府及赣县所设行政委员会，以便党务归属于省党部、政务则归于省政府。10月5日，南京国民政府发布第14号指令，饬撤销上饶省政府和赣南行政委员会，以使江西政治归于统一。10月9日，该两处机构奉令

① 《李烈钧文集》，第844页。

② 邵式平：《中国工农红军第十军团的诞生》(1959年4月8日)，《回忆闽浙皖赣革命根据地》，江西人民出版社1983年版，第64页。

③ 《江西省政府主席朱培德等致南京中央党部、国民政府电》，1927年9月17日。存中国第二历史档案馆。

④ 《李济深致朱培德电》，1927年8月15日。

撤销，两处军队分别撤走，请朱培德派人和平接收①，江西政令至是统一。11月，体现宁汉合流精神和全省政令统一成果的江西省政府，由南京国民政府改组产生。省政府以朱培德、熊式辉、杨赓笙、胡曜、陈礼江、熊育钖、李尚庸、黄实、王均、彭程万、伍毓瑞等11人为委员，仍由朱培德任主席。经过一系列的反复、周折，江西最终成为南京国民政府治下的一个基本省区。

① 《朱培德和平接收江西全境》，《东方杂志》第24卷，第22号。

第四章

土地革命与红色政权的兴起

1927年蒋介石、汪精卫相继发动四一二政变和七一五政变,国共合作领导革命建国的模式因国民党的背叛而夭折,全国革命形势陡转。中国共产党面对血腥镇压被迫另辟新路,走上独立领导土地革命、探索重建国家的艰难征程。中共的探索,以反抗国民党的镇压和否定国民党建立的国家政权形式及一党独裁统治,开展土地革命,创建人民军队和革命根据地,开辟农村包围城市、武装夺取政权的中国革命道路,建立工农民主专政的政权为基本内容。作为实践新战略的中心区域,在江西这块土地上,中共领导举行了南昌起义、湘赣边界秋收起义等一系列起义和暴动,先后建立有井冈山、中央、赣东北(闽浙赣)、湘赣、湘鄂赣等全国最早、最大和最多的革命根据地,直至建立了以瑞金为中心的中华苏维埃共和国。江西全省三分之二以上的地区曾为根据地地域,被人们称为人民军队诞生的摇篮、探索中国革命道路的摇篮,打造中华人民共和国的摇篮,"中国革命前进的伟大基地"[①]。中共在江西等地的奋斗,试验了现代中国发展的另一条道路,成为中国共产党史和中国革命史的一个重要历史阶段,也是中华民国史的一个重要组成部分,丰富了民国的历史内容。

① 石仲泉:《中国革命前进的伟大基地》,《中共党史研究》,2002年第1期。

第一节 开辟新路的斗争

一、中共应对危局的重地

1927年7月15日,武汉汪精卫集团继蒋介石之后宣布"分共",国共合作领导国民革命的生气勃勃的局面至此完全破裂。早在4月18日,蒋介石等已在南京建立了一党专政的国民政府,同时实行流血"清党"反共的政策。汪精卫集团继之加入了捕杀共产党人的行列,并与南京实现了"合流"。中国革命形势陡转,事实上再次提出探索重建国家的艰难课题。

在突遭国民党的武力排斥与通过国民革命合作建国的模式夭折后,中共"面对着被敌人瓦解和消灭的危险"①,为了生存和理想,决心整顿队伍,另辟新路,联合工农继续奋斗。1927年7月中下旬,中共中央临时政治局常委会决定,将中共所掌握或影响的部队向南昌集中,准备起义;在湖南、湖北、广东、江西四省组织农民秋收暴动,实行土地革命。中共中央宣告:"我们党的责任只有坚决的与这种新的反革命奋斗,积聚一切革命势力,开展这一革命的新阶段——土地革命。"②在随后召开的著名的八七会议中,进一步确定了实行土地革命和武装起义的总方针,明确提出在国民革命失败的严重环境下,中国共产党要整顿自己的队伍,纠正过去严重的错误,寻找着"新的道路"③,通过武装工农民众,创造革命军队,建立工农政权,"创造我们自己的自由世界——工农平民的独立的中华共和国!"④在这里,中共提出了武装起义、土地革命和中华共

① 金冲及:《二十世纪中国的崛起》,上海人民出版社1999年版,第87页。

② 《中央通告农字第九号——目前农民运动总策略》(1927年7月20日),中央档案馆编《中共中央文件选集》第三册(1927年),中共中央党校出版社1983年版,第184页。

③ 《中共八七会议告全党党员书》(1927年8月7日),中央档案馆编《中共中央文件选集》第三册(1927年),第265页。

④ 《中国共产党为汉宁妥协告民众书》(1927年8月14日),中央档案馆编《中共中央文件选集》第三册(1927年),第280页。在10月23日的《中国共产党反对军阀战争宣言》中,中共进一步提出要"统一中国,造成新中国——工农各劳动贫民代表会议(苏维埃)的中国"。同年底,继续申明了"打倒反动的国民党政府","建立苏维埃中国"等主张(同上书第326页、477页)。

和国的应对政策，表明了要通过土地革命另辟建国新路的决心，并立即将其付诸实践。民国历史，由此进入国共两党及两种思路、两种政权针锋相对斗争的时期。

鉴于当时江西具有的独特条件和环境，中国共产党人将实践新战略的目光和重心，集聚于此。江西成为国民革命失败后，中国共产党应对危局、探索新路的重要地区。

二、南昌起义与湘赣边界秋收起义

1. 八一南昌起义

1927年7月19日，中共中央临时政治局五人常委之一的李立三，与邓中夏、谭平山、恽代英等奉派到达九江，准备组织中共掌握的一部分军队，联合统领第二方面军的张发奎重回广东，建立新的革命根据地。当时，张发奎第二方面军已陆续集中九江，拟经南昌南下广东，受中共掌握和影响的部队主要在该方面军中，其中第四军、十一军已向南昌移动，第二十军也到了九江；张发奎紧跟汪精卫，这时在庐山已经表露要在军中实行分共的意向；江西驻军为朱培德部，朱培德虽在6月初"礼送"共产党人出境，但朱德等已经返回南昌，革命力量经短期受挫后又有发展。李立三等与在九江的叶挺、聂荣臻等分析当面形势，感觉情况紧迫，遂向中共中央提出了放弃依靠张发奎的设想，"在军事上赶快集中南昌，运动二十军与我们一致，实行在南昌暴动"和"建立新的政府来号召"的建议。

李立三等人的意见，得到在庐山的瞿秋白、鲍罗廷和在武汉的中共中央的同意。二十军军长贺龙在谭平山征求其意见时，也表示"热烈"支持。[①]24日，中共中央正式决定在南昌举行武装起义，组织前敌委员会，派常委周恩来任前委书记(委员有李立三、恽代英、彭湃)赴南昌领导起义事宜。起义后组织中国国民党革命委员会，作为集中政权党权的最高机关，打继承国民党正统的旗号，以反对南京、武汉的国民党政权。中央还确定了起义后部队的行动方向。震惊一时的南昌起义决策，至此正式制定。

26日，周恩来到达九江，当即与在九江的同志最后确定了南昌起义的行

① 《李立三报告——八一革命之经过与教训》，1927年10月，南昌八一起义纪念馆编《南昌起义》，中共党史资料出版社1987年版，第83页。

动计划[①]。随后,与李立三赶赴南昌,与在南昌的朱德等及中共江西省委会合,叶挺、贺龙也率部抵达南昌。到达南昌的还有恽代英、彭湃、刘伯承、谭平山、林伯渠、吴玉章、徐特立、郭亮、周逸群、方维夏、彭泽民、张曙时等。这一大批重要领导人的年龄,当时多在30岁左右。27日,周恩来在南昌正式成立前敌委员会,并主持前委会议决定,30日举行起义(后因等待受命传达共产国际指示的中央常委张国焘的到来及说服其同意立即起义,起义改在8月1日凌晨举行);参加起义的部队,为第十一军第二十四师、十师,第四军第二十五师(在九江马回岭),第二十军及第三军军官教育团,共约20500人。当时驻守南昌的敌军,主要为朱培德第五方面军所部约6个团5000人左右,在兵力对比上,起义军占有较大的优势。

南昌八一起义指挥部旧址——江西大旅社
(《中国人民解放军历史图片选集》)

8月1日凌晨2时,在以周恩来为书记的前委领导和贺龙、叶挺、朱德、刘伯承的指挥下,南昌起义爆发。各部队按照原定部署,向各守敌目标进攻,经4个小时的激战全歼敌军,占领南昌,起义取得完全胜利。起义之前朱德以请客和打麻将为名滞留敌军的几个团长、团副,为起义的胜利起了重要作用。

① 参见张月琴主编《南昌起义史论》,江西人民出版社1986年版,第41页。

按照中共中央仍使用国民党革命委员会旗号的决定，起义胜利后，召开了有共产党人和国民党左派人士参加的联席会议，选举成立了由宋庆龄、周恩来等25人组成的中国国民党革命委员会(宋庆龄等数人当时不在南昌)。这是一个共产党与国民党左派的联合政权，实即“无产阶级领导的工农小资产阶级民主革命政权”①。不公开打出中共的旗号，源于团结国民党中一些左翼进步人士和继承孙中山革命精神的考虑。2日，革命委员会举行就职典礼，发表了坚持孙中山三民主义和三大政策、反对蒋介石、汪精卫背叛革命和建设农工领导的民主政权、保护中小商民阶级的政纲宣言；任命吴玉章为秘书长，刘伯承为参谋长，贺龙代第二方面军总指挥兼第二十军军长，叶挺代前敌总指挥兼第十一军军长，朱德为第九军副军长，郭沫若为总政治部主任，还组设了财政、宣传、农工、党务委员会等机构。同日，聂荣臻、周士第率在马回岭起义成功的第四军二十五师部队3000人赶到南昌。南昌各界民众数万人举行盛大集会，庆祝起义的成功和革命委员会的成立。

革命委员会对江西省政府也进行了重新任命，免去原省政府主席朱培德、财政厅长黄实的职务，任命姜济寰代理江西省政府主席、沈寿桢代理江西省财政厅厅长。姜济寰等即于2日宣誓就职，并启用新的“江西省政府”木质印信。姜济寰以江西省政府代理主席身份发出布告，简要说明南昌起义的原因及新政府的政策。其中说到：改造始自江西，原以攘除党贼。实行三民主义，遵行三大政策。武汉之与南京，背叛已同一辙。仗我中央委员，以及革命贤哲，并得二方面军，将士同心同德。毅然决然改图，守我总理遗则。赣省首承其庥，人民欣有喜色。②这段话，说明了起义原因、与江西的关系以及江西人民对起义的反应。布告还表明了新政府“力谋民众利益”、“不与民众相隔”的态度。

8月3日至7日，起义军按照中共中央先前的决定，分批撤出南昌，经进贤、临川(抚州)、瑞金、长汀南下广东，以期实现占领广东、取得海口求得国际援助，然后再进行第二次北伐的战略意图。南下途中，部队历经艰难与挫折，天气酷热，山路崎岖，给养困难，落伍逃亡重病士兵极多，但仍在瑞金、会昌取得对敌军钱大钧部激战的胜利。9月下旬，部队进入广东潮汕地区，遭到广东敌军的重兵包围，在连续艰苦作战后被打散，起义领导人大多转到香港，余部一部分

---

① 《李立三报告——八一革命之经过与教训》，南昌八一起义纪念馆编《南昌起义》，第87页。

② 《江西省政府代理主席姜济寰布告》，江西《工商报》1927年8月3日。南昌八一起义纪念馆编：《南昌起义》，第31页。

进入海陆丰地区，后改编为红二师；一部分在朱德、陈毅率领下转战粤赣湘边区，后上井冈山与毛泽东部会师，创建了红四军。

南昌起义虽然最终未实现原定的战略意图，但它具有重大的历史意义。起义在"共产党领导下，向国民党反动派打响了第一枪"①，不但在革命潮流低落、"广大群众没有出路的时候"振奋了革命精神，挽救了革命的消亡，而且在全国树立了新的革命旗帜，开辟了中国革命和中国共产党历史上一个新的土地革命时期。八一南昌起义，成为中国共产党独立领导中国革命、创建人民军队和以武装斗争开辟建国新路的开端，南昌也成为人民军队"军旗升起的地方"，并被誉为英雄城②。

2.湘赣边界秋收起义

南昌起义爆发后，中共中央于1927年8月3日发出《关于湘鄂粤赣四省农民秋收暴动大纲》，部署在工农运动基础较好的四省举行秋收暴动，一面策应南昌起义，牵制压迫南昌之敌；一面在广大农村发动土地革命。中共八七会议进一步肯定了秋收暴动的计划，会后，中共中央派毛泽东以中央特派员身份回湖南改组省委和领导秋收起义。

毛泽东着重考虑了起义的旗帜和计划等重大问题。8月18日，他在讨论秋收起义的湖南省委会议上率先提出，起义要公开打出共产党的旗号，并致信中央，认为再打国民党的旗帜"必会失败"。30日，毛泽东与以彭公达为书记的中共湖南省委开会决定，成立以毛泽东为书记的中共湖南省委前敌委员会领导秋收暴动；改变湖南全省暴动的计划，以进攻长沙为目标，将起义地点集中在湘东和赣西。作出这个决定的一个重要依据，是当时在湘赣边界驻有中共掌握的武装力量，即国民革命军第二方面军总指挥部警卫团和边界各县的一些工农武装。由中共党员卢德铭任团长的警卫团，因未赶上南昌起义而转移到江西修水，此时为掩饰身份而与江西当局商定暂编为"江西省防军第一师"③。它们与邻近几县的工农武装成为毛泽东领导秋收起义的基本力量。

---

① 周恩来：《对我们党在新民主主义革命阶段六次路线斗争的个人认识》(1972年6月10日)，引自金冲及主编《周恩来传》上，中央文献出版社1998年版，第190页。

② 1933年7月，中华苏维埃共和国临时中央政府鉴于工农红军由南昌起义开始组建，决定每年8月1日为中国工农红军纪念日。由此，"八一"成为人民军队的建军节。1949年中央军委还决定，在军旗、军徽上以"八一"作为中国人民解放军的标志。

③ 参见张侠、李海量《湘赣边秋收起义研究》，江西人民出版社1987年版，第111—113页。

毛泽东于1927年9月在湘赣边界领导秋收起义。这是部署秋收起义的军事会议旧址——江西安源张家湾(《中国人民解放军历史图片选集》)

9月初,毛泽东赶赴安源。在安源张家湾召开部署起义的军事会议上,决定将起义部队定名为工农革命军第一军第一师,余洒度任师长,余贲民任副师长,下辖3个团(约5000人,其中第一团驻修水,由警卫团和平江工农义勇军、湖北崇阳、通城农民自卫军组成,团长钟文璋兼;第二团驻安源,由安源路矿工人纠察队、矿警队和江西安福、永新、莲花、萍乡,湖南醴陵、衡山等地的农民自卫军组成,团长王兴亚;第三团驻铜鼓,由浏阳县工农义勇队和警卫团一个营组成,团长苏先俊。起义前夕还收编黔军邱国轩团编为第四团);在修水、安源、铜鼓三地同时起义,以第一团进攻平江,第二团进攻萍乡、醴陵,第三团进攻浏阳,各路然后会攻长沙;毛泽东到铜鼓直接指挥第三团(中路)行动,卢德铭任起义军总指挥。江西方面参加这次会议的,有赣西农民自卫军总指挥兼安福县农军负责人王兴亚、中共安源市委负责人宁迪卿等。

9月9日,以中共湖南省委组织的破坏长沙到岳阳和长沙到株洲的铁路为标志,湘赣边界秋收起义正式爆发。三个团随即在各地先后起义,并分三路分别攻向平江、醴陵、浏阳,还曾先后占领过醴陵、浏阳县城。长沙近郊也有一些农民起来响应暴动。初起时起义气势颇为壮观,“湘东各处敌军皆纷纷退却”①。毛泽东当时写下《西江月·秋收起义》一词,记录了当时的盛况。②

但是,起义军很快遭到国民党正规军优势兵力的阻击和反攻,原先收编的邱国轩第四团也在作战中突然叛变并从背后袭击第一团,起义军各路队伍遭受严重挫折。14 日,毛泽东率第三团退到浏阳上坪,主持召开紧急干部会议,决定放弃原定攻打长沙的计划,第一、二团余部速来与三团会合。19 日,三个团在浏阳文家市会合,总人数已锐减到 1500 人。当晚,毛泽东主持召开前委会议,讨论工农革命军的行动方向。会议发生激烈争论,最终在总指挥卢德铭等支持下通过了毛泽东关于放弃进攻长沙的主张,否定了师长余洒度等坚持的“取浏阳直攻长沙”的意见,决定退往湘南,在敌人统治力量薄弱的农村、山区寻求生存和发展。文家市会议体现了毛泽东的“上山”思想,挽救了起义军的命运,特别是在武装斗争的战略思想上实现了重要转折,成为“从进攻大城市转到向农村进军的新起点”③。

起义军当即在毛泽东等率领下,由湘东转入赣西。在历经艰难、混乱及在萍乡芦溪遭袭牺牲了总指挥卢德铭后,于 9 月 29 日到达永新县三湾村。前委在三湾村领导已不足千人的部队进行改编,将部队缩编为一个团;连以上建立士兵委员会,实行官兵平等的民主制度;在各级建立党的组织和党代表制度(班排设小组,连设支部,营、团设党委,连以上设党代表)。三湾改编重振了部队的意志与精神,特别是从组织上确立了中共对军队的领导,成为建设无产阶级领导的新型人民军队的重要开端。

这时,毛泽东根据宋任穷送来的中共江西省委密信④,已经与宁冈党组织

---

① 《苏先俊报告——关于浏阳、平江、岳阳作战经过报告书》(1927 年 9 月 17 日),井冈山革命根据地党史资料征集编研协作小组等编《井冈山革命根据地》上,中共党史资料出版社 1987 年版,第 21 页。

② 词云:军叫工农革命,旗号镰刀斧头。修铜一带不停留,要向平浏直进。地主重重压迫,农民个个同仇。秋收时节暮云愁,霹雳一声暴动。这首词发表时作者有所修改,详见金冲及主编《毛泽东传(1893—1949)》上,中央文献出版社 1996 年版,第 149 页。

③ 逄先知主编《毛泽东年谱(1893—1949)》,上卷,人民出版社 1993 年版,第 219 页。

④ 宋任穷:《回忆井冈山斗争的一些往事》,井冈山革命根据地党史资料征集编研协作小组等编《井冈山革命根据地》(下),第 191—192 页。

负责人龙超清和驻在宁冈茅坪的袁文才部取得联系。部队即于10月3日抵达宁冈县古城。毛泽东在古城召开前委扩大会议,总结起义的经验教训,研究在罗霄山脉中段“安家”即建立根据地和团结改造井冈山地区袁文才、王佐农民武装的问题,初步作出了创建井冈山革命根据地、开展工农武装割据的决定。其后,毛泽东率领这支队伍转入创建井冈山革命根据地的斗争。

秋收起义是国民革命失败后中共领导的三大起义之一,它与南昌起义、八七会议一起,开始了中国共产党独立领导武装斗争和土地革命的新时期。毛泽东在起义后期率领部队向农村和山区的进军,揭示了中国革命的正确道路和发展方向,是中国共产党在中国革命指导思想上,由以城市为中心向农村、农民为中心转变的先声与典范。

三、江西地方武装暴动的爆发与延伸

1. 秋收暴动的组织

南昌八一起义以后,江西政治形势加速恶化。8月10日,朱培德发出进一步严厉镇压共产党人的通告。随后,江西相继组织清党委员会、“惩治共匪委员会”,“无时不以绝共为职志”①,以军警力量对中共党员及进步青年进行残酷的杀戮。其时,“白色恐怖严重的笼罩着全省,许多英勇善战的革命同志都牺牲于新军阀枪刀之下,在顺德门外,每日平均至少有一两个共产党员枪毙”②。袁玉冰等共产党重要领导人被杀害。据不完全统计,在全省清党运动中,1927年被逮捕者435人,被杀害者513人;1928年被逮捕者278人,被杀害者82人。③据学者的研究,在清党中被捕被杀的人,不完全是中共党员,也包括一部分思想激进的国民党中下层青年党员。这个比例在江西有多大,尚无准确的数据。经此清党,全省中共党员1927年秋冬由5000多人减为1000多人,其中南昌由500多人减至50余人,“九江、吉安为较有基础的地方,也差不多解体了,其他各地差不多没有关系了”④。全省工会、农会概遭清洗,中等以上学校为防止共产党人活动奉令一律停办。

中共中央关于武装反抗国民党反动派、发动农民举行秋收暴动的八七会

---

① 《南昌来电》,上海《民国日报》1928年1月16日。

② 星月:《悼袁孟冰杨超等》,《布尔塞维克》,第23期。

③ 王奇生:《党员、党权与党争》,上海书店出版社2003年版,第95页。

④ 《中共中央致江西省委信》,1927年9月5日。

议精神传达到江西后,中共江西省委着手准备全省总暴动。中共中央曾指示江西暴动的方式和目标是:“1. 马上夺取乡县政权;2. 实行中央土地革命政纲;3. 尽量杀戮土豪劣绅与反革命派;4. 积极参加革命军对反革命派的军事战争。”① 但在 1927 年 9 月 5 日给江西省委的信中,中央改变了江西全省总暴动的计划,认为江西农民虽有强烈的革命情绪,但党的力量还较薄弱,实现全省整个暴动没有希望,强求整个暴动势必失败。因此指示江西省委放弃整个暴动计划,改为发动局部的零碎的暴动,然后逐步汇合成大的暴动。同时,指示江西的“同志要立刻大批的跑到农民中去”,坚决斗争,决不能在严峻的形势面前存在任何犹豫、等待和幻想。这一改变,极大地保护了江西的革命力量。

江西省委“完全接受中央的决议”,并在9月制定出秋收暴动计划和暴动大纲。暴动计划指出:“秋暴的意义不是毫无目的的骚动,而是要由此更实际的进行土地革命,并深入而且扩大农村的阶级斗争,建立乡村农民政权,推翻豪绅地主的统治,肃清乡村的反动势力,并借此揭破反动的国民党中央及国民政府、省政府压迫民众的罪恶,进而推翻他们的统治。”该计划决定,农民是秋暴的主要力量,同时要团结会匪使其与农民一样成为暴动的主体,动员小商人参加暴动使之成为暴动的助手,争取“有不小的力量的”乡村知识分子“诚恳来致力于暴动工作”;以“政治经济地位较重要而农运较有基础或已有农军势力”为条件,确定“暴动的起点”,即赣北以修水、赣西以永新、赣东以临川为起点,影响及联络邻县;派遣得力干部前往各起点县,领导暴动并指挥邻县。计划还对农运基础不同的地方的暴动政策,作出了规定。②后来,根据情况的变化,对暴动起点县有所更改。

从9月到11月,秋收暴动在一些地方陆续发动,主要有修水暴动、德安暴动、万安暴动、吉安东固暴动、星子暴动、鄱阳珠湖暴动、泰和三十都暴动、余干暴动等。其中,以万安、东固暴动和受到毛泽东领导的工农革命军带动的赣西农军斗争影响较大,“赣西农民与农军,已割据了莲花、宁冈、泰和三县城,并作占领万安、永新、安福等县城之准备,以为向南发展土地革命之根据地”③。多数

① 《中共中央关于湘鄂粤赣四省农民秋收暴动大纲》(1927 年 8 月 3 日),中央档案馆编《中共中央文件选集》第三册(1927 年),中共中央党校出版社 1983 年版,第 222 页。

② 《中共江西省委秋收暴动计划》(1927 年 9 月),中央档案馆、江西省档案馆编《江西革命历史文件汇集(1927—1928 年)》,1986 年印本,第 19—24 页。

③ 《中共、团江西省委合字通告(第三号)》(1927年12月3日),中央档案馆、江西省档案馆编《江西革命历史文件汇集(1927—1928年)》,第104页。

地方的暴动，则因为10月间江西省委一度被敌破坏、组织工作受到影响，而未能发动或发动后很快溃散。

2.全省总暴动的爆发

1927年12月到次年春，江西由秋暴开始的武装暴动，进入一个大规模展延的阶段。

鉴于此前未能向各地完整传达中共八七会议精神，也受到广州起义的巨大鼓舞和中央逐步产生的"左"倾盲动主义的影响，中共江西省委12月在工作部署上连续出现很大的动作。一是下达《什么是机会主义与怎样铲除机会主义》的长篇文件，传达八七会议精神，指出和批判国民革命后期党内的右倾机会主义错误，提出铲除机会主义、训练党员思想、正确发展革命的策略和办法。同时，先于中央制定《苏维埃临时组织法》、《江西苏维埃临时政纲》，印发《政治通讯》，宣传土地革命和工农民主政权的方针政策，号召人民群众奋起抗争，改变自己受压迫受剥削的命运。这些工作效果良好。《布尔什维克》记载说：江西"自共产党土地革命的宣传深入乡村后，一般农民莫不热烈欢迎此一政策，其革命情绪风起云涌，实有一触即发之势。"[①]

二是紧急发布全省暴动总发动动员令。该动员令指出广州起义后中国革命进展到一个新的局面，证明豪绅资产阶级、国民党军阀末日之将至，无产阶级、农民的力量可以解决一切。根据这一对形势的错误判断，江西省委认为"目前有实行全省总发动的可能与必要"，决定"立即实行大规模的暴动"[②]，命令赣西南特委"以万安为爆发点，领导广大的农民群众及城市中小部分的工人店员，汇合各乡的工农军联合武装暴动，夺取城市，占领乡村，马上形成西南总暴动的割据局面，为江西土地革命的发祥地"；赣北、赣东及其他各地都要实行工农暴动或城市工人罢工。[③]江西省委的这一总暴动计划，直接源于中共实行武装暴动、建立苏维埃政权的决定，也与江西省委过高估计江西革命力量有关——省委还几次埋怨中央对江西形势和力量估计不足。但动员令中对赣西南的部署，其后产生了重要的成果。

① 阳易：《江西军阀的暗斗与工农暴动的割据局面》(1928年1月11日)，《布尔什维克》第15期。

② 《中共江西省委关于近周政治报告》(1927年12月21日)，中央档案馆、江西省档案馆编《江西革命历史文件汇集(1927年—1928年)》，第138页。

③ 《江西省委紧急通告——全省总发动动员令》(1927 年 12 月 21 日)，江西省军区党史资料征集办公室编《江西革命暴动(1927.8—1928.6)》，第 264—267 页。

总动员令下达后，各地开始爆发武装暴动，但规模与省委设想大有不合。1928年2月上旬，省委根据中央关于湘鄂赣三省总暴动的决定，再次发出全省总暴动的指令。省委将全省分为西南、西北、东北、赣东、南浔路5个暴动区（含近50个县），计划以赣西南区为全省总暴动的爆发点，赣东北、赣西北、赣东区继而响应，然后联合向南昌、南浔路及九江进展，“推翻江西反动统治的巢穴，完成全省总暴动”①。这个总暴动计划是前一动员令的继续，既有可行的内容，也有脱离实际和冒险的成分。在暴动建立工农政权的目标下，各地党组织带领工农群众奋勇斗争，于1927年底尤其是1928年春掀起一个武装暴动高潮。

武装暴动重点在赣东、赣西和赣南展开。主要有：方志敏、邵式平、黄道、吴先民等领导的弋阳、横峰暴动，曾天宇、汪群、张世熙等领导的万安、泰和暴动，赖经邦、李文林、郭延禄、胡海等领导的东固、延福暴动，罗贵波、蓝广孚等领导的南康潭口暴动，邓贞谦等领导的萍乡上栗市暴动，黄世秦、赖传珠、钟正泉等领导的赣县大埠暴动，丛允中、萧风鸣、郭一清等领导的信丰暴动，萧韶、丘倜等领导的于都暴动，刘维炉、古柏等领导的寻乌暴动，曾山、周冕等领导的吉安官田暴动，陈奇涵、钟循仁等领导的兴国暴动，陈金泉、刘国兴等领导的瑞金武阳暴动，吴江、严玉如、詹天龙等领导的永丰暴动，等等。这些暴动的共同特点是：暴动是中共各级负责人员深入农村，经过比较认真的准备有组织地发动的；暴动以土地革命和工农民主政权为旗帜，目标十分明确；在暴动过程中一般建立了革命武装，有的随后成为工农革命军、红军，如赣东北的红十军、赣西南的红二、四团等；暴动失败后，都转入农村游击战争，以井冈山为榜样进行武装割据，建立了政权和根据地，其中突出者如赣东北和赣西东固，后来分别被毛泽东称之为“方志敏式”和“李文林式”的革命根据地。万安也因建立了江西第一个县工农政权，而在共产国际备受赞誉。

暴动造成了“江西的农村起义比哪一省都要普遍，红军游击队比哪一省都要多”②的形势。这一形势出现的原因，除了江西省委的组织以及如毛泽东所指出的江西经济主要是封建经济、地主武装较弱，没有本省的军队和距离帝国主义的影响较远一点等外，还须看到国民革命时期江西农民运动打下的扎实的

---

① 《江西全省总暴动的准备工作计划——江西党的目前政治任务》（1928年2月9日），江西省军区党史资料征集办公室编《江西革命暴动（1927.8—1928.6）》，第274页。

② 毛泽东：《星星之火，可以燎原》（1930年1月5日），《毛泽东选集》第一卷，人民出版社1991年版，第106页。

基础，汪精卫集团叛变前几天，在毛泽东主办的武汉农民运动讲习所学习的150名江西籍学生返赣，被分配到全省28个县，方志敏主办的江西全省农运短训班的学员同时返回各县，他们成为各地农运和武装斗争的组织领导者。毛泽东领导的湘赣边界秋收起义和井冈山斗争，也直接带动了赣西的农民暴动，并给赣南乃至全省以极大的影响、推动和支援。全省农村武装暴动的组织与发动，为其后江西成为中共领导土地革命战争的大本营奠定了基础。

第二节 革命根据地的创建与土地革命的展开

一、井冈山的斗争

古城会议初步确定了在井冈山建立革命根据地的决策后，毛泽东率工农革命军于1927年10月7日进抵茅坪(27日到达茨坪)，进一步确定以这里为落脚点，开始了创建中国革命第一个农村根据地——井冈山革命根据地的斗争。

毛泽东等决定在井冈山创建根据地而放弃南下湘南计划，根本原因是这里具备营建根据地的良好条件。井冈山位于坐落在湘赣两省边陲的罗霄山脉中段，这一地区大致包括江西的宁冈、永新、莲花、遂川和湖南的茶陵、酃县等6个县。各县在国民革命时期均曾建立中共组织和农民协会，有经营了一年多的群众基础；有一批学生出身，经受过五四运动和国民革命锻炼后返乡从事革命活动的中共年轻干部；有袁文才、王佐等这样难得的、富有斗争经验的地方武装；有很好的军事根据地，地势险要，易守难攻，周围的农业经济也能够筹集部队的给养；地处湘赣两省敌人统治的薄弱环节，而在政治意义上又能够影响湘赣两省及两省的下游。因此，毛泽东等走遍了整个罗霄山脉，比较之下，认定“以宁冈为中心的罗霄山脉的中段，最利于我们的军事割据”①。

以毛泽东为书记的前敌委员会，从建党、建政和建军三方面着手，开创工农武装割据局面，营建井冈山革命根据地。在建党方面，针对马日事变后各县党组织多数遭到破坏的情况，相继恢复、整顿和发展了各县党的组织。在建政方面，1927年11月打下茶陵县城，成立了以谭震林为主席的边界第一个红色政

① 毛泽东：《井冈山的斗争》(1928年11月25日)，《毛泽东选集》第一卷，第79页。

权——茶陵县工农兵政府。其后,遂川、宁冈县以及各区、乡工农民主政权相继成立。在军队建设上,注重政治教育和无产阶级思想的领导,正确处理军民关系、军政关系、军队内部关系以及争取敌军等问题,确定打仗消灭敌人、打土豪筹款子、做群众工作为部队的三大任务,并制定出部队的三大纪律、六项注意[①],改造和组建了能够有力配合正规军作战的地方武装。到1928年2月,井冈山革命根据地的建设初具规模。[②]

1928年4月24日前后,一件在中国革命史上富有重大意义的事情在宁冈砻市发生,这就是朱德、陈毅率领的南昌起义余部在发动湘南起义后来到宁冈,与毛泽东率领的工农革命军胜利会师。两军会师后,部队由两千人增加到1万多人,合编成立工农革命军第四军(6月改称中国工农红军第四军),毛泽东任党代表和军委书记,朱德任军长,王尔琢任参谋长。在此后一个较长时期内,"朱毛红军"成为人民军队的代名词,是使用频率极高的词汇。

两军会师后,井冈山革命根据地的建设进入全盛时期。毛泽东等致力于在最短的期间内建设一个党与民众的坚实基础,先后成立了边界党政最高领导机关中共湘赣边界特委和湘赣边界工农兵苏维埃政府,"边界党及群众组织皆大大发展,宁冈、永新及莲花之一部皆按人口平均分配了田地,各级成立了苏维埃政府",各县成立了赤卫队。[③]还根据各地土地革命的实践总结制定了著名的《井冈山土地法》。军队内部实行官兵平等的民主制度,"群众及敌兵俘虏初初看见鼎鼎大名的四军军长那样芒鞋草履、十分褴褛,莫不诧异",以为是一个伙夫头,以至于"伙夫头"成了朱德军长的绰号。[④]部队战斗力大大增强,并在反"围剿"作战中形成了对游击战争具有重要指导作用的十六字诀。全盛时期的根据地,拥有宁冈、永新、莲花3个全县和遂川、吉安、安福、酃县各县的一部分,面积7200平方公里,人口50多万。

井冈山的斗争经历了多方面的艰难和险阻。其一,国民党军的连续进攻。工农武装割据"促起统治阶级豪绅地主的恐慌,引为心腹大患,不惜竭力和我

① 不久发展成为三大纪律、八项注意,成为人民军队正确处理军民、军政和军队内部关系的基本规范。

② 参见余伯流、陈钢《井冈山革命根据地全史》,江西人民出版社1998年版,第158页。

③ 《陈毅同志关于朱毛军的历史及其状况的报告》(1929年9月1日),江西省档案馆编《井冈山革命根据地史料选编》,江西人民出版社1986年版,第177页。

④ 《陈毅同志关于朱毛军的历史及其状况的报告》(1929年9月1日),江西省档案馆编《井冈山革命根据地史料选编》,第182页。

1929年初拍摄的井冈山革命根据地荆竹山要隘
(《中国人民解放军历史图片选集》)

们为难,于是一次会剿以至二次三次会剿,一幕一幕的演来"[①]。进攻井冈山的军队,既有湘赣两省的正规军,经常的有八九个团,最多时达15团之众,也有各县的保安队和地主武装,人数约有2000左右。其二,物质生活的困苦。陈毅说,9月以后,红军衣履饮食非常困难,丛山积雪不化,官兵单衣御寒,日食红米南瓜,遭遇"空前的艰难"。红米饭、南瓜汤、秋茄子和稻草"金丝被",以及"打倒资本家,天天吃南瓜"的诙谐调侃,成为艰难生活的写照。其三,党内"左"倾错误指导的影响。主要来自湖南省委的两次错误指令,分别导致了井冈山斗争中的"三月失败"和"八月失败",由湘南农军为主组建的第二十九团的溃散、优秀指挥员王尔琢的牺牲和敌人进入根据地的残酷报复。面对艰难和残酷,毛泽东、朱德等率领军民团结奋斗,条件困难但"官兵奋斗精神并不低减",连续取得永新龙源口大捷和黄洋界保卫战的胜利,多次粉碎江西敌军和湘赣两省联军的

① 《杨克敏关于湘赣边革命根据地情况的综合报告》(1929年2月25日),江西省档案馆编《井冈山革命根据地史料选编》,第110页。

“进剿”,收复边界大部分失地,“不费红军三分力,打败江西两只羊”[①]是当时群众赞扬红军的流行语。

井冈山的斗争为毛泽东深入思考中国革命的道路和战略策略提供了实践基础。在基本恢复八月失败中失去的根据地后,毛泽东系统总结斗争的经验和教训,相继写下《中国的红色政权为什么能够存在?》和《井冈山的斗争》,深刻论证中国工农红军和红色政权能够存在和发展的问题,明确形成了“工农武装割据”的重要思想及其发展战略策略,再次有力地回答了部分同志中存在的“红旗到底打得多久”的疑问。这些理论概括和井冈山的斗争经验,成为毛泽东创建中国革命道路理论的重要开端,并被中共中央先后介绍给各地红军和根据地,对推动土地革命的进程和确立以农村为工作中心的思想,产生了重要的影响。井冈山的斗争和毛泽东的理论总结,代表了中国革命的正确方向。

1928年12月,彭德怀、滕代远率领在平江起义中组建的红五军700多人,进入井冈山革命根据地,在宁冈新城与红四军会师。“两军的会合,进一步加强了井冈山的武装斗争力量,成为全国各根据地中人数最多、战斗力最强的一支红军。”[②]但这时,因为敌人的长期封锁,井冈山的经济危机更形加剧,国民党当局组织起更大规模的五路进攻,井冈山革命根据地面临更为严峻的形势。1929年1月4—7日,前委书记毛泽东在宁冈柏路村主持召开军队和地方党60余负责人的联席会议,传达中共六大精神,讨论应对时局的问题。会议经争论后认为,军队和地方的党“都要积极起来,打破犹移不坚决与避免斗争的不正确的观念”,建立积极的而不是消极保守边界政权的应敌政策,决定红四军、五军合编,五军暂编为四军的第三十团,彭德怀任四军副军长兼三十团团长,滕代远任四军副党代表兼三十团党代表,彭、滕率三十团及王佐为团长的三十二团防守井冈山;红四军大部出击赣南,实行围魏救赵、影响边界以解井冈山之围的计划。[③]会间,毛泽东还曾召集小型会议,针对中共六大决议中有关“杀戮土匪首领”的内容,作出不杀袁文才、王佐的决定。[④]14日,毛泽东、朱德率红四军主力3600余人下山向赣南进发。彭德怀等率部在强敌进攻下坚守井冈山,1月底经激战数

---

① 此为陈毅报告中的话,两只羊指江西敌军的两个师长杨池生、杨如轩。

② 金冲及主编《毛泽东传(1983—1949)》(上),第188页。

③ 《杨克敏关于湘赣边革命根据地情况的综合报告》(1929 年 2 月 25 日),江西省档案馆编《井冈山革命根据地史料选编》,第 130 页。

④ 余伯流、陈钢:《井冈山革命根据地全史》,江西人民出版社 1998 年版,第 400 页。

毛泽东与参加井冈山斗争的部分同志在抗战初期的合影。一排左起：宋裕和、谭冠三、谭政、滕代远、萧克、林彪、毛泽东、高自立、何长工、曾玉、欧阳毅；二排左起：胡友才、孙开楚、谢汉文、江华、朱良才、吴溉之、李寿轩、刘胜生、张际春、李克如、韩伟、龙开富、谭希林、刘型、陈伯钧、张令彬；三排左起：徐日文、曹里怀（《中国人民解放军70年图集》）

日终至寡不敌众，被迫突围，井冈山革命根据地是以丧失①。

二、东固"李文林式"的武装割据

赖经邦、段月泉（起凤）领导东固暴动取得胜利后，1927年11月下旬率暴动队伍从吉安富田返回东固，开始营建东固革命根据地。东固位于吉安、吉水、永丰、泰和、兴国等5县交界处，距各县城均有50余公里，全境崇山峻岭，外有钟鼓山、大乌山、白云山、九寸岭等大山包围，内以养军山为腹地，仅有5条小道通往山外，地势十分险要，山中土地肥沃，物产丰富，具有创建革命根据地的良好条件。②

① 《彭德怀致中共中央的信》（1929年4月4日）中指出：井冈山失败的原因是"部队复杂，指挥不统一，兵力单薄（一与二十比），昼夜出兵，得不到休息，子弹缺乏，然敌人此次会剿有决心，有计划，悬重赏，比如得我们一支枪三十元，其兵前仆后继的攻击"。

② 中共吉安县委党史办：《东固革命根据地概述》，《江西党史资料》第10辑，1989年印行，第1页。

1928年2月,以高克念为书记的中共东龙区委在东固成立;中共赣西特委将东固、永丰、吉水的游击队合编,组建江西工农革命军第三师第七纵队,以赖经邦为党代表,吴江为纵队长,东固由此有了比较正规的武装力量。随后,特委将吉安延福的第九纵队调到东固,成立第七、九纵队总指挥部,由江西省委派来的叶天雷任总指挥,詹天龙任党代表,赖经邦任参谋长(七纵队队长段月泉,党代表詹天龙兼;九纵队队长李韶九,党代表金万邦)。七、九纵队不断向外发展,很快打开以东固为轴心的永丰、兴国、于都三县交界处的割据局面。同时,在东固地区先后建立了拥有4000余会员的24个乡村的农民协会,由江西省委直接领导的赣西南行动委员会也于5月在东固成立,东固革命根据地基本形成。

东固革命根据地是完全由当地接受了马克思主义的青年知识分子创建的。因此,朱德等进入东固后,"发现当地共产党领导人中间有个很特别的现象。这些人乃是地主的儿子,有的甚至本身就是地主,但大部分都年轻,受过教育,在大革命时期担负过重要工作,而且就在那时参加了共产党。有几个还是黄埔军校毕业生,其中有一个是该校的教官。他们全都参加过南昌起义,起义后便回到东固家乡,开展土地革命"[①]。这一现象,既是东固的重要特点,也比较普遍地存在于整个赣西南革命地区。

在粉碎以吉安县县长邹松为总指挥的"五县会剿"之后,赣西特委将七、九纵队合编为江西工农红军独立第二团。红二团在团委书记兼团长李文林[②]、副团长段月泉等率领下,出击峡江、永丰、乐安、兴国等地,策应井冈山革命根据地反击湘赣敌军的"会剿",连续攻占乐安、兴国县城。后又分出一部与赣南红军第十五、十六纵队合编为红四团,段月泉任团长,金万邦任团委书记。红二、四团成为赣西地方革命斗争的主力军,为扩展东固和赣西南的武装割据发挥

---

① [美]艾格妮丝·史沫特莱著、梅念译《伟大的道路——朱德的生平和时代》,三联书店1979年版,第279页。

② 李文林(1900—1932年),江西吉水人。原名周金堂,曾用名周郁文。出身地主家庭。早年在南昌读书时接受革命思想,投身国民革命。1926年加入中国共产党,就读于黄埔军校。毕业后任国民革命军朱德部军事教官,参加八一南昌起义。奉派返赣西开展武装斗争,任中共赣西特委委员兼秘书长,江西红军独立第二团团委书记兼团长,参与领导东固和赣西的工农武装割据和土地革命。1930年任红四军前委委员,赣西南特委常委兼军委书记,江西省行动委员会书记,江西省苏维埃政府委员,接受并坚决执行李立三"左"倾冒险主义。同年底被错认为AB团首领遭扣押。中共苏区中央局成立后,一度被派往万(安)泰(和)县河东区委工作,不久仍被拘审查。1932年5月30日被当作"重要AB团团犯",在万泰县古坪村遭错杀。

方志敏、邵式平、黄道三人合影照
（樊宾摄于弋阳方志敏烈士纪念馆）

了重要作用。根据地的建设在地方红军的支撑下得到很大发展，先后改建了中共东固区委，建立了各种工厂、东固平民银行、消费合作社、平民小学、列宁小学、红军医院、赤色邮政分局等，发行了江西工农政权的第一张纸币并对国统区的金融产生巨大的冲击。农民协会则发挥着政权的作用。到1929年2月，根据地范围已扩大到东西从永丰沙溪到吉安陂下34公里、南北从兴国崇贤到吉水白水60公里的稳定区域，并开辟有包括周边县区的一大片游击区，“东固革命根据地进入全盛时期”①。

毛泽东对东固给予了很高的评价。他比较不少边界割据失败的情形时指出：“东固则另是一种形式。反动势力已驱逐了，权利完全是我们的，但公开的政权机关和固定的赤卫队都没有。邮路是照常的，商业贸易是照常的，边界所受到的痛苦此地完全没有，敌军到来寻不到目标，党的组织和群众的组织（农民协会）完全秘密着，在接近总暴动之前，这种形式是最好的，因为这种组织取得群众不致失掉群众。武装群众不是守土的赤卫队而是游击队，由二十五支枪起手的七九两纵队，现改为江西红军独立第二团，差不多抵得上四军的三十一团了，他的战术是飘忽不定的游击，游击的区域是很宽的……他们消灭了许多靖卫队团，打败了三十六旅的二十七团。他们经常是一角五分一天士兵伙食，从不发生经济问题。他们与省委特委的关系很密切，交通也方便，敌人完全奈何他们不得。用这种方法，游击区域可以很广，即是说发动群众的地点可以很多，可以在许多地方建立党和群众的秘密组织。”②因此，毛泽东将东固称之为

① 中共吉安县委党史办：《东固革命根据地概述》，《江西党史资料》第10辑，第15页。

② 《中共湘赣边界特委报告（第二号）》（1929年6月6日），江西省档案馆选编《湘赣革命根据地史料选编》，上，江西人民出版社1984年版，第22页。

"李文林式"的根据地,而与朱德毛泽东式、贺龙式、方志敏式的根据地相提并论。东固是一个富有许多独特色彩的革命根据地。

1929年2月,毛泽东、朱德、陈毅率从井冈山下山后转战赣南的红四军进入东固。20日,红四军与红二、四团在东固螺坑举行会师大会。陈毅写诗描述当时情景:"东固山势高,峰峦如屏障。此是东井冈,会师天下壮。"东固会师,使疲于奔波的红四军得到休整和大量物资补充,并获得井冈山失守的消息,取得了与中共赣南特委的联系,安置了300余伤病员,从而对紧接着开创中央革命根据地富有重要意义。随后,红四军留下毛泽覃、谢唯俊、陈东日、李天柱等一批干部,他们对东固根据地的巩固和发展发挥了积极作用。其后,东固建立区苏维埃政府,按人口"搭匀来"平分了土地。1929年11月以曾山为主席的赣西苏维埃政府成立后,东固成为赣西革命根据地的一部分(后被划入中央根据地),独立的东固根据地遂不再存在。

三、赣东北革命根据地的开辟与建设

国民革命失败后,江西党团组织的重要领导人方志敏、邵式平、黄道等返回家乡,搞来10余支枪,动员组织农民,领导举行了弋阳、横峰武装暴动。随后,他们组建工农革命军开展游击战争,并在中共江西省委特派员饶漱石、冯任帮助下,建立弋横两县党组织和苏维埃政府,创建了以磨盘山为中心的弋横根据地。

方志敏在谈到为什么重起炉灶进行土地革命时说,共产党员为国民革命尽力、流血和牺牲,不可谓不多,却遭到血腥的清党、捕杀。他是一个马克思主义笃诚的信仰者,相信中国革命的复兴必然到来并一定得到最后的胜利,失败是暂时的,要"重起炉灶,再来干吧!"因此,当他听到中共中央决定秋收暴动、土地革命的策略后,"好不满心欢喜",遂急速组织暴动,"开始进行土地革命的斗争了"[①]。这是对革命发生原因的一个客观真实的解释。

弋横革命根据地的建立,引来统治当局组织的正规军与7县地主武装在1928年5月的第一次联合进攻。弱小的工农革命军"经不住战斗",步步退缩到磨盘山,乡村受到摧残,内部人心不稳,形势一时十分危急,"大有塌台现象"。6月25日,方志敏在弋横交界的方胜峰召开干部会议,商讨对策。会议最终否定

① 《我从事革命斗争的略述》(1935年3月),《方志敏文集》,江西人民出版社1999年版,第32—35页。

了少数人埋枪隐蔽或把队伍拖入白区的意见，决定集中力量击敌最弱一路、动员群众和派黄道等开辟贵溪新区。方胜峰会议具有重要的转折意义，“是赣东北由弋横小块割据区域的游击斗争，转变到创造红军和苏维埃根据地的关键”①。会后，革命军一举击破金鸡山一路敌军，组建工农红军第十四团（不久编为江西红军独立第一团，由巡视员周建屏任团长）。红军乘胜扩大进攻，开辟新区，分配土地，后又连续多次打破敌军“进剿”。有报道说：“赣东共魁方志敏猖獗异常，……各县靖卫队因众寡不敌，曾被其包围，损失大半，德兴县城，危在旦夕。”②到1929年下半年，新开辟的贵溪、余江、万年等地，与弋阳、横峰、德兴的大部和上饶西北一部比较巩固的根据地连成一片。10月，在弋阳九区成立以方志敏为主席的信江苏维埃政府（3月成立了中共信江特委，唐在刚任书记），颁布了包括土地、经济、文化等法令内容的《施政纲领》。原先的小块区域至此扩大成为包括8个县苏维埃政府的信江革命根据地。

1930年爆发的新军阀混战，为根据地的发展创造了有利的条件。7月上旬，红一团攻占景德镇，队伍扩大到4000余人。中旬，扩编成立红十军，周建屏任军长，吴先民代理政委（后邵式平），胡庭铨为前委书记。中共中央同时决定将闽北划入赣东北，改组成立了领导机构中共赣东北特委，8月1日召开的赣东北工农兵代表大会，选举产生了以方志敏为主席的赣东北革命委员会，由信江、闽北组成的赣东北根据地正式形成。这时，李立三主持的中共中央命令红十军进攻九江。红十军远离根据地，游击于都昌、湖口、鄱阳、彭泽和皖南地区，扩大了革命的影响，但闽北和上饶、横峰地区被敌军占领。继粉碎国民党军对赣东北革命根据地的第一次大规模“围剿”后，1931年2月，赣东北特委等党政军领导机构迁驻葛源。9月，在葛源成立了以万永诚为书记的中共赣东北省委。11月以方志敏为主席的赣东北省苏维埃政府也在葛源成立。葛源成为赣东北根据地的首府。它是位于横峰县境内的一个大镇，南经铅山以通闽北崇安，西由弋阳以出信河，东接玉山、上饶及浙江，北邻德兴并通婺源、安徽祁门，地势险要，易守难攻。国民党《中央周报》第340期载文说，方志敏等在此创建根据地，重要机关均设于此，数年间，“赣东、闽北、浙西、皖南之共党，均以葛源为指挥中心”，因此，“葛源在此三省边界之重要性，犹中共赣粤闽边区之瑞金”③。此后，赣东

① 夏道汉、陈立明：《江西苏区史》，江西人民出版社1987年版，第156页。

② 《赣东共匪依然猖獗》，上海《民国日报》，1928年10月31日。

③ 《中华民国史事纪要》，1934年11月28日。

部分参加闽浙赣革命根据地斗争者在延安合影。前排左起：第二人邵式平，第三人乐少华，第四人周建屏。后排左起：第一人吴克华，第二人刘型。（《中国人民解放军历史图片选集》）

北根据地的发展开始进入兴盛时期。1932 年底，赣东北省委、省苏政府和省革命军事委员会，相继改称为以万永诚为书记的闽浙赣省委、以方志敏为主席的闽浙赣省苏政府和唐在刚任总指挥的闽浙赣省军区，红十军扩编为第十、十一两个军。革命根据地以土地革命为中心的政治、经济、军事和文化等各项建设，富有生气和创造，被毛泽东誉为“模范省”。

赣东北革命根据地的创建富有鲜明的特点，曾被毛泽东称之为“方志敏式”的根据地。首先，这一根据地完全是由当地知识分子与农民群众相结合创建的。方志敏、邵式平、黄道、吴先民、邹琦、邹秀峰、方志纯等一大批根据地的创建者，都是赣东北人，熟悉地方情况，特别是他们或就读于北京师大、北京工业大学、九江南伟烈学校等高、中等学校，或毕业于黄埔军校，是当时各地创建根据地时较为独特的富有较高知识背景的一群人士，又多是江西国民革命时期国共两党组织的创建者或领导者，很早即富有社会声望。这些条件，成为赣东北革命发生和成功创建革命根据地的深刻原因，也为赣东北的土地革命打上了深深的知识烙印。第二，支撑革命根据地创建和发展的武装力量，完全是当地农民武装。他们经历了向工农革命军和红军的成长提升，创造了一套适合当地特点的战略战术①，逐渐锻炼成为被称为红十军的一支富有战斗力的人民

① 《中共信江特委关于党和红军情况的报告》(1930年6月8日)归纳为扎口子，诱敌出来、埋伏截击，避实击虚，黑夜扰敌，截击交通及粮食，围魏救赵，有时分散、有时集中等7种（中共福建省委党史研究室等编《闽浙皖赣革命根据地》，中共党史出版社1991年版，第150页）。

军队，不但为赣东北而且为中央革命根据地的斗争作出了重要的贡献。第三，根据地的建设和发展，典型地表现出有根据地的，有计划地建设政权的，深入土地革命的，波浪式地向前扩大的等特点，由弋横而信江，由信江而赣东北，由赣东北而闽浙赣，逐次扩大，步步发展，富有创造精神。

四、湘鄂赣革命根据地的建立与发展

在湘鄂赣秋收起义和农民暴动的基础上，1928 年 1 月成立了中共湘鄂赣边特委，领导三省边界 12 个县的工作。7 月，新任书记滕代远到平江恢复遭到破坏的特委工作，与驻军团长、中共党员彭德怀等取得联系，发动平江起义。起义部队改编为红五军，彭德怀任军长，滕代远任党代表。其后，彭、滕率红五军的四、五纵队去井冈山与红四军会合，黄公略率一、二、三纵队留下开展游击战争，与不久改组成立的以王首道为书记的中共湘鄂赣边境特委、以赖汝樵为主席的湘鄂赣边境暴动委员会，领导开创湘鄂赣三省边境的武装割据。

三省边境地处山区，会党组织势力较大，萍乡、袁州（今宜春）地区“文化较高，地主收租亦特利[厉]害”，铜鼓、万载、宜丰等地是崇山峻岭，田少山多、盛产纸张等，但工人工资低而工时长，地主“普遍收租利在百分之六十以上，因之工农生活非常简单，并极贫困”，加上秋收起义以来中共组织的工作，因此“赣北修水、铜鼓、万载、萍乡、袁州、宜丰等县民众要求革命非常迫切”①。湘东、鄂南几县情况与此相似。它们构成土地革命的重要基础，也是湘鄂赣割据局面迅速开展的重要原因。

1929 年六七月，边区遭到三省国民党军 5 个团和七县地主武装的严重进攻与烧杀，“敌人对于苏维埃区域是见人就杀，见屋就烧，边境在这种烧杀政策之下的牺牲者达三万以上，房屋被烧五万余栋，流徙逃亡的民众达十数万，赤色割据区房无完舍，十室十空，田园荒芜，人民无衣无食，种种惨状不堪言说”②。8 月，彭德怀率部从赣南返回万载、平江，运用一套“良好战术”击退国民党军“会剿”，由李灿、何长工率五纵队进军鄂东南，重新打开了湘鄂赣革命根据地的革命局面。10月，以平江、浏阳、修水、铜鼓、万载游击队为基础组编红军独立师，

① 《中国工农红军第五军军委给湖南省委的报告》(1929年)，湖南、湖北、江西省档案馆等编《湘鄂赣革命根据地文献资料》第一辑，人民出版社1985年版，第251页。

② 《湘鄂赣边特委给湖南省委的报告》(1930 年 1 月 28 日)，《湘鄂赣革命根据地文献资料》第一辑，第 280 页。

成立“湘鄂赣边革命委员会”的政权组织，颁布了政治、经济、文化和土地政纲，并在5县普遍分配土地，开展土地革命。到年底，根据地发展到平、浏、修、铜、万和鄂东南的通城、通山、阳新、大冶等县，武宁、宜丰、宜春、萍乡等地也加入了斗争，湘鄂赣革命根据地至此初步形成。①

根据地在1930年得到较大发展。红五军利用国民党军阀大战的机会，相继攻占宜春、万载、平江、修水、浏阳等县城，支撑了湘鄂赣边特委组织的边界红五月总暴动。6月，部队在大冶扩增第八军，成立以彭德怀为总指挥、滕代远任政委的红三军团。随后，红三军团未执行李立三主持的中共中央进攻武汉的命令，改向湘东，连续攻占咸宁、通城和岳阳，返抵平江。7月27日，击败湖南来攻之敌，乘势攻占湖南省会长沙，造成震惊中外的巨大影响。8月下旬，在浏阳永和与从江西前来的红一军团会合，共组红一方面军。此后，红三军团随红一方面军行动，离开了湘鄂赣革命根据地。湘鄂赣革命根据地以独立师为基础，组建了红十六军，以胡一鸣为军长，黄志竞为政委。该军和不久组建的3个独立师(其中独立第二师由赣西北各县地方武装升编)，成为湘鄂赣革命根据地的主力红军。

在一个较长的时期内，湘鄂赣革命根据地因其地理位置受到特别的重视。由于它处于“湘鄂赣三省政治中心的长沙、武昌、汉口、南昌、长武路、南浔路、湘江、赣江包围之中，因此他在政治上、军事上、交通上均占有极重要的地位”，既是三省的枢纽，也是勾通赣西南、鄂豫皖、湘鄂西三大革命根据地的锁链，对将“三省革命根据地打成一片”具有特殊意义②，因此中共中央曾有将赣西南与湘鄂赣两革命根据地联合建成中央革命根据地的计划。后来虽因两地联系未能打通而未果，湘鄂赣仍为一块单独的革命根据地，但在中共中央争取一省数省首先胜利的设想中，湘鄂赣革命根据地仍被寄予很高的期望。

围困和“进剿”湘鄂赣革命根据地的国民党军，经常在40个团左右。经过1930年冬到1931年秋连续三次反“围剿”战争的胜利，湘鄂赣革命根据地得到扩大和巩固，先后建立了三省边境20余县苏维埃政权(江西部分有修水、铜鼓、万载、宜(春)萍(乡)、宜丰、瑞昌、武宁等县，还发展到高安、奉新等地乡村)。1931年7月，在浏阳成立了以李宗白为书记的中共湘鄂赣省委；9月召开全省第

① 夏道汉、陈立明：《江西苏区史》，江西人民出版社1987年版，第178页。

② 《中共湘鄂赣省委第一次执委扩大会决议案》(1931年8月30日)，《湘鄂赣革命根据地文献资料》第一辑，第580页。

万载仙源中共湘鄂赣省委旧址(樊宾摄)

一次工农兵代表大会，选举产生了以赖汝樵为主席的省苏政府，驻平江长寿街。省委和省苏政府的成立,也标志着湘鄂赣革命根据地正式成立。

中共苏区中央局认为，湘鄂赣革命根据地在这几年中，击退了敌人的进攻,分配了土地,建立了苏维埃政权,尤其是在几次革命战争中,根据地红军和群众以英勇斗争"牵制了很大数量的白军,这对中央区的胜利确实有很大的帮助"①。湘鄂赣革命根据地成为中央革命根据地的重要侧翼。1932年初,中共苏区中央局实施争取江西一省首先胜利的战略,期望湘赣、湘鄂赣根据地与中央根据地打成一片,形成更为广大的革命根据地,因此要求湘鄂赣革命根据地将其中心区域由平浏转移到铜鼓、万载地区,万载仙源其后成为湘鄂赣省委、省

① 《中共苏区中央局致湘鄂赣省委的信》(1932年1月20日),《湘鄂赣革命根据地文献资料》第二辑,人民出版社1986年版,第1页。

苏政府和省军区(1932年春成立,孔荷宠任司令员,新任省委书记林瑞笙兼政委)所在地。

五、中央革命根据地的创建

1929年1月14日,毛泽东、朱德等率红四军离开井冈山,进军赣南,实际开始了创建中央革命根据地的历程。

红四军与紧蹑其后的5团追兵多次接触,经大余、信丰、安远、寻乌且战且退,陷于"最困苦"和"疲败"的状态。2月11日在瑞金大柏地打败追兵刘士毅部2个团,进入东固根据地,与江西红军二、四团会合并得到休整。在得知井冈山革命根据地已经失守后, 决定抛弃在固定区域公开割据的政策,"而采取变定不居的游击政策(打圈子政策),以对付敌人之跟踪穷追政策"[①],离开东固经永丰、乐安、广昌、石城、瑞金进入闽西汀州(长汀),击溃闽西军阀郭凤鸣部2个团。3月14日,毛泽东主持在长汀召开红四军前委扩大会议。会议根据蒋桂军阀战争的时局和赣南闽西的情况,讨论红四军、五军和江西红二、四团的行动方针,决定"以赣南闽西二十余县为范围,以游击战术,从发动群众以至于公开苏维埃政权割据。由此割据区域,以与湘赣边界之割据区域相连接"。前委要求中共中央"决须确立"这一在赣南闽西由发动群众到公开割据的计划,以便建立"前进的基础"。这次会议首次确定了在赣南闽西开创大片革命根据地的正确决策,对其后形成大的局面具有重要的战略意义。

红四军随即回师赣南。4月1日,在瑞金与从井冈山突围而来的彭德怀红五军会合。5日,毛泽东在瑞金回复中共中央的2月来信,不同意把部队分得很小、散到农村和朱、毛离开队伍速去中央工作的指示,进一步阐述了"争取江西"的战略计划。毛泽东分析南方数省的形势,认为粤湘买办地主的军力太大,湘省更因党的盲动主义错误,党内党外群众几乎失尽。而赣浙闽三省则另成一种形势,第一敌军力量最弱,浙江只有少数省防军,福建敌军不统一、战力不大,"江西朱培德、熊式辉两部共有十六团,比闽浙军力为强,然比起湖南来则差得多(和我们作战过,除李文彬一旅外,其余都是被我们打败过的)"。第二,三省党的盲动主义错误比较少,"江西福建两省,党及群众的基础都比湖南好些。以江

① 《前委致福建省委并转中央的报告——关于四军攻克汀州城及独立团的情况》(1929年3月20日),井冈山革命根据地党史资料征集编研协作小组等编《井冈山革命根据地》(上),第291页。

西论，赣北之德安、修水、铜鼓尚有相当基础，赣西宁冈、永新、莲花、遂川，党及赤卫队的势力是依然存在的，赣南的希望更大，吉安、永丰、兴国等县的红军第二团、第四团有日益发展之势，赣东方志敏的红军并未消灭，这样就造成了向南昌包围的形势”。据此，红四军前委向中央建议，在国民党军阀战争期间，“我们要和蒋桂两派争取江西，同时兼及闽西浙西，在三省扩大红军的数量，造成群众的割据”①。这封信对三省特别是江西的主客观条件进行了详细分析，不但总结了井冈山斗争以来的经验，而且进一步明确了发展革命的方针。连同此前的有关著述，毛泽东基本完成了在江西营建土地革命中心的理论准备。

毛泽东等立即将争取江西的方针付诸实施。8日，红军攻占于都县城，前委扩大会议决定分兵两路：彭、滕率红五军返回井冈山，恢复湘赣边革命根据地；朱、毛率红四军和江西红军，在赣南分兵发动群众，建立红色政权，开展土地革命。其后，红五军回师湘赣边，红四军游击于都、兴国、宁都，建立三县革命委员会，制定《兴国土地法》，有力地推动和扩大了赣南的土地革命斗争。其后，四军再次进入闽西，开创武装割据局面，建立了以龙岩、永定、上杭为中心的闽西革命根据地。

红四军入闽后，赣西南斗争在地方党组织领导下继续发展。在赣南，1929年5月成立了以萧韶为书记的第二届中共赣南特委，特委领导了扩大地方武装和抗击敌军“会剿”的斗争，相继成立了以陈奇涵为书记的兴(国)宁(都)行动委员会，古柏任主席和政委的寻乌县革命委员会及红二十一纵队，郭一清、蓝广孚领导的安远红十九、二十三纵队，赣县红二十八纵队，开辟了兴万赣游击割据区。在赣西，相继组建了以罗炳辉为团长的红五团等4个团的地方红军，割据范围由东固、延福等小块区域扩大到吉安、莲花等10县地区，并于1929年11月，召开10县工农兵代表大会，成立了以曾山为主席的赣西苏维埃政府。次年1月，赣西特委(1927年10月成立于万安)、湘赣边特委和红五军军委在遂川召开联席会议，决定将两特委合并为统一领导边界斗争的赣西特委，书记刘士奇；将赣西、湘赣边地方武装合编为红六军，黄公略任军长，刘士奇任政委兼军委书记(后陈毅)，毛泽覃为政治部主任，该军其后成为赣西南革命根据地的一支主力红军。这次联席会议，将赣西联结成了具有相当规模和力量的红色区域。

① 《前委致中央的信》(1929年4月5日)，江西省档案馆等编《中央革命根据地史料选编》，中册，江西人民出版社1982年版，第73—74页。

会后，红五军进军宜春，与红六军形成包围吉安之势，准备夺取吉安。

但是，赣西党内这时发生了严重的分歧，在政权建设、土地分配和攻打吉安等方面处于“党内政治纷争不能解决的严重关头中”[①]。在主持召开著名的古田会议和写下《星星之火，可以燎原》(即给林彪的信)后，毛泽东和朱德率红四军于1930年1月由闽西返回，在赣南分兵展开工作。2月6日到9日，毛泽东在吉安陂头主持召开红四军前委、赣西、赣南特委和红五、六军军委联席会议(50多人参加，史称“二七会议”)，解决赣西党内存在的严重分歧，决定赣西南斗争的任务和政策。会议分析了全国和江西形势，再次肯定“以江西为中心的闽粤浙赣湘五省武装斗争是一个日益发展的形势，也是扩大土地革命影响于全国各地的鲜明旗帜”，认为“中国苏维埃将继俄国苏维埃而出现……而中国之内首先出现的将是江西苏维埃，因为江西的客观条件和主观力量都比各省要成熟”，据此决定扩大苏维埃区域、特别提出夺取江西全省口号，深入土地革命，扩大工农武装为赣西南党与红军的三个主要任务。[②]会议批评江西省委巡视员江汉波(张怀万)等人的错误，肯定赣西特委攻打吉安、合并特委、平分土地等做法，作出攻打吉安和在割据区域迅速成立县区乡苏维埃政府的行动部署，制定了《赣西南土地法》，实行“一要分，二要快”、按男女老幼平分的土地分配政策。为形成统一的领导，会议决定将红四军前委扩大为统一领导红四、五、六军和赣西南、闽西、东江中共组织的大前委，前委由各军各地17名成员组成，毛泽东任书记；合并赣西、赣南和湘赣边三特委为赣西南特委。二七会议进一步明确了斗争方向、主要任务和政策策略，建立了有利于开创大局面的领导机构，是江西土地革命发展中具有关键性意义的一次会议。这次会议也有失误之处，这就是夸大赣西南地方党内的危机（不正确地认为地主富农充塞各级指导机关并决定将其彻底清除)，对党内持不同意见和犯错误者实行了从开除党籍到枪毙的严厉处置，从而造成了革命力量的损失。

3月，在吉安富田召开中共赣西南第一次代表大会。这时，赣南有中共党员7000余人，赣西则有2万余人。大会贯彻二七会议的精神，对行动目标、分田、扩大革命根据地和红军、党与政权建设、经济和城市政策等作出相应决定，选举

---

① 《赣西南特委向省委报告——1929年8月以后的赣西南》(1930年6月)，《中央革命根据地史料选编》中册，第177页。

② 《前委通告第一号——联席会议的结论并宣告前委成立》(1930年2月16日)，《中央革命根据地史料选编》，中册，第172—173页。

产生了以刘士奇为书记的中共赣西南特委。会议期间,原赣西苏维埃政府相应扩大改称赣西南苏维埃政府,驻吉安陂头,主席曾山。赣西南特委和政府的成立,标志着赣西南革命根据地正式形成。

赣西南根据地的土地革命随即进入高潮，经过从抽多补少到抽肥补瘦的政策调整,农村出现"分田分地真忙"的热闹景象。主力红军按照前委提出的同时扩大同时深入"伴着发展的工作路线",再次实行分兵,红四军游击于赣南和闽西、东江,红五军返回湘鄂赣革命根据地,红六军游击赣西和赣南的北部,扩大革命根据地,曾先后发起八次攻打吉安、五次攻打赣州,赣西南地方武装被扩编为红二十军、二十三军和三十五军。动员起来的农民达到400万,一份当时的报告记载说:"共产党的政治主张,深入群众,无论穷乡僻壤,都普及了党的政治主张的标语,群众到处找共产党","到处举行代表大会和群众大会,地主阶级的政权打得落花流水,政权、土地、武装三者同时并进,即分田、办苏维埃、建立自己的武装",群众组织严密,行动勇敢,阶级观念强,对中共信仰非常好,而"对党信仰主要的原因,是农民在斗争中得到了土地,建立了苏维埃政权,政治上得着解放"①。这种情况在其他各革命根据地也大体相同。

毛泽东在江西将马列主义与中国革命实际相结合,调查农村农民②,继续进行理论著述,创建关于中国革命的基本理论,以年初的《星星之火,可以燎原》和5月的《反对本本主义》等著作为标志,在1930年上半年形成了关于农村包围城市的中国革命道路理论,并在次年取得第三次反"围剿"战争胜利后,形成了红军作战的基本原则即人民战争的理论。

按照中共中央的命令,红四军1930年6月在长汀组编为红一军团,北上江西,进军南昌。毛泽东、朱德根据自己对革命的认识指挥部队行动,先后攻占吉水、樟树、高安,举行昌北牛行示威,于8月经奉新、万载等地进入浏阳,与攻占长沙后退出的彭德怀红三军团会合,合组红一方面军,朱德任总司令,毛泽东任总政委兼总前委书记,彭德怀任副总司令,朱云卿为参谋长,下辖一、三两军团的8个军,3万多人。在二打长沙受挫后,红一方面军于9月退返赣西。经过株洲、袁州等一系列会议的争论和说服后,部队于10月4日攻占吉安城。7日,在吉

---

① 《赣西南(特委)刘士奇(给中央的综合)报告》(1930年10月7日),《中央革命根据地史料选编》,上册,第341、351页。

② 毛泽东1930年在江西连续撰写了《寻乌调查》、《兴国调查》、《木口村调查》、《赣西土地分配情形》等调查报告。

安成立以曾山为主席的江西省苏维埃政府，颁布13条政纲。赣西南革命根据地由此完全连成一片，拥有30余县地域，“由南丰到永新，由寻乌到峡江，横断江西半壁；由赣州到吉、峡，围绕赣江流域纵横数千里，联系到闽西，东江，湘东，鄂南等几大块赤色政权，如综合赣东北(只隔着临川、金溪)、赣西北之修武铜(可以联系)，以面积计算，实占江西全省百分之八十左右”[①]。可以说，毛泽东等争取江西的战略计划，至此大体得到实现。

曾山，江西吉安人，1930年3月任赣西南苏维埃政府主席；10月7日，任江西省苏维埃政府主席

占领吉安前后，在进军方向和行动部署上，以毛泽东为书记的总前委与以省行动委员会书记李文林为领导的江西地方党组织发生严重分歧。江西地方党的大多数领导人没有及时觉察敌我形势的变化和毛泽东的正确思考，错误地坚守进攻南昌、九江的指令，指责总前委不打南昌九江是断送中国革命，与总前委形成尖锐的对立。这种情况的出现，既与李文林在上海出席了中共中央的有关会议，会后在赣西南坚决贯彻立三路线有关，也有江西地方党有意无意地维护地方利益、害怕根据地遭受损失的因素。遗憾的是，这种内部矛盾最终未能得到妥善处理，反而在敌人大军进逼的急迫形势下，被扩大误认为敌我矛盾，致使总前委产生对赣西南党政机关进行“一番根本改造”[②]的认识，李文林等一批江西地方党领导人被错误地认定为AB团分子，整个赣西南党、团组织和苏维埃政权遭到全面整肃，造成了各级干部的重大损失。这是一个需要认真总结的沉痛教训。

10月底，毛泽东在新余罗坊主持总前委和江西省行委联席会议。会议成

---

① 《赣西南(特委)刘士奇(给中央的综合)报告》，1930年10月7日，《中央革命根据地史料选编》，上册，第353—354页。

② 《毛泽东给中央的信》(1930年10月14日)，《江西党史资料》第6辑，1988年版，第165页。赣西南对名为“AB团”的肃反始于1930年5月，打下吉安后对形势估计进一步夸大，认为AB团分子充塞了党、团和政府等各级指导机关，要肃清AB团以挽救赣西南党的严重危机，结果造成肃反扩大化的严重错误。

江西省苏维埃政府驻地(吉安陂头)
(《中国共产党江西历史图志》)

功地克服了冒险主义的影响,决定准备反击国民党军的大举进攻,实行诱敌深入的作战方针,将国民党军诱入根据地予以歼灭。其后,红一方面军转入革命根据地,进行第一次反"围剿"作战。在此前后,作为土地革命重中之重的平分土地,经历反复摸索而找到了适当的办法:赣西南的分田虽然反复多次,有的地方"四次五次分了又分",但到1931年春,毛泽东总结土地使用权变动不定对农民生产生活的不利影响,明确提出"民权革命中的土地私有制度"问题,确定要实行农民土地"私有,别人不得侵犯"的所有权,以曾山为主席的江西省苏维埃政府宣布土地分定后即"土地使用权、所有权通通归农民"①,在土地制度的变革上终于找到了符合实际的好办法。婚姻制度与家庭关系方面的变革也是这样。类似土地制度、婚姻制度这样反复多次而逐渐完善的情况,也在其他方面表现出来。

毛泽东等领导的井冈山和赣西南、闽西的斗争,代表了中国革命的正确方向,并在国内外产生了重大的影响。因此,中共中央根据全国各革命根据地发展的条件和现状,这时已经确定将赣西南(联接湘鄂赣)建设成为中央革命根据地。1931年1月15日,中共苏区中央局在宁都小布成立,周恩来任书记(尚未到达,由项英代理)。苏区中央局受中共中央政治局领导,负责"管理全国苏

① 江西省苏维埃政府:《土地是我们的,耕种起来呵!》,1931年3月15日。

中共苏区中央局委员合影。右起:王稼祥、毛泽东、项英、邓发、朱德、任弼时、顾作霖 (《中国共产党江西历史图志》)

维埃区域内各级党部,指导全国苏维埃区域内党的工作"[1]。2月,又在小布成立苏维埃中央军事委员会,项英任主席,朱德、毛泽东任副主席(4月由毛泽东任主席)[2]。苏区中央局和中央军委在赣南的成立,是赣南成为中央革命根据地的重要标志。在此前后,毛泽东等领导红军和革命根据地群众,在赣南和闽西的广大地域内,连续取得了三次反"围剿"战争的重大胜利。1931年9月第三次反"围剿"胜利后,赣西南革命根据地与闽西(闽粤赣)革命根据地连成一片,中央革命根据地正式形成。

苏维埃政府印鉴 (《中国历史图说》)

① 《中共苏区中央局通告第一号——苏维埃区域中央局的成立及其任务》,1931年1月15日。

② 余伯流、凌步机:《中央苏区史》,江西人民出版社2001年版,第298页。

六、湘赣革命根据地的建立与发展

湘赣革命根据地的前身为原井冈山革命根据地。井冈山失守后，何长工、王佐、李灿等率留守部队转入深山坚持，并于1929年3月收复了五井和宁冈。5月红五军由赣南返回井冈山地区，基本恢复了湘赣边界的红色政权。根据红四军前委指示和东固斗争经验，中共湘赣边界特委二届四次执委会议随即决定，以公开斗争和秘密割据相结合作为新的斗争方式，将政治中心从宁冈转移到永新。随后，红五军在攻占遂川、宁冈两县城后，转入湘鄂赣边界，以邓乾元为书记的中共湘赣边特委，坚持领导以永新为中心的湘赣边武装斗争。

1930年1月，中共赣西特委(1927年10月成立于万安)、湘赣边特委和红五军军委在遂川召开联席会议，决定将两特委合并为统一领导边界斗争的赣西特委，将赣西、湘赣边地方武装合编为红六军。在2月的二七会议上，又决定将赣西、湘赣边、赣南三特委合并为中共赣西南特委，赣西南特委在3月正式成立。此后，湘赣边成为赣西南革命根据地的组成部分，中共赣西南特委和赣西南苏维埃政府在吉安永阳分别设立西路行动委员会和西路办事处，负责原湘赣边6县工作的指导(特委下设6个行委负责各地工作)。

这一年，该地区先后发生了在永新错杀袁文才、王佐，九打吉安和富田事变等重大事件。错杀袁、王是地方党的一个重大错误，招致了极坏的后果，袁、王余部带七八十支枪逃到井冈山，与靖卫团结合改挂青天白日旗，"经常出山来烧杀"，致使"宁冈全县组织倒台"[①]，井冈山根据地从此完全丢失。富田事变的发生及其后的失当处理，导致了江西地方党政领导层的重大损失和红二十军的解体[②]。攻打吉安口号的提出及多次行动，则"争取了广大的群众"，造成由

---

① 《赣西南刘作抚(给中央的综合性)报告》(1930年7月22日)，《中央革命根据地史料选编》上册，第228页。错杀袁文才、王佐事件发生于1930年2月24日。当时，执行"左"倾政策的中共赣西特委，夸大袁、王工作中的错误，将早已成为共产党员和红军将领的他们视为"土匪首领"，以开会为名召到永新县城，于24日晨将袁文才枪杀，王佐在逃跑过河时淹死。袁、王在1950年代被追认为革命烈士。

② 富田事变发生于1930年12月12日。当时，受总前委指派的李韶九率队伍到江西省委(行委)、省苏政府所在地吉安富田进行肃反，使用酷刑拷打逼供，将两机关及所属单位100多人打成AB团，并枪决24人，引起人们的恐慌和愤慨。12日，营长刘敌率红二十军一部为反击李韶九的乱捕滥杀，包围富田，释放被捕人员，收缴肃反人员武装，是为"富田事变"。事后经过几个月的解释、申诉和领导机关的争论，事变最终被定为反革命暴动，刘敌等被枪决，江西省委、省苏政府及所属各特委大多数领导及重要干部近百人被错杀，红二十军包括军长、政委在内的副排长以上干部也被错杀，部队番号被撤销。被错杀者后来均被追认为革命烈士。

庆祝湘赣省二苏大
会召开 （樊宾摄）

最初发动时一两万人参加到“十万工农下吉安”的巨大声势。

1931年夏，中共中央和苏区中央局决定，将赣西南革命根据地一分为二，即取消赣西南特委，在赣江以东成立赣东、赣南和永吉泰三个特委(后在宁都成立江西省委)；在赣江以西成立中共湘赣省委，湘赣省委管辖河西和湘东南革命根据地，派王首道、甘泗淇、张启龙、林瑞笙等前往组织省委。8月1日，以王首道任书记的湘赣临时省委在永新成立，立即进行了整合赣西、湘东南党政军的工作。10月，在莲花相继召开湘赣省中共和苏维埃的第一次代表大会，正式成立了以王首道为书记的省委，以袁德生为主席和张启龙、彭德怀为副主席的省苏政府，湘东南的红军独立第一师和赣西的独立第三师，成为湘赣革命根据地的主力红军(1932年两师合编为红八军，李天柱代军长，王震代政委；成立了以张启龙任总指挥、甘泗淇任政委的湘赣省军区)。独立的湘赣革命根据地至此正式形成。

“湘赣苏区地跨两省，但主要部分是在江西。与中央苏区是以赣江为界，与湘鄂赣是以袁水和株萍为界。”[①]根据地以永新为中心，东起吉安永阳，西到茶陵，南至永新关背，北达萍乡，纵横约300华里，经常占领的县城为永新、莲花。[②]根据地范围后来还有扩大。

① 王首道、王震等：《湘赣根据地革命斗争的回忆》，《江西党史资料》第1辑，第168页。

② 《中共湘赣革命根据地省委综合工作报告》(1931年10月26日)，《湘赣革命根据地》党史资料征集协作小组编《湘赣革命根据地》，中共党史资料出版社1990年版，第105页。

部分参加湘赣苏区斗争同志1939年在延安合影。前排坐者左起：罗正坤、周仁杰、王定一、易湘苏、谭余保、王首道、胡耀邦、王恩茂。后排左起第五人金如柏，第九人谭石晶，第十三人李信，第十七人李国华。(《中国人民解放军历史图片选集》)

第三节
中华苏维埃共和国的成立

一、临时国家政权在瑞金的建立

1. 代表大会的准备

在各地创建根据地和建立苏维埃政权之时，中共中央也在加紧筹建苏维埃国家政权。

1930年5月，中共中央在上海秘密召开了有各地代表参加的全国苏维埃区域代表大会，开始计划建立统一的全国苏维埃政权。会后成立了“苏维埃代表大会中央准备委员会”，负责中华苏维埃共和国临时中央政府的筹建工作，“苏准会”开始着手进行实际事务的准备工作。同年9月下旬，瞿秋白、周恩来主持召开中共六届三中全会,全会批评了李立三“左”倾冒险主义要求在武汉、长沙、南昌等中心城市建立中央政府的计划,同时根据共产国际的指示,指出革命已经到了从零星散乱的各地方革命政权的树立,到建立苏维埃的临时中央政权以集中革命势力、组织革命战争、领导全国革命运动的时期,因此,“建立集中统一的真正的和工农群众密切联系的苏维埃临时中央政府”,是“当前第一等重要的任务”,临时中央政府要建立在最有保障的根据地内。[①]11月,《中央政治局关于苏维埃区域目前工作计划》进一步确定,依据土地革命的发展、群众基础和便于向一个或几个中心城市发展等3个条件,将全国各革命根据地划定为中央区(赣西南、湘鄂赣)、赣东北、湘鄂边、鄂东北、闽粤赣、广西左右江等6个,“确定湘鄂赣联接到赣西南为一大区域,要巩固和发展它成为苏区的中央根据地”;在中央根据地召开第一次全国苏维埃代表大会,成立中华苏维埃共和国。1931年1月在江西宁都成立的中共苏区中央局,随即领导起在中央区筹建国家政权的工作。

成立新型的国家政权是中共改造和发展中国的既定目标,这个目标在中共成立时即已确定。到国民革命分裂,国民党以武力分共并建立其一党专制的国家政权时,中共进一步明确了非资本主义的发展目标,提出了推翻国民党的统治,建立苏维埃共和国的政治主张,走上了以独立领导武装斗争重建国家政权的历程。因此可以说,建立人民当家作主的国家政权,是中共与国民党在中国发展道路、政治制度之争中的必然行为和结果,而中华苏维埃共和国的筹建,则是将这一政略付诸实践。另外,从中共当时的意图上看,也有“建立苏维埃中央临时政府与各革命根据地政府来对抗国民政府”[②],以及建立中央政府作为“全国革命运动的指导者与组织者”,并“极大限度地激发推进全国工农群众的革命争斗”[③]等方面的策略考虑。因此,对为什么要建立苏维埃国家政权的问题,应在当时的历史环境和条件中去认识和总结。

中共中央和苏区中央局为召开全国苏维埃第一次代表大会,做了大量的、

① 中共六届三中全会:《关于政治状况和党的总任务议决案》(1930年9月),中央档案馆编《中共中央文件选集》第六册(1930年),中共中央党校出版社1983年版,第287、293页。

② 中共中央:《目前的政治形势及党的紧急任务》(1931年5月9日),中央档案馆编《中共中央文件选集》第7册,中共中央党校出版社1983年版,第289页。

③ 《中央紧急通知——关于动员和组织拥护第一次全国苏维埃代表大会运动》(1931年10月18日),中央档案馆编《中共中央文件选集》第7册,中共中央党校出版社1983年版,第457页。

充分的准备工作。这主要是起草宪法、劳动法、土地法等许多法律文件,酝酿和确定政府成员名单,推选代表人选,确定会议日期及地点等。在经过4次延期之后,苏区中央局在1931年10月最终决定,11月7日在瑞金召开中华苏维埃第一次全国代表大会,成立中华苏维埃共和国临时中央政府。

2.一苏大的召开和临时中央政府的成立

1931年11月7日,中华苏维埃第一次全国代表大会在瑞金叶坪村召开。黎明时,在会场背后的广场上,举行阅兵典礼,毛泽东、朱德、项英等检阅了红军部队。上午,瑞金遭到国民党军飞机轰炸。下午举行开幕式,项英致开幕词。晚上,与会代表同驻地红军、附近群众一起举行提灯庆祝晚会。大会在致中共中央的电报中说:“到会群众,人山人海。红光满天,庄严热烈空前未有。大会于万众欢呼之中,正式开幕。”

选择瑞金作为一苏大会召开地和临时中央政府所在地,是该地具有较好的条件。瑞金位于江西省东南部,东与闽西接壤,到长汀仅40公里,北、西、南与石城、宁都、于都、会昌等县相邻,尽管“县城狭小,直径二里,环城约七里”,却居于中央革命根据地的中心,直接辐射闽粤赣三省边境20多个县,便于领导机关的“居中指挥”。瑞金本身的条件也很好,此时已是“全县赤化”,又在中心县委书记邓小平领导下纠正了肃反扩大化的错误,全县土地革命顺利展开,政治局势相当稳定。距瑞金县城6公里的叶坪村,则是一个傍依锦江、地势平坦开阔,交通较为便利的大村庄。全村环境优美,既为樟、枫等参天古树和青翠竹林所掩映,又有青砖青瓦、古色古香的明清砖木结构建筑,村旁可容纳数万人的绿荫草坪则恰似一个宽阔的大广场。这里便于隐蔽和容纳临时中央政府各机构。在这里召开一苏大会和建立临时中央政府,使瑞金和叶坪瞬间举世闻名。国民党人说,中共以瑞金“地理位置适中,乃定为伪都,并开伪全国代表大会于此,建伪‘中华苏维埃政府’,瑞金遂成为中共伪政权之发号司令台。其伪中央党部政府,伪军事委员会,伪红军学校,伪兵工厂等机关,应有尽有;遂有‘小莫斯科’之号”[①]。又说瑞金“自赤匪据为首都,此弹丸小邑,遂成匪首发号施令、糜烂东南数省之乱源,消息所传,世人无不瞩目”[②]。

参加一苏大会的代表共610名,来自赣西、闽西、赣东北、湘赣、湘鄂赣、湘鄂西、豫东北(鄂豫皖)、琼崖(海南岛)各革命根据地及各红军部队、全国总工

① 《中华民国史事纪要》,1934年11月10日。

② 渔叔:《瑞金匪祸记》,1934年10月,存江西省档案馆。

中华苏维埃第一次全国代表大会主席团在瑞金检阅红军(《中国人民解放军70年图集》)

会、全国海员总工会,还有韩国的代表。大会听取了毛泽东代表苏区中央局所作的政治报告,项英的劳动法草案报告,张鼎丞的土地问题报告,朱德的红军问题报告,周以栗的经济问题报告,王稼祥的少数民族问题报告,邓广仁(邓发)的工农检察处报告以及宪法问题报告等。讨论并通过了苏维埃宪法大纲、劳动法、土地法以及其他各项问题的决议案。会议决定以瑞金为首都,改名“瑞京”。

19日,大会选举中华苏维埃共和国中央执行委员会委员,苏区中央局提名的63名候选人全部当选:毛泽东、项英、张国焘、周恩来、卢福坦、朱德、瞿秋白、张鼎丞、邓发、王稼祥、徐锡根、范乐春、陈绍禹、彭德怀、关向应、孔荷宠、方志敏、任弼时、贺龙、沈泽民、谭震林、黄平、曾山、林彪、陈郁、罗登贤、夏曦、邓子恢、刘少奇、刘大朝、陈正人、袁德生、崔祺、屈登高、段德昌、葛耀山、彭轨、陈福元、古大存、韦拔群、张华先、何叔衡、黄苏、胡海、滕代远、萧恒太、罗炳辉、陈毅、张云逸、周以栗、卢德光、胡均鹤、徐特立、邵式平、洪紫清、刘光万、余汉朝、吴致民、刘建中、李宗白、刘生元、王永盛、阮啸仙。名单基本上包括了各革命根据地党政军领导人及部分中共临时中央负责人，他们无疑是当时苏维埃运动的杰出人物。中执委的产生,宣告了中华苏维埃共和国的成立。20日,一苏大会闭幕。

《中华苏维埃共和国宪法大纲》规定,中华苏维埃共和国是工人和农民的

革命根据地群众和红军指挥员战斗员庆祝一苏大会召开

民主专政的国家，全部政权属于工人、农民、红军兵士及一切劳苦民众；全苏大会为国家的最高政权，大会闭会后，中央执行委员会为最高政权机关，中执会之下，设人民委员会为中央行政机关，负责处理日常政务，发布一切法令和决议案。

27日，毛泽东主持召开中央执行委员会第一次会议。会议选举毛泽东为中央执行委员会主席，项英、张国焘(时在鄂豫皖革命根据地)为副主席。同时，选举产生了临时中央政府组成人员：毛泽东兼任人民委员会主席，项英、张国焘兼任副主席；人民委员会内设9部1局，由王稼祥任外交人民委员，朱德任军事人民委员，项英兼劳动人民委员，邓子恢任财政人民委员，张鼎丞任土地人民委员，瞿秋白任教育人民委员，周以栗任内务人民委员，张国焘兼司法人民委员(实由副委员梁柏台主持)，何叔衡任工农检察人民委员，邓发为国家政治保卫局局长。[①]人民委员的称呼，是苏联做法的移植，实际即是部长。会后，还设立了以董必武为院长的最高法院，以朱德为主席，王稼祥、彭德怀为副主席的中央革命军事委员会。人民委员会的组成，表明中华苏维埃共和国临时中央政府成立。

中华苏维埃共和国的成立，表明土地革命的中心，已经转移到江西。1933年1月，中共临时中央无法再驻上海，也转移到瑞金。江西成为中共领导土地革命的大本营和中国革命的中心地区，这是江西民国史上的一件大事。

二、法律体系与社会结构

中华苏维埃共和国成立前后特别是成立后，制定颁布的各类法律法规约

---

① 《中华苏维埃共和国中央执行委员会布告第一号》(1931年12月1日)，《中央革命根据地史料选编》下册，第201—202页。

120余部。这些法律法规，大致包括6类内容：一是国家法，包括国家根本法宪法大纲、国家政权机构组织法（或条例）及选举法令等；二是行政法规，包括行政、红军建设、公安、民政、民族政策、文教、卫生、科技等方面的法令及其有关解释；三是刑法，包括惩治贪污浪费和惩治反革命条例等；四是民法，包括婚姻、借贷、产权等方面的法令条例；五是经济法，包括财政经济、税收、金融、工商业政策、劳动、土地等方面的法令条例；六是司法制度，包括司法行政、审判制度、检察行政等法令条例。[①]它们从多个方面，规定了中华苏维埃共和国的性质、社会制度、政权组织形式与运转、革命根据地各项基本政策等等，共同反映了人民当家作主的宗旨与理念，具有鲜明的阶级特点、时代特点、民主特点和社会进步性。但由于受到王明"左"倾冒险主义的严重影响，中华苏维埃共和国临时中央政府的一些法令条文及其具体政策，也有不少内容严重地脱离实际，"左"倾错误的内容也不鲜见。[②]

新的政权的建立和大量法律法令的颁布，导致了革命根据地社会结构和社会关系的全面重建。土地革命发生后，在革命根据地地域，旧的政治、经济、文化结构和建立其上的社会关系被完全瓦解，继而建立了新的社会结构和社会关系[③]。这主要表现在：

在政治上，确立了工农群众当家作主、自己管理国家和社会的根本制度，这一制度的主体形式，是中华苏维埃的国家政权和地方政权。国家政权由作为政权机关的全国苏维埃代表大会和中央执行委员会，作为行政机关的中央人民委员会和作为司法、监察机关的最高法院三个部分组织而成。地方政权则为由省、县、区一直到乡村的各级苏维埃政府。各级政权均由选民的民主选举产生，并受到选民的有效批评和监督。这就突出了人民群众在政权中的地位和作用，反映了人民的意志和选择，新政权也由此具有了较高的合法合理性和行政效率。围绕着政权这个核心，依次形成政权——群团（工会、贫农团和妇代会等）——工农大众——全体居民的社会体系，将分散的个人组织成整体，使之

---

① 舒龙、凌步机主编《中华苏维埃共和国史》，江苏人民出版社1999年版，第355—357页。

② 其中还有共产国际在指导上的错误，如向青先生指出："中华苏维埃第一次全国代表大会召开以后，共产国际就从基本上不了解、不干预革命根据地的事务，一变而为加紧干预革命根据地的政策、策略，尤其是直接干预中央革命根据地，从而给农村区域苏维埃的发展带来了严重的危害，直接导致了中央革命根据地第五次反'围剿'的失败。"（向青：《三十年代中国》，北京大学出版社1996年版，第23页）

③ 何友良：《论苏区社会变革的特点与意义》，《中共党史研究》2002年第1期。

互相依存、密切联系，意志行动统一。国家权力由此有效地进入乡村。与此同时，中国共产党的各级组织也相继成立，中共作为革命根据地唯一合法的政党，履行执政党的职能，与苏维埃政权形成领导与被领导的关系。在实际运作中，则一直存在党政不分乃至以党代政的问题。

经济上，在平分土地并逐步建立农民土地所有制的基础上，建立了由国营事业、合作社事业和私人事业三种经济成分并存的异质经济结构。国营事业是由政府经营的国营经济，主要是一小部分必要的工业和商业，如军火工业、对外贸易等，比重不高，但又因其性质和经济地位，在发展根据地经济和支持革命战争方面，作用重大。合作社事业，是由群众出资或入股经营的集体经济，主要有消费、粮食、生产和信用四类合作社。这类经济规模不大，平均每个合作社的资本不超过300元，但因其体现出经济上的组织性和民众参与上的广泛性，所经营者又与人民的生产生活直接相关，因此被认为是在生产、供给和分配方面"战斗地团结工农，动员群众的经济组织"[①]。私人经济在革命根据地经济结构中占有绝对的优势，主要包括农民的个体土地经营、中小商人的商业经营和农民的自由贸易，采取小规模、分散经营的形式进行活动。总之，革命根据地经济结构比较简单，又受到当时条件的限制和"左"倾政策的影响，导致其所体现的经济形态和政策并不完善，但从本质上说，它以瓦解封建生产关系、解放生产力和保护人民切身利益为出发点，是新的政权重建生产关系的产物。这一经济形式，在当时激发了根据地民众的生产积极性，整合和提高了根据地的经济力量，如1933年中央根据地的农业生产，比1932年增加一成半，闽浙赣根据地则增加了两成，因而有效地支持了革命战争和根据地的建设。

在文化教育上，以变革农村文化教育水平落后现状、实现工农群众及其子女普遍受教育的权利，"提高乡村文化"和工农的"普通文化程度"，培育新的社会力量为宗旨，厉行全部免费的义务教育，发展广泛的社会教育，在战争环境和物资匮乏的艰难条件下，建立了富有特点的文化教育制度，形成了干部教育、社会教育（成人教育和扫盲）和义务教育（小学教育）三个部分组成的教育体系。革命根据地兴办教育的成效，相当惊人。闽浙赣根据地各村各乡广泛举办列宁小学，到1934年1月共有280所，使7—15岁的儿童普遍得到入学教育。中

① 亮平：《目前苏维埃合作运动的状况和我们的任务》，《斗争》第56期，1934年4月21日。如闽浙赣根据地的贮粮合作社（与中央根据地的粮食调剂局相似），"吸收了很广大的群众，共有二十余万股，年年分红利给社员"（《闽浙赣苏区的近况》，《红色中华》1934年1月1日，第139期）。

央根据地更是如此,其办学成绩连国民党人也大为肯定。据一份国民党军攻占宁都县后的调查称,红色区域对于教育,比革命前更为积极,到1933年夏,宁都一县即办有列宁小学184所,夜校368所,识字班5861个,因此认为中共对教育的"办理精神足资仿效"[①]。同样,革命根据地也形成了新闻出版、红色报刊、戏剧、歌谣和俱乐部等多种形式互相配合的新式文化,仅中央革命根据地即办有中央政府机关报《红色中华》、苏区中央局机关刊物《斗争》、工农红军总政治部机关报《红星》、少共中央机关报《青年实话》等在内的130余种大小报刊。许多民间文艺形式被注入了新鲜、活泼和进步的新内容,而为群众所喜闻乐见。

新的政治制度、经济制度和文化教育制度的建立,促成了根据地内社会关系的转化,进而构成了一种属于新民主主义性质的社会形态。这种新的社会形态,与当时的国统区社会形成鲜明的区别。

三、行政区域的设置与扩展

按照有关苏维埃政府组织法规的规定,革命根据地行政层级,为临时中央政府、省、县、区、乡五级架构(1931 年 11 月之前在乡之下还有村级行政机构。另外还有少数特区、道一级党政机构,介于省县之间,统辖数县,但非常制)。适应当时的条件和需要,各级辖地范围都相应缩小,每省辖县未做具体规定,每县辖 12~15 个区;每个山地区辖 9 个乡、每个乡约 3000 人,平地区辖 12 个乡、每个乡约 5000 人。在省级政府设置上,除中央革命根据地先后设有 5 个省和 4 个中央直属县外,其他各革命根据地即各为一省,具体设置为:

中央革命根据地在一苏大会后,先后发生著名的宁都起义和消灭"土围子"、攻打赣州等重要事件,根据地范围进一步巩固和扩大。临时中央政府 1932 年春分别在原江西省[②]和闽粤赣区基础上,设立江西省和闽粤赣省。其中,5 月在兴国县分别召开江西省党、政代表大会,选举产生了以陈正人为书记、曾山为主席的江西省委和省苏政府,成立了以陈毅为司令员的省军区,省

① 《宁都社会调查》,1934年底,存江西省档案馆。

② 1931 年 5 月中共中央《关于苏维埃区域党的组织决议案》规定,赣西南特区应在当年六七月间改设为江西省,中共赣西南特委相应改为江西省委。10 月,中共苏区中央局正式设立中共江西临时省委,任弼时兼任书记,下辖赣东、赣南和永吉泰三个特委,省委机关驻兴国县城背街牛坑塘。11 月,召开中共苏区江西省第一次代表大会,组成江西省委领导机关,李富春于 12 月接任书记,机关仍驻兴国(1933 年 1 月迁宁都县)。江西省苏维埃政府于 1930 年 10 月在吉安成立,当时申明为临时政权性质,主席为曾山。

江西省苏维埃第一次代表大会会场
(《中国共产党江西省历史图志》)

委、省苏政府先后驻兴国、宁都,辖27县(次年改辖22个县);3月在长汀分别召开的闽粤赣省党、政代表大会,成立了以罗明任代理书记、张鼎丞为主席的闽粤赣(后改称福建)省委、省苏政府,初辖10个县(次年扩大为15县)。1933年初取得第四次反"围剿"胜利后,革命根据地范围迅速扩展,进入鼎盛时期,面积达到8.4万平方公里,人口453万(时称500万),较长时间占领的县城有24座①。临时中央政府遂对辖区行政进行调整,在江西、福建两省之外,先后再增设3个省:5月设闽赣省,驻黎川(后移建宁),省委书记顾作霖(后钟循仁),省苏政府主席邵式平(后杨道明),省军区司令员兼政委萧劲光,辖16县;8月设粤赣省,驻会昌,省委书记刘晓,省苏政府主席钟世斌,省军区司令员张云逸,辖7县;1934年5月设赣南军区,由项英兼司令员和政委,8月增设赣南省,驻于都,辖4县。该省设立,主要是为红军长征作准备。

中央革命根据地这时的主力红军仍是红一方面军,又称中央红军,总司令朱德,副总司令彭德怀,总政委毛泽东(后周恩来),总政治部主任王稼祥(后杨

① 详见余伯流、凌步机《中央苏区史》第481页的考据。24座县城为:江西省的瑞金、兴国、宁都、于都、广昌、石城、会昌、寻乌、安远、信丰、上犹、崇义、黎川,福建省的龙岩、上杭、永定、长汀、连城、武平、宁化、清流、归化、泰宁、建宁。

尚昆),总参谋长叶剑英(后刘伯承)。下辖一军团(军团长林彪、政委聂荣臻)、三军团(军团长彭德怀兼、政委滕代远)、五军团(1931年12月组建,总指挥先后为季振同、董振堂,政委先后为萧劲光、朱瑞、李卓然)、七军团(1933年6月组建,军团长兼政委萧劲光,后来,军团长为寻淮洲、政委则先后为萧劲光、乐少华)、八军团(1934年9月组建,军团长周昆、政委黄苏)、九军团(1933年10月组建,军团长罗炳辉、政委蔡树藩)。1933年夏,红一方面军及中央革命根据地地方部队兵力总数为121044人[①]。

闽赣省革命委员会主席邵式平(《中国共产党江西历史图志》)

在江西境内的其他几个革命根据地,各成立一个省,与临时中央政府保持着比较密切的联系。这主要是:

闽浙赣省:原为赣东北省,1932年12月改称闽浙赣省,省苏政府主席仍为方志敏。该省1933年一度与中央革命根据地打通,第四次反"围剿"胜利后,革命根据地扩大,涉及到包括江西弋阳、横峰、德兴、贵溪、余江、万年、上饶、铅山、玉山、广丰、乐平、浮梁、婺源、都昌、湖口、波阳、彭泽、余干、东乡、金溪、资溪等21县和闽北12县、浙西南12县、皖南7县的广大区域,有100多万人口、1.5万平方公里面积、3万多红军部队(先后为红十、红十一军)。该省由于在政权建设、土地革命、武装斗争等方面表现突出,在1934年1月的二苏大会上,被毛泽东称誉为革命根据地的"模范省"。

湘赣省:临时中央政府成立后,湘赣省保持了比较稳定的发展,第四次反"围剿"胜利后,革命根据地面积亦有扩大,范围涉及江西的永新、宁冈、莲花、安福、遂川、吉安、萍乡、新余、宜春、峡江、分宜、崇义、万安、大余和湘东南9县,面积1万多平方公里,人口120万。省委、省苏政府驻永新。主力红军为红八军(后与湘鄂赣红军合编为红六军团)。

湘鄂赣省:省委、省苏政府驻万载。辖区涉及江西的万载、修水、铜鼓、武

① 余伯流、凌步机:《中央苏区史》,第599页。

宁、宜丰、宜春、奉新、高安、萍乡、瑞昌,以及湘东4县、鄂南8县,面积1.2万平方公里、人口约300多万(其中基本区域人口100多万)。主力红军为红十六、十八军(后与湘赣红八军合编为红六军团)。

1933年最盛之时,上述中央、闽浙赣、湘赣、湘鄂赣各革命根据地,地跨江西等7省150余县,在江西省内涉及将近70个县,约占全省83县的3/4。

除此之外,临时中央政府还管辖鄂豫皖省、湘鄂西省、川陕省等,但这些根据地因与赣南隔离较远,在战争环境下,与临时中央政府的联系并不密切。

四、民众的组织与变化

革命根据地的社会,结构比较简单,但组织程度较高。它通过各级政权和各种民众组织,将分散的农民群众组织成一个相当严密的整体。

革命根据地的民众组织,主要有工会、贫农团、共青团、妇代会、少先队、儿童团以及赤卫队、士兵会、互济会、反帝同盟等等。这些群团组织,既是革命根据地社会设置的实体组织,同时又是革命根据地广大民众的活动平台。它们的运作关系是:(1)是政权的外围组织,紧密围绕在政权周围,烘托政权并与之互动,也是政权与个人的中介组织,承担着诸如接受政权领导,贯彻政权意志与法令,监督政权工作与经济收支,向政权输送干部和信息,组织社会力量等多重任务。据崇义县坪峰寨贫农团1932年4次会议议题的记载,他们先后议决了宣传、选举妇女代表、选举乡苏代表、扩红、优属、慰劳红军、戒严、赤卫军、担架队、贫农团活动等15件事,范围相当广泛。[①]1932年7月《湘赣全省三个月工作竞赛各县群众团体组织工作比较表》所载,永新、莲花等县的贫农团,所做工作也有监视苏维埃经济、开荒、讨论农民利益、参加分配土地、修路、督促春耕、选举、改造合作社、带路、捉反动分子等14件事。这些说明,群团承担了乡村的大量工作,是乡级政权的重要助手。(2)各群团之间关系互补,成员大多可以交叉穿插,如工会中的雇农可以加入贫农团并可组成小组参与团内领导,工人和贫农中的妇女可以分别加入工会和贫农团,同时又是妇代会的成员等等。这些群团自身又有垂直领导系统。这样,就形成了一个互相依存、密切联系的社会网络,上下左右贯通,意志行动统一,这是国家政权深入乡村、苏区社会之

① 详见《贫农小组会议记录》,中央档案馆等编《江西革命历史文件汇集》,1932年(一),第38—44页。

所以有力量的奥秘之一。

苏区社会的建立,促成了区域内民众社会地位、思想观念和行为习俗的变化。首先,以整个阶级解放和新社会建设为背景,居民的社会地位发生了整体变化,那种以传统的家庭背景或个人利益追求为因素所造成的个人地位的升降机制被破除,形成过去处于社会下层的工农群众和上层的地主阶级,在社会地位上的整体性跃升和下移。它改变了工农大众与政权无缘的历史,工农大众成为社会的主人,并且促使他们走出以往与世隔绝的封闭生活圈,扩大了视野和社会交往,拥有了其前辈所不敢企及的社会地位和眼光。与此同时,地主阶级被迫从权力中心跌落,发生分化,出现外逃、反抗、投身革命、俯为革命根据地百姓等流向。①

其次,民众的思想意识和价值观念有了更新。由于社会政治经济结构的改变和新思想的教育灌输,农民开始从更广阔的角度,思考往昔的窘困、现实的生活和未来的目标,对为什么而活、怎么样活、信仰追求什么、鄙视反对什么、什么是好的值得的、什么是不好的不值得的等问题,产生了新认识新判断。许多记载说明,"苏府范围内的农民,无论男女老幼……都痛恨地主阶级,打倒帝国主义,拥护苏维埃及共产党的主张,几乎成了每个群众的口头禅。最显著的是许多不认识字的工农分子,都能作很长的演说,国民党与共产党,刮民政府与苏维埃政府,红军与白军,每个人都能分别解释"②。"一般妇女讲话非常漂亮,如'找对象'、'参加生产'、'无产阶级'、'土豪劣绅'、'资本家'、'不接受'等名词在谈话中时常流露。十一岁的女子都知'封建'两字是骂人的表示"。这说明,政治意识和社会文明观念融入了民众的思想中,以至于在日常言谈中常常会不经意地表露出来。这种情况,在群众大会上、民主选举中、各种运动和竞赛时,表露得尤其明显。思想观念的变化,也带来了行为规则和行为方式的变化。大量的工农尤其是农民踊跃参军(以红一方面军为例,农民占总数的2/3,仅赣南13县参加红军的农民即达33万多人③),妇女积极参加生产,是农民行为方式变化的表现之一。

再次是社会习俗有所改变。在"改良社会生活"的号召下,革命根据地积极

---

① 详见何友良《论苏区社会变革的特点与意义》,《中共党史研究》2002年第1期。

② 《赣西南(特委)刘士奇(给中央的综合)报告》,1930年10月7日。

③ 据余伯流、凌步机《中央苏区史》第266—267页记载,中央革命根据地仅赣南瑞金、兴国、宁都、于都、赣县、会昌、石城、安远、寻乌、上犹、崇义、信丰、南康等13县,参加红军的人数即达33.1万余人。

地查禁吸食、栽种、贩运鸦片，禁止赌博和偷盗，反对封建迷信，禁止童养媳和裹小脚，提倡卫生文明建设。据民国《瑞金县志》记载，苏区时期瑞金全县婚丧喜乐、风化习俗都发生了变化，喜宴俭办，丧事不厚殓，“极力破除迷信”，“烟赌两项，可谓全被禁绝”，“民事诉讼无有也”。赣东北革命根据地，“僧尼道士、算命瞎子等……现在是都改业了”[①]。1933年3月安远县龙布区苏维埃主席团的会议记录也说明，该地过去的流氓、斋公、烟鬼、仙姑等游民70多人，均已“安居其乡，自食其力”。这类情况，除个别牵涉宗教政策者外，可以说成绩显著并富有进步意义。需要指出的是，旧的社会习俗形成于自然经济条件下，经千百年的积淀，绝非一时之力所能变更。

五、二苏大会及其对中央政府工作的总结

毛泽东在一苏大会闭幕词中指出，临时中央政府要担负起组织战争、创造根据地、创造红军三大任务，战争是我们生活的中心。[②]此后，以这三大任务为重心，临时中央政府以很高的行政效率，领导起革命根据地建设的全部工作。

1934年1月21日，全国苏维埃第二次代表大会在瑞金沙洲坝举行。毛泽东在代表中央执行委员会和人民委员会所作的报告中，对两年来临时中央政府的工作和“苏维埃各种基本政策的实施”，从武装民众与建设红军、苏维埃的民主制度、对地主资产阶级的态度与镇压反革命、劳动政策、土地革命、财政政策、经济政策、文化建设、婚姻制度、民族政策等10个方面进行了比较详细的总结。指出苏维埃的根本任务和一切政策的出发点，是要打倒帝国主义与国民党，“统一中国，实现资产阶级性的民主革命，并且要使这个革命在将来能够转变到社会主义的革命去”；“两年以来坚持这种政策的总方向，收到了非常伟大的成绩”，证实了“只有苏维埃能够救中国”。会议重申中央革命根据地是“苏维埃中央政府的所在地，是全国苏维埃运动的大本营”[③]，通过了宪法大纲和《关于国旗、国徽、军旗的决定》等多项决议，选举博古等175人为中央执行委员、邓子恢等36人为中央候补执行委员，组成中央执行委员会。在中执委第一次会议

---

① 《关于赣东北革命根据地政治社会状况及各项工作给中央的报告》，1932年12月1日。

② 《中国工农兵苏维埃第一次全国代表大会日刊》第15期，1931年11月21日出刊，余伯流等：《中央苏区》第363页。

③ 《中华苏维埃共和国中央执行委员会与人民委员会对第二次全国苏维埃代表大会的报告》（1934年1月），《中央革命根据地史料选编》下册，第297页。

上，选举毛泽东任中央执行委员会主席，项英、张国焘为副主席；张闻天为人民委员会主席；决定设立外交、军事、劳动、土地、财政、国民经济、粮食、司法、内务、教育、工农监察等11个人民委员部，分别以王稼祥、朱德、邓振询、高自立、林伯渠、吴亮平、陈潭秋、梁柏台、曾山、瞿秋白、项英为部长；选举朱德为中央革命军事委员会主席，周恩来、王稼祥为副主席；阮啸仙为中央审计委员会主任，董必武为临时最高法庭主席。[①]新组成的第二届中央政府，没有再加"临时"二字。

二苏大会召开时，面临的形势比较严峻。这时，中共六届四中全会已于1月在瑞金召开，王明"左"倾冒险主义的统治在根据地内达到极点；国民政府对中央革命根据地的第五次"围剿"，以不同于以往任何一次的规模和形式，已经进行了几个月，闽赣省已被占领。因此，这次会议形成的决议，也有不少过"左"和偏激的内容。

会后，革命根据地进入日益严酷的第五次反"围剿"战争。中央政府的工作，全面转向组织战争和后方服务，直至离开江西进行战略转移。

第四节 革命中心的转移与游击战争的坚持

一、中共中央与主力红军的撤离江西

中共领导的土地革命运动在江西等地的发展，对国民党政权构成强烈的威胁。从 1930 年底开始，由蒋介石和中央政府出面组织指挥，先后对革命根据地和红军发动了 5 次大规模"围剿"战争。前 4 次"围剿"均被红军粉碎，但 1933 年 10 月开始的第五次"围剿"，主要由于国民党蒋介石吸取失败教训，采取了新的战略策略，也由于红军处于王明"左"倾盲动主义的错误军事指挥之下，以及根据地内战争资源日益枯竭，以致战争越打越糟。1934 年 4 月底广昌战役失败后，国民党军队开始攻入根据地的基本区域，形势日益严峻。5 月，中共中央书记处在瑞金开会，讨论此前共产国际军事顾问李德向博古提出的要

---

① 《中华苏维埃共和国中央执行委员会布告（第一号）》(1934年2月3日)，《红色中华》第148期，1934年2月20日。

准备作战略转移的问题。中央书记处决定主力红军撤出中央革命根据地，向湘鄂西地区转移，并随即发电向共产国际请示。6月25日，共产国际复电，同意为保存有生力量，中央红军退出中央革命根据地，实行转移。实行战略转移，是一个正视客观情况的正确决策。中共中央立即秘密进行转移的直接准备。所有准备工作，都是在中共中央为筹划战略转移而设立的决策组织"三人团"领导下进行的。三人团中，博古、李德分别负责政治、军事问题的决策，周恩来负责督促军事计划的实行。

转移的最初行动，是派遣红七军团北上和红六军团西征。7月5日，中共中央发出《关于开辟浙皖赣边新革命根据地给七军团的政治训令》。同日，中央书记处、中华苏维埃共和国中央政府人民委员会和中革军委又联合下达《关于组织北上抗日先遣队给七军团作战任务的训令》。中共中央决定，以军团长寻淮洲、政委乐少华指挥的红七军团组成中国工农红军北上抗日先遣队，出击福建、浙江开展游击战争，开辟浙皖闽赣边新革命根据地，并"吸引蒋敌将其兵力从中央苏区调回一部到其后方去"。次日，红七军团离开中央革命根据地进入福建，相继进攻福州，转进浙江、安徽，在转战闽浙皖赣四省边境、行程3000多里后，进入赣东北革命根据地与红十军会合，组成红十军团。11月，红十军团在方志敏、寻淮洲、乐少华、刘畴西等指挥下，继续进军皖南，一度形成对南京的威胁。在红七军团北上的同时，中共中央、中革军委还发出《给六军团及湘赣军区的训令》，命令任弼时、萧克、王震率领红六军团离开湘赣革命根据地，出击湖南中部创建新苏区，确立与湘鄂西红二军团贺龙部的可靠联系，联结江西与四川两大革命根据地，并"破坏湘敌逐渐紧缩湘赣革命根据地的计划，以辅助中央苏区之作战"[①]。红六军团随即也以"极为飘忽，如水走隙"的敏捷行动，由江西遂川横石进入湘南、广西，渡过湘江，进抵黔东，于10月下旬与贺龙部胜利会合，并在其后共同创建了湘鄂川黔革命根据地。红六、七军团的派遣，是中央红军战略转移整体计划的重要组成部分，周恩来说，它们"一路是探路，一路是调敌"[②]，也就是说，在中央红军转移的总战略中，红七军团担负了外线的战略牵制、战略掩护的任务，红六军团则担负着侦察敌情民情、探索和开辟道路的战略先遣任务。

---

① 中共中央、中革军委：《给六军团及湘赣军区的训令》，1933年7月23日。

② 《周恩来在中共中央政治局会议上的发言提纲》，1943年11月15日。

中共中央在根据地内也进行了比较充分的准备。8月间,中共中央将撤离江西的决定,传达到中央政府的部长级和省委、省政府主要领导一级的干部,并对各级干部的去留逐一作出了决定。突击进行了大规模的物质准备,如制造了大量的武器弹药,筹集了许多钱粮物资(如准备了84万担粮食,150多万元军费及大量中西药品等),特别是为补充作战中严重消耗的部队,连续进行了大强度的扩大红军运动,继7月份扩红6万多人之后,9月又下达了扩红3万名的紧急任务,据陈云回忆,“自五月到九月召集了红军新兵将近十万人”①。在转移的方向和路线上,准备也很充分,9月间毛泽东专程到于都,“主要的任务是察看地形,选择突围的路线”②,并向周恩来通报了他所了解到的信丰、于都等地的情况。最为漂亮的一着,则是与广东军陈济棠部的联络。

陈济棠与蒋介石长期存在很深的矛盾,也害怕红军或蒋军进入广东,因此既有意保存实力,对红军的进攻并不卖力,又想同红军建立联系借以抗蒋,而派密使到根据地接洽,要求与红军举行秘密军事谈判。红军有识于此,也就积极与其联系。八九月间,中共中央决定从南线突围,沿赣粤湘桂边境转移,由周恩来、朱德负责同陈济棠的谈判。9 月,朱德致信陈济棠,表示愿与粤军合作抗日反蒋,告称“红军粉碎五期进攻之决战,已决于 10 月间行之”,提出停止作战行动、恢复贸易、武装民众、代购军火等 5 点建议,日内派员就近商谈。③10 月 5 日,周恩来、朱德派中共中央宣传部副部长潘汉年、粤赣军区司令员何长工为代表,到粤军驻地寻乌县罗塘镇,与陈济棠的代表杨幼敏、黄任寰、黄质文谈判,达成就地停战、互通情报、解除封锁、相互通商和必要时互相借道等 5 项协议。其中借道一条,要求红军行动时事先通报,粤军即后撤 20 公里,让红军通过,但红军要保证不进入广东腹地。④与南路军陈济棠的联络,为红军的顺利突围提供了重要的保证。

9 月中下旬,革命根据地的北线、东线和西线一齐吃紧,中共中央即按预定计划,决定 10 月中旬撤离中央革命根据地,从于都渡河西征。10 月 10 日

---

① 廉臣(陈云):《随军西行见闻录》(1935秋年),《红旗》1985年第1期。

② 刘英:《在历史的激流中——刘英回忆录》,中共党史出版社 1992 年版,第 58 页。刘英说,此话是突围不久毛泽东亲口对她说的。

③ 朱德:《关于抗日反蒋给陈济棠的信》(1934 年 9 月),《朱德选集》第 17—19 页。

④ 何长工:《同陈济棠部队谈判前后》,《回忆中央苏区》,江西人民出版社 1987 年版,第 477—479 页。

晚,中革军委和红一方面军总部(军委纵队)分别从瑞金梅坑、田心圩、洋溪、九堡和会昌石门圩撤向于都;12 日晚,中共中央和中央政府(中央纵队)从瑞金云石山、陂下等地撤向于都;红军各部随后也相继向于都集结。到 20 日,最后一支部队渡过于都河(贡水)。举世闻名的二万五千里长征由此开始。撤离中央革命根据地的中央机关和野战部队总人数为 86859 人, 其中野战军各军团总兵力为 72313 人。①

蒋介石其实比较早地料到了红军要向西突围。1934 年 5 月 18 日,他即电令南、西路军总司令陈济棠、何键:"赣南残匪将必西窜,鄙县、桂东、汝城、仁化、始兴一线碉堡及工事,务请西南两路参谋团着手设计,一面准备部队,一面先征集就地民工,构筑碉堡为第一线。其次郴州、宜章、乐昌、曲江乃至英德为第二线。"要求将两线碉堡依次"设法赶成,以为一劳永逸之计"②。因此在这个方向,先后建成了几道封锁线。蒋介石没料到的是,红军与陈济棠部达成了协议,以及红军突围的方式和时间。国民党人后来总结说,红军不仅军队突围,所有党政军各机关也一同突围,且约 10 万人在三天之内皆脱离包围圈,"行动可谓迅速。匪军情报灵活, 能侦知国军包围圈何处薄弱; 匪军保密与反情报亦佳",在何时何地突围,国军事前全然不知。特别是,红军突围方式,并不采取历史上常用的办法,"而是留置一部于包围圈圈内,牵制国军不能全力追击,突围的主力前端以攻击开拓突围进围[前进],后尾以防御阻国军追击",因此,"匪军主力得以远遁"③。

10月21日晚, 野战军各部从安远龙布地区到赣县韩坊全线进入粤军防守线,粤军依议"全线撤退"④,至26日,各纵队、军团全部先后越过信丰河,顺利通过第一道封锁线,离开中央革命根据地经赣粤边境西进。其后,又相继突破第二、三、四道封锁线,进入贵州。1935年1月,中共中央政治局在贵州遵义召开扩大会议,会议对第五次反"围剿"战争进行了总结,明确了毛泽东在中共中央和

① 中革军委:《野战军人员武器弹药供给统计表》,1934年10月8日。

② 国民党中央党史会编:《中华民国重要史料初编——对日抗战时期》,绪编(二),第 403 页。

③ 王多年:《反共戡乱》(蒋纬国总编著之《国民革命军战史》第四部),上篇第四卷,台北黎明文化事业股份有限公司 1980 年版,第 142—143 页。该书第 138 页还记述:陈诚在 10 月 14 日,尚以为红军主力潜伏在宁都、石城以南地区,待机决战,"甚至第一线部队亦未与匪军保持接触,所以匪军何时退却,全然不明"。

④ 朱德、周恩来:《关于我反攻龙布等地获胜及赣南军区要保证我军伤员收容和运输问题致中央军区电》,1934 年 10 月 22 日。

红军中的领导地位，结束了王明"左"倾冒险主义的统治。此后，中共中央、中华苏维埃共和国中央政府机关和中央红军在毛泽东、张闻天、周恩来、朱德等率领下，继续北上，1935年10月胜利到达陕北，完成二万五千里长征。中国革命的大本营，由江西转移到陕北。

二、江西各根据地的丧失与方志敏的就义

中共中央、中央政府和主力红军离开江西之前，决定"留一部分红军和干部在中央苏区来领导地方武装和工农群众以游击战争来保卫苏区"，"使进占苏区的敌人，不能顺利的统治下去，以准备将来配合野战军在某种有利的条件之下进行反攻"。[①]为此，中共中央专门组建了中国共产党中央分局、中华苏维埃共和国中央政府办事处和中央军区，作为担任这一任务的领导机构。

1934年10月中旬，中央分局和中央政府办事处在瑞金梅坑成立。项英任中央分局书记，委员有项英、陈毅、陈潭秋、贺昌、瞿秋白及后来增加的邓子恢、张鼎丞、谭震林、梁柏台、毛泽覃、汪金祥、李才莲等。陈毅任中央政府办事处主任，副主任梁柏台，秘书长谢然之(后叛变)。22日，中央军区在于都宽田成立，项英任司令员兼政委，龚楚任参谋长(后叛变)，贺昌任政治部主任。中央军区直接指挥主力部队红二十四师(师长周建屏、政委杨英、政治部代主任袁血卒，约2000多人)和江西、赣南、福建、闽赣等省军区的地方武装，闽浙赣军区和红十军团名义上也受其指挥。这些武装力量总约3万人，此外尚有主力红军长征时留下的伤病员2万余人。留守部队从10中旬起陆续在长汀、兴国、石城、于都等四个方向接替阵地，掩护中共中央机关和主力红军转移。他们牵制住了在江西的大部分国民党军队(蒋介石仅派出薛岳部和周浑元部两路追击长征红军。因此，国民党军的战史承认，红军在赣南"留置之一部，竟发生牵制国军主力不参加追击的最大的效用"[②])，为中共中央机关和主力红军的成功转移，作出了重大的贡献。

主力红军转移后，军事局势迅速恶化。客观上，留守部队不足以抵挡强大

① 项英：《三年来坚持的游击战争》(1937年12月7日)，中共江西省委党史研究室编《江西党史资料》第1辑，1987年内部发行本，第1—2页。

② 王多年：《反共戡乱》，上篇第四卷，第143页。

的国民党军的进攻,又由于中共中央分局对形势和任务缺乏正确的估计,未能及时改变斗争方式转入游击战争,而是不恰当地照旧采取"过去大规模的作战方式来反对敌人新的进攻",并且"依照军委的指示把瑞金、会昌、于都、宁都4个县之间的三角地区,划为最基本的地区和我们最后的坚守阵地",并将地方的许多游击队扩编成独立团加入作战,以红二十四师为主力配合各独立团在三角地周围阻击强大的国民党军的进攻,以致"遭受了不断的打击和损失"①,中央革命根据地的最后重镇相继失陷:10月14日兴国县城被周浑元部攻占,26日宁都县城被罗卓英部占领,11月2日长汀失落于宋希濂部,10日中央革命根据地首府瑞金被李默庵部攻占,17日于都失落于樊崧甫部,23日会昌被李玉堂部占领。闽西的清流、宁化也先后被攻占。至11月底,中央革命根据地的所有县城及交通要道均告丧失。

江西境内其他各革命根据地,也在国民党军的持续"围剿"下相继丧失:

湘赣革命根据地:红六军团西征后,留在湘赣区的红军兵力仅5个独立团约3千人。在该区首府永新1934年2月失陷和主力红军西征的情况下,国民党军继续集中5个师在地方保安团队的配合下,加紧"围剿"行动。湘赣省委、省苏政府和省军区在以弱小兵力抗击敌军进攻后,决定退守武功山区坚持斗争。1934年10月,湘赣领导机关和所属武装从永新牛田等出发,进入武功山开展游击战争。湘赣革命根据地的基本区域被敌军占领。

湘鄂赣革命根据地:高泳生任师长(高牺牲后由省军区司令员徐彦刚兼)的红十六师,在第五次反"围剿"中与国民党西路军5万多人多次展开作战。终因寡不敌众,1934年1月该区首府万载小源失陷,继而省委、省苏政府、省军区和红十六师于6月间在修(水)铜(鼓)宜(丰)奉(新)边境的龙门山区陷入国民党军包围,在分路突围中,主力红军和省级机关干部共一千多人,大部壮烈牺牲,一部失散,部队"仅剩约一营人"②,"苏区受到敌人蹂躏、摧残,分隔成为十一块,最大的为平江黄金洞,横直二三十里,小块只有几里宽"③。这次作战,"是湘鄂赣苏区第五次反'围剿'斗争失败的标志,使湘鄂赣苏区比中央苏区早

① 项英:《三年来坚持的游击战争》(1937年12月7日),《江西党史资料》第1辑第6页。

② 《徐彦刚、傅秋涛给任弼时、萧克转中央军委的报告》,1935年6月7日。

③ 《中共湘鄂赣省委给弼时同志转中共中央的信》,1935年6月30日。

三个月进入艰苦的游击战争时期”。[①]

闽浙赣(赣东北)革命根据地:1934 年 11 月,红十军团在方志敏、寻淮洲、乐少华、刘畴西等指挥下,继续进军皖南,形成对南京的威胁。在方志敏等率赣东北主力红军红十军外出作战期间,根据地内留守的部队仅两个团及少数地方武装,兵力十分弱小。在第五次“围剿”中,赣粤闽湘鄂五省“剿匪”军预备军总司令陈调元,统一指挥赵观涛、俞济时等中央和地方军队,“以河口为起点,在万山重叠中,借筑碉堡、建公路交互推进,向葛源节节仰攻,历经大小战后”,逐一攻破葛源附近“鳞次栉比之工事”和红军的抵抗,第二十一师梁立柱部于1934年11月28日攻占葛源。[②]赣东北革命根据地至此失陷。

外出作战的方志敏部因兵力弱小,也随即陷入十倍于己的赵观涛等部国民党军的重兵围堵中。寻淮洲在皖南作战中牺牲,1935年1月底,部队在江西怀玉山地区遭到严重损失,军政委员会主席方志敏、红十军团军团长刘畴西、红十九师师长王如痴等在突围中被俘。方志敏等随即被用装甲车押送于南昌监狱。他们在弋阳、上饶和南昌多次被押解到所谓庆祝会上“示众”。一美国记者记载了2月7日在南昌各界“庆祝大会”上示众的情况:“豫章公园周围排列着警察队伍,街上架着机关枪……戴上脚镣手铐而站立在铁甲车上之方志敏,其态度之激昂,使观众表示无限敬仰。周围是由大队兵马森严戒备着,观众看见方志敏后……对此气魄昂然之囚犯,表示无限之尊敬及同情。为时不久,方志敏即被军警押走,因为当局看来,群众态度之静默,殊属可怕。铁甲车已经开走,群众随即开始骚动,表示不平。”[③]方志敏在狱中坚贞不屈,屡屡拒绝国民党蒋介石的劝降,写下《可爱的中国》、《清贫》、《狱中纪实》等不朽篇章,抒发深沉的爱国主义情怀和坚定的共产主义信念,鼓励同志们继续“为争得全中国人民的民族解放和社会解放而奋斗”[④]。他在狱中还写下了《我从事革命斗争的略述》、《赣东北苏维埃创立的历史》等文稿,是记录赣东北革命根据地创建和发展历史的珍贵文献。同年8月6日,他在南昌下沙窝被杀害,时年36岁。方志敏是一位伟大的共产主义战士,为创建赣东北(闽浙赣)革命根据地和红十军,为中国人

① 湖南省社会科学院等《湘鄂赣革命根据地史稿》,湖南人民出版社1982年版,第231页。

② 《中华民国史事纪要》,1934 年 11 月 28 日。

③ 《闽浙赣革命根据地史稿》,江西人民出版社 1984 年版,第 212 页。

④ 《在狱中致全体同志书》(1935 年 4 月 20 日),《方志敏文集》,江西人民出版社 1999 年版第 109 页。

1935年，方志敏与刘畴西、王如痴在南昌狱中（《中国共产党江西历史图志》）

民的解放事业建立了卓越的功勋。他牺牲后，长期受到人民的景仰和纪念。

三、游击战争的坚持

南昌行营在完成攻占革命根据地重镇目标后，于1934年11月20日宣告撤销北、东、南、西四路军和预备军战斗序列，紧接着部署对红军游击队的“清剿”。11月24日，南昌行营发布电令，设立江西、福建两大绥靖区，江西方面，以原北路军总司令顾祝同为驻赣绥靖主任，全省划分为8个绥靖区，依次以孙连仲（辖4师1旅）、刘兴（辖4师2旅）、毛秉文（辖3师）、陈继承（辖3师4旅1宪兵团）、谭道源（辖3师1保安团）、余汉谋（辖11师1旅）、张钫（辖2师）、赵观涛（辖5师3旅1保安纵队）为第一至第八绥靖司令官；陈诚为驻赣预备军总指挥，罗卓英为副，辖4个纵队，依次以樊崧甫（辖第六、七十九师）、罗卓英（辖第十一、十四、六十七、九十四师，第一一七、一一八旅）、汤恩伯（辖第四、八十八、八十九师）、刘绍先（辖第四十三、九十七师）为纵队指挥官，从12月1日开始进行“清剿”[①]。以

① 王多年：《反共戡乱》，上篇第四卷，第116页。福建方面，以原东路军总司令蒋鼎文任驻闽绥靖主任，划分4个绥靖区，由刘和鼎、卫立煌、李延年、王敬玖分任各区司令官，以卫立煌兼任驻闽预备军指挥官。

康泽为总队长的别动总队继续随军行动。

顾祝同立即将总部由临川移设吉安，指挥对江西的“清剿”。按照南昌行营27日发布的《赣闽两省绥靖计划》[①]，规定预备军各纵队，负责“清剿”赣南、赣东北、赣鄂边、湘赣边各地红军游击队及构筑主要碉堡、公路等任务，各绥靖区部队负责守备、绥靖、组训民众、办理善后等任务。据项英记载，“其清剿方式继续筑单线碉堡，分割我苏区成许多小块，集中相当兵力分开清剿，以企图各个击破我军。其战术以扼要堵击，分进合剿，夜行夜袭，轻装跟进，(并)组织民团、编保甲配合清剿”[②]。

12月，陈诚首先以4个师集中“清剿”红军江西军区部队，将中共江西省委、省苏维埃政府和省军区及其所属部队2000余人围困于宁都小布地区。中共中央分局所在的“三角地区”，也被10多个师的国民党军围困压缩成南北长百里、东西宽六七十里的狭小地域。下旬，中共中央分局接受陈毅等人的意见，决定适应敌情变化和主力红军不可能再回江西的现实，转变战略策略，发动群众展开游击战争以对付“清剿”。项英、陈毅等中共中央分局和中央政府办事处领导认识到，“领导游击战争是党当前的唯一中心任务”[③]，他们将张鼎丞、邓子恢、陈潭秋、谭震林、阮啸仙、胡海、钟循仁、赖昌祚、李鹤鸣、罗孟文、李乐天、王孚善、杨尚奎、刘新潮(刘建华)等一批高级干部，分派到闽西和赣南、赣西各地领导开展游击战争。同时进行了动员群众、坚壁清野和疏散安置2万余伤病员等大量工作。这些转变，揭开了其后英勇坚持三年游击战争的序幕。同时，由于转变还是初步的，因此在如何使用主力部队问题上一时失当，未能及时下决心将部队也分散展开游击战争，而是仍然集中在“三角地区”与国民党军对抗。1935年1月，在宁都、瑞金之交的洋陂和赣县的牛岭，红二十四师两次与敌军发生激战，部队“遭受最严重的惨败”，师长周建屏负伤，减员达3000多人，超过扩充前该师的全部人数。牛岭之战失败，破灭了在“三角地区”粉碎“清剿”的意图，成为结束中央分局“大兵团作战的最后一仗”[④]。中央分局至此只有突围

---

① 详见王多年：《反共戡乱》，上篇第四卷，第117—118页。

② 《项英致朱德电》(1935年1月)，中共江西省委党史研究室编《江西党史资料》第2辑，1987年内部发行本，第101页。

③ 《目前敌人清剿形势与党的紧急任务——项英同志在瑞西瑞金两县活动分子会上的报告》(1934年12月29日)，《江西党史资料》第2辑，第94页。

④ 项英：《三年来坚持的游击战争》(1937年12月7日)，《江西党史资料》第1辑，第12页。

图左为江西信丰油山的宋代古塔——上乐塔，是红军游击队的秘密交通站；右为国民党军“清剿”赣粤边梅山地区时，陈毅藏身此山洞并写下《梅岭三章》的著名诗篇(《中国人民解放军历史图片选集》)

分散一途。2月4日、5日，项英两次致电中共中央，请示是否转移和“分散游击及整个部署”问题①。

2月中旬，中央分局得到中共中央书记处关于立即改变组织方式与斗争方式，组织短小精干的游击队广泛开展游击战争的电示后，指挥被敌包围在于都南部的近万名武装队伍和党政人员分9路突围，实行分散游击。3月10日，项英、陈毅等最后从于都上坪开始突围。在整个突围分散的行动中，瞿秋白、何叔衡、贺昌、梁柏台、毛泽覃、李才莲、周以栗、阮啸仙、杨英、刘伯坚等一批著名的领导人和大部分红军指战员壮烈牺牲或被捕后遭到杀害。

4月初，项英、陈毅等冲破层层封锁，辗转到达赣粤边境的江西信丰县油山，先后与李乐天、杨尚奎、蔡会文、陈丕显等会合。他们以这一地区为中心，反复抗击国民党军的“搜剿”、“抄剿”和龚楚等叛徒的破坏，领导坚持了赣粤边三年游击战争，将以油山、北山为中心的游击区，扩大到“三南”(龙南、全南、定南)地区。赣粤边游击区成为南方三年游击战争时期的中心区。与此同时，在江西境内建立的游击区主要还有：

闽赣边游击区：该游击区位于福建长汀县和江西瑞金县边区，包括瑞金县

① 《项英致中央、军委电》(1935年2月4日)，《江西党史资料》第2辑，第114页。

大部、会昌县和石城县各一部和长汀县的古城、四都地区，也称汀瑞边游击区。在中共中央领导机关和主力红军离开这一地区北上后，中央分局即部署在该地开展群众性的游击战争，曾阻滞了国民党军的进攻。随后，中共闽赣省委书记赖昌祚被派来组建瑞西特委和军分区，领导游击战争。赖昌祚与钟天禧、刘连标、杨世珠、钟德胜、彭胜标、胡荣佳等，领导军民艰苦抗击国民党军的分割"清剿"和严密封锁，在较其他南方游击区相对狭小的区域内，经受了红军游击队一度濒临绝境的考验，最终经过顽强的三年斗争迎来了新的局面。[①]

皖浙赣边游击区：红十军团失败和闽浙赣(赣东北)革命根据地失陷后，粟裕、刘英率一部分突出包围的部队组成挺进师，开辟了浙南游击区；关英(中共闽浙赣省委书记)、唐在刚(闽浙赣省军区司令员)率部转入三省边区开展游击战争。后来，关英、唐在刚等将游击战争的重心转向皖赣边区，开辟了以婺源鄣公山为中心的游击区域，并将中共闽浙赣省委和游击区，改名为皖浙赣省委和皖浙赣游击区。该游击区地域宽阔，包括三省边界的数十县，先后形成了赣东北、鄣公山、皖赣边、上浙皖、下浙皖等几个游击根据地，"发展了各地党的组织，保存了党的基本力量"[②]。

湘赣边游击区：该游击区位于湖南东部、江西西部边境，北邻湘鄂赣游击区，原为湘赣革命根据地。1934 年 10 月中共湘赣省委书记陈洪时、省军区司令员彭辉明率部转入武功山区，"湘赣军民进入了以武功山为主要依托，以整个武功山区为回旋余地的游击战争时期"[③]。面对严酷的"清剿"，在彭辉明于 1935 年 2 月牺牲、陈洪时不久叛变后，谭余保(中共湘赣临时省委书记兼军政委员会主席、游击司令部政委)、龙珍、刘培善、段焕竞等领导游击区军民坚忍不拔，继续斗争，几经曲折，胜利坚持了湘赣边三年游击战争。

湘鄂赣边游击区：该游击区位于湖南东北部、湖北东南部和江西西北部边区，以湖南平江、浏阳和江西铜鼓、修水一带为中心，地域涉及 20 多县农村。经历 1934 年 6 月的严重失败后，中共湘鄂赣省委、省苏政府和省军区负责人陈寿昌(后牺牲)、傅秋涛、徐彦刚等返回平江黄金洞，继续领导斗争，动员扩红，很快重建了红十六师，并主动击敌毁碉，到 1935 年上半年迅速恢复了老根据

① 阎景堂主编《南方三年游击战争史》，解放军出版社1997年版，第75页。

② 邵式平等《闽浙皖赣(赣东北)党史》(1945 年 3 月)，中共福建省委党史研究室等编《闽浙皖赣革命根据地》，中共党史出版社 1991 年版，下册，第 34 页。

③ 《湘赣边三年游击战争》，《江西党史资料》第 22 辑，第 6 页。

1938 年,南方游击战争的部分参加者在南昌合影。前排左起:张云逸、叶飞、陈毅、项英、黄道;后排左起:顾玉良、沈冠国、温仰春、曾昭铭、李步新 (《中国共产党江西历史图志》)

地并开辟了新的根据地,一时出现比较兴盛的景象。6 月,南昌行营从"清剿"中央革命根据地的部队中,抽调汤恩伯、樊崧甫两纵队转到湘鄂赣边区作战,红十六师在重兵围攻下再遭严重损失,师长徐彦刚负伤后被敌杀害。8 月下旬,陈诚部署樊崧甫部 3 个师及驻平江、浏阳各部队,汤恩伯部 3 个师又 3 个旅,谭道源部 5 个师及九江警备司令陈雷部,对湘鄂赣区进行分区"清剿"。其中谭道源部、陈雷部及汤恩伯一部,负责对赣北地区的"清剿"①。此后,湘鄂赣中共组织和红军在傅秋涛、方步舟、严图阁、钟期光、刘玉堂、明安楼、涂正坤、邓洪、谭启龙、江渭清等领导下,化整为零,在三省边区的广大地域内,顽强地坚持了三年游击战争。

1935 年 10 月 18 日,国民政府以大规模"清剿"任务基本完成,下令裁撤驻赣绥靖公署,绥署主任顾祝同调任军事委员会委员长四川行营主任。在江西的各正规军,绝大部分也先后调离,与红军游击队的作战,此后主要由江西保安团队担任。

① 《湘鄂赣边区剿匪军预备纵队剿匪实纪》,1935年。原件存江西省档案馆。

1937年抗日战争爆发后,项英、陈毅等执行抗日民族统一战线的政策,下山与国民党当局谈判合作抗日。随即,他们率领坚持赣粤边、闽赣边、皖浙赣边、湘赣边、湘鄂赣边与南方其他地区游击战争的红军游击部队,一道整编为国民革命军新编第四军,投入全民族抗战的时代洪流。

三年游击战争的坚持富有重要意义。它不但在初期吸引了几十万国民党军,有力地掩护和策应了中共中央领导机关和主力红军的战略转移,而且在其后三年的艰苦转战中,为中国革命和中华民族保存了一批骨干力量,锻炼出一支坚强的革命武装,如同经过长征的红军发展为强大的八路军一样,这支武装在全面抗战爆发后,汇合成为驰骋大江南北的新四军[①],继续投身于中华民族和中国人民的解放事业。

第五节 江西革命斗争的历史意义

中共领导的以中央革命根据地为大本营的土地革命斗争,在近代中国社会改造和发展的进程中,具有重要的历史意义。

第一,江西革命根据地的创建和土地革命的开展,是中国共产党在农村地区领导的一场社会更新运动。根本变革半殖民地半封建的社会形态,解放和发展生产力,建立新中国,是近代以来先进的中国人长期奋斗的目标。中共领导的土地革命,至少在三个方面将这个进程推向新阶段:一是以马克思列宁主义的社会革命理论为指导,开辟了农村包围城市、武装夺取政权的中国革命道路;二是创建了工农民主政权,确立了工农群众在社会革命中的动力地位,广泛地动员了人民群众,为中国革命提供了不竭的力量源泉;三是坚决变革封建土地所有制及依附其上的所有社会旧制,促成了革命根据地范围内一切现存社会关系的革命转化。因此,尽管它仅是阶段性和区域性的运动,但就其目标和实质而言,却初步展示了中共在江西土地上改造社会的思考和探索,构成了中国历史发展的一段特殊行程。

第二,中华苏维埃共和国,可以说是中华人民共和国的"雏形",与新中国

① 阎景堂主编《南方三年游击战争史》,解放军出版社1997年版,第11页。

之间具有血脉相连的关系。正如一些著名学者所指出，要把中华苏维埃共和国放到历史的长河中去考察，虽然它在政策上确实存在严重的“左”倾错误，但它所坚持的劳动人民翻身做主人、反帝反封建以及在国体、政体、国民经济构成、阶级分析、社会改革等重大原则问题上的一系列正确主张，它在土地革命中所起的合法中枢的指挥作用，及其在此过程中初步积累起管理国家的经验，培养出一批治国安邦的人才，形成的一种优良传统，都说明它的“历史性功绩应该是第一位的，它的错误是第二位的”[①]。有这样一个统计很能说明问题：中华苏维埃共和国的两届中央执行委员，包括了中共当年在全国各地的几乎所有的领袖人物；中共第一、二代领导集体成员毛泽东、周恩来、刘少奇、朱德、张闻天、任弼时、邓小平、陈云、叶剑英、胡耀邦、杨尚昆等，当年都是在中央革命根据地叱咤风云的主要或重要领导人；新中国成立后担任从国家主席到省部级职务的党政军领导干部，有140多人当年在江西革命根据地工作和生活；1966年前授衔的人民军队将领，10位元帅中的9位（朱德、彭德怀、叶剑英、聂荣臻、刘伯承、罗荣桓、陈毅、贺龙、林彪），10位大将中的7位（陈赓、粟裕、张云逸、萧劲光、罗瑞卿、黄克诚、谭政），以及61.4%的上将、59.3%的中将、32.3%的少将，曾在江西这块红土地上历练成长。

第三，中共在江西革命根据地的实践和经验，不论是积极的成果还是深刻的教训，都为中国历史的未来发展提供了富有价值的思想财富和经验借鉴。客观地看，革命根据地的斗争留下了许多富有创造性的成果和经验。在理论上，提出了革命前农村社会结构和社会性质的封建性问题，农民在政治上受压迫、经济上受剥削的现实和原因问题，中国革命的对象、动力、道路、当前目标和未来方向问题，等等，简言之，即建立和如何建立一个新社会的问题。中共关于这些理论的思考及其实践，构成了中国新民主主义社会革命理论体系中的重要内容。在实践上，初步进行了对革命根据地内农村社会的改造，不但尝试建立了一种全新的社会秩序，部分改变了农村的社会关系和农民的生存状况，而且在社会和人民中提倡了一系列全新的思想观念，诸如人民当家作主思想、社会平等意识、公平观念、创造精神、婚姻自由和保护儿童原则、文明卫生观念、严禁烟赌嫖盗和反对封建迷信等等，这些精神和原则具有久远的社会价值。农民在革命根据地斗争中出现的变化和显示的才能，革命根据地文化教育的政策

① 金冲及：《中华苏维埃共和国的历史地位》，《党史文苑》2000年增刊《中华苏维埃共和国与新中国五十年论文专辑》，第5—8页。

和成绩，就是与中共持不同政见的人们也为之感叹和赞佩。土地革命斗争的理论和实践的成果，在当时，转化成了支持中国革命行进的动力；在其后，为抗日民主根据地、解放区和中华人民共和国所传承，不断得到丰富和发展。

土地革命斗争中当然也存在深刻的矛盾和教训，这主要表现在社会模式和社会政策两个方面。土地革命是在苏维埃社会模式下进行的。在没有现成经验而社会革命成为当务之急时，苏维埃模式的引用固然有其历史的合理性，但也应承认，它不是新民主主义性质的政权与社会模式，与中国社会的实际或者说中国革命的客观要求并不大适应。反映到社会政策上，也就必然产生矛盾和错误。毛泽东在总结江西斗争历史时指出，对于在苏区政权管辖下一切带资本主义性的社会阶层，没有采取不同的政策；对于农民和城市下层小资产阶级以外的一切社会成分，执行了所谓"一切斗争"的政策；后期在土地政策方面，否定前、中期也分配给地主一份和农民同样的土地使他们从事耕种，以免流离失所或上山为匪破坏社会秩序的正确政策等，都"是错误的"①。至于实践方面，也有浮躁过激、强迫命令（如强制性烧菩萨剪头发和对信迷信群众的过重处罚）、断然否定历史联系等问题。1935 年始，中共适应抗日斗争的任务和形势，对苏区的政权和社会模式连续进行审察，先后作出了改变苏维埃共和国模式、"取消苏维埃制度"的重大决策②。抗战时期，又对10年土地革命的经验进行了认真的总结，将其作为"最好的和最切近的参考"，促成了思想理论和实践的重大进步。在中国革命取得胜利的诸因素中，无疑既有对土地革命经验的继承和发挥，也有对那时教训曲折的吸取和鉴戒。

第四，江西斗争的影响远远超出了革命根据地的范围，加深了南京国民政府和各界人士对社会现状尤其是农村农民问题的关注。南京政府自然反对土地革命，但这场运动对国民党中央和地方当局的直接间接影响却无法否定。这主要是，尽管在红军长征后，恢复了地主阶级的统治和地主土地所有权，还乡地主劣绅在乡村进行了残酷的报复和掠夺，但国民政府对农村农民的认识和政策较之以前也不得不有所变化。例如，承认"近年农村破产，民生凋敝已极"③，及农民

---

① 《毛泽东选集》，第3卷，人民出版社1991年版，第792页。

② 《中央关于西安事变和平解决之意义及中央致国民党三中全会电宣传解释大纲》（1937 年 2 月 15 日），中央档案馆编《中共中央文件选集（1936—1938）》第 10 册，中共中央党校出版社 1985 年版，第 138 页。

③ 孔祥熙：《在第二届全国财政会议上的闭幕词》，1934 年 5 月 27 日。

对国民党的期望"渐见其淡薄"的现实,因此在恢复原革命地区的旧秩序时,对农民的要求不得不有所顾及,对地主阶级也有所限制,如表示要矫正"耕农与地主之对立"的"弊失"①,规定地主占田不得超过200亩,放债年利率不得超过一分二厘,直接授予佃农一定量的土地,还搞了一点农村合作、贷款、救济之类活动。这些措施的作用固然不能夸大(有的并未落实),但也不能完全否定。更为明显的是,土地革命进一步促进了国内各派各界乃至世界人士对农村农民问题的关注,更多的人发出了对农村农民问题严重性的呼吁。他们认为土地革命兴起之区"大都是业佃关系恶劣的地方",指斥地主阶级的残酷的地租和高利贷剥削,痛骂各级各层贪官污吏对农民的惨烈宰割,要求整肃"无官不贪"的紊乱政治和土豪劣绅这类"无形之匪",救助农村和农民。甚至国际联盟农业专家在江西考察时也指出,地主土地所有制是农业危机和群众不满的核心。因此,许多明智人士形成了解决农民问题是"解决中国整个社会问题的根本关键"的共识②,并进一步提出了解决土地问题的主张。当时,这种主张大体有三类:一是乘红军撤出、土地所有权变动不定之机,将土地一律收归国有;二是由各省政府发行公债收买土地;三是国家出钱收买,分给人民耕种。这些主张最终被国民党当局视为"偏于理想,无补实际"不予采纳,但国民党退台后却正是通过发给地主债券和股票征收土地而解决土地问题的。显然,这些有感于土地革命而发的见解,客观上有利于农村和中国社会的改造,是具有积极因素的。

---

① 中国国民党五届一中全会:《关于今后党务工作纲领案》,1935年12月7日。

② 《抗战前十年之中国》(一),台北文海出版社,第406页。

第五章

七年内战与三年建设

1927年夏到1937年夏的10年，内战和建设两种情形，在江西交替出现。中国共产党以江西为大本营创建革命根据地、领导土地革命的斗争，作为现代中国发展另一条道路的探索，形成对执政的国民党的严重挑战。因此，国民党出动大军，从以小规模为主的地方性作战到由中央主导指挥的大兵团军事进攻，对中共和红军进行长期的反复的作战。江西省在1927年起的七年中，成为国共两党战争的主要战场之一。期间，国民党中央和国民政府的许多大政方针和重要决策，是在江西等地针对着革命根据地作出的，其中不少明显地受到革命根据地政策的深刻影响；国共两党的活动尤其是建国方向与治理方略，也围绕着战争的行进，得到充分的展示和实践。国共两党以"围剿"和反"围剿"的军事作战形式进行的斗争，对中国历史和国共两党，以及对江西的经济社会发展产生重大的影响。1934年10月红军长征后，当局继续进行"清剿"红军游击队，但"善后"与建设成为当时的主题。江西在省政府主席熊式辉的主持下，收拾残破，力行革新，大吹建设之风，取得了较为瞩目的成绩，为其后到来的抗日战争，奠定了一定的基础。

第一节
派系矛盾与联省“会剿”

一、朱培德治赣与联湘“会剿”

1927 年冬完成省政统一后,朱培德完全掌握了江西政权。1928 年 2 月 9 日,在南京参加完国民党二届四中全会后,他致电民政厅长杨赓笙,宣称江西进入训政时期,下令对各县县长和公安官吏实行分期调考,以定去留;军队人员亦须经考试、录用后方能从事行政。朱培德在南京中央宣布训政时期开始之前半年提早行动,表明了他希望改变军人主政形象、建立地方行政系统以稳固统治秩序的意图。但江西政局的实际状况,却是风生水起,极不稳定。中共的武装割据和国民党内部的派系矛盾,始终成为朱培德无法解决的两大问题。

朱培德最初意欲以严厉的清共来树立统治权威。继针对南昌起义的严厉清共后,1927 年 12 月 29 日,又以省政府名义通令全省 81 县严厉捕杀共产党,“准就地枪决,事后呈报”。但杀戮不但未能达到镇压目的,反而激起共产党人的坚决反抗,1928 年春节前后,中共江西省委在赣西、赣南、赣东北和赣北各地农村,连续举行武装暴动,毛泽东领导的工农革命军和朱德领导的南昌起义余部,也先后进入江西,江西出现井冈山等多块革命根据地。这些根据地的建立,给朱培德的统治带来巨大的威胁。出动本省和联络邻省军队“会剿”井冈山、赣西、赣南和赣东北革命根据地,成为他的一项主要政务和军务。

朱培德对井冈山革命根据地的“进剿”始于 1928 年 2 月。2 月到 6 月为赣军单独“进剿”阶段,期间朱培德先后组织 4 次“进剿”行动,“进剿”兵力主要是其第二十七师杨如轩部、第九师杨池生部。4 次“进剿”均遭失败,特别是在第四次“进剿”的永新龙源口作战中,“两杨”虽然派出了“战斗力最强,都系老兵,技术熟练”的部队,与红四军的作战部队兵力相当,并发生“江西所谓[未]经过的大战”,“其间进退周旋,经过许久的肉搏”,终被红军全面击溃,杨如轩败退逃跑,官兵死伤数百,被俘甚多。[①]“不费红军三分力,打败江西两只羊”,说的就

① 《杨克敏关于湘赣边革命根据地情况的综合报告》(1929年2月25日),江西省档案馆编《井冈山革命根据地史料选编》,第115页。

是这次作战。红四军取得龙源口大捷、第四次击破江西敌人进攻之后，井冈山革命根据地进入“全盛时期”①。7 月到次年 1 月，为湘赣两省“会剿”阶段。朱培德连续“进剿”失败后，在蒋介石督促下进一步联络湖南力量进行“会剿”。期间两省先后举行了 3 次“会剿”，前两次“会剿”虽趁红四军主力出击湘南占领了一些地方，但结果仍为红军所败。第三次“会剿”规模最大，在萍乡组成了由湖南何键任总指挥、江西金汉鼎任副总指挥的“会剿”总部，两省出动兵力达 18 个团，最后因为红军守山兵力太弱，才终于占领了井冈山。总的说来，湘赣两省对“会剿”的态度并不一致。由于地盘、利益的关系，江西对红军的行动“要较湖南激进”，大体上“一个是急求剿清共匪，一个只在敷衍了事”，“又因为两省军队，都吃过红军的亏，都惧怕红军的勇敢，所以作起战来总只是江西军队则望湖南军队先向前，碰钉子，他们坐收渔利。湖南的军队也同样的作如是观，所以两省军队的‘剿’而难‘会’，就是这个利益不一致的原因”②。

朱培德的统治也受到统治阶级内部派系斗争的掣肘。在中央，蒋介石对他并不完全信任，虽然仍由他统辖江西政权，却又在军事和党权上不时给他制造障碍进行限制。朱培德的统治资本是已扩编成两个军的云南军队(第五路军，辖第三、九军，朱培德为总指挥)，“政治方面没人操旗呐喊”③。1928 年 3 月，蒋介石抽调第三军的八、九两师和三十一军(原第九军)的二十七、二十八两师到津浦线参加对奉系军阀的北伐，朱培德本人随即也被调为第一集团军前敌总指挥，随蒋介石指挥北伐。朱以退为进，当即向国民政府表示要辞去江西省主席。北伐中，朱部有战功也颇有损伤。返赣后损伤没有补充，却在裁军中两个军被裁编为第七、十二两个师，实力由是更弱，朱培德的军权无形中也被削弱。另一方面，在朱培德离赣北伐期间，国民党中央党部派遣党务指导委员来赣，控制党权。

江西党务，在国民党江西当局厉行反共清党时，多数地方的国民党组织也因共产党员的被捕杀或离去而陷入坍塌。其后，朱培德曾任用萧淑宇、刘文涛、刘侃元等改组派(成立有江西支部，属于汪精卫、陈公博一派势力)人物掌控党

① 毛泽东：《井冈山的斗争》(1928年11月25日)，《毛泽东选集》第1卷，第61—62页。

② 《杨克敏关于湘赣边革命根据地情况的综合报告》(1929年2月25日)，江西省档案馆编《井冈山革命根据地史料选编》，第112页。

③ 《中共赣西特委给江西省委的综合报告》(1929年4月)，中央档案馆、江西省档案馆编《江西革命历史文件汇集(1929年，一)》，1987年内部印行本，第114页。

务，旋因倒向蒋介石的第三军军长兼南昌卫戍司令王均的驱赶，江西党务再现空虚。按照国民党二届四中全会整理党务案的决议，国民党中央于 1928 年 3 月 31 日任命邹曾侯、王镇寰、王礼锡、贺扬灵、洪轨、周利生、萧赣、陈礼江、刘抱一等 9 人为江西省党务指导委员会委员，来赣主持党务。这些人，大多是上一年由江西逃走的原 AB 团分子（王礼锡后来转变为进步作家），又都是江西人。5 月，这个委员会在南昌正式成立，由邹、王、王任常委，周、陈分任组织、宣传部长，代行省党部职权。控制党权后，他们进一步觊觎政权，以“赣人治赣”为口号在省内外掀起一场声势浩大的攻击朱培德的运动。在省外，原 AB 团首领、在南京任职的段锡朋等利用南京、上海的江西同乡会“大开其救乡会，直言不讳地说今日的江西是云南老［佬］的江西，如今府库的空虚，共匪的猖獗，人民的不安，都是朱培德、王均、黄实把持省政府的结果”①，在上海广散传单并登报攻击第五路军和江西省政府，要求南京政府改组江西省政府，调走朱培德的军队，另编省防军维持治安，“以江西最有声望、最有军事经验、最有政治能力的人”（指李烈钧、刘峙）来主持赣政。在省内，他们以中央嫡系自居，到处张贴“反党务指导员即反中央”、“反党务指导员即反革命”等标语，拉拢各地青年，快速恢复组织力量，基本掌握了各县党部指导委员会、靖卫团和一部分县政权，并在省党政权力上与朱培德势力相争，曾以“反抗中央，破坏党务”为名，取得南京支持罢免朱培德派的两个省政府委员。这样，以 AB 团分子为主体掀起的“赣人治赣运动，大有飞黄腾达之势”，对朱培德的统治形成严重挑战，在国民革命后期已经存在的江西国民党各派系纷争（江西尚有改组派、第三党、大同盟的势力），趋于激烈。纷争的实质，是对江西省党政权力的争夺。

面对 AB 团的锐利攻势，掌握军政权力的朱培德自然不甘示弱。一方面，他采取以退求进策略，先后三次向南京政府请辞省主席之职，但都受到慰留，而打破了赣人治赣的企图。同时，在他北伐期间，让江西籍人并与李烈钧关系密切的杨赓笙代行省主席职权，用以缓和赣人治赣的情绪和压力。提出江西训政计划，落实中央政府县组织法的实施期限，制造江西政治已上轨道的迹象，拆解要求改组省政府的借口。另一方面，朱培德联合改组派、第三党乃至大同盟的力量反击 AB 团，争夺党权和民众尤其是青年。他们宣称，要想江西走上

① 《中共江西省委给中央的综合报告》（1928年4月15日），中央档案馆、江西省档案馆编《江西革命历史文件汇集（1927—1928年）》，1986年内部印行本，第203页。

训政大道，只有打倒AB团才是唯一出路，在全省各地煽起反AB团风潮，指斥南京中央委任的党务指导委员为“把持党务，专谋私利，破坏纪律之著名党蠹”①，迫使其或不能入赣、或入赣而先后离去，甚至在九江枪毙了9个AB团分子，全省一度“反AB团的空气比反共还紧张”，因而AB团势力在朱培德主政期间，在省一级无甚优势，大体形成AB团因缺乏武力支持而无法分享政权、朱培德因AB团受到南京保护也不能控制党权的态势。其后果则是，由于派别纷争，几年间，江西党部与政府之间、党员之间、党部委员之间、县市与区乡党部之间以及党部与民众团体之间“闹意见，互相轧轹，闹个不休”②，全省国民党党务实际上陷入混乱状态。1929年7月，国民党中央特派员黄宇人考察江西党务情况后指出：“江西党务因纠纷迭起，指委几经更动，而一部分下级党部及民众团体，又间有不守纪律、对省指委个人加以攻击者，使省指委会工作不能顺利进行，省县正式党部至今尚未成立，中央深以为憾。”③这就是当时的实际状况。

朱培德主赣两年半，军事上先后对外参加过宁汉战争、北伐战争和蒋桂战争，对内或独自或联合湘闽“会剿”江西各革命根据地。行政上曾经设立吏治训练所，训练县长及其他县政人员，基本上按照县组织法的施行期限，如期完成了县政府的改组和划定、成立区公所的工作（划定与成立村、里、闾、邻的工作尚未来得及做）；进行过一些建设，如规划修建江西境内第一条长途公路——赣粤公路，任内修通了南昌至莲塘段，开办裕民银行，组织土地局拟清丈土地，整顿税收和瓷业，裁撤部分厘金及统税；实行特种消费税制等。这也反映出朱培德在执掌一省之政后，期望有所建树。

但是，朱培德面临的困难是用兵频繁而军力不足，军费浩大而财力短绌，每年实际收入不足预算（1500万元）的一半而财政濒临破产。因此，他更下力气做的事情是，以办理靖卫团和联保联坐办法来弥补军力，以鸦片公卖、征收1925至1927年积欠田赋、增加苛捐杂税、摊募二五国库券和向商会勒借等办法来解决财政军饷。据记载，从1928年4月起，省政府规定城市住户、旅客、教员和学生等，实行五家联保联坐；农村各地组织靖卫团，并实行十家、五家或三

① 《江西党务停顿之索隐》，《广州民国日报》1928年6月15日。

② 《尹部长在召集谈话席上之演词》，《江西民国日报》1931年8月22日。

③ 《中央黄特派员视察本省党务后之意见》，《江西民国日报》1929年7月19日。

家联保联坐。[①]当时,全省约有靖卫团1万人左右,枪械6000支左右,在赣南、赣西和赣东北有红军的地区,“靖卫团已经布满了各县市和乡村”,大一点的县都有“二百条枪以上”[②]。另一方面,朱培德想方设法增加收入的结果,继续引发滥印钞票和增加苛捐杂税。1928年夏,全省除正税外,杂捐杂税已增至10多种,有烟酒捐、落地税、二五附加税、市政捐、一五抵补捐、北伐房捐、北伐盐附捐、煤油附捐、二五国库券、灯捐、靖卫团捐、人头捐、喜丧捐等,“各县的捐税为着办靖卫团更是层出不穷”。货币的贬值和苛捐杂税的增加,极大地加重了民众的负担,“因此一般农工以及市民对于政府非常厌恨,异口同声地说‘国民党还不如北洋军阀’,‘朱培德王均比邓如琢、郑俊彦还要厉害……’,‘这就是革我们老百姓的命’”[③]。江西民众对朱培德很是不满,推举代表到南京,要求国民政府改组江西省政府。

二、鲁涤平治赣与三省“会剿”

1929年9月,南京国民政府下令改组江西省政府,朱培德调任军委会参谋总长,任命鲁涤平、王尹西、陈家栋、张斐然、蒋笈、路孝忱、林支宇、熊育钖为江西省政府委员,指定刚被桂系赶下台的湖南省政府主席鲁涤平为主席,以王、陈、张、蒋分任民政、财政、建设、教育厅厅长,由此开始了湘系官僚对江西的统治。

鲁涤平当政期间,社会危机又有加深。这时,鲁涤平面临的最大威胁是工农红军的发展。毛泽东、朱德率领红四军转战赣南闽西,已经基本上将赣南赣西根据地连成一片,方志敏领导的赣东北以及湘赣、湘鄂赣根据地也已颇具规模。鲁涤平在给国民政府的呈文中说,全省“属县八十有一,无县无共匪,全省疆土,三分之一已隶赤色版图”。国民党江西省党部的报告更有详细的统计:“江西完全匪化者三十三县,半匪化者二十一县,余匪未清者二十县。总而言之,江西安全无事者,只有南昌及其附近数县。”特别是1930年夏,红一军团由

① 《白色恐怖中江西各县死亡人数》(1928年),中央档案馆、江西省档案馆编《江西革命历史文件汇集(1927—1928年)》,1986年内部印行本,第347页。

② 《中共赣西特委给江西省委的综合报告》(1929年4月),中央档案馆、江西省档案馆编《江西革命历史文件汇集(1929年,一)》,1987年内部印行本,第113页。

③ 《中共江西省委给中央的综合报告》(1928年4月15日),中央档案馆、江西省档案馆编《江西革命历史文件汇集(1927—1928年)》,第208页。

赣南北上，连续攻克多个县城、兵临南昌，震惊全省，严重威胁着鲁涤平的统治。鲁涤平起初也颇有点踌躇满志，表示要“拿湖南的屠杀经验来肃清江西的共匪”[①]，刚上任即亲自兼任江西清乡总局主任，制定过由城市到农村、先赣西后赣南等所谓“分区清剿匪共”计划和清乡计划，并配合福建、广东、湖南、湖北等省实行三省“会剿”。但以金汉鼎为总指挥的赣闽粤三省“会剿”，于1930年春以唐云山旅在吉安败北和金汉鼎部丢失大余、南雄等地，被红四军轻松打破；以武汉行营主任何应钦节制指挥的湘鄂赣三省“会剿”，自1930年8月开始后，除了会议和计划以及进占因红军主动放弃的吉安城外，也没有更多成绩。鲁涤平悬赏10万银元“缉拿”毛泽东、朱德[②]，当然只留下笑柄。至于所谓清乡，实际情况是“各县很少办理，有的举办了亦没有良好的成绩，差不多均被土豪劣绅操纵了，情弊百出：一、寻仇报复，二、乘机诈财，三、巧立名目，多事勒索，四、诬良为匪，贿买贿放，五、扰乱乡村，无所不为。而各县县长又多庸懦不堪”[③]。因此，鲁涤平深感“入赣以来，日夜剿匪，心神交瘁”，不能“贯彻铲共主张”，于是连电国民政府请辞江西省主席职务，“以图自赎”[④]。

统治阶级内部的矛盾也继续恶化着施政的环境。继蒋桂、蒋冯新军阀战争之后，这时复有两广(张发奎、李宗仁)联手出兵反蒋的作战以及蒋冯阎中原大战。江西驻军被蒋介石抽调近两个师分别加入作战，省内兵力空虚，只能集中防守南昌、吉安、赣州等几个中心城市。鲁涤平带湘军一个师(以张辉瓒为师长的第十八师)入赣，驻守赣南闽西的第十二师(滇军)师长金汉鼎对其并不买账，蒋介石任命金汉鼎为赣闽粤三省“剿匪”总指挥，又任命张辉瓒为江西全省“剿匪”总指挥节制所有驻赣部队，使滇湘两系矛盾加剧。朱培德离赣和鲁涤平入赣，同时又使原来的赣滇矛盾转变为赣湘矛盾，江西地方势力由是将攻击矛头转向鲁涤平，他们以湘系连吃败仗、无力“剿共”作为“驱逐湘系的理由”，“到处酿成了一种反客籍军阀斗争，在南京组织救赣委员会，发表宣言痛骂鲁涤平的剿匪不力”[⑤]，并再次纷纷请求南京政府派江西人刘峙回省主政，致使“赣人

① 《中共赣西南特委刘士奇给中央的综合报告》(1930年10月7日)，中央档案馆、江西省档案馆编《江西革命历史文件汇集(1930年，二)》，1988年内部印行本，第64页。

② 《悬赏十万缉拿朱毛》，上海《民国日报》1930年8月1日。

③ 《何委员人豪报告巡视各县情形》，《江西民国日报》1931年1月20日。

④ 《南昌社会局长熊国华竟列名共党，鲁涤平主张严惩》，上海《民国日报》1930年8月17日。

⑤ 《中共赣西南特委报告——江西政治形势及一、三军团来江西作战意见》(1930年10月25日)，《江西革命历史文件汇集(1930年，二)》，第117—118页。

治赣的声浪"再度"非常高涨"。由江西人掌控的省党部,则致电在省外的李烈钧、熊式辉、刘芦隐、程天放、桂崇基、曹浩森、周利生等20多位江西籍党政要员,要求他们"敬恭桑梓","联翩归来,共抒伟略",以"谋乡邦之福利"①。这些,使鲁涤平的处境更为艰难。

财政穷困也仍然是施行省政的重大制约。鲁涤平任内,建成南昌老营房飞机场和南昌至临川的公路,也曾整理和发展瓷业、茶业,统计人口,紧缩开支,减低盐斤附税,整理靖卫团队等,但与"训政"、"自治"的要求相去太远。为筹措军费政费,鲁悍然发行百万元流通券,由省政府压迫民众使用,遭到抵制,"江西商家不用鲁涤平流通券,以致低到三折,市面无法通行";全省大部分地区成为红色区域,赋税及所有杂捐杂税均无法收到;用慰劳"剿匪"军名义向商家募捐,甚至以捉囚手段向有钱人勒捐,引起众愤;1930年10月,为筹集10万军队入赣经费,省政府以"税收短绌,库空如洗",竟在南昌征借2个月的房租和派员到九江向商界劝销1万担米护照、借盐款10万元。②加上厉行封锁政策,全省"交通断绝,商业衰落,商店关门,工人失业","鲁政府经济其实已是山穷水尽"。一直到1931年7月,南京国民政府决定每月由中央拨发10万元,并允发行短期省库券,江西财政窘困局面才略有缓和。

1930年12月,蒋介石到南昌组织指挥对朱毛红军的第一次大规模"围剿",成立南昌行营并以鲁涤平兼任行营主任,同时针对社会上指责鲁涤平、张辉瓒和江西省政府的言论,极力为鲁开脱③,江西统治阶级内部的矛盾至此渐趋平息。其后,相继在1931年1月设立以孙连仲为督办的"江西清乡督办公署",2月在南昌设立以王金钰为督办的"湘鄂赣三省边防剿匪督办公署",3月成立以何应钦为委员长、鲁涤平为副委员长的江西省地方整理委员会。整理委员会拥有指挥全省党政事务的职权,直接对各县发布命令,实际上取代了省党部、省政府的职权④。6月,蒋介石任命熊式辉为南昌行营参谋长,并设立以蒋介石

---

① 《省执委会电本省旅外要人联翩返赣共图剿匪》,《江西民国日报》1931年6月14日。

② 《江西省剿共军费财厅派员赴九江筹划》,《中央日报》1930年10月14日。

③ 《蒋总司令在南昌发表谈话》,《中华民国史事纪要》,1930年12月10日。该谈话说:"须知赣省共匪如此猖獗,赣省兵力如此单薄,赣全省幅员如此辽阔,而鲁主席能以极少数兵力,保全江西大多数重要城市,决不能谓其不尽职责,亦不能谓其应付无方",要求江西民众取协助政府态度,积极纾财尽力,作大规模之赈款捐募,帮助筹措"剿共"军费。

④ 1931年2月26日国民党中常会第129次会议核准的《江西地方整理委员会条例》规定,该委员会的职权为:提出整理党务、政治、军事计划及方案交各关系机关执行;审核党务、政治人员交各关系机关分别任用;调查办理党务、政治、军事不力人员交各主管机关予以处分。

为委员长，鲁涤平、曹浩森、程天放为副委员长的党政委员会，又在“围剿”地区44县设立9个党政委员分会。江西省政务党务，由此进一步转入以协助“围剿”军事为中心，省政府、省党部这时实际上已无独立主事职能。蒋介石以赣人治赣的意图，至此也已明朗。12月，国民政府改组江西省政府，鲁涤平主赣历史遂告结束。

第二节 中央军四次“围剿”的连续败北

一、第一次“围剿”战争

江西等地方省区的联合“会剿”，不但未能抑制红军的发展，红军在1930年夏秋，反而向南昌、长沙进军，对国民党的统治形成极大的威胁。在中原混战未了之时，南京政府即任命时为武汉行营主任的何应钦负责办理“所有湘鄂赣剿匪事宜”，开始了由中央直接组织和指挥的对红军作战。随后，相继任命谭道源、张辉瓒、胡祖玉分别担任赣西、赣南、赣北“剿匪”司令，率部“进剿”。中原战事刚一结束，蒋介石更是增兵江西，并在11月中旬召开的国民党三届四中全会上，决定“亲自率师赴赣督剿”红军。

12月7日，蒋介石到达南昌，9日召开在赣师长以上将领军事会议，部署“围剿”。会后正式组建中华民国陆海空军总司令行营，以江西省政府主席兼第九路军总指挥鲁涤平为行营主任。国民政府12月10日发布的训令规定，行营指挥“剿匪”区域的一切部队以及省政府的政务、省党部的党务①，具有绝对的权力。蒋介石下令在3至6个月内，完成“剿共”任务，并在赴南昌前及在南昌，连发《告湘鄂赣三省民众书》、《告误入共产匪党民众书》和《致湘鄂赣三省党政军人员一致努力剿匪训令》等文令，要求刷新政治，争夺民众。指出中共宣传民众，而国民党员离开民众，中共组织人民，而国民党部疏远人民，是中共势力蔓延的主要原因，“过去党员行为不检，俨成社会上一特殊阶级，又何怪人民对本党发生反感，而与共匪以离间之机”。他要求国民党员要以个人言行博民众之信仰，政府要改革刷新政治、励精图治，军队须严禁拉夫及强住民房恶习，饷项给养

---

① 详见《中华民国史事纪要》，1930年12月10日。

概由中央发给而不准就地筹款，同时调查户口、厉行保甲，“保甲成则地方有自卫之力，户口清则匪徒无藏匿之所，政府廉洁，则共匪亦失鼓惑之资矣”[①]。还要求救济民众和奖励民众参与“围剿”军事。这些要求，各地并未落实。

12月中旬，南昌行营集中12个师3个旅又3个航空队约14万人，西从江西万安、东到福建建宁构成800里战略围攻阵势，对已发展到4万多兵力的朱毛红一方面军发动第一次“围剿”战争。其部署为：第六路军朱绍良部居东部，以许克祥、毛炳文、张贞、刘和鼎4个师和周志群旅，分别由宜黄、南丰和闽北闽西向广昌、石城方向推进；第十九路军蒋光鼐部居西部，以蔡廷锴、戴戟两个师经泰和、万安向兴国推进；第九路军鲁涤平部担任“进剿”主力军，居中推进，以张辉瓒第十八师（张辉瓒并任前线总指挥）、谭道源第五十师、公秉藩新编第五师由永丰、乐安、吉安向东固、龙冈进攻；另以3个师分别守吉安、临川和南昌地区。中路以攻占东固为目的，采取“分进合击”的战略方针，于12月16日开始进攻，期将红军“包围于宁都以北及东韶、东固间地区而歼灭之”[②]。20日，张辉瓒师进至红军主动退出的东固，并与先一日到达的公秉藩师在晨雾中因误会而发生激战。公秉藩将误会战说成攻占东固的战况报送南昌，南昌行营一片欢腾，立即将公师番号升编为第二十八师。其后，张师求胜心切，孤军深入到龙冈一带。[③]

这时，红军实行诱敌深入方针，已经退至根据地中心地区待敌。毛泽东、朱德等分析敌情，定下中间突破、围歼谭道源、张辉瓒两师的作战计划。从25日起，在宁都小布地区隐蔽设伏三天，因谭师不动而未果。28日，红一方面军总部得悉张辉瓒率两个旅深入龙冈，立即改变计划，决定集中红一、三军团主力攻击龙冈，“歼灭该敌”。30日，红军基本完成对张师的包围，发动总攻，战况激烈，张师突围不成、增援无望，两个旅9000余人当晚被红军全歼，师长张辉瓒、代参谋长周纬黄、旅长王捷俊等被红军俘虏。红军紧接着转向谭道源师，“决以全力扑灭谭师”[④]。但谭道源闻张师惨败，立即向东韶撤逃。红军改围歼为追击，3日在东韶地区歼灭谭师一半，谭率残部逃向南丰、抚州。进至头陂、洛口的许克

---

① 《蒋主席训令三省当局努力剿匪，党政军人员应一致努力》，上海《民国日报》1930年12月12日。

② 王多年：《反共戡乱》（蒋纬国总编著之《国民革命军战史》第四部）上篇第一卷，台北黎明文化事业股份有限公司1980年版，第178页。

③ 详见公秉藩：《回忆第一次“围剿”》，谢慕韩：《蒋介石对中央革命根据地第一次“围剿”》，分见全国政协《文史资料选辑》，第45辑。

④ 《红一方面军胜字第一号命令——进攻谭道源部的命令》，1931年1月1日。

祥、毛秉文两师闻讯即迅速经广昌北逃南丰。至此,第一次“围剿”以死亡数千、被俘万余官兵而告失败。与此同时,对赣东北等革命根据地的“围剿”,也被当地红军打败。

在总兵力对比上处于弱势的红军,能够如此迅速干脆地打败国民党大军的“围剿”,是成功执行毛泽东等诱敌深入、集中优势兵力各个击破敌人军事思想的结果,也得益于动员起来的人民群众的大力支持。这次作战,开创了红军在内线运动作战中以弱击强的先例,鼓舞了革命根据地军民的信心,扩大了红军和根据地在国内外的影响。作战失败对国民党方面则影响很大,白崇禧说,国民党“将士听闻张辉瓒全师覆灭,心理上对共军产生了莫名的畏惧,无形中增加共方之声势”,“影响以后之军事很大”①。

二、第二次“围剿”战争

第一次“围剿”失败后,当局始知红军“非等闲可比”,立即筹划继续作战。蒋介石除加调部队入赣外,派军政部长何应钦“代理总司令职权指挥南昌、武汉两行营,处理湘鄂赣闽四省剿共事宜,借以统一指挥,而专责成”②,要求在3个月内“肃清”红军。

1931年2月4日,何应钦带着德国军事顾问佛采尔抵达南昌,重组南昌行营并兼任行营主任,开始布置第二次“围剿”。蒋介石分别从湘南和鲁南调来第五、第二十六路军,连同在赣的第六、第九、第十九路军及福建、广东的地方部队,使此次“围剿”的总兵力,达到20个师又3个旅,并配以空军3个航空队,约20万人。在作战方针上,何应钦鉴于第一次“围剿”分进合击方针的失败,拒绝了德国顾问佛采尔提出的快速包围、分割围歼的闪电战主张③,决定采取稳扎稳打、步步为营的方针,集中主力由闽西、赣北、赣西三个方向向赣南“进剿”,以图步步压缩和围歼红军。

蒋介石、何应钦等总结“因过去错误而失败的教训”,还要求加强党政配合,认为“要消灭共匪,非党政军全体总动员,集中力量团结意志不能挽救危机,军事只可以治标,正本清源以及休养生息的种种任务,是望政府和党部来

① 《白崇禧回忆录》,解放军出版社1987年版,第85页。

② 《赣鄂湘剿匪新形势》,《江西民国日报》1931年2月22日。

③ 吴首天:《德国军事顾问与蒋介石政权》,《民国档案》1988年第1期。

担当责任”[①]。为此,3月成立了以何应钦为委员长的江西省地方整理委员会,以求党政军统一意见、整齐步骤、紧张精神,即“团结党政军的力量,根本上达到肃清共匪的目的”[②]。4月9日,何应钦以江西省地方整理委员会名义电令各县县长,限令到之日起,有红军活动之瑞金等32县,在三个月内招集流亡,办理善后,组织保卫团,包括清查户口,办理连坐,训练团丁;其余各县限两个月内将保卫团组织完毕,不得托故因循。并称整委会将以最严密之审核调查,厉行奖惩,如期完成者,确保其任期三年;逾期无成绩者,立即撤惩;渎职者,加罪不赦。[③]此外,整委会还决定修筑吉安到东固公路以利“进剿”,通过《处理附乱人民办法》、《邻右连坐暂行办法》等震慑人民与红军联系的严厉法令。全省城乡,一时出现紧张、肃杀的气氛。

3月27日,南昌行营下达总攻击令,令各路部队4月1日开始向赣南红军攻击前进,第二次“围剿”战争至此打响。由于“各部均伐木烧山前进”,赣南山区开始备遭破坏。

红军主力此时为3万多人,对反“围剿”战争的准备较为充分和严密,人民群众“热烈参战”的情绪很高,“全部指挥员和战斗员的精神积极,胜敌的自信心很强”[④]。特别是中共苏区中央局和红军总部为统一作战方针,经过十多天间3次大的激烈讨论后达成一致意见,决定接受毛泽东的提议,实行由西向东横扫的作战方针。当时,国民党军已大致形成战略包围态势,西路王金钰第五路军4个师由泰和、吉安、永丰分四路向富田、水南、白沙、藤田一带进攻;中路孙连仲第二十六路军两个师由崇仁、宜黄分两路推进招携、中村和横石地区;东路朱绍良第六路军3个师由南丰分三路攻向广昌、头陂地区;在赣南的蒋光鼐第十九路军两个师由兴国向城岗推进,在福建的刘和鼎五十六师进到赣闽边界。据此态势,红军决定由西向东反击,第一步先打进到富田的王金钰部,然后依次向东打敌中路、东路,以消灭敌军主力为目的,打破第二次“围剿”。

作战完全按照红军总部的预想进行。5月16日,西路公秉藩第二十八师在吉安县中洞陷入红军包围,激战后全师覆灭,公秉藩被俘后化装逃出,进到富

① 《何应钦在赣欢宴各界之演说》,《江西民国日报》1931年2月26日。

② 《何应钦在行营总理纪念周的讲话》,《江西民国日报》1931年3月21日。

③ 中国社会科学院近代史研究所中华民国史研究室编《中华民国史资料丛稿·大事记》,第17辑(1931年),中华书局1983年版,第51页。

④ 《苏区中央局报告》,1931年7月8日。

田的四十七师一个旅也随同被歼。19日，四十七师余部与郭华宗四十三师会合后，被红军包围在吉水县白沙，郭师大部及四十七师一个旅被歼，第五路军至此无力再战，在第十九路军策应下退回兴国。22日，红军继续向东反击，在永丰中村歼灭高树勋二十七师两个多团，第二十六路军由是全部北撤乐安等地。进至广昌的第六路军随后遭到红军攻击。红军27日对防守广昌的胡祖玉第五师、毛炳文第八师发起进攻，毛师在阵地被突破后逃向南丰，胡师与红军进行激战，一天后广昌城破，胡祖玉受重伤(6月3日在南昌法国医院不治)，胡师大部被歼。此战因是攻坚，红军损失也大，“死伤四百人左右，枪支所得极少”①。31日，红军继续向东进攻福建建宁刘和鼎师，刘师4个团被歼3个团，刘率残部逃向延平，红军缴获的西药可供一方面军半年之用，成为最大的战利品。

从5月16日至31日，由于红军由西向东横扫700里，发起五次作战，五战五胜，歼灭“围剿”军3万多人(自身伤亡约4000人)，战争态势已明显对国民党军不利。南昌“行营以第五路军各师先后遭匪击破，第二十六、第六路军亦均有失利”②，下令各部相继后撤，第二次“围剿”遂告结束。

三、第三次“围剿”战争

如果说，蒋介石对第一次“围剿”失败还较镇静，认为“乃事之当然，不足为怪”，那么，对第二次“围剿”的失败就感到震惊了。1931年6月6日，蒋介石发表《告全国将士书》，宣称“赤匪”是“民族最大之祸患”，“誓集全国之心力”，“不顾一切，决定以歼灭赤匪为唯一之急务”。同日，应召与蒋介石商谈“剿共”事宜的淞沪警备司令熊式辉也对记者说，中央认为当今最大隐患为“共匪”，决定“以全国力量集中赣省，限一个月内将其肃清，最多不得超过两个月”，蒋将亲往“督剿”③。15日，国民党三届五中全会通过《为一致协力扑灭赤匪告全国同胞书》，进行全国性总动员。国民党中央对红军的重视，达到新的高峰。

6月22日，蒋介石抵达南昌，自任总司令，亲自主持第三次“围剿”军事。蒋介石在人事、兵力部署、作战方针和政治策略等许多方面，作出重要的变动。在

① 《总前委第三次会》(1931年5月28日)，中共江西省委党史研究室编《江西党史资料》第18辑(中央革命根据地第二次反“围剿”专辑)，1991年印行，第115页。

② 王多年：《反共戡乱》上篇第一卷，第210页。

③ 中国社会科学院近代史研究所中华民国史研究室编《中华民国史资料丛稿·大事记》，第17辑(1931年)，中华书局1983年版，第89页。

人事和兵力部署上，调熊式辉来赣担任南昌行营参谋长，参与指挥军事。调集23个师又3个旅约30万兵力参加作战，尤其是首次使用中央军嫡系主力陈诚、赵观涛、蒋鼎文、卫立煌、罗卓英等10余万部队，作为“进剿”的主力军。将部队区分为左右两大集团军，集团军内分编军团和进击军，以嫡系部队为进击军，专任全力攻击前进任务，各军团部队赓续推进，守护和巩固进击地区。任命何应钦为前敌总司令兼左翼集团军总司令，驻抚州（抚州从此成为数年间“围剿”革命根据地的次大本营和最主要的进攻方向），指挥第一路进击军赵观涛部1个师、第二路进击军陈诚部2个师、第三军团朱绍良部3个师、第四军团蒋鼎文部3个师，从南丰、南城方向进攻；广东省政府主席陈铭枢为右翼集团军总司令，驻吉安，指挥第三路进击军上官云相部3个师、第一军团蒋光鼐部3个师、第二军团孙连仲部3个师，从吉安、永丰方向进攻；另置总预备军卫立煌部（集结于宜黄地区）、吉泰万赣四县守备军、赣闽边境防堵军等5个师又3个旅，以及空军毛邦初指挥的5个航空队，配合行动。蒋介石采纳德国军事顾问团团长佛采尔的建议，实行厚集兵力、长驱直入、分进合击的作战方针，意图以绝对主力迅速南下，寻求红军主力决战并击破之，捣毁红军根据地，最终实现包围“剿灭”赣南红军之目的。

在政治策略方面，蒋介石采取党政军配合、“剿抚兼施”、争取民众和厉行军纪等措施。其一，6月底，成立“陆海空军总司令行营党政委员会”，蒋自任委员长，鲁涤平、曹浩森、程天放为副委员长，内设党务、政务两设计委员会和秘书、党务指导、地方自卫、地方赈济、考核等5个处，同时在“围剿”地域43县分设9个党政分会，各设委员长1人、委员2人。按照《党政委员会组织条例》和《党政分会组织条例》的规定，前者负责设计、筹划、指导、推进和考核“剿匪区域”的党务、政务，后者“秉承党政委员会之命，综理本区各县之党务政务”。这个组织的设立，完全掌握了江西县级以上的党政权力，从组织上进一步完善了党政对军事的配合机制，并导致了其后江西地方政治制度的一个重大改变。其二，在向全国发表告民众、告将士、告官吏、告党部人员四书后，蒋介石再发出《敬告江西各界同胞书》，要求民众与政府、军队合作，地方耆绅挺身负责，“誓灭赤匪”，同时宣布在行营设立“纳言柜”，凡“对于剿匪方策，地方善后，官吏失职，行军纪律等事，均可尽量密告，中正自当亲为拆阅，采纳施行”[①]。训令江西各县

① 该书载《中央日报》1931年7月2日。

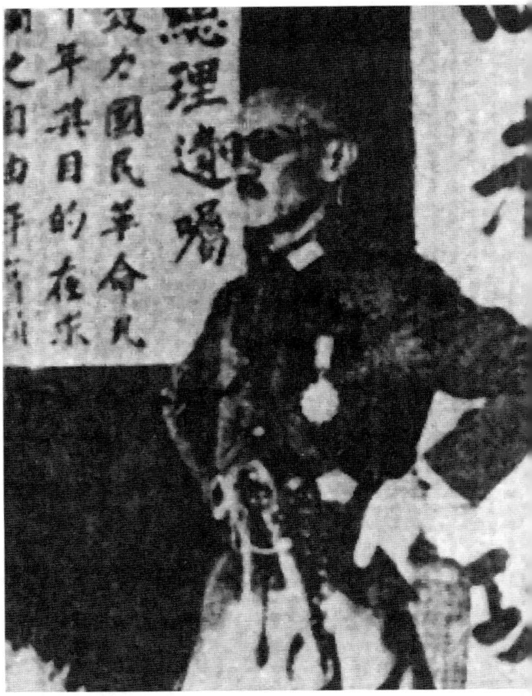

蒋介石在南昌发表“围剿”讲话
(《中国共产党江西历史图志》)

县长死守城池,“凡因公殉难者由国府重恤,畏敌弃城者杀无赦”;各县须在7月15日成立保卫团,“协助清乡,实行自卫”;实行《保甲条例》,严密控制民众。其三,严明军纪,在军队“实行连坐法,如师长未退,旅团长先退者,杀无赦;旅长未退,团营连长退者亦同,余以类推”①。7月23日,在南昌行营发表的“剿匪宣言”中,蒋介石还正式宣布实行“攘外必先安内”的国策。这样,就形成了一道配合军事进攻的严密的政治“围剿”阵势。因此,有研究者认为,这次“围剿”虽然在攻击战术上尚无改变迹象,但局部采用了“利用民团游击”及“党政军民合作”,则是新的构想②。

更有甚者,蒋介石还决定对革命根据地群众采取残酷的烧杀政策。在他给部队官长所发的电文中,累累出现这样的命令:8月16日,电赵观涛、卫立煌:“务照昨电将黄陂、小布及附近大小村庄,全部烧毁勿遗,免多费兵力分防。”8月21日,电熊式辉:“对匪巢只有焚烧乃能解决,请派飞机设法暂停轰炸,而专用火油在欲烧之区域内,使皮带或分水□分布火油,如此分划区域,每区□焚三日,使匪恐怖不能立足,并请即令各部焚烧。”8月24日,电蔡廷锴、陈诚、赵观涛:“此次进剿,大金竹附近凡匪化最深乡村,及我军不便常驻之处,与将欲移动他调之时,须将其附近村落焚毁净尽。所有粮秣搬运至集积地点,有余则亦烧毁之,万不可姑息,免贻匪患。如欲使匪恐怖,以断其回巢之路,并免我将士东西奔逐之劳,惟有此焚烧平毁之一法也。”8月27日,急电卫立煌:“该师由东韶荫山大金竹至招携间,所经过沿途大小村,务须洗烧净尽,勿稍遗留,免

① 《蒋令剿赤将士实行连坐》,《申报》1931年7月7日。

② 曹伯一:《江西苏维埃之建立及其崩溃(1931—1934)》,台北政治大学东亚研究所1969年版,第258页。

贻匪患为要。”[①]如此等等，可见蒋介石为求断绝人民与红军的联系，已是无念民生，不顾一切。

7月1日，蒋介石下达“进剿”命令，发动第三次“围剿”。左翼军的两路进击军第十一师罗卓英部、十四师陈诚（兼）部和第六师赵观涛部，迅速南下广昌、石城、宁都，切断赣闽边界，致使在闽西北的红一方面军无法由此直接返回江西根据地。红军主力这时仅约3万人，不得不于7月10日实行千里回师，从建宁一带绕道闽西于月底集中到兴国高兴圩地区准备作战。中共苏区中央局曾有电报记载此次双方作战实况：“七月敌军乘虚三次进攻，我军由闽返赣，绕道长汀、瑞金，两月奔驰，全无休息，疲困已极，伤病甚多。既入兴国，仓卒应战，初向富田，折回兴国，由西向东，深入黄陂。又疾驰五百里。在约三个星期中，出入敌军重围之中，争取良村、黄陂两役胜利，到八月十六日两次被敌包围，是为一年来三次战争中最艰苦的时节。但敌在我群众坚壁清野政策之下，日食不饱，油盐告绝，饥疲较我尤甚。八月下旬，我军方得休息，敌则不能，疲困至极，又找红军不到，陷于进退维谷。”[②]蒋介石遂于9月初下令撤退。岂料红军趁其撤退之机，发动追击，7日在兴国老营盘追歼蒋鼎文师一个旅，并在高兴圩地区与第十九路军两个师发生激战，15日在东固附近歼灭韩德勤师。“狂风暴雨”式的第三次“围剿”作战至是结束。

这次作战，蒋介石损兵3万，失枪1.2万支，阵亡副师长1人，部队将领曾发出“肥的拖瘦、瘦的拖死”的慨叹。红军和根据地也受到重大损失。红军在兴国高兴圩与“蒋蔡两师血战七昼夜，成相持之局，我敌伤亡各两千余人”，阵亡四师师长邹平、十一师师长曾士峨，红三军军长黄公略紧接着在东固被敌机炸伤牺牲，整个反“围剿”作战红军伤亡指战员6000余人，“中下级干部死伤数目颇大，红军战斗力较前弱”[③]。正是考虑部队“损伤过大，若继续作战，必使精华过损”，红军总部遂“决定结束三期战争”，主力转移到瑞金进行休整。根据地同时受到前所未有的破坏，国民党军“于退却时，将东固、崇贤、枫边、方太、龙冈、君

① 均为台北国史馆藏“蒋中正总统档案”，转引自张宪文《从“大溪档案”史料析二三十年代蒋介石的军事政治战略》，《南京大学学报》2000年第1期。

② 《苏区中央局十月三日自瑞金来的长电》，中共江西省委党史研究室编《江西党史资料》第19辑（中央革命根据地第三次反“围剿”专辑），1991年印行，第133页。

③ 《苏区中央局十月三日自瑞金来的长电》，中共江西省委党史研究室编《江西党史资料》第19辑第133—134页。

埠、南坑、黄陂、小布、东韶、中村、石马、大九[金]竹等地房屋烧毁干净,敌军新过,田禾充作军食,猪牛杀尽,器物毁坏,受害群众十余万家”①,“他们的足迹所到的地方,十有十处是变为焦土,片瓦无存。国民党此次所施用于中央苏区的残酷行为,真是空前未有!”②这些地方,涉及到吉安县南部、兴国县北部、宁都县北部、永丰县南部和乐安县南部,是一个广大的地域范围,烧杀的恶劣影响在这一地区延续达数十年之久。

9月29日,国民党中央以江西“剿共”军事告一段落,下令撤销南昌行营。10月21日,国民政府任命何应钦为驻赣绥靖公署主任(12月改由朱绍良继任)。12月,撤销江西省党政委员会,相继改组江西省政府、江西省党部。与此同时,因红军作战胜利和全国抗日浪潮的影响,原南下江西参加“围剿”战争的第二十六路军1.7万余人,由中共组织领导和协助,赵博生(共产党员)、董振堂、季振同、黄中岳等率领,于12月4日在驻地宁都举行起义,加入红军,被改编为红五军团。宁都起义使红军的战斗力大增,江西的军事、政治态势,由此有了一个较大的变化。

四、第四次“围剿”战争

第三次“围剿”失败后,江西各革命根据地进入稳定发展的时期。南京政府面对九一八事变后日本帝国主义的疯狂侵略,一面进行了一·二八淞沪抗战,一面拒绝在赣部队北调加入抗日作战的要求,下令继续围攻红军。1932年2月4日,红军攻打赣南中心城市赣州,与守军马昆旅作战33天,攻城4次,不克而转向福建。在第十八军陈诚部等增援下解围赣州前后,南京政府复令广东陈济棠派兵加入江西“剿共”。陈随即与江西绥署主任朱绍良商定分路“围剿”赣东北、赣南、湘赣红军的计划,并派两个航空队20多架飞机到赣州助战。

---

① 《苏区中央局十月三日自瑞金来的长电》(1931年10月3日),中共江西省委党史研究室编《江西党史资料》第19辑,第133—134页。

② 《十二军参加三期战争的经过》(1931年11月6日),《江西党史资料》第19辑第148页。国民党军在革命根据地烧杀的事实也屡见于报刊等,如1931年7月22日《申报》载:在东固地区“我军除以大炮炸弹猛轰外,并由飞机掷弹燃烧,连日东固一带山岭,火势熊熊,树木亦烧毁”;《陆军第十六军第五十三师剿匪纪实》载:“旋奉上峰电令,以东固匪巢人民匪化已深,无法挽救,着以东固为中心点,纵横25里一律平毁净尽,格杀无余。本师遵即妥为计划,切实奉行”;1931年9月5日上海《大公报》载:“宁都属之莲塘,31日有农会开会,被孙连仲部探悉,派部伪装赤匪冲入猛击,毙匪200,伤400”,等等。

4月19日,面对红一方面军攻打福建漳州的军事形势,南京政府再次调整"围剿"指挥机构,成立赣粤闽边区"剿匪"总司令部,派何应钦为总司令,陈济棠为副,"积极准备赣粤闽剿匪事宜"。5月1日,何到南昌主持"围剿"军事。他总结出二条经验教训,一是认为"上年剿匪,调集大军十数万,围剿经年,收效甚微,原因虽多,而我军不注重精神教育实为主因",提出要注重军队精神教育,"除去畏匪心理"[①];二是认为江西交通不便,妨碍军事行动,要求中央迅拨巨款,赶紧修筑江西公路和轻便铁路。[②]同时,他做出一个新的"进剿"方案,将在赣的40个师又4个旅的部队,分为9路,依次任命余汉谋、陈诚、李扬敬、蔡廷锴、白崇禧、朱绍良、谭道源、赵观涛、孙连仲分任各路司令官;将"进剿"区划为赣西南、赣南、赣东北、赣西北、赣西和闽南等6个区,令各路部队分区"进剿"。同时要求党政力量协同动作,推行清查户口,办理保甲,招辑流亡,修筑公路,繁荣农村,以及宣传三民主义。何应钦"期以军政兼施,逐步清剿,先求肃清各区之散匪,再对赣南匪巢发动第四次围剿"[③]。其后,国共双方军队在各地小规模作战不断,但这个方案也没有全部落实。

6月15日,蒋介石在庐山召开鄂豫皖赣湘五省"清剿"会议,制定第四次"围剿"计划。蒋介石等决定,采取"三分军事,七分政治"的"军事与政治并重"方针,分两步"围剿"工农红军,第一步先"肃清"鄂豫皖三省红军,第二步再转向江西。在基本实现第一步目标后,12月30日,赣粤闽边区"剿匪"总部下达对江西中央革命根据地进行第四次"围剿"的命令,决定集中29个师又2个旅约40余万兵力,分三路向根据地"分进合击":以蔡廷锴第十九路军等部6个师又1个旅为左路军,余汉谋部粤军6个师又1个旅为右路军,分别担任福建和赣南粤北攻防任务,策应中路军行动;以陈诚为中路军总指挥,率12个师约16万人担任主攻,在总预备队和守备南城、南丰、乐安、崇仁、永丰地区的4个师又2个旅的配合下,从北面南下攻击前进。中路军所辖各部被国民党人公认为"黄埔建军以来革命军之骨干"[④],是蒋介石的嫡系,最具有战斗力。与此同时,蒋介

① 中国社会科学院近代史研究所中华民国史研究室编《中华民国史资料丛稿·大事记》,第18辑(1932年),中华书局1989年版,第99页。

② 《申报》,1932年5月6日。

③ 王多年:《反共戡乱》(蒋纬国总编纂之《国民革命军战史》第四部)上篇第三卷,台北黎明文化事业股份有限公司1980年版,第175—176页。

④ 曹伯一:《江西苏维埃之建立及其崩溃(1931—1934)》,台北政治大学东亚研究所1969年版,第266页。

石还部署了浙赣闽边区"剿匪"总部以2个师围攻赣东北红军方志敏部、谭道源部3个师围攻湘鄂赣红军孔荷宠部、第十五师王东原等4个师围攻湘赣红军蔡会文、萧克部,并在各进攻部队之外,配备相同乃至更多的防堵部队。

1933年1月,陈诚执行先期"清剿"金溪地区红军,巩固抚州,继以主力围歼活动于黎川、建宁、泰宁地区主力红军并向赣南"进剿"的计划,将中路军划分为3个纵队行动。以吴奇伟为第二纵队总指挥,率4个师经临川、南城、南丰南下,侧击黎、建、泰,截断红军归路;以赵观涛为第三纵队总指挥,率4个师由金溪正面进攻黎川,寻找红军主力决战;以罗卓英为第一纵队总指挥,率最精锐的第十一、五十二、五十九师从宜黄、乐安进攻宁都、广昌,袭击中央革命根据地腹部。红一方面军参战兵力约7万人,这时在总司令朱德、总政委周恩来指挥下,决心乘敌展开部署之际,由黎川北上冲破敌之计划,5日在南城北黄狮渡一战歼灭周士达一个旅,8日红军右纵队在金溪以西浒湾击溃两个师,左纵队在黄狮渡再歼一个旅。红五军团副军团长兼十三军军长赵博生在作战中牺牲。

陈诚部"进剿"军首战失败,引起江西省政府主席熊式辉的担忧。1月21日,熊式辉派彭醇士为省政府代表,赴南京请蒋介石来赣坐镇指挥"围剿"。29日,蒋介石到达南昌,次日对江西省党部训话,指出此次"剿匪"之成败关系中国的整个前途和存亡,"剿匪"的经验和要点是硬干、实干、快干和提倡实践礼义廉耻,要求江西所有人尤其是负党务、政治、军事责任的人,"共同一致来努力剿赤"①。31日,蒋主持召开有熊式辉、陈诚、孙连仲、贺国光、罗卓英、吴奇伟等参加的高级军事会议,研究部署进攻行动。2月6日,蒋介石决定自兼闽粤赣边区"剿匪"总司令,7日在南昌设立军事委员会委员长行营,以熊式辉为参谋长,钱大钧为办公厅主任,并罗致赣籍名流要人入幕与事,增调驻宜昌的蒋鼎文第二军来赣作战。

2月上旬,陈诚面对红军攻击南丰、打其增援的作战计划和对南丰的进攻,下令5个师分三路增援南丰,寻找红军决战,其中尤以第一纵队3个师进展迅速。红军总部则决定"以主力由左打到右,迅速解决敌五十二师次及五十九师,逐次由左向右打击由宜黄来援之部队,即继续消灭萧乾的十一师"②。27日,五十二、五十九师分为左右两路,进至宜黄黄陂地区。五十二师首先在登仙

① 《中华民国史事纪要》,1933年1月30日。

② 朱德:《黄陂东陂两次战役伟大胜利的经过与教训》(1933年5月28日),《朱德选集》,人民出版社1983年版,第10页。

桥、大龙坪、蛟湖一带山地遭到红军伏击，五十九师进至霍源、西源一带时，也被红军分割包围，激战到 28 日，五十二师全师覆灭，师长李明重伤被俘，旋即不治；五十九师大部被歼，上任不足两个月的师长陈时骥及旅长方靖等被俘，仅一个团逃脱。一战即失两个精锐主力师，为国民党军在江西作战以来所未有，这也是红军首次实行大兵团伏击战取得的重大胜利，在红军战史上被称为黄陂大捷。

两师被歼，打乱了陈诚的部署。陈诚遂将 3 个纵队缩编为 2 个纵队，将分进合击战略改变为两纵队重叠作中间突破，吴奇伟纵队在前、罗卓英纵队在后，以占领广昌、取得政治影响为目标，梯次轮番向东南搜索前进。红军总部作出歼灭罗纵队以打破"围剿"的计划，3 月 21 日晨，以绝对优势兵力伏击远离吴纵队及后续部队、孤军进入草台冈、徐庄地区的罗纵队第十一师。该师是蒋介石嫡系部队中战斗力最强的"王牌"师，也是陈诚的起家部队，故而战斗异常激烈，双方接战不久即进入白刃战。激战到下午，十一师大部被歼，师长萧乾、参谋长和三十一旅旅长负伤，独立旅旅长阵亡，团营长死伤多名，连排长伤亡殆尽，全师仅余 2000 余人。跟随前进的五十九师残部一个团及增援的第九师一个团亦被歼灭。红军缴获极丰，战后打扫战场达一星期，才捡尽战利品。

败讯经熊式辉密报蒋介石："江西剿匪前有第五、第二十七、第九十二师之损失。最近一月以来有第五十九、第五十二、第十一各师之挫败，计师长死伤四员、旅长六员、团长十六员，步枪损失当以万计，前次损失尚不在内。"4 月 10 日，国民政府军事委员会对失败将领进行惩处：陈诚以"骄矜自擅，不遵意图"降一级，记大过一次；第五军军长罗卓英以"指挥失当，决心不坚"革职留任；第十一师师长萧乾以"骄矜疏忽"记大过一次。罗卓英也自认"在今日已成党国之大罪人"。

由于"中路军受重大损失，以致士气疲惫，鲜有成果"①，南昌行营察觉部队已无力继续寻找红军作战，遂令各部转取守势，固守乐安、宜黄、南丰、南城和抚州各坚城，第四次"围剿"于 3 月下旬结束。对赣东北、湘赣和湘鄂赣的"围剿"，也在此前后相继被击破。

① 王多年：《反共戡乱》上篇第三卷，第236页。

第三节
第五次“围剿”战争

一、“围剿”新方略的确定

1933年4月1日，江西省主席熊式辉向国民政府主席林森、军事委员会委员长蒋介石和行政院长汪精卫发出告急密电，报告“围剿”失败情况和红军动态，称“现在匪势益张，昨复扰及新淦，赣东、赣西小股逐渐蔓延，坐视其大而莫能制。资溪、黎川为赣闽浙间要地，失陷数月迄不能收复，近且进扰南城、金溪，赤化民众，如火燎原。赣南大股攻城略地，更无可奈何”，“务请中央速筹办法，加调得力部队，并立即派大员来此督剿。现在各军士气已馁，若再敷衍，将全局崩溃，不可收拾矣”[①]。熊式辉把情况说得如此严重，不能不引起国民党中央的重视。4日，蒋介石即离南京赶赴江西，再次部署“围剿”战争。

这一次，蒋介石不再急于匆忙进攻，而是用了半年多的时间从整顿部队、研究方略和动员资源等方面入手，周密准备第五次“围剿”战争。

第一，调整、建立指挥机构。5月1日，蒋介石编组“中国国民党赣粤闽湘鄂剿匪军”，下分北、南、西路军，分别任命刘峙、陈济棠、何键为各路总司令，准备四面合围江西苏区。陈、何即于6月1日在广州、长沙宣布就职，河南省主席、江西人刘峙原在4月上旬即被调来赣担任“剿匪”军总司令，并到抚州组织“抚信清剿督办公署”，整理和指挥在赣部队，但他不愿或不敢担任总司令，仅表示以河南随军主任名义暂驻江西。因此，其职先由蒋介石暂兼，其后改派江苏省主席顾祝同接任。在各路军之上，又于5月21日再一次在南昌成立“中国国民党军事委员会委员长行营”，作为指挥第五次“围剿”的最高指挥机关。蒋介石任命江西省主席熊式辉兼任行营办公厅主任，贺国光、晏勋甫、刘兴、朱怀冰分任军事、宣传、训练、党务四厅厅长（后合并为两个厅，增设贺衷寒为主任的政治部）。这次组织的南昌行营，是历次“围剿”中规模最大、为时最长的一次，并且由于蒋介石经常驻在江西，引致国民党政治军事中心的转移，而使南昌行营具

① 《熊式辉致林森、蒋介石、汪精卫密电》，1933年4月1日，原件存中国第二历史档案馆。

庐山军官训练团 （中国历史图说）

有至高无上的显要的地位。当时的著名学者、准备入阁的蒋廷黻1934年初应蒋介石邀约到南昌行营相见后说："蒋在南昌的行营，可以说是当时中国真正的首都。军事行动之外，行营更致力于政治、财经措施。为了上述工作，创立了农民银行。中央公开表示：剿共工作是七分政治、三分军事。从报纸上我们获悉行营秘书长杨永泰和江西省主席熊式辉正协助蒋计划政治和经济。"①

第二，整顿部队，开办庐山军官训练团。蒋介石总结历次失败的原因，认为很重要的一条是部队纪律散乱、贪生怕死、缺乏信仰、没有灵魂。为此，他于6月下令筹办大规模的庐山军官训练，以便整顿部队，使官兵克服害怕红军的心理，"坚定其对于主义之信仰"②，"恢复军人灵魂"。同时进行山地作战和构筑碉堡的训练，以提高部队的作战技能。"中国国民党赣粤闽湘鄂北路剿匪军官训练团"设在庐山海会寺，蒋介石任命陈诚兼军训团团长，调集大批高级军事、政治人员，包括各兵种、训练总监部的"优秀官长"、陆军大学校长、教育长"及骑、

① 《蒋廷黻回忆录》，岳麓书社2003年版，第155页。关于南昌行营的地位，胡汉民在1934年也有一个说法："两年以来的南昌行营，变成了南京统治的党政军中枢，军阀个人变成了党政军中枢之核心。所谓南昌行营，尤变成了驾乎中央党部、国民政府的太上党部和太上政府；军事政策决于是，政治政策决于是，甚至外交政策也决于是，行营的通令和军阀的手令，其效力远居于中央党部的决议和国民政府的明令之上。"

② 庐山军官训练团：《教育训练大纲》。

蒋介石 1933 年夏视察庐山军官训练团

炮、工兵各校长带同最优教官”[①]，会同德国军事顾问担任军训团教官，他自己也经常出席训话。从7月18日开学到9月18日结束，军训团分三期共训练北路军从团长到排长的中下级军官7598人。[②]国民党军军官佩带“中正剑”也从庐山训练始。庐山军官训练和同时举办的庐山党政人员训练(训练北路军、西路军党政人员1000多人)，是蒋介石整顿部队以提高精神力、战斗力的重要措施，确实收到了相当大的成效。与此同时，蒋介石还对部队编制进行改革，裁去旅一级指挥机构，由一师辖2旅6团改为一师直辖3团，大大增强了部队的指挥效率。

第三，研究对策，决定“围剿”新方略。从 4 月到 7 月，蒋介石相继在南昌、庐山召开七省“剿匪”会议、军事整理会议、七省保安会议、五省军事会议、四省

① 《军事委员会委员长蒋中正致训练总监部代总监朱培德电》，1933年6月30日。

② 庐山军官训练团编：《庐山训练实纪》，江西全省印刷所代印，第304—306页。总人数中有一小部分为陆军大学学员、中央军校暑期训练班人员及税警团、交通兵团、浙江保安处等单位人员。关于庐山军官训练团的详细情况，可见陈荣华、何友良著：《庐山军官训练团》(江西人民出版社1987年版)。

党务会议、庐山军政会议等各种会议,并到抚州等前线视察部队,研究策划战争新方法。蒋介石首先着力分析历次失败的原因和红军的特点,认识到与红军作战,不是打军队数目的多寡,枪炮弹药的精粗和饷械被服的接济,"我们和他打的,第一是组织,尤其是军队的编制和民众的组织;第二是训练,就是训练士兵和民众的方法;第三是宣传,就是宣传主义来鼓励军民的精神;第四是纪律,就是使官兵用命,不怕死,不扰民;第五是战术,就是如何运用原则因地制宜,相机应变,知己知彼,取长补短",要从这五个红军所长的方面,来研究"今后剿匪的战术和战略"①。也就是说,和红军作战,主要"不是武器战,而是组织与精神战"②。这些说明,蒋介石在"围剿"战争的指导思想和策略方针上都发生了重大的变化。据此指导思想和策略方针,以7月23日的庐山军政会议为标志,第五次"围剿"的新方略全部形成。该方略以三分军事、七分政治为指导原则,吸纳历次"围剿"的经验教训和部分做法,形成一个以军事为主,包含政治、经济、交通、思想文化等各方面内容的"以武力为中心的总体战"③战略。该方略的制定及其实施,成为蒋介石最后赢得战争的主要原因。④这一方略的要点是:

一是实施所谓精神上的战争,发动全国规模的配合"围剿"军事的宣传攻势,宣扬对国民党蒋介石的"中心信仰",鼓吹"攘外必先安内"的基本国策,压制要求抗日的情绪,宣布对"侈言抗日"者"杀无赦"(当时陈诚、罗卓英等许多在赣将领,均曾要求北上进行抗击日本帝国主义对华北的侵略;全国各界民众的抗日要求更是激昂),广泛动员社会资源,组织民众和运用民众,完成保甲和保安团,驱民"协剿"。同时,蒋介石也多次训话或下令,严禁部队扰民。

二是确定战略上以攻为守、战术上以守为攻的战略战术原则,厉行堡垒政策和兵工筑路政策。从6月起,南昌行营即下令各部队开始构筑碉寨、"务期星罗棋布"⑤。行营要求,以班碉为基础,3个班碉组成一个排碉群,每一碉群的间隔不超过2华里,碉群之间组成互为应援的火力网;修筑公路随部队和碉堡推进,使路碉相连、连绵不断。"进剿"部队凭借碉堡、公路攻守结合,三里五里一

① 蒋介石:《剿匪技能之研究》,1933年4月25日。

② 蒋介石:《在江西省整委会第四次扩大纪念周的讲话》,1933年5月15日。

③ 王多年:《反共戡乱·顾祝同序》,台北黎明文化事业股份有限公司1980年版,序,第3—4页。

④ 关于第五次"围剿"方略及其效用,参见何友良著《蒋介石第五次"围剿"方略述要》,《江西师大学报》1989年第4期;黄道炫:《第五次反"围剿"失败原因探析》,《近代史研究》2003年第5期。

⑤ 南昌行营:《剿匪部队协助民众构筑碉寨图说》,1933年6月,存江西省档案馆。

国民党军修筑碉堡 (《中国共产党江西历史图志》)

推,十里八里一进,进一步守一步,守一步进一步,层层筑碉,处处修路,步步为营,节节推进,与红军进行阵地战和持久消耗战。这一招,是蒋介石第五次“围剿”的核心策略,极大地增加了没有重武器的内线红军的作战困难。

第三,严厉实行物资、邮电和交通三大封锁政策。南昌行营半年中先后颁布《封锁匪区办法》等13个封锁令,在江西各革命根据地周围建立全封锁区,在全封锁区后面再建立半封锁区,要求滴水不漏,严密围困,断绝红军从日常必需的生活资料到基本的作战资料的来源,使红军和革命根据地“无粒米勺水之接济,无蚍蜉蚊蚁之通报”①,“不战而自亡,未剿而先灭”。

长期以来,曾认为作为“围剿”核心政策的碉堡政策,是德国顾问赛克特为蒋介石设计的。其实并非如此。赛克特对蒋的贡献,主要是在军队建设方面。至于碉堡战术,早在1930年国民党军将领戴岳在进攻赣东北革命根据地时即已采用,后又由南昌行营少将课长柳维垣做出系统设计;公路政策则首倡于赵观涛,何应钦在指挥第四次“围剿”时也曾大力提倡。在1933年6月间研讨第五次“围剿”方略时,蒋介石将碉堡、公路联系起来,将其从战术层面上升到战略地

① 蒋介石:《军人精神教育之精义》,1933年9月12日。

位,完成并全面阐述了堡垒进攻体系。因此,这一政策,应是由戴岳、柳维垣、赵观涛、何应钦等人倡议,而由蒋介石总其成,德国军事顾问并未有多少贡献。[①]

1934年国民党军在临川至南丰要道上修筑的碉堡 (《你没见过的历史照片》)

10月2日,蒋介石在南昌召集军事会议,作最后的动员和部署(此时已先期攻击黎川红军)。这次"围剿"的兵力配置为:以北路军为"进剿主力",总司令顾祝同,前敌总指挥蒋鼎文,统辖三路军及浙赣闽边警备区,共28个师2个旅和1个税警团。其中,顾祝同(兼)、刘兴第一路军守备新干、吉水一带,策应第三路军及维护赣江交通;蒋鼎文(兼)、汤恩伯第二路军在金溪、崇仁一带筑碉,防阻红军北上并支援第三路军;陈诚、薛岳为正副总指挥的第三路军,辖18个师又1个补充旅,担任北路军的主力军,集结于南城、黎川地区,以广昌为攻击目标筑碉前进。西路军总司令何键,辖9个师又3个旅,以主力围攻湘赣革命根据地和湘鄂赣革命根据地,并构筑碉堡线防堵中央革命根据地红军西进。南路军总司令陈济棠,辖14个师又2个旅,扼守赣南寻乌、安远、信丰、南康、上犹、崇义及福建武平地区,防堵红军南下,并相机北进,策应北路军作战。第十九路军6个师1个旅在蒋光鼐、蔡廷锴指挥下,布防闽西,阻止红军东进。浙赣闽边区警备司令赵观涛率5个师围攻赣东北革命根据地方志敏部红军,并切断赣东北与中央革命根据地的联系。南昌行营直属总预备队总指挥钱大钧率3个师控制于临川附近,直属空军5个航空队协助北路军作战。蒋介石这

① 参见何友良著《赛克特并未为蒋介石制定碉堡战术》,《近代史研究》1990年第3期。

一次直接用于作战的总兵力为陆军67个师、7个旅、1个团,共50余万人(后增至80万人)。

10月17日,南昌行营颁发战字第2130号训令,下达部队行动纲要和进攻计划,命令各部队"不必先找匪之主力,应以占领匪所必争之要地为目的","次第开始围剿"[①]。

二、历时一年的战争

第五次"围剿"战争实际上是在总体部署尚未完成之前,即于1933年9月25日由第三路军周浑元纵队3个师突袭黎川率先打响。10月26日,担任主力军的北路军第三路军下达划分为3期的作战计划,其基本方针为"以消耗战之目的,采断绝赤区脉络,限制匪之流窜,打破其游击战术,封锁围进之策略,先完成封锁地带之碉楼区,并即切断其赣东与赣南之联络线,本战术取守势、战略取攻势之原则,步步为营,处处筑碉,匪去我进,各纵队非万不得已,决避免决战,以免被匪各个击破之危,而达我预定计划,俾收最后一举聚歼之胜利"。[②]这说明,陈诚等完全领会了蒋介石的战略意图,充分吸取了此前的失败教训,实现了作战方法的根本改变。

参加作战的中央红军主力约8万余人,地方武装配合作战。战争开始时,中央红军正在两个方向分离作战,兵力既不集中,又长期没有休整。特别是,根据地正处在王明"左"倾盲动主义统治之下,毛泽东已被调离军中指挥位置,不熟悉中国情况的共产国际军事顾问李德也在这时进入革命根据地, 并掌握了军事指挥权。因此,红军的反"围剿"作战,外临强敌及其有了根本变化的战争政策,内逢"左"倾盲动指导和脱离实际的瞎指挥,被迫实行"御敌于国门之外"与敌决战的"进攻路线",而陷入冒险进攻敌军堡垒的不利境地。因此,在从攻占黎川开始后的几个月中,"进剿"军已于吉安、吉水、永丰、乐安以迄黎川、金溪沿线以北大片地区,构筑成碉堡战线,并与红军"一战于硝石、资溪桥,二战于浒湾,三战于藤田,四战于大雄关,五战于神岗、党口,无役不胜"。红军虽取得洵口歼敌3个团和各次作战杀伤敌军的战绩,但伤亡3位师指挥员和千余官兵,

① 《军事委员会委员长行营第五次围剿计划》,1933年10月17日。

② 赣粤闽鄂湘北路剿匪军第三路军总指挥部参谋处编《五次围剿战史》,中华民国开国五十年文献编纂委员会1968年重印本,上册,第74页。该书编成于1937年7月。

战争开局即处于被动。

11月20日,蒋光鼐等率第十九路军发动福建事变,宣言反蒋抗日。蒋介石担心其与红军联合,立即从北路军中抽调7个师由蒋鼎文率领从赣东进入闽北,“以迅烈之行动”南下攻打十九路军,同时令陈诚以7个师从黎川向团村、德胜关推进,截断中央红军入闽通道。而红军在“左”倾中央的错误决策下,被西调进攻永丰地区的国民党军堡垒,而不是打击赣闽边境敌军以应援十九路军,或东出福建寻求外围运动战,彻底断送了有利战机,使援助福建人民政府和打破第五次“围剿”的希望均告落空。1934年1月,蒋介石完全镇压福建事变,并将入闽部队编组为赣粤闽湘鄂“剿匪”军东路军,以蒋鼎文为总司令,从东面进攻中央革命根据地。同月,蒋介石还调派安徽省政府主席陈调元为赣粤闽湘鄂“剿匪”军预备军总司令,在南昌设立总司令部;将江西全省划分为5大守备区,令各区加紧训练团队,建筑碉堡、公路,防堵红军。这样,对中央革命根据地形成了更加严密的四面围攻。

在福建事变期间处于守势的北路军立即从三个方向转入进攻。以3个师由吉安向富田推进,以薛岳第六路军(刚编组完成,辖刘绍先第六纵队4个师、吴奇伟第七纵队3个师)由永丰藤田向沙溪、龙冈推进,这两路均以兴国为目标。以陈诚第三路军(时辖罗卓英第五纵队4个师、樊崧甫第三纵队2个师、周浑元第八纵队3个师)由黎川地区经樟村、横村向建宁推进,一面威胁沙县红军,一面与东路军打通联络,完成北、东两路相接的碉堡封锁线。1月25日,第三、五纵队分左右两路进占黎川与建宁间的战略据点樟村、横村,次日进攻邱家隘、寨头隘,在遭到红五军团抗击后将两地占领。这时,原被中央革命军事委员会(以下简称军委)调往永丰、乐安攻击敌堡垒无功而返的红一军团和其他各军团,被集中西上就敌,一、九军团经一天激战占领寨头隘后,2月1日复对邱家隘、平寮发动猛攻,“是日战事激烈前所罕见”,次日雨雪交加,红军继续反复冲击,“伤亡特多”,国民党守军“亦伤亡甚巨”[①]。其后,中革军委命令红一、九军团和三军团四师集结在樟村以西的茶巷隘至坪山圩之线,构筑长达数十里的防御阵地,以碉堡对碉堡,与敌进行阵地战,并实施李德制定的短促突击战术。

蒋介石、陈诚见红军转为碉寨阵地防守,遂调步炮及飞机对红军阵地实施狂轰滥炸,并令部队依托所构筑的碉堡线逐次进攻。缺乏重武器的红军难以制

① 《五次围剿战史》,上册,第173—174页。

1934 年，进入江西乐安县的国民党军召开宣传大会 （《你没见过的历史照片》）

敌，林彪、聂荣臻叙述作战情况说：敌“又是用飞机轰炸及堡垒内炮兵火力向我阵地轰击，尤其敌人的飞机所起的作用更大，使我军一举一动受其妨碍。敌步兵在其空地火力掩护之下向我阵地跃进”，实行短促突击又不易脱离敌人，致使人员伤亡和弹药消耗都很大，仅平寮、三甲嶂和凤翔峰作战，红一军团伤亡即达 1100 人以上。为此，他们致电军委，明确反对实行阵地堡垒战和短促突击，再次提出以运动战消灭敌人的建议。[①]但这个建议没有被采纳。

3 月初，陈诚部以进取广昌态势将 3 个纵队西移，占领南丰古城、桑田、枫林、三坑、三溪一线后，以南丰至广昌间的战略要地白舍为目标向南压迫。原集结于杭山圩、增坊的红军主力，随即西调至白舍地区阻敌。11 日开始，双方在五都寨、东华山、三溪、杨梅寨等战线作战，陈诚部与红一、三、九军团“激战至烈”，因实施飞机、山炮、迫击炮的连续轰炸和重兵的抗击包抄，使红军损失很

① 《林彪、聂荣臻致中革军委电》，1934年2月16日。

大，被迫后撤。陈诚部15日占领白舍、甘坊地区，完成进攻广昌的直接准备。配合陈诚部行动的西线薛岳第六路军，这时也已克服红军中央警卫师和陈毅江西军区部队的阻击，南进到沙溪一线，完成了与陈诚部的横缀碉堡封锁线，彻底阻断了革命根据地北面的通路。东路军蒋鼎文部以汤恩伯第十纵队4个师进攻闽北，李延年第四纵队4个师进攻闽西，与红七军团及调援的红一、三军团等发生激战，汤纵队3月间连占沙县、将乐、归化、泰宁，李纵队占领龙岩，并向连城、长汀推进，红军东线呈现紧急局势。南路军陈济棠部集中8个师北上，连续攻占安远、信丰、寻乌，4月21日攻占中央革命根据地南大门筠门岭，红军退守会昌。

1934年，向苏区进攻的国民党军第九十八师机枪手(《你没见过的历史照片》)

4月1日，蒋介石在南昌召开军事会议，作出北、东路军行动计划，决于两个月内以占领广昌、建宁为目的与红军进行重点作战，向根据地核心地区推进。博古、李德此前曾到前线视察，认为“建宁和广昌是战略要地，必须坚决守住。因此应该在广昌地区构筑工事，以便阻止敌人的主攻部队在对敌最容易而对我们最危险的道路上继续向我革命根据地的心脏地区进攻”①。因此，成立野战司令部指挥广昌保卫战，并下令红军在宽20余华里、长30余华里的广昌北部构筑3道阵地防御线，在防线上遍筑能经受炮弹轰炸的“永久性”碉堡，死守硬抗。在其后的作战行动中，仍继续无视彭德怀、林彪、聂荣臻等前方将领的正确意见。

① 奥托·布劳恩(李德)：《中国纪事》，现代史料编刊社1980年版，第63页。

10日，陈诚将所部11个师分成河东、河西两纵队，夹盱江并肩南下，进攻罗家堡和甘竹，广昌战役正式展开。广昌战役历时18天，是第五次“围剿”战争中历时最久、最为酷烈的作战。彭德怀记述红三军团在广昌附近的巴掌形、西华山、新人坪地区抗击战情形：“从上午八、九时开始至下午四时许，所谓永久工事被轰平了。激战一天，我们突击几次均未成功，伤亡近千人。在李德所谓永久工事担任守备的营，全部壮烈牺牲，一个也未出来。”[①]红军各部在盱江东西两岸节节抗敌，无法抵挡立体交叉的炽烈火力，全战役伤亡5500余人(一说4000余人)，被迫步步后退。但陈诚部也有很大伤亡，自称死伤官兵2600余人。4月28日，广昌被陈部第六十七师占领。

紧接着，陈诚部周浑元纵队东出福建，与东路军汤恩伯纵队发动建宁作战。中革军委调红一、三、五、七军团进行建宁保卫战，在两个方向同时进行抗击。5月16日，红军经数日激战后弃守阵地，汤纵队第八十八师占领建宁。6月上旬，军委将红一、三军团调移兴国龙冈地区，意图反击南下的薛岳所部，因薛部固守堡垒而未得手。到这时，第五次“围剿”作战已历时9个月，国民党军已将中央革命根据地压缩到石城、宁都、兴国、瑞金、于都、会昌和长汀的基本区域内，对红军不利的战争态势日益明显。中共中央从5月开始秘密进行撤离准备，并在6、7月间，分别派出由赣东北红军组成的北上抗日先遣队和湘赣革命根据地的红六军团，先期出发，牵制国民党军。

6月27日，蒋介石调整部署，集中31个师，分6路向石城、兴国、长汀、会昌4个方向，对革命根据地基本区域发动全线进攻。其中，罗卓英纵队4个师先由广昌西进新安、头陂，然后协同樊崧甫纵队2个师和汤恩伯纵队3个师南下推进赤水、驿前、小松，会攻石城；西调周浑元纵队6个师从泰和南下兴国沙村，薛岳部4个师由永丰沙溪、龙冈推进古龙冈，分别从东西方向压迫兴国；东路军李延年纵队6个师由朋口、连城推进长汀，南路军3个师由筠门岭推进会昌。同时在南丰、广昌集结3个师为预备队，并在广昌修建飞机场。第五次“围剿”战争进入最后阶段。

中共中央、中革军委由此也在战略部署上作出重大变更，这主要是改变以往集中红军主力于一两个方向抗击敌军的方针，决定实行“六路分兵，全线抵御”。7月23日，军委发布关于敌情和红军行动的通报，通报了敌军六路进攻的

① 《彭德怀自述》，人民出版社版1981年版，第190页。

情况和命令红军分兵六路抵抗的部署。但实际情况是,红军这时已经没有了在根据地内部打破“围剿”的可能,而阵地防御显然在武器装备上处于劣势,因此,这个部署,进一步加剧了红军的被动局面。

从7月至10月上旬,国民党军依次以石城以北、长汀以南和兴国以北3个方向为主,全面进攻红军。在石城以北方向,汤恩伯、樊崧甫以6个师进攻彭德怀部4个师红军坚守的大寨脑、高虎脑、万年亭、驿前一线阵地,8月上、中旬先在高虎脑、万年亭发生激战,由于彭德怀果断放弃短促突击战术,“利用特殊地形,采取反斜面山脚边,完全出敌不意”[①]的灵活战法,红军两战均取得重大胜利,歼敌4000余人,汤纵队第八十九师基本丧失了战斗力,红军也因碰上“硬钉子”[②],伤亡达2300多人,最终放弃阵地,退守驿前等地。月底,汤、樊吸取教训,集中4个师在猛烈炮火下进攻并占领驿前,红三军团退守小松、石城,双方形成一个月的对峙。在长汀以南,李延年部4个师进攻朱德亲自指挥的红一军团,9月初在温坊地区遭到红军以运动战形式发动的急袭和夜袭,被歼4000余人,俘虏2400余人,这是红军在第五次反“围剿”中打得最好、歼敌最多的一次胜利作战,蒋介石为此枪毙了一个旅长,并将师长李玉堂由中将降为上校,派顾祝同前去帮蒋鼎文重定部署,改调从南京卫戍部队分编的精锐的宋希濂第三十六师担任主攻。在兴国以北方向,周浑元部6个师在沙村、老营盘地区进攻红八军团、红三军团第六师和陈毅部3个团,红军节节抗击,打得相当艰苦,仅红六师伤亡指战员即达1720人[③],陈毅也在老营盘战斗中负重伤。老营盘失守后,这些部队与增援的红五军团、红一军团固守高兴圩地区,继续抗击周纵队,掩护中共中央和各路红军的集结和转移。

9月26日,蒋介石令各路部队从各个方向同时发起进攻。各路红军则在略事抗击后,相继在10月上旬从石城、兴国、长汀、瑞金等地撤走,进行长征。11月10日,革命根据地首府瑞金被东路军第四纵队第十师李默庵部占领。占领瑞金,被视为“围剿”战争的“里程碑”,因此当李默庵发出电告后,国民党内一片欢腾,各地各种庆贺电报纷纷扬扬。历时一年的第五次“围剿”战争,随着瑞金、宁都等主要县城的占领而告结束。11月19日,蒋介石在南昌行营扩大的总理纪念周上,正式宣告对江西红军的“围剿”军事告一段落,并指出此次战争“曾提

① 《彭德怀自述》第192页。

② 《陈伯钧日记(1933—1937)》,上海人民出版社1987年版,第271页。

③ 《六师师长曹德卿、政委徐策致中革军委电》,1934年8月27日。

三分军事、七分政治之口号，但事实上或者还是用了七分军事、三分政治的力量”①。这就是说，此次战争，最终起主要作用的还是绝对优势的军事力量。

“围剿”战争结束后，蒋介石除派出薛岳、周浑元两个纵队跟踪追击主力红军外(原西路军总司令何键改任追剿军总司令)，将大部分部队留置江西进行“清剿”。1934年11月24日，南昌行营发布电令，宣告江西等五省“围剿”军事告一段落，原北、东、西、南四路军和预备军战斗序列均行取消，将江西、福建划定为两大绥靖区，分别以顾祝同、蒋鼎文为总指挥，进行了长达经年的“清剿”战争，而小部队和地方武装对红军游击队的作战，则延续到抗日战争爆发才告停止。南昌行营，于1935年1月宣告结束。

三、新生活运动的兴起

1934年2月，蒋介石平息福建事变之后，在南昌发起一场声势浩大的新生活运动，以配合正在激烈进行的第五次“围剿”和国民党对思想文化的统制。因为该运动要求从改造国民的日常生活入手，进行社会风气的改换和国民道德的重建，所以被称为“新生活运动”。

2月19日，蒋介石在南昌发表《新生活运动之要义》的长篇演讲，正式揭开运动的序幕。由此到6月底的新生活运动发起时期，蒋介石共发表《新生活运动之中心准则》等6篇长篇演讲，主持制定《新生活运动纲要》等多个规程和文件，对运动的目的、内容、准则、意义等作出明确的阐释和规定。按照蒋介石的解释，所谓“新生活运动，就是提倡礼义廉耻的规律生活，以礼义廉耻之素行，习之于日常生活食衣住行四事之中”，以整齐、清洁、简单、朴素、迅速、确实六项要求为标准，去除粗野卑陋、争盗窃乞、乱邪昏懦之行为，实现国民生活的艺术化、生产化、军事化，最终达到安内攘外之目的，奠定民族复兴之基础。②

按照蒋介石的计划，新生活运动先从规矩、清洁运动做起，地点先从南昌

---

① 中国社会科学院近代史研究所中华民国史研究室编《中华民国史资料丛稿·大事记》，第20辑(1934年)，中华书局1986年版，第243页。

② 详见蒋介石：《新生活运动纲要》、《新生活运动之真义》，《江西民国日报》1934年5月15日、4月1日。蒋介石将礼义廉耻依次解释为：礼是规规矩矩的态度，义是正正当当的行为，廉是清清白白的辨别，耻是切切实实的觉悟；耻是行为之动机，廉是行为之响导，义是行为之履践，礼是行为之表现，四者互相连贯，发于耻，明于廉，行于义而形之于礼，相需而成，缺一不可，为待人、处事、持躬、接物之中心，新生活运动之真实内容。

做起，“俟办有成效，积有经验，再推及其他”[1]。因此，他对江西和南昌置以很高的期望，指出“我们现在在江西一方面要剿匪，一方面更要使江西成功一个复兴民族的基础。要达此目的，必须自江西尤其是从江西省会所在的南昌这个地方开始，使一般人民都能除旧布新，过一种合乎礼义廉耻的新生活”，首先使南昌改造成为一个新社会，进而风动全国，使全体国民有所取法，在最短的时间内，革除野蛮的、落伍的生活习惯，形成高尚的道德和文明的生活习惯，认识国家和民族的时代环境、国民的地位和责任，成为现代的国民、文明国家的国民，承担“救亡建国、复兴民族的工作”。为此，蒋介石反复要求，江西“无论在那一方面，无论什么事情，统统要做各省的模范，为全国所效法，要以我们一省的新风气、新事业，来风动全国各省，使全国的民众都能闻风兴起，跟着我们共同一致的建设我们新的国家，复兴我们中华民族”[2]。《江西民国日报》由是多次发表社论，要求南昌各界领袖和一切知识分子“下定决心，努力去干”。

新生活运动在南昌立即风风火火地开展起来。2月21日，作为领导机构的新生活运动促进会在南昌成立，蒋介石亲任会长；下设干事会，由熊式辉、邓文仪分任主任干事，贺衷寒、萧纯锦、萧育赞、蒋志澄、张森鼎、李焕之、程时煃、刘百川、范争波、邵华、黄光斗等任干事。这些干事，半数为国民党江西省党部、政府官员。22日起，促进会连续召开干事会议制定多项规划、章程，从宣传、指导、纠察三个方面全面展开运动。在宣传上，利用报纸、通讯、杂志、标语、传单、电影、广告等，大事鼓吹，并于3月11日，在南昌召开有蒋介石夫妇等要员及10万人参加的“新生活运动市民大会”，蒋介石发表讲话，会前用飞机散发传单，会后举行大游行，气势浩大；18日，组织南昌全市大扫除和市民新生活运动提灯大会，参加提灯的团队达千余队，观众约20万人；5月28日，举行违抗新生活游街示警活动，将一些不清洁者戴上彩纸高帽，由警察押送鸣锣游街；6月1日，举办南昌市新生活运动展览会，蒋介石夫妇等亲自出席；还选定南昌13个公共场所，邀请社会名人作公开讲演，“每日到会听众约五万人左右”。指导上，连续召集各团体代表开会，指示方法，同时组织学生组成指导队，利用星期日作挨户劝导。纠察上，则由南昌行营、政训处、江西省党部、南昌市党部、宪兵团、民众教育师资训练所、中国文化学会南昌分会、青年会等派员，组成17个纠察队，分布南昌各地，考查、督促和纠察民众履行新生活运动要求。南昌行营还将江

① 蒋介石关于新生活运动致汪精卫电（1934年3月14日），载《江西民国日报》1934年4月5日。

② 蒋介石：《新生活运动之要义》（1934年2月19日），载《江西民国日报》1934年2月23日。

新生活运动促进总会设在中山纪念堂

西省会公安局制定的《整理旅栈公寓卫生事项》、《妓女检验规则》等章程,转发各省市政府,令其严厉执行,以杜绝不卫生不清洁的现象。[①]

几个月下来,南昌市容整洁一新,行人行走有序,机关出现"紧张空气及苦干精神",国民党中央党报《中央日报》遂将之论为"南昌精神","各地人士之往来南昌道上者,亦莫不谓南昌景象,朝气蓬勃"[②]。特别是,起而南京,继之沪、苏、冀、鄂、闽、皖、浙、湘、鲁、晋、陕、甘、察、绥、滇、川、黔、平各省市,以及江西全省各县,"先后响应,上下风从"[③],均相继发起新生活运动。

7月1日,南昌新生活运动促进会改组扩大为新生活运动促进总会,仍由蒋介石任总会长,聘请何应钦、陈果夫、陈立夫、张群等33位国民党要员为指

① 《通令各省政府为令饬将取缔旅栈检验妓女扫除清洁杀灭臭虫等事切实督促施行》,南昌行营:《军政旬刊》第18期,1934年4月10日。

② 《南昌精神》,《江西民国日报》1934年5月6日社论。

③ 吴宗慈主编民国《江西通志稿》,第33册第17页。

导员;以熊式辉、邓文仪为正副主任干事,阎宝航、李焕之等22人为干事。总会内设秘书,以阎宝航为书记;分设调查、设计、推行三股,分由邵华、范争波、黄光斗任股长,负责新生活运动工作的调查、设计和推广。会址亦从中山路一间小租屋中,迁入豫章公园中山纪念堂。总会随即颁发了各省市、各铁路、海外侨胞及江西省各县新生活运动促进会组织大纲,新生活运动至此正式大规模向全国推广,由发轫和自由发展时期,进入统一组织、计划发展的时期。由此而至抗战爆发,新生活运动着力推行以实施军事化、艺术化、生产化为中心的“三化方案”[①]。

1935年底,新生活运动总会迁至南京,南昌乃于1936年1月1日另成立江西省新生活运动促进会,由省政府、省党部及省级机关、人民团体代表为干事,熊式辉任主任干事,程时煃、王次甫、黄光斗、俞百庆、龚学遂、萧纯锦、熊滨、王明选为干事,潘玉梅、周兰清为妇女生活改进会正、副总干事,王次甫、黄光斗分兼第一、二股股长。因此,也有学者以此为界,将新生活运动分为江西和南京总会两个时期。[②]江西省新生活运动促进会成立后,对全省推行“三化”工作,依然不遗余力。省新生活运动促进会订立工作计划,调整各县新生活运动会组织,在全省普遍设立各种社团、举办各种会议,如省党部新生活运动设计委员会、省党部新生活运动工作团、新生活运动工作研究会、民众集会指导委员会、妇女新生活改进会、新生活运动协进会、新生活劳动服务团、青年劳动服务团、各机关公务员新生活劳动服务团、礼俗改良讨论会、体育改良讨论会、新生活运动座谈会等等,广泛进行了整理娱乐场所和旅栈卫生、店员新生活讲习班、提倡土布、市民健康比赛、乡村建设展览、取缔奇装异服和赤膊袒身、解放婢女、策动民族扫墓节、公务员穿制服、爱惜公物、国民军事训练等活动。[③]其中一些活动仍然走在全国前列,如成立南昌市妇女新生活改进会,在地方各省市中为

---

① “三化”的内容、原则与目标为:生活军事化要唤起尚武爱国之精神、绳予迅速整齐之行动、实行简单朴素之生活、养成遵守纪律之习惯;生活艺术化要持躬务求严谨谦和、待人务求诚挚宽厚、处事务求迅速精到、接物务求俭约清廉;生活生产化在资金方面崇尚节用与储金、务求社会资源之增益,劳力方面注重惜时与操作,务求量之增加与质之充实,物质方面注意国货之提倡,务求物品之撙节与爱护。

② 李新总编《中华民国史》第三编第二卷《从淞沪抗战到卢沟桥事变》上册,中华书局2002年版,第411页。

③ 《十年来各省市新生活运动会工作概况》,国民党中央党史会编《革命文献》第68辑,第393—396页。

第一家。但也有不少活动虽然轰轰烈烈,却多重形式,真正深入人心者不多。抗战爆发后,新生活运动以新的内容继续进行,一直到国民党败退台湾才告结束。

新生活运动发起时,具有强烈的用封建伦理纲常来控制国民思想和言论行动,以及配合对中央革命根据地的军事"围剿"的意图,但由于运动又发生在日本帝国主义加紧侵略中国以及中国推进现代化进程的背景下,因而也具有抵抗日本帝国主义侵略和灌输现代文明知识、现代国民意识和民族精神的成分,因此,它也是一场全国性的现代公民教育运动。这场运动应当说还是有效果的,对发起地的江西影响尤大,虽然运动的声势和成效多在城市和党政军教商等中上阶层,城市中又多在大街大巷,农村和城市偏隅的宪警纠察不及之地则效果甚微,但运动对当局统一思想、推行建设江西等政策和灌输文明知识,无疑发生了相当的作用。

第四节
江西的"协剿"政治

一、熊式辉主赣与革新政制

1.熊式辉出任省主席

1931年12月15日,国民政府下令改组江西省政府,任命熊式辉、吴健陶、陈剑翛、龚学遂、熊育钖、文群、熊遂、袁良、李德钊为江西省政府委员,以熊式辉任省主席兼民政厅长,吴、陈、龚分掌财政、教育、建设厅。17日,国民党中央党部撤销江西省党政委员会,改组省党部,任命熊式辉、王冠英等7人组成江西省党务整理委员会,代行省党部职权。

1932年1月,熊式辉正式就职。熊式辉(1893—1974年)是江西安义籍国民党高级官员、重要派系政学系的主要骨干。他1911年在南京陆军中学加入同盟会,参加辛亥革命。先后毕业于保定军校和日本陆军大学,在滇军和国民革命军中投身护法战争、北伐战争,任第十四军党代表兼师长。参加攻占上海、南京的作战,受到蒋介石的器重,被任为淞沪警备司令,第五师(原十四军改编)师长、苏浙皖三省"剿匪"总指挥、南昌行营参谋长,进而转任江西省政府主席。①

江西省政府大门(《赣政十年》)

熊式辉等上任时，社会上议论纷纷、说法甚多。他针对两个最流行的议论，在1932年1月25日特别作出回答：一是针对关于新一任省政府9个委员学问人格都很好的说法，明确指出这是恭维之词，学问人格是靠不住的东西，有所谓学问很好的人，做起事来却比所谓没有学问的更糟；有所谓人格很好的人，在可好的环境中会好、可坏的环境中会坏，而去年好今年坏的也不少，所以不要太迷信这种东西。他认为，在今日的江西，不是什么空空洞洞的学问人格，可以救得起来的，“我们要从实际工作上去研究，谁把江西土匪肃清了，谁就算是有学问；谁把江西的贪官污吏铲尽了，谁就算是有人格”，除此以外便无学问无人格。二是不赞同这一次新省府多是江西人、体现了赣人治赣精神，以后一切政治很有希望的说法，指出治中国的都是中国人，何以中国还是这样糟呢？可见光是几个主席、委员是赣人也难以治好江西，一个主席、几个委员，能力有限，要想江西政治有希望，要以江西三千万人的全力加上去才行。“如果江西三千万人民个个对于新江西的建设来努力，就是省政府九位委员，是个人类以外的猴子，江西也会得好；如果江西三千万人民个个对于新江西的建设不来努力，那末省政府九位委员，就是九个道地的江西宝贝文天祥，也不过为江西做一个忠臣孝子而已，江西仍然不会得好的。”因此，

① 熊式辉在江西省主席任上达10年。1942年调任中国驻美军事代表团团长。1945年当选为国民党第六届中央执行委员，出任军事委员会委员长东北行营主任，主持日本投降后的东北接收事宜，参与指挥东北战场对中共的作战，失败后被贬为战略顾问委员会委员。授陆军二级上将。1949年大陆解放时去香港，1954年由曼谷迁居台湾台中市。在台遭受冷遇，后病逝台中。有日记、诗集、回忆录等留世。

江西省政府主席熊式辉
(《赣政十年》)

"新江西的建设,要以三千万人民一致的努力为基础",要全体江西人一致努力来治江西的事,"三千万人民自治起来，这才是赣人治赣的真精神"[①]。这个讲话,体现了熊式辉的务实精神和清醒头脑，特别是关于赣人治赣的问题,从1920年代初以来长期盛行，从无人对其进行科学性的分析和澄清，对于治政多少有些负面影响。熊的言论,应当说是比较得当的。这也为他尔后实行的大规模社会动员,埋下了伏笔。

熊式辉立即向社会宣揭其治赣方针。在其宣誓就职答词中,他强调江西只有"将匪患完全肃清之后,政治上才有办法",因此他确定其施政方针为"一切以达成剿匪任务为基本原则",以"动员全省民众集中力量,协助剿匪"[②]为基本任务。在"协剿"的主题之下,他也发表了关于财政、建设、教育、民政等方面的设想,表示要设立财政委员会,以整治山穷水尽、混乱已达极点的江西财政;在民穷财尽的江西不易谈建设,拟先行筑路和整理矿产;注意实用之职业教育,培植技术人才;民政事业要靠县长去做,故要审慎选用县长。其总的施政精神,是要"事均实事求是,决不铺张扬厉,亦决不滥发空头支票欺骗吾赣人民。所以现在决定积极方面,多数人认为应做者,即积极去做,不应做者,即绝对不做;消极方面,首重澄清吏治,造成廉洁政府",以"严明"治省。[③]熊式辉的这些方针,在当时颇得人心。

2. 行政体制的调整与县政的改造

① 《党政机关总理纪念周熊主席在熊委员就职典礼席上演词》,《江西民国日报》1932年1月26日。《赣政十年》收入了该演讲词,题目定为《赣人治赣的真精神》,并将文中"人格"改为"道德","人类以外的猴子"改为"无论是那省人","一个忠臣孝子"改为"九个忠臣孝子"。另,文中所说三千万人不实,他后来在其他说法中均改为二千万人,后者接近实际人数。

② 胡家凤:《十年赣政之回顾与展望》,《赣政十年》(1)第3页。

③ 《熊式辉之治赣方针》,上海《民国日报》1933年1月13日。

熊式辉在庐山的别墅(今庐山中八路359号)成为国民党政府多次开会的场所(许怀林摄)

熊式辉从调整政府机构体制着手施政,首先变更地方行政制度,在省县之间建立固定的权力机关组织行政区。1931年夏,南昌行营党政委员会为便利第三次"围剿",将"围剿"区内的江西43县临时划分为9个区,每区辖数县,设党政委员分会处理全区一切党政事务。第三次"围剿"失败后,熊式辉检讨原来的省县两级行政体制,认为省县上下相隔,政令难通,督率不便,行政效率不高,决定依照分区办法,将南昌行营原在部分地区实行的临时性措施推行全省,在省县之间实行行政区制度。经过4个月的筹划,1932年6月2日,第471次省务会议根据交通、经济情况及"围剿"红军的需要,正式通过《江西省各行政区长官公署暂行规程》,将全省83县划分为13个行政区,每区设一行政长官,"兼领驻在地县长,综理辖区内行政及保安事宜"[①]。至此,江西全省高中层

① 《江西省政府训令》,法字第273号,1932年6月4日,原件存江西省档案馆。全省行政区1935年由13区缩为8区,1939年扩大为11区,不久又缩为9区。

行政组织由省县两级制改变为省区县三级制，省政府的行政效率及对全省的掌控能力都相应得到加强。这在全国也属创举。

1932年8月，行政院制定行政督察专员暂行条例，作为临时制度让有必要设置的省份照此办理，令江西省“所有各区行政长官应改为行政督察专员，即以现任各该区长官继续充任专员。从前颁行之江西省各行政区长官公署暂行规程，改称为江西省各区行政督察专员暂行规程，其余一切悉仍旧贯”①。据此，江西各区行政长官改称行政督察专员。省政府先后任命彭程万、危宿钟、廖士翘、蒋笈、郭艑、周作孚、周桂薰、王有兰、谢远涵等为13区专员，各区驻在地分别为南昌、萍乡、武宁、九江、鄱阳、上饶、临川、宜黄、吉安、永新、赣县、宁都、龙南。1934年1月，南昌行营以江西做法与《剿匪区内各省行政督察专员公署组织条例》(1932年10月颁行)并不相同，令江西省政府照条例改组扩展专员公署，各专员均兼任区保安司令及驻在地县长。②1935年，省政府将全省行政区缩编为8个区，各专员任职、驻在地及辖县情况为：

区别	专员姓名	驻在地点	辖　县
一	林竞	武宁(10县)	武宁、修水、铜鼓、奉新、靖安、安义、永修、新建、南昌、进贤
二	危宿钟	萍乡(11县)	萍乡、宜春、万载、分宜、上高、宜丰、新喻、高安、新淦、清江、丰城
三	李正谊	吉安(11县)	吉安、吉水、峡江、永丰、泰和、万安、遂川、宁冈、永新、莲花、安福
四	王有兰	赣县(11县)	赣县、南康、上犹、崇义、大庾、信丰、虔南、龙南、定南、寻邬、安远
五	鄷景福	浮梁(12县)	浮梁、婺源、德兴、乐平、鄱阳、都昌、彭泽、湖口、九江、星子、德安、瑞昌

① 《江西省政府训令》，铨字第1499号，1932年9月11日，原件存江西省档案馆。

② 《蒋介石关于改组江西各区专员公署经过致行政院函》(1934年8月16日)，南昌行营《军政旬刊》第30、31期合刊。表中所列各专员公署所辖县，径用当时县名。

续表:

区别	专员姓名	驻在地点	辖　县
六	郭　觫	上饶 (10 县)	上饶、广丰、玉山、横峰、铅山、弋阳、贵溪、余江、万年、余干
七	周作孚	南城 (11 县)	南城、南丰、宜黄、乐安、崇仁、临川、东乡、金溪、资溪、光泽、黎川
八	邵鸿基	宁都 (7 县)	宁都、广昌、石城、瑞金、会昌、雩都、兴国

紧接着,熊式辉对县政进行了较大规模的改造。县政在政权体系中处于十分关键的位置,是政权有效运行的一个枢纽。但当时存在两个突出问题:一是县政府事务繁重,而"组织异常简单",难以应对,1932 年以前,江西一等县县政府内设置 2 科,月支经费 1076 元,二、三等县设置 1 科,月支经费 890 元。二是县长素质低下,将上级命令视为具文,对上报告多半是扯谎,重要事务做不下去,更有不少县长或因贪赃枉法、无所不为,或因没有见识胆量、"匪警"未到而率先开溜而遭到控告,至于漠视灾民、纵匪殃民、包庇烟赌、敲诈勒索等等,更不少见。以至于连熊式辉也认为,共产党在江西能够大发展,源于江西吏治不修,县政人员非庸惰即贪污。因此,他下决心整治吏治和公务人员,在建立行政区制度后,即着手大规模改造县政。

由于县政府机构受制度规定,熊式辉无法有更大改变,所以只是在 1932 年,以配合"围剿"军事需要充实县政府为由,令全省各县不分等次,一律设置两个科,每县每月增加经费 250 元。1935 年实行县政府裁局设科后,每县再增设一科,人员、经费亦有较大增加。

熊式辉的举动主要是在更新县政人员上。一方面,他组织惩办贪污法庭和公务员惩戒会,亲兼法官及聘高等法院院长梅光羲兼任惩戒会委员长,强化对公务员的约束,重点惩治县政人员的庸惰贪污,提出治庸非教不可,治惰只有用罚,治贪唯有以杀。另一方面,注重对县政人员的培训。从 1932 年起到 1934 年底,熊式辉亲自选定人员,组织县政研究会。研究会实际上是备选县政人员训练班,会员经受一定训练(如学习国民党的党义和蒋介石、熊式辉的讲话等)后,调充县长、县佐等职位。县政研究会共办6期,先后培训人员344人。这批人员，在政治和现代知识上，较之朱培德、鲁涤平时期的县政干部总体上略强，他们同时也成为熊式辉培植的一批政治力量，为其大规模更换县长提供了条件。举办县政研究会的三年，正是熊式辉更换县长最多的时期。仅在他履任省主席的第一年即1932年，省政府即变动县长107人次，其中，免职、停职和撤职者25人，辞职者21人，调省闲置者57人，大批庸官劣吏被赶出县政位置。万安、乐安、清江等县县长因贪渎还受到通缉、判刑等司法处置。1935年2月，“为树立县政基础，广植县政人才”，“训练全省地方行政人员，谋增进县政效率”[①]，熊式辉进一步将县政研究会扩充，改设“江西省县政人员训练所”。训练所内，分设县长班、县佐班、警官班、区长班，轮调全省现任县长、县佐、警官、区长及具备相当资格、可备选各职者分期训练，每期2个月。训练方法采用军事化组织形式，一般政治学科训练则以实用为主，主要由从省政府主席到各厅、院、会、处、局首长及行政督察专员讲授其主管业务、存在问题及改进方法、将来计划等，并注重学员讨论、研究及提交书面报告。仅1935年所办三期，县长班培训122人、县佐班培训216人、区长班培训349人。这些训练，既是熊式辉改造县政的重要内容，更对改造江西县政、推行省政府的政令发挥了基础性的作用。

3.省党部组织的整理

江西省党部组织曾经长期处于纷争、混乱状态。1929年12月举行第四次全省代表大会，并于1930年3月组成正式省党部后，江西开始重建各级党部正式组织。但随即因为中原大战发生，红军和革命根据地大发展，遍及全省大部分地区，国民党各县党务因之“或仅维持现状，或竟完全陷于停顿”[②]。1930年底，蒋介石入赣指挥对红军的第一次“围剿”战争，同时负责统一指导地方党务。1931年12月，中央党部撤销江西省党政委员会，成立江西省党务整理委员会，以何应钦兼委员长，开始整顿全省党务。省整委会认为，全省党部组织“不健全，纠纷很多”；党员质量不高，“有不少贪污土劣，甚至有许多恶化分子混杂党内”；党员意志消沉，社会工作和协助“围剿”不力等。为此，省整委会下令各县市党部一律停止活动，秘密考察并重新在各县市陆续成立正式党部；进行党员总登记、思想检查和训练，淘汰“思想行为腐化或恶化”的党员，提高党员的精神和勇气；贯彻党治原则，开展和推进禁烟、合作、保甲、社会教育等社会工作；

① 民国《江西通志稿》第25册，第47页。

② 《中国国民党党务发展史料》组织，上册，台北近代中国出版社1993年版，第295页。

集中全力协助“围剿”，“把协剿工作作为党的工作最大目标，唤起全体党员和民众，动员参加协剿工作”[①]。

1933年5月，在南昌举行中国国民党江西省第五次代表大会。会议总结江西省整理委员会和省政府的工作，讨论涉及“改进党务、清剿赤匪、复兴农村”三个方面的49项提案，选举了省党部组成人员。大会宣言将恢复民族精神、安内以攘外、恢复农村经济和集中力量巩固中枢，作为全省党务工作的目标。[②]6月，经国民党中央圈定，由王冠英、李中襄、刘家树、苏郁圃、俞百庆、黄强、谭之澜任执行委员，段继典、刘已达、胡运鸿、廖上璠、章斗航为候补执行委员，组成正式的省党部。长期纷乱无序的江西国民党组织，至此实现了整理和统一，开始进行比较正常的活动。

二、“三保”政策的推行

创设行政区和改造县政、党务，为熊式辉在全省推行“协剿”政治、实行“三保”政策，提供了条件。所谓“三保”，指保甲、保卫和碉堡，是熊式辉名之为“自卫”实为动员农村民众“助剿”的三项主要措施。其实施情况为：

1.组织保甲。按照国民政府1929年6月颁布的县组织法，县以下地方行政机构，设置区、乡(镇)、闾、邻的四级自治组织。到1931年6月底，江西全省因省政混乱，仅有67个县划定了402个区，成立了379个区公所，编定乡镇闾邻的却只有21个县，远未完成设置地方自治组织的计划，更谈不上发挥基层组织的行政职能。1931年7月1日，南昌行营党政委员会为严密民众组织以便利第三次“围剿”，决定将江西43县划为“剿匪”区域，在该区域内按照行营颁发的保甲条例和区办公处组织条例，停办地方自治，对区公所及乡镇闾邻制度进行改组，实行保甲制度。“同时清查户口，发给户牌，并办理户口异动登记，以稽核人口，举办联保连坐切结及保甲规约，以促人民劝善规过，发伏诘奸。又将保甲内壮丁，编为壮丁队，以任劳役及自卫。”[③]同年12月，江西省政府感觉保甲制度便利“协剿”，“江西情形特殊，非厉行保甲制度不足以清匪源而端治本”[④]，进一步订颁《江西省政府修正保甲条例》等法规，次年3月，正式废止乡镇闾邻组织，在全

① 《本省第五次全省代表大会省整委会作党务报告》，《江西民国日报》1933年5月8日。

② 《本省五全代表大会昨午举行闭幕》，《江西民国日报》1933年5月12日。

③ 江西省民政厅编《保甲之理论与实际》，1942年11月印，第11—12页。

④ 《江西省政府修正保甲条例》，1931年12月。

省普遍推行保甲制度。江西成为民国时期全国第一个实行保甲制度的省份，其办法很快被国民政府推广到全国各省。

《江西省编组保甲实施办法》规定，保甲在编制上，以户为单位，10户组成一甲，10甲组成一保，分别设立户长、甲长和保长，户长由各户家长充任，甲长、保长由各甲、各保公推。在县长或区长查明保甲长不能胜任或认为有更换之必要时，得令原推选人另行改推保甲长；如原推选人认为保甲长不能胜任或认为有更换之必要时，亦可联名呈明保长或区长核准后另行改推。每保设保长办公处，数保设一保长联合办公处，直接由区办公处（1935年改称区署）管辖，形成区、保联、保、甲的基层行政制度。保甲内的最高权力形式则是保甲会议（后改称保民大会），它议决包括保甲规约在内的重大事务。保甲长均属义务职务，仅保长办公处书记酌给一定津贴。保甲经费则由保甲内住民分摊。在职能上，保长受区长的指挥和监督，对上辅助区长、对下监督甲长执行职务，分派和督率保内一切公共事务，维持保内治安秩序；甲长在保长指挥下主持"清查甲内户口，编订门牌，取具联保连坐切结，检查甲内奸宄，取缔出境入境之人，辅助军警及保长搜查逮捕匪犯"等；保甲长对县区下达的筑碉修路等事务，可随时调集保甲内壮丁担当。"办法"还规定，保甲内实行互相监督和互相告发的联保连坐切结，即所谓一人"通匪"，全户同罪，并类推而株连全甲、全保。可见，保甲制度具有行政管理、人身管制、地方自治和自卫、劳役等多种职能。因此，熊式辉强调"政府要厉行保甲制度"，因为"清匪工作靠它，代理乡镇闾邻的自治制度也靠它"①。1934年上半年，江西已在67县及凤岗、藤田两特别区建立了保甲制度，共编定424区，2022保联办公处②，21905保，219882甲，2351963户，内有人口11673185人，壮丁1976090名③。红军长征后，省政府将全省划分为清乡、自卫、保甲三种区域，在原革命根据地地域推行保甲制度，"使其组织更趋严密，训练更臻普遍，运用更加紧张"④。据省民政厅编制的1935年12月《江西省各县编组保甲实况统计表》的记载，到该年底，全省83县2市（南昌、九江）已共编组了461

① 熊式辉：《在全省清匪会议闭幕式上的演词》，《江西民国日报》1932年5月20日。

② 原一乡或一镇如有2保以上，需由数保组设保长联合办公处，一区之内以设4个保联办公处为限；每一办公处设主任一人，由各保长推定、经区长转呈县政府委任；每处依事务繁简设事务员一人，书记一到二人，保联主任为无给职，事务员和书记酌给津贴；保联办事处经费由各保分担。

③ 上海申报馆编《申报年鉴》，1935年。

④ 胡家凤：《十年赣政之回顾与展望》，《赣政十年》(1)，第4页。

个区，2638个保联办公处，26548保，269066甲。这时，保甲制度已在江西全面实施，成为国民党政权的基层行政组织。

保甲制度是国民党当局以"剿共"为目的，吸取古代政治管理经验，改革基层行政体制的一项重要措施。这项措施，不仅有古代保甲之表，更重要的是具有现代社会控制之实。它在一定程度上，以居民自治的组织形式，将国家权力延伸到了城乡底层，从而构建了国家的基层权力基础，形成了对基层社会的严密控制，这对于执政党及其政权的意志、法令和政策的推行，对于民间力量的组织动员以及社会资源的汲取，都产生了不小的作用——尽管这种作用因各种原因越到后面越弱。另一方面，保甲制度的推行，也使民国江西第一次有了比较准确的现代户籍登记和人口统计(1935年前人口数都是估计，最好的估计也仅是有依据很小区域或某一点的抽样调查)。

2.编组保卫团。该政策要点为在各县普遍组织民团、保安团，运用民间"自卫力量"来协助正规军"围剿"革命根据地、守卫碉堡和后方。熊式辉认为，"中央军军容未尝不盛，器械未尝不精，然不能消灭朱毛者，其最大原因，在于剿赤军无助手也"，得不到有组织的民众的帮助，所以，要"分区组织民团"，"极力组织民众，扶植民众自卫，借以补助军队"①。1932年，省政府首先对省属保安部队进行整理，将原保安警察队伍整编为4个团，成立江西保安旅，由省政府保安处指挥。1933年春，开始整理县属武装，将民团等各种地方武装统一整编为县保卫团，由县长兼任团长。同年5月，蒋介石令省政府组建江西保卫师，规定每县组织一个保卫团，若干县合成一个保卫师，直辖于由省主席兼任司令的省保安司令部(江西编成3个保卫师)。8月，南昌行营颁发《整理江西保卫团计划纲要》，以及江西各县团队训练方案暨考试规则，由省保安处组织实施，统一编制，核定中队设置及人枪数额。到1934年6月，在全省各县成立保卫团63个团，下辖268个中队，12个直属分队；并在3个行政区成立区保卫团3个团又4个中队，形成一支力量可观的地方武装部队。红军长征后，保卫团改称保安团，仍有32团之众。1935年中央停拨经费，江西缩编成20个保安团(1937年6月将12个团改为县保安警察总队，其余 8 个团并编为 6 个团)，仍是一支很大的武装力量。②

保卫团之外，省政府还编组了"铲共义勇队"、守望队、童子军等半脱产、半

① 《熊式辉之治赣方针》，上海《民国日报》1933年1月13日。

② 廖士翘：《十年来之江西保安》，《赣政十年》(6)，第2页。

被组织起来参加“协剿”红军的地方武装
(《中国人民解放军70年图集》)

军事的武装组织。1933年9月,省政府为配合即将开始的第五次“围剿”,制发《各县保甲及义勇队训练办法》,要求各县组织义勇队并进行政治、军事训练。到1934年,全省义勇队、守望队、童子军等人员达220万人,拥有枪支1.1万多支,土枪土炮9.9万多件,大刀长矛175万多柄。他们的任务,主要是建筑碉堡、侦探送信、守岗放哨、运输向导等。

保卫团队在“协剿”革命根据地中发挥了很大的作用。据省保安处的统计,从1933年7月至1935年4月,全省团队参加较大的对红军作战战斗达600余次,“至任向导、侦探、游击、守护碉堡等,更为经常工作,成绩颇著”①。但保安团队也是一支纪律极差的队伍,连兼省保安司令的熊式辉也说,在城乡各地,“一般不肖官佐,凭借武力,态度骄傲,举动粗浮,往往与地方机关发生纠纷,对待人民,尤多蛮不讲理,经委废弛,军誉扫地,而于本身职责,放弃疏虞,影响防剿,言之殊堪痛恨。揆厥原因,多由各该主管官,藐视法令,管教无方所致。如保安第六、九两团,纪律不良,剿匪不力,该前任团长吴骥、吴宏文,咎无可辞,均已明令免职,以示惩儆。”②另外,由于保安团人员数额巨大,同时也占用了江西

① 廖士翘:《十年来之江西保安》,《赣政十年》(6),第5—6页。

② 《江西省政府训令》,保人字第225号,1937年1月9日。

大量的财政经费。以 1935 年为例,全省保安警察经费高达 539 万多元,不但位列江西各项支出之首位,而且在全国有统计的21个省市中名列第一。这种情况,此后仍延续了几年。

3.构筑碉堡。如前所述,碉堡政策是蒋介石及其将领总结历年“围剿”战争实践,在1933年6月为第五次“围剿”制定的一项军事措施,内容为建筑碉堡与修筑公路并进,形成纵横相连的路碉封锁线,以逐步紧缩革命根据地和围困红军。熊式辉推行该政策,主要是组织民众协助军队修建堡垒碉寨和公路。在1933年6月的县长会议上,他下令各县长赶紧办理“保甲保卫与碉堡的事”,“凡桥头堡以及指定地带所应建筑的碉堡,都应认真去做,在八月一日以前完成”①。但筑碉修路是随军事进展而进行的一项长期的、繁重的任务,这项事务在江西整整进行了一年半的时间。在此期间,省政府动员民众,在环绕中央革命根据地和湘赣、湘鄂赣、闽浙赣革命根据地的江西地域内,修筑碉堡14294座,公路4479公里②,修通了粤赣、湘赣、浙赣、闽赣4大省道和至革命根据地的各支路。筑碉修路中,民众不仅需自备工具做无偿劳动,而且被勒派材料,以至有不少庙宇、祠堂和民房因此被拆毁,民众对此怨声载道。

“三保”政策虽然盛行一时,但就在国民党内,也不乏批评者。金溪县县长朱一民在1933年8月致蒋介石的意见书中即尖锐地指出:“保甲造成土劣集团,保卫团成为地痞渊薮,建筑堡垒,徒劳民伤财,演成政府求治之心益切,而人民所受痛苦则日深。其原因均为政繁赋重,处处予贪污土劣剥削之机会。”

三、“剿匪年”的确定和“协剿会”的成立

江西的“协剿”活动在熊式辉的推动下不断走向高潮。确定所谓“剿匪年”和成立“协剿会”,是与推行“三保”政策并行的另外两大活动。

1932年,经省党务整理委员会提议,省政府召开有省内外人士参加的全省“清匪”会议,并在有关各县成立“清匪委员会”,“欲以政治力量达到清匪目的”,“以收党政军民切实合作之实效”③。1933年,省政府、省党部为突出“协剿”

---

① 《县长会议昨举行闭幕典礼》,《江西民国日报》1933 年 6 月 20 日。

② 详见《全省碉堡完成二千九百座》,《江西民国日报》1934 年 1 月 24 日;南昌行营:《碉堡业务报告书》,1934 年编印;过守正:《江西之公路》,江西省银行经研室编《经建丛刊》,1948 年第 5 期。

③ 《江西省整委会关于召集清匪会议经过情形的报告》,1932 年 5 月 14 日,原件存台北国民党党史馆。

这一中心任务，联合决定该年为“江西剿匪年”，以“一为安定剿匪环境，二为充实剿匪力量，三为党政军民协力合作”作为全省工作的三大重点，动员各界“一致努力协剿”。但原来期以年内“剿灭”革命根据地的计划落空，省政府、省党部遂举行党政联席会议，商议1934年的“协剿”计划。熊式辉断然拒绝李中襄、文群、熊在渭、程时煃、鲁师曾、李德钊等委员取消“剿匪”年号的意见，决定1934年为“江西剿匪第二年”，以继续协剿工作、改善协剿办法和紧张协剿风气作为三大目标，以“厉行剿匪教育、完成人民自卫、救济农村经济”为工作纲要。[①]“剿匪年”及其中心任务的确定，强化了全社会的“协剿”意识与紧张气氛，成为熊式辉社会动员的特殊形式和总揽政局的中心环节。

为进一步“全体动员，集中力量”“协剿”，1933 年 2 月，省党政各界还在南昌成立了“江西省会各界民众协助剿匪会”的实体组织。“协剿会”推举党政军民各界代表 26 人为委员，由胡思义、欧阳武、范争波、王明选、李右襄 5 人任常务委员，据其“组织大纲”规定主持日常会务；内设 6 组，各组设一主任，由委员兼任，并为筹款和南昌修建机场，专门组设了经济委员会和建筑飞机场委员会。“协剿会”对“举凡关于协剿方面的调查、视察、宣传、慰劳、救护、赈济、修路、通讯、运输、货物的采办贩卖以及匪区经济封锁等一切事项，详拟方略，或在后方，或赴前线，作全民动员，求军民合作，不灭赤匪，誓不中止”[②]。因此，它是一个庞大的以民间名义相号召，实则由省党部主导的严密的“助剿”组织。该会在 1935 年 5 月结束前的两年多时间内，经常性地举行会议和活动，为第五次“围剿”战争做了大量宣传动员和后方支援的事情。仅组织“铁肩队”为军队解决粮弹运输一项，即被认为“成效卓著”[③]。该会招募成立的宣传队、筑路队、救护队、贩卖团、哨探队等组织，也均具有规模。在省“协剿会”外，同时还成立了由章益修等领导的江西省会新闻界、程时煃等领导的江西省会教育界“协剿会”，以及各有关区县“协剿会”。江西全省上下，形成纵横交错的严密的“协剿”

---

① 《省党政联席会议认今年为江西剿匪第二年》，《江西民国日报》，1934年1月5日。

② 《江西省会各界民众协助剿匪会工作报告》，1934年，原件存第二历史档案馆。

③ 《扩充铁肩队八十队合共万人》，《江西民国日报》1933年8月4日。铁肩队时由交通部次长俞飞鹏设计，主要为解决前线交通不便下的粮食、弹药运输问题。1933年2月间曾组织31队赴赣东担任运输，8月扩大到80队1万多人，据《江西省会各界民众协剿会铁肩队章程》规定，铁肩队由“协剿会”管辖、南昌行营调用；队丁由各县摊派，每县须组织至少一队，由县长兼任队长；数县合为一大队，全省为总队，由“协剿会”聘请省政府主席熊式辉兼任总队长；全部经常经费由“协剿会”筹给和省政府补助。

体制。

为了最大限度动员地方力量“协剿”，蒋介石还赋予江西党政人员超出制度规定的权限，如特许县长兼任行营军法官等。在1933年6月的江西县长会议上，蒋介石即席赋予县长因地制宜、因时制宜的特权，“即与法令词句稍有冲突，但求事能办通，如果有人告发，我来替你们负责，各县长如果遇到紧急的时候，可以行营军法官名义去做”[①]。南昌行营随即颁布《剿匪区域各县县长兼军法官暂行条例》，予县长以随时纠正、拘捕、审理“赤匪盗匪”和违反军令、政令者等司法权力。[②]从这时到抗战前，江西几乎各县县长均兼此职。蒋介石还令临川等17县县长，兼任行营谍报主任。这类措施，极大地便利了地方的“协剿”行为，但对转型中的现代政治颇为不利，正如有的学者所言，江西县长均兼有行政和司法的权力，“显示传统县长角色直到抗战前都还没有褪尽，也说明中国司法现代化的脚步相当迟缓”[③]。

上述情况说明，由于熊式辉的回赣主政，在地缘、人缘和亲缘各方面，凝聚起较之其前任更大的反对革命的力量，对江西革命根据地形成了前所未有的“协剿”攻势，从而对第五次“围剿”发挥了重大的作用。因此，蒋介石对江西的“协剿”工作相当满意。在为第五次“围剿”召开的“庆祝大会”上，他指出“尤赖于后方同志任劳任怨，不辞艰巨，巩固政治，维持秩序，策划财政，筹济军实之毅力与苦心，用能使前方将士，饷糈不匮，械弹无缺，绝后顾之忧，励前进之勇”[④]。此虽不仅指江西，但江西的作用不言而喻。

第五节
三年建设

一、连年战争对经济社会的影响

战争造成了对江西经济社会的严重破坏。这种破坏，主要反映在几个方面：

---

① 《县长会议闭幕蒋委员长训词补志》，《江西民国日报》1933年6月21日。

② 《剿匪区域各县县长兼军法官暂行条例》，《申报》1933年7月15日。

③ 吕芳上：《对训政时期江西县长的一些观察(1926–1940)》，《中华民国建国八十年学术讨论集》第一集，台北1991年版，第321页。

④ 蒋介石：《庆祝剿匪胜利之意义》(1934年12月10日)，南昌行营《军政旬刊》第43、44期合刊·特载。

人口锐减。江西人口,据有关记载,1928年约为1800余万人,到1935年时,为1569万人[①],十年间减少约200万~300万人。人口锐减主要出于四个方面:一是向周边省区的迁徙,这部分人数不在少数,如仅1930年游离到浙江衢州、常山、杭州等地的赣民,即达2万多人。二是加入军队者在作战中的死亡,此种情况,在国共两军中都有,也包括参加国共双方的地方武装而在作战中死亡者。三是国民党军尤其是地主武装对革命根据地人口的杀戮。保安团队和地主武装宣称要"清洗匪区,换过人种,换过谷种,茅房要过火,石头砍三刀",并用炙烧吊打、割乳刺身、剖腹挖心、活埋碎尸等40多种酷刑,报复和残害革命根据地民众。红军长征后,保安三团团长欧阳江在瑞金武阳一夜即杀害参加过革命的人士500多人,瑞金县长邹光亚在云龙桥一次枪杀了120人,在菱角山、竹马岗活埋300多人。宁都、遂川的著名恶霸黄镇中、萧家璧,血洗数县,杀人以万计。赣东北革命根据地"形成几十里地方无村庄,田园荒芜,渺无人烟"的惨象[②];瑞金县被杀1.8万人。宁都全县人口原有34万人,到1935年3月仅存22.44万人,该县全家被杀绝者达8300多户,仅留有寡妇者达7000多户。四是大灾之后的疫病死亡。据红十字会1935春在赣南工作的报告,因革命根据地人口"死伤过多,以致疫疠横行,灾民多染虐痢或急性伤寒等症,呻吟道路,无人治疗,坐以待毙",仅宁都即日有数十名,甚至医生亦因有染疫者而不敢前往救治。[③]

人民财产的直接破坏。战争不但毁坏了房屋、山林等固定财物,而且加剧了农村各种关系的紧张, 不断扩大成对社会秩序和生产力的破坏。据顾祝同1935年1月对国际记者团所言,江西在7年战争中,人口死亡近一百万,"国民经济之损失,达十五万万元以上"。红军长征后当局以《整理收复匪区土地处理办法》为中心,恢复以地主土地所有制为核心的农村秩序,但如《申报》记者在莲花地区所见,地主富绅联袂归来,多与农民"发生报复仇杀情事",甚至对革命

① 江西人口数在1935年实行保甲统计前,多为估算,并无准确数据,说法并不一致。如1926年2月5日《广州民国日报》所载江西人口达24466800人,但此数为1922年邮政总局的调查估计,显然失实。据《江西人口总数之估计》(载《江西经济问题》1933年版,第33—50页)的分析,1928年全省人口以内政部调查的62县数加上未调查的19县数,约为17578492人,此数与当局对外国记者所说土地革命前江西人口约1800万较为相符;1935年人口数15690403人是据各县市政府依据编入保甲的数字汇列(江西省政府统计室编印《江西省农业统计》序,1939年12月)。

② 李步新:《皖浙赣边区三年游击战争概况》,《回忆闽浙皖赣革命根据地》,江西人民出版社1983年版,第467页。

③ 国际红十字会中华分会:《筹办赣赈工作报告书》,1935年春。原件存中国第二历史档案馆。

根据地所筑水利堤坝也要摧毁。中央革命根据地的返乡地主甚至在向农民追讨旧债不遂时,“把妇女卖到广东、湖南”去抵债。[①]另一方面,由于大量人口的缩减,也造成不少农村田园荒芜,有田而无人耕种,地主招租亦无人应佃的情况。1935年初红十字会人员在广昌所见,民众“率皆老弱残废,饥寒交迫,气息奄奄,面无人色。经行数里不见一壮丁,疫疠流行,一经传染,无一幸免”。在国民党当局的“剿匪”报告书中,也记载了“剿匪之地,百物荡尽,一望荒凉,无不焚之居,无不伐之树,无不杀之鸡犬,无遗留之壮丁,闾阎不见炊烟,田野但闻鬼哭”[②]的惨况。

全省人民负担的加重。为了筹措“协剿”经费,省、县政府均不约而同地将手伸向民间百姓。朱培德、鲁涤平治赣时期,不能免走北洋军阀老路,已是今日一税、明日一捐,见物即税、无人不捐。熊式辉主政后,情况仍旧。1932年5月全省“清匪”会议决议开征“特种物品产销清匪善后捐”,用充保安经费,6月设立“清匪善后捐管理局”,以江西省财政委员会委员长兼江西慈善总会主席胡思义兼任局长,下设南昌、九江、吴城、景德镇征收局及湖口等各处稽征所,负责办理。捐率定为三等,即奢侈品值百抽12.5~17.5,半奢侈品值百抽7.5~10,日用品值百抽2.5~5。“开征以后,每年实收在200万元以上。”此举大大加重了工商业界的负担,在省内外引起极大义愤,胡思义在社会上的强烈指责声中被迫辞职。红军退走后该捐本应撤销,“因财力凋敝,抵补无方,遂照旧征收”,直到1937年7月16日才行撤废。[③]但“善后捐”仅仅是税捐中的一种。1933年,有人针对“围剿”时期江西的苛捐杂派著文指出,当时有食盐附加捐、人丁户口捐及派征、殷富捐、米谷捐、消费通过捐、烟赌捐、屠宰附税、契纸附税、房铺捐、其他附加及杂捐等,“其税目之繁重,征收方法之不当,税率之奇苛,负担之偏枯,混乱棼淆……至于擅征私敛,违背法令,又其余事,谓之苛杂,宁为过词”。“以至今日,各县人民对地方所担负之捐税,不但省政府财政厅无案可稽,即县政府财政局亦不能悉举其目,至于区村地方、机关团体之隐瞒擅征,又比比皆是,其

---

① 陈毅:《忆艰苦的三年游击战争》,《回忆中央苏区》,江西人民出版社1981版,第502页。

② 转引自孔永松等著《中央革命根据地史要》,江西人民出版社1985年版,第456页。

③ 文群:《十年来江西之财政》,《赣政十年》(3),第4页。

庞杂程度,可谓尽租税之奇观。”[①]1934年6月第二次全国财政会议通过各省市废除苛杂办法后,江西被迫裁撤各县苛捐杂税即达20大类、298种,可见人民负担之重。沉重的捐税负担,使人民甚至普通公务员的生活陷入困境。

战争也使江西经济环境和产品外销受到严重影响。1933年有人指出,江西重要农产如米、茶、棉花、薄荷、豆类等,工艺品如瓷器、夏布、纸张等,矿产如钨、煤、铁等,均占全省出产的重要位置,但“自民国十六年以后,出产渐就衰退,自耕农日益减少,佃农及雇农则日有增加。到了二十年,全省的出口货,仅值一千七百万两,而同年的进口货,竟值四千一百万两之巨,如夏布去年出产只合平时三成左右,茶叶损失约在一百万元以上,瓷器与民国十六年比较,出产减少四百余万元,纸张的产额和销路,更一落千丈……生产力既形激减,失业人数骤增”[②]。他们认为,这也是土地革命兴盛的深层原因。

连年战争使江西社会经济发展艰难,导致如熊式辉所说的“江西现在是千疮百孔,凋敝已极,农工商各业,均濒于破产之危”[③]的社会状况。这种状况,反过来也成为江西大兴建设的背景。

二、建设方针及主要措施

1935年元旦,熊式辉向全省发表新年致词,宣布从这一年开始,全省官民要上下一心,咬紧牙根,拼着三年流汗,努力用双手来做“复兴事业”,“建设新江西”。省政府当即将1935年确定为“建设年”,即以建设事业作为施政的中心。不久,这一活动又汇入在全国展开的国民经济建设运动之中,声势更为浩大,连省党部也成立了国民经济建设运动工作团等以为配合。历史地说,从1932年底制定《江西建设三年计划》和次年成立江西经济委员会,省政府即已开始进行一些建设,但从其政务中心转移上看,1935年起,全省才真正集中力量系统建设各项事业,由“协剿”政治走向了经济社会建设。所以如此,自然是因为红军撤离江西后解除了政治的危机, 同时也是当局巩固权力秩序、稳定社会人

① 《江西剿匪期中各县地方之苛捐杂派》,江西省政府统计室编《经济旬刊》第1卷第18期。又如仅省“协剿会”的募捐,即有各机关公务员二成工薪协剿捐、自由乐捐、各行业协剿捐、各业派认协剿捐、游艺募捐、筵资捐等等。也就是说,苛捐负担不但派至普通百姓,连公务员也要捐出二成工薪,而公务员工薪捐在省“协剿会”的筹款中占大头,1934年3月在“协剿会”120多万筹款中,公务员捐竟占95万银元。

② 王枕心:《国内农村改进事业考察记·序》,1933年3月。

③ 熊式辉:《在全省清匪会议闭幕式上的演词》,《江西民国日报》1932年5月20日。

心，以及在日货冲击、日本帝国主义加紧侵略的形势下维护民族利益的需要。

开展建设遇到的最大困难是缺乏人才和经费。江西当时的人才现状，当局曾经无可奈何地指出，省内"一般知识分子，奸滑的年少的便随共产党去胡闹，老的便多数是腐化分子土豪劣绅，与他没有利益的事，拖也拖不出他来做，他要来做的事，就是要把持一切，鱼肉人民，无所不至……稍为有钱的人家多逃走了，……好点的人才通通走了，剩下的多数是没有办法的落伍分子"[①]。为解决人才缺乏问题，熊式辉富有热情地采取了一系列的措施。一方面，加强对各类各级人员的培训和教育，如1935年1月设立县政人员训练所，次年10月成立江西百业教育委员会，开展以增进各业知识技能为主的百业教育，以及大规模推行保学等，致力于提高人们的知识和技能素质。另一方面，大力引进高层次的人才以解燃眉之急。

熊式辉在引进人才上的思路和举措大胆独到，颇有可圈可点之事，最著名的是因他的举荐和争取，引进了著名经济学家萧纯锦、教育学家程时煃等一批高级专门人才。1933年春，熊式辉确定从经济着手进行建设，在省政府内设立江西省经济委员会，"聘请许多经济专门人才"[②]，并特邀萧纯锦来赣任主任委员。萧是永新人，早年留学美国多年，对于先进国家的政治、经济，素有研究，曾先后任北京女师大教务长、东南大学经济系主任、东北大学校务委员兼系主任，专门从事经济学教学和研究。他因感于熊式辉"恳邀之激励，辄舍弃故业，来省主持经济委员会事"。不久补任省政府委员，在任至1948年。程时煃是新建人，担任教育厅长到1946年。他们的返赣任职，对江西经济、教育的建设作出了较大的贡献。熊式辉也很注意引进外省籍人才。1934年，为谋求振兴景德镇瓷业，他接受宋子文的推荐，亲自出面聘请当时在兴办实业上负有盛名、正在上海主编《新生周刊》的杜重远，来江西主持瓷业的改革与生产。杜被任用为江西省陶业管理局局长，为改进景德镇瓷器生产和筹划江西全省瓷业发展，作出了贡献。[③]1936年夏，为了改良妇女生活和推进妇女工作[④]，熊式辉到北平邀请燕

① 王尹西：《对县长考试及格人员讲话》（1930年6月4日），转引自吕芳上：《对训政时期江西县长的一些观察（1926–1940）》，《中华民国建国八十年学术讨论集》第一集，台北1991年版，第321页。

② 《省委萧纯锦昨日宣誓就职》，《江西民国日报》1933年6月27日。

③ 胡小红：《杜重远与景德镇瓷业改革》，南昌大学2005年硕士学位论文，未刊稿。

④ 雷洁琼：《抗战初期我在南昌活动的片断回忆》，中共江西省委党史研究室编《江西党史资料》，第35辑，中央文献出版社1995年版，第185页。

京大学社会学系教授雷洁琼、家政学系主任陈意到江西开办家政学校，在雷、陈因故不能来赣的情况下，他接受二人的推荐，聘请北京香山慈幼院院长熊芷来南昌，参与主持全省城乡妇女工作。于次年2月扩大改组江西省妇女生活改进会，聘请熊芷为江西省政府妇女指导员，王敏仪为总干事，管梅蓉、潘玉梅为副总干事，专责领导全省妇女工作。熊式辉还相当重视文化人才的引进。他1933年聘请江西新建人、著名音乐家程懋筠返赣，担任“江西省推行音乐教育委员会”主任委员。程早年留学日本东京音乐学校(上野音乐学院)，1926年毕业回国。在中央大学、杭州社会大学等校教授声乐与作曲。1928年国民党中央党部向全国征选国民党党歌的曲谱时，程的创作在众多应征者中被选中，其名声遂随党歌(后又定为中华民国国歌)而传扬。程主持江西音教会后，当即在江西创办了国内影响最大的音乐期刊《音乐教育》，组建了全国第一支由省政府出资、中国人自己演奏的管弦乐队，并在南昌湖滨公园内开办了首家“湖滨音乐堂”，因其联络的作者和聘请的音乐人士，都是当时国内音乐界的顶尖人物，江西的音乐事业猛然间跃上一个最高峰，并在全国占有突出的地位。当然，熊式辉大力引进的人士，也不尽是龙凤。如被他视为难得人才而引为省政府秘书、省党部委员的刘百川，原是汪精卫、陈公博改组派的红人，来赣后受命主持文化工作，其主要作为是主办了《汗血月刊》，这个月刊成为当时臭名昭著的反共刊物，而所谓全省文化工作，则被其弄得不伦不类。

由于经费支绌，熊式辉确定的建设方针是“先把不要钱的事做好，再把少要钱的事做好，如果不要钱和少要钱的事都做好了，财源自会源源而来，各地的资本也都会愿意投到江西来”①。虽然如此，省政府为筹措建设经费还是颇为用心。例如利用修建浙赣铁路的机会，发行建设公债(如1935年底发行省公债110万元)，引进上海几位金融家来赣投资南昌市水、电建设和江西光大瓷业公司等。熊式辉等也利用个人的努力和与南京的关系，向中央政府争取款项，如为筹措江西农民银行基金，熊式辉亲自去南京向财政部争取到每月返留5万元盐款。江西争取中央政府拨付给地方的补助款数额，也一直较大，如1935年度有770万元，为各省之首。但要指出的是，省政府在经费使用上，对建设投入甚低，即使在作为建设年的1935年，全省投入的建设费也仅160万元，与教育文化费相加共350万元，占预算总额的12%。②

① 熊式辉1935年1月7日在建设厅扩大纪念周训词，转引自《赣政十年》(1)，第9页。

② 杨荫溥：《民国财政史》，中国财政经济出版社 1985 年版，第 87 页。

江西的经济建设，也得到了中央政府的主动资助。蒋介石对江西期望颇高，一直认为“江西不比其他的地方”，要求江西能够进步迅速，各方面都要走在全国的前头，“做全国各省的模范”①，真正建成“模范省”，成为国家复兴的基地。为了帮助江西开展经济建设，国民政府曾邀请3位国际联盟专家到江西考察，国联专家提出了复兴江西的建议。全国经济委员会开始在江西举办建设活动，如在棉麦借款项下拨给江西190万元用作建设经费，规定该项经费以50万元作江西合作贷放基金，20万元开办江西农业院，30万元资助江西全省卫生处，6万元作南昌等5个乡村师范补助费，30万元作救济费，19万元为管理费，35万元设立10所江西农村服务区。1934年6月25日，全国经济委员会在南昌设立江西办事处，帮助规划各项建设事业的开展。②另外，蒋介石等还多次出面要求中、中、交、农四大银行向江西发放贷款，解决江西的资金困难。

农业是江西经济的主要支撑，当时认为，江西为中国的一部分，所以虽然无法避免农村崩溃的波及，但“又惟其江西农村崩溃最早，受害最深，所以救济江西农村，较任何省份尤为‘当务之急’”③。因此，组织国内农村改进事业考察团到河北、山东等地考察，开展农村调查，成立以省政府主席兼任理事长的江西农业改进社，设置农民银行，创设农业院、设立农村服务区和开展农村合作等，成为江西经济建设和“改进”、“复兴农村”的重要措施。

设立农业院首由蒋介石提议，要求江西面对全省农村经济凋敝、生产不振的现状，“设立大规模农业机关，以负改进农业、复兴农村之任务”④。1933年7月，省务会议通过《改进江西农业计划大纲》，决定筹设江西农业院，直属省政府，负责主持全省农业（含畜牧业、林业）研究、试验、推广及教育，以谋全省农业技术之改进与农村生活之改善；原有各农事试验场、林场、农艺专科学校及各农科职业学校，一律归由农业院统管。1934年3月，农业院正式成立，1936年5月在莲塘建成占地千亩的新院。省政府聘请留美农学博士、北京大学农学院院长董时进教授担任院长，全院职员近300人，仅院部59名职员中，即有留学美、

① 蒋介石：《剿匪胜利中吾人应继续努力》（1934年11月19日），《中华民国史事纪要》，1934年11月19日。

② 国民党中央党部、国民经济计划委员会编：《十年来之中国经济建设》，台北学海出版社1971年版，上篇第五章第30页。

③ 王枕心：《国内农村改进事业考察记·序》，1933年3月。

④ 江西农业院辑《十年来之江西农业建设》，民国《江西通志稿》第19册第10页。

英、德、日等归国人员21人,[①]是一个专业力量雄厚的科技和教育群体。农业院的成立是一个重要的创举,为全国省级第一个专门农业机关,其后在培育和推广良种、改进畜牧业和林业方面,作出了很大的贡献。

民国时期的农村合作运动,初始于河北,苏浙鲁继之,1930年江西接着颁布合作社暂行规程,也属开展较早的省份。[②]1932年3月,省政府成立江西省农村合作委员会,主管全省农村合作事宜;组成9人委员会,以文群为委员长,李安陆(后熊在渭)为总干事。先后订颁组织规程、合作社暂行条例和农村信用、消费、运销、利用4种合作社章程等,在全省推行农村合作运动。这些条例,先后被南昌行营等采纳,向"剿匪区内各省"推广。实业部也在南昌设立合作事业江西省办事处,以魏竞初为主任,帮助促进工作。此后,合作社在全省有一个较大发展,1935年底,全省建立各种合作社2063个,有社员120500人[③];到1937年底,发展到合作社5793个,社员445066人(每人代表1户),另有数目与此相当的预备社。[④]合作组织在解决农村金融困难、推销农产品、扩大农村消费和发展农业生产方面,起了良好的作用。抗战时期,江西合作事业更有发展。

设立农村服务区以改进农业,是接受国联专家司丹巴的建议,在全国经济委员会资助下进行的。1934—1935年先后在临川、南城、丰城、新干、高安、永修、南昌、吉安、上饶、宁都设立10个农村服务区,由全国经委会设管理处主持其事,各服务区设农业、教育、卫生、合作、村政、工艺等指导员10余人,分别由省农业院、教育厅、卫生处、合作委员会及所在县政府选派,在管理处派出的干事领导下,常川驻区,推进工作。服务原则为协助地方政府推行管教养卫各项下层建设,以农民为本位,以农村青年为中坚,训练农村人才,培植农民的自助能力和互助精神,改善农民的生活,也就是期望"把全省的农业、教育、卫生、合作等事业,由此引进农村,协同致力于农村的复兴与建设"[⑤]。服务区开办前后,

---

① 张宏卿:《民国江西农业院研究》,江西师大历史系2004年硕士论文(未刊稿),第22页。

② 吴秀生:《关于抗战前农业金融及信用合作概况的报告》(1939年1月14日),《中华民国史档案资料汇编》第五辑第一编,财政经济(七),江苏古籍出版社1997年版,第361页。

③ 《中华民国史档案资料汇编》第五辑第一编,财政经济(七),第331页。此时全国有统计的19省市共有各种合作社25842个、社员992578人。

④ 江西省图书馆编:《江西近现代地方文献资料汇编》初编第二册,《江西建设事业概要》,第48页。

⑤ 全国经济委员会江西农村服务区管理处编印《江西农村服务区概况》,第二号,1936年6月。

江西农村改进社等团体和一些县政府，也相继建立了20多个农村实验区①，其性质、功能与服务区相类似。1936年3月，省务会议决定成立江西省政府农村改进事业委员会，作为全省农村事业的领导机构，对农村服务区与实验区实行统一调整和管理，由服务区的职员兼任实验区的区长，督促地方政府推行农村事业，确定农村实验事业三年计划，计划到1939年6月三年实验期满后，推广到全省农村。这个计划，因抗战爆发而中辍。

上述推进农业改进的措施，前所未有，热闹非凡。有论者指出，从中“可以明显的看出江西农业走向近代化的步调，甚至于可以说这一段时间是江西近代农业发展最重要的阶段”，“确实为江西的近代农业奠下了基础”②。

三、建设事业的推进及主要成绩

1.农业经济。随着各项措施的实施以及粮棉等良种的试验、推广，农具的改良，病虫害的防治和家畜的防疫，植树造林运动的展开，茶作和园艺的改进，1935—1936年间，江西农业继1916—1918年后，出现民国时期第二个兴盛高峰，许多指标达到民国时期的最高发展水平。1935年，江西水稻收获面积占全国总收获面积的14.51%，收获稻谷10652.7万市石，占全国总收获量的11.55%，面积和收获量分别居全国第二、三位。③1936年进一步增长，据实业部中央农业实验所《农情报告》记载，江西全省主要农作物栽培总面积5318万亩，其中粮食作物4354万亩，产量13068万担；经济作物中，棉花产量24.9万担，油料746.5万担，农畜之水、黄牛294.3万头，猪506.7万头，家禽2530.2万羽。这些数据全部跃

---

① 其中包括省政府主席熊式辉在其家乡安义万家埠设立的实验区。据胡静波《熊式辉与安义老家》(南昌市政协文史资料研究委员会编《南昌文史资料》，第6辑，第127—128页)记载，该区由熊式辉亲兼理事长，试行农村政社教合一的新体制。实验区设在安义第二区鸭嘴垅村，占地200多亩。由熊在日本留学时的同学王枕心任实验区总干事，处理一应区务。区内设农事合作、学校教育、民众教育、乡治、保健、推广、总务等8组，每组设主任一人，干事若干人。组织了农村合作社，有26个分社、2968个社员，集股金3942元。在教育方面，以保立小学为中心，设立了一所农村实用学校，开办民众夜校识字班，参加学习者有1700多人。在保健方面设立了一个保健所，有病床8张，同时向农民宣传卫生与医药防疫等常识，推行接种牛痘和新法接生等。

② 吕芳上：《抗战前江西的农业改良与农村改进事业(1933—1937)》，载台北“中研院”近代史所编印《近代中国农村经济史论文集》，1989年版，第524页。

③ 罗盛槐主编《江西省农牧渔业志》，黄山书社1999年版，第209页。当时稻谷1石折算为108市斤，1担为100斤。

上高峰，迄民国终再未能出现。[①]另据《江西省农牧渔业志》载，1936年茶叶总产量为7710吨，比上年增长2533吨。次年茶叶产量继续跃升，猛增到12760吨。全省渔业生产在1936年也达到民国以来的最高水平。

农业的恢复和发展，使江西有更多的余粮向外输出。江西米主要输往上海、武汉、广东等地，尤以上海为多。1927—1936年江西米经九江关输出数量，因江西经常实行米禁而数量不一，1934年最少，仅58787市石，1936年最多，为2449539市石。[②]按照当局当时的测算，经过九江关输出的米谷，仅占全省实际输出的三分之一[③]，因此实际输出的数量，约为经九江关输出者的3倍，如此，"则最近三年江西平均输出米谷当为二百九十三万九千三百八十二石；民国二十五年全省输出数量当为七百三十四万八千六百十七石"[④]。这个数量出于估计，实际输出不一定如此准确，但仍可说明，江西粮食生产能力较大，尤其是1936年，全省农业生产达到了相当高的程度。

2.*工矿企业*。全省工业总量不大，瓷器被认为是江西"最著名之工业品"，1928年时产销额有660余万元，到1934年降为300余万元，呈衰落之势。省政府为谋复兴陶瓷产业，于1935年1月在景德镇特设陶业管理局，聘请著名人士杜重远为局长，对产制运销各方面实行统一管理，成效明显，次年产销额即达813万余元。又接受杜重远的建议，在九江创办"江西光大瓷业公司"，由省政府出资20万元，招商股80万元，合作开办。但该公司成立不久即逢抗战爆发，撤向后方，故成绩不显。全省新成立了一些工厂，近代工业有所进步，到1936年，向建设厅登记的工厂有110家，其中以南昌市最多，占45家，赣县17家列第二，工业

---

① 1937年数据与此相差较大，故这些数据是否真实，尚可存疑。据江西省政府统计室编《江西省农业统计》(1939.12)载，1937年全省棉花产量83337担，牛1528630头，猪3522800头，鸡12116180羽。

② 《抗战时期江西粮食统制问题》，江西《经济旬刊》第九卷第八、九期合刊(1937.9)，第26—27页。另据韩启桐《中国埠际贸易统计》，1936年全国27个海关共运出大米723.7万公担，其中九江关运出183.7万公担(85%运往上海)，是输出大米最多的一个关(见王相钦、吴太昌著《中国近代商业史论》，中国财政经济出版社1999年版，第538页)。

③ 其直接的根据之一，是据原在九江海关供职的美国人莱提氏(Stanley Wright)所著《江西之商业与税捐》一书，他在书中估计1914年至1918年江西货物经东南西北四境输出的价值，已超过经九江关轮运输出价值的三分之二弱。实际调查也认为经其他各处输出的数量比经九江关者为大。

④ 《抗战时期江西粮食统制问题》，江西《经济旬刊》第九卷第八、九期合刊(1937.9)，第28页。另据1937年4月4日《江西民国日报》记载，江西省"运米赴粤，亦在百余万担之多"，省市商会、粮业公会等为此反对政府对从广东进口的洋米实行免税的政策，以免影响赣粮的销路而利"救农保商"。

类别则以饮食业最多，纺织业次之，制造业则仅有1家。[①]江西矿产原本丰富，有金、银、煤、铁、铅、锡、钨、锰、铋、钼、锑、瓷土、水晶等等，尤以钨与煤为最著。煤矿以萍乡、鄱乐两矿规模最大，其中鄱乐煤矿为商办，萍乡煤矿局原于1929年2月由省政府派人接收整理，成立萍乡煤矿管理局，实行官办。萍矿后因经营不善，颓败不堪。1935年，省政府复派员前往整理，实行封闭私井，推广销路，整顿矿风，产销渐见起色。比较而言，对钨矿的整理力度更大。1935年，省政府配合国民政府资源委员会对钨业采销实行统制政策，设立钨矿管理局，划区管理，集中产量，统一运销，并制订钨矿运营办法，委托江西裕民银行办理运销事宜，规定所有产地之砂均由该行垫款收买，运沪销售，以免洋商之操纵。到1937年，资源委员会销往德国的钨砂达14057公吨。[②]当时正逢国际市场波动，砂价暴涨，是故省政府当时颇得其利。此外，当局从1935年起，还组织测探队，相继对赣南、浙赣铁路沿线的地质矿产储藏情况，进行了探测。江西钨、锡、煤等重要产业，因具有国防战略意义，1936年起相继由军事委员会资源委员会接收办理。总的说来，这个时期工矿建设的成绩有限，但为抗战时期工矿业的兴起准备了较好的条件。

3.浙赣铁路的通车及公路的修筑。“围剿”战争时期进展最快的是公路的修筑。1931年后，江西“以交通剿匪为口号，筑路乃有急速之进展”。到1935年，赣浙、赣皖、赣鄂、赣湘、赣粤、赣闽等6大干线已经次第建成，大部分县道和一部分乡道也相继修筑，形成路网，公路总里程达到5800多公里(其中干线1998公里，支线662公里，县道3030公里)。[③]交通方面的最为显著成绩是浙赣铁路的修建和通车。1933年，国民政府行政院决定由中央与地方合建浙赣铁路，成立铁路公司和铁路局，次年7月动工兴建玉山至南昌段(杭州到玉山此前已由浙江省建成)铁路，全长292公里，于1936年元旦建成通车。其后，接续修建南昌至萍乡段262公里，也于1936年2月开工，1938年3月建成通车，与株萍路进而与粤汉铁路相接。此路建成，根本改善了江西的交通状况。在浙赣铁路修通时，还计划修建(南)京赣铁路(即今皖赣铁路)，1936年底开始筹建浮梁到贵溪段工程，并在浮梁乐平间铺设了路轨，后因抗战爆发而停工。

---

① 中国银行:《江西经济调查》，1946年印行，存江西省档案馆。

② 陈真等:《中国近代工业史资料》，三联书店1961年版，第3辑第841页。

③ 《十年来之中国经济建设》，台北学海出版社1971年版，下篇第六章，第2页。另据张天佑主编《江西公路史》(人民交通出版社1989年版第1册，第121页)记载，全省1937年公路总里程为6618.3公里。

4.财政金融。江西财政到1930—1931年再次陷入极度混乱状态，此前两年(1928—1929)，全省财政收支已不全以预算为依据，预算只是一个形式。到这时，“即此形式上的预算也没有了。因为无预算，收支失其统驭，为应付事实起见，只得滥发支付命令，交由各机关径自派员纷赴各县守提，初不问有无可拨之款；于是赋税收入之款，报解与否，一凭征收机关之意向，其巧立名目，扣用税款，更为极普通之事”。因此，这三四年间，全省“收支不敷，亏短极巨。起初尚可借债弥缝，到后来直借无可借；于是滥发米护照、流通券、短期库券及支付通知书，并随意指饬各县拨付各机关军政经费，使各县成为各机关坐索经费的场所。财政上之紊乱，可谓到了极点！”①1932年，省政府开始清理和逐年摊还民国以来债款，据文群说，到1935年3月，“所有旧债，均已偿清，对外信用，遂卓然树立”②。整理和建立县财政制度，编制县级地方预算，订颁《各县地方预算编审章程》，针对地方敷衍塞责或虚列收支的情况，加强省政府对县政府的监督和审核，使地方财政制度逐步走上轨道。与此同时，省政府建立起以统一征收机关、推广金库组织、树立会计制度、厉行审核工作的“四权分立”为核心的全省财政制度。全省财政状况略有好转，但财政赤字依然很高，如1935年度全省赤字达预算数的40%③。全省收支状况，以1937年为例，收支总额为8676218元，收入中以田赋附加最多，占58.4%，依次为杂项、学产、屠宰税附加、房铺捐、地价税、公产、契税附加等。支出中最多为保安警察费，占29.44%，依次为教育、自治、建设、预备、卫生、杂支、救恤、财务费等。保警费数年间高居首位，成为江西财政支出的主要项目，影响了其他建设事业的投入。

江西此前金融也极为混乱。全省原本以铜元为主要流通辅币，为方便使用亦发行铜元券，但各县乡镇地方政府机关、公团或商号亦发行代币券之花票或铜元券，据1933年对吉安等28个县的调查，发行花票者有商店、钱庄、当铺、钱业公会、米业公会、商会、县政府、财政局、财政委员会、县公卖局，区办公处、信用社等17种机构，数额既巨，流通范围又或一县一区镇，“滥行芜杂，扰乱金融，妨害工商业，流弊之大，莫此为甚”。1934年底，省政府开始严厉取缔，禁止地方擅自发行并限期收回已发花票，同时将裕民银行改组为全省金融中心，增加政府股本100万元以扩充其实力，并在全省各县成立分支行或办事处，筹建

① 文群：《十年来之江西财政》，《十年赣政》(3)，第2页、第1页。

② 文群：《十年来之江西财政》，《十年赣政》(3)，第4页。

③ 杨荫溥：《民国财政史》，中国财政经济出版社1985年版，第88页。

全省金融网。至此,各县花票"几已绝迹,全省币制乃告统一"①。江西币制的统一,对工商业的发展和国民政府法币的推行,产生了积极的作用。

5. 商贸业。全省商业因战争关系起伏不定,如南昌"在民国二十二三年间,因行营剿匪关系,曾呈一时特有的繁荣,但自行营迁后,立复萧条,商店倒风,不可遏止,计自民国二十四年一月至旧历年间,停歇店铺三百五十六户,今年二三两月歇业者亦达一百二十二家, 五六两个月计一百零二家, 至于新开店户,其数甚少,此种问题,颇堪怵目惊心"②。当时分析出现这种衰颓景象,原因既在于农村破产、人民购买力低落,更由于"吾赣商人缺乏新的商业知识,无推销货物之技术,无整齐划一之商品,无牢固美观之包装,无广告宣传之方法,货真价实犹未能完全做到,且有一部分商人,只图目前之微利,忘却将来之发展,有时不免使顾主却步",因此要求政府予商业以便利和扶助,商界给政府以拥护与支持,改进本省工业,开拓海内外市场,发展交通,复兴特产,提倡国货。1936 年 7 月,省政府设立工商管理处,以萧纯锦兼任处长,作为全省工商管理机关,筹划发展江西工商业。该处成立后,在组织商品的调查、生产改良、展览和贸易运销,以及整理工商团体、举办工商登记、改进度量衡等方面,著有成效。全省出口贸易由 1931 年的 17975572 元③,1936 年恢复到 31584000 元④。1936 年省政府联合安徽省政府,合组皖赣红茶运销委员会,办理红茶的改良与向欧美等国的出口销售。仅最初的两年间,即销出江西红茶 179785 箱、11686025 市斤,价值 10824082 元,对茶叶外销的衰落颇有补救。全省商店数量有所增加,到抗战爆发时,南昌市有商店 2090 家,其次为赣县,有 1658 家,九江、宜春、吉安等也有 600~800 家,清江樟树镇则以 412 家为各镇之首。⑤

6. 卫生事业。江西从 1928 年度起,开始筹建县卫生机构,但到 1933 年,仅有 21 个县设立了县立医院、24 个县设有诊疗所,也没有全省性的卫生主管机构,省会卫生工作向由公安局办理,医学学校由教育厅管理,故"卫生事业,难有积极之进展"。特别是战争过后,"疫疠丛生, 卫生机构之创设益觉刻不容

---

① 《十年来之中国经济建设》,台北学海出版社1971年版,下篇第六章,第5页。

② 萧纯锦:《庆祝商人节感言》,载《南昌市庆祝商人节纪念特刊》,1935年。转引自张芳霖:《20世纪30年代的南昌商人与新生活运动》,《历史档案》2005年第2期,第104页。

③ 张芳霖:《20世纪30年代的南昌商人与新生活运动》,《历史档案》2005年第2期,第104页。

④ 江西省政府经济委员会编《江西经济问题》,1933年印行,第283页;《建设事业概要》,第39页。

⑤ 中国银行:《江西经济调查》,1946年出版(原件为油印本),第51页,存江西省档案馆。

江西全省卫生处

缓”,省政府遂于1934年6月设立江西全省卫生处,专负卫生行政管理及促进卫生事业之责。“专设省卫生行政机构,以本省为全国的首创。”卫生处运用全国经济委员会资助款,设立行政总务、防疫检验、医务保健三科及技术室,创办附属机构省立医院、卫生试验所、护士学校、南昌市卫生事务所以及各县县立医院及各县临时诊疗所,接管助产学校及附属医院,并与教育厅合组健康教育委员会,与南昌、九江市合组南昌市戒烟医院、南昌麻风医院和九江市卫生事务所。该处所设县诊疗所对开展农村医疗卫生作用甚大,据德国记者1935年1月在广昌所见,该县诊疗所有4位同济大学医科毕业生,每天约有患者300人前来就诊,药品及种痘之痘苗由南京中央医院供给,所治疾病多为疟疾、赤痢、脚气、脾脏肿大、血蛭病等。[①]省卫生处1935年6月开始在更大范围内接种牛痘,次年6月正式建成设备较为完备的省立医院,该院成为“江西全省保健之总枢

① [德]M.S.爱伯夏著,祝元清译《赣省收复县区视察记》,江西民国日报社1935年版,第32页。

也”[①]。继而实施《江西省各县卫生行政组织规程》，建立县卫生院（由原县立医院、诊疗所改组扩充）、区卫生所、保联卫生员的卫生行政体制，到1937年1月，全省83个县均已普遍设县卫生院，“其普设之早，亦冠全国”[②]。这是江西建立现代卫生事业的重要时期。

7.市政建设。北伐军占领南昌后，南昌方有市政府之设。当时南昌市不但是江西省唯一的省辖市，而且在1930年被定为全国隶属于省政府的10个普通市之一，颇有地位。但1932年2月以经费支绌，将南昌市政府裁撤。1933年，省政府要求分设南昌、九江两市，行政院审核认为，两地“虽其人口赋税，尚未符合法定设市条例，唯因地位重要，或因工商业发达”，批准暂设市政委员会[③]。同年8月和次年6月，南昌、九江市政委员会相继成立。省政府任命龚学遂（在李德钊之后继任）、李中襄分任南昌、九江市长。其后，南昌从上海工务局聘请6位工程专家来赣设计规划，开始进行较有规模的现代市政建设，修建了在当时比较宽敞的街道，并以十大乡贤命名。电灯、自来水、电话、邮政等公共建设有新的进展，又邀请铁道部技正吴启佑主持、上海馥记公司承包，1934年12月在赣江上修建“中正桥”（新中国成立后改称南昌八一大桥），1936年11月建成通车。此桥北接南浔铁路终点站牛行车站，南衔南昌市阳明路，解决了牛行车站与南昌市区之间的赣江阻隔问题，赣江南北由此畅通，经南浔铁路进出南昌的旅客，从此不再受摆渡赣江上下火车的困扰和不便。1936年底，全市人口增至30万人，达到条例规定，遂即正式恢复南昌市政府名称。九江市政委员会和庐山管理局也进行了现代市政建设。

8.国防建设。据何应钦在国民党五届三中全会上所作军事报告，国民政府这时在江西进行了一些国防建设，其项目主要有投资建设高坑煤矿、天河煤矿，实行钨业统制（在南昌成立钨业管理处），建设吉安钨铁厂，设立江西浔饶、南抚、赣南师管区，开办征兵事务，1936年4月在南昌开办航空机械学校，培养机械人员近500名，中国与意大利合办的南昌中央飞机制造厂于1936年10月开工，中意合办的萍乡中国航空器材有限公司也在建设中。

---

① 《十年来之中国经济建设》，台北学海出版社1971年版，上篇第五章，第30页。

② 方颐积：《十年来之江西卫生》，《赣政十年》（10），第2页。

③ 《中国国民党第五次全国代表大会内政部工作报告》，国民党中央党史委员会编《革命文献》第71辑，1977年版，第221页。

南昌市中正桥全景(《赣政十年》)

由南京国民政府邀请的国际记者考察团的成员，对江西刚刚出现的建设现象给予了很高的评价，认为“中国实际上已走向一新时代而努力复兴工作。举凡余等所见，如道路、桥梁、汽车交通、堤工、住宅及学校建筑、土地整理、卫生行政、民族之醒觉、学校教育、新生活运动、农村合作社、造林运动等，均表现一种守秩序、重纪律、富于牺牲之新精神……光明灿烂之前途也！”[①]此话不免言过其实，但从中还是可以看出，江西的建设气象，在当时给人以相当积极的、健康的和向上的印象，得到了人们的肯定。江西省也因此被国民政府誉为“模范省”，几年间各地人士来赣参观者，竟然络绎不绝。江西几年间能够在建设上有所成绩，既因为出现了比较稳定、平和的社会环境，也是当局的用心策划尤其是熊式辉的努力的结果。这些建设成绩，推进了江西的近代化脚步，成为江西抗战的重要基础。

① ［德］M.S.爱伯夏著，祝元清译《赣省收复县区视察记》，江西民国日报社1935年版，第53页。

四、"特种教育"、学校教育与文化建设

1."特种教育"的推行

所谓"特种教育",是针对原革命根据地和游击区地区进行的一项社会教育。1933年11月,省教育厅根据国民党中央《特种区域暂行社会教育实施办法》,制定出《江西省收复区特种教育计划大纲》,经南昌行营核准施行。特种教育的提法随即被行营采纳,1934年夏,行营成立五省特种教育委员会,9月颁布《赣闽鄂皖豫五省推行特种教育计划》,正式对5省原革命根据地地区民众推行"教养兼施之特种教育,与以感化的、公民的、职业的、自卫的训练,以正确其思想,健全其人格,发展其生计,扶植其生存"。

蒋介石在致江西省政府电中,谈到了推动特种教育的原因。针对革命根据地一县开办列宁小学多至数百所的情况,他认为,其以"财政之枯竭,尚能积极办学,若经国军收复,反不能努力教民,或仅于县治设校一所,徒具观瞻,致遍地儿童失学,不唯视匪有愧,且将无以振迪愚蒙,消泯恶化"[①]。因此,受革命根据地大办教育的刺激以免"有愧",肃清民众的所谓"匪化"、"恶化"思想使之"确信三民主义",是当局大力推行特种教育的主要原因。

江西从1934年2月开始推行该项教育,首先设立了江西省立民众教育师资训练所,训练师资。6月开始在各地开办"中山民众学校"。9月设立江西省特种教育处,为主管机构,由省教育厅长兼任处长。当年在60个县先后设立中山民校245所、招收学生32907人。中山民校"为实施特种教育之主要机关",它以学校方式,办理民众教育以及有关社会文化、政治、经济、军事之各项活动,校内以办理成人班妇女班为原则,招收16—50岁的民众,每日上课2小时,4个月结业;结业后可升入高级班,6个月肄业。也有的民校还设有儿童班和职业实习班。民校校长均兼任区署服务员或壮丁队队长,负责协助区署推行行政和自卫训练。经费除拨款外,还请当地乡镇保甲长及士绅任委员,协助筹款。教学内容,到1935年扩大到管、教、养、卫四个方面,省特教处先后编印了特种教育儿童、成人、妇女三种课本,供民校使用。全省中山民校数量,每年在200所左右,学生平均也在2万人左右,规模并不大,1937年起尤逐年下降。[②]

江西特种教育费力虽巨,成效不显。连主持者也承认,中山民校组织简单,

---

① 蒋介石1933年9月致江西省政府电,引自江西省教育厅特种教育股编《江西省特种教育概览》,1936年10月出版,第1页。

② 程时煃:《十年来之江西特种教育》,《赣政十年》(17)第11-13页。

成绩多不甚佳;行政方面尚欠严密,缺少联络,因此自开办以来,虽尽最大之努力,"唯事属创举,既无成例可援,而范围广大,又不能集中力量于一点,故在进行之中,事实上不无感觉困难,自有待于今后之改进"[1]。作为一项制度,它勉强延续到1941年4月,终遭裁并。

2.保学制度的建立与学校教育的发展

1933年8月,江西举行了全省教育行政会议,会议要求南昌行营令各地驻军迅速从借驻的教育机关中迁出,呼吁注重改良各级学校师资和教材,实行国民强迫义务教育。此后,学校教育开始受到关注。在此前后9年全省小学教育的大体情况是:

1929—1937 年全省小学教育基本情况表

年度	学校数	学生数	经费数(法币:元)
1929	4426	177849	1033160
1930	6755	257889	1841514
1931	5150(55 县)	207029	1650400
1932	5449(63 县)	223675	1824956
1933	5900(67 县)	224645	2022704
1934	8699	390750	2640282
1935	15528	775139	4293933
1936	17374	775139	4360046
1937	18120	820869	5320224

资料来源:《江西年鉴》,1936 年版;《民国江西通志稿》第 23 册,第 13 页。

上述数据,仅来自国民党统治区,并不包括革命根据地的教育情况,而革命根据地在这一时期的教育规模,更加可观。在国统区小学教育数据中,一是总体上是一个不断发展的趋势,特别是从1935年起有一个较大的跨越,不但在学校、学生数量上比上一年接近成倍增长,在教育经费上,也有比较大的增加;

① 江西省教育厅特种教育股编《江西省特种教育概览》,1936年版,第82—84页。

二是私立教育占了相当大的比重，以1934年为例，这一年，有私立学校2897所，学生109030人，教职员5828人（公立学校教职员为10265人），经费710273元，也就是说，私立学校的学校数、学生、教职员和经费数约占全部总数的1/3到1/4。上表也同时说明，无论是公立还是私立学校，规模都不大，每校平均不到50个学生，这种情况可能与农村学校居多有关。

长期的战争环境、从南昌到各地许多学校被部队占用以及江西无力筹措教育经费等，影响着江西教育的发展。1935年起全省教育之有较大的发展，主要原因则是：第一，蒋介石对江西教育多次作出训示，如1933年6月，责成驻军最高长官督办教育，要求江西省教育厅“务期普及”教育，“使当地壮丁与少年，无一不受教育者”。当然，蒋介石重视江西教育的目的，是为了“围剿”革命根据地和红军，即所谓“在使受教育者以后能协助剿匪而不为匪用”，因此，他亲自指定使用5类教材：礼义廉耻与孝悌忠信，衣食住行之基本生活，整齐清洁与卫生常识，民族革命主义，保甲保卫侦探之组织生活。[①]这些教学，实际上也就是半年后他发动的新生活运动的主要内容。第二，兴办教育被作为“建设新江西”的重要内容，省教育厅为此创立保学制度，采用政教合一方式，利用保甲组织与力量，按保设学，以全保儿童和民众为对象，“实施国民义务教育和失学成人补习教育”[②]。全省从1934年11月开始实施《江西省设立保学暂行办法》，次年5月制定《江西推行义务教育计划》，规定保立小学从1935年下半年起在全省推行，要求5年内实现每保设立一校。在当时条件下，保学制度有利于解决经费筹集、学区划分、师资分配和强制入学等推行义务教育中的难题，因此从制度上加速了全省小学的兴办和学生的入学。第三，省政府运用行政力量推动兴办教育。如1936年省政府部署进行全省学龄儿童调查，认为这是事关义务教育的一项要政。熊式辉在得知赣县有3个区长在县政府5次催令下仍未办理后，指斥这是“殊为玩忽，应由该县严予议处”。结果有两个区长在限期内仍未填报，而被记大过，通报全省。[③]第四，江西兴办教育活动也得到了社会和海外华侨的关注。1937年春，爱国华侨胡文虎捐建100所小学校舍，其中在江西、浙江各建10所（其家乡福建80所）。每所建筑费3000至3500元。省政府遂决定在南昌、九江

---

① 《蒋委员长注重剿匪区内地方教育》，《江西民国日报》1933年6月21日。

② 陈鹤琴：《江西保学的回顾及展望》，《赣政十年》（33），第1页。

③ 《江西省政府训令》（教字第5198号，1936年12月31日），《江西省政府公报》第696号，1937年1月9日。

及8个行政区专员所在县各建一校,并对具体地点、设计原则、建筑图样和完成时间提出了要求。①

比较而言,中学教育规模不大。据统计,在1932到1937年的6年间,全省公、私立中学毕业的高中学生仅1494人,每年平均仅249人;初中学生仅6499人,每年平均仅1083人。②另据1935年出版的《第一次中国教育年鉴》记载,江西“其时各校科目不甚完备,除心远中学注意英算外,余多注重经学国文”。与此同时,基督教在江西也办有4所中学校, 在校学生,1932至1934年各年分别为554人、595人和617人。③

江西高等教育,这时因教育部限制地方设立法政学校,江西法政专门学校因此于1933年停办外,高等学校实际只有江西农业、工业和医学3个专门学校(1932年由教育部统一改称江西农艺、工业、医学专科学校。1935年农专停办,全省只剩2所专科学校)。从1931到1937年,在校学生仅1058人。④1936年,教育部在江西省政府“热心赞助”下,拟在南昌设立中正医学院,但这所学校到1937年9月25日才开学,已是抗日战争时期。因此,这个时期,江西的高等教育发展程度甚低。

但留学教育仍有所发展。从1932到1937年,全省留学人数有693人,其中自费学生235人,留学国别仍以日本最多,达430人,其余依次为德、法、美、比利时、瑞士。⑤这些学生大多学业有成,如1934年经考选留学欧美的刘恢先、盛彤笙、罗石卿、周庆祥等,即属佼佼者。由于当时有留学期满必须回国、回国后须“照留学年限尽先在本省服务”的规定,他们学成后返赣服务,虽然时间长短不一,但都为江西的建设发挥了良好作用。

3.文化事业的不平衡发展

在战争与建设交替进行的10年间,江西文化事业呈现起伏不平、分布不匀的状态。一方面,在江西各革命根据地,文化教育事业蓬勃发展,戏剧歌谣运动此起彼伏,呈现出新文化建设的繁盛景象。另一方面,配合对革命根据地的军事“围剿”,省政当局在其统治区实行文化建设与文化“围剿”并进方针,文化事

① 详见《江西省政府公报》,第794号,1937年5月6日。

② 程时煃:《十年来之江西教育》,《赣政十年》(4),第31页。

③ 李楚材:《帝国主义侵华教育史资料·教会教育》,教育科学出版社1987年版,第16页。

④ 程时煃:《十年来之江西教育》,《赣政十年》(4),第60页。

⑤ 程时煃:《十年来之江西教育》,《赣政十年》(4),第62—63页。

业呈现出很大的扭曲性。后一方面的大致情况是：

省图书馆在蒋介石驻昌期间，百花洲新馆舍被南昌行营占用，只是在南昌市教育会设了一个临时阅览处为读者服务。1935年行营结束后搬回百花洲新馆，方才相对正式地开展业务。到抗战前夕，省图书馆藏书增加到近10万册。1933年蒋介石在庐山开办军官训练团期间，曾指令江西省政府督同省教育厅、励志社和庐山管理局，创办了庐山图书馆。该馆1935年8月建成开馆，因其特殊背景，征集收藏了一批珍贵的图书。

1929年省政府在南昌环城路设立江西省立科学馆，见识可谓较早。但该馆落成不久，即被征用为"围剿"行辕。到1935年11月才迁入百花洲原行营新建房屋办公。馆内设有儿童科学实验室，添置了一批仪器设备，进行科学普及活动。

当时颇有意义的一件事是大力举办音乐事业。当时认为，音乐有移风易俗、涵养德性、激励志气和充实人生等种种功效，在教育上居有重要地位，因此，在省政府积极支持下，江西聘请国内著名的音乐界人士程懋筠等回赣兴办音乐事业，1933年3月成立江西省推行音乐教育委员会(隶属教育厅)，以程懋筠为主委。音教会在一年多的时间内，致力于参考西乐组织，创制适合中国国民性的新音乐，设立了小型管弦乐队、合唱队和口琴班、提琴班、钢琴班，创办了面向全国的《音乐教育月刊》、《电影剧曲周刊》，开办话剧团及改良平剧班，并在湖滨公园建成音乐堂，举行第一场音乐会，表演西乐和中国乐曲、戏剧等节目。这件事当时影响很大，舆论指出"建筑音乐堂举行公开演奏，在国内由政府主持的恐怕要以本省为创举"①。音教会的活动，很有声势，也比较广泛地吸引了国内音乐界人士，揭开了现代江西音乐事业的大幕，音乐在日后声势浩大的抗战动员中发挥了重要的作用。

江西建设公共体育场较早。1927年即在南昌原贡院旧址建设省立公众体育场。1933年改称省立公共体育场(1934年因全国统一名称再改称江西省立体育场)，以余永祚为场长，增设足球场、网球场、篮球场、儿童运动场等场所，开展民众体育活动。曾在1934年举办江西全省运动会，省会女子运动会，小学运动会，水上运动会，在省内外产生很大影响，全省"于是体育之风气大开"②。此

① 《音教会湖滨音乐堂今日落成纪念，举行音乐会并发表告市民书》，《江西民国日报》1934年9月23日。当时演奏的西乐包括男女混合合唱、管弦乐、匈牙利舞曲、小提琴独奏圆舞曲、马赛曲、第二交响曲、男女高音独唱、歌剧《仲夏夜之梦》中"婚礼进行曲"等；中乐包括昆曲"醉打山门"、元曲、平剧"捉放曹"和"教子"、横笛独奏"夜曲"等，乐队指挥程懋筠。

② 欧阳祖经：《十年来之江西文化事业》，《赣政十年》(18)第10页。

外，江西还在1928年成立了省立通俗教育馆(1930年更名为省立民众教育馆，馆长程宗宣)，以讲演、游艺等形式推行大众文化。1934年和1935年，先后创办了广播和电影事业。南昌市的大众娱乐场所，这时主要有光明、明星、新明星等3个电影院，新兴、昌新、江西等3个大舞台(演出平剧)，新新、升泰、洪都等3个游戏场。

文学艺术方面，省内外的江西籍人士在小说、诗歌、散文创作上，发表了不少新的作品。王小逸、彭芳草、曾可今、石凌鹤、罗黑芷、饶孟侃、夏征农、王礼锡等创作的小说、诗歌和散文集，相继在上海、江西出版，《春水微波》、《落花曲》、《千古恨》等长篇小说的出版，填补了江西现代长篇小说创作的空白。但当局也推行了严厉的文化统制政策，以致出现在江西的鲁迅、茅盾、巴金等这样的作家的作品，也遭查封。江西省会民众娱乐指导委员会审查禁演的平剧，亦达几十个。[①]

文化事业的重要内容是报刊的发行。据内政部的有关记载，全国从1931年11月开始实行报刊登记制度，当年江西仅有3家报社、2家通讯社做了登记，到1935年，全省登记的报社有37家，通讯社27家，杂志社9家。而到1936年底，江西被核准登记的报社有80家，杂志社22家，报纸杂志共计有102家。[②]登记的另一面就是查禁。这个时期，江西省政府查禁了《革命日报》《江南晚报》等35种进步报刊。

江西这时的报刊，主要集中在南昌，有《江西民国日报》(国民党江西省党部机关报)、《扫荡日报》(南昌行营主办)、《华光日报》(主持者徐喆人)、《华中日报》(章益修)、《新闻日报》、《健报》(军统系统的报纸。后改为《捷报》，主持者钟富厚等)、《江西晚报》(杨幼农、杨次农兄弟)等。其中，《扫荡日报》主要配合国民党的军事“围剿”，从事反共宣传。《华光日报》1934年创办，着重报导工商界的消息。《华中日报》是国民党江西派系中的心远系主办的报纸，1936年4月由李中襄创办于南昌，李中襄助手章益修任社长，主要报道新闻、国民党及心远系的政治主张。[③]当时影响最大的报刊，除省党部的党报等外，是所谓“揭橥汗血主义”，以反共“协剿”为内容和目的，由省党部委员刘百川赴沪主办和发行

① 吴海、曾子鲁主编《江西文学史》，江西人民出版社2005年版，第702页。

② 《抗战前国家建设史料——内政方面》，国民党中央党史委员会编《革命文献》第71辑，第257页、361页。

③ 参见万人俊《旧南昌市报业掠影》，载《南昌文史资料》第6辑，第6—23页。

的《汗血月刊》、《汗血周刊》,及其编辑出版的汗血丛书百余种。[1]反共报刊的盛行和进步报刊、文化活动的查禁,是省政当局实行文化"围剿"、"协剿"的重要内容。

北伐至抗战前南昌市的主要报刊一览表

报刊名称	创办日期	创办人	性 质	报刊地址	停办日期	备注
革命军日报(南昌版)	1926年11月	北伐军总政治部南昌办事处主任季方	北伐军军队日报,初8开4版,后对开4版		1927年夏	发行5000份
江西民国日报	1926年11月23	国民党江西省执行委员会	省党部机关报,对开12版	南昌市毛家园26号	1949年5月	初名南昌民国日报
贯彻日报	1926年12月20日	国民党南昌市执行委员会	市党部机关报,对开4版	南昌市百花洲席公祠	1927年8月6日	发行2000份
民声报	1926年冬	杨不平等	周刊,4开4版	南昌市心远中学	1927年5月	曾名《民声周刊》
江西晚报	1927年9月	总经理杨绳祖	日刊,4开4版	南昌市干家前巷	约1936年	发行1600份
新闻日报	1928年4月1日	南昌市记者公会	初4开4版,后对开4版	南昌市中山路东9号	1949年初	原名《南昌新闻日报》
商报	1929年9月	社长蓝仲和(后为熊文钊)	对开4版	南昌市中山路87号	1938年5月5日	中间因经费困难一度停刊

① 欧阳祖经:《十年来之江西文化事业》,《赣政十年》(18)第15页。

报刊名称	创办日期	创办人	性 质	报刊地址	停办日期	备注
江西正报	1929年9月	总经理夏甘霖	日刊,对开4版	南昌市毛家园61号	约1936年	
扫荡日报	1932年6月23日(1931年3月试刊)	南昌行营政治训练处,负责人贺衷寒	主要配合对革命根据地的军事"围剿"进行反共宣传	南昌市磨子巷18号、107号	1935年2月4日休刊,后迁武汉	同时发行扫荡旬刊、扫荡画报、扫荡丛书
南昌商务日报	1931年12月	社长杨绳武	对开8版	南昌市干家前巷13号	约1936年	发行2500份,有副刊一种
挺进周报	1932年6月	江西省国民党整理委员会				
勖民报	1932年10月1日	姜岂凡	对开8版,	南昌市中山路34号	1932年12月	因有废民主、复科举之嫌被当局停刊
民报	1933年初	总经理姜岂凡,总编辑俞百庆	日报,对开8版 以促进商业为办报宗旨	南昌市中山路149号	1942年夏	由勖民报改组而成, 发行3500份
大光报	1933年3月1日	范争波、吴品今、胡运鸿	日报,对开8版	南昌市中山路118号	1933年9月17日	设义务广告栏,免费登公益义举广告

报刊名称	创办日期	创办人	性 质	报刊地址	停办日期	备注
真实报	1933年10月10日	不详	不详	南昌市中山路118号	1934年7月25日	向订户赠送反共刊物《汗血月刊》
江西商民日报	1933年10月10日	程小平、程文龙	日刊,4开6版	南昌市戍子牌82号	约1936年	有副刊2种
市光报	1934年9月	南昌市政委员会	周报。以研究市政建设为旨	南昌市政委员会	约1936年	发行3000余份
华中日报	1936年4月10日	李中襄、章益修、邬庭珍等	对开4版	南昌市章家祠9号	1938年2月5日	发行2000余份
健报	1936年6月20日	社长李锡鸿,总经理张理猷	黄埔军校同学会成员主办的日报,4开8版	南昌市高升巷51号	1937年6月	

资料来源:《南昌市志》第6册,第354—359页;《南昌文史资料》第6辑等。

第六节
全省社会状况

一、三次农村社会调查

民国时期,受美国等来华学者的影响,社会调查之风兴起。在20世纪30年代初中期,江西或参与全国或自行组织,先后主要对农村进行了三次较大规模的社会调查。第一次是参加全国土地委员会(由全国经济委员会及内政部、财政部合组而成)1934年8月组织的全国土地调查,其目的是为拟具解决土地问题办法之用。该调查为期6个月,江西被调查的是永修、余江、南城、清江、莲花5个县。1937年1月,土地委员会将调查结果编成《全国土地调查报告纲要》。第二次是实业部江西农村服务区管理处(后改隶经济部)1936年12月举办的江西农村调查,目的在于真实了解服务区所处农村中的不同社会情况和农业环境。这次调查由管理处处长张福良等主持,动员工作人员100余人,调查10县214村的10129户农户,其调查结果,编成《江西农村社会调查》(1938年5月印行)。第三次是江西省政府统计室于1936年组织的全省农业调查,目的为求取农业、农户方面精确的"各种数字以供需要"。该次调查由统计室主任刘体乾主持,统计室制定农户调查表,由省政府令发各县转饬各区各保查填,调查表汇总后编成《江西省农业统计》(1939年12月印行)。上述三次调查,前两次为点、后一次是面的调查。此外,尚有为数不少的其他机构(如实业部中央农业实验所的农情报告和1935年的农民离村调查,省政府统计室组织的通讯员调查等)以及个人的调查,包含或针对有对江西农村的调查。这些调查材料,比较真实地反映了江西农村的社会状况。

二、农村社会构成

江西农村1936年有农户218.2万户,占全省总户数的80.7%;农民人口1113.7万人,占全省总人口数的78.8%[①]。这些农户,构成农村的不同阶层,从调

① 江西省政府秘书处统计室编印《江西省农业统计》第1—2页,该人口数字似亦不确,据此计算1936年全省人口仅1413万多人,而当年5月省民政厅据各县市保甲实况统计,全省人口为15404294人,南昌县农民占全县总数86%,孙兆乾据此推算1936年全省农户为2526223户,农民人口为13247792人。

查数据看，呈现出三种为人注目的情况：其一，土地革命前后，如仅从土地使用上看，农村社会阶层有较大的变化。中央农业实验所《农情报告汇编》所载，1933年江西自耕农、半自耕农和佃农比率为24:30:46；而江西1936年的调查，三者比率已变为28.7%、34.2%和37.1%。[①]这说明，土地革命后，江西农村自耕农和半自耕农户数都有增加，佃农则有下降，人地矛盾和土地占有与使用之间的矛盾均有缓和，这显然是土地革命的重要成果。1936年江西农业走上高峰，与此变化很有关系。其二，江西大地主少、中小地主和富农比例较高。1934年全国土地委员会的调查，依10类地权形态区分出江西农村各阶层的百分比及其与全国平均数的差别情况[②]：

江西十类地权形态与全国平均数统计表

类别	江西	全国总计	类别	江西	全国总计
县数	5	163	自耕农	27.877	47.61
调查总户数	29154	1745344	自耕农兼佃农	31.20	20.81
地主	10.10	2.05	佃农	14.27	15.78
地主兼自耕农	7.25	3.15	佃农兼雇农	0.003	0.02
地主兼自耕农兼佃农	0.64	0.47	雇农	0.42	1.57
地主兼佃农	0.04	0.11	其他	8.20	8.43

上述各类农户，与全国平均数比较，江西地主和自耕农兼佃农的比例，较全国高出不少，而雇农人数较少。但江西地主的情况比较特殊，即所占土地比全国各地地主都少得多，在调查的全国11省中，江西地主虽然比例不低，但所占土地面积，无论是最小额还是最大额，都是最少的，反映出江西极少外省或北方那样的大地主，而以中小地主和富农为多。[③]

① 江西省政府秘书处统计室编印《江西省农业统计》，1939年12月，第1页。

② 《中华民国史档案资料汇编》第5辑第1编，财政经济（七），第7页。

③ 《中华民国史档案资料汇编》第5辑第1编，财政经济（七），第5页

各省大地主户占有土地面积比较表

省别	调查县数	大地主户数	每户所有面积之最大最小额
江苏	8	117	1000—30000
浙江	13	242	300—5000
安徽	9	81	500—10000
江西	2	34	100—1000
湖南	11	122	100—10000
湖北	3	157	500—1000
河北	18	242	300—10000
山东	4	49	500—2000
河南	8	72	500—4500
陕西	8	148	500—10000
福建	5	281	300—7000
总计	89	1545	300—30000

其三,江西农户占有土地的情况虽然比较普遍,但无地和占地太少者占绝大多数,地权仍然相对集中。农村服务管理处对10县10129户农户的调查,无土地者有3680户,占36.33%,即“有三分之一而强之户数竟无立锥之地”。在有土地所有权的6449户中,5亩以下者又为多数,达3726户,平均每户为2.27亩;5~10亩者1493户,平均每户为7.84亩(无地和10亩以下者占总户数的87.85%,占地为总土地数的40.29%,平均每户仅1.14亩,而据省政府统计室的调查,全省农户平均应有水旱耕地22.3亩);100亩及以上者占总户数的0.18%,平均每户土地为228.38亩。[①]这个情况固然不足以完全反映全省各地面貌[②],但仍可说

① 经济部江西农村服务区管理处编印《江西农村社会调查》,1938年5月,第81页。

② 土地革命前全省农户中,占田10亩以下者为74.1%,10~30亩以下者为16.7%,30~50亩以下者7.1%,50~100亩以下者1.8%,100亩以上者为0.3%(孙兆乾著《江西农业金融与地权异动之关系》,1936年12月(萧铮主编:《中国地政研究所丛刊:民国二十年代中国大陆土地问题资料》),第45199页)。但三四十年代已发生较大变化,占田10亩以下者在全部农户中为54.2%,10~30亩以下者为41.6%,30~50以下者为3.7%,50亩以上者为0.5%。这个变化,进一步说明了土地革命后江西土地占有关系的变动和农村社会阶层的变化。

明，江西虽然很少大地主，但无地和10亩以下农户占绝对多数，地权仍然相对集中。江西地权相对集中的一个重要表征，除地主、富农占地较多外，是族产公田较多。①公田虽多为地主、富农所掌握，但“作为一种宗族、团体的占有形式，在实际使用中存在着多种多样的情况，其利益者也不尽相同，不能将其与地主、富农私有田地简单等同”②。

三、城乡社会团体

进入20世纪30年代后，江西城乡出现一个重要的社会现象，是以自治为性质和目的的社会团体骤然兴起，成为继北伐战争时期之后出现的社团组织新高潮。出现这一现象的原因，源于国民政府推行的“训政”政略及其地方自治政策，也与省党政当局为“协剿”而实行组织和争取民众的意图有关。各级党部均设有管理和指导民众团体的专门机构。

城乡社会团体的组建始于1931年春，在1933—1934年间达到高潮，其隶属和类别都为数不小。在隶属上，如由省党部直属的民众团体，即有南昌市教育会、南昌市工联委员会、江西省妇女会、南昌市商会、萍乡煤矿产业工会、九江码头工会整理委员会、江西全省商会联合会等。在类别上，则几乎涉及各个行业，比如南昌市，即有篷篓、水酒、字号、菜馆浴堂、杂货、造船、胶皮车、木业、旅栈、印刷、盐业、京果、鞭爆、烟业、派报、瓷业、西药、扇席草帽、简帖纸、中药、金银、五金颜料、国货、黄裱、蛋业、针织、钱业、玻璃、漆业、白纸、瓜子花生、书业、屠业、米业、面饭、轮船、皮革、夏布、晒纸、公寓、权度、粮行、剧团电影业、煤炭、估衣、木器、古玩、布业、绸缎洋货等各同业公会56个，旅栈茶服、堆盐、清唱、内河轮船、刨烟、厨师、清茶、饭业、迎宾、糕饼、屠牛、西式皮鞋、泥木、洋货驳运、缝纫、机械、裱业、沐浴、染业、绒巾、香烟、印花布、铅印等各业工会40个，各码头把档23个，各社会公益团体（如公益事务所、救生义渡总局、互助寿缘会、商团救火总会、红十字会等）15个，各自由职业团体如国医研究会、医学会、律师保民团等8个。其中除码头把档历史较长外，其他团体均成立于1933—1934年。从全省市县总计看，这个时候成立的职业团体，有区农会76个，乡农会504个，

---

① 毛泽东1930年所作《兴国调查》显示，兴国约占人口6%的地主富农占有80%的土地（其中地主40%、公田10%）；《寻乌调查》显示，全县公田比例高达土地总量的40%，地主占有则为30%。

② 黄道炫：《一九二〇——一九四〇年代中国东南地区的土地占有》，《历史研究》2005年第1期。

党部直属各业工会21个,各业工会379个,县市商会64个,同业公会555个。[①]上述团体,从职业看,涉及城乡人民生活的方方面面,其中既有传统行业,也有属于近代产业者。单个团体除党部直属者外人数都不多,如56个同业公会全部会员仅10586人,40个各业工会也仅有会员20142人。在组织形态及其性质上,多已跳出了传统行会的范畴,具有一定的近代组织形式和内容(党部直属者尤其如此),且均须经过党部允准和注册才能成立。这些社团的组织和活动,一方面,说明在修复、重建受土地革命冲击的社会秩序过程中,党部主导的社会公共领域得到较大的扩充;另一方面说明,它们成为城乡尤其是城市社会运行的一个重要内容,特别是,它们与报刊等公共舆论机构,构成为江西近代市民阶层参与政治、维护利益和影响大众的重要平台。

四、社会生产力与民众生活

江西的社会经济,这时仍以农业占绝对优势,全省国民经济收入,农业高居首位,常占82%左右,而工、商、矿和交通四业,总共不到15%。[②]实业部中央农业实验所1933年的农情报告,对1931年—1933年全国各省农业生产力水平有一个统计。仅从其中的农作物单产量看,江西农业在当时处于中等偏上位置。[③]

1931—1933 年江西主要作物每亩产量(单位:斤)

时间	粳稻	糯稻	小麦	大麦	高粱	小米	甘薯	棉花	大豆	油菜籽
1931	357	280	117	111	117	154	696	24	108	93
1932	378	345	123	121	131	172	768	24	116	92
1933	360	305	118	109	151	161	717	25	110	83

全省农业生产工具,仍为传统的牛耕方式,1933年各种役畜数量及所占百分率,水牛为41.5万头、占37%,黄牛64万头、占57%,马4.5万头、占4%,骡、驴各1.1万头、各占1%。平均两户多农户才有一头耕牛,牛力明显不足。农具的新变化是农业院成立后,于1936年创办农具厂,开始制造新式犁、打稻机、条播机、中耕器、碾米机、汲水机、枝刀、接木刀、喷雾器等农具,“颇为农民所乐用”。

① 民国《江西通志稿》,第32册,第10—18页。

② 江西省政府统计室编《经济旬刊》,(1936年)第7卷第1期。

③ 详见第二档案馆编《中华民国史档案资料汇编》第5辑第1编,财政经济(七),第509—518页。

但以自然经济为主的经济格局和生产力水平的不高，成为城乡民众收入低、租额高、负债面大、生活贫困和农民离村的重要原因。

南昌、九江等城镇，手工工人居多但收入偏低。1933年，南昌市有手工业工人约9万余人，其工资最低者如织布工人每月5元，最高者如金银、机械业工人有40元，每天普遍需工作10小时；商店工人约七八万人左右，每月工资最低者4元，最高者不过12元；码头工人5000余人，每日工资7角左右；人力车夫、轿工约4700人，每日所得6~8角，但工作时间均在14小时左右。①九江市“各业工人所得之报酬较好，尚能维持一家之生活，且稍能储蓄以备急需”，码头工人收入则“平均之仅足维持各人生活，间有少数收入稍多，亦仅够一家两三口之用，决无剩余”②。比较而言，农民收入同样不高。据1934年对各省农家收入多寡的调查，江西与全国平均各组收入户数百分率为③：

1934 年江西农户收入与全国平均数比较表

项	目	江西	全国平均
	调查县数	5	163
	调查总户数	29156	1745357
收入数额占总户比率%	25 元以下	1.31	4.32
	25 ~ 49.9	8.87	13.90
	50 ~ 74.9	17.55	17.40
	75 ~ 99.9	16.36	12.54
	100 ~ 149.9	27.90	19.51
	150 ~ 199.9	13.24	11.36
	200 ~ 249.9	7.66	7.61
	250 ~ 299.9	2.32	2.57
	300 ~ 349.9	2.07	5.02
	350 ~ 399.9	0.59	1.44
	400 ~ 449.9	0.67	1.33
	450 ~ 499.9	0.14	0.63
	500 ~ 999.9	0.64	2.11
	1000 元以上	0.07	0.42
	调查不明	0.61	0.84

① 江西省社会科学院历史所编《江西近代工矿史资料选编》，江西人民出版社1989年版，第358—359页。

② 《江西近代工矿史资料选编》，江西人民出版社1989年版，第366—368页。

③ 《中华民国史档案资料汇编》第5辑第1编，财政经济（七），第34—35页。

上表说明，江西农户年收入大多在50~250元之间，在此段收入中均高于全国平均水平，但250元以上各段，江西则均比全国平均为低。以维持最低生活必需计，江西农户收支平衡状况则较全国平均数略微好一些：

江西农户收支状况与全国平均数比较表

省别	调查县数	调查总户数	收支有余	收支相等	收支不敷	调查不明
江西	5	29156	17.94	50.95	30.50	0.61
全国	163	1745357	23.21	41.06	34.89	0.84

影响农民收入的因素，除了繁重的苛捐杂税、战乱和天灾之外，对佃农而言还有较高的租额。尽管江西历年地价及其变动，较全国20个省的平均数为低（以1912和1930—1934年的6年平均数计算，江西水田地价为41元，旱地为24元，而全国平均为59.79元、32.37元），但江西租额占地价及收益之百分率，在1934年苏浙皖赣湘鄂等全国14省的调查统计中，却高居前列：江西平均额定租金占地价的15.70%，为全国最高，占收获总值的48.73%，继河北、山东后列全国第三；实付租金占收获总值的41.12%，继河北、山东、河南后列第四位。[①]

由于收支不敷，遂在农村出现大面积的举债现象。据土地委员会1934年的调查，江西农村负债户占调查总户数29156户的48.8%，户均负债额为85.88元，较全国16省平均数的43.87%和112.71元，互有高低。[②]但到1936年省政府统计室组织通讯员填报65县负债情况时，负债户则上升到占农户总数的68.8%，户均负债额上升到107.66元，“殊堪惊人”，说明“本省各县农民之生活困苦，势非举债度日不能维持其生存也”[③]。

生计窘迫，又导致不少农民或者卖地、或者被迫离开村庄，外出谋生或逃

① 《中华民国史档案资料汇编》第5辑第1编，财政经济（七），第28—29页。

② 《中华民国史档案资料汇编》第5辑第1编，财政经济（七），第38页。同年实业部对江西27县的调查，则江西负债户数比例为借钱户占57%、借粮户占52%（《申报年鉴》1935年，下，第722页）。

③ 孙兆乾：《江西农业金融与地权异动之关系》，1936年12月（萧铮主编：《中国地政研究所丛刊：民国二十年代中国大陆土地问题资料》），第45262页、45271页。省政府统计室该年调查的全省农村借钱户，更高达农户总数的70.2%，借粮户为57.2%（《江西省农业统计》第5页）。借钱、粮均需承担高利贷。又据中央农业实验所1934年调查江西27县债款来源情况，债权人主要为银行、合作社、典当、地主、富农、商人、店铺、钱庄等8类，以地主、富农为最多，分别占33.6%和22.47%，其次为商人（18.4%）、店铺（11.2%）；放贷利率，大多在年利2~3分（《申报年鉴》1935年版，下，第911页。但722页说法有不同）。

难。从统计上看，卖地者比例不低，在管理处调查的10129户中，买田户为410户，卖田户则有746户，卖田原因“大多为家用不足及还债两种，至为婚丧而卖田者，亦颇不少。足见农村虽有少数富户，可以买田，但多数人家均为生计所迫，不得不将田地出卖，复因婚丧耗费，益感穷困”[①]。

农民离村是江西这个时期出现的另一个重要社会现象。江西外出农民各阶层均有，并不独贫苦农民然。据实业部中央农业实验所1935年的农民离村调查，江西各种离村农民占同类农户的比率，多数超过四分之一，其中地主离村高于全国22省的平均数。[②]

江西农户离村与全国平均数比较表

省名	县数	地主	自耕农	佃农	其他
江西	25	27.4	24.5	31.6	16.5
全国	854	19.5	28.8	34.8	16.9

江西离村农民的去所和目的，分别为到城市逃难、到城市工作、到城市谋生、到别村务农、到别村逃难、到城市住家、迁居别村、到垦区开垦等，其中以到城市工作最高，达27.3%，比全国平均数21.3%还高；其次为到城市谋生，再次为到城市逃难、到别村务农。这些情况说明，对农民离村，不能笼统地视之为坏事，而应作具体分析。其中，到城市工作和谋生者比例较高，应该是值得肯定的事，这显然与近代城市化进程加快和江西此一时期大力进行经济建设，有着密切的关系。农民离村进城，既是其自身生活方式的根本改变，对江西城市和农村发展，也是有利的。

五、社会风气与城乡景观

政风党风不端，青年抗日要求高涨，则是这时的重要政治现象。杜重远1932年2月12日向邹韬奋报告九江、南昌两地状况说，“南昌民气较九江为盛，然远不及长沙。弟到南昌寓青年会，蒙常、蒋两干事特别关照，在该会连续讲演3日，听众日益加多，讲毕承心远、葆灵两校之请，又在该两校各讲了一次。有志

① 经济部江西农村服务区管理处编印《江西农村社会调查》，1938年5月，第88—89页。

② 《中华民国史档案资料汇编》第5辑第1编，财政经济（七），第43页。

青年起而组织抗日运动者亦复不少。弟到南昌注意事项有二:(一)瓷业;(二)共党。盖二者皆系江西之名产,前者日趋消灭,后者日渐发达”。“年来剿共声浪甚高,稽其实际,反为共党增添实力不少。赣鄂湘三省已入共党势力范围者,总在百县以上。以故国库日空,民生日蹙,而豪官大吏尚复宴安鸩毒,粉饰太平!”[①]又在说到湘鄂赣各省政治状况时指出,各地掌握政权的国民党“党权高于一切”,本来有赖于其铲除官吏之贪污腐败,挽救乡村之破产,而实际上是“更贪污更腐败更破产。我历游各省,见党部巍巍,党权赫赫,稽其工作,除贴贴标语,喊喊口号,再放几声空炮外,别无所得。其中忠贞刚正之士亦非无有,然多数实与军阀官僚联合一气,烟赌奉行,贪污常事。天天骂官僚而已则已成特等官僚,口口谈土劣而已则已成变态土劣。甚或勾通警察,狼狈为奸,利用报馆,敲诈成事。国难期中,竟至丧心病狂,由日货抽出之款,平均分赃者有之,假扣货为名向商人索贿者有之,丑态百出,原形毕露。”[②]

至于城乡各地景观,则不尽一致。曹乃疆1936年夏所见,高安公路、电话四通八达,锦江有舟楫之利,民风尚称朴厚,唯迷信一时不易革除,农民生活年来日趋窘迫,除谷贱伤农外,负担过重(县中附加频增)为最大原因;靖安民风朴厚,习于劳苦,既无大地主,又少赤贫之佃农,大半农民皆自耕自给。熊式辉故乡安义县虽多山地,但公路、教育发达,电线四布,田赋较轻,农民生活尚不感觉十分窘迫。[③]省政府委员李德钊视察赣东北、赣南所见则是:玉山从前有小上海之称,近来极形衰落,四大名镇之一的河口亦甚萧条,而上饶市街市整齐,雕刻之美,实所罕见,朱子遗迹甚多,该地在物质上可称富饶,在江西文化上也有价值;赣南原为粤军驻扎,“烟赌公开”,南康10万成年男子中有7千烟民,赣县烟民也有6千多,1936年省政府从粤军手中收回政权后,虽厉行禁烟,绝非易事,物价高涨,民有“强悍之风”,因争砂常常发生械斗,“益以烟赌娼之为害,人民的痛苦是不堪言状的”[④]。

---

① 《向前干去》(九江通讯,1932年2月12日),杜毅、杜颖编注《还我河山——杜重远文集》,文汇出版社1998年版,第28页。

② 《长江之游》(下)1932年3月8日,《还我河山——杜重远文集》,第36页。

③ 曹乃疆:《实习调查日记》,1936年9月,第92页、94页、97—100页。

④ 《党政机关昨晨举行联合纪念周》,《江西民国日报》1936年9月8日、9月9日(续)。

记录1936年南昌市举行文明集体婚礼的历史图片

虽然这时在教育上比较花力气，但文盲众多和师资不足成为推进教育的重要障碍。文盲为全国城乡的普遍现象，江西也不例外。南昌、九江的工人，超过半数不识字；而农村文盲人数则占农村人口的78.11%，学龄儿童失学，为数亦复不少，其原因既因"农民由于贫穷，无力栽培子弟求学"，也与其"教育观念之根本错误"有关。此外，城市中出现集体结婚的新式婚礼，但城乡也仍盛行早婚风俗，最早有12岁结婚者，普遍多在15~19岁，"童养媳亦为江西农村之特色"。农民疾病以疟疾居多，而环境卫生极差，婴儿死亡率高，一岁以下婴儿死亡率达287.6‰。迷信仍然在农民生活中占支配地位。在农村服务处调查的214村中，有115村建有庙宇175个，庙宇名称有90多种，"无论治病、求子、求福、求财等，唯神祇是问，整个生活，竟皆为迷信心理之所支配"[①]。社会不良风俗的改变，确实需要一个很长的过程。

① 经济部江西农村服务区管理处编印《江西农村社会调查》，1938年5月，第170—171页。

20世纪30年代南昌的轮渡(《你没见过的历史照片》第四

六、水旱灾害

这个时期,也是江西近代水旱灾害最为频繁和剧烈的时期。在1912到1926年的15年间,江西曾发生过7次大的水旱灾害,而在1927—1937年的10年间,水旱灾害竟达9次,分别是1928、1931、1932、1933、1935、1937各年的水灾,1929年的虫灾,1930、1934年的旱灾,几乎无年无灾。其中,尤以1931、1934和1935年的灾害,最为剧烈。

1931年的大水灾,据行政院所派专门委员张锜赴赣查勘所报,全省4月间即春汛盛涨,沿赣、抚、修各流域被灾颇重,“而七月间淫雨兼旬,各内河向以鄱湖、大江为宣泄之地者,至是江水陡涨,倒灌入湖,地势又极低洼,潴水过多,以致成灾。凡滨江沿湖各县,冲溃无数圩堤,灾域至大且重,为百年来所未有。计灾重者如九江、新建、南昌、湖口、彭泽、都昌、星子、德安、永修、瑞昌、鄱阳等十一县,其次则余干、进贤等各县。各县灾民竟有达三十万之巨者,少者亦在四五万人,什之六七以劳工或借贷度日,而死者及流离失所者尚不在少数”①。全省

① 《赈务委员会、内政部转陈苏浙鄂赣四省水灾情况给行政院呈》(1931年12月26日),《中华民国史档案资料汇编》第5辑第1编,财政经济(七),第483—484页。

60余县遭灾，死亡3628人[①]，农田淹没长达两个多月，收成十九绝望。水灾不但造成庐舍荡然，灾黎遍野，“极人世惨酷之悲境”，而且引发严重的逃难潮，全省农民每千人中流离人数高达94人，举家流离者占20%，流离人口占总人口的28%，虽然较江淮流域受灾各县的平均数据125人、31%、40%为低[②]，江西农民因灾流离情况同样十分严重。

1934年，江西遭遇旱灾。熊式辉报告说：“全省亢旱，赤地数千里，田亩龟裂，稻麦萎枯，荒灾面积广达六十九县区，唛唛哀鸿，与日俱增，为近今所罕见。本府兼筹并顾，力拙心殚，乃向世界红十字会上海筹募各省旱灾义赈会呼吁，虽然获分赈银米，无如杯水车薪，鲜克有济，后以树皮、草根、杂蕨、糠秕为食者，仍复不少，其最苦者，莫若食观音土”[③]。这一年的旱灾，还给江西农业生产造成严重损失。全省农作物占平常年份的收成量，稻谷为45%，小米为37%，棉花为42%，大豆为44%，玉米为28%，高粱为32%[④]，均不足一半。

紧接着，1935年再次发生水灾。该年“春行冬令，霪雨连绵，几无晴日，山洪暴发，冲毁河床，吉水、峡江等十余县区，一片汪洋，沦为泽国，抑且浸及城垣，荡析庐舍，油菜、豆麦等行将收割，悉被淹没，春收绝望，而苦雨阴寒，甫种之谷秧复霉烂殆尽，补种无力”[⑤]。灾情造成“九江等县饥民多自杀”[⑥]。

1931年大水灾过后，省政府开始组织筑修沿江沿湖堤坝，1934年颁布《整理全省水利六年计划》。1935年遭遇灾害后，又制定了《江西省二十五年度征工服役兴办各县水利工程计划大纲》，分设8区工程处，指导全省兴修水利工程。1936年12月31日，同意江西省新生活运动促进会的提议，通过并颁发了《江西各地修筑桥梁办法》、《江西省农村疏治沟塘办法》，前者决定每年12月1日为修桥节，动员民众修筑省道、县道之外的大小桥梁；后者决定每年冬春以保为单位，疏挖水塘沟渠，以利蓄源节流。[⑦]到1937年夏，全省已修复堤线3000余公里，

---

① 李国强、马雪松：《特大洪灾与社会控制》，江西高校出版社2001年版，第188页。

② 金陵大学农业经济系：《中华民国二十年水灾区域之经济调查》，《金陵学报》(1932年)第2卷第1期。章有义：《中国近代农业史资料》，第3辑，第889页。

③ 《熊式辉致行政院长汪精卫请求赈济严重水旱灾情电》(1935年5月15日)，《中华民国史档案资料汇编》第5辑第1编，财政经济(七)，第490—491页。

④ 邓拓：《中国救荒史》，北京出版社1998年版，第182页。

⑤ 《熊式辉致行政院长汪精卫请求赈济严重水旱灾情电》，1935年5月15日。

⑥ 张水良：《中国灾荒史(1927—1937)》，厦门大学出版社1990年版，第9页。

⑦ 详见《江西省政府公报》，第696号，1937年1月9日。

同时修建了一批小型水库、水闸等,使防洪能力有了提高,但该年水灾时,仍死伤1008人,损失稻谷1318万石,损失财物总值4470万元。[1]灾害不断和抗灾能力薄弱,一直成为民国时期制约江西经济社会发展的重大问题。

① 江西省政府秘书处统计室编印《江西省农业统计》第6页。

第六章

东南抗战的前线与后方

抗日战争时期,江西既是前线,又是后方,前线与后方并重,是我国东南地区抗战的重要省区。我国第三战区在赣东,第九战区在赣中、赣西北,分别与入侵的日军形成对峙,江西处在东南战场对日作战的前线,在江西境内先后发生了赣北作战、南昌会战、浙赣会战、上高会战等正面战场的大规模抗日战役,特别是赣北作战和上高会战均曾给入侵日军以沉重打击。以南昌、九江为中心的赣北14县市,被日军占领,日军在九江建立了伪省政权,对这块地区实行殖民统治。全省有60多个县先后遭到日军的侵扰,日军在江西境内犯下烧杀抢掠的累累罪行,给江西人民的生命财产造成严重的损失。抗战爆发时北方和东南沿海大量知识名流和流亡学生进入江西,给江西带来勃勃生气,抗日救亡运动风起云涌,声震东南。国民党江西省政府在南昌失守后退居赣西泰和,行使战时后方的政治、经济和文化职能。战时江西经济和文化教育在特殊环境和条件下,出现一个很不平常的勃兴之态。江西人民忍受巨大的痛苦和牺牲,坚持抗战,以大量的兵役和粮食支持军需民食,并以不少工业品支援西南大后方,为抗战的胜利作出了重要的贡献。

第一节 抗战初期的江西形势

一、庐山谈话会与国共两次谈判

1937年7月7日,日本帝国主义阴谋制造卢沟桥事变,悍然发动了全面侵华战争。在此之前的6月间,蒋介石为应对咄咄逼人的日本侵略,以及诸多内政问题,决定以国民党中央政治会议名义,在庐山召开各党派及无党派人士谈话会,征询各界对内政外交的意见,在7月15日起的一个月内,分三期邀请200余人参加谈话。卢沟桥事变发生后,中国政府采取什么样的对策成为头等大事,故庐山谈话会尤其为中外所瞩目。

庐山谈话会实际举办了两期。第一期在7月16日至20日举行,出席人员157人;第二期在7月26日至30日举行,出席人员40余人。出席人员包括国民党、青年党、国社党、农民党、村治派、职业教育派、救国会等政党社团的领导人,以及教育、学术、金融、经济等各界名流(庐山谈话会没有邀请中共人士参加)[①]。谈话会采取大会发言和分组讨论(分政治、经济、外交、教育4个组)两种形式进行。各党派和各界代表在发言中,相继提出了民族生存重于一切,在民族存亡关头全国上下应一致服从政府,政府应于言论自由、特种刑法和新闻检查等速予改善,政府施政与国民党政纲应根据时势变化而有变更,加强国防教育、青年训练和充实学校内容,实行教育独立、净化教育等意见,表示要全国一

---

① 当时上山进行国共谈判的周恩来说,蒋介石举行庐山谈话会,“共产党没有份。我同林伯渠、博古同志三个人不露面,是秘密的”(《论统一战线》,《周恩来选集》上卷,人民出版社1980年版,第195页)。参加两次庐山谈话会的人员主要有:蒋介石、汪精卫、冯玉祥、于右任、居正、戴季陶、张群、李烈钧、曾仲鸣、王云五、于夔林、王星拱、王亚明、王世颖、方东美、尹任光、皮宗石、任鸿隽、任凯南、左舜生、张东逊、曾琦、张君劢、张志让、张奚若、江一平、江恒源、朱庆澜、朱经农、杜重远、汪周典、何炳松、何基鸿、吴贻芳、吴经熊、马寅初、马君武、马洗繁、李剑农、李建勋、李璜、李文范、邵鹤亭、竺可桢、邱椿、林志钧、林维英、俞凤韶、茅祖权、胡适、胡健中、胡定安、胡次威、凌冰、傅斯年、陶希圣、浦薛凤、徐诵明、徐永祚、徐恩曾、梅贻琦、梁士纯、张伯苓、陈其采、龚学遂、萧铮、萧纯锦、谢寿康、邵力子、谭熙鸿、蒋方震、蒋梦麟、楼桐孙、钱昌照、张西曼、段锡朋、经亨颐、叶楚伧、任启珊、许仕廉、王芸生、章益、吴南轩、潘序伦、洪深、陈立夫、陈布雷、萧一山等。

1937 年 7 月 17 日，蒋介石在庐山发表抗战谈话 （《中国抗日战争图鉴》）

致共赴国难。

谈话会的最大成果是蒋介石发表的对日方针。17 日，蒋介石在第一期庐山谈话会第二次大会上，报告卢沟桥事变情况，发表关于对日方针的谈话。他严正地表示：我们既是一个弱国，如果临到最后关头，便只有拼全民族的生命，以求国家生存。那时节，再不容许我们中途妥协，须知中途妥协的条件，便是整个投降，整个灭亡的条件。他要求全国国民要认清所谓最后关头的意义，最后关头一到，我们只有牺牲到底，抗战到底。他表示和平未绝望之前，仍希望和平解决，并提出了解决卢沟桥事件的四项最低限度立场，但“如果战端一开，那就是地无分南北，年无分老幼，无论何人，皆有守土抗战之责任，皆应抱定牺牲一切之决心，全国应战以后之局势，就只有牺牲到底，无丝毫侥幸求免之理”[①]。蒋介石的这个谈话，宣示了中国政府反抗日本侵略的正确方针，值得赞许。毛泽东高度评价说，蒋的谈话“确定了准备抗战的方针，为国民党多年以来在对外问题上的第一次正确的宣言，因此，受到了我们和全国同胞的欢迎”，认为它与中共中央 7 月 8 日关于卢沟桥事变的宣言，“是国共两党对卢沟桥事变的两个具有历史意义的政治宣言”[②]。

庐山谈话会是一次具有重要意义的会议，对于向世界宣示中国的抗战决

① 《蒋介石庐山谈话》(1937年7月17日)，魏宏运主编《中国现代史资料选编》，第4册(抗日战争时期)，黑龙江人民出版社1981年版，第585、587页。

② 《反对日本进攻的方针、办法和前途》(1937年7月23日)，《毛泽东选集》，第2卷，人民出版社1991年版，第344页。

心和动员全国人民全面抵抗日本侵略，产生了良好作用。蒋介石举行庐山谈话会后，其夫人宋美龄也以个人名义，于 1938 年 5 月 20 日，邀请 13 省的妇女界领袖在庐山举行谈话会，中共代表邓颖超、孟庆树，江西妇女代表劳君展（许德珩夫人）、程希孟夫人、熊芷、雷洁琼，以及史良、曹孟君、沈滋九、李德全、吴贻芳、刘清扬等各党派和无党派妇女代表共 50 多人出席会议。会议历时 5 天，主要讨论战时妇女动员和改善妇女生活、加强妇女团结等议题，制定了《动员妇女参加抗战建国工作大纲》，“正确切实的认定了动员妇女的先决条件是提高妇女文化水准，改善妇女生活，确立妇女经济独立基础，组训妇女发动启蒙运动。工作方法与内容又完备详细的提出配合全面抗战的一切工作，并决定以新生活运动总会妇女指导委员会为全国妇女工作最高指导机关”[①]，仍由宋美龄任指导长，委员则由原来的 7 名扩大为 36 名，中共的邓颖超、孟庆树、康克清当选为委员。这次会议，结成了全国妇女界抗日民族统一战线，“在妇女运动史上是有绝大意义的”，对动员和团结全国妇女投入抗日战争，起了良好的作用。

在蒋介石举行公开的庐山谈话会时，另一件重大的事情也继续在山上秘密进行，这就是继在西安、杭州的国共谈判之后，蒋介石和周恩来在庐山举行的两次国共谈判。

第一次庐山谈判是在6月间。周恩来6月4日上庐山，代表中共与国民党继续谈判。从8日到15日，周恩来与蒋介石进行了多次会谈，宋美龄、宋子文、张冲等也参加了与周恩来的会谈。在谈判中，周恩来提交中共中央《关于御侮救亡、复兴中国的民族统一纲领（草案）》。蒋介石则提出，成立国民革命同盟会，由国共两党同等数量干部组成，蒋介石任主席，有最后决定之权；红军编制为3个师，3师之上设政治训练处为指挥机关；请毛泽东、朱德出洋；陕甘宁边区政府由国民政府派正的官长，边区推举副的官长，等等。蒋介石的意图，是要取消中共的独立性，将其完全融化在国民党中。对此，周恩来表示，有关组织国民革命同盟会问题，事关重大，必须请示中共中央后定；有关红军指挥机关和边区人事安排等问题，不能同意；他特别严词驳斥要毛、朱出洋的安排。双方争执很久，又经与宋子文、宋美龄、张冲往返磋商，问题仍无法解决。[②]周恩来遂下山返

---

① 《两年来之妇女运动》（1939年），《雷洁琼文集》，上册，开明出版社1994年版，第59页；雷洁琼：《抗战初期我在南昌活动的片断回忆》，《江西党史资料》第35辑，第186页。

② 金冲及主编《周恩来传》，上，中央文献出版社1998年版，第443—444页；中共中央文献研究室编《周恩来年谱1898—1949》（修订本），中央文献出版社1998年版，第373—374页。

回延安。

6月26日，南京政府电催周恩来再上庐山，继续谈判。周恩来在7月初起草好《中共中央为公布国共合作宣言》的草案后，离延安南下，到达上海时正逢日本侵略者发动卢沟桥事变；13日（或14日），周恩来与博古、林伯渠到庐山，又逢蒋介石正邀请各方人士在庐山举行谈话会。这时，政治、军事形势都有了重大的变化，但蒋介石的态度仍无大的变化。这次谈判，在周恩来、博古、林伯渠和蒋介石、邵力子、张冲之间进行。蒋在接过《中共中央为公布国共合作宣言》[①]后，还不想立即承认中共的合法地位，不允许周等出席庐山谈话会，实即不允许中共公开活动。[②] 在红军改编后的指挥和人事问题上，双方发生了激烈的争执。蒋改变第一次庐山谈判时的说法，表示红军改编后"各师须直属行营，政治机关只管联络"。17日，周恩来等在会谈中，向蒋介石建议以《中共中央为公布国共合作宣言》为两党合作的政治基础，并尽速发动全国抗战。同日，收到洛甫、毛泽东来电，指示周恩来等"为大局计，可承认平时指挥人事等之政治处制度，请要求设正副主任，朱正彭副。但战时不能不设指挥部，以资统率"。18日，周恩来将急需确定的具体问题写成12条，通过宋美龄交给蒋介石，主要内容包括允许各报刊载《中共中央为公布国共合作宣言》，国民党中央发表书面谈话表示赞同；洛、毛上述关于红军指挥机关的意见；边区政府正职从张继、宋子文、于右任三人中择任一人，副职由林伯渠担任；国共双方派人分赴鄂豫皖、闽浙赣、湘鄂赣等地联络与传达国共合作方针，对南方红军游击队实行改编；允许中共在延安出版的《解放》周刊在全国发行。"但蒋介石仍坚持红军在改编后不设统一的军事机关，三个师的管理直属行营；三个师的参谋长由南京派遣；政治主任只能转达人事、指挥，可以周恩来为主任、毛泽东为副主任。周恩来当即严正表示：蒋对红军改编后指挥与人事的意见，我党决不能接受。"[③]由于"力争无效"，谈判陷入僵局，周恩来等19日下山，经南京返回延安。第二次庐山谈判仍以无决议而结束。

庐山谈判虽未达成协议，但充分表达了中共的抗日要求和意见，因而有其重要的影响。8月10日，周恩来等到南京出席国防会议并继续与国民党进行谈

---

① 该宣言9月22日才由国民党正式公布。9月23日，蒋介石发表关于国共合作的谈话。至此，第二次国共合作及抗日民族统一战线正式形成。

② 《周恩来年谱1898—1949》（修订本），第379页。

③ 金冲及主编《周恩来传》，上册，第448—449页。

判。13日,日本侵略军在上海首先开枪,淞沪抗战爆发。由于战火燃烧到国民党的心脏地区,蒋介石急需红军开往前线对日军作战,国共谈判久拖不决的状况于是发生急剧改变。18日,蒋介石同意红军改编为国民革命军第八路军,任命朱德、彭德怀为正副总指挥(22日正式公布)。9月22日,南京中央通讯社公布《中共中央为公布国共合作宣言》,蒋介石23日发表谈话,在事实上承认中共的合法地位。第二次国共合作和全国抗日民族统一战线,至此正式形成。

二、大余、南昌谈判与新四军的成立

在改编正规红军为抗日部队的同时,中共中央对南方红军游击队也作出了新的指示。

1937年8月1日,中共中央依据抗日民族统一战线的新政策和全面抗战展开的新形势,作出《关于南方各游击区域工作的指示》,指示坚持南方三年游击战争的红军游击部队,在“保障党的绝对领导的原则下”,与国民党的附近驻军或地方政权进行谈判;在未确实谈判好以前,部队可自动改变番号,用抗日义勇军、抗日游击队名义进行独立的活动,开展统一战线工作;谈判好以后,即“改变番号与编制以取得合法地位”,“在新的条件下为执行党的路线而奋斗”。中共中央的指示,为南方红军游击部队顺利进行从国内革命战争到抗日民族战争的重大转变,指明了方向和办法。

坚持南方游击战争的领导者们,在通过各种渠道了解到时局的变化和中共中央的政策后,积极地开始进行思想和政策策略的转变。8月8日,项英、陈毅等以中共粤赣边特委名义,发表《停止内战联合抗日宣言》,决定游击区遵照中共中央关于红军与政府合作一致抗日的精神,在要求国民党当局“立即停止进剿,准许抗日自由”的同时,与国民党地方当局谈判实行合作抗日。① 随后,他们将红军游击队改名为赣南人民抗日义勇军,并于20日分别致函国民党江西省政府主席熊式辉、赣州第四行署专员马葆珩、驻军第四十六师师长戴嗣夏及大庾(今大余)等县政府,表示洽谈合作抗日事宜。与此同时,国民党江西省、区、县当局也通过写信、派人等方式与红军游击队联系,表达停止武装冲突和进行合作抗日谈判的态度。

① 项英:《三年来坚持的游击战争》,1937年12月7日,《江西党史资料》第1辑,第84页。

大余县长彭育英[①]首先与项英、陈毅等取得联系。9月8日，陈毅下山，先与彭育英在大余池江会谈，继于11日在彭陪同下赴赣州，与江西省政府代表、省保安处参谋长熊滨和马葆珩等谈判。赣州谈判达成了抗战合作意见书和红军游击队改编的9条办法，商定部队先改编为江西抗日义勇军游击支队，待编竣后再"编为正式国军"。21日，项英由彭育英陪同到赣州，继续与马葆珩、戴嗣夏等谈判，就红军游击队集中问题达成协议。上述各次谈判，基本解决了赣粤边红军游击队改编为抗日武装的问题。

9月24日，项英应国民党江西当局邀请，来到南昌（陈毅随后也到南昌）与江西省政府代表谈判，统一解决南方其他红军游击队伍改编的问题。南昌谈判，解决了国民党军队撤离红军游击地区、国民党当局释放政治犯、南方各地红军游击队改编为抗日义勇军等重要问题。27日，国民党江西省党部、省政府联合举行总理纪念周，项英应邀讲演，指出中国有了历史上前所未有之精诚团结，必将发挥任何飞机大炮均不能克服的最大力量，坚信最后胜利必属于我。谈判结果报到南京后，国民政府军政部长何应钦也于27日致电项英、陈毅，称"顷接赣省政府电告，两兄敌忾同仇，情殷抗日，殊为钦佩……嗣后，借重之处必多。目前改编贵部一切手续，请就赣省府接洽办理"[②]。熊式辉按照达成的协议，下令释放了关在监狱中的所有政治犯，被关押3年之久的方志敏夫人缪敏，由此随项英回归队伍。在南昌恢复与中共中央中断了3年的联系后，项、陈先后以项英和中共中央分局名义，致信南方各红军游击队和发表《告南方游击队的公开信》，指出"中国在近年来，由于日本军阀积极侵略，使民族危机到最后存亡的关头。我们因民族危机的紧迫，为挽救国家的危亡，为求得中华民族的独

① 彭育英（1903—1978年），江西万安人，早年考入日本早稻田大学，回国后任江西省建设厅行政科科长，加入政学系，与熊式辉有深交。1936年8月被调任大余县县长。抗战爆发后，他转变对红军游击队的看法，称中共为友党、爱国志士。1937年8月27日发出"感秘代电"，响应红军游击队合作抗日的主张，致信欢迎游击队下山谈判抗日事宜。9月6日与陈毅初见于梅岭山下的钟鼓岩，8日正式到大余池江会谈，后又相继陪陈毅、项英赴赣州谈判。谈判成功后为解决红军游击队的给养、保护游击队家属和释放政治犯等，做了许多有益的工作，被陈毅称赞为国统区难能可贵的七品官。因受到国民党特务的迫害，1939年辞职转入经济界，曾任江西裕民银行副行长。新中国成立后经陈毅安排，在上海市任人民银行提篮桥区办事处副主任，上海市文史馆馆员、参事室参事。（《大余县志》，中国三环出版社1990年版，第657—658页）

② 《半月文摘》1937年第1卷第1期。转引自张日新、李荣祖《红军时期的陈毅》，档案出版社1991年版，第252页。

立和解放，于是取消过去苏维埃运动和暴力夺取土地等政策，以求得全国团结一致、共赴国难。余遵照最近党中央的宣言，已正式宣布停止游击战争，放弃过去一切活动，把全部游击队改编为抗日救国的武装，统一于政府之下，效命杀敌。望接信后，立即集中听候点编，以便追随全国友军和第八路军之后，为挽救国家危亡和民族解放而作英勇的战斗”①。并在南昌月宫饭店二楼设立“南方红军游击队总接洽处”，以陈毅为主任，负责与各地游击队取得联系。29日，项英离开南昌返回大余池江。南昌谈判的成功，打开了江西抗日战争的新局面，是抗日民族统一战线在江西和南方开始实行的重要成果。

10月中旬，项英由大余出发，经南昌赴南京会见中共中央代表博古和八路军代表叶剑英。行前确定，他离开后，南方各游击区红军和游击队的集中、改编工作，由陈毅总负责；赣粤边红军游击队的下山和集中改编等工作，由新任中共赣粤边特委书记杨尚奎和特委领导成员陈丕显负责。在南京，项英向博古、叶剑英详细介绍了坚持三年游击战争和同国民党江西当局进行谈判的情况。博古、叶剑英在10月26日致洛甫、毛泽东的电报中，报告项英即将离宁赴延安，并认为项英、陈毅进行的谈判“总的方向是对的”②。随后，项英转赴延安向中共中央汇报，陈毅等在南昌、赣南等地负责联络各游击队下山集中改编事宜。

在此期间，中共中央与国民党中央就南方八省红军游击队改编为抗日部队问题，已经达成协议，决定将南方游击队统一改编为国民革命军陆军新编第四军（简称新四军），以北伐名将叶挺任军长。10月6日，国民党中央电告江西省政府主席熊式辉，告称赣粤边、闽赣边、湘鄂赣边、湘赣边、皖浙赣边、闽西、鄂豫皖边等地红军游击队，均编入新四军，由叶挺编遣调用。12日，南京国民政府正式颁布新四军番号。12月，由延安返回的叶挺在武汉着手筹组军部。副军长项英、参谋长张云逸、政治部主任袁国平和副参谋长周子昆随后也分两批从延安带领调来新四军工作的100多名干部，到武汉与叶挺会合。延安调来的干部中，有不少人是江西籍红军干部。③

1938年1月4日，遵照中共中央军委关于新四军“军部第一步设南昌”的指示，项英和张云逸、曾山、周子昆等率新四军军部机关人员，由武汉乘船经九江

---

① 上海《新闻报》1937年9月30日。转引自王辅一著《新四军简史》，中共党史出版社1997年版，第33页。

② 详见王辅一《新四军简史》，第35页。

③ 参见中共江西省委党史研究室编《中共江西地方史》，第1卷，第459页。

1937年12月25日，新四军军部在汉口成立。翌年1月移至南昌。图为军部成员在南昌合影 （《中国抗日战争图鉴》）

赴南昌。6日，项英等进驻南昌市高升巷1号(原张勋公馆)，宣布新四军军部正式成立(叶挺不久后也到达南昌)。同时，根据中共中央的决定，在南昌成立了以项英为书记、曾山为副书记的中共中央东南分局，项英、陈毅分任正副书记的中共中央军事委员会新四军分会，黄道为主任的新四军驻南昌办事处①。新四军辖4个支队，长江以南的各红军游击队编入第一、二、三支队，长江以北的红军游击队编为第四支队，陈毅、张鼎丞、张云逸、高敬亭分任4个支队司令员，傅秋涛、粟裕、谭震林、戴季英分任副司令员。支队下辖团。全军兵员10300人，枪支6200余支。新四军是中国共产党领导的一支士气高昂、富有战斗力的抗日部队，它的成立，壮大了东南地区的抗日声势。

新四军组建完毕后，立即开赴抗日前线。1938年2月，各支队相继由集中地向皖中、皖南开进。4月4日，叶挺、项英率军部离开南昌进驻皖南岩寺。此后，新四军在大江南北纵横驰骋，展开了英勇卓绝的抗日作战，在中国人民抗日民族

① 新四军在江西还相继在大余池江、瑞金、崇义思顺、吉安、永新黄岗、宜春慈化、修水、都昌、浮梁瑶里、景德镇、贵溪、铅山河口、铅山石塘等地设立办事处、留守处、通讯处，南昌办事处后移至上饶。在南方其他省也设有这类机构。

解放战争史册上留下了光辉的记录。

三、江西抗日救亡浪潮的兴起

随着庐山谈话会的召开和红军游击队的改编，江西抗日救亡形势日益发生新的变化。

卢沟桥事变的发生，引起江西人民的极大愤慨。7 月 13 日，江西省以国民党省党部和全省各界民众的名义，向卢沟桥抗日将士发出慰问电。同日，宣告成立“江西省各界民众抗敌后援会”。后援会的前身是为声援绥远抗日而成立的“江西各界绥战后援会”。它“由省会各法定民众团体及文化机关代表暨社会硕望绅耆组织而成”[①]，国民党江西省党部常委刘家树任总干事。后援会规模庞大，内设宣传、交通、运输、救护、看护、侦察、慰劳、捐募等 8 个工作团，到 1938 年初先后成立了全省 83 县分会(县以下还成立了区、乡镇分会)和工商、教育、妇女、新闻记者、文化、青年等各界分会，出版会刊《抗日评论》(旬刊)，组织宣传队 1.8 万个，进行了大量的抗日宣传、征集款物和慰劳前方将士的工作。这是在全面抗战爆发后，以省党部为主主办的江西最大和最早成立的民众抗日救亡团体，其成立适应了抗日宣传动员的迫切需要。

八一三淞沪抗战爆发后，江西随即成为东南抗日的大后方。8 月 15 日，日军飞机第一次轰炸南昌。此后日军战机对南昌及江西其他重要城市的轰炸，连番不断，江西的战争气氛日趋浓烈。日机轰炸给人们带来了心理的不适和紧张，当局的战争动员工作也未能跟上，因此南昌等地一时出现慌乱。9 月间从上海来到南昌的罗琼谈到当时情况时说，在南昌，支配着一般人心理的不是怎样抗敌，而是怎样避难。为躲避敌机轰炸，政府机关的委员们正忙着到乡下看地盖房子，中下级公务人员则跑在乡下租房子住，救亡气氛比较沉寂。出现这种情况，罗琼认为“一半由于领导者的对于民众运动提倡不力，一半由于青年干部过于缺乏”[②]。

随着上海、南京、杭州、广州等地的失陷，京津沪苏浙等地流亡学生和部分文化名流的进入江西，这种情况发生了改变。当时从北平、上海等地，或由政府

① 《江西省各界民众抗敌后援会工作简报》，1938 年 5 月。该会 1938 年 7 月改组，由许德珩任主任委员，王枕心为总干事。另见周国钧《一年来的省后援会青年界分会》，1939 年 9 月，均藏江西省档案馆。

② 罗琼：《一线曙光》(南昌通讯)，《抵抗三日刊》，第 20 号，1937 年 10 月 23 日出版。

邀请，或由中共组织派遣，或迁校（如同济大学、浙江大学等），或流亡，在南昌集中了一大批著名人士和青年学生。仅从上海、苏州、无锡、常州、丹阳、镇江和南京等城市流亡来到南昌的大、中学校的学生，就成千上万。大部分青年学生因找不到工作而转往长沙、武汉后，留在南昌的仍有两千多人。[①]许德珩、王造时、雷洁琼、薛暮桥、朱克靖、罗琼、夏征农等一大批文化界名流也聚集到南昌，中国农村经济研究会首先来到南昌出版《中国农村》战时特刊和《抗战言论集》，颇受各地读者欢迎。他们的陆续来赣，为江西输入了大量的新生力量。另一方面，南京、杭州相继失陷后，江西在东南地区抗战中的地位更加突出，赣东与皖南同时成为担负苏浙地区抗日作战的第三战区的依托基地，南昌则由内地省会城市一变而为抗日作战的前沿城市，江西抗战的气氛益形紧张，也促使当局对片面的动员政策和江西的战时地位产生反省。江西城市的抗日救亡运动，在1937年冬进入新的高潮。

一是省政府在积极支持的同时，自身也开始介入战争动员。1937年11月5日，江西发起抗战宣传周活动，公布了44条抗战标语。6、7两日，省政府召开有各界500多人参加的全省抗敌总动员会议，通过了全省精神、人力、物资三个总动员方案。三个动员方案包涵广泛，被认为是“抗战初期本省一切工作的准则”。随后，省党政当局订定以唤起国民自觉、补充抗战将士、保卫地方治安、供给抗战需要为全省总动员的4项目标，务使“由都市城镇推及各地乡村，而达每保每甲，使家喻户晓”[②]。12月23日，在南昌成立江西省动员委员会，负责筹划指导全省抗敌动员工作，省政府主席熊式辉兼任主任委员。熊式辉号召全省实行抗战总动员，要求民众踊跃为抗日贡献人力、物力和财力，党政机关树立必胜、牺牲、协同、创造等8条信条。动员委员会是一个常设的专司全省抗日动员总责的政府机构，在各县也成立了相应组织（1938年6月还将各县抗敌后援会合并于各县动员委员会），统管战时组训、征调、救济、宣传等工作，对全省的抗日动员发挥了较大的作用。[③]江西当局对于全民抗战的态度和行动，是积极的、认真的。

二是各种抗日救亡团体纷纷成立，抗日宣传活动热烈活跃。当时成立的以青年为主体的民众抗日救亡团体主要有：“江西省乡村抗战巡回宣传工作团”，

① 何士德：《青年服务团一大队的活动》，共青团南昌市委编《南昌青年运动回忆录》，第193页。

② 《省党政机关订定抗战宣传总动员目标》，《江西民国日报》1937年11月28日。

③ 王青华：《江西之动员工作》，载《赣政十年》(43)第3页。

1937年10月由平津流亡学生中的中共党员周平非、邹文宣、李肇令等和上海大夏大学流亡学生团体中的中共党员余昕、郭敏、刘开基、陈训涛等发起组织，隶属于省教育厅，省民众教育馆馆长程宗宣兼任团长，下设8个分队和1个演剧队，有近80人。“江西省妇女战时服务团”，1937年12月成立，下设6个大队。“江西省战地青年服务团”，1938年1月10日，由王枕心与熊式辉出面、新四军驻昌办事处参与合作，集中外地流亡青年学生400多人和本省失学失业青年学生七八千人而组成，熊式辉兼任团长，王枕心为总干事，夏征农、陈洪时分主宣传和组织，下设10个大队，是“江西一个最大的青年救亡团体”①。“新四军战地服务团”，1938年2月成立，朱克靖为团长。“中华民族解放先锋队东南总队”，1938年5月成立，领导人为陈丕显、杨斌、于光远等。“江西青年战时工作团”，1938年5月成立，负责人有杨洪、邹文宣、程一惠等。“赣江木船工人救国会”，1938年7月成立，负责人李昭贤、李祺德等，参加者为赣江上的船民，会员发展到1000余人，并在吉安、万安、樟树、赣州、于都、九江等重要码头设立了分会，进行宣传抗日、支援前线、交通联络等工作。②

在江西本省组织抗日救亡团体扩大抗战动员的同时，沪浙等地的抗日救亡团体也不断进入赣东城乡。他们热情高涨，吃苦耐劳，表现出强烈的爱国精神和奉献精神。如1938年春，十多位从上海到浙赣农村工作的知识青年，每天在乡村流动工作，最初的4个多月中，经过了12个县城，60多个乡镇，“上海的经费接济早已断绝，每天和饥饿寒风做朋友，衣履褛褴，一般人把我们看作难民”，“可是由于四个月的锻炼学习，我们已经渐渐地熟习如何运用工作方式，认识和适应内地的环境，十几个工作员便结成了一架灵活可用的机体”③。他们在贵溪、广丰的一个半月中完成了九项工作：各学校、部队的歌咏、戏剧、漫画两周训练；妇女战时常识训练；成立妇女战时服务团；小学教师座谈会；成立小学生联合宣传队；小学生集中训练；出版宣传文件9种；发行画刊一种；平均每周举行宣传会一次。同时，他们还做了农家访问、筹备一个半月下乡巡回宣传及其他训练工作。

---

① 《中共江西省委政治报告》，1940年，《江西党史资料》第35辑，第34页。该辑还收录有夏征农著：《江西省青年服务团的成立经过》(第190—195页)。

② 汤静涛：《如火如荼的青年救亡运动》、《江西民众救亡团体一瞥》，均载《江西党史资料》第34辑，中央文献出版社1995年版，第114—132页。

③ 周君实：《浙赣工作六个月》，《抗战三日刊》第74号，1938年5月23日出版。

当时的中共江西省委总结江西抗日救亡活动的情景时说:“青年知识分子(从平津、上海、浙江各地流亡进来的,与本地失学青年)成为这一区域民众救亡运动(这时民运的主要方面)的动力,由青年的救亡运动发轫乃至推动工运、妇运的开展,由抗日联系到民主(改革政治机构等),建立新的群众组织,改造旧的(如妇改会),运动由城市卷到乡村,一路奔腾澎湃,激荡着整个区域。”[①]各救亡团体共同谱写了江西抗日救亡的画面。

遗憾的是,当局对蓬勃兴起的各界民众抗日动员,很快采取了收束而不是放手支持的政策。虽然形成了抗日民族统一战线,国共两党在江西也合作开展了动员工作,但国民党省政当局总是企图限制中共组织及民众团体的活动,并“多方设法”争夺对民众的领导权。[②]1938年10月,国民党江西省党部颁布《抗日救亡团体总登记办法》,限制抗日救亡团体的活动和发展,当时最有声势和成绩的江西战地青年服务团,1938年12月5日被熊式辉宣布解散。其他抗日救亡团体也相继被当局解散或改组。民众自发和自觉的抗日救亡活动,被强制性地纳入国民党的操控轨道。

四、赣北抗日作战与万家岭大捷

1937年底,日军攻陷南京。1938年7月,日军以重兵分为两路,沿长江两岸合击武汉。国民政府集中百万兵力,展开规模浩大的武汉会战。赣北成为保卫武汉的外围作战的激烈战场,江西由此投入直接对日作战中。

武汉会战的外围作战,分长江北岸和南岸两条战线进行。北岸作战由以李宗仁为司令长官的第五战区担任,南岸作战以赣北为重心,由6月间专门组建的以陈诚为司令长官的第九战区担任。按照统帅部南岸作战“决在德安、瑞昌一带与敌决战”、在武汉外围围歼敌军的部署,陈诚以利用赣北山川湖泊天然屏障、歼灭日军于鄱阳湖东岸及田家镇要塞以东为作战目的,集中两个兵团的兵力,令薛岳第一兵团防守南浔铁路,并在鄱阳湖沿岸纵深部署,阻止日军进攻南昌,该兵团即以王敬久军守星子以南湖岸及其西侧隘口,俞济时军守德安及马回岭,商震军驻德安、永修间为预备队,叶肇军守南昌;令张发奎第二兵团沿长江南岸构筑阵地,确保九江及田家镇,阻止日军由瑞昌西进,该兵团即以王陵基集团军守马回岭、西岭、东岭、项家岭、高岭一线,萧之楚军守高岭、赤山

① 《江西省委抗战两年来工作总结》,1941年6月17日,《江西党史资料》第35辑,第57页。

② 《中国国民党江西省执行委员会工作简报》1938年3月。

童、茨花山一线，孙桐萱军守天子山、牯牛地区并以一师控制瑞昌，霍揆章、李延年两军守田家镇要塞并固守马头镇，关麟征军位置杨坊、笠溪间为预备队。另令李玉堂、吴奇伟、李汉魂等军担任掩护并为总预备队。[①]九江以下的长江南岸地区，则由以顾祝同为司令长官的第三战区担任防守，策应赣北作战。

数十万军队的进入和部署，在使江西的战争形势顿呈严峻的同时，也使江西在抗战中的战略地位凸显出来。时论将江西与山西并列，指出："从战略的地位和地形条件来说，山西和江西都是不可失的。失掉山西，一个华北和西北便没有了反攻和作战的据点；失掉江西，便没有法子来撑江南的战局。"[②]江西在东南抗战的格局中，是一个重要的前沿阵地，具有举足轻重的战略地位。

赣北作战历时3个多月。6月，日军华中派遣军司令官畑俊六指挥第十一军冈村宁次等部，溯江西上发动进攻。波田支队于26日攻占长江天堑马当要塞。驻彭泽的第十六军第一六七师师长薛蔚英因增援缓慢、贻误战机，被蒋介石下令枪决。29日，彭泽失陷。日军继续进攻湖口，7月4日，湖口失守，鄱阳湖贯通长江的咽喉重地被敌切断，九江也失去了东面的屏障。波田支队随后潜入鄱阳湖，经激战于23日突破我姑塘阵地，登陆成功，向九江突进。在此期间，我集结重兵防守九江，第二兵团司令张发奎15日由武汉经瑞昌到达九江，第九战区司令长官陈诚也于20日由南昌抵达九江，召集师长以上军官部署九江作战。24日，日军挟飞机大炮毒气猛攻九江，守军李玉堂等部顽强抵抗，经两天多的激战，26日，赣北重镇九江落入敌手。张发奎随即被调离赣北前线。

九江的快速失陷，有多方面的原因。张发奎在致蒋介石的报告中列举了6点，其中有九江附近公路如九星、九瑞、瑞昌至阳新、瑞昌至德安、永修至箬溪以及南浔铁路北段交通线，早经彻底破坏，而军队虽勉强集中，九江附近野战工事仅完成1/3，因之不能长期固守；运输不良，兵站设施欠缺，九江附近近10万部队，仅恃九江至马回岭小径为后方联络线，无法及时运送粮弹补给和伤兵，以致士兵枵腹应战，伤兵呻吟道左，作战精神，顿形颓丧；各部联络不确，未能协同；警戒疏忽；高级将领间缺乏自信心，中下级干部多无力掌握部下。而最严重的是部队军纪不良，民众逃亡。张发奎说："查此次各部向九江附近集中时，因运输困难，战时增设部队又骤难足额，沿途鸣枪拉夫、搜寻给养，不肖者

① 《蒋介石致陈诚密电稿》(1938年7月26日)，中国第二历史档案馆编《抗日战争正面战场》，上册，江苏古籍出版社1987年版，第687—688页。

② 《抗战前后的江西》，1938年8月16日。抄件存江西省档案馆。

且因而强奸掳掠，军行所至，村舍为墟。职由阳新徒步经瑞昌至九江时，满目荒凉，殆绝人迹。民众既失同情之心，军队自无敌忾之志。如此而欲其奋勇杀敌，自不可能。”①这一点引起蒋介石的特别注意，蒋为此立即电令陈诚和军法执行总监部何成浚总监，指出：“军纪不良，民众逃亡，影响抗战前途綦大。特电知照，迅速设法纠正，唤发民众抗战情绪为要。”②

攻占九江后，日军以第九、第二十七师团和波田支队为右路，进攻瑞昌，意图穿越幕阜山，切断粤汉路；以第一〇一、一〇六师团为左路，沿南浔路及其东侧向南昌方向进攻，掩护右路行动。国民革命军第九战区令第一、二兵团分别阻击敌左、右两路进攻，部队在日军飞机轰炸、施放毒气和重兵猛攻中，以与敌决死的精神，英勇作战，每一地的进退，敌我双方都付出了严重伤亡。右路日军8月24日攻占瑞昌，9月14日攻占长江要塞马头镇，第二兵团随后在鄂东南地区步步阻击日军。

第一兵团在薛岳指挥下从8月3日展开南浔会战，与日军在庐山南北激战。进入庐山地区的敌一〇六师团伤亡惨重，几乎失去进攻能力。日军因之大为震撼。一名日兵的日记记载说：“几次进攻中，庐山上的迫击炮弹如雨点般从天而降，皇军大受威胁，死伤可怕。”没几日，这名日兵也命丧炮火，他的日记却成了这场战斗的真实记录。战至8月中旬，第一〇六师团仅大佐衔的联队长就1死2伤，其他佐、尉级军官死伤上百，士兵死伤达数千人。山上山下及稻田中，日军遗尸遍地。③日军即以第一〇一、二十七师团增援，久攻之后于20日攻占星子，但其后又在马回岭、庐山南麓东、西孤岭分别遭到中国守军的沉重打击。一个日兵记述当时战场情况说：“我军现正使用毒气。敌人有学生军，也有女学生参加，主要是赤化抗日分子和正规军，是相当有力的部队。敌人的阵地是天然要塞。我方炮击则避入岩中，我方停止，又出而射击。一五七联队二个中队行敌前登陆（星子县附近），进至半山腰时，遇到数倍于我的敌人的袭击，大队长中队长统统战死，受到全灭的打击……现在攻击中的敌人力量很强，一星期内连一个山头都不退出。而且有懂日本话的人。到处书写愚弄日军的文句。无论到哪

① 《第二兵团司令张发奎报告书》（1938年8月7日），《抗日战争正面战场》，上册，第697—698页。

② 《蒋介石致陈诚等电稿》（1938年8月13日），《抗日战争正面战场》，上册，第702页。

③ 李德福著：《侵华恶魔——冈村宁次》，世界知识出版社1995年版，第183页。

④ 孔生（徐先兆）编译《敌军日记》，江西省合作同仁互助社1939年版，第3页。此书是徐先兆1938年12月将我军在赣北战场缴获的日军日记，“照原文忠实译出”，书中还有不少反映日军士兵厌战的内容。上述引文中的学生、女学生，据译者注指我第一六〇师随军学生服务团。

里，都找不到一个中国人民”④。9月3日下午，我守军各部组织反击，首先全歼第一〇一师团的第一〇一联队，击毙联队长饭冢国五郎大佐(后被日本大本营追晋为陆军少将)。27日，一〇一师团师团长伊东政喜中将中炮弹负伤，被送回九江日军野战医院救治。①二十七师团损伤同样惨重，差一点遭到被围歼的厄运，因一〇六师团的冒进顶替而得以侥幸逃脱。

得到兵员补充的敌一〇六师团继续投入作战后，求功心切，竟然孤军向中央突进，意图一举改变战场态势，却在德安万家岭地区陷入薛岳兵团10万兵力的包围。激战竟旬，10月6日，薛岳所部对其实施决死攻击。敌第十一军派出大量飞机空投弹药物资和200余名中下级军官，企图救援陷入绝境的第一〇六师团第一三六旅团。9日，薛岳下令各师选派敢死队数百名，突击敌军，“因敌顽抗，不愿缴械投降，致尽遭格毙，陈尸满谷，弃械遍野，仅数百人向西北豕突，情状至为狼狈”②。激战到10日凌晨，除敌师团长率少数官兵逃脱外，彻底结束战斗。整个万家岭包围作战，歼敌1万多人，基本消灭了日军第一〇六师团，取得震惊中外的“万家岭大捷”。蒋介石得到“各军大举反攻，歼敌逾万”的喜讯，为全体将士的忠勇奋斗“曷胜嘉慰”，当即下令陈诚赏5万元、他自己另赏5万元犒赏作战部队。时任新四军军长的叶挺闻讯，致电赞称“万家岭大捷，挽洪都于垂危，作江汉之保障，并与平型关、台儿庄鼎足而三，盛名当垂不朽”。全国各地各党派各界祝捷电文，纷至沓来。

万家岭作战的惨烈，在战场上留下深深的痕迹。据时任第一兵团第三十二军一四一师师长唐永良的记载：“我在战后一年所见的情况是：万家岭战场周围约10平方公里，都是矮山丛林，只有几个小村。在这10平方公里的土地上，布满了日军和我军的墓葬。日军的辎重兵挽马驮马尸骨、钢盔、马鞍、弹药箱、毒气筒、防毒面具等等杂物，俯拾可得……万家岭西北一村，叫雷鸣鼓刘村，周围日军坟墓最多。村东稻田中，日军辎重兵马骨不下五六百具，铁刺驮鞍亦多。1939年12月，日军第一〇六师团(后又组建)将要回国的300多人，在该村停顿3天，向阵亡日军祭吊。这3天，砍树、砌台、立碑，300人足足忙了3天……张古山仅是30多公尺高的小山，山上灌木丛生，山顶上军用物品、日制弹药箱、防毒面具、毒气筒、刺刀、皮带极多。山坡上有日军尸骨，也有中国士兵尸骨。张古

① 伊东政喜在指挥东西孤岭作战中，曾两次下令使用毒气，致使我军伤亡严重。他当时被我军击成重伤，战后以日本乙级战犯受到审判。

② 《陈诚致蒋介石密电》(1938年10月10日)，《抗日战争正面战场》，上册，第760页。

万家岭阵地成为日军的坟墓 (《中国抗日战争图鉴》)

山是一个制高点,双方在此争夺肉搏,从尸骨可见当时战斗激烈程度。”①

其后,薛岳兵团继续在赣北阻击日军。10月28日,日军攻占德安。30日,蒋介石抵南昌,批准撤守修水河南岸的作战计划后,以吴奇伟第九集团军沿修水河布防。11月1日,日军攻占修水,敌我在修水河形成对峙。赣北作战至此结束。与此同时,国民党当局放弃武汉,战时首都迁至重庆,全国抗战从1939年起进入第二时期,亦即战略相持阶段。

历时数月的赣北作战是一次取得重大战果的抗战。在作战中,中国军队以英勇顽强的战斗,极大地挫伤了日军的嚣张气焰,打破了日军直趋南昌、长沙包抄武汉的企图,为武汉的撤退赢得了宝贵的时间。中国军队的决死抗日精神,得到了国内外舆论的赞扬。

江西省对赣北作战给予了积极的配合和支援。战前,江西完成了境内全部国防工事的修筑,除在50余县构筑陆上工事外,1937年秋冬起,先后抢筑了马当阻塞工程和鄱阳湖沿岸以及赣江、抚河阻塞工程。仅马当一处,“在征集材料时,即经动员四十余县之人力以从事”②,并有49万民工日夜不停地在阵地上劳

① 张洪涛、张朴宽:《燃烧的太阳——国民党正面战场抗战纪实》,团结出版社1994年版,第719页。

② 胡家凤:《十年赣政之回顾与展望》,《赣政十年》(1)第21页。

马当江防　（《中国历史图说》）

作，其工程之巨可以概见。作战期间，据战地记者目击，"本省的保安团队参加抗战，英勇壮烈的功绩，并不亚于一般的正规军。最近九江抗战，保安团×团士兵孤军奋战，牺牲精神之壮烈，至可感叹。直至现在，江西仍不断的补充作战部队"①。这里所说的是江西保安团庐山孤军奋战之事：参加九江江防的江西省保安第三团（团长邓子超，湖南人，黄埔军校毕业）、第十一团（团长胡家位，日本士官学校毕业），在九江不守后分路退守庐山。约8月中旬，组建"庐山孤军作战指挥部"，总指挥为杨遇春，指挥部设在庐山河东路朱培德的私宅。"庐山孤军"在庐山上下周围300里的崇山峻岭之中，与日军周旋了8个月23天。在濒临弹尽粮绝境地后，于1939年3月16日子夜，奉命撤退下山，转抵修水整补。②庐山孤军9个月的抗日作战，当时曾享誉全国。

---

① 《抗战前后的江西》，1938年8月16日。

② 参见吴文清、张廷：《两枚旧章见证屈辱与勇敢》，《中国教育报》2000年8月15日。该文引用了当时"庐山孤军"第11团2大队5中队政治指导员叶在增的回忆；作者并保存有"庐山孤军作战指挥部"木刻印章和编号为1676的紫铜鎏金"庐山孤军抗日纪念章"两件文物。

赣北作战中，军队与江西当局在军风纪和民众动员方面也还存在严重问题。就地方而言，在战事初起时，赣北民众大量逃亡，甚至远离战场的省会南昌，8月间民众“竟已逃亡了三分之二以上，整个的市面，形成了极其冷落的景象”，致使军事上“受到严重的影响，给养运输、伤兵救护都成了问题，作战部队常有吃不到饭，喝不到水的事……驻在星子的某某军，挨过四天饿，吴总部也曾断炊两整天”①。这既有民众初次面对日本侵略军时的慌乱，更是江西地方当局执行片面抗战路线，未能放手全面动员人民的直接后果。到9月初，这种情况得到改变，江西战地青年服务团一大队赶赴德安前线，并被分派到各区乡充实行政机构，“协助区乡动员民众”，省政府组织的铁肩队1千多人和2个保安团新兵训练团，也相继来到前线，加上部队风纪的良好，过去“坏的影响”被转变过来，部队征用民夫“都能普遍的征到”，记者感到与上月不同，地方上已经武装了起来。②

第二节 战时体制的形成与运作

一、南昌会战与省会的迁移

1.南昌会战

南昌是江西省的省会和中国东南地区的战略重地。沪宁杭失陷后，南昌成为东南地区对日军作战的前沿城市，被人们视为“支撑江南抗战的堡垒”，“脱卸了繁荣的外衣，而披上了战时的戎装”③。抗战前夕，沟通东南的大动脉——浙赣铁路已经建成通车，连接南昌与赣北的赣江公路大桥“中正桥”也告建成，南昌市人口增加到30万人，1932年因“经费支绌”而裁撤的南昌市政府已恢复成立，城防工事经过加紧修筑已经完成。这些，既使南昌在抗战中的国防地位更加凸显，也为南昌的抗战作了前期的准备。

早在武汉会战时，日军即曾企图进占南昌，终因其主力第一〇六师团在赣

---

① 高天：《抗战中的江西》，1938年8月22日，抄件存江西省档案馆。

② 高天：《武装了的德安——南浔线上第一信》，1938年9月7日，抄件存江西省档案馆。

③ 《烽火中的南昌——支撑江南抗战的堡垒》，1939年1月6日，抄件存江西省档案馆。

北万家岭受到毁灭性打击而作罢。1939年2月6日，日军华中派遣军重新部署，下达《对南昌的作战要领》。日军攻占南昌的目的，在于割断我方的浙赣铁路和安徽浙江方面的主要联络线①，掩护其长江中下游交通，巩固对武汉地区的占领。其后，日军第十一军在司令官冈村宁次指挥下，按照“从现在的对峙状态下，以急袭突破敌阵地，一举沿南浔一线地区攻占南昌，分割和粉碎浙赣线沿线之敌”的计划，以两个师团牵制鄂南、湘北的中国军队，集结第一〇一师团和得到补充重新组建的一〇六师团，及第十一军直辖炮兵、坦克部队于德安以南地区，作为沿南浔线进攻南昌的主力；以第六师团从修水两岸向武宁攻击，阻止中国军队增援南昌；第一〇一师团的村井支队从星子经鄱阳湖南下，进攻吴城，打通赣江修水水道，并切断浙赣铁路。华中派遣军同时派出航空兵主力和海军舰艇，配合作战。冈村以赣北作战中的败军第一〇一师团及第一〇六师团为主攻部队，曾在日军中引起轩然大波。第一〇六师团刚刚在万家岭遭到冈村所说的“全军覆灭的严重打击”，是全日军中最弱的一个师团；而第一〇一师团从淞沪打到赣北，折耗甚惨，在万家岭也丢了两个联队。这两个师团因万家岭战败而成为日军中公认的最差的部队。因此，冈村的用兵，连东京大本营都表示强烈反对，但冈村坚持不变，后来据其在回忆录中所说，他的意图是要让这两个师团在南昌作战中“挽回名誉”，他同时“命令全军应采取一切手段予以协助，务必使其成功”。

2月下旬，中国统帅部已判明日军有攻占南昌的企图。为此，蒋介石曾电令第九战区代司令长官薛岳，要求九战区为确保南昌及其后方联络线，先发制敌，转取攻势，以摧破敌之企图。但这一意图因部队准备不及，未能实现。当时，参加南昌会战的第九战区部队，有10个军33个师共20万人，其部署为：第十九集团军罗卓英部防守南昌地区，该集团军以第七十、四十九、七十九、三十二军及第二十九军预备第五师，在箬溪以东修水南岸到鄱阳湖西岸，正面并列防御；第三十集团军王陵基部第七十二、七十三、七十八军防守武宁地区，牵制正面日军南渡修水河；湘鄂赣边区挺进军樊崧甫部第八军在武宁以北横路附近防守。此外，九战区令第三十一集团军汤恩伯部守备鄂南、湘北，第一集团军卢

① 《日军对南昌的作战要领》(1939年2月6日)，武月星、杨若荷：《中国现代史资料选辑》第5册(1937—1945)，下，中国人民大学出版社1989年版，第5页。

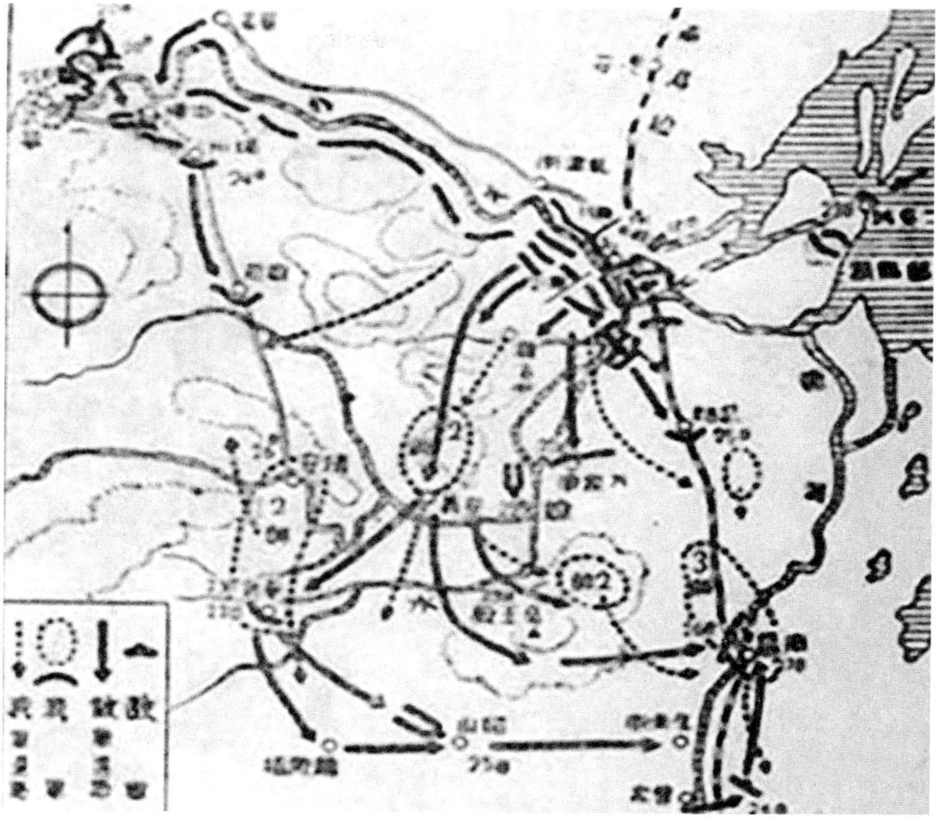

南昌会战示意图 （江西省档案馆）

汉部及第七十四军控制于长沙、浏阳、醴陵地区，作为机动部队。[①]

3月17日，日军发起前期作战。20日下午4时30分，实施全线总攻。敌一〇一、一〇六师团在200余门重炮、3个战车队、4个飞行战队狂轰滥炸配合下，强渡修水河，遭到中国守军第四十九、七十九军的猛烈抗击，日军“在l9时20—30分的10分钟里，以全部炮兵进行化学急袭，共发射毒剂炮弹3000余发。随后，由野战瓦斯队在12公里的进攻正面同时施放中型毒剂筒15000个，毒烟越过约300米宽的修水河，将对岸国民党军队第一线阵地2公里的纵深完全覆盖了”[②]。中国守军伤亡惨重。22日，日军戴着防毒面具，从虬津方面渡过修水河，在坦克

① 军事科学院军史部：《中国抗日战争史》，中卷，解放军出版社1994年版，第488页。

② 步平、高晓燕：《阳光下的罪恶——侵华日军毒气战实录》，黑龙江人民出版社1999年版，第149页。

南昌会战中日军施放毒气弹
(《中国共产党江西历史图志》)

掩护下，第一〇六师团向安义方向攻击，占领安义,次日占领奉新、高安,并由奉新、高安逼进南昌；一〇一师团一部沿南浔铁路西侧进攻南昌；一〇一师团与一〇六师团各一部于23日攻占吴城，随后进至南昌西南曾家、生米街地区，切断浙赣铁路。随后，各部日军对南昌实施猛攻，中国军队顽强抵抗，并将昌北通连南昌的赣江中正大桥炸毁,阻止敌军。27日,遭受严重伤亡的中国守军退向进贤,南昌被日军占领。配合南昌作战的日军第六师团,也在飞机、重炮和毒剂弹猛烈轰击下,向我第七十三、八军阵地猛攻,20日在箬溪以东渡过修河,向西突进,27日占领靖安,28日占领武宁。

南昌的迅速陷落使中国统帅部感到震惊。4月17日,蒋介石制定南昌失守后的攻略计划,令第九、第三战区协同,组织对占领南昌日军的反击战。21日,第三、第九两战区集中20个师在第十九集团军总司令罗卓英统一指挥下,分三路开始对南昌日军进行反击作战。第九战区第十九集团军由高安一线向南昌进攻,先后攻占高安、大城、生米街,进抵昌北牛行;第一集团军向奉新一线反攻;第三战区第三十二集团军由莲塘一线反击,迫近南昌城,"敌伤亡甚大,恐慌异常,殆有不保形势"①。27日,日军出动大批飞机,向中国各反击部队大量施放毒气、投掷毒弹,并增调海军陆战队反攻,中国军队伤亡严重,反击作战受到抑制。5月1日,蒋介石向参战部队长官下达死命令:"限微日(即5日——作者

① 《攻略南昌经过概述》,存中国第二历史档案馆。转引自张宪文主编《中华民国史纲》,河南人民出版社1985年版,第549页。

注）以前攻克南昌，如不能达到任务，旅长以上连带负责。”[①]同时，下令将“决心不坚，畏缩不前，坐失战机”的第七十九师师长段朗如“军前正法，以昭炯戒”。2日，各部遵令向南昌发动猛攻，在城东南、南郊和城北牛行与敌激烈冲杀，中国空军也投入了作战，5日，攻克南昌东侧的飞机场（今江西师范大学青山湖校区内）及南昌火车站。南昌地区的日军第一〇一、一〇六师团与增援的第一一六师团，在空军轰炸和狂施毒剂的配合下，也不断反击。6日，第三十二集团军第二十九军军长陈安宝亲上前线指挥作战，在莲塘中弹牺牲。中国军队在严重伤亡面前，攻势再次受挫。9日，蒋介石以南昌作战艰难，电令停止进攻。至此，南昌被日军完全占领。

中国军队的南昌会战，打得英勇顽强，可歌可泣。最终所以失败，既有后来总结时所指出的攻击部队缺乏一鼓作气之精神，南昌附近河流纵横的地形限制，以及“攻击部队多系前次南昌战役后尚未充分整补，战斗力尚未恢复”等原因，更是因为日军装备优良、调动灵活、炮火猛烈，特别是公然违反国际法连续

1939年5月，日军攻占南昌城
（《中国抗日战争图鉴》）

① 《第三战区二十八年五月份战斗要报》，存中国第二历史档案馆，转引自《中华民国史纲》第549页。

地、大量地使用毒气武器。[①]

南昌会战后,江西境内形成两个战区分驻南北作战的格局,即以抚河、鄱阳湖一线,作为第九战区与第三战区的分界线,赣北由第九战区驻防,赣东由第三战区驻防。

2.省会的迁移

鉴于日军攻占南昌的企图,在1938年7月赣北抗战之时,江西当局即已开始组织南昌的撤退。当时,战地记者在南昌所见,街上商店十之八九已关了门,许多房子的大门,被砖头砌得密不通风,差不多是“十室九封”[②]。万家岭大捷后,阻止了日军对南昌的进攻,南昌形势有所稳定。

1939年初日军发动南昌作战后,省会的搬迁已势所难免。一方面,南昌是日军作战的重要目标,在日机的狂轰滥炸下,这时已是伤痕累累。据不完全统计,从1937年8月15日日机第一次空袭到南昌沦陷,日本侵略军对南昌进行的几十架机群的大轰炸即达49次,规模小一点的轰炸不计其数,先后炸死1200多人,炸毁房屋35000多栋。另一方面,由于执行坚壁清野政策,到战争开始时,南昌差不多已经成为一座空城。据记者1939年1月所见,南昌已披上战时戎装,“那巍峨的建筑物,犹如垒垒的碉堡,只有一些日用品商店和香烟零食担在照常营业。酒馆、戏院、妓寮也有多数关了门,……三十万人口的大都市,现在已减少不到七万人口了,各机关团体也迁移了一部分到后方去办公,重要的物资运走了”[③]。南昌与城外的水陆交通,也被完全截断。因此,熊式辉这时将南昌视为将是敌人手里的一个死城。3月24日晨,他在重庆呆了两个月后赶抵南昌后,即与罗卓英商定将留守的机构、人员撤至吉安[④]。省会至此完成迁移。

南昌的失守,对全省人心多少有所影响。就在南昌失守几天后的4月5日,熊式辉发表告全省民众书,指出抗战的胜利不在于死守一城、硬争一地,南昌在我们手里是一个省会,在敌人手里则已变成一个空城、死城,失去了其政治地位;同时认为,“神圣伟大的战争,在江西战场上,更加白热化了”,要求全省每一个人,都以最英勇的姿态,出现于抗战行列中,“扫除逃避忍耐等卑怯的心理,迅速动员起来,现出铁骨鳞鳞的庐山真面目,积极奋勇,协力存[同]心,拼

① 《第九战区关于南昌攻坚战的总结报告》,1939年5月26日。

② 陆诒:《怒吼吧,南昌》,1938年8月27日,抄件存江西省档案馆。

③ 《烽火中的南昌——支撑江南战局的堡垒》,1939年1月6日。

④ 《熊式辉日记》,1939年3月24日。原件存美国哥伦比亚大学图书馆。

着我们的血肉与倭寇周旋,要协同军队,把进入江西的敌人,叫他活的进来,死的出去”[①]。这篇告民众书,对于稳定南昌沦陷后的江西民心,有所作用。

撤出南昌后,省政府及大部分党政机关、民众团体、文化机构,迁到赣西重镇吉安,一部分机构和工商企业,搬至赣州。吉安人口,一下从原来的3千人增加到10万人,以致“一切公共的机关都住满了人,私人的房舍也没有办法再出租了”。特别是,闻名全国的“七君子”之一、江西安福人王造时,在吉安创办发行《前方日报》,宣传抗战和民主,影响极大。《江西民国日报》等众多报刊,也相继在吉安复刊。因此,吉安一时“形成为江西全省政治、经济、军事、文化的中心”,成为“江西的准省会”。[②]

鉴于吉安也是日军的重要轰炸目标,省政府一开始确定的战时省会就是泰和。因此,在吉安停留几个月后,省党政机关即转到泰和。一直到1945年初再迁宁都,省政府在泰和驻留了4年多。泰和是抗日战争时期全省政治、经济和文化的中心,发挥了战时临时省会的作用。

二、战时行政制度的变化

赣北作战特别是南昌沦陷后,江西的政治格局和环境发生了重大的变化。在全国抗战进入战略相持阶段的大背景下,江西战时施政也进入一个比较困难的时期。江西省政府当时从四个方面对困难环境进行分析,指出:“军事上,破坏损害之程度愈大,而增设补充之需要愈迫。政治上,县城沦陷,而县府组织更应充实;地区缩小,而难民救济益形繁重。经济上,赋税收入锐减,而各项支出反增;交通建设频繁,而同时战区必须彻底破坏;运输阻滞,而农工产品亟待尽力推销。文化上,青年失学切盼救济,而学校迁移再四,难以维持;社会急需精神食粮,而书报流通,形成断绝。”[③]为适应环境的变化和应对新出现的矛盾,江西战时行政从制度到运行,都有一个较大的改变。

1.战时施政纲要的颁布与临时参议会的成立

1938年3月,江西省政府为便于战时施政,设立江西省参议会。参议会以王平秋为议长,王又庸、罗隆基、王造时等为参议员,着手研究省政“革新”计划。

---

① 《南昌撤退以后熊主委发表告民众书》,《江西民国日报》1939年4月5日。

② 《江西的准省会——吉安》,1939年1月21日。抄件存江西省档案馆。

③ 《江西省政府二十八年度行政计划》,导言。

10月，按照国民政府决定在全国各省统一设立临时参议会的决定和行政院颁发的省临时参议会组织条例，江西省遴选一批参议员候选人名单，呈报行政院选批。1939年4月5日，国民政府公布，选定江西省临时参议会，议长彭程万，副议长王有兰，参议员刘伯伦、王枕心、伍毓瑞、萧赣、辛安世、刘家树、欧阳武、王尹西、刘震宇、刘纪云、薛秋泉、吴益祥、李中安、吴继曾、许森、汪长桂、任寿祺、徐秉初、詹絜吾、傅庆炎、何人豪、杨庆珊、谢远涵、刘李柏、张明善、许调履、张燊云、徐苏中、胡兰、王明选、刘耀翔、谭之澜、熊大蕙、贺治寰、戴源清、张裴然、熊在墀、余守真等38人，候补参议员段柏莪等20人。这些人，大体上包括了江西省各界有影响的一些人物。[①]5月1日，临时参议会在吉安成立，6月5日召开第一届第一次常会，开始工作。此后终抗战时期，临参会的工作运转可称正常，在监督省政、提供建议和转达民情等方面，发挥了较积极的作用。

在江西省临时参议会第一届第一次常会上，最重要的议程是通过了《江西省战时施政纲要》。这个《纲要》，原是1938年3月省政府为“适应战时需要”而制订，它与同月在武汉国民党临时全国代表大会制定的《抗战建国纲领》，在精神和内容上是相一致的。因此，比较典型地反映了省主席熊式辉的政治敏感性及与中央的密切联系。《纲要》共 82 条(初订时为 76 条)，涉及政治、军事、经济和文化各个方面，规定了全省抗战时期的施政方针和主要内容，其基本要求为：“在军事上务求增加抗战力量，巩固地方治安；在经济上力谋均平人民负担，改善人民生计；在文化方面，则普及大众教育，以提高民族的警觉性，并增进健康，以加强民族的活动力。为求上举各事项之实施，则革新地方行政与建立自治基础，又为最小限度的要求。”[②]因此，该“纲要”内容也被归纳为八大纲领：加强抗战力量，维持地方治安，均平人民负担，改善人民生计，普及大众教育，增进人民健康，革新地方政治，建立自治基础。这个《纲要》的制定，客观上适应了战时环境的变化和抗战的要求。但也由于战时环境和施政重点的变化不定，因此它也仅是一个指导性的要求，省政府战时的具体行政，主要体现在各年度的施政方针和行政计划中。例如，根据形势的变化，省政府1943年即将铲除恶习以革新政治风气，稳定物价、掌握物资、取缔囤积以安定民生，扩充兵源、加强

① 《内政部江西省视察报告》，1941年。原件存中国第二历史档案馆。不久，王枕心、刘家树当选为国民参政员，杨庆珊调任资溪县长，徐苏中附敌成为汉奸受到通缉，遂从候补参议员中递补段柏莪、邹鹄、曾文华、胡钟英4人为参议员。

② 江西省政府：《江西省政府战时施政纲要》，1938年3月。

建军以策应军事反攻为“三大施政方针”[①]。

为了顺利推行战时施政，“造就政治干部人才”[②]，切实解决“县长及县行政人员人才均感缺乏”的问题，省政府致力于建立现代干部甄选和管理制度，在人才培养和人事管理上，都有新的措施。在人才培养上，当时最有影响也是最重要的措施，是在南昌梅岭开办“江西地方政治讲习院”。讲习院先是取名为江西地方政治学校，1938年3月改现名[③]，5月1日正式举办第一期训练。1940年8月1日，为配合新县制的推行，改称“江西地方行政干部训练团”，由熊式辉兼任院长(团长)，聘请专家担任教授。在1938至1941年间，该院(团)先后举行了16期训练，其中最多者为县政人员训练，内分18个业务组。另有区政人员训练班、乡政人员训练班及兵役人员、妇女干部、会计人员、国民教育人员、建设技术人员、卫生技术人员等训练班，共训练学员9152人。[④]1941年后，各种训练继续进行，并曾增设党务训练班，将训练扩大到党务人员。花大力气进行从乡镇到县政干部人员的培训，有助于提高从政人员的现代政治知识和行政素养，解决知识分子纷纷流出乡村后县以下基层社会政治人力资源不足、土劣容易控制政权和民意机关等问题，是在当时条件下推进现代行政建设较为现实的好办法。江西的做法，当时得到了国民党中央的肯定。

在人事管理上，则建立了由甄拔、保障、考核、奖惩四环节构成的管理制度：甄拔，是按照《江西省县行政人员甄审规程》，从对现有干部的训练和向社会的招考中，甄别选录合格人才。保障，主要是对已任用人员实行相应权利、义务和工作条件的法令性规定，如明确管理权限，要求就任职务与所学(训)科目相符、保持职务的稳定性等。考核分年度与平时两种，年度考核，县长按中央制定的工作成绩百分比率标准，经省府并送内政部办理，县行政人员与全省公务员由赣浙闽铨叙处办理；平时考核，依据县政人员考核表(分学识、操行、工作三项打分，并列考语)，由专署专员每半年对辖县县长及县佐治人员考核一次，县长每半年对县佐治人员及区乡镇人员考核一次，均列表送省府备案。奖惩，即依据考核情况，分别对有关人员实行相应的奖励和惩处。1943 年，还专门成

① 《今年本省施政大计》，《江西民国日报》1943年1月6日。

② 《省地方政治学校改为政治讲习院》，《江西民国日报》1938年3月18日。

③ 《内政部江西省视察报告》，1941年。

④ 《江西省政府三十七年下半年度工作计划》，江西省政府设计考核委员会编印，原件存江西省档案馆。

立了由省主席兼任主委的江西省设计考核委员会，办理行政设计、工作考核及工作竞赛等事项。[①]这个委员会，一直存在到1948年。此外，尚有各主管机关主管长官及视察员的随时巡视考察，视察结果，也是实行奖惩的重要依据。[②]当然，制度与实际并不总是一致的。事实上，吏治腐败也是抗战特别是抗战后期的突出问题。例如于都，"就充满着贪污的气氛……土豪劣绅与地方官勾结，对一切事务均公开贪污，没有谁敢向省府或专署告发……地方上所谓'绅士'，实是一种间接参政的官吏"[③]。这种情况，自然不仅于都一地才有。

江西抗战前期4年多的施政，系由省政府主席熊式辉主持进行。1942年2月24日，行政院第552次会议决定，熊式辉免职另用，由军政部政务次长曹浩森接任江西省政府主席（兼省保安司令）。国民党中央党部亦免去熊式辉的江西省执行委员会主任委员职务，任命梁栋接任。至此，由熊式辉一身兼任党政两职的格局，改为党政分任。

熊式辉从1931年底出任江西省主席，后又兼任省保安司令、省党部主任委员，到1942年初离职，是民国时期主持江西省政时间最长的人。在其10年任期中，他既曾动员全省力量投入反共"围剿"战争，推行"三保"政策困扼革命根据地，极力阻止革命力量在江西的发展和存在；也曾积极地想办法、下力气致力于江西的政治、经济和文化教育建设和民族抗战事业，在民国社会大转型的背景下，推动江西建立起现代政治、现代社会的初步框架，不少行政措置走在全国的前列，取得不俗的成绩。在他离任时，江西省政府专门编著了一本数十万言的《赣政十年》，分43个专题记述十年间江西的政事，歌颂他的政绩。熊式辉是一个在江西民国史上建树较大而留有深刻影响的人物。

继任者曹浩森（1884—1952年），字明巍，号浩笙。江西都昌人。1911年毕业于日本振武学校，返江西后在李烈钧都督府任职，参加"二次革命"。革命失败后流亡日本、南洋。后到云南、广东参加护国战争、护法战争。复留学日本陆军大学。回国后入冯玉祥部，任国民军联军副总参谋长、第二集团军总参谋长。后脱离冯玉祥投向蒋介石，历任军政部次长兼陆军署署长、南昌行营党政委员兼政务设计委员会主任等，参与组织对江西、湖北红军的"围剿"军事。返赣担

① 《江西省政府三十七年下半年度工作计划》，江西省政府设计考核委员会编印，原件存江西省档案馆。

② 《内政部江西省视察报告》，1941年。

③ 曾自波：《雩都近貌》，《江西民国日报》1945年12月17日。

任省主席时,他对治理赣政显然思想准备不足,面对的前任又是一个在赣经营10年、已在各方面建立强大影响且政绩确实突出的强人,因此他对熊式辉的治政极为赞扬,认为"赣省在熊主席主持之下已达十年,政绩斐然,为各省之冠",熊式辉"具卓越之政治天才及伟大之创造精神",他接替其任,殊感能薄。在上任之初回答记者关于其治赣方针及观感时,他未能提出自己的一套独立政见和打算,而是表示:"今后一切当本既定方针,继续努力,无论制度、人事,当一仍旧贯。"同时,他也希望各方多予指导,以收集思广益之效。唯一反映他自己的见解的,只是认为"赣省社会风气,稍嫌奢侈,较之陪都俭朴气象,殊有逊色。此种缺点,有纠正之必要"[①]。在其后几年的施政中,他确实是"萧规曹随",对熊式辉时代的制度和人事,基本上是"一仍旧贯"。个人生活亦极简朴,抗战胜利时设宴与省府幕僚同欢,被称为"曹主席破例吃喝第一局"[②]。

江西省政府主席曹浩森

2.三种行政区域的划分

因为日军的进占和进扰,全省行政区域被不同程度地分割,这给省政府的施政带来了相当大的困难。为适应这种状况,省政府遂将全省划分为游击区、邻战区和安全区三类区域,依据各类区域的不同情况,实行重点不同的施政。

游击区:游击区实际上就是敌占区、沦陷区。赣北沦陷后,南昌、九江、湖口、彭泽、星子、瑞昌、德安、永修、新建、安义、奉新、高安、靖安、武宁等14县市被日军占领或驻扰,国民政府的市县政权均遭破坏,转移到山区农村。省政府将这些地区划定为游击区,确定其施政方针为:"注重破坏,以破坏敌伪各种设施,打击敌人,使其加速崩溃。"[③]为便利加强对日伪的斗争,省政府在该地区增

① 《省府曹主席昨接见本报记者发表谈话》,《江西民国日报》1942年3月6日。

② 邵天柱:《曹浩森》,《江西近现代人物传稿》,第2辑,第202页。曹1945年当选为国民党第六届中央监察委员,1946年3月离江西省主席职,次年任监察院监察委员,授陆军上将衔,后去台湾。

③ 胡家凤:《十年赣政之回顾与展望》,《赣政十年》(1)第15页。

设行政区的机构:增设第九行政区,辖九江、星子、德安、瑞昌、永修5县;第十行政区,辖新建、奉新、靖安、安义4县;第十一行政区,辖南昌、进贤、丰城3县。这3个区专员公署均与区保安司令部合并编制,各区下属县区乡的政权组织,按照1939年11月订颁的《江西省游击战区县份行政调整办法》、《江西省游击战区县份区乡镇调整办法》,仍分级设置县政府、区署、乡镇公所、保办公处。各县政府,依照其"行使职权范围大小",分甲、乙、丙三种组织,甲种为新建、高安、武宁、奉新、靖安、南昌6县;乙种为永修、彭泽、瑞昌、湖口4县;丙种为九江、德安、安义、星子4县。[①]如果全保均为敌占据,则按照《江西省游击战区各县民众组训办法》,以核心组织或外围组织作为替代。同时,省政府还派遣保安团队建立游击根据地,并配合活动于湘鄂赣边境的正规游击部队,坚持游击战争,骚扰和打击敌伪的统治。

邻战区:邻战区即毗邻敌占区的赣东、赣东南、赣西北的部分县区,约20多个县。这些地区也就是江西抗日的前线,在江西境内与日军对峙的中国军队,主要驻守在这些地区:赣东上饶地区,驻有第三战区司令长官部及所辖部分部队;南昌东南地区,驻有第三战区的第三十二集团军上官云相部;高安以西地区,驻有第九战区主力部队之一的第十九集团军罗卓英部;赣西北武宁地区,驻有第九战区的第一集团军商震部、第三十集团军王陵基部等。因此,省政府规定邻战区的施政方针,就是"注重协助,以服行战时各种任务,协助军事",支援部队的对日作战。此外,由于邻战区地域、政权均在国民党掌握中,所以其施政方式及事务,与安全区并无多大区别。

安全区:安全区又称为后方,是离敌占区较远、由国民政府比较稳定控制的地区,这就是以泰和为中心的赣西南、赣南地区。省政府规定,安全区的施政方针为"注重建设,积极推进政治、经济、文化、军事各种建设,以适应抗战需要"。因此,江西的战时政治、经济和文化活动,主要是在安全区和邻战区进行。

3.新县制的推行与基层政权

战时行政制度的另一重大变化,是实行新县制。

新县制是抗战时期国民党在总结前十年经验的基础上而采行的一项重要行政制度,其基本内容是重新推行地方自治运动,增设县行政机构和人员,调整区乡镇保各级基层组织,以加强县级行政管理,提高由县到乡村的行政统制

① 《江西省政府三十四年度政绩比较表》,1946年2月编制,原件存江西省档案馆。

效能。1939年9月,国民政府颁布《县各级组织纲要》,正式实行并要求各地在3年内完成新县制。江西在"纲要"未颁布前,即依照获悉的草案,于1939年7月,选择赣县等南部10县首先推行(此前试行改善区乡镇组织方案的丰城等9县也一并实施)。10月《纲要》到省后,省政府制定实施计划,1940年初,扩大到安远、上犹、南丰等9县改行新制。到1941年6月,江西除游击区14县以外的69县,均按照《江西县政府组织规程及编制预算》改组完毕,实行新县制。①

新县制的主要变化,一是对县政府性质、事务和编制的重新明确。按照《县各级组织纲要》的规定,"县为自治单位","县为法人",是地方自治的最高执行机关,其事务主要是办理14项地方自治工作:编查户口;规定地价;开垦荒地;实行地方造产;整理财政;健全各级行政及自治机构;训练民众;开辟省县乡交通及电话网;设立学校;推行合作;办理警卫;推进卫生;实行救恤;厉行新生活,禁绝烟赌,改良风俗,养成良好习惯。②为此,县政府得到较大的扩充,由原南昌行营"裁局改科"后设置的5科一股,增加为民政、教育、建设、军事、地政、社会等7科3室。此外,还设立作为合议制的县政会议,作为"全县人民代表机关"③的县参议会(江西各县到1944年陆续设立县参议会),以防止县长专行独断和监督县政施行、反映民意。一等县县政人员由31人增至77人,二等县由27人增至64人,三等县由26人增至55人,均增加一倍以上,总计全省已行新县制的69县,县政人员增至4000人,经费增至350万元。由此,全省编制内的行政人员有一个很大的增长,到1944年,行政院确定的江西省编制人员为6500人,而江西实际在编人员已达8433人,超过将近30%,当年底江西遂有裁员18%之举。

基层行政组织的调整是实行新县制的另一主要变化。抗战爆发后,省政府感觉过去废除乡镇的做法,不利于战时动员,遂于1938年2月制定《江西省改善区乡镇组织方案》,对基层组织作出两项变动:一是重新划分乡镇,废除保联办公处,设立乡(镇)公所(由原保联办公处改组),在乡镇内重编保甲;二是将区署改为督导机关(当时先在丰城等9县实行),充实乡镇公所。全省实行新县制

① 《内政部江西省视察报告》,1941年。

② 忻平:《论新县制》,《抗日战争研究》1991年第2期。关于江西推行新县制及其新制的运行情况,参见内政部:《各省实施新县制推行地方自治成绩总检讨》,1942年5月,原件存中国第二历史档案馆;吴雯:《民国后期江西推行新县制的历史考察》,江西师大硕士论文未刊稿。

③ 《县参议会组织暂行条例》,1941年8月9日。该条例规定县参议会具有议决完成地方自治各事项、决审县预决算、建议县政兴革事项、接受人民请愿事项等10项职权。

后,安全区和邻战区的基层组织,一律先后改行新制。新制规定,区为县府之辅助机关,只负督导各乡镇办理行政及自治事务的责任;乡镇公所为县以下的自治单位,“乡为法人”,办理本乡镇自治事项及执行县政府委办事项,内设民政、经济、文化、警卫4股,并组成乡(镇)务会议。因此,这次变动最大的特点,是加强了乡镇一级政权组织的建置与权力,建立起了较之以往更为严密与健全的基层行政机构。到1941年,全省安全区及邻战区69县共设置区署265个(每区设区长1人,民教、财建、军事指导员各1人,书记1人,区丁5人,共10人),游击区14县设置区署55个(每区设区长1人,指导员2人,书记1人,区丁5人,共9人);乡镇(1940年底)安全区等69县为1984个,游击区14县为361个,每一乡镇公所设正副乡镇长各1人,民政(兼户籍员)、文化、经济、警卫干事各1人,书记1人,所丁4人,共11人,月支经费200元。游击区的乡镇,则仅设乡镇长1人,干事1人,所丁4人,共6人,月支经费90元。①

新县制“纳保甲于自治之中”,作为乡镇基层组织细胞的保甲,其地位和职能进一步得到强化。此前,江西每保仅设保长1人、书记1人(保学校长或教师兼),均无薪酬,每月由县政府发给办公费1元。省政府认为,这种情况与“管教养卫种种工作,以及各级政府一切法令之推行,均集中于保”的现实,形成头重脚轻的矛盾,迫切需要充实保甲的组织。②因此,在实行新县制时,省政府重新制定了《江西省保办公处组织规程》,对保甲制度进行调整。主要内容,一是规定保甲长应选择国民党员或“思想纯正之青年”担任,“使每一保甲长均能兼尽政治警察之任务,并能领导所属人民,一致防制异党之活动”③,实行保甲制度的“党化”和“警察化”。二是扩大保办公处组织,增设副保长1人,无给职干事4人,月支经费增为7元,将保办公处确立为一级行政机构。江西在1939年底,还明确了乡镇保甲长为公务员(但乡镇长须为政府任命者而非完全民选者)。④这使得当时69县的19465个保办公处,在职能和机构上,都得到了加强。三是设立保民大会和甲民大会。据内政部派员考察,江西各县之保民大会,在1942年度即已达到普遍成立之标准,除九江等3县因战区情形特殊进行极感困难外,各

① 《内政部江西省视察报告》,1941年。

② 王次甫:《十年来之江西民政》,载《赣政十年》(2)第6页。

③ 国民党中央执行委员会:《防制异党活动办法》(1939年4月),中央党校党史教研室编《中国国民党史文献选编》,第285页。

④ 《乡镇保甲长均属公务员》,《江西民国日报》1939年11月15日。

保开会6次以上者已达80县。[1]保民大会的设立，使民国保甲制度与古代有了重要的区别。全省实行保民大会制度最好的地方是赣县，赣县在蒋经国督导下，保民大会成为经常性的制度，民国时期编纂的县志记载说：[2]

实施保民大会为训练民众运用四权之基本方式。本县爰遵照省府暨专署颁发保民大会组织规程及办法细则，并按照实际情形，于民国三十年七月先后普遍举行。除城东、城南、城西、城北四镇(即今赣州镇之一部)由县府指派科员以上人员分别担任保指导员，按期出席，其余各乡镇保民大会每届举行时，则由各该乡镇直接派员督导。兹将办理情形统计如次：

年月起讫	开会次数	参加大会人数	决议各种议案(件)			
			政治	经济	文化	其他
1941.7—12	2964	336894	1826	2652	1037	3159
1942.1—12	5784	626616	3408	5796	1836	6381
1943.1—12	5302	640739	3905	4389	2024	6829

江西迅速完成新县制的推行，较快地建立起了战时基层行政体制，有推进适应抗战需要的地方工作的积极作用。同时，由于新县制的建立，也使国民党的统治，比较切实地从上层深入到了农村和农民当中，对于强化其对人民和农村社会的控制，起到了此前不可比拟的作用。因此，一直到1949年国民党统治结束，新县制成为国民政府的基本的行政制度，未再改变。

三、国民党江西组织的改制及党务活动

1938年3月，国民党临时全国代表大会在武汉召开，会议推举蒋介石为中国国民党总裁，实行全党领袖制。7月，省党部按照改进党务的中央指令，实行改组改制。这次改组改制的中心，是“建立各级的全党领袖制”[3]。主要内容有：

① 《内政部关于张维翰视察广西等七省设立县各级民意机关情形报告书致行政院呈》，1944年3月11日。存中国第二历史档案馆。

② 民国《赣县新志稿》第50页。

③ 《省党部执委宣誓就职典礼中熊主任委员答词原文》，《江西民国日报》1938年9月18日。

一是改变委员制的制度，在设置执行委员会的基础上，省党部实行主任委员制，县党部实行书记长制，区党部、区分部实行书记制。

二是改组省党部，中央委员、省政府主席熊式辉被中央党部任命兼任江西省执行委员会主任委员，主任委员主持全省党务，对外代表省执行委员会；范争波、刘家树等11人为执行委员，范争波兼任书记长，执行委员分区督导全省党务，书记长协助主任委员处理省党部日常事务。新任省党部主委、委员和书记长，于8月8日正式开始工作，17日补办宣誓就职仪式。

三是取消预备党员制，设立三民主义青年团。三民主义青年团江西支团部筹备处，1939年7月20在赣县西津路传习堂成立，三青团中央团部派委江西第四行政区专员蒋经国为主任。蒋经国在筹备工作时期，注重进行青年干部训练，1939年、1942年先后在赣州赤珠岭、黎芫背举办团务工作人员训练班两期，培训学员272人，派往各县组建团组织。1943年10月，召开三青团江西省第一次代表大会，正式成立江西支团部。支团部设在赣州，领导机构为监事会、监察会，蒋经国当选为监事会干事长，刘已达为监察会常务监察。1944年，支团部迁往泰和孔庙办公。在此期间，支团部在全省先后建立了25个分团，15个直属区队，到1945年7月，全省有三青团员47343名。[①]

四是按照临全会通过的中央“以党统政”、省一级“党政联系”、县一级“党政融化”的调整党政关系原则，以及1939年1月五届五中全会调整党政关系的指示，调整和确立江西全省的党政关系。其办法为省级成立省党政联席会议，特别小组会议，县级成立特别小组会议。即省党部委员与省政府委员，按党团办法合编为一个特别小组，直隶省党部，定期举行省特别小组会议，省党部与省政府定期举行党政联席会议。县党部与县政府照样办理，成立并定期举行县特别小组会议。据省党部的报告，到1945年5月，“省特别小组会议，迄今已举行十三次，举凡党政工作之配合，县党部经济基础之建立以及各项有关实际问题，莫不详加商讨，互换意见，决定后即由出席人员分别就其权责范围，协同一致，竭力推进。县级小组会议，自卅年奉令办理以来，各县业经成立，多能按期召开。其吸收政府人员参加会议，策动优秀党员参加公职候选，以利达成融党于政之目的，各项工作，均能切实奉行。其中偶有人事方面，不能协调者，则由省级党政双方设法纠正”[②]。但实际上，党政之间尤其是县一级，不少地方矛盾

① 民国《赣县新志稿》，第44页。

② 《中国国民党江西省执行委员会工作报告——二十七年四月—卅四年四月》，原件存台北国民党党史馆。

相当尖锐,党政融合的形态并未真正形成。

经过这次改制,省党部的组织体制和工作制度,比较稳定地确定下来。省县党部权力,分别向主任委员和书记长集中,国民党组织控制力,较之以往有很大的强化。

抗战期间的党务活动,在组织训练方面,侧重于建立健全党的横向组织与纵向系统,“发挥以党透政、以党透民之精神”,增进党政联系,通过加强组织和活动来掌握民众团体,特别强调在农民、妇女和技术人员中发展党员。在宣传方面,以“发扬党义,改造社会风气,打击敌伪奸伪宣传,建立三民主义的思想体系”为重心,建立有抗敌宣传委员会和乡村抗敌宣传队;在1941年至1945年5月间,曾组织文化和艺术活动6000多次,审查、出版书刊27600多册,全省设有出版机构269个,新闻机构60个,省党部直辖通讯社、报社11个。在社会活动方面,普遍设立社会服务处,展开党员服务、国民精神动员、青年从军、献金献粮、慰劳伤兵等活动。在抗敌方面,有防谍锄伪、收集情报和建立内线等活动,抗战后期曾在伪江西省党部和政府内建立高级内线19人、低级内线21人,策动南昌等处小股伪军、伪警反正,在九江地区先后两次援救盟军美国飞行员脱险。在建立经济基础、“以党养党”方面,以劝募基金为主要形式,在各县建立了数量不等的党产,有现金、储券、田租、田产、地基、山地、林场、鱼池、房屋等。在指导和控制民众运动方面,继颁布《抗日救亡团体总登记办法》等条令规定,通过重新登记等办法,取缔所谓“无中心思想,不受党政当局指使者”①,1940年重加整理,准许设立人民团体73个。1942年为加强民运,省、县均分设省民众运动委员会,形成党部直接领导民运的体制,完全将救亡团体和民众运动纳入国民党的轨道。此外,防制和反对共产党活动甚力。

在与上届省代会相隔11年后,1944年5月23日至30日,国民党江西省第六次代表大会在瑞金召开。出席大会代表154人,代表全省约11万名党员。国民党中央党部派中央委员方觉慧为监选员出席会议。会议总结了“五大”以来11年的全省党务工作,认为“历年来特别重要或为其他各省向未举办的事项”,主要有8项:增加党员人数,健全基层组织与区乡镇自治机构的配合,建立党团及推行各项捐献慰劳工作,建立各县党部经济基础,设置中山堂和民运机构,发展社会服务,恢复党的选举制度,改进省党部机关管理。②会议以“唯一目的在求

① 《抗日救亡团体总登记办法》,《江西民国日报》1938年10月14日。

② 《全省代表大会梁主委开幕词》,《江西民国日报》1944年5月24日,5月25日。

建设三民主义新中国”[1],促进地方建设为各级党部主要任务,审查讨论了167件提案,涉及党务、政治、军队、经济和教育各个方面。原主任委员梁栋自动退出新一届执委候选人,大会选举刘已达、周步光、冯琦、曹浩森、胡运鸿、陈协中、王次甫、陈际唐、苏村圃、熊在渭、幸华铁等11人为执行委员,王枕心等5人为候补执行委员,匡正宇、文群、柳藩国,胡德馨、丁砥南等5人为监察委员,庄祖方等3人为候补监察委员。同年8月,国民党中央派陈肇英为江西省执行委员会主任委员,胡利峰为书记长,监察委员互推匡正宇为常务监察委员,这一届执监委员会于9月宣誓就职。

四、保安团的扩大与役政管理

1. 保安团的扩大

扩大保安团是战时江西地方军事建设的基本内容。

战前,江西曾经建立有庞大的保安团组织。1937年6月,根据行政院关于团队分期改警的训令,江西将12个保安团改为县保安警察总队后,省保安处辖下,仅余6个保安团。抗战爆发后,兵员需求急迫,军政部紧急发出“人民动员办法”,要求各地扩编保安团。江西立即采取多种办法扩编团队,将已改编为保安警察的队伍,复编成10个保安团;下令全省每保征集壮丁一人,编成4个保安团;又从各县壮丁常备大队抽调一部分壮丁,同时收编一部分志愿抗敌的民间武装,编成8个保安团。因此,到1938年上半年,全省已经拥有保安团28个团,及工兵大队、通讯大队、高射炮中队、特务中队、监护中队各一个,成为一支数量颇为可观的地方武装和后备兵役部队。[2]

在1940年5月之前,江西保安部队主要承担补充正规军和支援正面战场作战两大任务。在补充正规军方面,从1937年八一三淞沪抗战开始,江西兵源不断调补到战场。到1938年6月,即划拨了8个保安团补充到正规部队。1939年1月,因国家需要兵员急迫,江西再调拨8个保安团,改编为陆军第五、第六预备师,由曾戛初、郭礼伯分任师长,编入第三战区作战部队(预五师随后在反击南昌的作战中表现英勇,也伤亡严重)。1940年5月,将保安第十二团拨归第二十三集团军改编。几年间,江西仅保安团即有17个团补充到正规军,进入抗日前

① 《精诚团结——梁主委在全代会闭幕词》,《江西民国日报》1944年5月30日。

② 廖士翘:《十年来之江西保安》,《赣政十年》(6)第2页。

线作战。到这时，连同1938年8月整编赣南民间武装成立的4个保安团，全省保安团尚有15个。在支援正面战场作战方面，如前所述，在赣北会战、南昌会战中，江西保安团均有英勇的、上乘的表现，留下了如庐山孤军长期抗战等可歌可泣的动人事迹。

由实行兵役制度解决兵员补充后到抗战胜利，江西保安团一直保持15个团的规模。其承担的任务，主要为支援正面战场作战、开展敌后游击战争和维持后方治安。在1941年3月开始的上高会战中，省政府按第九战区司令长官薛岳的要求，调集保安第一、三、七、九团组成江西保安纵队，开赴上高参加对日作战，弥补了主力部队防守兵力的不足。同年9月在阻击突进锦河日军的作战中，该保安纵队英勇防堵，表现突出。为配合长沙作战，保安第六团在奉新、靖安间阻击日军西进，英勇顽强，因伤亡惨重而被调到宜丰进行休整补充，其游击任务由第四团接替。在1942年的浙赣战役中，驻守赣东南的江西保安团被扩编为预备第九师，也以作战英勇、首挫敌锋，受到第三战区司令长官部的嘉奖。1945年上半年保安团在赣西、赣北对日伪的游击作战中，“获有战果”，曾毙伤日伪军500余名[①]。但抗战后期，保安团的职责主要转向地方治安。在1942年全省行政会议上，省保安处处长廖士翘提议“责成各区保安司令，严督所属各保安团长及各县县长，遵照颁发各县剿匪计划”，把保安团的任务转为维持地方治安。次年1月，即明确了“保安团工作今后在维持地方治安”[②]。

2.战时兵役制度的建立与实施

江西实行兵役制度始于1936年。按照国民政府1936年3月1日施行《兵役法》的规定，江西首先成立了浔饶师管区(下辖九江、武宁、上饶、浮梁4个团管区)，依照《兵役法》和《兵役法施行暂行条例》，办理兵役事务。次年(1937年)，续增赣南师管区(辖吉安、赣县、万安、宁都4个团管区)和南抚师管区(辖南昌、清江、萍乡、南城4个团管区)，同时在各县市政府内设立兵役股，在全省普遍实施兵役制度。当时规定，凡20—25岁的男子，均属常备兵现役适龄，应征集入营服现役，服役3年期满后退伍。

抗日战争爆发，兵员需求急增，全省立即转入战时兵役体制。为保证及时征补兵员，按照国民政府关于各省统一设置兵役机构令，1937年9月，在南昌成立“江西省兵役管区司令部”，由省政府保安处长廖士翘兼任司令。次年2月，将

① 《江西省政府三十四年度政绩比较表》，1946年2月编制。存江西省档案馆。

② 姚岳军：《民国时期江西保安团述论》，江西师大硕士论文未刊稿，第15—16页。

该机构进一步改组为“江西省军管区司令部”，由省政府主席熊式辉兼任司令，统一指挥各师、团管区和各县市政府（县市主管机构由兵役股升为兵役科，复改称军事科），紧急办理战时征补兵员事务。这时，根据中央和省政府的战时征兵规定和办法[①]，凡18—35岁的男子，经身家调查、体格检查、抽签后，无免、缓、禁役原因者，均须应征服现役；36—45岁男子，也须参加调检、抽签，其无免、缓、禁役原因者，得征集服运输兵役；退伍归休一律停办。同时，在全省进行国民兵组织、训练，以求增进国民军事知识、技能及其生活习惯，保证充裕的兵役来源。

1941年9月，江西实施中央推行的征、补、训区制度，裁撤团管区，将原有3个师管区、12个团管区，合并为南浔、饶梁、南抚、清萍、吉泰、赣南等6个师管区[②]，每一个师管区配属给一个军，由配属军负责协助该区的兵员征集、补充和训练。各师管区司令，则多由配属军的副军长或师长兼任。兵员征补制度，由是更趋严密。这一制度的实施，基本适应了战时前方军队大量征补兵员的需要。

为了保证战时兵役制度的施行，江西省先后采取多种办法，集合和训练壮丁，按照军政部指令，随时补充部队。1937年10月，在各县市成立义勇壮丁队222个，每队收训队丁150人，连同9个保安团，作随时拨补军队之用。当时因准备较好，“故国军缺额，指定由本省补充者，或由保安团送至其驻地拨交，或由部队派员至保安团驻地整批接收，素质数量均称满意”[③]。次年6月，省政府为改进壮丁队教育及减缩经费，将各县壮丁队与9个保安团混编为18个壮丁常备队训练团（年底裁减为9个）。1939年2月，又在全省另行组建了28个战区壮丁大队（6月复将其与9个壮丁常训团合编为12个壮丁常备大队）。1940年1月，裁撤常备大队，将各县原设主管壮丁队的“战时民众组训总队部”，改组为各县国民兵团部，乡镇保相应组织国民兵队，全面推行国民兵征兵制度。[④]国民兵团常年向各师管区拨交壮丁，输送部队。至抗战胜利，各县国民兵团方告裁撤，并入县政府军事科。

---

① 如国民政府颁发的《战时征补兵员实施办法》、《非常时期征集国民兵及抽签实施办法》，省政府的《江西省战时补充兵征派办法》等。

② 各区管辖范围及机构、人员等，参见黄鸣九《抗战时期江西征兵概况》，载江西省政协文史委编《抗日战争的江西战场》，1995年印行，第283—284页。

③ 民国《江西通志稿》，第26册，第140页。

④ 《内政部江西省视察报告》，1941年。

整个抗战期间,江西为国家输送了1037880名兵员。各年情况为:

1937 年:43742 名;1938 年:237404 名;1939 年:167338 名;1940 年:133535 名;1941 年:105839 名;1942 年:105159 名;1943 年:88583 名;1944 年:98085 名;1945 年:58185 名。[①]

据统计,全国在抗战期间的征兵总数,为 14050521 人。江西实际征交的兵员,约占这一总数的 7.4%。如以 1935 年全省人口总数计,约占 6.4%;以 1945 年人口计,则占 9.3%。恩格斯认为,按照近代各国国民经济和人力情况估算,一国投入战争的兵力,一般可以达到人口总数的 5%,甚至 7%,达到 7%,便到了极限。[②]由此可见,在全国抗战中,江西在兵役动员上,大多数年份达到乃至超过了人口承受的极限,江西壮丁源源不断地补充前方部队,为民族抗战作出了巨大的贡献。

五、上饶、马家洲反共集中营的设立

抗战初中期,江西国民党当局与中共的关系,经历了由表面融洽到破坏剿灭的过程。

抗日民族统一战线建立后,在江西的中共组织与人员纷纷下山,江西国民党当局对此非常欢迎,帮助解决给养,在态度上"很客气"[③]。因此,各地区中共组织由山内转向山外,在中共东南分局和新四军驻赣机构建立后,找上门来的人很多,中共组织有一个大的发展,编入新四军的部队也有相当的扩大。新四军军部开赴前线后, 中共东南分局和新成立的江西省委为维护统一战线和支援前线抗日作战,做了大量工作。特别是日军发动赣北进攻后,1938 年 7 月下旬,东南分局在南昌洪都招待所邀请江西党政军要人 40 多人座谈,会上散发了由曾山、黄道、涂振农署名的《我们对于保卫江西的意见》。"意见"分析了日军发动进攻后的形势和江西的战略地位,从军事、政治、经济和社会、人才等方面,提出了许多适应抗战需要的正确建议,"当时影响很大",在社会上,引导形成了一个"保卫大江西"的热潮。

---

① 民国《江西通志稿》,第 26 册,第 141 页。另据江西省政协文史委编《抗日战争的江西战场》第 326 页载,抗战期间江西征兵总配额为 1115212 人,实际征交壮丁 947722 人。

② 周銮书:《江西的抗日战争》,《抗日战争的江西战场》,第 14 页。

③ 《中共江西省委关于政治形势和党的工作的综合报告》(1939 年 3 月 5 日),中共江西省委党史研究室编《中共中央东南分局史略》,江西人民出版社 2005 年版,第 96 页。

江西国民党当局对中共的活动，很快产生戒备和恐惧心理，“熊式辉及其所属，遂集中视线到我们方面”，不但布置特务侦察中共组织和活动，严密注意项英、黄道等领导人，而且在红军游击队集结地周围部署保安团进行威胁和监视，胁迫新四军部队尽速离开江西开赴前方。①同时，先后制造了“瑞金事件”等多起逮捕和杀害中共、新四军人员的事件，并在全省各地扩大进行“‘只有一个信仰和主义，只有一个党和政府，只有一个领袖’等宣传……木牌标语到处树立”②，防共气氛日益浓烈。

1939 年 1 月国民党五届五中全会制定限共、防共、反共、溶共方针后，江西当局对中共的态度进一步发生根本性的变化。1940 年 1 月，熊式辉组织成立“江西省特种工作委员会”，亲自兼任特委会主任，成员包括党政军主要负责人，全面负责指导全省应对中共的工作。在特委会下，由江西三方特务组织，即调查统计室(中统设在省党部的特务组织)、保四科(军统设在江西保安处的特务组织——第四科)和情报总站(原江西省特务处，设在省会警察局的特务组织)，合组“江西省特种工作办事处”，由中统特务、省党部执行委员、中共叛徒冯琦主持，“专负防制共党的设计、指导和统一秘密行动指挥之责”③。特办处复在各行政区设立“特种督导员”，在各县设立“特种秘书”或“特种科员”，形成上下纵横的庞大特务系统。同年，熊式辉按照国民党中央关于“地方党政军每月或一旬开联席会议一次”，“研讨对共党问题之处置”④的密令，设立“江西省党政军联席会报”制度，讨论对付江西境内的中共组织及其活动，并将该制度推行到各县。

继 1939 年接连制造摧毁共产党人领导的赣北抗日游击队(岷山惨案)，和收买医生毒死新四军驻赣办事处主任、中共江西省委书记黄道之后，1940 年 5 月，由国民党特务陈宗莹主持，在赣州一夜间秘密逮捕中共党员和进步人士 40 多人，冯琦指挥特办处在吉安、泰和、赣州制造“吉泰赣惨案”，捕杀中共党员和进步人士 30 多人。6 月，在泰和马家洲松山村设立秘密监狱“马家洲集中

① 项英：《关于江西政局、各方情形及工作意见致陈绍禹、周恩来等信》(1938 年 2 月 16 日)，《中共中央东南分局史略》第 34 页。

② 项英：《关于江西政局、各方情形及工作意见致陈绍禹、周恩来等信》(1938 年 2 月 16 日)，《中共中央东南分局史略》第 34 页。

③ 庄祖方：《“江西省特种工作办事处”始末》，《江西文史资料选辑》，第 25 辑，第 40 页。

④ 《共党问题处置办法——分别密令各省党政军高级长官》，1939 年 6 月。

上饶集中营旧址(樊宾摄)

营”。该营对外名称为“江西省青年留训所”,由省党部调查统计室代主任施锦任所长。先后关押被捕的中共干部、党员和进步人士近 500 人,其中包括中共南方工委领导人廖承志、张文彬,中共江西省委书记谢育才等重要干部和漆裕元等进步知识分子。他们在狱中坚贞不屈,受到残酷的折磨,不少人惨遭杀害。该集中营 1944 年底因日军进攻移到吉安富田,次年 6 月迁永丰潭头,1946 年迁南昌潮王洲,直至国民党统治垮台。①

与马家洲集中营同为江西境内著名的反共监狱的是上饶集中营。“上饶集中营为华中最大集中营”②。它是第三战区为关押在皖南事变中被捕的部分新四军将士,于1941年3月设立的战时监狱,对外称“第三战区长官司令部训练总队”。负责人为第三战区政治部少将张超。总队最初内设2个大队、1个军官队、1个军士队,关押新四军干部战士4276名。数月间病死和逃走800余名、经“训练”后编补到其他部队2400多名。③其后,将军官大队657名新四军干部长期关

① 《中共江西地方史》,第1卷,第499页。

② 饶漱石:《上饶集中营出版序》,《上饶集中营(增补本)》,华东人民出版社1949年11月版,第2页。

③ 《顾祝同致蒋介石何应钦代电稿》(1941年10月25日),中共上饶地委党史办公室编《上饶集中营的斗争》,1988年印刷,第253页。

押;同时成立“第三战区长官司令部特别训练班”,关押80多名东南各省的中共党员和爱国人士,及30多名新四军干部。1942年4月,将军官大队和特训班合并,改称“战时青年训导团东南分团”。集中营以周田为中心,包括李村、七峰岩、茅家岭、石底等处的监所所组成。据亲历者记载:“七峰岩可以说是政治软化所,周田村是苦工营,茅家岭是活地狱,李村是高等软化所。被捕入集中营的大致先经过七峰岩,然后周田村,最后便是茅家岭;上了茅家岭,纵算不死也弄得你酷刑余生,奄奄一息了。”[①]被关押者,包括叶挺、林植夫、黄诚、李子芳、张正坤等高级将领和冯雪峰等著名人士、著名记者。他们坚贞不屈,与国民党当局进行了不屈不挠的斗争,有近200人先后被酷刑杀害和秘密枪决。1942年6月,集中营为避日军进攻,转到福建。

由于国民党江西当局的大肆镇压,江西中共组织遭到毁灭性的破坏。1941年7月,中共江西省委书记谢育才被捕,至年底,中共江西省委工作人员全部被捕,省委组织被彻底破坏,江西境内由此到1949年5月没有中共省级组织。1942年,江西的国民党特务机构利用缴获的电台,完全破坏中共南方工作委员会。中共江西省委所属的4个特委、44个县委、200多个区委和绝大多数支部,均遭破坏,2000多名中共党员被捕。[②]剩余党员以各种方式隐蔽下来,坚持斗争。

江西国共关系尖锐对立以至中共组织被当局彻底破坏,具有深刻的原因:一是地方当局执行国民党中央的防共反共政策极为坚决,省主席熊式辉甚至在公开演说中,也毫不隐讳地表示“我们在江西一天,即一天不容许共产党存在”[③],省党部书记长范争波如项英所说也“是极端的反共分子”;二是江西原为十年内战的主要战场,阶级矛盾特别尖锐,成见与仇恨没有因为抗战而完全化解,而是“存在于我们的同志[和]过去革命根据地的群众、地主、绅士及许多上层分子中”,特别是过去受到中共“打击的人们,旧的仇恨仍深刻在心上”;三是主持特务和反共工作的主要是中共的叛徒分子,他们熟悉中共的工作方法,具有很大的破坏力。当时还有个说法:“因历史关系,江西的叛徒特别多”,几乎在省县各机关和地方武装中都有分布[④],抗战初期不少人曾找到中共组织表示

① 长江《上饶的集中营》,《上饶集中营》,华东人民出版社1949年11月版,第1页。

② 《中共江西地方史》,第1卷,第492页。

③ 《江西省委政治报告》(1940年),《抗日战争时期的中共江西省委》,第25页。

④ 《中共江西省委关于政治形势和党的工作的综合报告》(1939年3月5日),《中共中央东南分局史略》,第100页。这应是当时一个夸大的说法,可能是对红军长征后许多中共党员和干部被国民党关入反省院的误解。当然,也确实有一批叛徒,如冯琦、陈洪时、孔荷宠等,对江西中共组织危害较大。

“悔过”,但都遭到严厉斥责,因而“拼命反共”;四是也有中共地方组织自身转变未能跟上形势变化的问题,如杨尚奎所说:“赣南两年来的工作,存在着最严重的缺点,旧有的工作方式转变和进步十分迟缓,直到今天还残留着”,故而“对地方工作特别上层统战工作失了不少良好的机会”①。

第三节 以战时经济建设为施政中心

一、杨绰庵出掌经济建设事务

自日军侵入赣北特别是在抗日战争进入战略相持阶段以后,民营商业,多告停滞,江西经济形势发生急剧变化,战争对经济支持的要求更为急迫,两个战区的数十万驻赣部队需要江西的经济保障,西南大后方也有赖于江西的物资流通与支援,江西自身面临着维持政权运转和后方生存的巨大难题,侵华日军也提出了“以战养战”的方针,与我方争夺物质资源。所有这一切问题的解决,都有赖于战时经济建设的发展。为了应对严峻的经济形势和策应国民党中央发起的全国国民经济建设运动,江西省政府下力气经营战时经济建设。

省政府采取的许多应对措施中,堪称重大的一项措施是决定成立江西省战时贸易事务处,办理和扩大公营贸易,以掌控物质资源,保障战时需要。据省政府的估算,战时本省供给省外需要物资之总值为1亿元,同时需要省外供给本省物资之总值为0.9亿元,“本省所供给者多为农产品及原料,占出省总值百分之六十;需要者为工业品,占进省总值百分之五十”②。因此,如何保证物资的流通和平衡,是战时经济工作的重心所在。

1938年9月1日,贸易处(后改部,杨绰庵兼总经理)在南昌成立。贸易处最初主要经营米、盐两大战略物资。③其后,扩大其业务,负责推销本省物产,供给军粮及接济邻省民食,统制输入液体燃料及其他日用必需品,抢购游击区物资,代各工厂购运机器及原料,办理水陆运输(在省粮食管理处、战时特种物品

① 杨上魁(杨尚奎):《江西赣南特委两年来的工作报告》(1940年2月17日),《中共中央东南分局史略》,第133—134页。

② 《本省对外贸易》,《江西省商业概况》,1941年7月,第1页。

③ 《陈执委在党政纪念周席上报告一周时事》(续),《江西民国日报》1938年9月13日。

公卖处、驿运管理处等机构成立后，部分业务被析出由各专门机构办理)。战时贸易部等部、处机构的成立，是战争条件下政府以官办和统制手段，掌握、管理和流通物资的一种特殊形式，它首开战时江西实行统购统销制度之端，对于缓解战时物资极度紧张的局面，调节配置军、民、公、私各方面的物质需要，支援前方和稳定后方，都发挥了重要的作用[①]。1942 年起，贸易部按照国民政府的规定，改组为贸易公司，继续发挥其公营贸易机构的作用。

战时江西经济建设的更大起色出现在杨绰庵主持建设事务后。1939 年 11 月，抗战初起时即在江西参与规划经济建设的杨绰庵，升任江西省政府委员兼建设厅厅长。熊式辉对此表示“极为欣幸”，他在其就职仪式上说，江西对于经济建设和教育文化事业，曾下一番工夫，但距理想尚远，因此期望杨绰庵本其所长，为江西作出“新的贡献”[②]。杨绰庵(1895—1955年)是福州人，早年对经济富有研究，先后担任过厦门内地税局局长，国民政府统计局科长，广西、湖北统计局局长，对推动地方经济建设狠下工夫，声誉日起。曾赴欧美考察建设事业。1937年，被久慕其名的熊式辉延揽来赣，历任建设厅秘书主任、代厅长兼工商管理处处长、工矿调整委员会主任。他就任厅长后，提出了《江西地方经济应如何开展》的系统设想，特别强调在指导思想上，一要政治走上正轨，改变凡举一事必先抽捐征税，造成人民未见建设之利已先受其害以致害怕建设的消极观念和传统做法；二要将“必须以出卖原料为可耻”，确立为“今后发展江西地方经济之重要原则”，力求将全省丰富的农矿资源加工为制成品或半制成品，“同时改变商人贩卖心理为企业心理，贩卖资金为生产资金，再改变其输入技能为输出技能，如此则江西之地方经济必有远大前途”。

为此，在熊式辉、杨绰庵的设计下，省政府决定，1940年度“以‘战时经济建设’为本省施政中心”[③]，并在《江西省三十年度行政计划》中，确定“今后本省政治工作之目标，应在针对本省社会结构与根据既往工作基础上，确定以农村农民农业，以及与农业配合之工业建设，为工作之主要的对象”。以经济建设为省政府的施政思想和中心任务，这一施政方针在此后几年中也没有改变，对战时江西经济的发展和社会的基本稳定，产生了积极的作用。其后几年间，杨绰庵在领导发展战时贸易、保证军队与地方物资供应，尤其是兴办江西工业上，做

---

① 杨绰庵:《赣省十年经济建设》,《赣政十年》(5)第17—18页。

② 《新任两省委宣誓就职》,《江西民国日报》1939年11月15日。

③ 胡家凤:《十年赣政之回顾与展望》,载《赣政十年》(1)第15页。

出了巨大的努力和成绩，是抗战时期江西经济建设的一位难得的领导人才。[①]1941年2月成立的由省主席兼任主委的江西省经济建设委员会，在筹划和指导全省战时经济建设上，也有较好的表现。

二、农业生产的增长与贡献

农业是江西的优势产业，在外运断绝、内需剧增的战时条件下，江西农业尤其是粮食的重要性更加突显。熊式辉论及当时形势为："江西素称产米之区，就粮食一项说，实负有支持东南抗战局面的最大责任。因为东南各省如浙、粤、闽、皖南，都是粮食不足的省份，整个东南作战部队的给养，大部分必须由本省供给。此外各省的民食，也都依赖本省的接济。本省所处之地位是何等重要，我们所负的使命是何等艰巨！"[②]为此，省政府将农业尤其是粮食生产作为战时施政重点之一。

1.增加稻米生产。省政府成立省粮食增产总督导团和县指导团，会同农业院致力于推行粮食增产措施。主要有推广"南特号"、"油粒谷"、"鄱阳早"等改良稻种，推广双季稻，减少糯稻改种籼稻，推广稻田中耕器，增加农业贷款，倡导防治病虫害和增施肥料等。[③]因此，在10余县沦陷、农业人口锐减和耕牛等被日军大量宰杀的情况下，全省战时稻谷生产仍维持了年产7000万~8000万担的数量[④]，出现过1940年赣东早稻丰收，农民"无不额手称庆"、1942年"增收产量甚丰"等好景象。

2.增加小麦杂粮产量。除粮食外，棉花等其他农产品的需求也急剧增长，在全国主要棉麦产区沦陷后，国民政府将目光转向后方，"迭令后方各省积极增加棉花及杂粮产量"[⑤]。江西农业院在省政府指令下，1939年起扩大小麦、棉花生产，相继在赣东、赣南、赣西推广改良麦种"南宿州"、"正大2905"、"中农

① 参见殷洪生《杨绰庵》，《江西近现代人物传稿》，第2辑，第204—209页。杨绰庵1943年底调任重庆市政府秘书长，抗战胜利后被熊式辉调往东北任哈尔滨市市长、东北物资调节委员会主任、东北经济委员会委员等，深为熊式辉所赏识。

② 熊式辉：《在全省粮食会议上的演说》，1941年3月5日。

③ 江西省粮食增产总督导团编《江西省三十二年度粮食增产实施计划》。

④ 关于战时江西粮食产量的统计数据不完全一致，可参见《江西省农牧渔业志》第213页的有关数据。

⑤ 《农业院发展本省棉麦生产》，《江西民国日报》1939年10月8日。

28”和晚字棉、福字棉、常德铁子棉等的种植。[①]又“商由本省粮食增产总督导团,通令各县指导团,劝导农民,利用休闲田地,广种玉蜀黍豆类等杂粮”。仅1943年,全省利用休闲田地加种杂粮面积达3003743亩,增收产量1000多万担。[②]

3.开垦荒地,扩大种植面积。江西一直比较重视垦荒,1928年6月曾颁布《江西垦荒暂行条例》,1934年4月曾颁布《清理荒地实施办法》及督垦规则。抗战开始后,沿海难民流入江西,为救济难民和补充资源,乃于1938年7月成立垦务处,先在赣西南招选垦民、划区垦殖,垦民来自本省和苏豫浙鄂等地,分集团经营、单独经营及合作经营三种方式开垦荒地,当年垦荒7250亩。[③]此后继续发展,1941年度全省垦荒3605760亩,为全国第一。到1943年,全省已有垦区132个,垦场51个,该年开垦荒地40万余亩、荒山17万余亩。[④]垦荒事业的举办,既救济了难民,也有效地提供了农林产品。

4.扶植自耕农与保障佃农。这是国民政府在农业农村方面的两项重要政策。前者从省政府1933年1月12日通过《江西省扶植自耕农暂行办法》起,开始施行,但成效不大,到1944年底,仅先后完成扶植自耕农的示范区7处,实验乡1个,且主要是在赣南。蒋经国将扶植自耕农视为执行“耕者有其田”的“和平的让渡”土地政策、“培养现代化之农民”[⑤]的重要措施,先后在赣南4县设立了6个示范区,共征收土地10806亩,创设自耕农1116户[⑥]。后者在抗战时发起,省政府制定《江西省保障佃农办法》,1943年11月18日由行政院核准施行。该“办法”条文不少,但其核心点则在负担和佃权两点上。关于负担,规定“耕地租额之标准,依照土地法第一百七十七条规定,不得超过耕地正产物总收获量千分之三百七十五,其缴钱租者并规定不得超过报定地价百分之十”;关于佃权,规定“租佃契约登记后,有绝对效力,如业佃之一方有违反契约行为时,得由其他一方呈请依法予以制裁”。省政府还要求各县政府,召集有关机关、法团及乡镇长商讨进行事宜,并派员分赴各乡镇公所召集保甲长、乡农会理事长、中心学校

---

① 参见江西省政府统计处编《行政与统计》,第3期(1943年4月1日出版),第4页。

② 《江西省政府三十二年一、二、三月份工作报告》,第107页;《江西省政府三十二年十、十一、十二月份工作报告》,第109页。

③ 沈雷春、陈禾章:《中国战时经济志》,台北《近代中国史料丛刊》第3编第20辑,第27—28页。

④ 江西省政府统计处编《行政与统计》第5期,1944年5月15日出版,第11页。

⑤ 《关于土地、财政政策答客问》,《正气日报》1943年12月20日;《建设现代化之农村》,《正气日报》1943年8月16日。

⑥ 民国《江西通志稿》,第33册,第6页。

教职员及佃业代表等开会，解说保障佃农意义及办法，等。这项事务的进展不很顺利，至1946年春，仅有安福、万年、信丰、南康、东乡、吉水、新干等少数几县，业佃双方办理了租佃契约登记，“其余各县均尚未办理”①；至于减租，更是无从谈起。

战时江西农业总的来说保持了较好的发展态势。特别是在粮食供给上，不但支援了邻省，尤其保证了部队的需要。全省历年征集的粮食，均超出战前收成最好年份粮食输出量300万~400万石。从1941年国民政府实行征实征购粮食政策起，在后方19个省中，江西历年征收的粮食占全国总量的10.7%~16.5%，平均每年占12.9%；仅1941—1944年供给的军粮即达1330多万石，保证了第三、第九战区和第七战区作战部队的需要，为支持东南抗战作出了重要的贡献。1942年2月7日，国民政府将江西与四川、湖南列为全国3个甲等粮政局。②需要指出的是，江西农民因生产条件恶劣、政府过度征粮、豪强地主转嫁勒索等原因，为此也付出了重大的牺牲。

三、工矿业建设的短期繁荣

“江西的工业大多创立于战时。”抗战爆发后，国民政府与江西地方为适应战时需要，创办了一批工矿企业，全省公营和民营工矿企业都有一个很大的发展。以这些企业为骨干，基本形成了江西工业经济的初步基础和规模，出现了特殊环境下的短期繁荣。

战时工矿业建设的一个主要方式，是省政府与国民政府资源委员会、经济部、“中中交农”四大银行合资举办公营企业。抗战爆发后，省政府继续战前的合作，相继与资源委员会签约合办萍乡煤矿局、高坑煤矿局、天河煤矿、江西硫酸厂等大中型工矿企业。后因资委会与江西省政府合办事业增多，为便于联系及监督起见，1942年4月15日，将各厂理事会合并，在泰和成立“江西省重工业理事会”，统一管理各厂。省政府与经济部等合办的企业，也有较大规模，其中最著名的是兴办江西兴业公司。为了扩大工业建设的规模，1940年12月，省政府决定与经济部和“中中交农”四大银行合作，创办江西兴业公司。公司股本共3000万元，其中经济部出资200万，四行出资1500万(其中中央银行525万，中国

① 《农林部关于浙赣鄂三省租佃制度及推行二五减租情形的调查报告》(1946年)，《中华民国史档案资料汇编》，第5辑第3编，财政经济(六)，第115页。

② 《粮食部致江西省政府咨文》，有民字第11504号，1942年2月20日。

银行450万，交通银行300万，中国农民银行225万），省政府出资1300万（以原有10多家公营工厂拨归该公司充作股本）。1942年9月，公司正式成立运营，由省财政厅厅长文群兼任董事长，吴健陶出任总经理，下辖赣县电厂、吉安电厂等15个工厂。[①]各工厂行业分属于电气、化工、纺织、文化、陶瓷、土木、机械等类别，地点分布于吉安、泰和、赣县、萍乡、大余一带。全公司生产发展较快，“业务尚称繁盛”，厂矿不断增加，最多时“曾达四五十个之多”，成为战时江西工业的重镇。总计抗战时期，江西省政府与资源委员会、经济部、中中交农四大银行合资举办的公营企业，不但数量可观，规模较大（仅在经济部注册者即有37家，厂数和资本数在当时后方17省中分列第三和第八位），而且填补了没有重工业的空白。

战时江西工业的另一组成部分是民营工业。江西的民营工业，主要生产民生日用必需品。在政府提倡和社会迫切需要下，江西民营工业“如纺织、造纸、酒精、火柴、化工、机器等，纷纷创立。经各从业人员惨淡经营，粗具规模。当时工厂分布地区，咸集中于吉、泰、赣一带，以赣县最多，吉安、泰和两地次之”[②]。据统计，战时江西民营企业，涉及20多个行业，最繁盛时达2370家，其中规模较大、在经济部注册者60家，厂数和资本数在20个省市中均居第九位[③]，这是民族资本主义经济在江西繁荣发展的唯一特殊时期。公营和民营工业的发展，表明国家资本主义和私人资本主义在江西出现了一个并驾齐驱的态势，这个态势，成为民国时期江西资本主义经济发展的顶点，它们促成江西的近代化事业，在抗战时期有一个不平常的发展，取得十分明显的进步。

战时江西工业的最大变化，是以制造业为主的重工业从无到有，得到发展。据建设厅1936年的调查，当时全省登记的工厂有110家，其中饮食类最多为47家，纺织类次之为17家，而制造业仅1家。到1944年抽查，仅加入了中国工业协会的工厂有72家，其中以机械制造为主的重工业工厂即有28家。[④]这批工厂的建立，使江西由以往只能出口原料，迈向能够将部分原料加工为成品、半成

① 《郑礼明呈翁文灏报告》，陈真：《中国近代工业史资料》第3辑，三联书店1961年版，第1342—1344页。

② 余行鲁：《江西之民营工业》（《经建季刊》，1948年第6期），《江西近代工矿史资料选编》，第139页。

③ 谭熙鸿主编《十年来之中国经济（1936—1945）》，下册，台北文海出版社版，第1323页。

④ 中国银行：《江西经济调查》，1946年出版（原件为油印本），第38—42页。存江西省档案馆。

品，虽然数量不大，但在江西资本主义经济的发展中，这是一个富有质的意义的变化。

江西工业的繁荣，对供应东南、西南各省的战时之需和支持江西的抗战，产生了巨大的作用。据当时工业界的人士记载，比较突出的有：

在天河设立的炼铁厂，日产翻砂铁10余吨，为西南各省之重要基本工业。

由江西公路处汽车配件制造厂扩建的江西机器厂，经营各项机器制造与修理，设备完善，动力机及工作母机约40余部，对发展江西工业作出了贡献。

江西电工厂制造电池及修配种类机件，供应电话及无线电之用。

在大余设立的江西硫酸厂，制造硫酸，原计划年产40公吨，因东南各省需求甚殷，每年均超出预定产量。该厂全部机件设备，均系自行设计及制造，颇费苦心。

在赣县创办的化学工业，规模较大，生产亦巨，均能自行制造酸钾、烧碱、纯碱等，对缓解西南各省工业物质缺乏之情况，颇有贡献。

战时物资缺乏，一般半手工式之纺织事业应运而生，规模较大者有光泽农村工业社(光泽当时归江西管辖)、赣县纺织染厂、赣县麻织厂等。

面粉工厂规模较大者有赣县大德面粉厂、泰和华丰面粉厂、南城民生面粉厂等，小型面粉厂为数极多，均为供应江西战时需要而设立。

江西火柴工业，战时极为发达，在赣县、南城、吉安、临川设有制造厂4所，年产约8万篓，除供应江西外，同时供应西南各省之需要。[①]

战时江西工业能够有一个大的发展，原因是战争爆发后，海岸线被敌封锁，进口商品流通遭断绝，以上海为主的东南沿海各地大工厂，多拆迁转移到内地，产品供应减少。这种情况，加剧了国家和人们对工业产品的需求。为了解决战时需要，国民政府和省政府在工业布局、资金投入和政策保障上，都做出了积极的努力。这些在客观上造成了内地工业、江西工业崛起的机会。由于工业的发展，也带来了商业和城市建设方面的变化。吉安、赣州的市容有较大改观。赣州因为“抗战军兴，工厂内迁，民国三十年止，全县工厂已达五十四家，一跃为全国十四大都市之一”[②]。

兴盛一时的工业合作运动在江西也很有成绩。中国工业合作协会东南区

① 徐劭文：《一年来之江西工业》，《工商知识》(1948年)第4卷第5期，《江西近代工矿史资料选编》第94—96页。

② 民国《赣县新志稿》，第59页。

(后分为赣闽粤区和浙皖区)办事处设在赣州,主任由"工合"发起人之一的新西兰人路易·艾黎兼任(后为陈志昆),并由香港捐款在赣州设立了技术研究所和培黎技术学校,它们与赣南事务处、工业研究所一道,实际指导各地工业合作社的技术设计与改进工作,"颇著成效"。因此,江西工业合作运动"在东南各省中,历史较久,合作社数亦最多,一般工作已具有初步基础。各社业务均甚发展,尤以化学合作社为业[优]"[①]。但与其他地方一样,因当局怀疑创始人路易·艾黎与中共关系密切,工业合作事业在江西也曾遭到当局的压迫。据艾黎回忆,抗战时期,"'工合'在江西遂川的龙会计是一位老红军,遭逮捕后,在狱中被杀害了。后来在遂川工作的主任也被捕,关在泰和监狱中"[②]。其后,这个运动也就不了了之。

1945年初,向武汉退缩的两个日军师团,分别从湘东、粤北侵入赣西、赣南,江西"工业地区,均遭蹂躏",公营工厂毁损大半,"尤以赣县、泰和两地之损失为最重",总计达10余亿元,保全者仅剩6个厂[③];民营工厂数十家"因仓皇撤退,不及迁移,损失更属不赀"。经此打击,江西工业基础"尽付东流"[④],多年苦心经营换来的难得的工业建设成果,在日军的侵略下被完全摧毁。

四、战时财政特点与收支

江西战时财政形成了一个与战前和战后都不同的体系。江西战时财政政策,源于国民政府的整体政策。这一政策的基本轮廓,是法币快速贬值,形成通货膨胀、币轻物重的政策趋向,作为财政主要来源的税收,由货币形式为主在1939年后转为以实物形式为主,政府财政管理的重心日益转向掌握实物。造成这种变化的根本原因,是战争的环境、地域的分割和物资的短缺。

据财政部的考察,江西战时"省县财政,省财政方面自二十六年以后,渐有轨迹可循,县财政方面,则尚待改进"[⑤]。说省财政渐有起色,主要是形成了两个

---

① 梁士纯:《赣闽粤暨湘桂两区工会现况及其前途》,《工业合作月刊》(1942年)第2卷第1期,《江西近代工矿史资料选编》,第88页。

② 路易·艾黎:《"工合"运动记述》,全国政协文史委编《文史资料选辑》,第71辑,第104页。

③ 《江西省行政会议总报告书》,1947年。

④ 陈其祥:《江西之工业》,《经建季刊》第6期(1948年)。

⑤ 《孔祥熙签发杨绵仲呈送浙湘等七省财政考察报告书训令》(1942年5月18日),《中华民国史档案资料汇编》第5辑第2编,财政经济(一),第501页。财政部整理田赋筹备委员会委员杨绵仲奉命考察湘浙闽赣皖粤桂七省财政,1941年12月10日抵泰和,考察一星期。

在全国比较突出的特点：

第一，征收土地税"最有成绩"。"赣省以举办土地测量登记，实施土地税最有成绩。"全省1934年起在各县逐步举办土地航测，计划8年测竣。因抗战军兴，乃将航测业务暂行停止，改用人工补测航摄未完部分。到1941年，有17县测量完竣，3县已航测大部分，9县已完成土地登记、开征地价税，3县即将改征地价税，未举办测量县份除继续办理外，拟以土地陈报结果，改征临时地价税。考察者认为，"此可谓赣省之特点"。此后，地价税成为江西财政的一项重要税收。从1942年到1945年，江西土地税征收的情况为①：

江西省土地税征起数额(单位:国币元)

1942年:合计	4443775	地价税4443775	
1943年:合计	3886683	其中地价税3886348,土地增值税	335
1944年:合计	157101	其中地价税151528,土地增值税	5573
1945年:合计	7557161	其中地价税7236715,土地增值税	320446

第二，建立县市自治财政制度。当时全国各省财政制度，以编审县市预算方式不同而大致分为两种，"一为省处于主动地位，二为县处于主动地位，前者可以浙湘两省为代表，后者可以赣省为代表"②。1938年1月，江西原拟在吉安等11县试办省县财政分立制度，因战事延至实行新县制后施行。1941年，江西划分省县财政，本着自治精神，建立县财政体制，由各县自行编制县地方预算。但可能是对县自治能力估计过高，而对其地方本位估计不足，结果"各县编送概算，以收抵支，多有不敷，动辄增列补助，致各县概算所列补助费，较省府核定之七百万元，超过一倍有余"。省政府为此不得不决定各县所编1941年度预算，一律作废，由县重新编制。时人评论说，与另一种方式的省对县干涉过多相比，"赣省办法比较适合自治之精神"，但也有"未免偏于理想"的问题，难期圆满。③事实上，完全的县自治财政制度，确实未能成为事实。

抗战时期江西的财政状况，据国民政府财政部关于各省市历年预算的记载，总的说来是不错的，这从1937到1945年全国与江西历年预算数比较表上可以看出④：

① 《中华民国史档案资料汇编》第5辑第2编，财政经济(一)，第588—591页。

② 《孔祥熙签发杨绵仲呈送浙湘等七省财政考察报告书训令》1942年5月18日。

③ 《孔祥熙签发杨绵仲呈送浙湘等七省财政考察报告书训令》1942年5月18日。

④ 《各省市预算(民国二十六年至三十五年)》，《中华民国史档案资料汇编》第5辑第2编，财政经济(一)，江苏古籍出版社1997年版，第596—598页。

1937—1945 年江西与全国预算比较表(单位:国币千元)

年份	全国	江西	年份	全国	江西
1937 年	369869	27275	1942 年	1276036	84789
1938 年	207423	12529	1943 年	3510527	196869
1939 年	375271	36590	1944 年	5366076	324224
1940 年	492519	39104	1945 年	18063570	1152859
1941 年	1076970	67494			

由上可见,江西历年的预算,占全国总数约在1/11~1/15间,尽管预算并不能等同于收入,但基本上是收入的一种相近的反映。下列一个年度的收支预算,则进一步反映了战时江西财政收支的具体情况。①

江西省 1942 年度地方收入、支出分类预算

收 入 分 类 预 算		支 出 分 类 预 算	
项 目	金额(国币:元)	项 目	金额(国币:元)
总计	81882181	总计	81882181
税课收入	34726765	行政支出	17369716
特税收入	30000	立法支出	555536
惩罚及赔偿收入	283019	教育文化支出	12609152
规费收入	464904	经济及建设支出	7177468
财产及权利收入	6449376	卫生及治疗支出	2134609
公有事业之盈余收入	1881160	保育及救济支出	2832292
公有事业收入	436349	营业投资及维持支出	826773
补助收入	18041548	保安支出	6592386
地方性捐献及赠与收入	388785	财务支出	1932783
财产利权售价收入	484091	债务支出	29744
收回资本收入	8000	普通补助及协助支出	438738
其他收入	17688184	其他支出	21486292
		预备金	3763773
		未分配数	4132919

① 《中华民国史档案资料汇编》第5辑第2编,财政经济(一),第573页、第583页。

从省财政预算收支看，在收入中，最大者为税课，当时的税种主要有货物税、直接税，直接税包括印花税、所得税、非常时期过分利得税、营业税、遗产税、土地税、1943 年 10 月增开的食盐战时附加税等。在支出中，最大者为其他支出、行政支出和教育支出，其中其他支出占总数约达 1/4，但具体用在何处，并不清楚。经济及建设支出位列第四，应该说较战前有所增长，但经费不足，仍是经济建设的主要问题。为了筹集建设经费，省政府在战时曾先后两次发行公债。第一次是 1937 年 12 月 20 日，以“为发展本省生产建设事业”为名，发行“民国二十七年江西省建设公债”，定额为国币 2000 万元，年利率 6 厘，偿还期限定为 15 年(到 1953 年 6 月止)[①]。第二次是 1941 年 9 月 1 日，仍以发展本省生产建设事业为名，发行“民国三十年江西省建设公债”，定额为国币 1500 万元，年利率 6 厘，偿还期 20 年。[②]由于国民政府根据 1941 年第三次全国财政会议的提议，决定统一整理各省公债，江西的这两期公债，第一期公债由中央接收，“自三十一年度起之到期本息，则均由国库照案核拨”，第二期则被下令停止发行。[③]因此，江西实际只发行了一期建设公债。尽管如此，仍为战时经济建设注入了一定的资金，是有积极作用的。

第四节 战时文化教育状况

一、中正大学的创办与战时的大学教育

1. 中正大学的创办与首任校长胡先骕

与邻省相比，江西高等教育长期处于落后状态。先是 1926 年冬，国民党在江西建立政权之始，即曾设想组建中山大学，终未办成。1929 年，江西省教育厅筹办省立江西大学的努力，则被教育部阻止，这年 9 月，教育部下令江西省教育厅停止筹备江西大学，所余之款“移作普及整顿中等教育改设专科学校之

① 《民国二十七年江西省建设公债条例》，1937年12月20日。

② 《民国三十年江西省建设公债条例》，1941年9月1日。存中国第二历史档案馆。

③ 《财政部整理省公债委员会检送整理省公债概况函》，1942年12月17日。存中国第二历史档案馆。

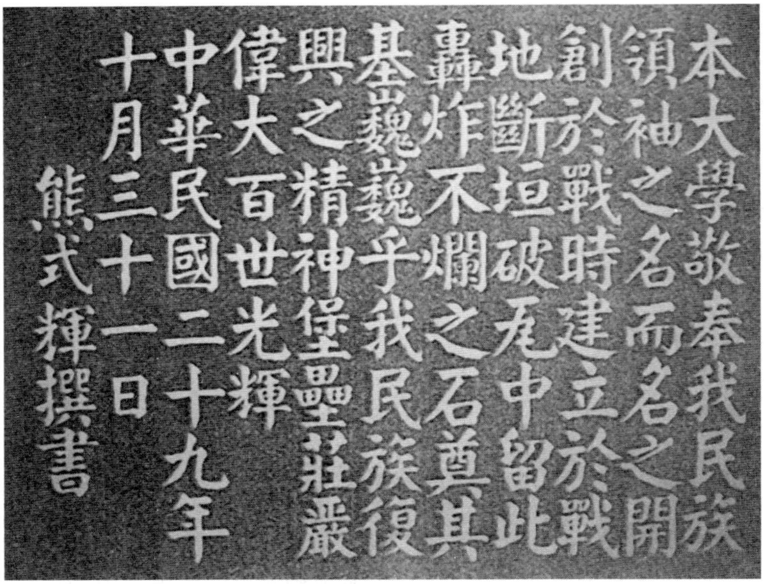

熊式辉为中正大学奠基石题词

(《赣政十年》)

用”①。蒋介石 1933 年在庐山也曾对江西省主席熊式辉谈到举办大学事宜，亦未能成为现实。

抗战以来，国内大学因战事关系，大多西移至西南地区，江西对高等教育的需要益形迫切。1939 年春，熊式辉以急需“培植抗战建国之基本人才”为由②，趁在重庆公干之机邀请“川中名流”研究江西兴办省立大学事，得到蒋介石等的支持，蒋介石特别拨给基金一百万元。熊返赣后，又于 8 月约集省内外学者到遂川商议，决定设立“中正大学”，并将商议结果报呈教育部和蒋介石批准。同时，省政府在泰和设立筹备委员会，负责筹备事宜。1940 年 3 月，教育部正式确定中正大学为国立中正大学。教育部聘请熊式辉、程时煃、邱椿、马博厂、蔡方荫、朱有骞、罗廷光为筹备委员会委员，熊任主任委员。6 月 1 日，省政府在选定的校址泰和杏岭举行筹备会正式成立仪式。9 月，重庆国民政府任命胡先骕博士为中正大学校长，胡即于 10 月 1 日到校就职。10 月 31 日，中正大学举行开学典礼，国民党总裁蒋介石亲自发来训词，对办学宗旨和学生学习都有

① 《停止筹办江西大学令》，《教育部公报》第 1 卷第 10 期，转引自金以林著：《近代中国大学研究》，中央文献出版社，2000 年版，第 188 页。

② 胡家凤：《十年赣政之回顾与展望》，《赣政十年》(1)第 19 页。

训示,要求该校"所研究传习之道,必为救国救世、三民主义之达道,所授予诸生之课业,必为担当革命建国事业之实际";"诸生所修习者,虽有文、法、工、农、商、医诸系别之分,而均不可不于入学之始,立定为国家效忠、为同胞服务之志向",造成"非仅博通学术之专才,实为革命建国之干部"。

一所国立大学从筹备到开学,费时仅一年,特别是"能于战时创立于战地的江西",不能不说是一种神奇,这是由许多因素综合促成的。首先当然是国民政府的支持,或许也与以蒋介石名字命名有关,中正大学尤其得到了蒋介石的关心①。其次是省政府的决心。熊式辉是为开办中正大学出力最大的人之一。时任行政院政务处长的蒋廷黻 1940 年视察江西时,对此有一个最直接而有趣的记载:"熊主席正创办一所大学。该校预计训练一批较有效率的公务员和领导人。根据柏拉图的理想,他希望能提高政府人员的教育水准。他不惮其详的阐述他的理想,并且急于实现他的理想。他要我担任他的新大学校长。他说:大学校长的地位事实上是与省主席平行的。在决定中国命运的战时,我认为他的计划是不合时宜的。我建议他不可操之过急。"②在蒋廷黻的眼中,熊是一个"最富有哲学气息"的省主席,即是一个好幻想的人,因此他并不看好江西办大学之事。但事情终是办成了,从中颇能看出熊式辉的性格和能力。最后,众多学者的赞助和战时人才的急需,也是中正大学能够迅速开办的重要原因。

首任校长胡先骕是我国著名的植物学家和教育家, 中国植物分类学的奠基人③。他早年两次留学美国,获植物学博士学位。先后在南京、北平的多所大学任教授。1928 年在北平与邹秉志等创办静生生物调查所。1930 年当选为国

---

① 蒋对教育历来相当重视,认为教育、经济、武力为构成现代国家生命力之三要素。在1940年10月31日致中正大学的训词中,也再次重申了他的这一观点。

② 《蒋廷黻回忆录》,岳麓书社2003年版,第225页。

③ 胡先骕(1894—1968年),字步曾,号忏庵。他辞去中正大学校长职务后,继续主持静生生物调查所工作。1946年,中正大学农学院生物系特聘他为研究教授。性格"倔强",1946年夏在庐山曾拒绝蒋介石的亲笔手谕接见,提前下山返回南昌。首次正式把在四川万县所采集的标本命名为"水杉"。这一珍奇活化石植物的发现与正式命名,引起全世界植物学家的震惊,是胡先骕融会古今植物研究的一大重要贡献。1948年当选为中央研究院院士。新中国成立初亦因直言反对苏联科学家李森科的理论而获咎。授课稍带口吃,但声音洪亮,内容充实,对学生认真负责、诲人不倦,被公认为胸怀宽阔、坚持科学真理、和蔼可敬的教授。新中国成立后在中国科学院植物所任研究员,首次创立被子植物分类系统。一生著述甚丰。在历史、地理、语言、文学方面也有很深造诣,诗词方面著述尤多。1968年7月16日在北京逝世。1984年,中国科学院、江西省科委和庐山植物园在庐山植物园的松柏区水杉林内为他建造了墓地。

际植物命名法规委员会委员。主持在我国开展大规模野外采集和调查我国植物资源的工作,提出中国植物品种分为八大群,首次对我国植物进行了科学分类。发起筹建中国植物学会,1934年8月被选为中国植物学会会长。同年与江西省农业院合作创办庐山森林植物园。庐山植物园占地面积近万亩,为亚热带山地最理想的园地,也是我国最大的植物园。1935年受聘为中央研究院第一届评议员。1940年,经著名学者吴有训、程孝刚等劝荐,出任中正大学首任校长。在教育上,他提倡“科学救国、学以致用;独立创建、不仰外人”的思想。因此,由他出掌中正大学,也是所选得人。

中正大学最初设立文法学院、工学院、农学院及政治、经济、社会教育、机电、土木、化工、农艺、森林、畜牧兽医等9个学系,有学生300多人。其后几年间,相继增设文史、生物两个学系和行政管理、师范、税务、土木4个专修科,又在赣县龙岭设立了分校,“规模渐宏”,到1944年春,全校有教师203人(其中教授71人、副教授39人),在校学生1386人①,“教员与学生盖五倍于初矣”②。在抗战的艰难条件下,有这样的发展,是很不容易的。胡先骕1944年4月辞职,由萧蘧继任校长③。1945年1月,为避日军向赣西的窜扰,学校迁至宁都长胜,赣县分校也并入本部。抗战胜利后迁南昌,经第九战区司令长官薛岳及江西省主席曹浩森协助,借用昌北望城岗的军政部营房为校址,12月完成搬迁,1946年1月在望城岗开学。

中正大学是民国时期江西唯一的一所综合性大学。它的开办及其后的建设,聚集了一批优秀的大学教师(据1945年初的统计,中正大学在全国25所国立综合性大学中,有教授78人,排第13位,副教授45人,排第3位④),其中有多人为国内著名学者;建立和提升了江西的高等教育基础,填补了民国时期江西国立综合大学的空白;培植了一大批具有较高素养的人才。因此,该大学

---

① 彭友德:《国立中正大学始末简记》,《江西文史资料选辑》第21辑,第38页。

② 《国立中正大学概述》,《国立中正大学校刊》,1947年6月25日,第5卷。

③ 萧蘧(1897—1948年),泰和县人,字子蔚。1918年清华学校毕业,留学美国,获康乃尔大学经济学博士学位,入哈佛大学经济研究所从事经济学研究。1930年回国,后历任南开大学法学院院长、教务长,清华大学经济学教授,云南大学教授兼法学院院长、西南联合大学教授。出长中正大学后,领导了学校由泰和到宁都、由宁都到南昌的搬迁和在南昌的建校工作。1947年6月因中正大学学生运动辞职。不久出任国民政府驻联合国代表团经济顾问,前往纽约。次年底病逝于任上。

④ 《教育部检报国立专科以上学校教员及国立研究机关科研人员统计总表呈》(1945年4月27日),《中华民国史档案资料汇编》第5辑第2编,教育(一),第805—806页。

的兴办,是全省现代教育事业史上一次具有标志性意义的飞跃,在江西近代历史进程中具有重要的地位和影响。全省解放后,它被相继改称南昌大学、江西师范学院(即现在的江西师范大学),其建立的教学基础,仍在江西的现代化进程中发挥着良好的作用。

2. 王子玕与中正医学院的创办

中正医学院开办的时间比中正大学要早几年。1936 年,教育部接受其聘任的医学教育专门委员王子玕的建议,决定筹设一所适应推行公医制度需要的医学教育中心,并于 10 月设立了设计委员会和筹备委员会。筹备会主任委员王子玕是江西人,认为蒋介石长期在赣指挥军事,这所学院故应设于江西,得到一致同意,并确定以蒋介石的名字为学院名。11 月,王偕同教育部参事陈泮藻到南昌选择院址,省主席熊式辉予以"热心赞助",划拨阳明路东基地 300 亩,前期工程由南昌市政府办理,同时决定江西省立医院供学院学生实习之用。

1937 年 6 月,教育部聘任王子玕为中正医学院院长。9 月 25 日,学校正式开学。当时,抗日战争已经爆发,学院因邻近南昌机场,日机轰炸机场时学院也受到很大影响,"弹落时学院房屋为之震动"[①]。来自全国 16 个省的 120 名学生,就是在这种不断的空袭、防空环境中,坚持学习。即便如此,中正医学院作为全省第一所专门学院,其创办无疑是江西高等教育的重大进步。

此后,学院办学条件日趋恶劣,在整个抗战期间,几乎处在不断的搬迁之中。1938 年 1 月,迁至永新;11 月,奉令西迁昆明,遂在昆明城外 12 里的白龙潭建草棚 30 座作为校舍,又与上海医学院等合作,建立了较为整齐的教授阵容。1940 年 8 月,迁往贵州镇宁,以庙宇、民房为教学场地。1941 年 5 月,熊式辉鉴于江西医学人才缺乏,提出中正医学院迁回江西并得到教育部的同意,迁回经费全由江西负担。当年秋,学院迁回江西,四、五年级学生在泰和学习并在省立医院实习,并接受香港孙逸仙博士医学院学生 73 人借读,一、二、三年级则在永新复课。1944 年迁至赣州,在赣县、南康等三处教学。1945 年 1 月日军进扰赣南时,又避迁至闽西长汀。抗战胜利后,学院迁回南昌,但原址内只见"颓垣败壁,遍地篷蒿","旧日院址校舍,夷为丘墟,蔓草丛生,荒凉满目,而硕

① 王子玕:《国立中正医学院十年来之回顾》,原载江西《青年报》1947年12月25日,转引自民国《江西通志稿》,第24册,第111页。

果仅存者,仅男生宿舍一幢"[1]。后在政府复员费支持和联总、行总江西分署资助下,到 1947 年学院校舍和教学设备、师资力量才有较好的恢复。

学院开设了内科、外科、生理、病理、细菌、寄生虫、生物、化学等教学系科,并相应以省立医院为实习基地(此为后来的医学院附属医院的前身)。在对学生进行理论教育的同时,尤其重视医学实践的锻炼,还经常参与战场伤员的医护。但学院规模不大,到 1946 年毕业学生仅 140 人。

3. 战时专科教育

战时江西高等教育,除了在设立综合大学和专门学院上有重大突破外,在专科学校建设上,也逐年有所进展。全省专科学校,从 1937 年的 2 所,到 1945 年增加到 4 校,即省立医学专科学校(赣州)、省立兽医专科学校(泰和,附设于江西农业院内)、省立农业专科学校(泰和)、省立体育师范专科学校(吉安)。在校学生从 1938 年的 205 人,发展到 1945 年的 1210 人[2]。此外,还创办了信江农业专科学校(上饶 7 县联立)和私立立风艺术专科学校。这些学校,也是在战时艰难环境中办学的,特别是在辗转迁移中,广大师生风餐露宿,历尽了千辛万苦,学校财产受到严重损失。[3]

二、初中等教育的维持与发展

根据国民党临时全国代表大会制定的战时教育纲要精神,省政府于1938年制定《战时教育实施纲要》,规定了发展教育的方针和政策,基本精神是要求文武合一,教育目的与政治目的相一贯,家庭教育与学校教育密切联系,平均发展各地各级学校教育,力求普及义务教育,有计划实施社会教育与家庭教育。在该《纲要》规定下,全省初中等教育在战时有所发展。

江西以保学制度作为半强制性实施义务教育的措施,战前一保一校的计划在抗战前期继续得到大力推行,设校数和学生数比战前又有较大的提高。1938年至1940年的全省义务教育,学校数由18025校增加到20054校,学生数由

---

① 王子玕:《国立中正医学院十年来之回顾》。

② 江西省教育厅编印:《江西省教育统计简表》(1947年12月),《中华民国史档案资料汇编》第5辑第3编,教育(一),第678—679页。另见《全国专科以上学校一览表》(1944年),《中华民国史档案资料汇编》第5辑第2编,教育(一),第767—778页。

③ 彭友德:《八十年来江西高等教育概况》,《江西文史资料选辑》第15辑,第103—104页。又,该文认为还有一所省立工专,故战时江西专科学校共有7所。

770382人增加到852422人，入学儿童占学龄儿童的比率，由54.6%增加到64.6%。[①]不过，全省保学虽“相当普遍，但大都内容简陋，设备不足”。1940年，国民政府决定在义务教育基础上普及国民教育，江西省遂据此作出《江西省实施国民教育三年计划》，将原有保学分年逐渐整理，分别改办六年制乡镇中心学校和四年制保国民学校，两种学校内均分设儿童班和成人班，将儿童教育与失学民众补习教育融为一体。当年改办学校863校，到1943年，全省除日占区14市县外，已设乡镇中心国民学校和保国民学校17803校，有学生243330人；1945年时有学校19446校，学生312086人。[②]江西战时兴学较为努力，“人民自动捐资兴学之风亦甚盛，且于第四区内校舍俱系新建，办理民教亦颇有成绩”。但因受战争影响，在校学生数较战前有大幅度的下降，全省“教师待遇未能十分提高，因之合格教师较少，幸由地方自行筹给学谷五市斗至六市斗，尚能勉维教师生活”[③]。

战时江西中等教育（含中学、师范、职业教育）如下表所示，有一个较为稳定的发展，尤以中学教育为好（各年统计中学校和学生数中学都约占2/3，如1945年中学为185所、学生53617人）。教育部为了安排和救济由日占区撤退到江西的师生，先后在江西增设了2所国立中学，即1940年在吉安设立国立第十三中学，1942年在赣县设立国立第十九中学。全省战时其他国立中等学校还有在泰和的幼稚师范学校、在宁都的铅山师范学校、在于都的江西造纸印刷职业学校。从1938年起实行《划分各类中等学校区办法》，按照省内各地交通、人口、经济及文化状况，划分9个学区并按学区分期设置中学、师范、职业三类学校，中等教育在分布上更趋合理。江西还从1938年度起，对中等学校学生一律免收学费，以减轻学生负担。同时，省县当局也强调对中等以上学校学生，进行军事训练和战时服务。战时全省中学教育发展水平，在全国20个省中，名列第六，与战前位置相同[④]。

---

① 程时煃：《十年来之江西教育》，《赣政十年》(4)，第5页。另据《中华民国史档案资料汇编》第5辑第2编，教育（一），第517页载，江西初等教育1937年度有学校18120所，入学儿童850869人；1938年度有学校16664所，入学儿童689132人。1938年度数量下降原因应是日军直接侵入江西。

② 江西省教育厅编印《江西省教育统计简表》(1947年12月)，《中华民国史档案资料汇编》第5辑第3编，教育（一），第680页。

③ 《教育部国民教育司司长顾树森关于三十二年实施国民教育工作总检讨呈稿》(1944年3月18日)，《中华民国史档案资料汇编》第5辑第2编，教育（一），第549页。

④ 万振凡、林颂华主编《江西近代社会转型研究》，第196页。

抗战时期江西中等教育统计表

项别 \ 年度	1937	1938	1939	1940	1941	1942	1943	1944	1945
学校数	72	93	117	149	176	187	218	245	276
学生数	18728	27294	33571	47394	54815	59613	71704	64175	71658

资料来源:江西省教育厅编印《江西省教育统计简表》,1947年12月,《中华民国史档案资料汇编》第五辑第三编,教育(一)第679页。

战时江西教育能够逐渐发展,取得比较可观的成绩,主要原因:一是全省人民民族精神的高涨,他们将教育视为抵抗日本帝国主义文化侵略的重要战线,以及抗战建国的重要基础;二是省政府对教育的重视,在战时财政极端紧张的条件下,仍在教育支出上维持了一个比较高的水平,年教育经费占全省财政支出总数的比率,最高的1941年,达14.72%(9113755元),最低的1944年,也占到7.41%(24054170元)①;三是教育界人士表现出了可贵的奋斗精神,他们在艰难困苦的环境中,坚忍奋发,辛苦维持,为江西战时教育事业作出了贡献。

三、精神文化动员与"三民主义文化运动"

1.精神文化动员

江西当局有组织的精神文化动员,是从1937年11月全省抗战总动员会议开始的。经过最初的混乱之后,当局认识到,"全民动员,首推实际工作,然精神动员,尤关重大",于是提出江西省精神动员的8项信条,即必胜之信念,牺牲之决心,严肃之纪律,协同之行为,创造之能力,耐劳之习惯,热烈之情绪,自省之态度,要求"无论男女老幼各就其责任为最大努力,求取最后胜利"②。国民党中央发动国民精神总动员运动后,江西积极配合,于1939年5月8日召开有省党部和省政府各委员、各厅长及各机关主官、各区专员、各县县长、各县党部干事、各中学校长等参加的全省精神总动员大会,通过有关党政军、教育文

① 1939年为7.44%,2724756元;1940年11.14%,4357923元;1942年12.75%,11525580元;1943年8.30%,16335104元。见《战时各省市岁出教育经费数及其占总岁出百分比统计表》(1939—1944年),中华民国史档案资料汇编》第5辑第2编,教育(一),第352—355页。

② 《省党政机关订定精神动员信条八项》,《江西民国日报》1937年11月15日。

历史学家姚名达（1905—1942年）
（《江西文史资料精萃·百年人物》）

化和新生活等方面的提案30多件。熊式辉讲话称，在第二期抗战中，精神重于军事，要防止在精神上受伤或被俘虏，要响应全国精神总动员，在江西建立三民主义的阵线，建立精神国防阵线，来抵抗敌人的精神进攻，克服一切困难，成功抗战建国事业。[①]精神文化动员的战时意义，得到充分表达和强调，国民精神总动员运动，遂在全省各地展开。

战时精神文化动员的重要力量是青年学生和文化界人士。据统计，仅1938年，全省中等以上学校组织了506个抗战宣传队，各县教育机关组织了6803个宣传队，在全省扩大进行抗战宣传动员。许多学校迁移到农村后，都为推进抗战动员和地方文化事业做了有益的工作。党政当局也注重策动文化界人士深入战地服务，分别组织战地服务团、战地宣慰团、战地锄奸团等，深入战地工作，对于组训战地民众，慰劳前方将士，打击间谍，搜毁敌伪宣传品，安抚战区流亡难民，协办军中文化，调查抗日忠烈事迹等工作，颇多努力。[②]特别是中正大学著名教授姚名达[③]，1942年6月22日，督率青年学生组织的国立中正大学战地服务团，到新干、樟树前线，抚慰伤兵、组训民众、抚救难童，不遗余力。7月7日晚，在新干石口村被敌包围，他与敌徒手搏斗，遭敌枪杀。以身殉国同时死难者，还有中正大学学生1人，另有女生2人被掳。姚名达是抗战时期亲上前线并遭日军杀害的著名爱国教授，其英勇事迹传扬全国，延安《解放日报》也多次报道了他的事迹。

“抗战军兴，本省成为文化后方，出版事业顿呈异彩，各型杂志，更如雨后

① 《省党部省政府联合召开精神总动员会议》，《江西民国日报》1939年5月12日。

② 《中国国民党江西省执行委员会工作报告（1938年4月—1945年4月）》，原件存台北国民党党史馆。

③ 姚名达（1905—1942年），兴国人。1925年从上海南洋公学国学科考入清华大学研究院国学门，师从梁启超。1929年受聘为上海商务印书馆编辑，兼教于复旦大学。一·二八淞沪战役时，襄助校方组织义勇队，积极参加支前。1935年与上海150多名文化界人士联名发表《我们对于文化运动的意见》，又与300多名文化界人士联名发表《上海文化界救国运动宣言》，致力于抗日救亡的民族解放事业。抗战爆发后返赣，1940年受聘为中正大学文史系教授兼导师。著述极富，有《中国目录学史》等，是国内著名的目录学家和史学家。（参见王咨臣：《姚名达》，《江西近现代人物传稿》，第1辑，第226—231页）

春笋,蓬勃问世。”作为文化重要载体的报刊,在精神动员中既起了重大作用,自身也得到较大发展。江西报刊最盛时期是1938年底1939年春,当时因“江浙诸省文化机构纷纷内徙,本省遂为东南文化重镇,全省出版刊物达百余种,省外书刊种类尤为庞杂”[①]。吉安、泰和和赣县一跃成为江西文化的三个中心,“从前省会报纸,除民国日报先在吉安后在泰和出版,大众日报、捷报在吉安出版外,华光日报在分宜出版,民报在临川出版,新闻日报、商报、华中日报合并为联合日报在宁都出版。吉安除原有之地方报纸明耻日报外,抗战后新创办之报纸有大江日报、前方日报以及最近出版之新夜报与克报;通讯社方面有建国通讯社、民力通讯社。泰和有新民报,赣县有赣南民国日报、正气日报、青年日报,通讯社有岭北通讯社、国民通讯社、赣南通讯社。其他各县报纸,则有浮梁之赣北民国日报,上饶之赣东民国日报,宜春之赣西民国日报,黎川之黎川民国日报,遂川之自强民报,莲花之莲花民报,婺源之婺源联合日报,以及岷山日报,高安民报,上高周报,永新日报,万安民报,上犹日报,会昌动员报,雩都新闻报,石城琴声报,余江周报,定南三日刊,新龙南日报,广丰抗敌日报,乐安抗敌三日刊,余干日报,宜黄周报,南康日报,大庾日报,光泽日报,乐平日报,新喻动员周刊,安远抗敌周刊,新寻邬报,奉新周报,南丰周报。又有第三战区主办之前线日报,湘鄂赣边区挺进军指挥部主办之开平日报。至销行最广者,首推泰和出版之民国日报及第三战区之前线日报”[②]。而由著名民主爱国人士王造时任社长、1939年5月9日在吉安创办的《前方日报》,尤为著名。王造时战时长居吉安,先后聘请姚士彦、王泗源、陈楚、冯英子等任总编辑,坚持团结抗战、民主独立和“为人民忠诚服务”的办报宗旨与立场,刊发大量新闻报道、社论专论,宣传抗日,痛击汪伪,抨击腐败时政,慰劳抗日将士,被全国“文化界誉之为新兴的一张报纸”,其社论被列为全国八九种重要报纸之一,专论也常被别报转载[③],成为东南地区文化抗日战线的一面旗帜。

但当局一面在全省开展“一县一报”活动,一面则严密执行《非常时期管制报社通讯社暂行办法》,对社会上的报社、通讯社实行严密管制,对开办报社的申请登记实行严格审核。据统计,全省1940年有报社56单位,通讯社12单位;1941年有报社52单位,通讯社17单位;1942年有报社79单位,通讯社25单位;

---

① 欧阳祖经:《十年来之江西文化事业》,《赣政十年》(18)第15页。

② 欧阳祖经:《十年来之江西文化事业》,《赣政十年》(18)第17页。

③ 冯英子:《王造时和前方日报》,《江西文史资料》第15辑,第137页。

1943年有报社58单位，通讯社25单位；1944年有报社52单位，通讯社16单位；1945年3月止，有报社60单位，通讯社20单位。这些报社和通讯社，由不同的政治机关或社会团体主办，政治倾向不一，有的为国民党当局的党政军特机关报，致力于宣传三民主义、当局的政纲政策；有的为业务群体传播行业、专业知识和信息的阵地；有的为进步文化人士所办，注重反映抗日民族统一战线各方面的消息和主张，也有的因及时反映新四军和进步民主人士的活动而遭当局封闭。但总的说来，它们都程度不同地反映了抗战战况和事迹、读者呼声和主张、战时社会动态，对于扩大抗战宣传动员、揭露日军暴行、开展战时建设等社会事业，起到了积极的作用。

一些文化机构在战时发挥了积极的作用。以程宗宣为馆长的省立民众教育馆，主办《大众日报》，创办国民周会，开展抗战文化活动，特别是购置电影摄影、幻灯制作等设备，先后拍摄过《江西战时新闻》、《敌机滥炸南昌实录》、《兵役宣传》、《世界学联莅赣》等无声片，专门成立的幻灯片制作室，制作《岳飞》、《我们的省会》、《国民公约》和各种抗战标语等幻灯片1千多种，对普及抗战动员产生了良好的效果。[①]民教馆于1938年8月从南昌撤至吉安。1940年7月改称江西省立实验民众教育馆，以"实验社会文化教育工作为中心"，并先后在上饶、赣县设立分馆，有49个县也设立了县立民教馆，继续做了大量关于抗日宣传、歌咏、电影、戏剧和教育工作。省图书馆(馆长李蓉盛)1937年冬结束业务，次年分迁吉安、泰和、永新、遂川、安福等县，以泰和为总馆办事处。该馆以巡回文库和文化服务部等方式，坚持图书流通、阅读、征集工作。省建设厅创办的豫章图书馆，在战时省会也很有名气。省科学馆在南昌遭日机轰炸后，由馆长萧宗训主持，几经迁移，相继由赣县而于都、而泰和等，坚持举办巡回科学实验、展览、通俗科学讲演等活动并出版科学知识月刊、常识画报等。江西省推行音乐教育委员会在创作抗战歌曲、剧本，开展抗战歌咏，普及音乐知识等，富有贡献，《惟我中华》、《四十年来仇恨》等原创歌曲，极富民族感情和爱国精神，被人们广为传唱。省党政当局在1940年充实各级宣传机构后，曾分别组织进行通俗宣传、法令宣传、艺术宣传、特种宣传和战地宣传等活动，对战时精神文化动员，也有一定的成效。

---

① 《江西省志·江西省文化艺术志》，第225、229页。

2.三民主义文化运动

1940年,省政府主席兼省党部主委熊式辉提出开展三民主义文化运动,指定省党部宣传科拟定方案。12月,江西省《三民主义文化运动计划纲要》以及“组织规程”、“实施方案”相继出台,并于1941年初正式颁布实施,一场“三民主义文化运动”随之在全省火热地展开。

这场运动的目的,是为了贯彻国民党五大的精神,通过文化运动的形式,统一思想,“使违反主义之思想”即共产主义等不被国民党所认可的思想“无以流布于社会”,使全体国民“更普遍更深刻地认识三民主义”,确定彻底三民主义化的思想和信仰,“自觉自动地为三民主义的抗战建国而奋斗”①。为此,“计划纲要”提出了三民主义文化运动的四大任务,即展开三民主义的思想运动,使三民主义成为每个人的思想,达成三民主义的思想化;加深三民主义的研究,使三民主义的社会科学和三民主义的学术渐次成立,达成三民主义的学术化;阐明三民主义的制度文物,使三民主义表现于政治、经济、教育一切设施及生活习俗之中,达成三民主义的制度化;促进三民主义的建设事业,使三民主义的国家和社会尽早实现,达成三民主义的行动化。从实质上说,这场运动是国民党包办的思想统制运动,是由思想体系到生活形态,“将三民主义普遍灌输于人民”的文化专制主义运动。

为保证运动的进行,按照“组织规程”的规定,江西成立了一个庞大的“三民主义文化运动委员会”。委员会由熊式辉兼任主任委员,聘任党政和文化界名人27人为委员,以胡先骕、叶青、程时煃、杨绰庵、邱椿、萧纯锦、徐晴岚、匡正宇、刘已达9人为常务委员。

委员会内设副主委一人,总干事一人,专员数人,并下设6个专门委员会,分掌各类事务:第一专门委员会掌管研究与讲演事务,叶青为主委,聘请有关名流、学者31人为委员;第二专门委员会掌管绘画、电影、播音事务,姚名达(最初为匡正宇)为主委,聘请有关名流、学者32人为委员;第三专门委员会掌管文学、戏剧与乐歌事务,胡先骕为主委,聘请有关名流、学者25人为委员;第四专门委员会掌管图书、出版、印刷与供应事务,邱椿为主委,聘请有关名流、学者24人为委员;第五专门委员会掌管新闻与期刊事务,徐晴岚为主委,聘请有关名流、学者22人为委员;第六专门委员会掌管农业、工业与自然科学方面的事

① 熊式辉:《三民主义文化运动之意义及其实施》,1940年12月21日。

务，杨绰庵为主委，聘请有关名流、学者29人为委员。[①]在全省各县，也普遍成立了文化运动委员会的专门机构。

这场运动声势浩大，在思想、文化、学术、艺术的各个领域，进行了规模空前的动员、组织和活动。活动的形式，主要有组织座谈会、研究会、笔会、文化界国民月会、名人演讲、论文竞赛、编排歌剧戏剧、编印图书和期刊、竞赛、读书、抢救文物等。据记载，运动期间，仅直接策动成立的文化团体，出版事业方面，有新朝出版社，力行出版社，知行出版社，尖兵出版社，文化书店等；精神训练方面，有南岗学舍，战赣学社、则余学社等；学术研究方面，有三民主义研究会，三民主义学会，三民主义文艺研究会，三民主义美术研究会，三民主义科学研究会，自然科学研究会，经济学会，艺文学社，江西戏剧学会，艺人协会，艺人工作协会等。在具体活动上，对于党义研究、写作与出版，"迭经优予鼓励"，设置有"三民主义学术奖金"和《奖励三民主义著作出版办法》。从1941年到1944年，全省出版党义、政治、经济、文化及反共方面的书刊与宣传资料，共有176500册，其中仅党义方面的多达89000册，占总数的一半。因此，当局自诩"本省党义研究风气，甚为浓厚"。同时，也十分注重讲演，泰和临时省会每星期聘请对学术有研究的省内外党政要人、大学教授和文化界名人，讲演主义（如三民主义与哲学、与政治、与科学、与军事、与文化等）、科学、常识及各种法令等，几年间共达157次，"每次讲演时，各中等以上学校学生及省会青年之参加者，甚为踊跃"。各县也"均能按期举行"。另外，定期举行文化界国民月会及座谈会。还曾颁布《征求歌剧话剧办法》，征得并采用新型戏剧脚本20余种，"思想纯正"的歌曲30余种。注重在春节和其他庙会节日时，运用旧形式，贯入新思潮，改良民间艺术，新创作的木刻、春联、门神、年画、灯彩等，"最受民间欢迎"，"对民间影响最大"[②]。

在文化运动中，国民党当局继续并愈加严密地进行文化审查。1938年9月，经省党政军警最高机构联席会议决定，组织"江西省图书杂志审查委员会"，按照国民党中央颁布的条例，进行图书杂志的审查，吉安、赣县、上饶、南城、浮梁等县也设立了相应的机构。在党部的专门机构操作下，重点对书籍报刊等出版物和戏剧等，进行审查和禁毁。其中，报刊宣传品的审查和禁毁，由党部编审科

① 《江西省三民主义文化运动委员会各专门委员会委员名单一览》，原件存中国第二历史档案馆。
② 《中国国民党江西省执行委员会工作报告（1938年4月1—1945年4月）》。

办理;图书审查和禁毁,由编审科会同图书杂志审查委员会办理。审查的目的,仍在于“统一言论”。据统计,这几年审查的书刊,1941年为7408种,1942年为5877种,1943年为6024种,1944年为6107种,内容包括了党义、政治、经济、法律、历史、文艺等各个方面;审查的社会科学和文艺方面的刊物,每年也达400份左右。查出的被认为是禁书或“反动”者,则焚毁或密藏。例如,江西省图书杂志审查委员会在1943年3月12日国民精神总动员四周年纪念大会上,将所谓“查获禁品及反动书籍”《文艺新潮》等书籍33种、160册当众焚毁,并将《游击队与群众工作》等11种11册,检寄国立中央图书馆密藏。[①]经过审查禁毁,江西省党部认为:“本省书刊立言持论,均能符合本党要求。”[②]

三民主义文化运动坚持数年,对于在全社会广泛灌输国民党的主流意识形态,统制社会思想,统一言论,加强国民党的专制统治,“颇有成效”。另一方面,在运动中,江西的文化事业,也有一个较大的发展,民族文化和精神的动员,得到坚持和扩展,对于支持全省人民的抗战,也产生了一定的积极的作用。抗战时期江西省的文化运动成绩,在国民党中央的评价中,被排列到后方19省的第二名。

1943年2月,在省党部通过《江西省文化运动委员会组织规程》和《江西省文化运动委员会各专门委员会组织通则》后,江西三民主义文化运动改称文化运动,以与全国相一致。江西三民主义文化运动委员会也相应改称为江西文化运动委员会,同时在各县设立县文化运动委员。截至1945年3月,有靖安、进贤、安远、广昌、金溪、崇仁、余江、南昌、武宁、婺源、信丰、泰和、万安、虔(全)南、湖口、都昌、瑞昌、丰城、南丰、余干、上犹、贵溪、吉水、德安、瑞金、修水、遂川、萍乡、上高、万载、资溪、上饶、临川、寻邬(乌)、宜黄、彭泽等37县成立了文化运动委员会。[③]文委会的工作,与此前的三民主义文委会没有什么不同。

---

① 《江西图书杂志审查委员会呈中央图书杂志审查委员会》,1943年3月26日。存中国第二历史档案馆。

② 《中国国民党江西省执行委员会工作报告(1938年4月—1945年4月)》。

③ 《中国国民党江西省执行委员会工作报告(1938年4月—1945年4月)》。

第七章

江西抗日战场的坚守与胜利

抗日战争进入相持阶段后，江西在全国抗战格局中的地位进一步凸显出来。这时，国民政府已移驻重庆，西南地区成为战时政治、经济、文化的中心地区和抗战大后方。日本侵略军根据中国军队仍拥有相当大的兵力，主力军部署在湖南、江西及贵州省方面，"其中江西、湖南两省是抗战的屏障"①的判断，连续发起对湘赣的作战，企图打开进入西南的通道，打破中国长期抗战的战略。由此，江西作为中国抗战的前线和后方的特点也就更为突出。中国军队在江西境内，先后进行了大规模的上高会战和浙赣会战，连同此前的赣北作战和南昌会战，江西境内特大会战占抗战时期正面战场22次特大会战总数的近1/5，中国军队为坚守住抗战初期形成的战线作出了巨大的努力和牺牲。江西人民在极端艰苦的条件下，坚韧不拔，同仇敌忾，节衣缩食，献粮出兵，为支持前线部队的作战和夺取抗战的最后胜利，作出了巨大的贡献。无论是作为前线和后方，江西军民都经受住了严峻的考验。第九战区在南昌、九江接受日军的投降，为长期抗战的胜利画上了圆满的句号。抗日战争的胜利，是近代以来中华民族进行的民族解放战争取得的第一次伟大的胜利，是包括江西人民在内的中国人民不畏强暴、抵抗外敌、追求自由、独立和光明的伟大精神的生动体现。抗日战争的胜利，也改变了世界与中国的历史进程，促进了历史的更新。

---

① 日本防卫厅防卫研究所战史室著，田琪之译《中国事变陆军作战史》，第2卷第2分册，中华书局1980年版，第53页。

第一节
合力坚守的江西战场

一、上高会战与浙赣会战

1.上高会战

南昌沦陷后，第九战区的第十九、一、三十集团军等7个军的部队，在第九战区前敌总司令兼第十九集团军总司令罗卓英指挥下，布防赣北，除防守奉新会埠到甘坊一线和武宁一线外，以4个军的主力防守在离南昌仅数十公里的高

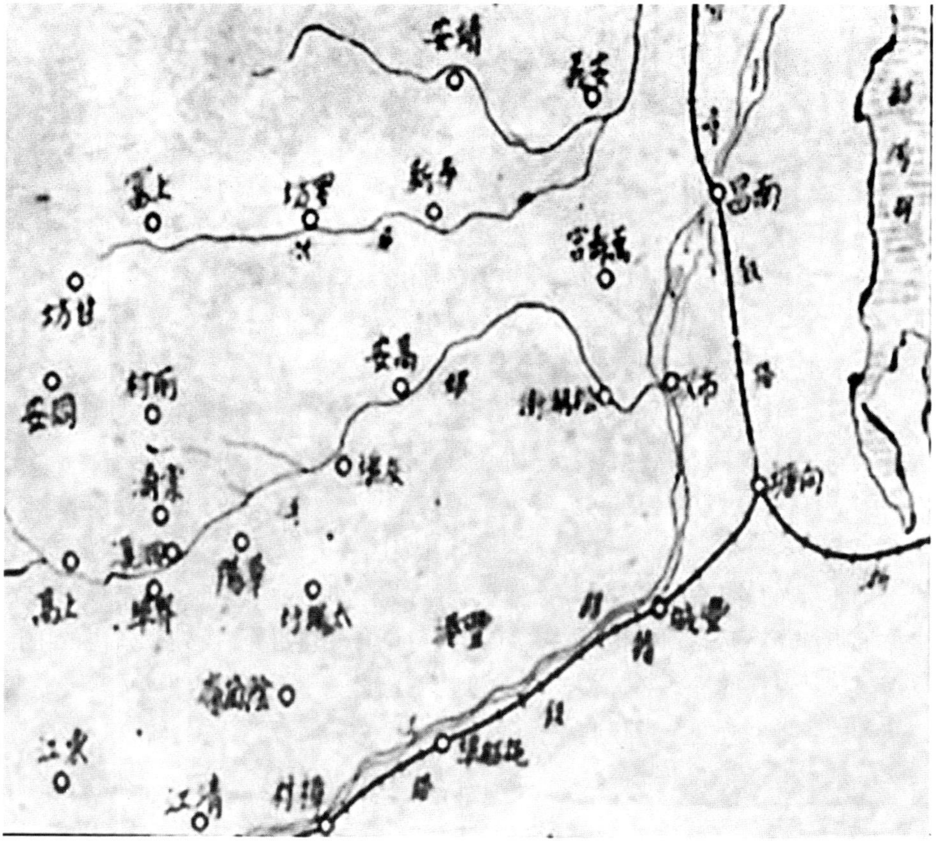

上高会战态势图 （江西省档案馆）

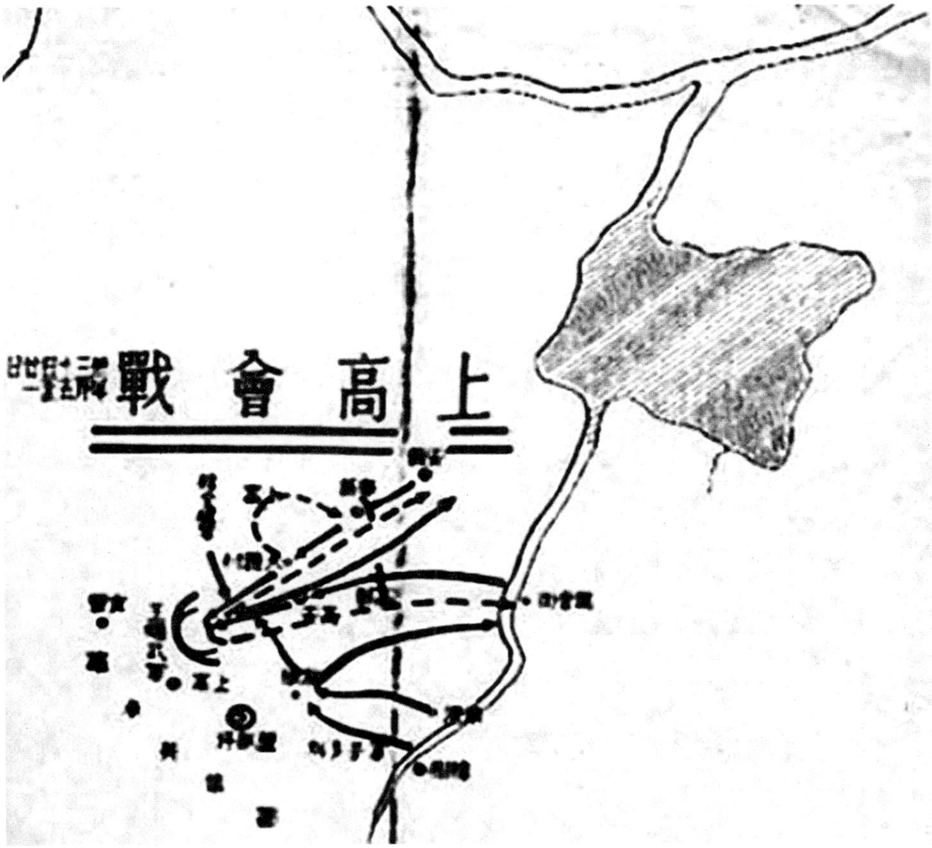

上高会战作战图 （江西省档案馆）

安、上高一线，与日军形成对峙，并不断袭扰日军，对南昌构成严重威胁。打击和消灭防守江西、湖南的第九战区部队，突破进入西南地区的屏障，是日军继南昌会战后确定的重要作战目标。在1939年9月发起的第一次长沙战役中，日军以赣北为辅战场，进攻防守高安、奉新、靖安一线的第十九、第一集团军，罗卓英指挥所部与日军展开大战，阻止了日军的进攻，并实施反击，日军第一〇六师团在第三十三师团的接应下，才脱出包围，撤回进攻前的阵地。高安、奉新、安义和武宁一线，成为双方军队在赣北赣西长期对峙的作战线。此后，我军还先后发动了冬季攻势作战和夏季攻势作战，不断给日军以打击。

1941年3月，日军为了巩固南昌外围据点，保证占领区的安全并掠夺当地物资，决定集中兵力“扫荡”赣西一带的中国驻军，打通湘赣公路，连接湘东日军，扩大赣北占领区，发起上高作战。日军集结2个师团、1个旅团共4万多兵力，配以200多门大炮、30多架飞机，于15日分北、中、南三路向上高地区第十九集团军发动进攻，其中北路以第三十三师团1.5万兵力，由安义沿潦河向上高方向进攻；中路以第三十四师团2万兵力由南昌西山万寿宫，沿锦江北岸向高安进攻；南路以独立混成第二十旅团8000兵力，由河口夏渡江沿锦江南岸，向高安灰埠方向进攻，计划三路并进到高安、上高地区与中国军队决战，求取消灭第十九集团军主力第七十四军，并占领集团军司令部所在地上高。上高会战全线展开。

以薛岳为司令长官的第九战区，早在1940年4月即预先制订有对日军的反击作战计划。该计划预定："敌如向高安、万载进犯时，则诱敌于分宜、上高、宜丰一带地区，反击而歼灭之。"①据此，九战区集结7.2万兵力，由罗卓英指挥，兵分三线，先诱敌前进，再集中主力断敌后路，围歼日军。

李觉第七十军担任阻击和引诱北路日军第三十三师团的任务。该路日军15日占领奉新，并沿潦河向上高方向前进。第七十军在潦河两岸逐次阻击并引诱日军前进，18日在华林寨、上富、苦竹坳地区，再次猛烈阻击日军。该路日军原定4月上旬调往华北，这时自认为协助中路作战的任务已经完成，遂于19日不顾其他两路战况，由作战地撤回安义。中路日军由是失去北路掩护，而第七十军则立即转头南下，袭击中路日军的右侧背。

第四十九军由清江一带西渡赣江，在军长刘多荃指挥下，担任阻截由新建流湖向高安灰埠一线进攻的南路日军独立第二十旅团的任务。19日，在高安来脊岭石头街一带猛烈阻击日军。该路日军一部占领灰埠后北上渡过锦江，与中路日军会合；一部留在锦江以南，但立即受到第四十九军及第七十四军第五十一师的打击，在华阳被歼灭大半，残部北上与其旅团部会合。第四十九军随其后渡锦江北上，攻击中路日军的左侧背。至此，三路日军实际只剩作为主力的中路孤军突进，我各参战部队经过阻击和诱敌，逐渐达成合击中路日军的有利态势。第九战区又命赣北第三十集团军的第七十二军南下，增援第十九集团军的作战。

第九战区的王牌主力第七十四军在军长王耀武指挥下，奉命坚守毗邻高安的上高泗溪、官桥一线阵地，顽强阻击经高安进攻上高的中路日军第三十四

① 《第九战区反击作战计划》，《抗日战争正面战场》，下册，江苏古籍出版社，1987年版第982页。

师团。该路日军18日占领高安后，继续西进，20日与第七十四军发生激战。22日晨，日军集中万余兵力实行强攻，日军师团长大贺茂中将亲自督战，出动飞机百余架次反复轰炸第七十四军阵地，仅投下的炸弹就有1700多枚，七十四军将士“拼死力拒，虽血肉横飞，伤亡惨重，仍不稍退，是日一日间全线敌我伤亡均在四千以上”[①]。激战至24日，七十四军在预备队也被投入战斗并先后多次发起反冲击之后，重新克复被占领阵地。全军将士的奋力拼杀，为会战胜利奠定了基础。七十四军后因此役赢得“抗日铁军”的称号，被授予军中最高奖品——飞虎旗，军长王耀武亦被授军队最高勋章。

在第七十四军鏖战之时，第七十军主力已南下进至高安杨公圩(今杨圩)一线，增援作战的韩全朴第七十二军也进至水口圩附近，与由从锦江南岸北上的第四十九军形成了对日军第三十四师团的包围，准备围歼日军。日军师团长大贺茂急电汉口第十一军司令部求救。24日，日军第三十三师团再次由奉新出动，奉命救援第三十四师团，25日晨一部经高安伍桥到达宜丰棠浦，主力则向官桥主阵地突进，意与三十四师团取得联络，接应其突围。26日夜，日军第三十四师团经激战由包围间隙中突出重围，十分狼狈地向高安方向撤退。第十九集团军分两路追歼，右路向高安、左路向奉新(三十三师团)日军追击、截击，先后在官桥、杨公圩、龙潭等地追歼截击日军一部。31日，收复高安。到4月2日，相继收复奉新和西山万寿宫，8日，攻克安义外围长埠等据点。9日，上高会战胜利结束。

中国军队在作战中打得英勇顽强。战役指挥官罗卓英说，各部队均能彻底奉行命令，危急时能咬紧牙关苦撑，不诉苦，不告急，坚守上高正面核心阵地的部队，面对“陆空协同明冲暗袭志在必得上高之顽敌，苦战五日，迭予反击”，“又各部队战斗力均充分发挥，伙夫以扁担与敌肉搏，士兵两三人共一把刺刀与敌格斗，此种事迹在官兵谈话中，到处可以见闻”。所以，战后医院中，负刀伤的官兵颇多，“有负刀伤至六七处者，尤可想见当时格斗之情景”[②]。这次会战，中国军队取得重大胜利，歼灭日军少将指挥官岩永、大佐联队长滨田以下1.5万余人，俘虏百余，击落敌机1架，缴获步枪千余支、大炮10余门，不仅恢复了

---

① 第十九集团军参谋处：《上高战役概述》(1941年5月15日)，转引自马振犊著《血染辉煌——抗战正面战场写实》，广西师范大学出版社1993年版，第238页。

② 罗卓英：《上高会战概述》，1941年5月，《江西文史资料选辑》第17辑，第95页。

战前阵线,而且收复了西山万寿宫和安义外围等地。特别是,这次战役改变了中日军队“历次会战兵力六比一之惯例”①,是正面战场作战唯一一次以不足二比一兵力取得重大胜利的作战,因此也被何应钦称为抗战以来最精彩之战。战后,罗卓英总结出11条制胜的原因,除了部队作战英勇外,战役指导正确、诱敌围歼方针成功、协调良好、通信灵活,特别是战地人民奋勇参战,“民众用命,彻底破坏交通,使敌解除优势装备”,无法发挥机械化的威力,反而陷入供给困难、仅靠飞机空投补给的境地,以及日军指挥错误、行动互不协调和轻率急进等等②,都是促成胜利的重大因素。

2. 浙赣会战

浙赣铁路是中国东南地区的交通大动脉。日军占领南昌后,这条铁路实际已被切断,但在浙赣境内大部分线路仍在我军控制中,我国在沿线建设了多处空军基地,第三战区长官司令部也驻在浙赣线的重要城市上饶。因此,浙赣线具有重要的战略地位。

1941年12月太平洋战争爆发后,中美两国共同对日本侵略者作战。1942年4月18日,美军首次出动16架远程轰炸机,对日本东京等城市实行战略轰炸,返航后多数在浙江境内的空军基地降落。日本对本土遭受轰炸极度震惊,认为如不能迅速摧毁中国在浙赣沿线的机场,将对日本构成日益严重的威胁。4月21日,日本大本营决定进行以摧毁浙赣沿线飞机场为目标的浙赣作战。5月,日军中国派遣军根据大本营的命令,决定集中9个师团以上的陆海空兵力,即第十三军及其配属部队5个师团又3个半混成旅团共54个大队,第十一军2个师团又4个支队共25个大队,加上战争开始后调入的华北方面军3个大队,合计以步兵82个大队为基干,以大约两倍于日军大本营计划的兵力,实施东西夹击的浙赣作战。其中,以第十三军从15日开始由浙江向浙赣铁路东段进攻,第十一军由南昌附近的赣江右岸从31日夜开始进攻浙赣铁路西段,企图东西夹击中国第三战区部队,打通浙赣路,摧毁沿线的中国空军机场。因此,浙赣作战“是自1939年以来,日军使用兵力最多,时间最长的一次作战”③,也是中国军队跨越两个战区联合抗日作战的重要战役。

---

① 赵曾俦:《抗战纪实》,第3册,第89页,商务印书馆印行,转引自马振犊著《血染辉煌——抗战正面战场写实》,第238页。

② 罗卓英:《上高会战概述》(1941年5月),《江西文史资料选辑》第17辑,第92—96页。

③ 李良志、李隆基主编《中国新民主革命通史》,第9卷,上海人民出版社2001年版,第100页。

东线日军在浙江境内遭到中国军队的顽强阻击，日军伤亡惨重，第十五师团师团长酒井直次中将被地雷炸死，日军哀叹这是自陆军创建以来首次“现任师长阵亡”[①]。6月7日，日军攻陷衢州，衢州机场遭到日军的大破坏。其后，日军继续西进，中旬进入江西境内，连续攻占玉山、广丰，15日占领第三战区长官司令部所在地上饶。随后，日军转取守势，大肆破坏机场，拆毁铁路，抢掠物资。第三战区部队则转至浙赣线南北两侧地区，不断侧击袭扰日军。第三战区在指挥作战中，也存在高级将领惧战、缺乏勇气和“前线未败，后方先行混乱”[②]等问题，以致日军能够迅速前进。

西线日军第十一军为策应浙江方面作战，由南昌沿抚河西岸向南攻击。5月31日晚，日军从南昌渡过抚河发动进攻，分兵多路攻城略地或牵制中国军队，一路沿浙赣线向进贤、东乡、鹰潭方向进攻，一路沿鄱阳湖沿岸向瑞洪镇、余干、鄱阳方向进攻，一路南下丰城、樟树、新干，而集中第三十三、三十四师团主力向三江口、临川方向进攻。

阻击西线日军的中国军队，是奉命出动策应第三战区作战的第九战区夏楚中第七十九军、欧震第四军和孙渡第五十八军等部队。6月4日，第七十九军冒雨急进临川，与日军先头部队在临川进行了一夜巷战。次日，日军第三师团主力抵达临川，双方战斗更为猛烈。第五十八军和江西保安纵队，也在临川北面的三江口、李家渡与日军第三十四师团激战，战况极为剧烈。8日，日军第三十四师团突破第五十八军阵地，直下临川与第三师团会合，再度与第七十九军发生多日激战。随后，该路日军再次分兵，第三十三师团主力继续向建昌（今南城）方向进攻，第三十四师团主力转向浙赣路加入向鹰潭的进攻。12日，日军第三师团占领南城及其机场。当天，日本中国派遣军向日本大本营提出实施打通浙赣线、求取“达到使第三战区毁灭、中国将领动摇的效果”的计划，得到大本营的同意，大本营指令中国派遣军“根据需要，得在南昌附近浙赣沿线全域实施作战”，作战规模于是进一步扩大。16日，第三十四师团攻陷浙赣线上的重镇鹰潭及贵溪。至此，西线日军第十一军与已进至上饶的东线日军第十三军，相隔仅约80公里。

第九战区判断日军的动向，随即调整部署，在东乡、金溪以东，南昌以南的赣东地区向日军发动攻势。第四军自南向北进攻崇仁、宜黄，第五十八军由北

① 军事科学院军史部：《中国抗日战争史》，下卷，解放军出版社1994年版，第188页。

② 《第三战区浙赣战役经验教训及检讨》，1942年11月21日。

向南进攻崇仁、临川，第七十九军由南向北进攻南城。从21日起，各部与日军在南城、宜黄、崇仁、临川地区展开激战，一度包围临川、南城日军，但久攻不克。到30日，日军再陷宜黄、崇仁，双方形成对峙。与此同时，日军30日在浙赣线上东西并进发动打通作战。7月1日，东进日军第三十四师团与西进日军第十三军第二十二师团会合攻占横峰，浙赣线被敌全线打通。

中国军队这时大多转移到日军后方袭扰敌军，并切断其交通供给。日军进退失据，顾此失彼。7 月上旬，第三战区部队开始发动局部攻势作战，先后收复浙江桐庐、建德和江西弋阳、横峰。13 日，进入临川一带的日军第三师团向南昌回撤，这一地区的作战遂告结束。28 日，日军以预定目的基本实现，下令停战撤退。东线日军以确保金华地区于 8 月中旬退回战前防线，西线日军也于 8 月 19 日撤回南昌地区，中国军队收复全部失地，浙赣会战至此结束。

浙赣会战长达 3 个多月。日军在作战中基本实现了预定目标，除破坏了衢州、丽水、玉山等地机场外，还抢掠了许多物资及浙赣铁路器材。有日本学者研究后甚至说，浙赣作战是以攻击飞机场为目的的作战，但从“满洲”调来了铁道监部 1 和铁道联队 1 担当铁道作战的部队，所以这次作战“与其说是要‘毁灭’飞机场，毋宁说是以攫取铁路器材为目的……作战获得的铁路器材，一部分为了运输萤石用于浙赣线的修复工程方面，一部分为了‘对苏联作战备用’被运往‘满洲’”①。但在中国军队的英勇抗击下，日军也遭到重大的损失，死伤包括师团长在内的官兵 2.9 万余人(日军自称 1.7 万人)。浙赣沿线及赣东地区，受到日军的严重破坏与摧残，战火波及浙赣 48 个县，中国军民死伤 25 万余人(其中中国伤亡官兵 4 万人)。尤其丑恶的是，日军在作战中再次使用了细菌武器，引起浙西和赣东地区严重的鼠疫等疫病的流行，对当地人民造成长期的危害。

二、赣北游击纵队与根据地活动

1938 年下半年赣北作战开始后，江西省政府曾派遣杨遇春、钟石磐分率保安团，前往庐山和岷山开展游击。蒋介石在南岳军事会议上，提出第二期抗战“游击战重于正规战”原则，要求派遣部队深入敌后，加强对敌人后方的控制

① [日]浅田乔二等著，袁愈佺译《1937—1945，日本在中国沦陷区的经济掠夺》，复旦大学出版社 1997 年版，第 371 页。据日本防卫厅防卫研修所《昭和十八年的中国派遣军》记载，这次日军共夺得重铁轨 6.4 万条，轻铁轨 2 万条，机车 6 辆，其他车辆 39 辆。

与扰袭,当局对游击作战有了进一步的重视。这时,第九战区建立了以樊崧甫为总指挥的湘鄂赣边区游击部队,统辖两个正规师配合主力部队进行游击作战。后又组建第九战区湘鄂赣边区游击挺进军,1940年5月调第三十三军团军团长李默庵为总指挥,统辖湘鄂赣边区各游击纵队,江西省的游击队伍被编入其中。李默庵总部一度驻修水漫江。当时在江西境内辖有三个游击纵队:

第一纵队以孔荷宠为司令,由陆军第六十军第一八三师编成。孔曾任红十六军军长,后投向国民党。该纵队在1939年9月第一次长沙会战的赣北作战中,与第二纵队在奉新境内担任截击交通、扰袭敌后任务,遭敌反击,颇有伤亡。该纵队后来主要在鄂赣边境进行游击,孔荷宠后调任陆军暂编第五十四师师长,1943年以贪污罪被第九战区军法执行处判刑(1945年被释放后在汉口、南京等地经商)。

第二纵队由3个江西保安团编成,最初由以指挥孤军坚守庐山数月而著名的杨遇春为司令,杨在第一次长沙会战的赣北敌后扰袭作战中"因对所部统率失职而撤职",保安第六团在奉新龙形山遭日军猛攻伤亡殆尽,由陈洪时接任纵队司令兼江西第十区行政督察专员。陈曾任中共湘赣省委书记,后投向国民党,受重用。据记载,他自接任纵队司令后,"秣马厉兵,励精图治,为赣省不可多得之军事政治人才"。陈洪时1940年10月4日病死,遗职由康景濂接替。1943年二三月间,该纵队奉九战区和第三十集团军之命,北上武宁横路、双桥山地区,参与阻击由鄂南南下的新四军第五师一部,发生战斗,新四军为避免损伤,退回江北。①

第三纵队司令为钟石磐。主要活动于后面所说的岷山游击根据地。

"挺进纵队的主要任务是开展游击抗战,各挺进纵队在各边区均有些战绩。"②同时,也承担游击区的地方行政事务。但"挺进部队素质不齐",有的抗日较为英勇,相当一部分"军风纪极坏,缺乏战斗精神与技术,人民对之无好感,咸称'游安全之区,击无辜之民'"③,"尚有一小部投敌者"④。

当时在赣北还建立了一些游击根据地(区、点),主要有:

---

① 《陆军第三十集团军王陵基部在鄂南赣北与新四军第五师等部战斗详报》,1943年7月。存中国第二历史档案馆。

② 高建中:《叶落归根——黄埔一期生李默庵将军访谈录》,当代中国出版社2002年版,第278页。

③ 史美章:《湘鄂赣边区党务概况及军政社会动态》,1942年9月20日。原件存江西省档案馆。

④ 胡雨林:《赣北鄂南前线敌后视察报告》,1940年10月10日。原件存江西省档案馆。

西山游击根据地：南昌失陷后，省政府为了牵制占领南昌地区的日军，建立后方与游击区的联系，发动赣西地区的游击战，派遣江西保安第六团进入安义、靖安、奉新地区，创建了以西山为主要据点的游击根据地。该保安团被编入挺进军第二纵队后，这一根据地成为第二纵队在敌占区边缘几县展开游击活动的据点，保安第四团接替受重创的第六团成为根据地的主要军事力量。

岷山游击根据地：岷山坐落在南浔铁路西侧，根据地由丛山中的若干盆地所组成，人口30余万，粮食产量差堪自给。其地因东扼南浔铁路和星子县而与庐山遥相对应，北控九江、瑞昌，西靠幕阜山，南制德安，具有重要的战略地位。1933年以来，这里便是中共赣北工作委员会的所在地，工委书记刘为泗领导红军游击队在此坚持了长期的游击战争。抗战爆发后，刘为泗起初不知道中共中央关于建立抗日民族统一战线的新政策，曾误将中共湘鄂赣省委派来传达团结抗日政策、联系部队改编的两位同志杀害，错失了所部编入新四军的机会。其后，刘为泗按照中共的方针政策实行转变，主动就近与江西保安第十八团（随即改称第五团）司令钟石磐谈判合作抗日，将部队改编为赣北抗日游击队，是一支拥有400多人和较精良的轻重武器的抗日队伍。

九江沦陷后，省政府派江西保安第三、十一两团随部分正规军在杨遇春指挥下，开辟了庐山游击根据地。日军进至德安、永修时，为了牵制敌人和援助庐山孤军，省政府又派钟石磐率保安第十八团进入岷山根据地。钟组织岷山游击指挥部，刘为泗为大队长的赣北抗日游击队被改编为 1 个大队，共同抗击赣北日军，颇有斩获。但由于国民党江西当局顽固坚持反共立场，这支队伍在 1939 年 2 月 24 日竟遭到钟石磐的阴谋袭击，刘为泗及中队长以上干部 30 多人均遭杀害，钟石磐在事后所写《江西岷山游击指挥部工作报告》中说："本部五奉上峰电令，严饬剿除，乃于二月二十四日在九江岷山附近，将匪首刘为泗等就地枪决，并全部解除其武装。"这是江西国民党当局无视团结抗日大业、积极反共的又一次恶劣行为。经此袭击，"刘部在岷山之实力，至此完全解体"①。

1939 年 4 月 18 日，日军调动进攻南昌的部分兵力攻占庐山后，岷山的战略价值更为重要。国民党当局遂向岷山增派兵力，成立第三挺进纵队司令部，兼江西省第九行政区，指挥江西保安第五、九团和挺进纵队两团共 4 个团，坚持岷山游击战争。其后，江西保安第十五团附铁道破坏队也挺进岷山、大屋，

① 胡雨林：《赣北鄂南前线敌后视察报告》，1940 年 10 月 10 日。

“专任南浔铁路之攻袭破坏”[①]。岷山抗日游击根据地曾先后粉碎日军陆空军联合扫荡3次、步骑兵联合进攻7次，多次破坏南浔铁路并曾炸毁日军火车，成为江西坚持抗战的最主要的游击根据地之一。特别是营救美军飞行员的事迹，长期受到人们的传颂：1944年8月17日，中美混合机群又一次轰炸赣北日军基地，重创停泊在九江和长江的日军舰艇。作战中一美军飞机受损，7位飞行员跳伞降落到岷山脚下的黄老门地区，岷山游击部队奋力营救，遭到日军阻击，牺牲70多人，终将全部飞行员营救脱险。

武山游击根据地：武山地处湖口、彭泽之南，控制着湖口至都昌、景德镇的陆路交通要道，是防备赣北敌军进入赣东地区的重要屏障。1938年冬，江西当局派遣两个特务营到彭泽、湖口、都昌地区进行游击活动，开辟了武山游击根据地。随后，增派江西保安第二团进驻武山，游击力量更形壮大。该处游击部队积极袭击马当、湖口地区日军，并曾渡过长江袭击安徽望江之敌。

彭湖边区抗日游击根据地：1943年，驻守湖北礼山县（现大悟县）大小悟山一带的新四军第五师，为打通与驻安徽无为的七师和在苏北的新四军军部的直接联系，决定在赣北九江、湖口和彭泽间开辟三条通道，建立湖口、彭泽敌后抗日根据地，使鄂、皖、赣边区联为一片。据此，中共鄂皖边地委（又称五地委）领导下的黄（梅）宿（松）工委3月间派遣詹润民率武工队进入湖口，五师鄂皖边军分区（又称第五军分区，司令员张体学、政委刘西尧、参谋长康洪山）派遣郑重率挺进十八团（第一连和教导队）进入彭泽。詹润民武工队很快进入湖口棠山地区，在彭湖边境立稳足根，并向武山山脉伸延，控制日伪与国民党对峙的结合点。郑重部则在1943年初夏从黄梅到七师再到彭泽县，与商群领导的独立大队会合，迅速控制了地方土匪势力和帮会势力，建立了民主政权——挺进十八团湖西办事处，成立了中共彭泽工委（书记商群），打开了局面。同年12月，郑重等主持先后在棠山大屋张村成立由时中行（又名时良源）任主任，詹润民任副主任的棠山办事处（后扩大为棠山军民联合办事处），在彭泽水下村成立由郑重任书记的中共鄂赣皖边中心县委（后改称为中共边江工作委员会），按照“实行民主主义，联合各党派进步人士，实行抗日救国，除害安民”的原则，统辖湖口、彭泽、至德、波阳、宿松、望江六县的抗日游击工作。1944年3月，又在彭泽石葛阳村成立了中共彭湖工作委员会（1945年夏改称彭湖鄱工

① 《第三十集团军总司令王陵基致第二挺进纵队司令康景濂电》，1943年3月4日。

委)和彭湖联防大队。工委和办事处进行了政权建设、减租减息、扩大抗日武装、团结在当地的国民党军政力量和地方上层人士、争取伪军和打击日伪势力的斗争,陆续建立起杨山、芳中、定山、西山、牌楼、张青、石涧桥、王斯文、彭泽二十五都、横山等十一个联村办事处即乡政权,大体形成了游击根据地的县、乡、村政权架构。根据地的斗争,对日伪在赣北的统治形成了重大的威胁,曾经得到新任新四军第五师政委郑位三的称赞。抗战胜利后,该地中共武装和干部奉命渡江北上。①

此外,在修水、武宁和湖北阳新边界及其他小块地区,也建立了游击区或游击点。1940年6月,游击队曾一举烧毁武宁日军毒气仓库,并使300多名日军中毒,在当时影响很大。一些零星游击队的活动也很活跃。如1944年10月17日游击队潜入永修马口,烧毁日本九江三星洋行分行及其囤积的物资;游击队还曾潜入南昌,袭扰日军和烧毁日军仓库。

三、民众的抗敌

在全民抗战的大局中,随时随处可见普通百姓以各种形式,投身抗战的身影。1943年,江西省各界民众抗敌后援会曾经将收集到的各界民众抗敌事迹,编辑为《江西省各界民众抗敌史料》出版。这本书,记录了许多普通老百姓英勇抗日的事迹。这样的事迹,也在其他形式的记载或口碑中,流传下来②,它们构成了神圣抗战的光辉一页。

江西民众的抗日事迹,当时被概括为三个方面:

第一,为国效忠,包括因公牺牲的殉公者和被俘死难的殉义者。这类事迹甚多,像南昌市百花洲小学教师卢英,在敌机轰炸时,为组织学生进入地下室而中弹牺牲,年仅27岁,是为公牺牲者。安义第2区第13保农民张鉴理,在日伪军进扰万埠时,英勇不屈,只身与敌肉搏殉难;靖安第2区核心组长胡升璠,在潜入敌后侦探敌情时被捕,日军强迫他充当向导,结果他将日军引入迷途,被恼怒的日军杀害,是为殉义者。更为突出的是,湖口县第一区农民陈植楷,1940年2月带路引导中国军队在江湖水道布放水雷,先后炸沉日军舰艇14艘,炸死

---

① 详见王显道:《彭湖边地区的抗日斗争》,未刊稿。

② 如抗战胜利后省政府调查全省抗敌忠烈事迹,仅1946年已收到的南昌市、兴国、高安等17个市县报送的材料,即达3396人(《江西省政府三十五年度政绩比较表》,存江西省档案馆)。

日军数百名，立下奇功。陈植楷随后不幸被日军逮捕，遭受酷刑，坚贞不屈，惨遭杀害。

第二，英勇死节，包括持正不阿的守正者和守贞不渝的守贞者。修水人、以诗名噪天下的我国著名学者陈三立，1933 年移居北平（今北京），先是严拒去伪满任职的劝诱；1937 年北平、天津沦陷后，又坚拒日伪当局强邀他出任伪新民学院院长的要求，任其“游说百端皆不许”，游说者天天在他门口纠缠不休，引起他的愤怒，遂喊来保姆用扫帚将其逐去，“因发愤不食五日死”①。德安人刘硕贵，在日军占领德安，强迫他出面成立伪组织时，坚决不从，被日军杀害，年仅 32 岁。星子县 17 岁的姑娘李青莲，被日军捕捉，日军“逼供我方军情，不答；复施非礼，拒不从”，被杀害②。

第三，慷慨奉献，包括奋起杀敌的反抗者、自动请缨的献身者、乘时自效的献力者和慷慨输将的献财者。据史料记载，瑞昌南阳乡山上黄村人黄继忠，素具胆识，1941 年春见 2 名日军由码头镇窜来村中寻觅妇女，乃潜藏在要隘处，等敌靠近时，举石猛击，敌避之不及竟毙命。他将敌尸投入深谷中，并洗清血迹，以免遭敌查踪报复。高安石脑农民朱火，1941 年 3 月，用锄头击毙一敌；新建人霍昌海与其弟击毙敌军 2 人、伤 1 人，自己也在搏斗中牺牲。余干罗家农民杀死施暴的 6 个日军，楼下村农民用刀矛锄头消灭抢劫的 9 个日军，新屋彭家村农民乱棍打死 5 个施暴的敌人，南昌塘南农民胡木林用木棒敲碎 1 个日军脑袋，这类因日军暴行激发的奋起抵抗事迹，在全省不少地方都曾发生。南昌近郊桃竹丛魏村村民，被日军在周围村庄烧杀奸淫的兽行所激怒，面对冲进村强迫交出妇女的 19 个日本兵，村民们男扮女装，暗藏利刃，佯作殷情，乘敌不备将其全部杀死。这是战时一次非武装的民众自动反抗、机智杀敌的突出事例。事后，日军包围该村，疯狂屠杀村民 500 余人。③

献财出力者更是举不胜举。1941 年 5 月，广丰县年届古稀的清末翰林徐浩、季桃华，响应有钱出钱、有力出力的号召，为抗日事业慷慨输将，传扬一时。二老以年迈力衰不能亲上前线，决定将自己的全部家产“共计一百三十万元悉数捐助解交中央”，资助抗战。蒋介石对此也受到感动，立即题写“毁家纾难”横

① 吴宗慈：《陈三立传略》，引自张良俊撰《陈三立》，《江西近现代人物传稿》，第1辑，第194页。

② 江西各界民众抗敌后援会编《江西省各界民众抗敌史料》，第1辑，1942年1月出版。存江西省档案馆。

③ 《南昌市志》，第5册，第310页。

额两帧分赠二人，并发电请广丰县长代为致谢。[①]还有一位新建县的徐氏老婆婆，目睹日军暴行，痛恨不已，1943 年 7 月 28 日，乃将自己多年积蓄与家产 2.1 万元尽数捐献出来，用于政府购买飞机抗敌。1942 年秋到 1943 年，江西各界民众捐款购机活动迭起高潮，先后捐款购买飞机多架。中国空军因全国人民的捐助，装备得到加强。也是从 1943 年起，江西境内的制空权，基本被中美空军所掌握。

其他诸如江西民众奋勇从军、购买救国公债、抗敌献金、募集棉被寒衣、捐献公债库券等等，实在太多。需要特别提及的是江西农村妇女，投身抗日救亡活动，令人感动。据当时在江西的雷洁琼记载："一九三九年至一九四二年，广大农村妇女积极出钱出力，为前方将士捐献现金二十多万元，制布鞋四万余双，……有些穷山沟的农村姊妹，将婚嫁时珍藏多年的银首饰都捐献出来，一根银簪，一副耳环，一个戒指都表达了广大农村妇女的爱国热忱"，"在游击区，妇女队还组织当地妇女传递情报、运送弹药、供应茶水、救护伤兵，担负起光荣的任务"[②]。

以上所举，只是万千民众抗敌事迹中的点滴。但仅从这些点滴中，也充分地表现出了江西人民不畏强暴、众志成城的爱国精神和凛然正气。这种精神和正气，是抗日战争最终取得胜利的根本原因。

四、在困苦生活下的坚守

抗战时期，全省人口是一个不断下降的势头。人口总数，1937 年为 1519 万人，到 1946 年 7 月为 1284 万人[③]，减少了 235 万人。人口分布，以 1943 年 9 月为例，全省总户数 2625579 户，1390.8 万人，其中男 713.3 万人，女 677.5 万人，壮丁 1871936 人，户均人口 5.3 人，男女比例为 105:100，每百男子中壮丁数为 26 人，每平方公里土地人口数为 80 人。[④]这一统计说明，尽管男女比例尚属正常，但男子中壮丁人数(18—45 岁)比例过低、老少人口比例过高，反映了青壮年大量出征和伤亡的事实。

抗战军兴，全省物价"无不纷纷奇涨"，成为影响民生安定和抗战事业的重

① 《江西省各界民众抗战史料》，第1辑，1942年1月出版。

② 雷洁琼：《抗战初期的江西妇女运动》，《人民日报》1985年8月21日。

③ 《江西统计》，第8期(1946、12)。实数为12836619人。

④ 《江西统计》，第1卷第5期(1944年11月)。

要因素。物价奇涨,当时分析原因有二:一是来源缺乏,供不应求;二是“不肖商人”垄断居奇,操纵谋利。省政当局在发展经济和贸易以开源的同时,在管制物价、物资和节流上也曾做出过努力。1938 年 3 月,为解决物价过昂问题,成立由省党部牵头,民政厅、警备司令部、警察局和商会等 11 个机关团体组成的“非常时期江西省物价评议会”,负责评议和调整物价。4 月,省党部颁发《非常时期江西省物价评议会议组织规则》及评议办法,令各县同样组织物价评议会,以“注意人民生计,防止商人高抬物价”。此后,还相继成立江西省日用必需品平价购销处、食盐专卖局、粮食公卖处、缉私处、江西省物价管制委员会(1943 年 6 月)等机构,对粮食、食盐等重要物资实行全面限价和限销,也多次破获过囤积大案,如 1943 年秋先后破获的泰和、吉安商人的私囤银币、银锭、银条案,吉安商人的多起囤积布匹、颜料案[①],但终究无法解决物价飞涨的问题。特别是到抗战后期,物价的直线飙升,成为最为严重的社会问题之一,给人民的生计带来难以忍受的苦痛。就是在物资供应最有保障的临时省会泰和,这种情况也不例外,而使工薪低微的整个公务员队伍的日常生活备受冲击。

1937—1945 年泰和县公务员生活费指数[②]

	总消费值	总指数	食物类	衣着类	房租类	燃料类	杂项类
物品项数	29	29	10	6	1	2	10
1937.6	11.3 元	100	101	101	100	99	100
1937.12	13.0 元	115	121	122	100	101	112
1938.12	20.2 元	178	171	243	150	170	174
1939.12	32.6 元	288	269	315	450	483	264
1940.12	74.4 元	656	673	687	700	780	627
1941.12	168.7 元	1487	1664	2109	1300	1497	1293
1942.12	488.3 元	4306	4759	8303	3320	6368	3272
1943.12	1856.2 元	16365	20002	27470	15000	19190	12216
1944.12	5037.2 元	44412	42198	101539	30000	49287	37039
1945.12	9682.1 元	85365	88352	230018	35000	125743	60326

① 《抗日战争期间江西大事月表》,1943年8月1日;1943年10月17日。存江西省档案馆。
② 《江西统计》,第6期(1946年6月)。

避免浪费及减少消费是战时节流的主要内容。1938 年 8 月,省政府向公务人员发出通告,要求在抗战期间,其一切举动均应作民表率,各项浪费宜痛加革除,规定“凡公务人员,如遇婚丧寿宴,务须力求节俭,不得妄加浪费”。又制定《公务人员革除婚丧寿宴浪费暂行办法》,明令对借口违反者决予惩处。[①]1942 年 4 月,新任省主席曹浩森进一步采取措施,解决他所认为的江西社会风气稍嫌奢侈、不如重庆俭朴的问题,公布江西省《非常时期取缔宴会及送礼办法》,在全省统一取消宴会和送礼,因特殊事故必须举行宴会或送礼者,须向当地警察机关申请登记。这个规定,次年 7 月以再次公布《非常时期江西省省会取缔宴会及限制酒食办法》,得到重申。江西省政府为了节减粮食消费,还规定不准酿酒,限制米食加工,只准人民食用糙米即“稻谷砻去稻壳之米”[②]。这一点,连蒋介石也觉得有些过分,认为实行“恐多困难”,下令照顾地方消费习惯“酌定适当标准”[③]。

比较而言,农民的生活尤其艰难。战时江西农村,佃农和半自耕农占农村农户的比例,常年在 71%到 74%之间,即约占 2/3。他们是重租重役的主要承担者。据江西农业院 1939 年的调查,江西田租有钱租、谷租和分租三种形式,分别占 5.69%、80.97%和 13.34%,以谷租为主。谷租的数量,各地不同,上等田以贵溪最高,每亩纳租 4.5 石,会昌最低,纳 1.2 石;中等田萍乡最高,纳 4 石,会昌最低,纳 0.8 石;下等田萍乡、吉安最高,纳 3 石,会昌最低,纳 0.4 石。[④]租额不同与当地产量有关,但租额所占收获总量,全省大多在一半到 2/3 之间,是一个相当重的分量。这种状况,与战前没有什么改变。

农民的负担,在 1941 年前未实行田赋征实征购前,在战争环境下相对说来不算重,而且因为货币贬值,用货币交纳田赋和捐税等,实际的负担其实还有减轻,从那几年的乡村物价及农民购买力上看,下降比率还不是太大:

---

① 《公务员应厉行节约,革除婚丧等浪费》,《江西民国日报》1938年8月23日。

② 《江西省粮食节约实施细则》,1942年1月6日第1434次省务会议修正。

③ 《行政院院长蒋中正给江西省政府的指令》,1942年4月23日。

④ 稻谷每石等于10斗、108市斤,每担等于100市斤。

1937—1942 年临川等 5 县乡村物价及购买力系数①

年份	农民所得物价系数					农民所付物价指数					农民购买力指数				
	临川	吉安	赣县	会昌	萍乡	临川	吉安	赣县	会昌	萍乡	临川	吉安	赣县	会昌	萍乡
1937	100	100	100	100	100	100	100	100	100	100	100	100	100	100	100
1938	90	92	88	101	109	114	110	111	109	125	79	84	79	93	87
1939	117	118	116	142	123	153	143	140	142	154	77	83	89	100	80
1940		314	334		139		377	310			327				73
1941		1049	1043				809	662				130	158		
1942		1882	1851				2100	1811				90	102		

表中可见,农民出卖农产品所得的价钱,绝大多数地方比他们购买物品所付出的价钱要低,而他们的实际购买力,一般都比 1937 年有下降,但差别还不显著。显著的差别出现在 1941 年 9 月实行征实征购后。这时,农民负担明显加重,生活状况明显恶化,主要表现在两个方面:其一,所有负担均折征粮食,实际负担大大增加。如进贤第 2 区,每户平均负担粮食为 9.47 担,人均竟达 2.1 担,以户均粮食收支计算,每户平均不足数与负担数大致相当,因此只有压缩基本口粮以完负担。②当时调查各项税收、征课,1945 年全省人民人均负担 1352 元,约合稻谷 8 斗 8 升,这个负担尚未包括“人民捐献及乡镇保摊派”,乡镇保摊派项目主要有保甲经费、优待谷、清洁捐、征集费、征工等,也是一笔不小的数目。因此,连省政府也承认“人民负担较重”③。其二,农民的粮食全部被政府征购和控制,不能自己拿到市场上出卖来得到较高的价钱,而政府付给他们的征购粮款,不但比市价低很多,而且40%给现金、60%给粮食库券。这样一来,政府虽然平抑了粮价和财政支出,保证了粮食的战时供给,但农民却需承

---

① 中央农业实验所编《近七年乡村物价调查》、《乡村物价月报》;《江西统计》,第1卷第3期(1943年3月)。注:原表有逐月指数,此仅列年平均数。

② 《进贤县政府1943年4月下旬米谷购拨对照表及各区乡人口、耕地产量、征收负担统计表》,原件存江西省档案馆。

③ 《江西省政府三十六年度政绩比较表》,1948年2月编制,原件存江西省档案馆。

受三个方面的损失：一是粮价之低与其他物价之高形成巨大的不平等差价，农民只能以少得可怜的粮食收入，去购买价格惊人的其他物品。二是即使有40%的粮款，因需经区乡保甲长等转手，并不能完全落到农民手中。据记载，各地对农民粮款“侵吞挪用或扣缴捐税”之事“不断的发生”，“甚至有的县长也有这种不法的行为”，严重者，粮款“真正能完全发到老百姓手上的，十不及一”①，有的甚至干脆“不给价款”。三是粮食库券实质上是一种战时债券，但政府并无偿还能力，除1943年使用小部分抵交农民派配的积谷外，实际上成为废纸一张，农民因此承担了巨大的赔累。②因此，1941年后，农民不但购买力下降到极点，而且相当多的农户连最低生活也难保证，要依靠借贷度日。其中仅借粮度荒的农户占总农户的57.2%，他们秋后还粮时要承担30%的高利贷利率。

处于敌我交界和交战地区的人们，所受灾害更是深重。例如高安处于敌我相接前沿，“为抗战期间百战之地，因之所受损害也特别重大，县城南北两个部分，尽成为一片废墟，只见到芦苇成林，砖瓦塞途，却找不出一间比较完整的房屋”，乡村只剩下败壁残垣，当地灾民经受着流亡的痛苦，无处可以趋避风雨，衣服、粮食被敌人糟蹋精光，“极目荒凉景象确实凄惨得很”③。又如鄱阳湖区的渔民，“一面受敌寇随意杀戮之迫害”，因遭日军汽艇机枪射杀的渔民，尸沉湖底，渔船漂流湖面数月无人过问；一面则因敌我双方在湖港设防，导致捕鱼范围日促，“生活苦况遂更不可名状”④。而所有游击区的农村农民，不仅要遭受日军的抢掠粮食、物资之害，而且要遭受中国战区部队和政府为与敌人争夺物资而来的“抢购”粮食之苦，其生活苦痛也是不堪言说。⑤

就是在如此艰难的生活状况下，江西人民表现出惊人的忍耐力和牺牲精神。所以能够如此，根本所在，就是为了战胜日本侵略者，为了民族的解放和复兴。因此，广大人民以自己的无声的奉献和罕见的坚忍，支持长达8年的战争，坚持为抗战出兵出粮、出工出力直至战争胜利。他们是民族的脊梁和抗日战争

---

① 熊渭清：《江西省征购粮食的回顾与展望》，《江西粮政》，第1卷第3期。

② 详见何友良《抗战时期江西粮食征供情况考察》，《抗日战争研究》，1993年第2期。

③ 郑仁杰：《战后的高安》，《江西民国日报》1945年12月27日。

④ 刘继培：《鄱阳湖区归来》，民国《江西通志稿》，第19册，第51页。

⑤ 如1941年7月《第九集团军抢购沦陷区粮食暂行办法草案》，将赣北沦陷区及邻接沦陷区各县划为4个抢购区，由驻防该区部队负责抢购。负责其中一区的新三军随即将其负责的高安、奉新、安义区划分为3个抢购区，规定所抢购的粮食每石支付法币15元、米每石31元。

的生力军。以农民为主的各界人民对抗日战争作出的巨大贡献与牺牲,必将永久地镌刻在中华民族的光辉史册上。

第二节 蒋经国与“新赣南”建设

一、建设“新赣南”的由来

战时江西后方政治中一件在国内外都富有影响的事情，是蒋经国领导的“新赣南”建设。

蒋经国(1910—1988 年)是国民党总裁蒋介石的长子。早年留学苏联,在苏联受到社会主义思想的熏陶。1937 年回国。1938 年 3 月,蒋经国来到江西,出任省保安处少将副处长,9 月任江西新兵督练处处长,参与筹划庐山抗日游击战，并曾坚持秘密上山看望孤军坚守庐山的杨遇春部保安游击部队。1939 年 6 月,出任江西省第四行政区(辖赣南 11 县)行政督察专员兼保安司令,同时兼任赣县县长。到 1945 年 2 月离任去重庆,蒋经国在赣南任上计达 6 年。

蒋经国到赣南就任时,面临的形势和环境已相当严峻:上海、杭州、广州和武汉等重地已经失守,江西省会南昌及赣北也已经沦陷,江西成为东南抗日战争的前线，境内驻有第三、九两个战区的部队,分别在赣东和赣西北与日军形成对峙,全省比较安全的地区只剩赣西赣南。江西承担着从人力和物力上支撑东南抗日作战、屏蔽西南大后方的重大任务,地位日显紧要。就赣南而言,该区地处赣粤湘三省毗邻之区，虽为前线的后方,但也遭到了战争的严重破坏。就在蒋经国接任的次日即 1939 年 6 月 12 日，日机即分批空袭赣州，专署四周被

江西第四区行政督察专员兼保安司令蒋经国(《青年时代的蒋经国》)

炸，伤亡百余人，蒋经国的住宅亦遭机枪扫射，其妻子、儿子只得隐迁到城外通天庙中居住。此后10余天内，赣南各县城皆先后被炸，而敌机轰炸赣州已大半改用燃烧弹，这使他一上任即面对满目疮痍。他在上任十多天后写给父母的信中说，他自己兼任救护、消防总队长，每有轰炸即“率领队员驰赴投弹灾区工作”，亲自参与现场消防、救护，并曾亲手从瓦砾堆中救活母子2人。另一方面，国民党地方政治的现实也混乱不堪。赣南曾经长期是粤系军阀的势力范围，从北伐到两广事变一直有粤军盘驻，其据地称雄，横行霸道，实际上控制着邻接广东的5个县县长的安排权和赣南钨矿的管理、税收权，以致如亲历者所言，江西“省政府的政令，一向进不了赣南”①，成为长期困扰江西省政府的问题。同时，“粤军在赣南烟赌公开”，军官与粤商包烟包赌包娼，并不隐蔽，造成即使在两广事变平息、粤军交还赣南政权后，其“烟赌娼之为害，人民的痛苦是不堪言状的”②的现状。基层地方事务则多“把持在土豪劣绅手里”，他们恃强凌弱，欺压百姓，侵蚀和操纵政权，致使政令不能推行，人民过着“穷苦黑暗的生活”，社会“情况混乱到了极点”。就在1939年初，即曾发生安远、上犹两县自卫队“绑禁县长”，驻赣南3个保安团的部分官佐“殴辱”当时的行署专员刘已达、致使“赣南情势迫切”的事件③，如此等等。蒋经国将这些现象，径称为虚伪的、封建的和黑暗的政治。严酷的现实与蒋经国的背景、条件和抱负相汇合，激使他下决心“勇敢站起来，号召志同道合的朋友，来清除社会的罪恶，来反抗人类的仇敌”，“为赣南的人民，打出一条生路”，为湘浙赣闽粤“建立一个抗战建国的据点”。

1940年1月，蒋经国正式提出“建设新赣南”的设想。在当时举行的春节座谈会上，他首次阐述了“推行新政治，建设新赣南”的想法，并将三年实现人人有工做、人人有饭吃、人人有衣穿、人人有屋住、人人有书读，作为建设新赣南的目标。后来，他对建设新赣南的内涵有过进一步的概括，指出建设新赣南，就是要“推翻旧的政治和经济制度，而创造一个新的三民主义的经济和政治制度”，“将一个落后的贫穷痛苦的旧赣南，变成一个前进的富强康乐的新赣南”④。

---

① 曹云霞：《“五有”和“十多”》，载江西省、赣州市政协文史委员会编《江西文史资料选辑》第35辑(蒋经国在赣南专辑)，第143页。

② 《江西省政府委员李德钊视察赣东北、赣南的报告》，《江西民国日报》1936年9月8日。

③ 《中国国民党江西省执行委员会第十八次会议纪录》，1939年2月24日。原件存中国第二历史档案馆。

④ 《用心血来培养革命的幼苗》(1943年11月19日)，《蒋经国先生全集》，台北，新闻局1991年版第3册，将该文时间推算为“八、九月间”，似误。该全集有关赣南部分还有几处有误。

二、新赣南建设的主要内容

新赣南建设的主要内容,简单地说由两个方面组成:一是采取“毫不容情”的“霹雳手段”,来改变政治现实和社会风气,是为“灭旧”;一是提出三年计划和五年计划,进行以经济为重点、包括政治和教育的全面建设,是为“创新”。

“灭旧”方面的内容主要有:

一是严禁烟赌娼,转变社会风气。建设新赣南的活动,实际上以严禁烟赌娼、转变风气首开其端。蒋经国上任才十几天就“已开始严禁烟赌”(禁娼稍后)。他认为,烟赌娼一是败坏了社会风气,二是浪费了社会财物(全赣南一年仅赌、娼二项即需消耗650万元,烟款更多,若以之用于建设可做许多事)。因此,他将严禁烟赌娼、转变社会风气作为修明政治的突破口和“先决条件”[①],采用极为严厉的办法施禁,其做法大体是1940年前,让犯禁者在公共场所示众;1941年起,境内仍有售贩吸食和偷种鸦片者,“只要查实,一律枪决”,同时设立妇女工厂和收容所,分别收容娼妓及“不管他是什么人”的赌犯,并视情节罚充苦工、开农场、扫街道等,以促其觉悟和反省,重新做个良好公民。客观地说,禁烟并不自蒋经国始,赣南此前即被“定为绝对禁烟区”,但“这不过是一句话”,说说而已。蒋经国的严禁政策实施后,则大为不同,不仅烟赌销声匿迹,过去的“牌声彻夜”不再耳闻,娼妓也基本禁绝,可以说效果显著。

二是“除暴安良”,打击土豪劣绅等“腐恶势力”。蒋经国认为,土豪劣绅把持地方事务是导致政令不能推行、平民百姓不安生业的原因,要使政令畅通,人民安居乐业、新赣南建设成功和地方自治实行,就必须消灭土豪劣绅,肃清流氓地痞,打倒一切恶势力,“建立人民的权力”。为此,采用拘案、监禁、罚款物、罚做苦工、用“罪恶板”公示等办法,“毫不留情地打击”土豪劣绅;实行整编自卫队、办理清乡、收缴民枪、训练壮丁和彻底剿灭非法武装(其中也含有攻击共产党领导的地方游击队的内容),来改变地方武力被“一般土豪劣绅所把持”和“落伍的军人”组织非法武装的事实。同时,地方上的公正士绅也相应得到保护和尊敬。但这些行动,遇到了土劣恶势力的激烈反抗,1942年曾发生个别土劣暗杀蒋经国的得力干部,甚至声言要收买蒋经国人头的事件。

三是整肃贪官污吏,建立廉洁的地方政府。蒋经国痛恨贪官污吏和官场恶

① 《为报告赣南各县城遭日寇轰炸等事上父母亲函》(1939年6月23日),《蒋经国先生全集》,第15册,第244页。

习，认为乱派捐款、诈索百姓金钱以肥己的官吏寡廉鲜耻，其“行为完全与土匪相同”，是破坏新赣南建设的阻力和危害人民福利的蟊贼，一定要“严办贪污”，“铲除贪官污吏，土豪劣绅”，建立廉洁的地方政府和民主政治的基础，维护正义和公平。因此，他采用“最严厉的办法肃清贪污”，规定凡贪污300元以上者枪毙(即使是他亲自培养提拔的干部、亲信犯规，也曾“忍痛”处死而不宽贷)；要求配合调整机构和人员转变政府作风，全力克服腐化危险，禁止向民众乱派捐款，整顿租税田赋，平抑物价；“奖励人民检举”[①]，并组织政风巡察团到各地去检举大小贪官污吏、新旧土豪劣绅，清除“害群之马”；要求从专署人员、县乡长到保甲长的各级官吏，“特别要忧勤惕励，言行自检”，克制不正当的欲望，根除贪污恶习，“永远保持自己的贞洁”[②]。

在“创新”方面，提出了新赣南建设三年计划和五年计划，致力于进行政治、经济和文化教育方面的建设。

1940年秋，蒋经国亲自拟定了新赣南建设的第一次三年计划(1941—1943年)，要求各县逐年逐项按分解下达的指标落实执行。这个计划，包罗全面，提出农业、林业、工业、交通、商业、矿业、文化、教育、卫生、救济、政治等11个方面的建设，每项建设内分目标和实施要项(项目和年度要求)，提出了许多建设指标和要求。如农业建设，目标为采取科学方法，运用金融力量，以谋农村经济之发展，农民生活之改善，在消极方面，力求家给户足，在积极方面，力求输出增加；实施要项则分10项，有垦殖荒地，广设农场，推广合作组织，扩大冬耕运动，推广植棉，修治农田水利，防治兽疫，开辟果园，建筑农民新村，改良家具。又如教育建设，目标为普及国民教育，培植地方自治基础，灌输战时知识，辅导民众组训，推行劳动生产，改善国民生计，最低限度，应使人人皆能识字，人人皆有强烈之民族意识，人人皆有生活之技能；实施要项为20项，为每县设一中学，创设职业学校，实施青年训练，完成乡(镇)中心学校，普设国民学校(保学)，实施辅导制度，加紧训练师资，妥筹国民学校基金，扫除文盲，推行生产劳作教育，建筑校舍，加紧推行国民精神总动员，设立图书馆，建筑体育场，提倡音乐体育，实施公务员补习教育，推行幼稚教育，创办托儿所，奖励捐资办学，设置奖

① 《新赣南与实施宪政》，《正气日报》1944年1月14日。

② 分见《勇敢地来悔过来改过——克服赣南的政治危机争取更大的事业胜利》(1942年5月4日)，《蒋经国先生全集》，第15册，第289页；《新赣南三十年度工作总检讨》(1941年12月29日)，《蒋经国先生全集》，第3册，第211—212页。

助金。[1]客观地说，这个计划相当周全，除了有的指标过高外，不少内容具有可行性，而且为地方建设所必需。

在三年计划到期时，1943年9月，蒋经国进一步提出了建设新赣南的第二次五年计划(1944—1948年)。与三年计划涵盖广泛不同，五年计划完全是一个经济建设计划，但规模更为宏大，指标更为惊人，提出了工业机械化、农业工业化、城市现代化、树立重工业基础等大胆设想和具体指标[2]。这两个计划(后者并未实施)，反映了蒋经国的基本建设思想和目标规划，事实上成为新赣南建设的主要活动。

在贫穷落后的赣南进行大规模建设，最大难题是巨大的经费需求与财力微薄的矛盾。为解决这一矛盾，蒋经国除了争取省政府对赣南兴办工业的支持外[3]，还先后采取了在政府计划与统制下奖励私人投资，吸收外资，提倡自力更生的建设精神，建设捐款按"钱多的人多出钱，钱少的人少出钱，无钱的人不出钱"的原则征收，以及清查公产公款、整顿税收、发展公营事业以利增收等措施。此外，比较注意派款招怨、官吏中饱的问题，实行通盘筹划财政总预算，确定老百姓的应分担款额，实行"一年只派一次款"，并由百姓直接向经征处缴纳[4]。这个办法具有创造性和革命性，注重从制度上消除以往随意派款和层层盘剥的诸多流弊，对确实减轻人民负担和有效防止官吏贪挪，都不失为好方法。

此外，在政治建设方面，蒋经国揭出的旗号是"修明政治与爱护人民"(这也是他1939年6月12日所作第一份"施政"讲词的主题。因此，培植新的干部和聚集民众成为这方面工作的重点。他自己十分注重深入乡村民间，仅在上任一年多的时间内，即爬山过岭，步行2850里巡访各地，清楚全区有多少桥、茶亭和水利工程需要修理；听取民众呼声，实行星期四接见民众和在各地遍设民众代笔处制度，亲自"询问生活状况，并调查控诉案件"[5]，解决民众要求和痛苦，仅兼任赣县县长的头半年，亲自处理的民众控诉即达1255件，1942年一年接见的民众有1023人。他还要求公务员接近民众，体察百姓疾苦，尊重国民(不论贫富)的人格，对人民要有恻隐之心，要发挥人民的价值和解决人民的需

---

① 《建设新赣南第一次三年计划》(1940年9月)，《民国档案》1996年第4期。

② 见《新赣南五年建设计划草案》(自民国卅三年至卅七年)，《正气日报》1943年10月13日。

③ 《蒋经国关于赣南举办工业致省建设厅厅长杨绰庵函》，1941年7月9日。原件存江西省档案馆。

④ 《赣南当前要政》(1942年9月)，《蒋经国先生全集》，第3册，第364—365页。

⑤ 《蒋专员经国出巡南康》，《江西民国日报》1939年8月19日。

要即最低限度为人民解决疾病、痛苦和贫困①,反对害民扰民和愚民;提出改善官民关系,制定16条官民合作公约,还特别组织政工队深入乡村,以农民为工作对象,调整军民官民关系、调查各县施政情况、督导各地工作。这些做法,不论其动机如何,客观上对人民群众是有益的。

在文化教育方面,办校兴学受到特别的重视,甚至提出了开办大学的设想。同时,也强调理想、精神对人们生活的影响,而将“改变人民的心理”使之“精神时代化”,视为与经济建设同样重要的任务,提出人人都要读书看报、人人都要高兴快乐、人人都要强壮健康、人人都要相亲相爱、人人都要劳动做事五项精神建设目标,倡导文化“迅速深入民间,以破除封建思想,竣扬民族精神,提高知识水平,促成社会进步”,培养具有民族意识与国家观念的新国民。蒋经国还意图改革习俗,制定《新赣南家训》②,确定农民节、健康节、官民同乐节、读书节等10多个新节日,进行卫生建设和实行阳历年、赣南居民挂戴标识等等,其中有一些规定过于机械,与传统生活习惯发生冲突,引起了人们生活的诸多不便。

三、成效与影响

建设新赣南的活动,涉及抗日战争时期国统区地方政治革新和社会建设

① 《修明政治与爱护人民》,《江西民国日报》1939年6月14日—18日。

② 该家训内容为:东方发白,大家起床。洗脸刷牙,打扫厅房。天天运动,身体健康。内外清洁,整齐大方。时间宝贵,工作紧张。休息睡觉,反省思量。吃饭吃粥,种田艰难不忘。穿衣穿鞋,要从辛苦着想。事事宜先准备,免得临时慌张。春天栽树木,夏天造谷仓。秋收多贮藏,冬季种杂粮。夏衣春天做,冬衣秋季量。天晴修房屋,天雨补衣裳。户户养鸡鸭,家家畜牛羊。处处要节约,无事当做有事防。时时要储蓄,有钱应作无钱想。青菜豆腐最营养,山珍海味坏肝肠。服装器具用国货,经济耐用顶适当。父母教子女,兄长教弟妹。勿贪钱财勿说谎,戒烟戒赌莫游荡。生活要刻苦,婚丧勿铺张。待人要诚恳,做事要有常。态度宜从容,举止要端方。友爱兄弟,孝敬爷娘。妯娌和睦,一家安详。不听闲话,自己有主张。不管闲事,埋头干一场。祸从口出,休要说短论长。病从口入,卫生不可不讲。做过善事,不记心旁。受人恩惠,永久不忘。遇困难不彷徨,处顺境不夸张。做好事莫宣扬,做坏事莫隐藏。人家急难相援助,人家成功要赞扬。口角诉讼,两败俱伤。大家规劝,互相帮忙。引诱亲友做坏事,欺人欺己昧天良。甘心卖国做汉奸,辱祖辱宗害亲房。不论农工商学兵,都做堂堂好儿郎。政府机关去服务,多求进步图自强。牺牲个人利益为国家,放弃一时安乐为民族。男女老少受军训,全体动员拿刀枪。人人都是中国兵,个个都去打东洋。国难已当头,战事正紧张。日本鬼子不消灭,中华子孙无福享。有钱快出钱,有力快出力。壮丁去当兵,老人看家乡。妇女耕田地,儿童上学堂。大家一条心,服从蒋总裁。赶走日本鬼,共贺大胜利。建立新中华,万岁万岁万万岁。(民国《赣县新志稿》,第122—123页)这份家训,不仅提倡新的生活习惯和生活方式,还包含着政治教化和抗日动员的内容,是“新赣南”建设的重要内容和创造,其积极意义值得肯定。

的问题，在当时产生了广泛的影响。当时，国民党内反应固然强烈，延安也表示了一定的关注，国内舆论纷起传播，美英等国也有报道乃至记者的实地考察。热情的赞扬和恳切的期望所在多有，尖刻的指责乃至“恶意的破坏”也不绝于道。

实事求是地说，蒋经国发动和领导进行的“新赣南”建设，取得了重要的成绩。在整治社会秩序方面，如前所述，以示众、罚工来严禁烟赌娼乃至枪毙售贩吸种鸦片者，转移社会风气；用拘禁、罚工罚物和公示等办法，“毫不留情地打击”土豪劣绅，改变土豪劣绅恶势力武断乡曲、干政凌人的局面；严惩贪赃枉法，禁止向民众乱派款，即使是他的亲信犯规也“忍痛”处死而不宽容，3年中取消36种苛捐杂税，等等，不能不说难能可贵。在社会建设方面，情况虽更复杂一些，其主张在一定程度上也转化成了建设的成绩。据1943年底的检查，全区执行政令的情况为：做到的占55%，做到一半的30%，完全没做的15%。从其他方面的记载来看，成绩

蒋经国在赣南巡视时在农家门前歇脚 （《建设新赣南——青年蒋经国解读》）

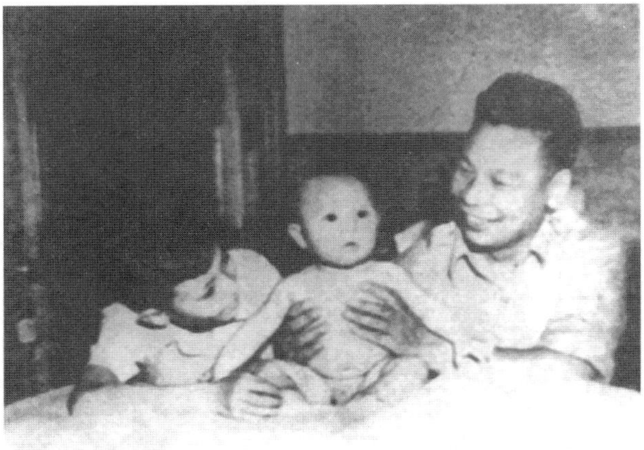

蒋经国在赣南时所生次子孝武，左为在苏联所生长子孝文 （《蒋经国全传》）

也较明显:在工业上,时人记载,江西的工厂大多创办于抗战时期,“其分布地区,咸集中于吉、泰、赣一带,以赣县最多”[①]。仅据1943年1月至1944年9月间江西省建设厅核准的工厂登记清单统计,全省已登记工厂总数为74厂,其中第四区有26厂(大多在赣县),占35%[②]。这些工厂,涉及机械、电力、化工、麻织、食品加工、火柴、卷烟、造纸、印刷等行业,有的还很突出,如印刷业,当时大东书局、商务印书馆都在赣县设有印刷工厂,“成绩卓著”;又如“战时在赣县创办之化学工业,有兴业电化厂及利原化工厂,规模较大,生产亦巨,均能自行制造酸钾烧碱纯碱等,对供应物资缺乏之西南各省工业,颇有贡献”[③]。在商业方面,以开办商店数为例,据1940年调查,赣县有1313家,位列吉安、浮梁之后。到1944年11月调查,赣县商户已居全省第一,增至2363家,分布在39个行业[④]。可见当时赣南商业发展情况较好。在农民生活方面,据中央农业实验所有关乡村物价调查,江西有完整数据的吉安和赣县二县,农民所付物价指数1940、1941和1942年赣县分别为310、662和1811(以1936年为100),各年较吉安分别低67、251和289;农民购买力指数1941、1942年赣县为158和102(以1936年为100),各年较吉安高28和12[⑤]。在兴办中小学和青年培训上,成绩也很可观。可以说,建设新赣南的活动取得了一定的成效,造成了赣南社会的一些新变化。

因此,赣南当时声名鹊起,成为抗战时期青年向往和备受赞扬的极少数地区之一。据当时在赣州担任《正气日报》总编和主笔的著名战地记者曹聚仁记载:“那时候,青年人有四个理想世界:延安、南陵(皖南)、龙泉(浙南的小县,由晓庄派主政)和赣南。”[⑥]1940年春,到湘赣浙粤桂五省视察的行政院政务处长蒋廷黻及陪同的社会学家吴景超,对赣州留下良好的印象,认为赣县与衡阳、

① 余行鲁:《江西之民营工业》,《经建季刊》(1948年)第六期。

② 《民国三二、三三年江西省政府建设厅工厂登记清单》,《江西近代工矿史资料选编》,第78—82页。

③ 徐劭文:《一年来之江西工业》,《工商知识》第4卷第5期。

④ 南昌中国银行编《江西经济调查》,1946年,第55—57页。

⑤ 江西省政府统计处编《江西统计》第1卷第3期,第77—80页。据《中国近代金融史》(中国金融出版社1985年版)第233页记载,抗战时期后方批售物价指数,以1937年为100,则1940到1942三年分别为801、2111和6128。

⑥ 曹聚仁:《蒋经国传》,香港创垦出版社1953年版,第30页,转引自卢敦基、周静《自由报人——曹聚仁传》,浙江人民出版社2003年版,第193页。

衢县、金华、桂林是“相当繁荣”的“战时都市”①。蒋经国一时也颇得中外社会舆论的好评②,时任江西省政府主席的熊式辉,从“地方政治改革的新成就”的角度予以评价。而毗邻的江西第八行政区的瑞金县,也于1940年秋冬,仿效着进行所谓“建设新瑞金”的活动。

当然,新赣南建设中也有过于理想,脱离现实的不足。从根本上说,蒋经国建设新赣南的思想和目标,与战时环境、社会条件尤其是国民党的体制和统治现实之间,存在着深刻的矛盾。在建设目标和任务上,诸如提出大规模的建设计划,事实上缺乏必要的条件;要求三年实现“五有”目标,一两年内扫除文盲,改变传统生活习惯等等,事实上不可能做到;后一个计划即五年计划,提出工业现代化、农业工业化等设想,不止悬于书面,实际上只能说无异于梦想。由于过于理想,脱离现实,也就必然出现简单化的问题,以至于如蒋经国所言,往往一件本意在为民谋利的好事,做的结果,反而变成使民遭殃的坏事,例如建造校舍,“因为求之过急,忙忙的赶造,结果造了不久,就开始倒坍”。在国民党的根本政治制度、战争环境和经济文化落后的社会条件下,建设新赣南无疑是一件相当艰难的事。事实证明,蒋经国对艰难虽有认识,对现实环境与条件的考虑却有不足,这也是难以取得更好成效的重要原因。因此,从总体上说,建设新赣南的活动,成绩明显,难能可贵,但终究只是一项因人而来的短期政治实验。随着蒋经国1945年初的调离,新赣南建设活动也无形告终。

第三节
日军的暴行与对赣北沦陷区的统治

一、侵赣日军的暴行

从1937年8月开始对南昌实行飞机轰炸,到次年6月直接侵入赣北,直至1945年8月中旬投降,日本侵略军在江西境内,烧杀淫掠毒无所不为,其残酷暴

① 《蒋廷黻回忆录》,岳麓书社2003年版,第223页。

② 如美国《纽约日报》记者实地采访后,认为中国人士都一厢情愿地高谈现代化,“却只有赣南在真正的推行”,认为“小蒋建立模型,作为新中国未来的范例”(转引自江南《蒋经国传》第82页);国民党高级官员包括蒋介石到赣南考察者不少,赞赏蒋经国整饬吏治,认为其“政绩昭著,足树楷模”(《宋子文复赣县蒋专员经国电》1943年10月22日,《蒋经国先生全集》,第15册,第303页注③)等等。

虐令人发指，对江西人民犯下了累累罪行。

1.残杀无辜，灭绝人性。日军在江西的直接残杀无辜，始于首先侵入赣北彭泽、湖口、瑞昌、九江一带之时。1938年7月20日，日军将湖口县周玺村100多村民驱押入一大屋内，用机枪集体扫射杀光。23日，再将周家坞村70多人集体杀害在村前田中。在湖口棠山一地，惨死于日军刀枪之下的无辜村民多达500多人。10月8日，星子县朱家港村（今温泉乡新塘坂村）躲避在山洞的38人，因晒衣暴露，被日军押至三祖庵用机枪扫射，其中死得最惨的芦善敏，竟被日军将头、手、足绑在5棵拉弯的山竹竹梢上，在突然将山竹松开后被五体分尸而死。据《九江人民革命史》记载，日军在赣北地区的扫荡中，见人就杀，而且进行杀人比赛，以杀人取乐。1939年4月的一天，日军将从星子县过湖来都昌的4位农民，绑在一张八仙桌的四只桌脚上，当作炮靶，用迫击炮轰击，把人打得血肉横飞。5月，都昌七角王伯昌村的王升财和王学镇因缺粮，到左里买谷，被日军抓去，强迫他们自己挖坑活埋了自己。左里蒋家村有两人被日军抓去，一人被铁钉钉在板壁上，日军用刀剥了他的皮，最后开膛挖心，一个被绑在长凳上肢解分了尸。

1939年3月，日军进攻南昌，士兵都接到了“把房子里的中国人都杀掉的命令”[①]，灾难随即降临到南昌及附近各县人民头上。3月22日，安义县五房周村被日军杀死97人。24日，蔡村72人遭日军杀死。日军第一〇一师团、三十四师团、第七独立旅团先后屯驻南昌，对南昌地区进行了惨无人道的屠杀。惨死在日本宪兵队（驻中山路原中央银行大楼）的中国人达300余人。南昌县瓜山被日军杀害的平民达2700余人，埋人的坑后被称为“白骨坑”。向塘还有一个“万人坑”，全是被日军杀死的无辜者。5月28日，日军窜入罗家集河埠周村，因大肆奸淫烧杀遭到群众的反抗，日军竟架起机枪向手无寸铁的百姓扫射，并四处放火，全村一片焦土，被烧毁房屋800余栋，杀死村民1100多人，活埋30多人，52户被杀绝。日军在南昌地区所施暴行，“手段之恶毒残酷，方式之卑鄙，与禽兽无异。其杀害无辜的暴行有活埋、火烧、蒸煮、电击、马拖、倒悬、犬咬、暴晒、割肉、断肢、打活靶等种种灭绝人性的手段”[②]。

---

① 据战场缴获的一本日军士兵日记所载，见冯英子《赣江两岸所见》，《新民晚报》1982年9月17日。

② 《南昌市志》，第5册，第309—310页。罗政球、王维元著《劫恨——南昌沦陷纪实》（江西人民出版社1990年出版）对日军在南昌地区的暴行有较详细的记载。

在中日军队对峙拉锯的高安地区，被日军杀得血流成河。与高安毗邻的西山欧阳村遭到屠村，130多个村民包括30多个小孩，被日军活活烧死。在高安汪家的团山寺前的一块大田中，日军一次用机枪集体射杀600多人。1942年夏浙赣会战时，由浙江西进和由南昌东进南下的两路日军，对赣东进行疯狂屠杀。事后江西省政府派民政厅长王次甫等实地调查，所见“以上饶、玉山烧杀最惨，贵溪尤烈，景况凄凉，极待善后。敌此次进扰时，口号有曰：‘烧杀以助军威，奸淫以助军乐，抢劫以助军食’。其杀人方法有二十六种，临川文昌桥下，被害者数千人，崇仁、宜黄一带，数十里无人烟”①，南城、金溪、崇仁、宜黄、南丰、鄱阳、清江等10余县“灾民多四散逃亡，十室九空”，“灾民在三百万以上”。1944年夏和次年春夏，日军侵入莲花、萍乡、遂川、赣州等赣西赣南地区，残杀无辜一仍其旧，仅在莲花，即杀死民众747人。日军在江西犯下的血迹斑斑的暴行，真正是罄竹难书！据1945年底的粗略调查，死于侵赣日军之手的江西无辜百姓有313249人，其中儿童33900人、妇女84379人，另有被杀伤者191201人。

2.烧毁民居，暴虐狠毒。烧光是日军“三光”暴行中紧接杀光的一项暴行。战地记者冯英子1939年到高安前线采访时，记下所见日军烧杀的现场情景：湘赣公路被日军占领的地段，沿线南北十里的房子都被烧光。从西山到赣江一带的村庄，约被烧毁2/3以上，几乎一间也没有了。西山欧阳村全村被日军一把火烧光，胡家村100多户全部被烧光，高安龙潭300多户“房子也统统烧光”②。高安“县城两个部分，尽成为一片废墟”，到抗战胜利后人们所见的是“只见芦苇成林，砖瓦塞途，却找不出一间比较完整的房屋”③。1942年夏日军在赣东地区的大肆烧杀，造成崇仁、宜黄一带数十里无人烟，南城城内房屋仅剩下26栋，其他全被烧光。临川郊外，村落房屋全被烧毁。余干县城“先后被烧了六次，最后一次烧了两天一晚。当时余干县城一片火海，数十里外可以看到县城的火焰。没有来得及逃走的人畜被关在屋内活活烧死”。二都、五都、二十八都等余干农村也遭烧杀，五都100多个大小村庄被烧得片瓦不留，一次没烧完就再烧一次，二十八都先后被烧了5次。由于农村面积大，而日军人数少，于是日军便2人或3人一组，分组放火，一个组每进一村，日军往往是肩背枪支，手拿蘸了煤油的火把，“村前村后，村左村右，四处放火，直到火势升起，蔓延开来，无法救灭，才离

① 《抗日战争时期江西大事月表》，1942年11月25日。原件存江西省档案馆。

② 冯英子：《赣江两岸所见》，《新民晚报》1982年9月17日。

③ 郑仁杰：《战后的高安》，《江西民国日报》1945年12月27日。

开这个村到另一个村庄去放火”[①]。其他各县日军所过之处，城乡房屋无不遭受毁烧。全省战时被日军烧毁的房屋，竟占战前房屋总数的18.1%，即有近五分之一的房屋被烧毁，南昌房屋的被毁尤其严重，因遭日军轰炸或焚烧毁损者高达原有房屋总数的77.9%。

3.轰炸城市，摧毁工业。全省各地屡屡遭受日军的侵扰和狂轰滥炸，所造成的直接和间接损失，难以数计。南昌已如上述，其他城市莫不如此。著名文学家许杰1939年秋在吉安见到的情景是：“吉安炸得很厉害，我们住的下永叔路一带，简直变成整片的瓦砾场。据旅馆里的茶房说，吉安前后被炸八九次，死伤人数也在四五千以上。”[②]1942年1月15日，日机对赣州市的轰炸“尤为惨重，阳明路、中正路、天后宫、华兴街等处，均成一片焦土，市区精华损失过半，而人民所受生命财产以及时间精神上之损失，更难以数计”[③]。

在城市建筑和重要设施惨遭日军炸毁的同时，江西好不容易建立起来的工业也被日军摧毁殆尽。如前所述，战前特别是战时，国民政府与江西地方为适应战时需要，创办了一批工矿企业，基本形成了江西工业经济的初步基础和规模。1944年冬到次年初，日军数个师团分别从湘东、粤北侵入赣西、赣南，江西“工业地区，均遭蹂躏”。在日军的摧毁下，江西公营工厂毁损大半，“尤以赣县、泰和两地之损失为最重”，总计达10余亿元，保全者仅剩6个厂[④]；民营工厂数十家“因仓皇撤退，不及迁移，损失更属不赀”。经此打击，江西工业基础“尽付东流”[⑤]，多年苦心经营换来的难得经济建设成果，瞬间被日军毁灭殆尽。日军对江西近代工业的这次摧残，是造成近现代江西经济落后的一个主要原因。

4.强奸妇女，丧尽天良。所到之处疯狂地奸淫妇女，是日军兽行最为充分的展露。无论日军走到哪里，哪里的妇女便要遭殃。当时人们用一句话来形容日军的这种暴行，叫做“九十不嫌老，九岁不嫌小”。日军占领安义后，立即设立了“慰安所”，强迫全县每保派出一个妇女，3 天一换，结果“去时是好端端的一个女人，出来时便须抬回家去”。1939 年敌军侵占南昌后，在广润门外，将躲藏在关帝庙内的 600 余名妇女日夜轮奸，然后纵火焚烧。“对逃难妇女，老的已有

---

① 洪勋：《日军侵占余干的暴行和人民的反抗》，《江西文史资料选辑》第17辑，第181页。

② 许杰：《西行两周日记》(1939年9月17日日记)，《新文学史料》1978年第1期。

③ 民国《赣县新志稿》，1946年出版第19页。

④ 《江西省行政会议总报告书》，1947年。

⑤ 陈其祥：《江西之工业》，《经建季刊》第6期(1948年)。

六十多岁，幼的仅有十一二岁，日本兵将她们全部强行押往潮王洲背后的一个村庄里，强令自己脱去衣裤，然后强奸轮奸，当场奸死十多人……有二百多名没有逃脱的妇女，关在万寿宫内，身上被剥得一丝不挂，日本兵一批一批轮流集中奸淫。等到这群妇女被淫得死未死时，兽兵把她们分批缚绑起来，装在屋里，用洋油浇屋浇人，然后放火焚烧。”[①]据国民党中央新闻社的电讯，侵赣日军对尼姑也不放过：“敌寇在南昌、新建等地，大施兽行，无恶不作……有敌酋一人，率领敌军十余人，在距南昌市六十里之岗山附近，强奸玉华观尼姑，并将寺内一切食物劫掠一空，扬长而去。尼姑痛愤清门受玷，复以生活无着，全寺尼姑十四名，举火自焚。”[②]日本侵略军丧尽天良，行同禽兽。他们对妇女的摧残，或先奸后杀，或轮奸致死，或刀剜阴户，或挂奶铃取乐，手段残忍，无恶不作。据不完全统计，江西仅南昌地区，被日军强奸的妇女就达2万人以上，受害妇女年幼者仅8岁，年长者70岁。强奸后再遭屠杀者1.7万余名。[③]日军就是这样一支旷绝中外古今的最为无耻和野蛮的军队。

5.*施放毒气，传播细菌*。与在中国其他地方一样，日军在江西的作战中，也公然违背国际公约使用了毒气和细菌。在赣北作战中，日军因使用毒气先是进展顺利，后是得以逃脱更大的覆灭。在南昌会战中，日军1939年3月17日也曾想利用常规的舰船渡过修水河，无奈遭到中国军队的猛烈阻击，连攻三天无法靠岸。19日起，遂开始对修水河对岸的中国第七十九、四十九军阵地实施极猛烈的毒弹轰击，致使中国军队伤亡惨重。20日傍晚，日军复“以200余门火炮进行了3个小时的火力准备，在l9时20—30分的10分钟里，以全部炮兵进行化学急袭，共发射毒剂炮弹3000余发。随后，由野战瓦斯队在12公里的进攻正面同时施放中型毒剂筒15000个，毒烟越过约300米宽的修水河，将对岸中国军队第一线阵地2公里的纵深完全覆盖了。日军戴着防毒面具，于23日在虬津强渡成功”[④]。在武宁作战中，中国军队第七十三、第八军阵地因为遭到日军飞机、重炮和毒剂弹的猛烈轰击，将士阵亡及中毒者接近半数，日军才终于攻占了武宁。进攻南昌中，日军也是因为在主攻方向上集中了强大的炮兵和化学部队，使用了大量毒气武器，才保障其步兵顺利攻占阵地，迅速直逼南昌。而中国军队向占领

① 罗政球、王维元：《劫恨——南昌沦陷纪实》，第43页。
② 《抗日战争时期江西大事月表》，1942年11月6日。原件存江西省档案馆。
③ 《南昌市志》，第5册，第310页。
④ 步平、高晓燕：《阳光下的罪恶——侵华日军毒气战实录》，第149页。

南昌的日军反击时,日军又一次依靠使用毒剂,而脱出困境。每当攻击受阻,或无法进展或陷于困境之时,就大量使用毒气,使中国军队失去抵抗力,是日军在中国境内能够迅速攻城掠地的一个重要原因。

日军在作战中还卑劣地使用细菌武器。据日军七三一部队的古都良维1949年12月28日在伯力军事法庭上的供词,在1942年7月浙赣作战时,他们120名七三一部队派出参加浙赣作战的队伍,南下到达南京、浙赣,这支“到华中去动作的远征队所负的最主要任务,是要在玉山城一带对中国军队及和平居民进行细菌军事破坏工作”,“就是用伤寒菌和副伤寒菌传染蓄水池、水井、建筑物的办法进行细菌攻击”。他们连同驻南京的细菌部队即荣字一四四部队,在浙西和赣东地区,一面把盛有细菌的瓶子投到水井、沼泽及和平居民住房里去,一面把细菌传播到中国战俘身上:“当时在该地设立有中国战俘集中营两处,其中被囚人数总共约为3000人。预备了3000个特制烧饼;烧饼是由远征队队员参加做成的。做好之后经过一定时间,就用药针把细菌注射到烧饼里去。在把烧饼传染细菌之后,就将其送到集中营去,在那里由懂得中国话的翻译官春日把这些烧饼分发给中国战俘。然后把他们全放走,目的是要引起伤寒和副伤寒流行病”[①]。根据参与其事的日军交代和后来发现的他们的日记,在8月中旬日军第十五、二十二师团开始撤退之时,“对广信、广丰、玉山用鼠疫菌进行了攻击”[②]。因此,日军退走后,立即引起上饶、广丰、玉山、德兴、贵溪、南城、临川等广大赣东地区“传染病极流行,饿毙及因传染病而死者极多”[③]。据玉山县1957年的卫生工作报告记载:“日寇撤退后的玉山,传染病到处流行,天天闻哭声,村村有死人。”[④]细菌病毒对该地区人民的危害,影响至今。

6.抢劫财物,强征劳役。日军“三光”政策中还有一项是抢光。疯狂抢夺侵占地区的一切物资,而不论这些地区是长期占领区还是短期侵入区,是侵赣日军的不变的暴行。日军1939年秋侵入高安,不但杀害男女4370人,掳去300人,焚毁房屋44200多栋,而且劫去稻米14.6万担,猪、牛、马1700头。[⑤]日军侵入赣

---

① 郭成周、廖应昌:《侵华日军细菌战纪实——历史上被隐瞒的篇章》,北京燕山出版社 1997 年版,第 386—387 页。

② 《侵华日军细菌战纪实——历史上被隐瞒的篇章》,第388页。

③ 《抗日战争期间江西大事月表》,1942年10月5日,原件存江西省档案馆。

④ 吴永明:《太阳旗下的罪恶——侵华日军上饶细菌战揭秘》,江西人民出版社2005年版,第96页。

⑤ 《抗日战争时期江西大事月表》,1939 年 12 月 12 日。

东,以扫荡为名,将所占领各县城与近郊10里之内的民间存粮、衣物、五金、牲畜等,抢掠一空,运往杭州。侵入莲花,"对凡能吃用的东西,如牲畜、粮食等,抢光抢尽,吃不完带不走的就糟蹋,或丢进厕所,或拉尿于上面",莲花三板桥院背村仅64户,日军第一次进村时,抢去耕牛4头、生猪60头、母猪和猪仔15头、鸡615只、鸭292只、茶油788斤;第二次进村时,抢去稻谷3万多斤,并烧毁油茶子300多担、农具60余件、衣服500多件。[①]日军侵入赣州,除了针对中美空军基地,更瞄准着赣州地区所拥有的大量战略物资——这在日军的作战命令中确有明白的指令。

日军在侵入地大量无偿地强征劳役,也达到惊人的程度。仅据峡江县档案馆所存一份《峡江县人民被敌征服劳役调查表》记载,1945年8月2—7日,日军撤退路过峡江时,即强征县城及附近5个乡的4620人为其挑运物资,共用工36960个。事后逃回者有4004人,死亡464人,失踪125人。如此算来,全省被日军强行征用的劳役,就是一个天文数字。日军对被征劳役者的虐待,也是极为残忍的。莲花三板桥一位60岁的老人和一位30多岁的患病青年,被日军抓去强迫当挑夫,因挑不动100多斤的担子长途跋涉,分别被日军活活用刀刺死和扁担打死;洋桥一位50多岁的农民在日军强迫他担东西去茶陵时,因脚痛难走,被击毙在路上,其家人连尸体都找不到。[②]

侵赣日军的暴行,真正是罄竹难书。正如当年《江西民国日报》所指出:"不但是敌人的飞机大炮,开我国历史上战争未有的先例,就是敌人的奸淫屠杀,也较之历史上嘉定三屠、扬州十日,其残酷毒害,要超出几百倍。你看,敌人在占领区域内,对于我们的妇女,奸淫之后,继以酷刑;对于我们的民众,奴役之后,继以屠杀;对于我们的儿童,鞭笞之后,继以掳掠;对于我们的财产,抢劫之后,继以焚毁。再者,敌机在我不设防城市,滥肆轰炸,多少无辜生民,死于非命,多少财产房屋,化于灰烬。"[③]这是一种悲愤的控诉。侵赣日军对江西人民犯下的累累血债,已经永久地为历史所记录。

二、江西伪政权的建立

随着赣北 14 县市的沦陷,日军逐步通过组织伪维持会和伪政府的形式,

① 刘丹主编《莲花县志》,江西人民出版社 1989 年版,第 264 页。

② 《莲花县志》,第 264 页。

③ 《本报迁吉复刊辞》,《江西民国日报》1939 年 4 月 5 日。

南昌沦陷后日军在中正路上(现胜利路)巡行　(江西省档案馆)

建立起对该地区的统治。

九江是江西最早沦陷于日军的地区,也是其后日军占领下的赣北14县市伪政权的中心。日军占领九江后,1938年8月1日成立了伪九江县政府筹备处,由朱文超任处长,还成立了由吴应墀任会长的维持会。次年,伪县政府、警察局、法院、保安队、商会等相继成立。王国瑞任伪县长,张世难任警察局局长,鸦片烟商罗锦章任商会会长,当时人称"三巨头"。日本人以正式官吏及顾问身份,监视伪政府工作,大小事情必须征得日本官员的同意,才能施行。日军还搜罗当地一批兵痞流氓,充当汉奸,建立特工情报系统,其名称有"宪佐"、"密侦"、"稽查"等,为日军收集情报,镇压抗日活动。

1939年3月27日,南昌陷落。4月15日,日军在南昌成立"治安维持会",由胡蕙担任会长。继而成立南昌市政府筹备处,以万熙任处长。南昌与九江伪政权一样,被划归伪湖北省政府管辖。1941年7月,伪湖北省政府将南昌市政府筹备处转升为市政府,以万熙为市长。次年,伪市长由刘建达继任(万、刘均曾留学日本)。伪江西省政府成立后,南昌市由湖北改归江西管辖。1944年7月,伪江西省政府根据日本人的意图,撤销南昌市政府,将南昌并归南昌县政府管辖。在南昌沦陷期间,日军先后成立了许多机构,如南昌日军最高司令部、大日本南昌特务机关(挂牌于西大街"四友学业社",机关设省财政厅内)、南昌宪兵司令部(在现中国人民银行南昌支行内)、南昌市政府指导部、日军监狱

(设民德路现三中对面市一医院内)以及南昌市警察局、南昌地方检察院、南昌地方法院等等。这些机构,掌握着生杀予夺大权,对南昌人民实行严密的统治。如南昌市政府指导部,由日军特务机关的中川大郎兼任部长,分设日军指导员,分别控制着伪市政府的各个部门。[①]

据 1940 年 10 月的一个调查,日军当时“对赣北伪组织不注重上层组织,着重下层组织之发展”。因此,“赣北各地方伪组织之设立,则甚普遍,凡属军事政治要点之处,几无一处无维持会之设立”,“然各地县以下虽有维持会之设立,而县与县间甚至县以下各地方伪组织间,亦各不相连,并无统一系统之组织。赣北虽亦有若干县份已成立伪县府,惟均徒托空名,并无统辖县以下各区各维持会之实权”,各地伪组织,均须“直接依附于当地敌驻军及特务机关之指挥”[②]。在尚无上层伪组织的情况下,日军将在九江、南昌及赣北其他沦陷各县成立的伪政权,暂时分辖于湖北、安徽伪省政权。

另一方面,尽管赣北占领区地域不大,组建省级伪政权多少有些滑稽,但并不等于日伪没有这样的设想。1940 年 3 月汪精卫伪国民政府成立后,即谋在江西设立伪省政权。6 月,南京伪政权派王道南任伪国民党江西省党员通讯处主任,到九江筹设江西党政组织。11 月,王在日军占领的各市县建立通讯处后,即向汪伪中央呈文,要求尽早“颁令成立江西省政府以重地方而谋政权统一”[③]。次年 2 月 15 日,汪精卫核准成立伪江西省政府,令伪行政院办理。其后,汪伪政权对此事百般努力,曾谋设立伪江西省政府筹备委员会,并拉一直与汪精卫关系亲密的原改组派骨干、时在江西吉安的萧淑宇出任伪省主席,但萧在由吉安准备潜赴南昌时,被国民党中统特务组织侦知,因无法逃脱而于 1942 年 4 月 27 日畏罪自杀[④],成立伪省政权的事情遂被延期。但最后在日军的支持

---

① 《南昌市志》,第5册,方志出版社1997年版,第136—137页。

② 胡雨林:《赣北鄂南前线敌后视察报告》,1940年10月10日。抄件存江西省档案馆。

③ 《伪江西省党员通讯处关于请早日成立日伪江西省政府的呈》(1940年11月5日),转引自陈荣华主编《江西抗日战争史》,江西人民出版社2005年版,第195页。

④ 《中国国民党江西省执行委员会三十一年一至九月工作简报》,原件存江西省档案馆。该文记载此“破获汉奸首脑组织”案件:省党部调查统计室得悉萧淑宇与汪精卫有联系,准备潜赴南昌就任伪江西省政府主席,4月27日正拟将入住吉安大陆饭店的萧淑宇捕拿,萧见事机泄漏,当即畏罪自杀。其同谋者除刘竞渡逃脱外,秦强、李小珊、邹启明、陈小平等均被捕获究办。另一说萧非自杀,而是被中统所杀。但也有人认为,萧是国民党左派,在江西保安司令部政训处长任上比较开明,为特务所忌。4月27日是为国民党军统特务枪杀,“不能排除国民党内部的派系斗争因素”(江西省省志编辑室编《江西近现代人物传稿》,第2辑,第123—128页)。

下，终告办成。时任伪南京政府参事、伪江西省和平运动促进会主任委员的刘子池在述及这一过程时说：“去年七月今年一月，曾一再苦心设法，冀其促成。至关系方面，虽因欧某盲动，微生阻力，旋因萧淑宇事件，仍允育成。”①

1943年5月16日，汪伪国民政府任命伪首都警察总监邓祖禹为江西省长，正式组设伪江西省政府，同时决定：“所有暂属湖北省管辖之九江、星子、德安、瑞昌、南昌、永修、新建、安义等八县及南昌市、庐山特别区，暨暂属安徽省管辖之彭泽、湖口两县，均应归还江西省政府管辖。”②6月19日，伪省政府在九江宣告成立。至此，日伪在江西正式建立起省级伪政权。江西省伪政权虽然所辖区域不大，居民很少，但就其性质而言，它是日军控制下具有殖民地性质的政权形态，因此，并不为江西人民所认可。

到1945年8月中旬覆灭为止，江西省伪政权机构和人员如下表③：

1943—1945年伪江西省政府机构及人员一览表

年份 名称	民国三十二年（1943年）	民国三十三年（1944年）	民国三十四年（1945年）
省长	邓祖禹5月6日任，12月30日免；高冠吾12月30日任	高冠吾	高冠吾3月3日免 黄自强3月3日任
政务厅厅长	杨志清5月7日任，9月10日免； 刘震亚9月10日任	刘震亚2月23日免；刘云2月23日任，10月31日免；张孝琳10月31日任	张孝琳3月27日免 孔熙元3月27任
财政厅厅长	燕琦瑄5月7日任	燕琦瑄7月8日免	陶思澄3月7日任 傅振邦3月27任
教育厅厅长	赵宝芝5月7日任	赵宝芝	赵宝芝 谭希吕

① 《伪南京政府文官处参事刘子池关于江西省政府成立一事的呈》，1942年10月20日。关于成立伪江西省政府的谋划过程，详见陈荣华主编《江西抗日战争史》，第195—203页。

② 《行政院第161次会议录》（1943年5月11日），第二历史档案馆编《汪伪政府行政院会议录》，第19册第121页。原由伪湖北高等法院管辖的南昌分院、九江分院，伪湖北高等检察署管辖的南昌分署、九江分署及看守所、监狱等，也于7月下旬划归在九江新成立的伪江西高等法院、高等检察署管辖。

③ 刘寿林等编《民国职官年表》，中华书局1995年版，第1118页。

名称＼年份	民国三十二年(1943年)	民国三十三年(1944年)	民国三十四年(1945年)
建设厅厅长	周乐山5月7日任,9月10日免; 周贯虹9月10日任	周贯虹	周贯虹3月27日免 王国一3月27日任
警务处处长	陆荣钱5月7日任	陆荣钱2月23日免 朱 毅2月23日任	朱 毅3月27日免 王铁梁3月27日任
经济局局长		邓赞卿2月23日任	邓赞卿
保安处处长		萧敷诚3月24日任	萧敷诚4月14日免
高等法院院长		杨志清2月15日兼	杨志清
省会警察局长		袁 实5月12日任	袁 实

在组织伪政权的同时,日军还以编组伪军作为其“以华制华”的另一种手段。日军在江西的兵力,以1939年为最多,驻有第三十三师团、三十四师团、一○一师团、一○六师团及第十四旅团。同年底,因在赣北战场上受到重创,第一○一、一○六师团调回日本。此后赣北常驻日军约5万人,其中第三十三师团驻安义、武宁一带地区,第三十四师团驻南昌地区,独立第十四旅团(1942年4月10日扩编为第六十八师团)驻九江地区。1944年初,侵华日军发动所谓“大陆作战”,第三十四、六十八两师团被调出参战,赣北日军防守兵力剩下两个旅团(第七旅团驻南昌,第八十四旅团驻九江)。兵力不足,也是日本侵略者驱使伪军的重要原因。

赣北伪军分为两个部分。一部分是“正规伪军”,具体数目尚未见准确资料,1940年底时有两个师的番号。这部分伪军多担任后方防务,陪伴日军“赴乡村抢劫奸淫,无所不为”,日军还驱使他们参加惨杀战俘及无辜人民,用以转移人们对日军的仇恨。另一部分为“保警队、自警团、治安保卫团等名目、以地方民间枪支结合所组成之伪军”,直辖于日军宣抚班(特务机关),经费来源一半出自日特机关,一半出自地方的筹款和贩卖日货的收入,“此项伪军平日在乡里作威作福,横行一时,使沦陷区人民均恨之刺骨”①。伪政权人员和伪军的

① 胡雨林:《赣北鄂南前线敌后视察报告》,1940年10月10日。

附敌,为日本侵略者维持沦陷区统治秩序起了重要作用,他们在日军指使下,压制盘剥沦陷区同胞,搜剿抗日情报人员和游击队,犯下严重的罪行。

日军对伪政权和伪军颐指气使,是一种绝对的统属关系。这一点,仅从日军驻武汉地区最高指挥官佐野忠义与伪驻武汉绥靖主任、湖北省长杨揆一,驻九江绥靖主任、江西省长高冠吾所签署的《关于武汉地区治安肃正之现地协定》,即可概见:首先,这个协定,完全由日军提出,第二天即要杨、高两人正式签印;杨、高"因时间及环境关系,未能事前请示"[①],即他们在签署协定前,竟然不敢或不能向南京伪中央汇报请示,便与佐野会同签字盖章,签署后才致电告诉汪精卫。这就是说,连最高的伪政权,也不被日军的地区指挥官放在眼里,地方伪政权头目,更是只有乖乖听命,不敢表示丝毫意见。其次,协定条文再次明确规定了日军指挥一切的权力。该协定正文全文如下[②]:

一、日本军各机关与中国关系各机关,须互相保持紧密之联系,互相协力,以担当国民政府行政区域内之治安肃正。

为此,日本军主要担当关于作战警备事宜,中国方面主要担当关于政治工作事宜。更为使日本军现地兵团之军事行动,与中国方面现地机关之政治工作,符合一致起见,中国方面关于政治工作之企划指导,须与关系日本军现地兵团紧密联络之。

二、基于前条之趣旨,武汉方面日本军最高指挥官、各兵团长、各地区警备队长及各地宪兵队长,以及准此之部队长,暂时关于中国方面治安机关之配备,军事行动等政治肃正上之重要事项,于必要时得有指挥该担任警备范围内之中国方面治安机关长官之权。

前项日本军指挥官之指挥权,暂时规定对于全般。武汉方面中国治安机关,则归日本军最高指挥官。关于中国方面正规军、师、旅长,则归联队长或独立大队长以上者。对于省、县政府保安队长,省、市、县警察,则归当地兵团长、地区警备队长及宪兵队长,以及准此之部队长。

前述日本军各指挥官,认为必要时,得使其部下为指挥官,指挥认为

---

① 《杨揆一、高冠吾致军委会委员长汪精卫电》,1944年8月18日。原件存中国第二历史档案馆。

② 《关于武汉地区治安肃正之现地协定》,1944年8月18日。原件存中国第二历史档案馆。该协定另附有"谅解事项三款",内容为对伪军的补给,日军指挥伪军作战时缴获的处理,对伪军、保安队、警察以及其他武装团体的训练。

必要之中国方面部下指挥官。

但此时委任指挥之日本军指挥官,须将其意趣明示中国方面指挥官。

三、前述各条之趣旨,日本军及中国方面治安机关,须使与此有关之部下了解。

四、本协定除日本军及中国方面治安机关以外,须严守秘密。

还须指出的是,日军在赣北以外的一些短期占领的地区,也组建过日伪临时权力组织,对当地人民实行残酷的管制。例如,从 1945 年 2 月 5 日占领赣州,至 7 月 17 日退出的 5 个月期间,日军利用汉奸戴鸣九、林吉棠等组织伪复兴委员会,任温学良为赣州镇伪镇长,并在水东乡、水西乡分设复兴会。伪复兴会实即伪政权。日军和伪组织"大肆搜劫民财,开烟赌娼禁,强施奴化教育,淫玩妇女,掳掠杀辱,无所不至,并时出四乡骚扰,民不堪命"①。

三、日军对赣北沦陷区的统治

在日军的统治下,赣北沦陷地区的社会、经济,迅速陷入恐慌、萧条之中。

据《九江人民革命史》记载,日军占领九江后,划定大中路西至西门口、东至八角石、南到城内天主堂、花园饭店(原南湖宾馆二部)、北至九华门的一块地区,为中国人居住和经商地带;西门口以西至铁桥,为日本商人居住区;八角石以东为军事区,中国居民不能在此行走。全市居民无论大小,都要领取日本宪兵队发放的"安居证",随时接受日伪的检查。日军从九江城到郊外设有三大关卡,即东门通往姑塘、星子等地公路的卡子,设在现在的国棉三厂附近;南门通往庐山脚下莲花洞的卡子,设在山川岭;九华门设有水上卡子。凡经过关卡的中国人,都要核对"安居证",接受搜查,同时还要向日军哨兵深深鞠躬行礼,稍不留意即遭毒打。这种情况,在赣北其他地方也大体相同。日伪在占领区基本恢复了保甲组织,人人都必须备办良民证及通行证,人口变动均须向伪组织及特务机关报告。这些措施,也加剧了抗日游击队和情报人员活动的困难。

严密的统治带来了社会生活的萧条。据伪中央电讯社记者1940年5月的实地考察,九江昔年十万灯火,通明灿烂,沿江都是闹市,此时则面目都非,路面崎岖不平,灰沙飞扬,在战事时期,几百辆铁甲车开来开去,水泥路面完全坏

① 民国《赣县新志稿》,1946 年印行,第 20 页。

了,至今只剩底层的沙石暴露在外面,至今无法修复原状。大中路中段早先树立的一座大自鸣钟,战时损坏了,便再也不能自鸣了。有资本的商人都跑掉了,剩下若干小商人,不过几十几百块本钱,第一个困难是找房子、修房子,第二个困难是各种货物无来源,米豆、夏布、纸张、木材、瓷器等所有江西著名的土产,都不能运到九江来,故许多店家无货供应,仅有的一点存货又都粗糙不堪,索价甚巨。记者因此判断:"从这两项事实上,看出九江市容的萧条,物质的缺乏","夜来市上更显得寂寞凄凉"[①]。庐山也不例外,据伪庐山公署署长华徇安告诉记者,全山居民"而今剩下二十分之一而已",外侨留下的只有50人。

日军占领南昌期间,南昌市人口是民国时期的最低谷。先是因为转移和疏散,全市1938年人口只剩126029人,比1937年的298576人减少过半。继而到日军占领南昌的1939年,全市人口下降为55908人,此后三年,虽略有增加,每年仅亦7万余人,最多一年的1945年,也只有145346人。[②]这就是说,日军统治南昌时期,是南昌1926年设市以来人口最少的时期(设市时人口21万余人)。这也从一个方面说明,在日伪统治下的南昌市,是极为萧条、极无人气的。

据记者所见,1940年夏的德安,这个南浔铁路的要冲,县城的小小城墙上千疮百孔,破碎支离,蓬蒿长满了城门,看上去已如废墟模样。南昌城外的万寿宫,触目就是断墙颓垣,鸟粪遍地,几尊小菩萨断了臂,折了肱,东跌西倒。西山峰顶,军衣、弹片、水壶、军用器具,满地狼藉。

市面的萧条,源于日军为配合"以华制华"方针,以直接掠夺物资和经商贸易等形式,在沦陷区大肆掠夺中国资财,"以战养战",支撑其侵略战争。日伪占领赣北期间,成立了专门的物资统制机构,负责各种物资的收集和统制。南浔铁路及南昌附近的浙赣铁路,由日军占领并管理,主要用于军事运输,并由日本通运公司经营旅客和货物运输。[③]在南昌,日本商人在南昌市开设洋行、公司

① 薛慧子:《鄂赣实地视察记》,伪中央书报发行所 1940 年版,第 34—35、37 页。

② 《南昌市志》,第 1 册,方志出版社 1997 年版,第 268 页。该书记载,抗战时期南昌市人口数为:1937 年 298576 人,1938 年 126029 人,1939 年 55908 人,1940 年 74696 人,1941 年 76405 人,1942 年 79136 人,1943 年 134000 人,1944 年 134394 人,1945 年 145346 人。

③ [日]浅田乔二等著,袁愈佺译《1937—1945,日本在中国沦陷区的经济掠夺》,复旦大学出版社 1997 年版,第 347 页。

24家，控制了南昌市的经济命脉，大肆搜括资财物品以供应军需。[①]《九江人民革命史》记载，日军占领九江后，大批日本商人蜂拥而入，整个大中路的城外段全部被日商霸占。一些属于日本财阀的垄断商业组织，也在九江设立了分支机构，"统制"棉花的有"东棉洋行"，"统制"皮革的有"岩井洋行"，"统制"其他土产物资的有"三井洋行"、"三菱洋行"，等等，这些大洋行的总机构都在日本本土，其经营多采取"物资交换"的方式，即以高价的工业消费品，交换廉价的中国农产品。日军将赣北的棉花等农副产品源源不断地运往日本。日军对沦陷区人民直接掠夺的另一主要手段，是以等于废纸的"军用票"来勒取物资。1941年，日军令伪南昌市政府限期让每保征缴稻谷200石，"每石仅付军用票4元5角。如在限期内未缴齐者，加倍征缴"[②]。次年，日军下令赣北沦陷区每县征缴粮食20万石，因民众"痛愤拒绝，敌乃将食盐统制停止发售，规定须以稻谷一担易取食盐一大碗"[③]。手段之恶毒，可见一斑。日军就是使用如此手段，聚集粮食等大量物资，不仅解决在赣日军的食用，并且外运支援上海等地日军，如通过日商洪都公司将大批谷米转运上海，每月均在1000石以上。对于日军在赣北地区的掠夺经济资源，当年国民党战地巡视员胡雨林有一个概括："凡属农产品均在敌收括之列。其在沦陷区敌势力可达到之处，有时以低价之军用手票收买，有时即连军用手票亦不给予，径行劫夺，美其名曰军用征发。其在接近我游击区之地区，则不惜重价收买以争取我方物资。敌对物资掠夺之处理，则由敌若干企业组织专司其事。其收购地点，在赣北以九江为中心，则由九江装运赴沪，以换取外汇。其收括方式，则由敌商人协同特务机关人员假手于伪组织人员为其办理。总之，敌在赣北对我经济资源之搜括，以至无所不用其极之程度。"[④]

日军在赣北占领区还大肆推行奴化教育。当时，九江城区多数居民到外地逃难，儿童就学甚少，仅一所小学、一所中学。日军派人在学校监视授课情况，向教职员和学生灌输所谓"中日亲善"、"共存共荣"、"大东亚新秩序"等内容，企图毒害和改变人们的心理。此外，强令中小学把日语列为必修课；在史地课本中，则肆意篡改中国的历史和疆域。

日军的殖民统治，对赣北地区的经济社会造成严重的破坏和摧残，同时给

① 《南昌市志》，第5册，第549页。

② 《敌伪在我沦陷区域经济统制动态》，1941年5月，抄件存江西省档案馆。

③ 《敌寇在华之物资战略》，抄件存江西省档案馆。

④ 胡雨林：《赣北鄂南前线敌后视察报告》，1940年10月10日。

沦陷区的江西人民,带来了深重的灾难。

第四节 南昌受降与抗战胜利

一、胜利前夕的赣西、赣南作战

1944年初,世界反法西斯战争在各个主要战场胜利推进,日本帝国主义为解救日益严重的困局,孤注一掷,发动规模浩大的豫湘桂作战(日军称“打通大陆交通作战”,代号“一号作战”),以便打通平汉铁路和粤汉铁路,解除驻湘桂粤赣地区的中美空军的威胁,挽救在中国战场的失败命运。这是日本侵略军在中国大陆败亡前的最后一次挣扎,战火由是再次蔓延到江西。

就在豫湘桂作战进行之中的6月6日,日本大本营关于摧毁遂川、赣州、南雄等中国东南空军基地的要求,传达到日军中国派遣军。随后,中国派遣军将包括攻取遂川、韶关的打通粤汉路南段,获取沿线钨、锰、锡、铁、煤等重要国防物资,列为一号作战的第三期作战,排在攻占衡阳、桂林和柳州的第二期作战之后进行。6月18日日军攻占长沙后,为消灭第九战区部署在湘东赣西的第二十六、五十八、七十二和二十、四十四军等部,配合其主力南下围攻衡阳的作战,以第三、十三、二十七、三十四师团向这一地区进击。下旬,日军第三、第十三师团首先分别从醴陵、浏阳进攻萍乡,第三十四师团21日占湘东镇、23日进入萍乡城;第三师团由上栗市南下,与之会合。26日,在中国军队4个军的围攻下,日军退向醴陵。萍乡遭到日军的残酷烧杀。由于日军并未能解除这一方向上的威胁,7月17日,日军再次以第三十四、二十七师团向醴陵、萍乡方向突进,遭到我第五十八、七十二军等部猛烈阻击后,又一次进至萍乡境内。22日,日军第十一军发布命令,“决定歼灭萍乡附近的重庆军,继而向莲花、茶陵方面突进,围歼第九战区军的主力”[①],即令第三十四、二十七师团从醴陵—萍乡—莲花道路以北以东和以南以西分别突进,对萍乡中国守军五十八军等部形成包围。中国军队在五陂下、源头一线阵地顽强阻击后,退向莲花方向。27日,日军再次攻占萍乡县城。29日,日军从萍乡方向侵入莲花,三十四师团31日占领莲

① 日本防卫厅防卫所战史室著,天津市政协编译委员会译《一号作战之二:湖南会战》,上册,中华书局1984年版,第157页。

花县城,二十七师团一部驻南村。中国军队随即展开反攻,日军相继撤退,8月10日收复萍乡,13日收复莲花。

同年底日军攻占桂林、柳州后,决定继续进行第三期作战,即“预定要打通粤汉铁路南部广州——衡阳间和攻占遂川飞机场的行动”。当时,美军陈纳德第十四航空队第六十八联队编成华东机动部队,以遂川为中心,形成遂川、赣州、大庾(今大余)新城、韶关、建瓯机场群,支援第九战区的作战,实际上从1943年春夏以来即掌握了江西的制空权,不断对盘踞南昌、九江、南浔路及长江的日军进行空袭,对日军构成重大威胁。以冈村宁次为司令官的日军第六方面军遂在《打通粤汉线南部作战计划大要》中确定,以第二十、二十三两个军担任打通粤汉线南部的任务,“以一有力兵团摧毁遂、赣地区美空军基地”①,抢夺赣州一带贮藏的相当数量的重要国防资源,即令第二十七师团由茶陵向遂川、赣州进攻,破坏遂川、赣州空军基地,占领赣州,而后与第四十师团策应,占领大余新城机场;第四十师团由韶关进击南雄,北上与二十七师团会合。抗战开始以来未直接遇敌的赣南地区,由此面临日军的侵入。

1945年1月15日,日军第二十七师团由湖南茶陵向东进犯,在我守军第五十八军、第七十二军的节节抗击下,进入赣西,16日在莲花桥头到界化垄一线,与第五十八军发生激战,19日再次攻占莲花县城。因莲花几个月前曾发生恶战,据日军记载,县城“附近到处可以看见去年8月师团作战时战死的日本兵的坟墓”②。攻占莲花后,日军继续南下,途中为避开美机的空袭,改为夜行军。22日,日军攻占永新县城,进迫遂川。29日攻击并破坏遂川机场,30日占领遂川县城。2月1日,日军第二十七师团发动对赣州的进攻。中国军队一面派第七十二军侧击日军,一面从临川抽调第一〇二师乘汽车紧急增援赣州地区守军第四十、八十三、一〇八师等部。5日,日军越过章水与守军在赣州城发生激烈的巷战,城市受到严重破坏。6日,赣州失陷,飞机场被敌占领。随后,日军一部继续南下突进大余。这时,由广东韶关推进的日军第四十师团,已于3日占领南雄,进而越过梅关北上,5日占领大余,7日攻占大余新城机场,9日在新城镇与南下的二十七师团一部会合。当天,中国军队第九十师反击大余,10日攻入城内与敌展开巷战,终因寡不敌众而退至郊外与敌相对峙。至月底,日军完成打通粤

① 日本防卫厅防卫所战史室著,天津市政协编译委员会译《昭和二十(1945)年的中国派遣军》,第1卷第1分册,中华书局1982年版,第12页。

② 《昭和二十(1945)年的中国派遣军》,第1卷第1分册,第39页。

汉线南部、攻占遂赣空军基地的作战。日军一度计划以确保遂赣地区作为对中国东南沿海方面进行反击的据点,而要求将这一地区“封住不让美军再使用”。此次敌踪所至,包括莲花、永新、遂川、赣县、大余、南康、信丰、定南、龙南、全南等赣西赣南14县。赣南政治经济中心的赣州被敌占领约半年。赣西、赣南举凡被敌侵犯之处,“受创均极惨烈”[①]。

日军侵入赣西时,战时省会泰和立即受到严重威胁,被迫紧急搬迁。1944年底,省党政部分机关开始撤往宁都、瑞金、兴国。次年1月,省政府主席曹浩森带领省政府秘书处迁至宁都青塘,省党部主任委员陈肇英率机关迁往瑞金,形成政府机关驻宁都、党部机关驻瑞金的局面。“所有在泰和、吉安、赣州等地的机关、银行、商店、报社(民国日报、力行日报)、剧院以及三青团等单位,大都受战局影响先后转移到宁都。连江西唯一的‘中正’大学,也由泰和的杏岭迁到宁都的长胜。”[②]宁都、瑞金成为抗战末期江西的政治中心。

就在日军肆虐赣西南、江西省党政机构南迁之际,日本侵略者在中国人民和世界反法西斯力量的沉重打击下,已临近败亡。1945年5月28日,日本大本营命令在湖南、广西和江西地区的日军“务必迅速撤离”,向华中、华北集结。6月底7月初,侵入赣南、粤北的日军第二十七师团、第四十师团等,经赣县沿赣江东西两岸,路过遂川、万安、泰和、吉安、峡江、新淦(今新干)、樟树,向南昌、九江北撤,在湘东的日军因惧怕中美飞机轰炸不敢走京广线,也经由赣西宜春、万载、分宜、新余撤逃。这两路撤逃的日军,对沿途各县再次进行了残酷的烧杀抢劫。8月10日,日军分别到达南昌、九江地区。随即因日本已经宣布投降,日军遂就地停止撤退,等候处置。在日军北撤期间,中美空军对其进行了猛烈的轰炸,中国军队沿途追击、截击日军,相继收复了赣南、赣西各沦陷县区。

二、抗战的胜利与南昌、九江的受降

1945年7月26日,中美英三国公布促令日本投降的波茨坦公告。8月6日和9日,美国先后对日本广岛、长崎投放原子弹。8月8日子夜,苏联正式对日宣战。日本帝国主义的一切梦幻彻底破灭,遂决定接受波茨坦公告,向同盟国投降。

8月10日上午,日本政府将《关于接受美、英、中三国共同公告的照会》通过

① 《蔡孟坚致南京善后救济总署代电附件》,1947年8月8日。

② 周效之:《胜利的狂欢》,《江西文史资料选辑》第18辑,第138页。

瑞典转达到中美英三国。日本无条件投降的消息，当晚6时由重庆广播传开，重庆市民拥上街头，彻夜狂欢，尽情庆祝抗日战争的伟大胜利。

当晚8时25分，国民政府关于日本投降的通电传到宁都，江西临时省会宁都也立即一片欢腾。8月11日的《江西民国日报》报道说："消息传来，霎时，全城轰动，成千累万的人群疯狂地在街头上狂笑欢呼。朋友见面，紧握双手，欢笑到说不出话来，甚至热烈的拥抱，甚至遇见陌生的路人，亦不禁握手拥抱起来，人与人之间，都显得格外的亲密，无法压抑的感情，都从每人的心灵中流露出来，不论操何职业的人，都一同舞蹈、欢呼，这赣省政治、军事、经济、文化中心，自昨晚八时二十五分起，开始发狂了。"同日，该报发表社论，感叹"我们以前所未有的热烈情绪来迎接伟大的'八月十日'，但这个日子曾费了我们多少血汗与苦难的代价！"社论将抗战的胜利比喻为天亮了，指出"漫长的黑夜终走到了它的尽头，现在天全亮了。全世界都在欢呼，欢呼正义毕竟压倒了世界一切的强暴。日寇屈服了，也就是日寇所代表的野蛮主义向中、美、英、苏高举的自由民主旗帜屈服了！这是一个早经决定了的结论，历史是绝对不会开倒车的，凡是企图将历史拉向后转的人，必然要被历史前进的巨轮所压碎！"[①]其后，在宁都、瑞金都举行了大规模的庆祝大会，自由新闻社还与美国新闻处东南分处在宁都举办了胜利画展，展出作战图片和战利品，参观者人山人海。

8月15日，日本裕仁天皇正式在广播中宣布投降，中国国民政府军事委员会委员长蒋介石在电台发表《告全国军民及世界人士书》，正式宣告中国人民抗日战争取得伟大的胜利。9月2日，在停泊于日本东京的美国军舰"密苏里"号上，隆重举行了同盟国接受日本投降的仪式。中国政府由此将9月3日确定为抗日战争胜利纪念日。9日，中国战区在南京举行接受日军投降的仪式，并分16个受降区，在全国各地和越南河内分别接受日军投降。

8月18日，省政府主席曹浩森按照蒋介石的多个谕令，在宁都召开省政府全体委员会议商议接收事宜。会议决定：1.按照蒋介石关于省会及其他各港埠、交通线、各场站应即从速准备接收的谕令，立即组织接收团，速回南昌接收敌人投降并处置一切。2.派建设厅长胡嘉诏、社会处长黄光斗、保安副司令廖士翘等组成接收团，速赴南昌筹备一切接收事宜。并派部分保安团及省警总队、水警总队随同前往南昌，维持治安，以赖伟英任南昌市警备司令。3.按照蒋

① 《天全亮了！》，《江西民国日报》1945年8月11日。

介石迅速全力恢复全省交通通信的指令，由建设厅使用中央拨款限期赶办。4.任命田粮处副处长艾怀瑜代理南昌市市长。[①]与此同时，省党部也根据国民党中央的电令，派书记长陈协中和委员尹敬让、王青华，随军至南昌、九江，负责接收伪党务机关及其所属文化、宣传、印刷等机关。下旬，这些人员先期进入南昌、九江，艾怀瑜就任南昌市代市长，分别主持对日伪政务、党务机关的接收工作。

接受江西境内日军投降的工作同时展开。8月18日，蒋介石电令第九战区司令长官薛岳为受降主官，负责接受南昌、九江地区的日军投降（该区后被序定为中国战区第五受降区）。薛岳随即成立第九战区南昌前进指挥所，进入南昌。31日，薛岳向该地区日军第十一军司令官笠原幸雄发出第一号备忘录，指令其率部向第九战区投降。同日，又发出第二、第三号备忘录。三个备忘录[②]的主要内容是：

1.关于受降主官和受降机构：薛岳以中国第九战区司令长官之地位，接收在南昌、九江地区内日军第十一军及所配属陆海空军与其辅助部队之投降。在南昌设立第九战区司令长官前进指挥所，派陆军第五十八军军长鲁道源中将兼指挥所主任，负责监视日军执行一切有关命令。派鲁道源为南昌区受降主官，负责接收在南昌、涂家埠地区的日军投降；陆军新三军军长杨宏光中将为九江区受降主官（该军不久被裁编，改派第一集团军总司令孙渡兼任第九战区司令长官九江前进指挥所主任和九江区受降官），负责接收在永修、德安、星子、瑞昌一带地区的日军投降。

2.关于日军投降部队：日军第十一军司令官笠原幸雄负责南昌、九江地区日军投降，为代表投降部队长。日军独立第七步兵旅团在南昌集中缴械；第十一军司令部及直属部队，第十三师团，第五十八师团，独立混成第二十二旅团、八十四旅团、八十七旅团，均在九江集中缴械[③]。

3.关于日军在投降前须遵令事宜：日军立即停止一切敌对行为；立即各就现在驻地及指定地点静待命令，不得向“非本司令长官所指定之部队指挥官”“投降缴械及接洽交出地区与交出任何物资”；本受降区内所有日军的武器弹

① 《省府委员会决定接收南昌步骤》，《江西民国日报》1945年8月19日。

② 详见《第九战区南浔区受降经过报告书》，原件藏中国第二历史档案馆。

③ 《九字第二号备忘录》所定日军投降部队与此有不同，此为中国陆军总司令何应钦9月4日电改定及在赣实际投降的日军部队。

药、航空器、船舶车辆及一切交通通信工具、飞行场、码头、工厂、仓库物质，与一切建筑物暨军事设施，以及文献档案、情报资料等，应立即派兵看守，不得移动，并绝对保持完好状态，编列表册，听候派员接收；立即将日军现驻地内一切行政组织(含各项机关、银行、学校、医院以及各项组织所经办或占有之各项工厂、矿场、商号、仓库、公共事业等)、日军扶植之伪组织，造具清册，听候点收，不得迁移、毁坏和隐匿，“绝对不得”将其“移交非本司令长官所指定之行政官吏或代表人员”；投降前负责维持驻地地方秩序。

备忘录对日军的投降及其投降前的行为，做出了详细的规定。同时，也完全体现了蒋介石排斥中共及其所属武装部队接受日军投降的精神。

9月2日，南昌前进指挥所命令第五十八军新十师接管南昌。7日，新十师两个团进入被日军占领6年之久的南昌市，驻屯南昌的日军第七独立旅团解除武装，开往昌北牛行车站集中。长期饱受践踏欺凌的南昌全城“百姓喜泪夺目，奔走相告，聚集在街道上，燃放鞭炮，彻夜不停”①。到达南昌的华中受降指导部，立即电令当时在武汉的日军第十一军司令官笠原幸雄，立即到南昌报到，接受指示。8日至12日，华中受降指导部先后召集我军军师长、江西省政府官员和日军高级军官会议，安排受降和接收等事宜。南昌前进指挥所主任鲁道源也于9日到达南昌。

9月14日，第五受降区接受日军投降典礼在南昌中山路中央银行大楼举行。据《南昌市志》记载：“上午9时30分，第五十八军军长鲁道源代表第九战区司令长官薛岳任受降官，端坐大厅中央。两侧依次为五十八军副军长梁得奎、军参谋长鲁元、师长肖本元、侯德邦，以及江西省主席曹浩森的代表建设厅长胡嘉诏、新任南昌市市长艾怀瑜等，到会的还有各界代表和中外记者。在严肃的气氛中，日军代表笠原幸雄双手捧着投降书，正步走到受降官席前，立正鞠躬，呈上投降书，并作口头报告。”受降官鲁道源庄严地在日军投降书上盖下印记，接受了日军的投降，并即席向日军投降代表发表了训话。②

笠原幸雄签署的日军投降书的内容为③：

(一)本官奉上司之命，统率驻南昌九江地区之一切所属陆军部队以

① 《南昌市志》，第5册，第308页。

② 《南昌市志》，第5册，第308—309页。

③ 转引自《南昌市志》，第7册，第390页。

及不久集结该地区内之各部队，并统制海军部队，谨向中华民国第九战区长官薛岳将军阁下投降。(二)本官当立即遵照中华民国第九战区司令长官备忘录九字第一号至第三号规定以及会后之命令实行。(三)解除武装，俟调集完毕后，着令各地区投降部队指挥官立即遵照中国各受降主官之规定实施。

南昌九江地区投降代表、投降部队长陆军中将笠原幸雄(官章)

昭和二十年九月十四日午十二时零分于中华民国南昌签字

中华民国三十四年九月十四日午十二时零分于中华民国南昌收到本投降书。

中华民国第九战区司令长官陆军上将薛岳(鲁道源代)

仪式结束后，南昌10万民众举行了盛大的欢庆游行。

9月10日，南昌已经成立接收委员会。15日，被集中在南昌昌北地区的日军独立步兵第七旅团，开始向第五十八军缴交武器弹药、交通通信器材、卫生粮秣等一切军品。至10月22日，南昌地区接收日军投降的工作完成。

鲁道源在南昌接受日军第十一军司令官笠原幸雄呈递投降书
(《中国共产党历史图志》)

九江地区的接收日军投降工作,在孙渡主持下从9月19日开始进行。各部日军依次缴械和缴交物资,具体情况为:

独立混成第八十四旅团9月19日开始缴械,至9月26日接收完毕;

第十三师团10月1日开始缴械,至10月9日接收完毕;

第五十八师团10月10日开始缴械,至10月13日接收完毕;

第十一军司令部暨配属部队10月14日开始缴械,至10月19日接收完毕;

独立混成第八十七旅团10月16日开始缴械,至10月18日接收完毕;

独立混成第二十二旅团10月16日开始缴械,至10月18日接收完毕。

九江日军的投降至10月19日全部完成。据《九江人民革命史》记载,在九江投降的日军有63000余人;接收的武器装备有战马7900余匹,步枪30000余支,轻重机枪2000余挺,山炮、野炮、海岸炮、守城炮以及各种步兵炮等1000余门,弹药器材以及其他军事物资200余库,各种汽车、摩托车300余辆,运输轮船包括商轮、小汽艇、小驳船、小火轮等100余艘。还有工厂、场站、修理所等100余所。

日军投降后,第九战区分别成立了昌北、九江日俘管理机构,在南昌投降的日军,被集中到昌北牛行车站(后移吴城);在九江投降的日军,被集中到湖口、星子一带,统一管理。不久之后,在江西的全部日军和日本侨民,由中国政府派船遣送回国。

就在日军开始投降后,第九战区司令长官薛岳致电行政院院长宋子文,报告接收日军投降部署和该战区部队整编情况,称已遵令在9月底裁撤3军8师5纵队,部队整编为第四、四十四、五十八、七十二、九十九等5个军,共15个师,认为本战区抗战军事复员工作已经完成,请求将第九战区明令撤销,以便他在10月底“归还田间,重度平民生活”①。这个报告,反映了抗战胜利后部分高级军官对和平时局的期盼和心愿。

三、江西抗战的地位与意义

抗日战争是中华民族以国共两党合作为政治基础,在抗日民族统一战线

① 《薛岳报告接收日军投降和改编军队均已完毕请撤销九战区致行政院长宋子文电》,1945年9月22日,原件存中国第二历史档案馆。

旗帜下进行的民族解放战争，是近代以来中国人民反抗外来侵略第一次取得完全胜利的民族解放战争。江西境内的中国军队和全省人民的抗战，在全国正面战场作战和整个民族抗战中，发挥了重要的作用，具有重要的地位。

第一，江西正面战场的作战，是神圣的抗日民族解放战争的重要组成部分。中国军队在江西境内，先后进行了赣北、南昌、上高和浙赣4次大规模的会战，占抗战时期正面战场22次特大会战总数的近1/5。中国军队在江西境内的作战，牢牢坚守住了南昌会战后形成的战线，在前线与大后方之间构筑起了一道坚实的屏障，阻挡住了日本侵略军西进的脚步，有效地保卫了西南大后方，也有效地保卫了江西的大片土地。

第二，在每一次抗日作战中，江西境内中国军队的广大官兵，在民族大义下慨然奋起，不计生死，前仆后继，以血肉之躯阻击了装备精良和使用毒气的日本侵略军，保卫了国家民族的利益，留下了许多气壮山河的英勇事迹。他们是中华民族的英雄儿女，必将受到历史和人民的永久敬仰和纪念。

第三，作为中国抗战的前线和后方，江西人民在极端艰苦的条件下，坚韧不拔、同仇敌忾、节衣缩食、献粮出兵，为支援前线部队的作战和夺取抗战的胜利，作出了巨大的牺牲和重要的贡献。江西人民在奋勇支援前线和努力建设后方两个方面，都表现出难能可贵的坚忍、奋斗、自强、自立、创造、牺牲精神。这些精神，是抗日制胜的重要因素。

第四，抗日战争对包括江西在内的中国社会和人民产生了重大的影响。战争促成了人民的动员和觉醒，提升了人民的民族意识和国家观念，考验了国家政权、政党和各界人民的意志与能力，促进了社会的进步和更新，加速了文化的交流和教育、经济事业的建设，缩短了古老中国向现代国家转型和崛起于世界的过程。“殷忧启圣，多难兴邦。”抗日战争及其所促成的“各方面均有长足显著的进步”，成为“中华民族复兴的重要枢纽”[①]。

① 《抗战发生后意外的收获》，《江西民国日报》1938年10月21日。

第八章

国民党在江西统治的结束

抗日战争胜利后,中国历史进入一个重要的转折时期。国共两党在中国向何处去这一关系国家前途和命运的重大问题上,发生尖锐的分歧,两党的谈判和斗争,成为决定战后政局变化和历史进程的根本因素。在这一政治格局中,江西处于后方腹地,属国民党统治的基本地区。面对战后社会的百孔千疮和农工百业的凋敝,江西全省开始展开一定程度的善后救济与恢复建设工作。国共两党和谈失败、国民党发动全面内战后,江西也一无例外地被纳入“动员戡乱”的战争体制,全省行政围绕这一中心运转,严重影响了地方建设的开展和经济社会的复兴。四年间虽曾三换省政府主席,终无法挽回日益衰败的颓势。政权的腐败、经济的衰落、社会的失序、学生运动的重新兴起、人民武装和中间力量的活跃,成为这一时期江西政局的重要特征。在人民解放军的南下进军中,国民党在江西的统治于1949年5月随着省会南昌的解放而告结束。一个时代——中华民国时期,从此在江西成为历史。

第一节
战后社会秩序的恢复与重建

一、南昌接收与省政府返昌

抗战甫一胜利,国民政府立即部署在全国的接收和复员事务。江西沦陷区的接收，系由第九战区、行政院派出机构和省政府共同负责进行的。在第九战区南昌前进指挥所接受日军投降和接收日伪军事机构的同时，行政院派出的湘鄂赣接收特派员也在江西设立了办事处，进行经济方面的接收。江西省政府受行政院委托，参与对以南昌、九江为中心的赣北沦陷区的接收。

1945年8月20日，省党政联席会议召开第三次会议，继续18日省政府委员会议的议题，“商讨复员及接收要案多件”，同意指派建设厅长胡嘉诏等组成接收团，负责办理接收及善后事宜；决定立即恢复南昌市政府和庐山管理局，由省政府直属。会后，胡嘉诏等“率同各厅处派定之接收人员，由宁都间道驰赴南昌”，随军前进的艾怀瑜进入南昌，就任南昌市代市长，主持南昌市政的恢复事务(吴仕汉不久任庐山管理局局长)。9月1日，国民党江西省党部书记长陈协中等到达南昌，负责接收伪党务和文化机构。

接收工作从1945年8月下旬开始，到次年春大体完毕。江西的接收事务不是很大，但接收过程中也发生了接收大员贪污腐败的事情。经济部湘鄂赣接收特派员办事处驻赣专员于屏在九江拍卖几座水泥厂、碾米厂、酱油厂，“其卖价还不到标价的百分之三十，得标的都是他自己家里的人，得标后即转手出卖，不出一文本钱，坐获巨亿的收入”[①]。另据《九江人民革命史》记载：1945年9月起，国民党军几支部队相继加入九江的接收。接收的军用卡车在街上日夜飞驰，大批五金器材、家具、粮食、被服等被盗卖一空。同时大肆掠夺民族工商业。当时被日军侵占掠夺而剩下躯壳的企业只有九江兴中纺织厂、九江映庐电灯公司、裕生洋火厂、三菱洋行、美孚亚细亚石油库等，不过七八家，统由一八三师接管，结果被他们盗卖了全部财产。各路接收大员各显身手，竭尽全力进行抢劫和掠夺，把原来属于私有、后被日军强占，战后应该归还私人的一切企业以及抗战时期逃难到后方去的所有个人的财产，也统统予以“接管”，并肆意以汉奸罪名进行敲诈勒索，而真正的汉奸如王国瑞等却若无其事，逍遥法外。接收大员为牟取暴利，还在大街广设银楼、金号，做走私买卖，非法控制市场金银货币和粮食，造成物价狂涨。1946年11月5日的《型报》揭露：“当时在浔接收机构，包括中央、省方、地方、单位各有一百余个，重床叠架，弊端丛生，发接收财者，比比皆是。”

由于当时全国各地的接收均受到全社会的指责，被斥为“劫收”，蒋介石在

---

① 何汉文：《大劫收见闻》，全国政协文史委编《文史资料选辑》，第55辑，第28页。

各方压力下，遂于 1946 年 5 月，由国民党中央监察委员会、国民政府监察院和国民参政会三方联合组织清查团，对各地接收事务进行清查。其中湘鄂赣清查团由 8 人组成，仇鳌任团长，内分三组分别对 3 省进行清查。负责清查江西的第三组成员为陈肇英、余楠秋。但"陈肇英根本没有到组工作，只余楠秋一人单枪匹马，以九江为重点清查了一番，结果也只是把经济部湘鄂赣接收特派员办事处驻赣接收专员于屏、第九战区兵站总监部科长周毅查得贪污罪证俱全，加以逮捕，算是打了两个苍蝇"①。

9 月 9 日，南昌市政府正式办公。由此开始到 10 月，曹浩森率省政府机关次第由宁都迁返南昌。在宁都和返南昌后，省政府对战后复员、恢复社会秩序和施政工作进行了部署。根据国民政府的复员计划纲要，决定全省 6 项复员原则，即政治复员，以培养民力、减轻民众负担为首要；经济复员，以扩展交通、加紧复耕荒地为首要；教育复员，以调整学区、重建收复区学校为首要；军事复员，以整训团队、确保地方治安为首要；社会复员，以安定民生、与救济分署配合办理为首要；城市复员，以重建战后之南昌、九江、庐山为首要。为此，制订了战后复员办法。在大约一年的时间里，集中办理了一些事情，以恢复和重建社会政治秩序和经济生活。据《省政府的复员工作报告》所载②，这些事情共分民政、财政、建设、教育、保安、地政、卫生、田粮、计政等 9 大类 106 小项，其中主要有：(1)恢复沦陷区各级行政机构，有关各县政府及县以下各级机构，立即迁返原址办公，加紧办理复员善后。(2)清理并健全各级行政组织与人事，恢复各级行政编制，清理核定各县行政区划，在到1946年8月止的一年中，培训地方行政人员843名，调整县长71名(其中撤职、查办、停职、免职者20人，离职候用者6人)。(3)整理保安团队和警察，维护水陆交通线及重要据点安全，并运用各县原有自卫武力维持当地治安。(4)举行户口清查造册，编组保甲。(5)办理抗战损失调查。(6)调查"奸伪"罪行，"依法处办"有显著罪恶者和处理"其他附逆分子"。(7)着手恢复经济及其他方面的建设。到1946年，在中央拨款6亿元(江西要求59亿元③)的支持下，江西的"复员工作，略具端倪"。

---

① 何汉文：《大劫收见闻》，全国政协文史委编《文史资料选辑》，第55辑，第11—12页。

② 详见江西省政府：《江西省复员工作报告》，1946年9月。原件存中国第二历史档案馆。

③ 据《江西省复员工作报告》所载：省政府编列全省复员及救济费概算为59978537812元，呈请中央拨款补助，但当时仅奉拨到6亿元，相差几达90%。从这段话看，599亿的数据应是59亿元之误。

二、对日伪重要案犯的审判

江西人民对汉奸的惩处,早在战争结束前就开始了。如赣州,1945年7月17日日军退出后,即组织了肃奸委员会缉办汉奸。肃奸委员会先后缉捕了一批汉奸,并将“巨奸”林吉棠、温学良、钟瑛等23人予以枪毙。[①]

抗战胜利后,首由军统局奉命组织肃奸委员会,并在全国设立25处肃奸委员会分会,作为处理汉奸的专门机构。1945年11月,国民政府公布《处理汉奸案件条例》,规定对曾任伪组织简任职以上公务员或荐任职机关首长、特务、文武公务员侵害他人经人告发者,曾任军政特务机关工作者,专科以上学校校长、金融实业机关首长、新闻出版宣传文化社会组织团体重要工作者,应厉行检举并相应处置。12月,重新制定并公布《惩治汉奸条例》,对惩治汉奸及相应量刑作出规定。[②]根据军事委员会和国民政府惩治汉奸的法令,各地对汉奸进行了检举、人民陈诉、政府通缉以及查封、没收汉奸财产,审判汉奸案件。不少地方还成立了感化院,对盲从人员进行感化教育,“使其重新做人”[③]。江西全省立案侦查的汉奸案件,总计为1455件。

江西惩处的最大汉奸是周贯虹。1945年12月3日,经第九战区司令长官部扣捕的伪江西省党部主任委员(此前任伪江西省政府建设厅长)周贯虹、伪省党部书记长邹克定、伪九江县长王国□、伪江西省治安委员会主席吴应墀等,被从九江押解到南昌,听候审判[④]。1946年5月2日,江西省高级法院完成对汉奸周贯虹等的侦查,将其提起公诉。15日,经江西省高级法院审讯,判决周贯虹死刑。

这一时期,省高级法院先后审理许多汉奸案件,一大批汉奸受到惩处,伪南昌县长朱方隅、伪赣州复兴委员会主任秘书王理丞等10余人被判处死刑。根据南京国民政府司法部档案记载,从抗战胜利至1947年6月,江西全省审处汉奸案件的大体情况为[⑤]:

---

① 参见《复员声中话赣州》,《江西民国日报》1945年12月27日。

② 汪朝光:《从抗战胜利到内战爆发前后》,《中华民国史》第三编第五卷,中华书局2000年版,第254—256页。

③ 《复员声中话赣州》,《江西民国日报》1945年12月27日。

④ 《周逆贯虹等已押解来省》,《江西民国日报》1945年12月4日。

⑤ 《中华民国史档案资料汇编》第五辑第三编,政治(一),江苏古籍出版社1997年版,第362—367页。表中总计指全国22个省市所报数据的总计。

江西省司法机关办理惩治汉奸案件统计表

1. 汉奸案件审判统计

地区	死刑	无期	有期	罚金	缓刑	免刑	共计
江西	16	46	487		3	1	553
全国总计	342	847	10066	11	531	52	11849
地区	无罪	免诉	不受理	管辖错误	其他	共　　计	
江西	184	8	16	4		212	
全国总计	4564	82	1071	242	266	6225	

2. 汉奸案件侦查统计

地区	提起公诉	不　起　诉			其他	共计
		罪嫌不足	行为不罚	其他理由		
江西	938	428	24	65		1455
全国总计	25264	13797	954	3442	1131	44588

3. 汉奸案件再议统计

地区	驳回再议	发回续查	其 他	共 计
江西	21	2		23
全国总计	422	83	16	521

但是,审判汉奸案件的工作,在内战开始后实际上陷于停顿,未能完成全部工作。1949 年 5 月南昌解放后,人民政权还接管、清理了国民党政权未审结的汉奸案件 293 件。①

与此同时,国民政府对在中国战场犯下罪行的日本乙级和丙级战争罪犯,进行检举和逮捕,从 1945 年 8 月到 1947 年 5 月,中国各地共逮捕日本战犯 2357 名,并相继在北平、南京、上海、汉口、广州、太原、徐州、济南、台北、沈阳组织 10 个军事法庭进行审判(犯有重大罪行的甲级战犯由同盟国东京国际军

① 《江西省政府关于九月份工作报告及十月份工作布置》,1949年10月14日。存江西省档案馆。

事法庭审处)。国民政府没有在江西设立军事法庭,在江西地区犯下战争罪行的日本战犯,是在广州、南京等军事法庭受到审判的。其中比较重要的日本战犯有:

清水喜重,中将,日军第一一六师团师团长。该犯主要罪行是1938年10月率部参加武汉会战,对平民施行大屠杀。1939年3月,参加南昌会战,放任部队任意杀害平民,到处强奸抢劫,破坏财物无数。

伊东政喜,中将,曾任第一〇四师团师团长。该犯1938年8月率部在星子登陆,八九两月在星子东西孤岭作战中,两次使用毒气,致使我军死伤甚众。其所用毒气,为大量之毒烟罐。

安田卿辅,曾任第一〇五师团师团长。该犯1939年3月25日在赣西葛寿山作战时,施放毒气,并肆意杀害平民,破坏当地财产。①

平野仪一,1940年3月任侵华日军独立混成第十四旅独立步兵第六十三大队大队长,4月17日率部从九江出发,追歼庐山地区的中国军队,沿途烧杀抢掠,无所不为,遭到中国守军突然阻击,平野多次组织部队猛烈冲击,都被中国守军打退,死伤惨重。平野仪一惊慌失措,急忙向第十一军司令官冈村宁次和顶头上司独立混成第十四旅团长藤野高英发报求救。冈村宁次、藤野高英忙派3个大队日军赶来增援,才协助平野仪一攻下庐山。平野仪一兽性大发,指挥日军在庐山烧杀抢掠,疯狂破坏庐山胜景,罪行令人发指。1941年9月率部参加第二次长沙战役,升任支队长的平野仪一指挥所部和其他部队,在该战役中屠杀中国军民5.4万多人, 并将被迫投降的中国官兵全部杀死。战役结束后,平野仪一率残部撤回九江归建,在旅团长藤野高英指挥下进行“清乡”作战,残酷推行“三光政策”。1942年浙赣战役中担任江西方面的水路作战,配合日本海军第一遣华舰队,在鄱阳湖北水路口东岸奇袭登陆,相继攻占都昌、黄矶街、梅溪嘴,又沿锦江逆流而上。沿途受到中国军队顽强狙击,死伤惨重。平野仪一兽性大发,每攻占一个地方,都命令部属疯狂烧杀奸淫,又像强盗一样公开抢劫,把抢劫来的军用物资装船运回日本。为此,受到华中派遣军司令官的通令表彰。在浙赣战役三个月中,日军杀害中国军民25万余人,其中在江西被害的几万人,不少是死于平野支队的屠刀之下。日本投降后,平野仪一作为

① 《日本重要战犯名单》(国民党战争罪犯处理委员会1947年7月公布),《北京档案史料》,1990年第1、3期。该史料未载明各战犯的判决结果。

日本战犯被收押在案。1947年5月12日,广州军事法庭判处平野死刑,押赴广州流水桥刑场处决。①

三、抗战损失调查与社会凋零状况

办理抗战损失总调查,是抗战胜利后国民政府在全国部署的一项要务。调查的目的,当时主要是为提供"向日本要求赔偿及办理复员善后救济之根据"。按照省政府的规划,全省抗战损失总调查,在1945年9月20日之前完成准备工作,在12月20日之前完成全部调查工作。9月上旬,省政府核定调查经费222万元,调派各厅、处高级职员30人作为调查专员,事先召开了调查讲习会,对调查专员进行专门培训,并印制了大量的调查表格,划分了调查区域。9月下旬,各调查专员分途出发开始正式调查,到12月调查告竣并开始初步整理调查表格。1946年1月20日开始第二步整理数据,3月上旬全部完成审核整理,编成《江西省抗战损失调查总报告》。《总报告》包括了调查办理经过、统计结果以及各种调查计划、章则等内容,于4月上旬正式出版。这个过程说明,全省抗战损失调查工作,在布置上是比较认真周密的,在调查的程序上也还比较科学。但由于调查的时间太短,调查人员过少,以及战后环境的艰难,实际调查很难与要求相一致,因此也就存在遗漏和疏忽的问题。

这次调查的结果显示,抗战时期,全省83县1市中,先后被日军占领、窜扰及轰炸者共有76县市(其中被日军长期占领者14县1市),幸免于难者仅有赣东南及赣东北数县而已。全省人口伤亡504450人,其中死亡313249人(男193739人,女84379人,儿童33900人,不明性别1231人),受伤191201人,1945年全省人口总数比1937年减少200余万人;财产损失1007202334000元,平均每户均摊损失约为357160元。②巨大的战争破坏,造成江西社会经济和人民生活陷入严重的困境,呈现极度的凋零状态:

城市毁损,栖身无房:由于战时日军的狂轰滥炸和肆意焚烧,全省城市受损严重。因炸、焚毁坏的房屋共有382429栋,占全省原有房屋总数的17.5%。全

① 《被问斩的平野仪一》,http://bookroad.yeah.net。

② 江西省政府统计处编印《江西省抗战损失调查总报告》,1946年4月。另参见《江西省政府三十四年度政绩比较表》,1946年;蔡孟坚:《江西灾情报告》,1946年8月。又:财产损失数以1945年9月的物价为标准计算,这时的物价为1937年6月物价的871倍,故10072亿元约折合战前即1937年6月的物价为11.5亿元(户均410元)。

省“重要城市”房屋损毁50%以上者达42个，其中损毁高达80%~90%者有10个，超过90%的有18个，连日军没有到过的景德镇也被敌机炸毁房屋50%。这就直接造成了两大恶果，一是江西城市建设的成就被严重摧毁，如“省会所在地南昌市区之建筑物亦已拆毁四分之三以上，昔日繁华街衢，率多成为废墟”，甚至到抗战结束一年多后的1946年10月，还无法收拾这片残破景象。据离省12年后回来的程天放说：“看到南昌的情形，有许多的感触，南昌遭敌寇蹂躏，残破得很厉害，许多街道，变成了一片瓦砾，人口由三十多万减至二十多万，只剩三分之二”[①]。其他各地城区也是“无力修复，断垣残壁仍复随处皆是”。二是居民无处栖身，房荒成为战后的严重生计问题。高安、奉新县城被毁，若干乡间甚至片瓦无存，致使“战后复归之难民唯有以树叶搭棚，暂时容身”，而南昌市则是“战后义民复归，什九栖身无所，房荒问题严重达于极点”。[②]

田园荒芜，粮食匮乏：江西本为产粮大省，常年有大量余粮外调出境。主要由于5个方面的原因，造成战后江西发生粮荒：一是战乱引起土地抛荒，当时估算，“全省至少有三百万亩土地荒芜”[③]，粮食生产因此严重萎缩。二是受战争环境影响，农民无力投入，致使产量降低，这在日军占领的地区尤其明显，例如“日本侵占期间，南昌附近地区水稻产量仅及战前30%”[④]。产量降低，必然影响到粮食总量和积累的减少。三是战时日军在沦陷区和窜扰区大肆抢掠，所到之处“粮食物资被搜括”一空，各县积谷历年被日军抢掠总数达1140多万市石之多。四是战时江西以大量粮食支援东南数省，加以1945年又逢虫旱两灾，致使“民间余粮无多”，“粮食储藏已空”[⑤]。五是抗战结束后，后方各地难民返迁，粮食需求量激增；邻省粮价暴涨，江西粮食被趋利者贩运出省销售；中央政府继续在江西采购余粮、军粮，加大了粮食的需求总量。在这些原因的共同作用下，1946年春江西发生严重的粮食恐慌：“各地粮荒情形如九江县，据该县参议会报告，缺粮之户计达百分之七十以上，因此断炊而以树皮草根观音土等物代食者不下一千名之多，家无粒米全赖玉米糊为食者已达九千三百余户，因饥饿而死者亦时有所闻。赣西萍乡一带因春荒严重，人民相率转徙乞食，饿死道途者

① 《党政联合纪念周程天放出席讲演》，《江西民国日报》1946年10月8日。

② 蔡孟坚：《江西灾情报告》，1946年8月。原件存中国第二历史档案馆，抄件存江西省档案馆。

③ 《江西救济分署署长张国焘在上海的谈话》，1946年1月2日。

④ 郑伯彬：《日本侵占区之经济》，第37页。

⑤ 《江西省政府田赋粮食类施政报告》，1946年。

所在皆是。赣南各县粮食素极缺乏，大部平民多以芋叶薯渣等代饭，聊以果腹。赣东上饶乡间亦发生民以树根及观音土度日之现象，甚至南昌市近郊月前亦发现乡民有以树叶充饥者。”[①]1945年12月初，国民政府主席蒋介石以江西“产粮素丰，历年均有大量粮食运往京沪各地调济民食”，电令江西省政府以远低于市价的价格，筹购大米200万石以补军民粮食之需，“不得延误”。省政府立即大力赶办，并制定在40个县的收购计划，期在几个月的时限内完成任务。但截至1946年3月，“无论政府如何晓谕劝导，终鲜实效”，省田粮处长程懋型亲自下去督催，最终竟因各县购粮难以收集、期限紧迫而在吉安跳河自杀。到7月，江西才勉强凑足50万石交差。[②]江西粮食匮乏到了什么程度，于此可见一斑。

生产工具缺乏，生产恢复困难：战争也使生产工具的紧缺进一步加剧。例如赣江中的船民，战前拥有大小帆船约25000艘，战时被日军炸毁、凿沉12000艘，战后遂有半数船民失去了赖以生存的运载、渔猎工具，而商旅水运亦形停顿。作为农民主要生产动力的耕牛，战时被日军宰杀27万多头，约占全省耕牛总数的1/5，导致战后农民恢复生产倍加困难，1946年春耕时“一般贫农因无牛只使用，率多以人力代替，事倍功半，影响复耕，殊非浅鲜”。此外，河堤因军事关系或日军挖掘，“残破险段决口比比皆是”；交通毁损严重，公路、铁路均遭破坏，等等，这些都使战后生产的恢复和人民生计的安排，遇到空前的艰难。

疫疠流行，病患相继：战时在江西肆虐的鼠疫等烈性传染病，战后继续在一些地方蔓延。南城、黎川、南丰、广昌、临川、金溪在1946年均再度发生鼠疫，仅黎川、南丰两县染疫者118人，死亡68人，疫情且“蔓延赣东各地，疫区日益扩大”。霍乱、赤痢、脑膜炎、伤寒、天花等传染病，也在各地继续发生，“以今春（指1946年春——引者注）之脑膜炎为尤甚，蔓延二十余县，患者数百人，死亡亦达一百人。最近时值夏令，霍乱突趋流行，南昌、九江、浮梁、鄱阳、吉安等县均有发现，势极猖獗，半个月来，南昌市区已死亡二九九人，其未及就诊即告死亡因而无法查明者尚未列入，浮梁据报死亡三百人之多，为祸之烈可见一斑”[③]。传染病流行的情况如此严重，这是日军战时施行细菌战的余毒，也给战后的卫生防疫工作提出了巨大的难题。

对于战争之后的江西灾情和人民所面临的困境，不少历史文献都有记载，

① 蔡孟坚：《江西灾情报告》，1946年8月。

② 《江西省政府田赋粮食类施政报告》，1946年。

③ 蔡孟坚：《江西灾情报告》，1946年8月。

这里不能一一列举。总的说来,抗战“胜利后一年来,社会上所充斥的,是躺在街头巷尾的灾民、饿莩和乞丐”[①]。据不完全统计,江西战后灾民多达200万人,在湖南、河南之后,位列全国第三。“全省伤病人民约达三百五十万人”,而“医药并极缺乏”,难以医治。[②]因此,当时目睹惨状的有关人士,十分悲痛地指出,人民“虽得免死于战祸之中,实难幸存于复员之后,为状之惨,言之酸鼻”。日本帝国主义的侵略,给中国人民带来的惨痛灾难,真是罄竹难书。

四、善后救济与江西救济分署

战后行政上还有一件大事,这就是善后救济。

第二次世界大战刚一结束,联合国即在纽约成立善后救济总署(简称“联总”),国民政府依据国际协定和联总要求,亦随之相应建立行政院善后救济总署(简称“行总”),主办全国善后行政事宜。行总在各省设立分署,负责统一管理、分发联合国援助的救济物资,办理本省善后救济。联总在各省分署设立代表处,监管救济事务。1945年11月12日,行总江西分署在南昌成立,以张国焘为署长,黄学诗为副署长(1946年7月改组,以蔡孟坚、黄光斗为正副署长),主持办理全省61个战时受灾县市的救济业务。江西分署是一个独立于省政府之外的临时性行政机构,善后救济是省政府不能过问的一项临时行政事务。

分署是一个相当庞大的机构,内设赈务、卫生、储运、总务4组,秘书、会计、视察、技术、编译、调配以及专门委员、设计委员等8室,南昌、九江等5处仓库和储运站。又按灾情划分全省为15个灾区,组织15个直属工作队(1946年7月后调整为10个队,8个行政区及南昌、九江各派一队)。另外还有一些医疗防疫队、儿童收容所等。全分署工作人员最初为200多人,到1946年时已达900多人。[③]联总在江西也设立了代表处。联总驻江西分署代表处的人员多达36人,首席代表为澳州人邓肯(Dankan)。

江西分署的业务,分紧急救济、特种救济、农业救济和工业救济四大类,救济方式主要为施赈、助赈和工赈,以先救生命,次救生活,再救生产为救济原则及工作步骤。工作情况大体为:

---

① 《工商新闻》1946年第3期,载《江西近代贸易史资料》,江西人民出版社1987年版,第62页。

② 《江西救济分署署长张国焘在上海的谈话》,1946年1月2日。

③ 《善后救济总署江西分署1946年职员录》,存江西省档案馆。

紧急救济:主要事务为救济难民、赤贫和流落人员收容。据统计,从1945年11月到次年8月,总计遣返难民回籍61150人,南昌、九江两地安置无处栖身难民3983人;按赤贫户直接救济食物、衣着者,到1946年3月为918369人;冬季收容流散人员196552人。

特种救济:主要包括福利团体补助,设立托儿所、牛奶站、平价食堂等。其中,对51个县市的160个救济院、孤儿所、育婴安老所、残疾所等,不同程度地给予了物资或经费的补助。设立营养站31个,牛奶站58个,主要向儿童、贫苦病人和孕妇分发行总拨发的淡奶、奶粉等营养物品。

卫生救济:由于战时全省各地医院多遭损毁,院舍残破,医疗器械极度缺乏,各地疫病流行,为害至深。卫生救济的主要工作是:帮助设立诊所、修复医院、组织防疫队,拨款、拨物补助修建南昌、萍乡、高安、安义等市县医院、医专、助产学校等40所;组建巡回医疗防疫队在全省医疗病人105042人;组织临时医防队和检疫站,参与防治"疫势猖獗"的南城、南丰、黎川、金溪、赣东各县及南昌市的鼠疫,时南昌、九江、吉安、浮梁等地流行甚烈的霍乱,医疗队、检疫站为488816人注射了预防疫苗;会同联总驻赣办事处、省政府卫生处及英美红十字会代表,向各地分发了联合国援助的医药器材。

农业救济:行总要求1946年春季救济应首重农业,全部业务费的50%要拨充救济农业。江西分署的工作,主要为以农贷及农用物资协助春耕,并补助设立了张公渡农村实验区、高安祥符合作农场,拨发物资补助了南昌等15市县的29个农场。还以工赈形式,参与了各地农田水利工程和长江、赣江、鄱阳湖等七大河湖堤岸的修复和建设。

工业救济:以款、物补助形式,参与修复修建了铁路、公路、桥梁、学校、福利院所等各种公益建筑375处。①

江西分署的经费,为管理费、业务费和建筑专款三项,均由行总按月拨发。分署掌管的救济物资,则来自同盟各国的捐送(由行总转行分配各省)。江西分署从开办到结束,所接收的物资,总计为34522长吨(长吨即英吨,一长吨等于1016千克)。这些物资,包括了"衣服被褥、饮食补品、医药器械、交通工具、生活用品,五花八门,应有尽有"。

① 以上见蔡孟坚《行政院善后救济总署江西分署业务总报告》,1947年12月编印,存江西省档案馆;《行政院善后救济总署江西分署业务纪略》,民国《江西通志稿》,第32册,第43—69页。

在长期战争刚刚结束、灾情深重而物资极端缺乏的情况下，由联合国和行政院直接组织的江西善后救济，对于医治战争创伤、救助急难灾民和恢复生产生活，起了较好的作用，其积极意义应予以肯定。有亲见者回忆，从善后救济中，“老百姓还是得了一些实惠的”①。

另一方面，与巨大的灾情相比，善后救济毕竟是杯水车薪，难解巨困。当时即有省党部委员指出：对于农村，“虽省府前已商请本省善后救济分署予以救济，但因署方尚无一定计划，故效果颇微。至分配面粉，对于真正贫农，亦殊不易普遍，故目前高利贷异常流行”②。特别是，当事者的贪渎腐败，使江西善后救济“事倍功半”③，效用大减。据记载，掌管江西分署重要权力的总务组主任马士则，与分署运输大队长、储运主任和专门委员四人监守自盗，倒卖物资，贪污巨额资财。马于1947年9月逃走。据皖赣监察使署呈监察院核准案情，否认了马卷逃款项30亿元等指责，核其贪污获利以1947年7月物价计“当在三四亿元”。此案引起社会广泛关注，“各报社曾将分署弊端如出售烟煤、经营粮食、揽载各货、瓜分呢绒、私卖旧衣及马案内幕等，均予以披露”④。此外，尚有政府官员层层克扣、以权多占物资，以及让机械家具日蚀雨侵、生锈损坏之类事情。这些败政，引起人民侧目，有人遂怒将江西分署招牌中的“济”字改为“己”字，痛斥当局“救己”，联总对江西发生的这些事情也“十分不满”⑤。这种情况，也是国民党腐败政治的反映。

---

① 徐浩然、吴识沧：《善后救济总署江西分署内幕》，《江西文史资料选辑》，第26辑，第169页。

② 《熊遂报告乡镇状况》，《江西民国日报》1947年4月15日。

③ 蔡孟坚：《行政院善后救济总署江西分署业务总报告》，1947年12月。

④ 民国《江西通志稿》，第32册，第66页。另据《江西民国日报》报道：马士则之出走，近又获一插曲：缘有分署低级职员多人，以马利用分署交通工具，大肆吸收煤炭数达四百吨，运赴沪上出售，价值二三十亿元，凡分署高级职员，均沾红利，而独胼手胝足之低级职员未获分毫，于是群情愤慨，一致向署方声讨，当时声势颇为浩大，罢工者罢工，有组织力者组织整肃委员会，务求达到“有利大家分”之目的，结果且算署方聪明，挽救得法，即对争吵者各给予数百万元，小职员群相得利后，立即消声匿气。此事乃告了结。唯一波刚平，一波又起，盖马之贪污，人所共知，小职员群所得之利，并不是出之于煤炭之赢利，而系出之于分署之正式公款，会计室无法处理，而此事又扬之署外，无法收拾，蔡署长之智囊团则出之高策，促马一走了之，盖马非赣省人，其走后账目向何人清算，当然一笔勾销，不了了之(《马士则逃之夭夭，分署巧使百了计》，《江西民国日报》1947年10月24日)。

⑤ 徐浩然、吴识沧：《善后救济总署江西分署内幕》，《江西文史资料选辑》，第26辑，第168页。

第二节
从建设新江西到“动员戡乱”

一、王陵基重提“建设新江西”

民族抗战取得伟大胜利和随后出现的和平建国的曙光，激发了人们医治战争创伤、建设新家园的热情。作为这一热情直接或间接的反映，江西在1946年初再次提出“建设新江西”的口号，并得到国民政府主席蒋介石的支持。

1946年3月26日，国民政府改组江西省政府，由王陵基接替曹浩森出任省主席。王陵基是四川人，1938年任第三十集团军总司令兼第七十二军军长，率部出川加入第九战区，参加湘赣地区的抗日作战。次年6月升第九战区副司令长官，仍兼第三十集团军总司令，其后主要在赣湘鄂边区进行敌后游击作战，无甚战果。抗战胜利后撤销战区时，转任驻江西的第七绥靖区司令，下辖两个集团军。因自请将其基干部队第七十二军调往长江北岸参加“剿共”，受到蒋介石的嘉许，随即被委任为江西省主席①。

王陵基于4月8日到南昌履任。未掌理过行政事务的他，踌躇满志，很想在江西有点作为。因此，他一方面，着力在政治上营造不结帮拉派的超脱形象。他抗战时长期驻防赣北，深知熊式辉在江西势力极大。因此，他对外声称不将川官移植来赣，仅自带任师尚、宋相成赴任。5月间组建新一任省政府组成人员时，虽然通过行政院免去原主要人员职任，任命蒋志澄、洪轨、邱椿、胡嘉诏、任师尚、程懋型、宋相成、萧纯锦、唐新、熊遂等为省政府委员，以蒋志澄兼民政厅长，洪轨兼财政厅长，邱椿兼教育厅长，胡嘉诏兼建设厅长，任师尚兼秘书长，程懋型兼田赋粮食管理处长，宋相成兼保安副司令，但这些人，也大多不是他的亲信，“全省官吏，仍多是熊式辉的旧人，其中如建设厅长胡嘉诏等，情况

① 王陵基(1886—1967年)，号方舟，四川乐山人。王说话声音洪亮，性格粗鲁直爽，不大与人来往，热天则往往手拿蒲扇，赤膊外出，时人因此说他缺乏省主席的风度，不如熊式辉文雅。1948年调任四川省主席，次年在川南被解放军捕获。1964年12月28日被中华人民共和国最高人民法院特赦释放，1967年3月17日病逝于北京。

既熟习,工作上又有办法,王陵基仍不得不倚靠熊式辉的旧部来推动工作"[①]。他自己亦租居熊式辉在南昌市阳明路6号大院内的洋楼,与时任东北大员的熊式辉保持密切的联系。

一位署名"逸"的人在给其师、国民大会副秘书长洪兰友的信函中,谈论当时江西政治环境时说:"赣省政治环境,潜伏力较深,势力较强者,当首推政学系,因熊天翼氏主赣十年,当然培植不少力量,刻下熊氏虽离赣他调,然其部属仍在赣活动甚力,其最活动者,如建设厅长胡嘉诏,省参议会议长王枕心,省田粮处长熊漱冰,省党委刘已达及第五区专员冯琦等,胡嘉诏并主持政学系小组织'地方政治研究会'。"据其所言,在江西政治圈中,除了势力最大的政学系外,尚有大同盟(洪轨、陈协中等)、复兴社(郭礼伯、蔡孟坚等)、CC派(李中襄等)等派系,明争暗斗,分合无定。王陵基的策略,倾向政学系,但对其他各方也"取一视同仁之态度",尽管几个月后,就与CC派的李中襄发生激烈的矛盾。李中襄1946年7月出任民政厅厅长,不久王、李之间产生"意见不合,而李应付王之态度,亦有欠妥,致一度在省务会议时发生龃龉。彼等(即政学系大同盟等)正好乘此良机,从中挑拨,致使王李二人感情日趋破裂,终至调李回京,任师尚继掌民厅"。又由于南京调李中襄的命令发表过迟,王陵基疑为二陈(即陈果夫、陈立夫)从中支持李中襄,遂大发牢骚,对二陈乃至行政院长张群均有不满[②]。这些派系斗争和政治纠纷,对地方政治的影响极大,始终是国民党执政期间无法消除的顽疾。但王陵基在江西省主席任上,对地方政治力量的笼络,总的来说是较为成功的。

另一方面,王陵基刚一到任,意图顺应民心,在建设问题上推出新东西。为此,他提出了"建设新江西"的口号、方针和计划。他宣布了六项施政方针,即政治上要按照以党领政、党员拥护政府的要求,党政合作,贯彻国民党的政纲政策,实现主义;用人上要以公字为出发点,慎选才能,重视品德,彻底革除贪污;财政上实行公开,取之于民,用之于民,并以不苛扰人民为原则;教育上实行强迫入学,发展基层教育,注重体育锻炼,增进人民健康;建设上,发展农田水利,

① 熊正瑞:《王陵基在江西片断》,《江西文史资料选辑》第20辑,第122—123页。

② 逸:《关于江西政治环境、选务等致洪兰友的信》,1947年8月21日。原件存中国第二历史档案馆。逸为何人尚不清楚,从其信中内容看,有两点较为肯定:一是他与洪兰友有师生之谊,二是他对江西高层政治以及国民党的时政政策情况比较熟悉。

迅速恢复交通;保安方面,积极整训团队,加强反共,“根绝残匪”,“健全法治精神,使一般人民能够明法、尊法与守法”[①]。据此,省政府制定了《江西省建设纲要》。《纲要》共50条,内分伦理、社会、政治、经济、文化五项建设。又依据该纲要,编成五年建设计划,决定从1947年度起,按“分年进度”[②],次第施行。“建设新江西”的口号和计划,一定程度上适应了抗战胜利后人们恢复和建设家园的愿望,但这些需要政治改良和很大经费投入的方针和计划,在当时的内外环境和现实条件下,也是脱离实际、缺乏现实可能性的,在很大程度上无异于空言惑众、哗众取宠,许多条目都不可能事实上也确实未能真正付诸实践。随着全面内战的很快爆发,江西立即转入到反共反人民的所谓“动员戡乱”的内战轨道,“建设新江西”也就很快随之烟消云散。

在行政体制上,王陵基进行了一些制度性的因革。其中,如调整县等级,因涉及人员编制的变动,属于比较大的动作。1947年3月17日,省政府发出通令,认为此前实行的县分三等制度,已不能适合“战后各种客观条件变动颇多”的情况,决定“依据各县实际情形及地方财政状况”,重新调整确定县政府编制及各县等级。这一调整,经第1868次和1873次省务会议通过,从当年4月1日起施行。调整的主要内容,是进一步分细县等级,即在原来的每一级内增加一级,将三级制改为六级制。全省83县等级具体划分为:

一等一级:鄱阳、萍乡、上饶、吉安、临川、赣县、宁都、浮梁、丰城、九江、南昌。

一等二级:修水、玉山、清江、贵溪、宜春、婺源、乐平、高安、南康。

二等一级:新建、大庾(余)、信丰、万载、广丰、瑞金、永丰、泰和、兴国、遂川、永新、余干、南城、铅山、雩(于)都、奉新、武宁、都昌。

二等二级:南丰、崇仁、龙南、东乡、彭泽、金溪、新喻(余)、黎川、吉水、上高、宜丰、弋阳、万安、余江、万年、进贤、安福、光泽、永修、湖口。

三等一级:分宜、宜黄、新淦(干)、乐安、广昌、莲花、石城、上犹、会昌、崇

---

① 王陵基:《在江西省参议会上的报告》,1946年4月16日。据王陵基4月22日在省会各界欢迎大会所致答辞,蒋介石在他赴赣前指示数点:(一)以党领政;(二)各级干部要加强训练;(三)民众组训及健全警政;(四)切实发展教育;(五)注重体育运动;(六)多做不花钱之实际建设等。为此,他提出两点政见,一是建设农村,二是恢复城市。参见《省会各界开大会欢迎王主席》,《江西民国日报》1946年4月23日。

② 《江西省政府三十六年度政绩比较表》,1947年。

义、定南、安远、寻邬(乌)、德兴、虔南(全南)、靖安、瑞昌、德安、星子、安义。

三等二级:铜鼓、横峰、峡江、资溪、宁冈。

各等各级县政府的编制确定为:一等一级县,职员73名,公役18名;一等二级县,职员62名,公役16名;二等二级县,职员56名,公役13名;二等二级县,职员50名,公役11名;三等一级县,职员44名,公役10名;三等二级县,职员41名,公役10名。职员中包括县长一名;县政府内设机构,有民政、财政、教育、建设、军事、社会、地政七科,秘书、会计、统计、合作、户政五室。[①]这次县等级的调整,是抗战中期实施新县制以来,江西对县级行政体制的一次较大的调整,也是对抗战胜利后政府公务人员规模的一次稍有成效的控制。

王陵基在推行"建设新江西"的过程中,也曾做成一点事情。他根据抗战期间江西粮食调运一空的情况,向南京政府力争,将战后蒋介石为准备内战下达给江西的200万石征粮任务,缩减为50万石;在民间50万石亦无法完成时,又从省库中拨补10余万石以交差。深受战争创伤的江西经济从1946年起,有所复苏。一些工厂迁返南昌并恢复了生产,农业和垦殖事业略有起色,组建了统一的江西省银行并建立了全省银行库网,长江、赣江大堤得到修护,主干公路和浙赣铁路、南浔铁路修复通车,卫生、林业和茶叶运销等也有恢复,南昌市的人口,由1945年的14万人增加到了1947年的26万人[②]。

1946年9月,蒋介石在庐山出席青年团全国代表大会后,到南昌、赣州巡视,这是抗战胜利后他第一次来江西。9月23日,蒋到达南昌。24日上午,蒋由王陵基等陪同,召见江西耆老彭程万、伍毓瑞、欧阳武、龚师曾及党、团、军、政人员,巡视南昌及有关机关,在谈话中,他肯定并支持"建设新的江西"的活动,要求党、团组织"配合政府与社会,针对地方实际需要,担负建设新江西之责任"[③]。随后,在王陵基、蒋经国等陪同下飞往赣州。蒋在赣州先后观看八境台及阳明书院、儿童新村、正气中学以及大余西华山、梅关等处。26日离赣州返回南京。蒋在南昌和赣州时,均受到市民的热烈欢迎,据报道说,南昌群众"欢呼

① 1949年初,省政府对各县等级和编制又小有变动,县等级有个别调整,编制则每县减少4~5名职员,增加5~10名公役。但因临近全省解放,故这次调整已没有什么作用。

② 抗战胜利后南昌市人口情况为:1946年218806人,1947年266200人,1948年263014人,1949年255200人。载《南昌市志》,第1册,第268页。

③ 《元首昨晨离省前莅临省党部巡视》,《江西民国日报》1946年9月25日;《党政联合纪念周程天放出席讲演》,《江西民国日报》1946年10月8日。

雷动”,“自行辕至南莲公路盛况非常”,赣州“民众夹道欢呼,口号声与掌声雷动,万人空巷,盛况非常”[①]。这种情形,一方面是出于当局的组织,另一方面,也是赢得抗战胜利后,人们对国民党、蒋介石真实情感的表露。

二、“动员戡乱”体制的建立

战后短期出现的和平局面,因国民党于1946年夏发动内战而告消失。1947年下半年,解放军三路大军南下,国民党的中原防御体系被突破,武汉、南京和长江防线受到威胁,其他各战场的解放军也相继转入反攻,国民党从此在战略上陷入被动。7月4日,国民政府通过蒋介石提交的《厉行全国总动员,以戡平共匪叛乱,扫除民主障碍,如期实施宪政,贯彻和平建国方针案》,在国统区发起一场气势浩大的反共“动员戡乱”运动,以图解除政治、军事的困厄。

7月19日,江西举行“省会各界戡乱救国运动大会”,王陵基和省党部主委陈肇英、省参议会议长王枕心分别讲话,决定在全省进行人力、物力和财力总动员,一致起来“消灭共产党”[②]。9月2日,江西省政府发布《为防匪戡乱告江西全省人士书》,宣告在江西推行“动员戡乱”运动。11月中旬,南京政府为联合华中各省力量,应对中共军队刘伯承部南下,在南京召开豫、鄂、湘、赣、皖、苏六省联合“剿匪”会议,会议对于划建绥靖区、加强军政配合及地方团队等,都有详细意见。根据会议精神,江西省政府分析全省形势,认为中共军队进军到长江北岸,与“本省滨江各县仅隔一衣带水,防范稍有不周,即有越江而南之虞”;江西四境山峰重叠,赣鄂、赣粤、赣闽、赣皖边境中共领导的人民武装力量活动频繁,“窜扰不已”;中共地下组织在省内“如有水银泻地,无孔不入”。因此,江西形势也是“危机四伏,隐患重重”,“加强剿匪工作准备,实为本省当前刻不容缓之图”[③]。国民党当局的这种分析,既反映了江西当时面对的基本形势,也反映了江西当局在1947年冬中国革命胜利进展面前的忧虑、惶急心态。在此心态下,省政府连续制定、颁布《江西省动员戡乱实施办法大纲》、《江西省动员戡乱

① 《蒋主席飞赣县视察新赣南建设》,《江西民国日报》1946年9月25日

② 《响应戡乱救国运动,省会昨举行大会》,《江西民国日报》1947年7月20日。

③ 《江西省动员戡乱实施办法大纲》,1947年11月。

时期施政准则》、《剿匪会报组织规程》等10多个法令[①]。举凡民众自卫队之组训、保甲户口之严密编组、城垣碉堡之修筑、军糈之集运、县乡道路之修筑、船舶汽车之管制等等,无不详为规划,厘定专章。这些法令的颁布和实施,使全省政治、社会生活完全转入了“动员戡乱”的准军事体制。

江西省的“动员戡乱”工作,在统辖上,被划归华中“绥靖”体系,由国防部九江指挥部统一指挥。九江指挥部是在1947年11月南京六省“剿匪”会议后,国民政府为应对进入大别山区的中共军队刘伯承部的军事压力而组建的,由国防部部长白崇禧任指挥,“坐镇九江,指挥华中军事,并指导鄂、豫、皖、赣、湘五省政务”[②]。白崇禧在九江设立指挥部后,在九江坐镇的时间并不多,不久即将指挥部移到武汉(随后改称华中剿匪总指挥部,简称华中“剿总”)。江西全省“动员戡乱”事务的主要内容有:

1.设立专门机构,确定施政准则。江西主要设立两个机构,一是“剿匪会报”,为全省“动员戡乱”的主要领导机构,由省主席主持,党政军和参议会负责人共同组成。初期参加人员主要有王陵基,省党部主任委员陈肇英,省参议会议长王枕心,驻省第十集团军总司令欧震,省保安副司令曾戛初,省警察总队长张树春,省政府秘书长及各厅厅长等。“剿匪会报”下辖政治、军事、经济等各常设组,定期召开会议,“规划指导全省剿匪事宜”[③]。二是“戡乱建国动员委员会”。按照1947年11月20日行政院关于各省(市)、县成立“戡乱建国动员委员会”的密令,12月成立以省参议会议长王枕心为主任委员的“江西省戡乱建国动员委员会”(以民意机关即参议会议长为主持人是行政院的统一规定),该委员会任务为6项,即加强民众组训与地方自卫武力;发动地方人力、财力、物力从事戡乱建国;鼓励人民从军;沟通军民关系,加强军政配合;慰劳国军,救济难民;推行绥靖政策。[④]其后,全省各市县均按省政府、省党部下发的县市组织

① 其余法令是:《江西省动员戡乱期间严密编查保甲户口办法》、《各县市民众自卫队组训实施办法》、《剿匪会报各组工作要点》、《各县市剿匪会报组织规程》、《动员戡乱期间管制船舶办法》、《动员戡乱期间管制汽车办法》、《田粮督征要点》、《三十六年度军粮运集计划》等。12月,又公布了《江西省戡乱时期征用民工办法》,规定18至50岁的男子均得征工服役。

② 《行政院三十六年度重大行政措施检讨报告》(1948年2月),《中华民国史档案资料汇编》第五辑第三编,政治(一),江苏古籍出版社1997年版,第209页。

③ 《江西省动员戡乱实施办法大纲》,1947年11月。

④ 《行政院令》,(卅六)四防字第47970号,1947年11月20日,密速。原件存中国第二历史档案馆。

规程，组建了这两个专门机构。

与此同时，《江西省动员戡乱时期施政准则》也随之出台。“准则”确定了全省在“动员戡乱”时期施政的基本方针和指导原则，宣称以“安定社会，改善民生，促进民主，以立自卫、自足、自治之基础，实现三民主义之建国目标”为施政总方向，“将工作重点置于自卫之上”，集中全省人力、财力、物力，直接或间接用于省防建设与国防建设。

2.召集大会，制造声势及决定提案。早在国民党中央决定实施动员体制时，江西省党部“为使全省民众作进一步之拥护动员戡乱命令，与彻底奉行起见”，即分别电令全省各直辖党部策动当地民众团体及民意机关，于1947年7月20日同时举行“戡乱救国运动大会”。南昌市的大会于同月19日在体育场举行，“计到一万九千八百余人，情绪异常热烈”。1947年12月19—22日，江西省党部为贯彻七省一市绥靖会议精神，会同省参议会召开有各机关团体负责人和各县市党部书记长参加的戡乱会议，讨论有关组训、戡乱经费、自卫武器、民政、粮赋、治安、兵役、交通通讯及其他提案达97件，并通过了《中国国民党江西省动员戡乱工作实施要点》。省党部还组织绥靖区工作团分赴邻近湘鄂边境的10个县，进行动员督查，各县亦照《江西省各县戡乱工作队组织暂行办法》，组建工作队加强督导。①

① 《中国国民党江西省执行委员会致中央组织部长陈立夫电》(卅七)组团字第1354号，1948年2月21日。原件存二档馆。这种大会往往包含着许多内容，如1947年11月9日，南昌市召开“剿匪戡乱动员大会”，市政府提出“八大治安纲要”，作为配合全省推行戡乱动员的措施。这八项纲要是：(1)组训国民兵队，设立1个总队、14个大队、113个中队、2190个班，从全市18至45岁的男子中，第一批先行征调11000人，在2个月内完成组训。(2)构筑城防工事，建筑6个核心碉堡、14个基础碉堡，修理平安碉堡及部分防御工事，经费26万元，由市民有钱出钱、有力出力解决。(3)实行保甲连坐法。(4)加强消防救护设备，以解决“最近本市火警频传”、消防设备缺乏的问题。(5)调整日常生活必需品。当时南昌日常生活必需品严重不足，全市27万人口，总计每月需要粮食7万余石，但库存仅1万多石；需要食油3000担，但库存仅1500担；木柴1800万市斤，但仅存600万斤，只有食盐可供一年之需。(6)建立情报网。(7)实行设哨盘查。(8)运用动员惩治条例。按照“剿匪戡乱，人民必须出钱出力”的原则，规定“凡征工不到，征额不缴而规避或反抗者，均用动员法惩处”。(《各公法团体举行剿匪戡乱大会，市府订定八大治安纲要》，《江西民国日报》1947年11月10日)南昌市当时换了新市长，新市长想抓一下市政建设，但因经费困乏而无可奈何。如他打算修理中正大桥，提出了改建钢筋水泥桥面、桥头改用洋松、仅就已破坏地方略加修补3种方案，最后终因无力筹集经费，“仅照第三项计划施行”，亦即略事修补而已。(《省党部总理纪念周唐新报告市政建设》，《江西民国日报》1947年11月11日)这种情况，说明当时南昌市的经济已经到了相当拮据的程度，但还是不能将有限的经费用到建设上。

3.整训、加强保安部队。抗战胜利时,江西省有保安团队计14个团又4个大队。1946年6月,整编为8个保安总队、1个独立大队;同年11月再整编为6个总队、2个大队。1947年7月,成立江西省警保处,裁撤省保安司令部。为了全力推行"动员戡乱",省政府从1948年年初开始,对保安团队进行整训和扩编。2月,恢复设立江西省保安司令部,并增编3个保安团;成立3个保安旅司令部,分别指挥9个保安团。保安团队的枪械弹药同时得到大力补充。这样,省政府便按正规军的编制,建立了一支拥有16000余人的常备武装力量。各县市的地方武装也均有加强。

4.加强省防建设。主要是制定省防计划,建立全省情报网搜集军事情报,划定边区各县为戒严县份,构筑省防工事。构筑工事重点以"防拒奸匪进犯省境为目的"①,首先构筑赣北地区的江防工事;其次构筑省防要地南昌、吉安、赣州、上饶、宜春、南城等地的城防工事;再次构筑省境内各交通要线工事。工事种类有城墙、保安寨、碉堡群和碉堡铁丝网等。

此外,尚有根据国民政府《后方共产党之处置办法》,严厉整肃中共在江西的地下组织,抓捕、杀害共产党人和爱国人士,举行由各报社负责人参加的宣传会报,在省政府、省党部人员主持下加强反共宣传;严密保甲组织,清查户口,厉行人口异动登记;严密登记、管制车辆船舶,并随时征集调用;修筑城乡道路,以利军运;加强征兵、征粮、征款,补充军政费用,等等。

江西省政府、省党部在江西建立的"动员戡乱"体制,是一种以反共为中心的准军事动员体制,其目的是为了对抗靠近长江北岸的解放军南下江西。它将全省人力、财力和物力等一切资源,集中投入到这种被名为"自卫"的准军事动员中,同时对人民大众实行严密的监视和控制。它的实施,不仅很快使建设事业陷入停顿,宣告了所谓"建设新江西"活动的结束,而且表明人民大众再次失去了言论和行动的自由,国民党的独裁反动统治,由此走向顶点。

三、江西国民党七代会的召开与党团合并

1946年12月5日,中国国民党江西省第七次代表大会在南昌召开。这次大会,离1944年5月召开的全省第六次代表大会,不过两年半的时间。所以在如此短的时间内再开大会,最主要的原因,是国民党为了应对准备结束训政、开始

---

① 《江西省政府三十七年下半年度工作计划》,1948年。

宪政的政治形势,在各地部署对国大代表、立法委员选举等政治资源的争夺。因此,大会的四个主要内容是:结束训政,实施宪政;巩固统一,解除一切非法武装;加强民生主义的建设;革新党务。

出席这次大会的代表有187人,代表江西全省126659名国民党党员(1946年底)。省党部主委陈肇英主持大会,省执行委员胡运鸿作党务工作报告,监察委员匡正宇作监察报告,省政府委员胡嘉诏作政府施政报告。大会收集并审查了202件提案,涉及党务、政治、经济、文化、军事等各方面的内容。大会对两年来省党部在组织训练、宣传、人事、文化活动、妇女运动和监察方面的工作,进行总结与检讨,认为第六届省党部两年来,"以很少的钱做了不少的新事业",本省党员"被除籍或被司法审判的是很少很少"。会议也认为,全省党员"与本省人口总数比较殊觉太少,农工妇女党员,数量更不广泛,各区党分部仍只有形式,且偏重城市。在活动上,党团观念,亦不见高,各社会服务处,服务意义甚微,多有营利色彩"。宣传方面,也有不足。[①]大会称实施宪政是这"历史大转折时代"的"空前的创举","本党应在工作竞赛当中争取生存与发展",因此要求全省党员"必须增进学能修养,加强奋斗力量,从工作博取民众的信仰,从行动感动人民的拥戴",绝对铲除一切因循苟且、侥幸图存的思想,使国民党立于不败之基。[②]会议还提出,农民、工人是国民党的基础,要广泛征收农民、工人入党,并选举"真正的农人工人来负实际的党务领导工作"。这次大会的内容,反映了在国民党中央标举宪政旗帜、加紧控制国家政治资源和社会资源的形势下,江西省党部的基本思考与应对策略。

大会的选举颇有意思。会议在每个代表可书面提名 2 个候选人及代表自己报名竞选的基础上,形成了 48 名执行委员、38 名监察委员的候选名单。经大会选举,以得票列前者选出 21 名执行委员、13 名监察委员(均未分出候补委员,但前者 5 人、后者 3 人以"得票次多"即靠后加以区分),报中央核准。1947 年 2 月,国民党中常会第 53 次会议按甲级列编核定,批准陈肇英等 17 人为执行委员、刘宜廷等 7 人为候补执行委员,匡正宇等 9 人为监察委员、陈颖昆等 3 人为候补监察委员,与代表大会的选举名单相比,执行委员多了 3 人,监察委员少了 1 人,这种情况,说明当时国民党的组织程序具有相当大的

① 《七全大会第一次会党务政治总报告》,《江西民国日报》1946年12月7日。

② 《检讨过去,策励将来--陈主委七全大会开幕词》,《江西民国日报》1946年12月7日。

随意性，即便是在高层也很不严密。

省七次代表大会开后不久，又接着进行党团合并。

1947 年 9 月，国民党中央决定各省市国民党和三青团组织立即进行合并。合并后的省党部内，设置正副主任委员、正副书记长，主委以省党部现任主委为正，省支团部干事长为副；书记长以省党部现任书记长为正，支团部书记为副。随后，经国民党中常会第 85 次常会决议，陈肇英为党团合并后的国民党江西省执行委员会主委，詹钝鉴为副主委，陈际唐为书记长，李德廉为副书记长；同时任命陈肇英等 9 人为委员，组成江西省党团统一委员会，负责办理党团合并事宜。[①]派出中央委员许孝炎到江西，指导合并事务。

10 月 13 日上午，许孝炎召集省党部执、监委员，支团部干事、监察，及党、团部组长以上人员座谈，讲述党团合并进行程序及实施法令，下午，举行党团统一委员会谈话会，交换人事组织等方面的意见。江西的党团合并工作，开始进入实质性的运作。

10月15日，江西省党团统一委员会在豫章公园江西省党部举行第一次会议。会议决定，省党团组织统一在18日完成。这次会议，还确定了各县市党团统一委员会名单，推定薛秋泉等7人负责草拟《江西省动员戡乱实施办法》。18日上午，江西省党团合并仪式在省党部举行。先由江西三青团支团部人员在支团部举行升、降团旗仪式后，赴省党部参加合并仪式，继而省党团部人员相向列队，举行升旗礼，相互行一鞠躬礼，礼毕齐至礼堂举行合并大会，由省党部主委陈肇英、中央指导员许孝炎、监委陈宗莹等致词。江西省党团合并至此完成。[②]

国民党这时进行党团合并，是有深刻的原因的。许孝炎在江西省党团合并大会致词中，谈到了两个重要的原因，一是为了反共，他说，我们的敌人，不是军阀，不是封建势力，而是共党。共党有主义思想，有武装力量，其组织、宣传、斗争、技术天天在求进步，因此我们决不可等闲视之，要在这方面做得比他们好，比他们强，否则仅有军事成就是不足恃的。二是着眼于改变党不务实的状况，加强党的力量。他指出："吾人检讨过去党的工作，深以未能务实为憾。自民国十七年开始训政以来，迄未能完全达成理想……今日政治之不上轨道，经济之日趋艰苦，驯至民穷财尽，农村破产，使共党有潜滋暗长的机会，都是吾人工

① 《党团十月合并，省党部设正副主委》，《中常会议决定省党团统一委员人选》，分见《江西民国日报》1947年9月21日、10月4日。

② 《党团统一组织，支团部正式并入省党部》，《江西民国日报》1947年10月19日。

作不切实际所致”,“总裁在四中全会时,曾沉痛的说过,军事政治什么问题,我都不担心,只有党才是我最担心的问题。吾人深切的感到,假定今后党务工作还是空空洞洞,若有若无,真是危险之至”[①]。此外,当时在三青团与国民党之间,存在着尖锐的矛盾,被腐败、空谈折腾得威信扫地的国民党,受到还很有些锐气的三青团的严厉攻击,党团合并也有解决这一实际问题的深意。这一点,在许孝炎的公开讲话中没有提及。

继省一级组织合并后,各县市党团组织的合并,也相继在11月间完成。

第三节 学生运动、人民武装和中间力量的兴起

一、南昌爱国学生运动的复起

1946 年 6 月,南京国民政府在美国的援助下,中断和平进程,发动反共内战,强烈地刺激了渴求和平与建设的中国人民。南京政府为取得美援而与美国签订出卖权益的政治、经济协定,以及美军在华没有节制的横行霸道行为,也引起全国人民的极大公愤。因此,从 1946 年下半年起,一场以爱国学生为主体的爱国民主运动,在全国各地兴起,并逐步在国民党统治区域形成反美反蒋的第二条战线。

江西学生的爱国民主运动, 是从声援北京学生的反美爱国行动开始的。1946 年 12 月 24 日,美军士兵强奸北京大学学生沈崇,引发了北京学生的反美学潮。几天后,京沪爆发反美抗暴大游行的消息传到南昌,南昌大中学校学生群情激愤,中正大学女生当即在望城岗校园内举行“晨呼游行”,一些进步学生随即发起到南昌市内抗议游行的全校签名活动。南昌豫章中学学生余文容获悉此情后,分别联络本校、南昌女中、省立工专、心远中学等校学生自治会予以响应,“扩大行动”[②]。31 日,中正大学、豫章中学等校千余名学生在陈潘旭等带领下,冲破学校阻力,在南昌市区主要街道举行反美抗暴游行。游行学生高呼“美国佬滚出去”等口号,得到市民支持,挤满街头的市民“有的热烈鼓掌表

① 《党团统一组织,支团部正式并入省党部》,《江西民国日报》1947年10月19日。

② 《江西正大等校学生反美游行后各方反应》,1947年1月2日。存江西省档案馆。

国立中正大学校门 (今南昌陆军学院)(《中国共产党江西历史图志》)

示支持,有的干脆加入游行队伍,结果队伍越来越长,抗议的声势越来越大"[①]。江西舆论界也对学生游行给予支持,"咸以美军暴行必须制止,否则恐影响国家声誉",连游行队伍遇到的2个美国人(一牧师一士兵),对此也表示理解。[②] 这次游行行动,打破了五四运动以后江西学生运动长期沉寂的局面,显示了青年学生巨大的爱国热情,对战后的江西时局和社会产生了重要的影响。

其后,中正大学学生再次掀起挽救教育危机的罢课学潮。

中正大学1945年底搬到南昌后,学校规模继续有所扩大,但教师则大大减少。1946年,全校设有文法、理、工、农四个学院,分设中文、外文、历史、政治、经济、教育,数学、物理、化学、生物、土木工程、机电工程、化学工程,农艺、森林、畜牧兽医等16个学系,共有学生2224人,教师147人(其中教授44人,

① 《南昌青年运动回忆录》,江西省政协文史资料研究委员会1981年内部印行本,第252页。

② 《江西正大等校学生反美游行后各方反应》,1947年1月2日。

副教授27人)。办学条件最初极差,望城岗与南昌市13公里的交通往来,最初仅靠人力车、大板车和独轮车三种原始工具来解决。1946年3月,在第九战区长官部拨给学校两辆接收日军的旧卡车后,才算有了一点现代交通工具。校舍因是利用原有营房,也过于简陋,到1947年9月,随着大礼堂、图书馆、实验室和教职工、学生宿舍等数十栋房屋的建成,才有了改善。

内战爆发后,当局大量削减教育经费,而物价飞速上涨,致使教育陷入危机,教职员工和学生受到饥饿威胁。1947年2月中旬,中正大学学生"不满意于校长萧蘧之处理校务",聚集向学校请愿,要求增聘教授、充实图书设备、改善教职员工和学生的生活现状。这个要求因未得到允准,校长萧蘧被激愤的学生乱石击伤头部。随后,学生成立了由陈潘旭、林炳生、蒋桢、贝效良、张天佑等学生领袖组成的护校会,要求校长辞职,并罢课待命;萧蘧也在22日向教育部电请辞职,校务交由校务会议代理。南京教育部获悉后,部长朱家骅遂急电江西教育厅及萧蘧,反对学生行动,表示全力支持萧蘧"整顿学风",不准其辞职,同时派教育部专门委员程其保到校协助,令"剀切开导学生即日复课,并查明滋事学生依法严处"[①]。其后,在程其保及"省会各机关首长及社会贤达一再劝导"下,中正大学学生于3月31日复课,但学生没有放弃校长辞职的要求,情绪仍极高昂,因此问题并"未获根本解决"[②]。

5月上中旬,上海、南京等地学生掀起反内战、反饥饿和增加副食费、挽救教育危机的罢课游行,学生运动开始走上高潮。18日,南京国民政府颁布《维持社会秩序临时办法》,规定不准"越级请愿",请愿代表不准超过10人,不准学生罢课、工人罢工、商人罢市,否则送司法机关处理。20日,南京、上海、杭州等地学生联合在南京举行的"反饥饿、反内战、反迫害"请愿大游行受到当局镇压,重伤学生19人,造成"五二〇惨案"。在这个背景下,中正大学学潮再次走向高潮。

5月10日,南昌开始实行宵禁。几天后,又闻萧蘧即将返校复职。中正大学学生群情激愤,于18日再度罢课,并决定22日全体学生进京请愿,要求校方签付6、7两月公费充作旅费。学生的行动,引起省政当局的震惊。省主席王陵基当即认定"学潮变质,妨碍治安",除下令银行不予付款、路局不予售票外,于19日召集有"省会各界绅耆"参加的紧急会议,决定10条紧急措施,将中正大学护校

① 《朱家骅致江西教育厅李厅长转萧蘧特急电》,1947年2月24日。

② 《江西省政府政情通讯》,第10号,1947年6月20日。存江西省档案馆。

会定性为非法组织,命令即予解散;宣称学潮中"如有共党分子乘机利用制造暴乱,查明时将予逮捕";威胁学生如果继续扩大风潮,将有解散学校的可能。[①]同时,在中正大桥(解放后改称八一大桥)北桥头密布军警,防止学生过江进入市区。省政府的措置,使学生"益感愤激"。21日,800多名学生进城示威,到达中正桥头时,遭到武装军警的拦阻,张英荃等5位同学被打成重伤,轻伤者有22人[②]。省立兽医专科学校部分学生由城内赶至声援,也在桥东遭到殴打。这就是江西当局制造的南昌"五二一事件"。

五二一事件暴露了省政当局反人民的反动本质,遭到社会各界的强烈声讨。22日,中正大学学生发布抗议五二一血案的宣言,要求南京政府撤办镇压人权的江西省主席王陵基。全省学生和民众同表义愤,南昌中正医学院、医专、工专、体专、音专、兽专等校学生联合组织"五二一事件后援会",罢课冒雨游行。全省各地及南京、北平、上海等地学生也纷纷来信来电表示声援。鉴于"事态至此颇有愈趋扩大之势"[③],江西当局在强大的社会压力下,不得不有所收敛,答允医治受伤学生,惩办凶手,并由"各机关首长及耆绅"出面致电教育部允校长萧蘧辞职,26日为教育部所准,派督学吴兆棠代理校务。中正大学学生遂于6月9日复课。

在中正大学学生运动期间,全省各地的民主运动也有所发展。1947年2月中旬,九江兴中纱厂女工举行了反饥饿的罢工斗争;3月,高安县商民罢市20天,反抗地方当局设卡非法勒捐;5月,赣县中学、女中、女师学校教职员联合罢教,吉安中小学教职员联合罢教,相继进行反饥饿斗争;6月初,中正大学和国立中正医学院学生分别在校内游行,要求"反内战、反饥饿、反征兵征粮"。此后,爱国民主运动在江西,仍得以各种形式坚持和扩大。

南昌青年学生的斗争精神,在全国产生了较大影响,并得到中国共产党的高度评价。1947年5月23日的新华社时评《蒋介石的末路》,认为京沪赣等地以反内战、反饥饿、挽救教育危机为中心的学生运动,达到了新的高潮,特别指出,以蒋介石自己名字得名的"南昌中正大学,过去是没有参加过学生运动的,在这一次都站在斗争的前线"。此后,南昌学生运动随着校内中共组织的建立

---

① 《江西省政府政情通讯》,第10号,1947年6月20日。

② 参见杨小春《南昌"五·二一"事件纪实》,刘陵等《回忆"正大"学运》,分载《南昌青年运动回忆录》,第265-268页;第310—315页。

③ 《国立中正大学学潮始末志略》,《国立中正大学校刊》第5期,1947年6月25日。

继续发展[①],1948年6月，中正大学的一批进步学生还曾秘密进入苏北解放区；各校学生在中共组织领导下,多次罢课进行或声援爱国民主运动,并在1949年春利用“应变会”等合法形式,进行了护校和迎接解放的斗争。

二、中共地方组织与边境游击活动

抗日战争时期,在粤赣湘边区、皖浙赣边区、闽浙赣边区,都有中国共产党领导的抗日武装从事抗日救亡活动。国民党连续发动反共高潮后,这些武装力量均受到程度不同的损失。抗战胜利后,大批革命武装奉命向北方移动,但仍有一小部分就地坚持民主斗争,遂为国民党当局所不容。1946年6月全面内战爆发后,江西省保安司令部立即拟定全省绥靖计划,决定“协约邻省,以保安团队主力,分区歼灭”[②]人民武装。随后,派出省保安处长邬灿率领省保安第四、七两总队(一总队相当于一团),协同第十集团军(总司令欧震)部队进入赣南,“清剿”赣粤边区人民武装黄业、刘新潮、刘培新等部;派一个保安大队由赣闽浙三省边区指挥所指挥,围攻该边区人民武装曾镜冰部;派两个保安中队会同福建部队,围攻赣闽边区人民武装张泽庆部。人民武装在强大敌军的围攻下,辗转应付,灵活机动,打破了敌人“分区歼灭”的企图。到1947年,各地人民武装力量均有所增长,其主要分布和活动情况为:

粤赣湘边区:1947年4月,在广东南雄成立中共五岭地区委员会,张华任书记,黄业、刘建华任副书记。五岭地委将人民武装整编为粤赣湘边区人民解放总队,由黄业、刘建华分任总、副队长,张华任政委,陈中夫任政治部主任。总队下辖第一、三、五、六4个支队,分散活动于粤北、赣南和湘南地区。地委和总队的成立,成为粤赣湘边区人民革命力量发展的重要标志。不久,这支原先仅有200多人的队伍,很快增加到4000多人、3000多支枪。在赣南活动的主要是第六支队(下分3个大队,共800多人),后来第一、五支队也挺进到赣南。他们运用各种形式,分别组织、建立了“河北队”、崇余康独立大队、信余康游击队、“烈火队”、“红花队”、三南游击队等灵活轻便的武装工作队,在崇义、大余、南康、信

① 如中共南昌地下党1948年3月在中正大学建立了党支部,10月又在中正医学院和南昌二中、心远、高商等学校建立了地下党小组。

② 《江西省政府三十五年度政绩比较表》,1947年。存江西省档案馆。

丰、龙南、全南、定南等县边区开展游击活动,“来去无定”①,颇有声势②。

皖浙赣边区:抗战胜利后,原在苏浙皖地区的新四军主力北撤,在苏南、皖南留下一支500余人的队伍坚持斗争。1947年3月8日,中共中央华东局指示皖南地委,发展皖苏浙赣广大地区的游击战,“总的发展方向应以赣东北为主”,创造广大的游击根据地。随后,熊兆仁、余华、倪南山率新四军皖浙赣支队(1948年12月正式改称中国人民解放军皖浙赣支队)向以休宁、祁门、婺源、浮梁为中心的皖浙赣边区挺进。支队以灵活多变的转进奔袭,多次挫败敌军的大规模“清剿”,牵制皖浙赣三省保安团和地主武装约8000人,创建了以婺源鄣公山为中心的大块游击根据地。③

赣西南地区:万青领导赣西南贫苦农民和部分由广东移入江西的垦民,成立了人民解放大队(亦称白马大队),有人、枪300余。他们以泰和马家洲、五宁庵等处为根据地,游击于永新、泰和、遂川、永丰、吉水、万安等县,并挫败了江西保安第三团欧阳江部的“清剿”。此外,刘雄虎部500余人,从1947年冬起,也在遂川、上犹一带地区进行游击活动。

在人民武装坚持斗争的同时,中共江西地方组织也有所恢复和发展。虽然中共江西省级组织自抗战中期遭破坏后,一直未能恢复,但从1947年起,在一些市县,建立了中共组织,恢复了组织活动。这些组织主要有:隶属于中共闽浙赣区委的、以蔡敏为书记的湘赣边工作委员会,在赣南、赣西、赣东及南昌均建立有下属组织;以李健为书记的中共南昌城工部,正式成立于南昌解放前夕,但从1948年已开始在赣中、赣北地区建立有60多个党支部;隶属于中共湖南省工委的、以孟树德为书记的萍乡矿区工作委员会;为配合解放军南下,1949年5月在大余建立的中共赣南工作委员会,隶属中共华南分局五岭地委,刘建华为书记,等等。④

江西境内的中共组织和人民武装,总的说来力量不大,但他们进行的活跃的组织和游击活动,对国民党江西统治当局是一个威胁,因此受到当局的严密

---

① 《中央治安考察团第三组(江西方面)报告书》,1948年12月8日。存江西省档案馆。

② 关于粤赣湘边区人民解放总队的情况,详见刘建华《赣南支队成立前后的战斗历程》(载《江西文史资料》第15辑)等文章。

③ 详见《解放战争时期皖浙赣边区的游击战争》,《江西党史资料》第15辑,1990年印行。

④ 详见中共江西省委组织部等编《中国共产党江西省组织史资料》,中共党史出版社1999年版,第674—685页。

监视和镇压。当局采取的最厉害的一招，是派遣人员打入各武装力量内部，了解其活动进而予以破获。仅1947年，江西国民党组织即分别在大余、信丰、上饶、瑞昌等“本省各股匪内部建立内线三十六名，并经各内线之努力，曾破获匪案五十二件，缉获人犯一百九十一名，抄获步枪五十二支，短枪八支”[①]。但是，不论当局如何严密监视和镇压，终究无法消灭中共组织及其领导的武装力量。到1949年春夏人民解放大军进入江西时，各地中共组织及其武装力量积极配合作战，为江西的解放作出了贡献。

三、中间力量的发展

1.中间力量的组织状况

抗战胜利后，政治态势变化的一个重要方面是中间力量的进一步扩大，特别是在政治协商会议召开后，新的党派、社团“如雨后春笋”般地产生，成为战后政局中的一种特殊现象。在江西活动的中间党派及其组织主要有：

中国民主同盟江西临时支部。1946年夏，江西知识界进步人士、中华民族解放行动委员会中央临时执行委员何世琨，受中国民主同盟总部[②]组织委员会主任章伯钧的委托，由重庆来江西发展民盟组织。何联络曾伯雄、刘九峰等在南昌创办《自由半月刊》，以天健中学为活动据点，并向丰城、永修等地发展组织。1947年秋，李柱受民盟总部指派由沪来赣建立江西临时支部，指定曾伯雄、何序东、王秋心、李柱、陈言、包煊敏、唐敬斋7人为支部委员，推曾伯雄为主任委员。同年11月，中国民主同盟总部被迫宣布解散后，江西民盟组织转入隐蔽活动。1948年1月，民盟总部在香港恢复机构，决定同中国共产党站在一起，“为彻底摧毁南京反动独裁政府，为彻底实现民主、和平、独立、统一的新中国而奋斗到底”。此后，民盟江西临时支部积极推动反蒋爱国的学生运动，宣传中国共产党的主张，并在农村组织开展反三征（征兵、征粮、征税）斗争，有的地方还组建了地下武装，配合人民解放战争的进行。到 1949 年 7 月，民盟江西临时支部在约 20 个地县建立了组织，全省盟员共计 1000 人左右；单独和与农工民主党

① 《中国国民党江西省执行委员会三十六年度政绩比较表》，1948年。存江西省档案馆。

② 中国民主同盟是1941年由三党即青年党、国社党（1946年改建为民社党）、第三党（1947年2月改称中国农工民主党）和三派即救国会、职教会、乡村建设派共同组建，后青年党于1945年退出，民社党在1947年决定参加制宪国大，也从民盟中分裂出去。

合作组建的武装，约有人枪3000余[①]。

中国农工民主党江西省工作委员会。农工党是民盟的主要组成党派之一，也是在江西建立组织最早的一个民主党派。其前身中华革命党1928年即在南昌成立了以李小青为主任委员的江西省筹备委员会(1930年称“中国国民党临时行动委员会江西省干部会”)，抗战时期先后组建了以何序东为主委的中华民族解放行动委员会江西省临时委员会、江西核心小组，在南昌、赣州、泰和、丰城等地发展组织，坚持活动，并于1946年冬，在南昌建立由何世琨负责的中心组。次年2月，中华民族解放行动委员会易名为中国农工党，同年冬，农工党江西省临时委员会在丰城成立，以何序东为主委，陈言、李柱、唐敬斋、吴建东为委员。1948年7月，临时省委会迁到南昌市，但组织活动受到国民党当局的压制，何离开南昌，组织活动一度短时中断。[②]1949年2月，改组成立中国农工党江西省工作委员会，何序东任主委。这时，全省组织已扩大到31个市县，有党员5700余人。省工委广泛开展爱国民主活动，发动部分县乡反征兵、反征粮、反征税的斗争和城市的护厂护校活动，组织“民主自卫军”配合人民解放军的渡江作战，迎接江西的解放。[③]

中国国民党革命委员会江西省分会筹委会。1946年夏，三民主义同志联合会中央干事李世璋到江西发展组织，组成三民主义同志联合会江西省筹备委员会。1948年夏，孙其名到江西发展中国国民党革命委员会组织，成立民革江西省筹备委员会。两会分别在全省22个市县发展了自己的组织。1949年2月，这两个筹委会合并组成民革江西省分会筹备委员会，以汤允夫、孙其名、廖超伦、聂轰、武惕予为常务委员，汤允夫为主任委员。筹委会广泛开展爱国民主活动，反对国民党的独裁统治，并在黎川等地，组织武装，为迎接解放作了积极的工作。[④]

在江西出现的党派组织还有中国青年党、中国民主社会党及几个小党的分支：

中国青年党江西省党部。青年党是抗战胜利后在江西组织发展最快、势力

① 《中国民主党派江西省地方组织志》，2001年印刷，第100页；《江西民盟五十年(1947—1997)》，《江西盟讯》1997年第4、5期合刊，第2—5页。

② 《南昌市志》，第5册，第87—88页。

③ 《中国民主党派江西省地方组织志》，第285—287页。

④ 《中国民主党派江西省地方组织志》，第28—30页。

最大，也是内部纷争最为激烈的一支中间势力。该党在1945年12月重订政纲，宣称本国家主义精神，以建设全民福利的现代国家为宗旨，并以政治民主化、军队国家化作为其政治主张[①]。江西的青年党组织，始于1928年。当时由南昌剑声中学校长邱大年负责，邱赴北平任教后，由继任校长熊恢主其事。后长期未有组织活动。1946年夏，熊恢在庐山被该党主席曾琦召见后，成立江西省临时党部，熊为方便在南京活动立法委员等职任，自任指导委员，而以辛植柏为主任委员实际负责党务。[②]1947年8月3日，青年党江西省代表大会在南昌召开。会上，以熊恢等为首的"元老派"和以辛植柏为首的"实力派"发生激烈争执，结果元老派在执行委员会的选举中落败。元老派遂另召集会议和推举执行委员，"两方势成敌对"，熊、辛两人乃先后去南京青年党中央告状并寻求解决。10月，"原省党部奉令解散，另组整理委员会，着手整顿"，整委会由青年党中央委派的叶时修等7人组成，叶为主任委员。叶随后急欲扩大自己的力量，对熊、辛均形成威胁，两人遂又"愿捐弃成见，急谋合作，以便与叶时修竞争"[③]。因此，青年党在江西的组织，一直内争不断，并不稳定。但这时，青年党因在召开制宪国民大会问题上，明确站在国民党一边，实际上成为国民党的政治盟友，故而江西青年党成员在国大代表、立法委员、监察委员的选举中，均参与其事，其利益得到国民党的保护。

江西青年党的经费，主要来自该党中央。其活动以吸收党员、宣传党纲(如宣传、销售该党所办《中华时报》、《青年周刊》、《青年生活》等报刊)和谋求参加地方政权为中心。其组织结构分四层，即省党部、市县支部、区分部、小组，特许国民党员秘密跨入该党。1947年时，已在南昌市和安义、丰城、高安、清江、万载、兴国、瑞金、泰和、分宜、安福、莲花、资溪、黎川、广丰、九江、瑞昌、彭泽等县设立支部或筹备处，并在南昌公开活动。[④]有资料称全省党员"已达三千余名，其中以公教人员为最多，占二千三百名左右，学生占四百余名，商界最少约三百左右"[⑤]。次年，该党在全省的组织发展及活动，还有进一步的扩大，全省大部

① 参见《中国青年党党章》，1945年12月；《中国青年党沿革简史》，1946年7月。原件存二档馆。

② 国民党中央党政军联席会议秘书处：《党派活动专报》第3期(1948年3月)，《中华民国史档案资料汇编》，第5辑第3编，政治(三)，第169页。

③ 国民党中央党政军联席会议秘书处：《党派活动专报》第3期，1948年3月。

④ 国民党中央党政军联席会议秘书处：《中国青年党概况》(1947年)，《中华民国史档案资料汇编》，第5辑第3编，政治(三)，第129—132页。

⑤ 国民党中央党政军联席会议秘书处：《党派活动专报》第13期，1947年3月30日。

分市县均有青年党的组织或人员(民社党亦如此),有的县规模还不小,如高安一县青年党成员达300多人。南昌解放前夕,主要成员大部离开江西先后去台湾,江西青年党组织随告瓦解。

中国民主社会党江西省支部。以张君劢为主席的民社党,其党章称"以实现民主社会主义为宗旨",政治路线为"不走英美资本主义的路,亦不走苏联共产主义的路,而走资本主义与共产主义两者中间的路"。1947年7月该党一大之后,即由中央指派高锃(又名粹光)为江西省支部主任委员,到江西发展组织。江西支部最初设在赣州,同年11月迁到南昌,由高锃之弟高鏗任主任委员,饶伯午为书记长,张建东、高锃、刘寿元、张玉民、殷慕萍为委员。先后在宜春、分宜、万载、临川、吉安、九江、萍乡、上饶、玉山、广丰、奉新、清江、定南等县设立分部筹备处。民社党"中央认为江西党务发展迅速"[①],极为重视,遂派出中央委员到赣视察和布置国大代表选举工作。由于民社党与青年党一样,在1947年秋冬支持国民党召开制宪国民大会,该党也被国民党视为友党,江西民社党组织和成员得以参与国大代表、立法委员和监察委员的选举,其政治利益得到国民党的保护。但民社党中央每月仅发江西10余万元,故江西组织"经费困难"。

民社党江西组织其后内部出现纷争,李才彬(原任江西省立工专校长)因领导有大批党员,自成一派,经赴上海与该党中央主席等核心人物联络,被该党提名为江西立法委员候选人,并指定为江西支部改组筹备会主任委员,引起江西支部其他干部的不满。高鏗遂与饶伯午在南昌召开23人干部会议,会上发表了攻击李才彬的言论,否决了李任筹委会主委的提议,议定仍以原支部为党务最高机构,负责筹备省党部[②]。民社党内部发生纠纷不独江西一地。据其中央总部1948年7月22日电称,各地党部因内部人事不协调发生纠纷、窒碍进行者孔多,"稍有不合,即交相诟病,函电中央;尤有甚者,乃至发泄私忿,互相倾轧"。而该党中央亦发生了分裂,因此,地方党务颇为混乱。年底,根据该党中央关于在中共部队接近地区结束党务的指令,江西民社党组织也就很快消散。

中国农民党江西支部筹委会。中国农民党1947年5月成立,宣称以唤醒农人自觉自主,维护农人正当权益,促进农工和城乡平衡发展,实现以农业农

---

① 《中国党派》(中联出版社1948年1月),方庆秋主编《中国民主社会党》,档案出版社1988年版,第258—259页;《中国民主社会党各地支部组织活动概况》(1948年1月),《中华民国史档案资料汇编》,第5辑第3编,政治(三),第280页。

② 国民党中央党政军联席会议秘书处:《党派活动专报》第3期,1948年3月。

村为基本现代化的民主法治中国为宗旨。江西王沚川出席了该党一大，他原误以为是农民协会改名为农民党，故只是在江西邀集四五个农协会员举行座谈，并未发动征求党员，但表示各界对本党均极同情赞成，江西经战争后农村生活困苦，参加者一定踊跃。[①]这就是说，作为一省的筹备人，他自己对该党理念、宗旨尚不明白。6月，该党中常会第四次会议决定，以张明善、钟南齐、王云森、林逢春、王儒钧为江西支部筹备委员，张为召集人。但据1948年4月1日的《中国农民党党务通告》(第八号)载称："江西支部已洽妥筹备人选，即可展开工作"，表明过了10个月，江西并未展开什么党务活动。此后，未见该党在江西活动的记载。

中国新社会革命党江西办事处。该党1948年1月10日在南京成立，自称遵循三民主义，以团结革命同志，排除反革命障碍，推行新革命运动，建设新社会主义新中国为宗旨[②]。这是一个认为国民党已经衰落而使三民主义变质，又以所谓不适合国情、民族传统而反对中国共产党的党派。在人民解放战争凯歌行进之时，该党以"居第三方面"为名，屡次向国内外各方"呼吁和平"、"停止战争"。江西省政府一度对该党在江西的活动表示担心，曾向行政院请示其是否为合法政党、可否准予其公开挂牌活动，得行政院1948年11月26日第5322号训令，正式承认其为合法政党并通令全国。江西组织的具体情况不详，其党务活动由该党湘鄂赣党务特派员何鹏负责，但南昌是该党的重要据点，南昌樵舍镇德昌祥和南昌豫章后街17号(两处主人均为魏俊德)是其中央总部非常时期的通讯处、办事处。所谓"非常时期"，指"地方陷落"即被解放军占领，非常时期的党务则主要是布置潜伏，进行"地下工作"[③]。

三民主义宪政同志会(简称"民宪会")南昌分会。民宪会1946年4月10日在重庆成立。以孙科为名誉会长、吴尚鹰为理事长的民宪会，将"阐扬三民主义五权宪法，促进宪政及完成民主政治"作为政纲[④]，在南京设总会，各地设分会。南昌分会是该会各地分会中成立最早者，也是组织较为完备的一个地方分

---

① 《中国农民党第一次全国代表大会记录》，1947年5月12—14日。此为王在12日会上的报告内容。

② 《中国新社会革命党党章》，1948年1月10日第一次全国代表大会通过。

③ 参见《中国新社会革命党非常时期紧急措施办法》，1948月12月；《中国新社会革命党非常时期交通联络办法》，1948月12月；《中国新社会革命党中央总部通令》，第16号，1949年2月7日。

④ 《三民主义宪政同志会简章》，1946年4月10日成立大会修正通过。

会。南昌分会以李德钊、涂璧、张良璆、康霓华、刘家树为常务干事,李德钊兼总干事;以辛安世、王德舆、应豪仲为常务监察。严格地说,民宪会不是一个具有独立政纲的政党,只是国民党内的一个政治派别而已。

2. 江西当局的政策

中国民主同盟被迫解散后,在国民党统治区,它实际上被认为是一个非法政党,其活动受到当局的取缔。国民党江西当局对省内的民盟组织,严加监视和压迫。

江西国民党当局对其他各中间党派,在态度和政策上,除制宪国民大会选举期间外,实际也是高度戒备和监视。1947 年 5 月 3 日,国民党江西省党部接获中央密电:"各党派在各地之公开活动,自不便干涉,但各地党政机关仍应密切注意,如有违法活动,应依法处理。至参加政府之青年、民社两党,可准其公开挂牌。"①5 日,省党部即电令各市县党部,须明了各党派以及中共在地方之实际情形,"于各党各派与奸党在县内之活动情况,务仰切实查明其主持人为谁、活动方式如何、人数若干、凭借活动之背景为何、社会上对其反应如何以及本党如何应付之策略等,详细具报"②。至此,国民党地方当局对各党派的政策态度基本明确了下来。

江西省主席王陵基对这些党派是不以为然的。1947 年夏秋青年、民社两党转而支持国民党召开国民大会后,国民党中央对该两党遂取宽容政策,敷衍表面,称其为"友党",不但允其公开挂牌,而且保证其国大代表名额,还要求各地国大代表和立法委员选举事务所的工作人员中,要安排该两党的人员。但王陵基并不执行,"对民、青两党人员,则取漠视态度",对于全省选举事务所的人事,"不仅干事未留一席,即助干亦不留一席与友党,致使民、青两党委员不快"。当时有人认为,王陵基这种"竟对友党表面都不应酬,殊使友党难堪"的行为,是一种不顾国民党策略的失策,将成为严重影响政局乃至国民党中央威信的隐患,因此要求签请蒋介石预为防止③。这件事被人密报后,引起了国民党上层的关注。可能是蒋介石出面干预(尚未见确切资料),王陵基的态度才转而发生改变。据《江西民国日报》报道,江西原来公开发表并报送南京的选举事务所委员名单,因无民、青两党人士参加,故被南京作出变更,变更之后,在江西 4

① 《中央执行委员会致江西省党部关于党派公开活动电》(密),1947年5月3日。存江西省档案馆。

② 《中国国民党江西省执行委员会代电》,1947年5月5日。原件存江西省档案馆。

③ 逸:《关于江西政治环境、选务等致洪兰友的信》,1947年8月21日。

个区立法委员选举事务所，以及82个市县国大代表选举事务所中，每一个所均增加民、青委员各一名[①]，最终形成了国民党与民社党、青年党三党合组国大代表、立法委员选举事务所的格局（每一区所中，国民党代表至少占4名；县所中，国民党代表占3名，占主导地位）。几天后，蒋介石还致函江西周邦道、柯逢春等10人，令其让出所在县国大代表名额，让由友党提名候选，并要"协助友党人士当选"[②]。其后，在江西省正式选举出的"行宪"国大代表中，民社党和青年党在82个名额中，各占了7人，在立法委员中也各有人入选。

各县党部对各党派事实上也相当警觉，即使对被视为友党者也不例外。如分宜县党部在向省执委会的报告中说："近有青年党活动，主持人为张国兴，本县双林乡籍，县政府军事科长方某亦为负责人之一，现在大肆征求党员，煽惑一班青年学生及本党少数党员加入活动"，并附送秘密得到的青年党志愿书、登记表、誓词及声明书，要求省党部指示如何处置[③]。安义县党部对民社党在该县的活动，则不但高度注意，而且还派人打入其内部。安义党部在给省党部的电文中称："查中国民主社会党在本县筹组县党部，并于十月间派熊飞（系青年团团员）为筹备员，现已择定上河街四号办公，被征求入党者多为失意分子及地方流氓，计有张□等数拾人。查熊飞系本县万年春茶社学徒出身，毫无领导力量，刻下未能发挥作用。本部为明了内容起见，已派本党党员蔡衍恩、毛端宏二同志打入该党为本会内线。兹检具该民主社会党政纲及入党申请书各一份，理合备文电送鉴核。"[④]这种情况，并非个别县份才有，而是国民党省党部的统一布置。据记载，仅1947年，江西国民党组织即分别在青年党方面建立省级内线1人、县级内线48人，在民社党方面建立省级内线1人、县级内线21人，在民盟内部建立内线3人，同时还在各社会团体内部"建立内线共四十七名，经常监视各社团活动"[⑤]。这就是说，即便在青年、民社两党投向国民党后，他们在南昌及各县市的活动，也仍处在国民党地方组织的严密监视之中，他们的一举一动，

---

① 《国代立委选举事务所由三党派员组织》，《江西民国日报》1947年11月10日。

② 《蒋总裁函周邦道等十同志本谦让精神协助友党人士》，《江西民国日报》1947年11月20日。

③ 《中国国民党分宜县执行委员会致省执委会密电》，1947年5月30日。原件存江西省档案馆。省党部6月6日回电指示该县党部：一、将青年党活动情形暨人数详细续报。二、严密加强各职工团体党团，发挥力量争取党员，并将跨党党员姓名报会议处。三、附件存省。又，各县党部类似报告当地党派活动的电文甚多，难以一一列举。

④ 《中国国民党安义县执委会致省执委会代电》，1947年12月30日。原件存江西省档案馆。

⑤ 《中国国民党江西省执行委员会三十六年度政绩比较表》，1948年。

都被国民党的基层组织及内线及时地密报到了省党部。

这就说明,国民党从未真心容许中间势力包括青年党、民社党这样的所谓“友党”的发展,而是从根本上将其视之为对国民党统治的公开或潜在的威胁,因此,运用打入内部等各种手法,严密监视其组织,掌控其活动,一直成为国民党省党部的一项重要工作,直到国民党在江西的统治结束后才告中止。国民党的这种严密控制,是中间力量难以发展的一个重要原因。

第四节 “戡乱”背景下的经济、文化与生活

一、社会经济的崩溃

抗战胜利后江西的经济状况,大体是一个每况愈下的态势。当时人说,“接收”两个字似乎超越了一切,社会上开始混乱起来,显然是没有战时来得安定,且日益陷入“一个经济崩溃的浪潮”,一个“物价波动、商业疯狂的时代”。在这个浪潮中,工业经济首当其冲,“一般的富商巨贾,莫不致全力于投机操纵囤积居奇中互争长短,谁也不会顾及工业界的艰穷而加以同情和援助,谁也没有想到数十万劳动群众的失业,会引起社会不安,都眼看着整个工业逐渐趋于灭亡之道”。到1947年,虽然中国全国工业协会江西分会尚有64家会员企业,但江西工业已呈颓势,“重工业理事会和本省合办的各工厂都停工了, 兴业公司接办的各工厂也大多数停工了”①,复工者仅赣县电厂、吉安电厂、萍乡瓷厂及接收日伪的九江陶瓷株式会社(改称九江瓷厂),其余因毁损残缺严重难以恢复。②至于民营企业,有一定数量的中小厂矿,但“多无力维持再生产,处境困难万分,挣扎至今,已属奄奄一息”,时人叹曰,与抗战期间之蓬勃繁荣状况相比,令人产生“不胜今昔”之感。③

因此,据江西省建设厅1949年2月底的统计,全省工厂情况,除未计入陶瓷行业外,无论是数量还是资本,都下降到谷底:

① 徐劭文:《一年来之江西工业》,《工商知识》,第4卷第5期(1948年)。

② 《江西省行政会议总报告书》(1947年),《江西近代工矿史资料选编》,第136页。

③ 余行鲁:《江西之民营工业》,《经建季刊》,第6期(1948年)。

1949年2月底江西工厂概况①

种类	厂数	资本总额(金元)	停工数
纺织工业	49	8040.10	6
食品工业	32	13414.53	8
化学工业	16	3897.66	2
木材工业	7	328.00	1
文化工业	13	1502.83	1
土石工业	12	2270.33	4
钢铁工业	3	133.33	2
冶炼工业	1	1.67	1
电器工业	1	0.01	
建筑工业	1	266.67	
水电煤气	15		
杂项工业	1	0.14	
总计	151	29863.27	25

战后江西工业的衰败,有多方面的原因。第一,南京国民政府在工业布局上,不再看重江西,行政院所分配的建厂地点,“遍及国内各大城市,而江西独付缺如”。这一点,引起江西工业界、民意机关和各社会团体的极度不满,他们于1947年5月27日集会,并以11个团体名义致电行政院、立法院、行政院赔偿委员会、全国经济委员会、资源委员会、经济部,提出异议,认为“所分配之建厂地点,如系按战时地方受敌损害程度而言,则江西遭受日寇骚扰区域,几遍全省,工农商各业资产并文化交通等事业,均荡然无存;且在战时贡献国家之人力物力财力,较之此次指定迁厂地点之京、沪、津、汉、渝、桂、郑州、海州、大沽口、海南岛等地,实有过之无不及。如谓系依各地需要及资源分布状况为依据,则江西所拥资源至广,而需要又至殷”。为什么独缺江西,这合乎事理吗?他们甚至

① 民国《江西通志稿》第26册,第172页。说明:各工厂资本额,其呈报增资者以所呈增加之资本计算,未呈报增资者以其成立时资本计算;资本单位呈报时为法币者,均照规定以300万比1折合金元计算。

质问:如此“倘见诸实施,则我江西将一切落空,尚何经济建设之可言?”他们要求,根据资源和需要,在江西配设电力炼钢厂、轧制铝锡厂、联合机器厂、纺织机器制造厂和火力发电机组。①这一要求可谓合情合理,但终未得到南京政府的积极反应。第二,江西省政府也没有经济建设的整个计划,重工业和轻工业的发展没有适当的配合。②第三,战后价廉物美的美国商品倾销,对地方工业形成强大的冲击,人们争购美货,地方工业产品销路日蹙。第四,国内战争环境的影响以及金融、物价的剧烈波动,使江西经济发展缺乏必要的条件,导致所剩不多的工矿企业也“无法维持”,纷纷倒闭③。这些因素的综合作用,对江西战后工业的发展,可以说是致命的。

与工矿业生产的衰落相比,这时的经济部门中,相对较好一点的是农业。但即便是农业,也呈现衰颓景象。

1948年底,国民党中央考察团对江西的经济情况有一个概括性的总结:“江西原为物产丰富、家给人足之省份,近年来其市场或为外销所抵触,或为代替品所夺取,影响一般农民生计至巨。粮食为该省生产品之大宗,因历经战乱,地方疟疾流行,赣东少数县份且发现鼠疫,死亡率甚高,全省人口竟由三千万众减到一千二百余万,凡过去遭受赤化县份人口有减少至半数者,近且乡村青年为躲避拉丁,率相逃亡,有村庄找不到青年,田园任其荒芜,即县城三五里以外,田园荒芜亦多,无人耕作,产额年有减少,人民生计愈趋严重。”④

江西经济状况的困窘,从全省收支情况中也可见一斑。据省政府公布的数据,1946年1月到1947年9月省库的收入,总计为16 740 807 585.15元(法币),主要来自中央补助860亿元(原文如此,疑为86亿元),本省课税收入46亿元,公粮变价23亿元,地方协助11亿元;支出总计为14 258 780 654.40元,主要开支为生活补助费51亿元,警保费32亿元,营业基金17亿元,补助地方13亿元。⑤这种情况,一直没有太大变化。省财政厅1948年下半年的实际收支情况(截至1949年1月底,以金圆券为单位),从收入看,江西在很大程度上仍是靠中央财

① 《江西省参议会、中国全国工业协会江西分会等致行政院等快邮代电》,1947年5月31日,中国工协江西分会:《工协》,第2期(1947年6月)。

② 徐劭文:《一年来之江西工业》,《工商知识》第4卷第5期(1948年)。

③ 《江西省政府施政报告》(1947年5—10月)。

④ 《中央治安考察团第三组(江西方面)报告书》,1948年12月8日。

⑤ 《会计处招待记者报告预算编制》,《江西民国日报》1947年11月9日。

政供养:实际收入20 967 336元,其中中央补助款占60.50%,为12 689 301元,是最大的一项收入,超过了全省实际收入的半数(1948年上半年略好,但也占了41.84%。而在1949年的概算中,中央补助更高达全省收入的75.08%)。[①]这种情况说明,江西自身生产、经营能力已经十分低下,连起码的自给自足也已无法做到。从支出情况看,江西这时开支最大的两项,一是薪饷,占44.15%,二是暂付款(不明其实际用途),占34.85%。此外,保安警察支出占6.97%,教育文化占3.19%,经济建设占0.37%,其他建设事业占0.02%,卫生支出占0.12%,行政支出占1.54%,为数都少得可怜。尽管比预算大大地压缩了行政支出(压缩约40%),对教育文化仍给予了相当的保护,但杯水车薪,总的说来,已经几乎没有像样的建设可言。[②]

二、文化教育

抗战胜利后,国民政府宣称"还政于民",取消新闻检查,颁布新的《新闻出版法》,在《中华民国宪法》(1946年12月通过)中,规定"人民有言论、讲学、著作及出版之自由"。因此,社会各种力量纷纷开办报刊,争取舆论。江西报刊业一时颇为壮观,如南昌,"出现了空前的畸形发展,陆续创办的有《中国新报》等30余家,加上迁回的《民国日报》以及在外县创办迁往南昌市的《声报》等10余家,共有报纸近50家"[③]。在南昌市编辑发行的这些报刊,最主要者为党政军警机关或政治派系所主办,如省党部的《江西民国日报》、《正路》,省三青团支团部的《青年报》,省政府教育厅的《大众日报》,南昌市政府的《市声》,驻省部队的《特种兵》,政学系的《中国新报》,军统的《捷报》,中统的《力行日报》,商会的《华光日报》,金融协会的《征信新闻》。此外,便是由政治人物或报业人士所创办的。前者如省参议会议长王枕心创办的《新闻日报》、国民政府立法委员杨不平创办的《文山报》、刘实创办的《学生报》、南昌市党部书记长黄光学创办的《知行报》、省三青团支团部干事王以勃创办的《自由报》、南昌市参议员王效平创办的《新商报》等,后者则有《东方日报》、《天下报》、《东南晚报》、《南昌晚报》、《真情新闻》等。据1946年10月统计,江西全省有报纸105家,通讯社51家,杂志社

---

① 民国《江西通志稿》,第26册,第179—181页。

② 1948年上半年支出情况略有不同,其中薪饷占25.31%,保警25.51%,教育文化3.94%,经济建设1.39%,其他建设事业3.15%,卫生0.23%,结存27.79%(民国《江西通志稿》,第26册,第180页)。

③ 《南昌市志》,第6册,第352页。

135家。这些报刊,有的不乏相当尖锐的言论。

当局对文化事业的领导,仍以文化运动委员会的形式进行。但这时的一个重要变化,是将抗战时期庞大的文运会规模大大缩小,成立了由省党部宣传处长主持的、25位文化人组成的江西省文化运动委员会。1946年10月,进一步将原6个专门委员会,整缩为新闻出版、文哲艺术、自然科学、社会科学4个组,同时强调发挥固有文化团体和机构的作用,加强文运会与文化人之间的沟通与团结。文运会以开展"民族文艺"、"民族戏剧"、"民族绘画"、"推进社教"、"纠正思想"为基本任务,曾印行《民族文艺月刊》、《民族文艺丛书》(含《岳王传》、《越王传》等)、《荆棘画刊》、《神社说教》之类书刊,组织公演《忠孝坊》、《摩登姑娘》、《锁着的箱子》、《最后一幕》等戏剧,在青年学生中推行以三民主义为体、新生活运动为用的思想统一运动。文运会的基本活动及目的,还是在为反共"戡乱动员"服务。

民国建立以来,一部分江西籍学者因其出色的学术成就,在国内外声誉日隆。1948年中央研究院评定第一届院士,江西籍学者有物理学家饶毓泰(1891—1968年,临川人)、物理学家吴有训(1897—1977年,高安人)、动物学家陈祯(1894—1957年,铅山人)、植物学家胡先骕(1894—1968年,新建人)、物理化学家吴学周(1902—1983年,萍乡人)、历史学家陈寅恪(1890—1969年,修水人)、政治学家萧公权(1897—1981年,泰和人)、历史学家与教育学家傅斯年(1896—1950年,祖籍永丰、生于山东聊城)名列其中,极一时之盛。此外,政治学家杨杏佛、邹韬奋、罗隆基、王造时、彭文应、彭学沛,法学家梅汝璈,经济学家萧蘧、萧纯锦,历史学家姚名达、李平心、罗家伦(绍兴人,生于进贤),新闻记者黄远生,文学艺术家游国恩、夏敬观、王礼锡、白采、傅抱石、龙榆生,音乐戏剧学家熊佛西、查阜西、程懋筠、谢寿康,逻辑学家吴士栋,生物学家杨惟义、盛彤笙,数学家傅种孙、曾炯,工程学家程孝刚,医学家黄家驷,佛学家欧阳渐等等,也在各自研究的领域作出了富有重要影响的学术成就。

江西的教育在这时仍小有发展。1947年,全省设有9个学区,在初等教育方面,有国民学校及小学18935所,学生1232825人;在中等教育方面,设有中学、师范、职业学校286所,有学生76356人。[①]高等教育,在完成复员回迁城市

① 江西省教育厅编印《江西省教育统计简表》(1947年12月),《中华民国史档案资料汇编》第5辑第3编,教育(一),第674—675页。

后,继续办学,1947 年,开办了江西省立陶业专科学校、江西省立水利专科学校。到江西解放前夕,全省共有 11 所高等院校,分别是国立中正大学、国立中正医学院、江西工专、江西医专、江西兽专、江西体专、江西农专、联立信江农专、私立立风艺专、省立陶专、省立水专。[①]有学者研究指出,复员后政府急需大批专门人才,专科学校具有投资少、时间短、见效快的特点等,是这个时期江西专科学校发展速度较快的原因。而专科学校发展速度较快,又成为此时江西高等教育的“一个显著的特点”[②]。但高等教育师资力量,因战后人员流动、返回大城市等原因,较抗战时期略有下降。

抗战胜利后,城市出现一时的太平景象,上海文化向内地的影响继续急速扩大。其中,既有高雅者,也有通俗者。江西作家熊佛西、石凌鹤等相继在上海出版《铁花》、《大英雄》等长中篇小说,画家康庄 1948 年在南昌举办了漫画展览。省图书馆藏书较抗战时的 11.3 万册略有下降,仅为 9.2 万册。[③]社会教育文化机关(如民教馆、图书馆、体育场、科学馆、健教会、电教处等)有 274 个,但平均职员不足 3 人(职员总数 699 人)。在南昌、九江等城市,黄色刊物流行,成为一个十分有趣的现象。当时有人记载,在九江,“书店既不多,生意又清淡。比较风行的是从上海运来的黄色刊物,每家文化供应社,杂志公司,都大批的摆着。这些海派作风的刊物,为今日九江市民最欢迎的精神食粮。无论什么时候,踏进书店,总是围着大群的顾客,有钱的买回家去躺在床上看,没钱的就站在书店里读,一班青年学生们都被麻醉,神魂也颠倒了。我不知道当局是否也曾注意到这些毒害青年腐化学生的刊物的无限制的发行”[④]。

三、人民生活

抗日战争后影响社会各界人民生活的主要问题,一是税负,二是物价。

战争后数年,江西为应付日益严重的财政危机,对社会税费的征收,呈连年增加的趋势。以 1946、1947 两年为例,后一年增长率在 8 倍以上(未排除物价上涨因素):[⑤]

① 万振凡、林颂华主编《江西近代社会转型研究》,中国社会科学出版社2001年版,第195页。

② 彭友德:《八十年来江西高等教育概况》,《江西文史资料》第15辑,第106页。

③ 《江西省文化艺术志》,新华出版社1999年版,第42页、262页、379页。

④ 《工商新闻》1946年第3期,《江西近代贸易史资料》第63页。

⑤ 《江西省财政厅重要资料》,厅字第20号,《民国通志稿》,第18册。

1946、1947 年江西省税收比较表

项目	1946 年		1947 年		以 1946 年为基期之指数
	纳税价值（元）	百分比	纳税价值（元）	百分比	
总计	106049149047	100	923570696629	100	8.71
田赋征实征借	60090469106	56.66	478490712502	51.81	7.96
保学谷	16771835437	15.82	145124424018	15.71	8.65
带征公粮	12385099194	11.68	138013186029	14.94	11.14
盐税	3202144930	3.02	51716664043	5.60	16.15
五种自治税	7200000000	6.79	47643963408	5.16	6.62
货物税	3017239846	2.84	36007048502	3.10	11.93
直接税	1253677055	1.18	14163882600	1.54	11.30
营业税	1995975998	1.88	10794681802	1.17	5.41
契税	132707463	0.13	1214770586	0.13	9.15
土地税			401423139	0.04	
全省人口数	13000000		13000000		
平均每人负担	8154		71044		

所有税费，出自人民。税费的增长，因此直接反映为人民负担的加重。一年之中，江西人民每人直接承担的税负，以货币数字计算增长达 8 倍有余，可见其重。

为了欢庆抗战胜利，纾解战后农民的困难，国民政府行政院曾于 1945 年 9、10 月连续颁布了三十四年度豁免田赋令和二五减租令，江西省在其范围内。这是一项意图使地主和佃农双方减轻负担的政策。与各省一样，江西省田粮处对于田赋赋额并无确数，据当时估计，全省每亩土地的免赋额，上上田为 1880 元，上中田为 1680 元，上下田为 1472 元；中上田为 1312 元，中中田为 1152 元，中下田为 992 元；下上田为 832 元，下中田为 672 元，下下田为 576 元。这一免赋的利益，由田主所得。但二五减租，则是田主让利、佃农减负。这

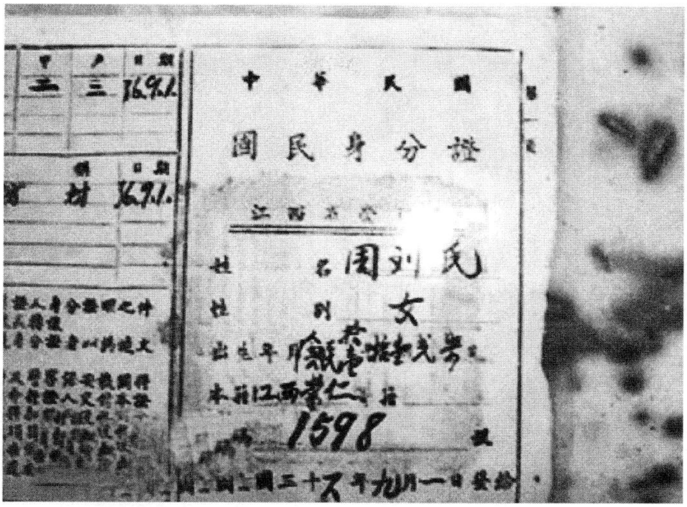

民国江西居民身份证(中国江西网)

一年的所谓二五减租,即是减去租额 1/4。江西省政府得中央令后,曾于同年 11 月 30 日通过《江西省各县(市)二五减租实施办法》,令各县实施。当时江西的地租,居高不下。全省“租额最高为正产物总收获量百分之八十,最低百分之十,普通为百分之四十至六十”[①]。但各县以奉令时已超过普通缴租期间,不能如限办理,因此省政府将其改为“佃农已照原租缴清本年地租者,业主应将减纳数额返还佃农或抵交下年地租”, 并将推行二五减租定为 1946 年度各县县长考绩之一,省党部也将其列为 1946 年度的一项中心工作。

减轻农民的租赋负担,仅是胜利时的一个慰劳性措施,而不是一项固定性的政策,因此虽是好事,但成效不大。客观地说,当时全省农村的租佃关系或者说地主与佃农的关系,已与战前有较大的变化。变化的原因,主要是战后“农村人力缺乏,且多有弃农就佣于都市者,因其获利较耕田为多”,地主为了使其土地有人佃耕,遂“多有以种子、肥料、农具供给佃农或贷予食粮、耕牛者”[②],只有在佃农欠租或抗租时,才终止租佃关系。但抗战胜利后农村和农民的艰难,受到多种因素的制约,远非一点临时减租、优佃措施所能解决。有的实地调查报

① 《农林部关于浙赣鄂三省租佃制度及推行二五减租情形的调查报告》(1946年),《中华民国史档案资料汇编》,第5辑第3编,财政经济(六),第112页。

② 《农林部关于浙赣鄂三省租佃制度及推行二五减租情形的调查报告》,1946年。

告指出，1947年时的江西农村状况，“虽比较去年稍有进步，但一般农民食住，仍成问题，因抗战期间，敌寇窜扰，壮丁损失甚大，焚毁房屋亦多，一时难复旧规……目前高利贷异常流行，赌风亦仍未尽绝，多以种天花为名聚众赌博，此皆因乡镇保甲尚未能臻健全及教育低落所致，而缺乏领导人物，亦系重大原因”①。而日益飞涨的物价与日益加剧的征兵、征粮和征工，对农民生活的打击，难以言喻。

从1946年开始，物价出现较抗战时期更为剧烈的腾升。江西所需衣着百货等日用品，主要来自上海，故全省物价，也主要受上海以及武汉的影响。上海涨风一起，立即波及江西。②物价飞涨的程度，以省政府统计处发布的南昌市物价指数为例，可见一斑③：

南昌市趸售物价指数（以1937年6月为100）

年 月	总指数（50种物品平均）	食物类（18种物品）	衣着类（9种物品）	燃料类（5种物品）	金属类（4种物品）	建材类（5种物品）	杂项类（9种物品）
1945. 12	76788	50681	129688	81234	108713	66475	85615
1946. 12	605614	550400	887200	692614	678843	465370	517678
1947. 6	2335833	2161110	3343000	1962727	3432500	1457200	2496778
1947. 12	9509400	6823667	14875862	9420400	17724400	6768833	11225897
1948. 8	500900000	435690000	790420000	400250000	654400000	399910000	561060000
1948. 9	224.88	200.20	385.54	195.98	246.89	133.49	229.08
1948. 12	3247.36	2572.76	5412.32	3422.08	5419.88	1995.08	3153.12
1949. 2	102810	83884	39370	93726	168470	69904	119310
1949、3	470620	398680	655390	430030	543860	363350	536170

（说明：1948年8月19日实行币制改革，以金圆卷取代法币，金圆卷一元兑换法币300万元。此后物价以新币金圆卷为单位计算，故指数数值与前不同。）

① 《熊遂报告乡镇状况》，《江西民国日报》1947年4月15日。

② 参见《江西省政府政情通讯》，第13号，1947年12月；刘善初：《一年来之江西物价》，《工商知识》第4卷第1期。

③ 详见《民国江西通志稿》，第26册，第174页。

省政府也曾企图管制物价，如曾组织省会评价委员会随时调整各项物价，并密派经济检查队严厉取缔奸商的囤积居奇。①但在强劲的涨风面前，这些措施成效不大。当时有人指出，江西1947年的物价，真是天天涨样样涨，平均每月上涨25.5%，约每隔3个月便有一次大涨，“一月份的物价当战前的六千六百九十倍，而至今年底已达九万五千三百八十八倍，一年当中物价便上涨了十四点二六倍。易言之，十二月份一千四百二十六元只当得一月份一百元，一月份一百元如果搁置不用，留到十二月份只值得七分钱了！一月份四千元可以买一斗三机早米，到十二月份四千元只能买一升糙米。物价上涨之大，真是‘太柏一梦，物异人非’”。“物价的狂涨，无情的周期性的冲击着中国的每一个角落。”②这还只是1947年的情形，到1948年，情况继续恶化。8月16日，南昌市面已经开始使用500万元面值的法币大钞。虽然同月实行币制改革，用金圆券取代法币，但没过多久，金圆券即与法币一样，陷入令人恐慌的狂泄之中。

1948年8月20日实行币制改革，图为当时发行的金圆券票面样本(《另一种目光的回望》)

物价飞涨给社会各阶层带来沉重的生活压力。大专院校的教职员原为收入较高的群体，但也难以应付飞腾的物价。早在1946年春，中正大学教职员即因南昌市生活必需品价格“几占全国高峰”，虽经政府提高公教人员津贴，而实际收入微薄反过于前，以致“日食难支，徯苏无望”，乃全体致电南京政府行政院院长宋子文，要求速予救济。③南昌海员、刨烟业、米业、缝纫军用服装等业工

① 《江西省政府政情通讯》，第13号，1947年12月。

② 刘善初：《一年来之江西物价》，《工商知识》第4卷第1期。

③ 《国立中正大学全体教职员致行政院长宋子文电》，1946年3月4日。原件存中国第二历史档案馆。

人1947年曾因难以维生，发生多起罢工，最后经南昌市劳资评断委员会评断，由资方照生活指数相应增加工资。[①]1948年春对景德镇瓷器工人生活状况调查，物价高涨加剧了瓷工的痛苦，因不堪生活重压被迫弃业，工人由15万人降到5万人，进而引至瓷业益形衰落。[②]公务员也到了十分拮据的地步。一位县党部书记长给省党部请求加薪的信，说得非常难过："抗战八年，民间疾苦已成空前未有之惨剧。胜利方临，初期休养生息，相与更始，乃以农工凋敝，物价高涨，一月之间，增倍十百，若以年计，奚啻千万！然农工商贾，尚可耕土货贩，自食其力，其最辛且苦者，在公务人员中，尤以党工人员为甚。因过去底薪微薄，俸不满百，低仅数十，纵使加成，计算所得，仍属无几，欲求活数口之家，其可得乎？"[③]作为执政党的中层党部工作人员，在飞涨的物价面前，已经叫苦连天，困于应付，难以养活数口之家，人民大众的困难可想而知。

这个时期社会生活的困竭，从南昌的餐饮业也可得到反映。据1948年的一份资料记载，拥有26万人口的南昌市，只有大小菜馆、面馆、饭馆126家，且生意十分艰难。像白宫、西线、江天、新雅等几家大菜馆，酒席多的日子可收入两三千万元，少时则仅有几百万元，平均每天不过千万元，而其中成本需700万元，所赚300万除支付工钱、筵席捐、营业税及电灯等杂费外，实际所得最多只有几十万元，也就够三五个人像样地吃一餐酒席而已。生意不好的原因，主要一是物价太高，人们无钱进馆子消费；二是捐税太重，"大馆子的筵席捐，平均每天要付三十余万，小馆子也要三四千元。营业税一项，大馆子每季须缴八九百万，小馆子在百万以下，八十万、六十万、三十万不等。于是老板们为偷漏筵席捐与营业税，哪一家馆子都是备有两本账簿"，令税务局伤透脑筋[④]。这种苦涩的现象，正是当时社会生活一个侧面的深刻反映。

国民党当局对保障民众生活有所计议，但苦无良策，原先建立的《最低工资法》(1936年12月)、《评议工资实施办法》(1946年6月)[⑤]等制度性机制，到这

① 《照生活指数调整工资》，《江西民国日报》1947 年 12 月 13 日。

② 民国《江西通志稿》，第 19 册，第 62—63 页。

③ 《吉水县党部书记长曾宪华请增加底薪以维生活致省执委会主委陈肇英函》，1946 年 7 月。原件存江西省档案馆。

④ 邹惠京：《南昌的馆子业》，《江西民国日报》1948 年 1 月 27 日。

⑤ 《评议工资实施办法》规定，评议工资由工资评议会参酌当时当地主要日用必需品(米、煤、油、棉布、糖)物价评议情形，作增减工资评议，报请当地政府长官核定；评议后如遇物价变动生活费用增加或减少过剧时，得重新评议。

时也已形同虚设。物价飞涨、生活困苦，引发和加剧了社会民众对政权的不满，并最终成为国民党统治垮台的一个重要因素。

第五节
国民党在江西统治的结束与人民政权的建立

一、统治秩序的瓦解

1948年4月，南京政府改组江西省政府，派胡家凤[①]出任省政府主席。胡家凤是江西人，曾长期在江西省政府内从事政务工作，也是民国江西历史上唯一的一任文人省主席。只是，这时国共战争中心已日渐南移，后方军事戒备成为常态而日趋严密，社会处于风雨飘摇之中，人心不稳，统治秩序疾速瓦解。因此，胡家凤出掌省政，实在是勉为其难。

1948年下半年，国民党中央为求了解还在其治下的南方社会状况，组织中央治安考察团进行考察。其中，以段高魁为组长、由9人组成的第三组考察江西后，对全省政治状况有一个既全面又无奈的描述，最能说明问题，特引述其中一段如下："赣省政治情形，一般言之，其政令之推行与政府控制能力，较之湘、桂两省稍差，地方不安之因素虽多，但尚在潜伏时期，比之粤省之奸匪竟敢占地攻城、设卡抽税、实施赤化之情形为好。省县各级工作人员，多属十数年前熊主席时代所罗致之老干部，但曩所提之快干、硬干、实干建设新江西之口号，已成过去。省政府组织，设民、财、教、建四厅及秘书、会计、卫生、合作、社会、统计等六处，与地政、水利等局，组织庞大，待遇菲薄，行政效率减低，政令往往不能贯彻。县政府组织虽奉令一再裁并，一等县只设民、财、建、军四科及会计、统计各室，与警察、教育等局，但其附属机关单位极多，以赣县为例，统计全县工作人员计有一五八一名，警察及常备队、公役计一三〇五名，合计全县共有工作人员二八八六名之多，竭全县之财力供应经常行政之支出，就感不敷，自属无

① 胡家凤(1886—1962年)，字秀松。南昌县人。1912年毕业于北京政法专门学校。历任教育部主事，江西省教育厅长，中国大学、华北大学、北平大学等校教授，国民党青岛市、山东省政府秘书长。1940年应熊式辉邀请回赣，任省政府委员兼秘书长。抗战胜利后熊出任东北行辕主任时，他随任东北行辕秘书长。1947年当选为立法委员。1948年4月出任江西省政府主席，1949年1月去职。同年5月去香港，次年去台湾。

法兴办事业。赣县如此,其他之县份财力尚远不及赣县者可想而知。县制实施结果,可谓百事俱举,一事无成,非但不能为民兴利,且适足以生弊。一般县政首长平日作风,一言以蔽之,联络权绅应付省方,其全部工作,只在求征兵征粮之足额,算已尽到县长责任,至兵之来源是否合理,田粮征收贫富之间担负是否平均,皆未遑过问。……其尤可虑者,乃地方恶势力日渐增长,遇事把持,破坏政令,党派斗争,普及农村,结党成群,拥枪自私,帮会风起,腐恶同流。在乡不法军官与后方荣誉军人,或目无法纪,横行乡里,或与奸匪勾结,肆行劫掠。"①

这段文字说明,江西各级政权名实不符,实际上已经失去了治理社会的能力,其统治秩序处于急剧瓦解中。

更进一步的是,省政当局不仅要应对政权自身的腐败与堕落,还受到其治下其他社会阶级、阶层的尖锐挑战,进而引起社会的全面失序。首先,一向被国民党视为其社会基础加以保护的地主阶级,这时已不愿听命于政府当局。他们普遍地拥购枪支,"把持地方,破坏政令,其政治活动能力,上自省府、中央,皆有人为之掩护。因此遇事要挟,甚至包办三征(征兵、征粮、征工)从中渔利,或纵令部属化装行劫,暗中分肥,增购私枪,扩大势力。政府明知之,亦未予追究"。这就是说,省政当局基本丧失控制能力,只得听任地主阶级胡作非为,而省府、中央都有人为之掩护,进一步助长着地主阶级把持地方、破坏政令的气焰。这种现象,是末世政权的一大典型表征。

其次,帮会从1947年起趁机在江西快速发展,以致出现"全省各县,上自政府官吏,下至地方士绅、贩夫走卒,纷纷加入,一时几有不入于红则入于青之势(引者注:分别指红帮、青帮)"。最典型者,帮会渗入到党政当权人员中,有的地方如第八专员公署,连公署保安副司令和第一科科长,也竟然就是所在地宁都帮会的一二把手②。江西当局虽一度曾以帮会激增、情形严重,下令取缔③,但为时已晚,收效不大,经取缔后,在吉安、泰和、广丰、宁冈、永新、丰城、清江、鄱

① 《中央治安考察团第三组(江西方面)报告书》,1948年12月。

② 《中国国民党宁都县执行委员会致江西省执行委员会代电》,1947年6月7日。

③ 国民党对帮会组织先是采行掌握、利用政策,如江西省党部1947年2月下发《领导帮会与防止帮会组党方案》,以"现时帮会分子,纷纷组党,情况异常复杂",要求各县党部"选派忠实党员,领导其活动,加强在帮会中之党团组织"。但到下半年,即因无法达到掌握帮会的目的,遂下令各地对其"严予取缔";到1948年时,则称帮会为"帮匪",出动保安团清剿,并规定"凡举发帮匪素行不法有据者,即行拘捕究办"(《中国国民党泰和县执委会致省执委会呈文》,1948年7月30日)。

阳、金溪、永丰、高安、宜黄等县,“潜伏力量仍极严重”。帮会的泛滥,加剧了整个社会基础动摇的程度。

土匪甚多也是这时期严重的社会问题。几乎在全省各县,都有土匪横行的记载。显著者,例如鄱阳县,1946年起,在莲花山、黄土坡、横涌、枧田、响水滩一片,形成多个土匪山头,他们以“保家自卫”为名,到处招骗良民百姓,诱人为匪,肆无忌惮地拦路抢劫,残害无辜。农民被逼入伙者,有的地方达到惊人的程度,“如侯冈区黄土坡村13户,有17人被逼入伙。地处鄱阳湖中的长山村,135户有133户参加了土匪组织”[①]。这种情况,也说明了穷苦农民因走投无路而铤而走险的窘境。

再次,保安团队对民众的为害,加剧了社会的紧张和对立。江西一直拥有数量较大的保安团队,这时全部官兵有1.6万余人,但战斗力甚差,“而且纪律不佳”,每次出发执行任务时,到处扰民,使“人民所受痛苦有较土匪之害为甚者”,引起社会民众的普遍愤恨。花费了巨额经费极力扩充的各县常备自卫队和警察局,其风纪之劣、训练之差和装备缺乏,“更为局外人所难想象”。另一方面,保安团自卫队也受到经费紧缺的困扰,以至于伤亡者所得的抚恤,有时还买不到两只母鸡,不少伤残官兵因“无力给以充分养老金,每多流为乞丐”[②]。显然,省政当局连最基本的治安力量也已无力供养。

尽管省政府也还在或认真或应付地办理一些公文, 如1948年10月分别向内政部、国防部呈送《第十六绥靖区专员县长执行绥靖政务考核奖惩办法》,这个办法引起了行政院的注意,当年12月行政院制定公布了《绥靖区司令部、行政公署对辖区(专员)县长执行绥靖政务考核奖惩办法(草案)》,基本上采纳了江西的办法[③];同年,江西也完成并上报了内政部布置的户口清查和保甲填报的工作,是完全遵命办理的10余省市之一。但是,文牍不能代表治绩。当时,江西省参议会致电蒋介石说:“建设多阻,民生困难,社会纷扰,经济动荡,以致国家元气受尽摧残,人心益形涣散”,“江南各省亘及川滇,星火之患,亦时有所闻,劫杀之惨,数见不鲜,且打风弥漫,遍及各地”[④]。这倒是比较大胆而又真实地反映了包括江西在内的南方各省的实情。国民党的统治,确实已经到了难以

① 《波阳县志》,卷11·司法,江西人民出版社1989年版,第272页。

② 《中央治安考察团第三组(江西方面)报告书》,1948年12月。

③ 详见《中华民国史档案资料汇编》第5辑第3编,政治(二),第271—276页。

④ 《江西省参议会议长王枕心致国民政府主席蒋介石代电》,1948年7月23日。

为继的地步。

江西省政府主席方天
(台湾容鉴光先生提供)

二、方天的撤逃与全省的解放

1949年1月，南京政府任命方天接替胡家凤,出任江西省政府主席。胡家凤在任才9个月即被撤换，是此前民国年间担任江西省主席职务最短的一位。方天也是江西人①，时任国民党长沙绥靖公署副主任兼南昌指挥所主任。这次同时调换江西、台湾、福建、广东等地的省主席与军事长官,是蒋介石实施“备战言和”决策,在退隐浙江溪口之前为控制军政实权而采取的一项重要措施。

这时,人民解放军在取得三大战役战略决战的胜利后,已以大军兵压长江。蒋介石意图利用长江天险阻挡人民解放军的南进,遂将从湖北宜昌到上海的长江防线,以江西湖口为界划为东西两个战区,西战区为湖口以西到宜昌,由华中军政长官公署长官白崇禧指挥,辖15个军约25万人,其中九江驻有夏威兵团,南昌、长沙为其机动和依托地区;湖口以东至上海为东战区,由京沪杭警备总司令汤恩伯指挥,辖25个军约45万人,浙赣铁路及浙东为其机动和依托地区,驻有7个军。同时,蒋介石还成立了12个编练司令部,专门负责扩军,其中,江西方面有驻上饶的第二编练司令部,以胡琏为司令,新编第十、十八、六十七等3个军(该部随即被编为第十二兵团,胡琏任司令官);驻赣州的第三编练司令部,以沈发藻为司令,新编第二十三、七十等两个军(该部随即被编为第十三兵团,沈发藻为司令官)。由此,江西成为沟通国民党军东、西两大集团以及长江防线与东南、华南联系的枢纽,在国民党

① 方天(1902—1991年),字天逸,江西赣县人。早年从军。毕业于黄埔军校第二期、陆军大学第十一期。历任国民革命军排、连、营、团、师长,第十八军、五十四军军长,第十一、二十集团军副总司令,军政部军务署署长,国防部第五厅厅长、参谋次长、第一陆军训练处处长,长沙绥靖公署副主任。抗战时期因在鄂西会战中有功曾被授予青天白日勋章。1937年授陆军少将,1948年晋中将。从江西败退台湾后,曾任“国安会国防计划局”副局长,“国家总动员委员会”副主任委员,“国民大会”主席团成员,国民党中央评议委员等。

蒋介石的战略布局中,具有举足轻重的地位。这也是蒋介石以武将换文人出主赣政的重要原因。

方天是江西继熊式辉之后,第二个集省党政军大权于一身的省主席。他受命指挥胡琏、沈发藻两部及江西保安团3个旅(6个团),由于胡、沈两部主要由江西壮丁组成,当时正在收集之中,所以并没有多大的战斗力。同时,方天身兼国民党江西省党部主任委员、省保安司令、省民防司令等数职。2月11日,他在省参议会会议上,提出治赣七大方针,宣称要肃清贪官污吏,铲除土豪劣绅,确立用人标准,充实教育,发展生产,改善捐税征收,实行民主主义。其后,又以省政府的名义,发布了限制地主多占土地和扶植自耕农的土地改革方案,取缔帮会组织和械斗的禁令。这些方针、方案和禁令,颇有些革新时政的意味,表明他在国民党政权临近崩溃之际,还企图有所补救。方天对"省县各级工作人员多属十数年前熊主席时代所罗致之老干部",以及弊端丛生的省政也相当不满,因而大动干戈,在为政仅仅3个月的时间中,"所有省政府委员、专员、县长等职,被调换者在四分之三以上",是熊式辉之后的几任省主席中,唯一敢于打破熊氏盘根错节的旧规制的人。因此,他也遭到了相当猛烈的攻击,在他南逃广东后,逃居重庆的江西几个国大代表即对他大加抨击,指斥其所任用人员"不问贤否,唯图一己派系之安插,狭隘徇私,莫此为甚","一味排除异己,图饱私囊,所有就职时肃清贪污,任用唯贤之煌煌文告,实已等同具文"①,进而要求阎锡山为院长的行政院将其撤职惩办。

在国民党不可逆转的溃败大势下,方天即使有整理政权之心,也无回天之力。1949年4月20日,南京政府拒绝在《国内和平协定》上签字后,人民解放军在以邓小平为书记的总前委指挥下,按中央军委指示,当晚在千里长江发起渡江战役,谭震林指挥中突击集团,一举突破安庆、芜湖间敌军防线。次日,粟裕、刘伯承指挥东、西突击集团分别渡江。22日,西突击集团第二野战军突破长江要塞江西马当至安徽贵池段防线越过长江,第四兵团第十三军第三十七师攻占彭泽。当天下午,芜湖以西的国民党部队向浙赣线全线溃退。第二野战军与坚持边区游击战争的杨明、倪南山皖浙赣支队以及闽浙赣纵队胜利会师,随即多路并进,直逼进贤至义乌的千里浙赣线。其中,第四兵团在陈赓司令员兼政委指挥下,向乐平、横峰、弋阳、上饶、贵溪一线挺进,第五兵团在杨勇司令员、苏

① 《江西国大代表刘宜廷等请予撤惩江西省政府主席方天致行政院电》,1949年9月10日。

振华政委指挥下，进军景德镇、德兴、玉山、婺源及浙江。到5月上旬，两个兵团解放了赣东北及南城等广大地区，控制了浙赣线的义乌至东乡段，截歼逃敌10余万人，敌刘汝明、侯镜如两兵团残部逃往福建，协防的胡琏、沈发藻两兵团退往赣南。至此，二野切断了敌汤恩伯、白崇禧东西两大集团的联系，为第三野战军进军上海和第二野战军进军南昌创造了有利条件。

5月14日，第四野战军先遣部队第十二兵团在司令员兼政委萧劲光指挥下，从湖北团风至武穴渡过长江。白崇禧率大部队撤离武汉，源源经赣北、鄂南退至赣湘桂地区。夏威兵团由九江退南昌。17日，赣北重镇九江获得解放。

早在人民解放军尚未渡江作战前，江西军政当局即已开始进行“应变”准备。4月5日，方天主持召开会议，传达并研究“积极布置地下组织，以资应变”[①]等问题。4月19日，他再次主持省党部第三十八次执委会议，虚张声势地通过所谓江西省党务改进要点，实则重点“审核并调整各级干部”，“重建各级组织”，“更换县区党部人事一批”[②]，从而为败退和应变做准备。另外，方天受国防部指派，还负责指挥胡琏、沈发藻两个兵团和江西3个保安旅承担江西防务。人民解放军进军赣东北后，4月29日，江西省政府停止办公，各机关开始搬迁南撤。5月5日，方天率省政府及部队退至吉安，并受命担任“确保赣江、掩护武汉大军向株、长安全转进”及其后策应长沙、衡阳会战的任务[③]。南昌防务交由从九江退来的第十兵团兼第八绥靖区司令官夏威接替。旋因夏威限令南昌市政府3天内缴交军费5万银元，南昌市长伍季山被迫带家属逃走，全市各机关团体随之纷纷解散[④]。

国民党败退前，一方面利用军警实施戒严，发布“十杀令”，宣称对有“通匪济匪”、“造谣惑众”、“抗税抗粮”等10种行为之一者杀无赦，使南昌市和全省笼罩在极度恐怖之中。另一方面，则对全省社会经济进行了严重的抢掠破坏，造

---

① 《中国国民党江西省第七届执行委员会第三十七次会议记录》，1948年4月5日。存江西省档案馆。

② 《方主委决心整理党务昨通过改进要点》，《江西民国日报》1949年4月20日。据1950年5月19日邵式平《省政府近一年来施政工作报告》记载，南昌解放后的一年间，全省破获敌特、政治土匪及其核心外围225起，捕获特务分子2478人，缴获电台12部。至于武装土匪，则人数更多。可见国民党败退前布置的“地下组织”规模不小。

③ 《国防部关于核查江西省主席方天不战而逃案呈行政院院长阎锡山函》，1949年10月5日。抄件存江西省档案馆。

④ 《南昌市志》，第5册，第133页。

1949年5月22日二野四兵团十三军三十七师进入南昌。
图为当时缴获的汽车(《中国共产党江西历史图志》)

成"浙赣与南浔两路完全不通,桥被破坏者达25%,路线被阻断者达95%,车辆被撤走者达95%,被破坏的轮汽船就有39只,公路和航务的器材,几乎全被破坏或带走,城乡关系、省内外物资交流陷于停顿,市场萧条,工厂大部停工"[①]。此外尚有土匪扰乱、特务破坏,等等。这种恶劣的经济社会状况,也给解放军的进军增加了很大的困难。

5月16日,担负配合人民解放军四野主力进军中南地区任务的二野第四兵团,开始由浙赣线西移南昌。同日,陈赓鉴于解放军大军云集之势,"攻占南昌已如探囊取物","决定以一个师占领南昌"[②],遂令所部第三十七师从贵溪出发,强渡抚河,解放南昌;在临川地区停止待命的第十四军推进至樟树,截敌逃路。19日,三十七师师长周学义、政委雷起云率部冒雨向南昌轻装疾进,两昼夜抵达城郊,前卫团于21日晨渡过抚河,逼近南昌。夏威兵团2个师约10000余人顽强阻击解放军的进攻,发生激战,"不到两小时,敌我双方伤亡均在三百人以上",南北安冲和板溪李村阵地"淹没在一片火海中"[③]。第三十七师先后击退敌军8次反攻,最终击溃了敌军的防守。中共南昌城工部和民盟、农工党等民主党派,为配合解放南昌,努力地进行了护厂护校、维持秩序和策反保安团队的工作。22日,国民党军炸毁中正桥(解放后修复时更名为南昌八一大桥),弃城西

① 范式人:《一年来的财政经济工作——在全省首届各界人民代表会议上的报告》,1950年8月29日。原件存江西省档案馆。

② 《陈赓日记》,战士出版社1982年版,第216页。

③ 周学义:《强渡抚河,解放南昌》,《红土地的曙光》,中国文史出版社1990年版,第38页。

逃，南昌宣告解放。23日，解放军第四兵团政治部率第三十七师举行雄壮的入城式，进入南昌。6月3日下午，南昌市5万军民汇集人民体育场，举行欢庆大会，庆祝省会南昌的解放。大会鸣炮36响，各界代表纷纷演讲，会后继续进行火炬大游行，盛况空前。8日，二野四兵团与四野十五兵团在南昌胜利会师。

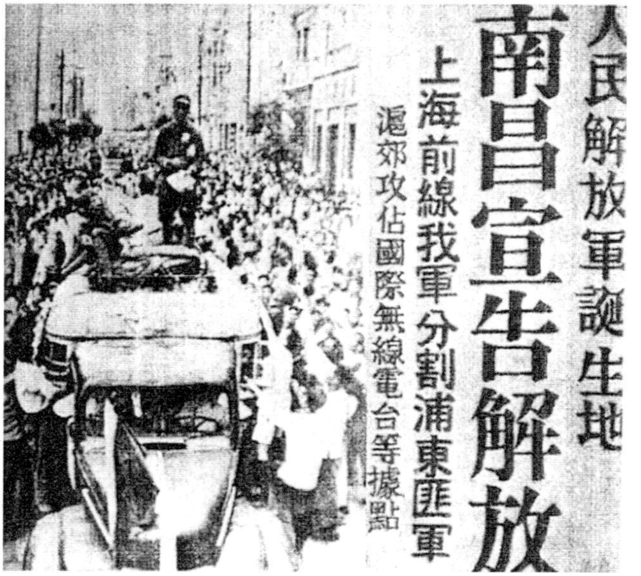

南昌人民欢迎人民解放军进入南昌
(《中国共产党江西历史图志》)

陈赓司令员进入南昌市，站在1933年曾与蒋介石严词交锋，“几至使蒋无法下台”的南昌百花洲图书馆，眺望着刚刚获得解放的南昌城，情不自禁地生发出无限的兴奋和感慨。这是陈赓继1927年参加北伐战争、八一起义和1933年被捕押送南昌之后第四次进入南昌城。他在日记中写道：“街市较十数年前，确为繁华”，“这次则以胜利者姿态来此。前三次，或为亡命客，或者站不住，或为阶下囚，但均表现了我党之艰苦奋斗。无有前三次，则无今日人民之光荣。”[①]陈赓客观地记述了南昌当时的景象以及中国革命的艰难行程。

为了歼灭实力尚存的白崇禧集团和解放中南各省，四野大部队开始进行南下作战。7月8日，林彪、邓子恢指挥四野第十二、十五兵团和二野第四兵团共10个军约43万人，沿株萍路发起湘赣战役。白崇禧余部逃向湘南，担任牵制解放军二野部队任务的方天，被逃至广州的国防部认为“能确实掩护华中大军侧背之安全”，随之也率部从吉安地区退至赣州。至此，赣西、赣西北广大地区得到解放，江西境内只剩赣南一地为国民党所占据。

---

① 《陈赓日记》，第224页、223页。

7月下旬，四野第十五兵团第四十八军在兵团副司令员兼军长贺晋年、政委陈红麒率领下，奉命进军赣南，截断白崇禧集团逃往广东的退路。这时，方天已将省政府迁于赣州，再兼江西省绥靖总司令，指挥沈发藻兵团的两个军和江西的三个保安旅，据守赣南地区；胡琏兵团驻守粤北蕉岭、梅县地区，按国防部令企图“确保赣州，不得已时退防大庾岭，并以三南为后方，掩护粤北大军集中”，协防粤北[①]。27日，解放军第四十八军从吉安地区分两路进军，以1个师经遂川直插南康，切断敌军入粤通道；以两个师沿赣江挺进，准备于8月上旬围歼赣州方天所部[②]。方天察知解放军动向，即率省政府及其军队再度南逃，江西省政府8月3日由赣州逃至会昌县城，10日再迁会昌筠门岭，19日逃寻乌县吉潭，23日离开江西，逃至粤东梅县，26日再由梅县移往汕头。[③]不久，方天率沈兵团及江西保安旅去台湾，胡兵团在其后的海南岛战役中一部被歼、一部也转去台湾。

南昌解放时的中正路（解放后更名为胜利路）（易宜曲编著《江西省》，新知识出版社1955年版）

解放军在赣南进行解放江西的最后作战。8月14日，解放赣州市。随后，在

① 《国防部关于核查江西省主席方天不战而逃案呈行政院院长阎锡山函》，1949年10月5日。

② 贺晋年：《赣南最后一役》，《红土地的曙光》，第53—59页。

③ 《江西留渝国大代表刘宜廷等补陈江西省政府主席方天劣迹请予查办致行政院电》，1949年11月22日。

刘建华等指挥的粤赣湘边人民解放总队第六支队的配合下，持续追击、横扫赣南的残余敌军及国民党地方政权，并曾深入粤北，歼敌10000多人。8月23日，土地革命时期的红色首都瑞金回到人民手中。9月23日，攻克宁都翠微峰，活捉国民党江西第八区行政专员兼豫章山区绥靖司令黄镇中。30日，解放石城，结束了解放江西的最后的作战。至此，江西全境均获解放，国民党在江西22年的统治，完全结束。

人民解放军在江西境内的进军，有如摧枯拉朽，所向披靡。解放军在江西的作战，得到了刘建华等领导的粤赣湘边区人民解放总队第六支队（赣南支队）、倪南山等领导的皖浙赣支队、曾镜冰等领导的闽浙赣纵队、蔡敏等领导的中共湘赣边区工作委员会、李健等领导的中共南昌城市工作部等中共城乡地下组织和多支人民武装的积极协助，受到广大人民群众的热情支持。江西的中国民主同盟、中国国民党革命委员会、农工民主党等民主党派和工商界人士，也为迎接解放作出了贡献。

三、南昌军管会与全省人民政权的建立

1949年6月6日，按照中国人民革命军事委员会的命令，“为着保护南昌全体人民的生命财产，维护社会安宁，确保革命秩序，恢复与发展生产起见”，成立南昌军事管制委员会。军管会是南昌“军事管制时期的权力机关，统一全部军事、政治、经济、文化等管制事宜”，由陈正人等11人组成，陈正人为主任，陈奇涵、邵式平为副主任[①]。南昌军管会随即成立了由陈奇涵兼司令员、陈正人兼政委的南昌警备司令部，邓飞、陈南生为正副市长的南昌市人民政府以及军政、物资、交通、文教、公安等接管部。在南昌之前解放的景德镇、九江，以及之后解放的吉安、赣州等地，也成立了军管会。按照中共中央的指示，开展有组织、有系统、自上而下、原封不动的接管，按行政区划和系统逐级进行接管，把国民党军政人员包下来，财政经济和文化系统所有在职员工一律留用，“三个人的饭，五个人匀着吃，房子挤着住”[②]，在很短的时间里，顺利地接管了江西省

① 《南昌市军事管制委员会布告(军字第一号)》(1949年6月6日)，江西省委党史征委会编《江西党史资料》第32辑(江西城市接管与社会改造专辑)，中央文献出版社1995年版，第27—28页。

② 邵式平：《省政府近一年来施政工作报告》，1950年5月19日江西省人民政府委员会第一次会议通过。

和南昌等地的政权[①]。军管会的工作,为人民政权的成立做了必要的准备。

全省人民政权的建立,随着省境的逐次解放而逐渐推进。早在解放大军发起渡江战役之前,中共中央即已预先从解放区调集干部随军南下,为南方新解放区建立人民政权做好了准备。解放军进入江西后,来自华北、东北和山东解放区的6000余名干部,组成南下工作团随军跟进。南下干部预先已被任命相应的职务,组成一地或一县的党政军领导班子,随军前进"到哪个县就接管哪个县",一般都是先军管,再正式建立当地党政军机构,展开政权工作[②]。这种形式,有效地保证了刚解放地域社会秩序的迅速稳定和社会生活的正常运转。江西的县级政权,绝大部分按照这种形式建成,也有一小部分地方,如赣东北的婺源、德兴等县和赣南的一些县,则是先由人民解放支队组建的。6000多名南下干部,构成江西人民政权的骨干队伍,他们在新中国成立后长时间发挥着作用,与江西地方干部一起,为建设新江西做出了重大贡献。

与获得解放区域建立地、县级人民政权的同时,省级人民政权的组建也迅速进行。中共中央抽调早年参加革命的江西籍高级军政干部,组建了江西省省级领导机构。6月16日,江西省人民政府发出第一号布告,宣告奉中国人民革命军事委员会命令,成立江西省人民政府并于即日视事;省人民政府"当奉行中国人民革命军事委员会的约法八章和中国共产党的一切政策,迅速安定秩序,积极发展生产,努力支援前线,为解放全省和建设新民主主义的江西而奋斗"[③]。省人民政府由邵式平任主席,范式人、方志纯为副主席。省政府下设6厅,以"云青为秘书长,李杰庸为副秘书长。方志纯兼民政厅长,钟平为副厅长。彭加伦为教育厅长,吕良、艾寒松为副厅长。赵发生为工商厅长,袁诚贤为副厅长。邓洪为建设厅长。牛荫冠为财政厅长,梁达山为副厅长。陈泊为公安厅长,朱明为副厅长"[④]。19日,中国共产党江西省委员会接续成立。中共江西省委由陈正人、范式人、杨尚奎、陈奇涵、邵式平5名委员(不久改称常委)组成,陈正人任书记,范式

① 详见《解放初期对在南昌旧政权的接管》,《江西党史资料》第32辑第159—167页。该文较详细地记载了二野四兵团的临时接管和南昌军管会的接管工作,指出接管省市旧政权449个机构和安置旧职人员的工作于1949年7月顺利完成。

② 张玉环:《在接管贵溪的日子里》,《红土地的曙光》,第25—26页。

③ 1949年4月25日,中国人民革命军事委员会主席毛泽东、中国人民解放军总司令朱德签署颁布《中国人民解放军布告》,宣布约法八章。内容详见《毛泽东选集》,第四卷,人民出版社1991年版,第1457—1459页。

④ 《江西省人民政府布告(政字第一号)》,1949年6月16日。

人、杨尚奎任副书记。25日，以陈奇涵为司令员、陈正人为政委，杨国夫、贺庆积为副司令员、彭嘉庆为副政委的中国人民解放军江西省军区，也在南昌宣告成立。陈、邵、陈、杨、方等省党政军领导人，在土地革命战争时期，即是江西革命根据地的创建者和省级党政领导人，他们熟悉本省的风土人情、历史现状，在抗日战争和解放战争时期，又进一步积累了治党、治政和治军的经验。他们回赣主持全省党务、政务和军务，对江西省人民政权的顺利建立和新旧社会的转轨变型，是一个重要的便利条件。

刚成立的省人民政府以极大的努力，进行了建立和稳定社会秩序、恢复和发展生产、支援解放大军进军西南等各方面的工作。据创办不久的《江西日报》9月6日报道，全省行政区划也已正式确定。省政府将全省行政区域，划分为1个省直辖市（南昌市），9个专员公署（南昌、九江、袁州、抚州、吉安、赣州、瑞金、乐平、上饶），5个专署管辖市（九江市、抚州市、吉安市、赣州市、景德镇市），82个县①。全省人口这时共有1253万人。到1949年9月底，全省各市县人民政权已全部成立。人民民主政权体系，在江西全省顺利建立起来。

---

① 辖区划分为：省直辖市南昌市；南昌专署，辖南昌、丰城、高安、新建、进贤、清江、奉新、新干、安义、靖安等10县；九江专署，辖九江市及瑞昌、武宁、九江、永修、星子、德安、修水、湖口、彭泽、都昌等1市10县；袁州专署，辖宜春、万载、萍乡、宜丰、分宜、新余、铜鼓、上高等8县；抚州专署，辖抚州市及临川、崇仁、南城、乐安、黎川、南丰、宜黄、金溪、资溪等1市9县；吉安专署，辖吉安市及吉安、吉水、泰和、遂川、永新、万安、安福、莲花、峡江、宁冈、永丰等1市11县；赣州专署，辖赣州市及赣县、龙南、大庾（余）、信丰、南康、上犹、寻乌、安远、崇义、全南、定南等1市11县；瑞金专署（同年9月13日改称宁都专署），辖宁都、会昌、兴国、于都、瑞金、石城、广昌等7县；乐平专署（同年10月5日改称浮梁专署），辖景德镇市及乐平、德兴、万年、余干、鄱阳、浮梁、婺源等1市7县；上饶专署，辖上饶、玉山、弋阳、横峰、铅山、广丰、东乡、余江、贵溪等9县。

附　录

参考文献

一、档案文献资料

中国第二历史档案馆藏有关民国江西的档案

江西省档案馆藏有关民国江西的档案

江西省图书馆藏有关民国江西的文献资料

台北中国国民党党史馆藏有关民国江西的档案

台北中央研究院近代史所藏有关民国江西的档案

中央档案馆编:《中共中央文件选集》,中共中央党校出版社1983年版

中国第二历史档案馆编:《中华民国史档案资料汇编》第一辑,江苏古籍出版社1979年版

中国第二历史档案馆编:《中华民国史档案资料汇编》第二辑,江苏古籍出版社1991年版

中国第二历史档案馆编:《中华民国史档案资料汇编》第三辑,江苏古籍出版社1991年版

中国第二历史档案馆编:《中华民国史档案资料汇编》第四辑,江苏古籍出版社1989年版

中国第二历史档案馆编:《中华民国史档案资料汇编》第五辑,江苏古籍出版社1997年版

国民党中央党史委员会编:《革命文献》,台北中央文物供应社经销版复印本

中共中央党校中共党史教研室编:《中国国民党史文献选编(1894—1949)》,1985年内部印行

中国第二历史档案馆编:《蒋介石年谱初稿》,档案出版社1992年版

杜春和等编:《北洋军阀史料选辑》,中国社会科学出版社1981年版

中国第二历史档案馆等编:《护国运动》,江苏古籍出版社1988年版

方庆秋主编:《中国民主社会党》,档案出版社1988年出版

方庆秋主编:《北洋军阀统治时期的党派》,档案出版社1994年版

中国第二历史档案馆编:《善后会议》,档案出版社1985年版

中央档案馆编:《北伐战争》,中共中央党校出版社1981年版

《四一二反革命政变资料选编》,人民出版社1987年版

李桂林等编:《中国近代教育史资料汇编·普通教育》,上海教育出版社1995年版

陈学恂、田正平编:《中国近代教育史资料汇编·留学教育》,上海教育出版社1991年版

江西省社会科学院历史所、江西省图书馆编:《江西近代贸易史资料》,江西人民出版社1987年版

江西省社会科学院历史所、江西省图书馆编:《江西近代工矿史资料选编》,江西人民出版社1989年版

中共江西省委党史征集委员会编:《江西党史资料》,1—36辑

中央档案馆、江西省档案馆编:《江西革命历史文件汇集》,1923—1934年各册,1986年内部印行

南昌八一起义纪念馆编:《南昌起义》,中共党史资料出版社1987年版

井冈山革命根据地党史资料征集编研协作小组等编:《井冈山革命根据地》,中共党史资料出版社1987年版

江西省档案馆编:《井冈山革命根据地史料选编》,江西人民出版社1986年版

江西省档案馆选编:《湘赣革命根据地史料选编》,江西人民出版社1984年版

《湘赣革命根据地》党史资料征集协作小组编:《湘赣革命根据地》,中共党史资料出版社1990年版

中共福建省委党史研究室等编《闽浙皖赣革命根据地》,中共党史出版社

1991 年版

湖南、湖北、江西省档案馆等编:《湘鄂赣革命根据地文献资料》,人民出版社 1985 年版

江西省档案馆等编:《中央革命根据地史料选编》,江西人民出版社 1982 年版

庐山军官训练团编:《庐山训练实纪》,江西全省印刷所代印

国民党中央党史会编:《中华民国重要史料初编——对日抗战时期》,绪编

中国第二历史档案馆编:《抗日战争正面战场》,江苏古籍出版社 1987 年版

武月星、杨若荷编:《中国现代史资料选辑》第五册(1937—1945),中国人民大学出版社 1989 年版

江西各界民众抗敌后援会编:《江西省各界民众抗战史料》,第 1 辑

中国第二历史档案馆编:《汪伪政府行政院会议录》,中国社会科学院超星图书馆

彭泽益:《中国近代手工业史资料》,第二卷,三联书店 1957 年版

章有义:《中国近代农业史资料》,第二辑,三联书店 1957 年版

陈真等《中国近代工业史资料》,三联书店 1961 年版

《申报年鉴》,1935 年,台北文海出版社《近代中国史料丛刊》,第 98 辑

江西省政府统计室编:《江西年鉴》,1936 年出版

江西省政府统计室编:《江西省农业统计》,1939 年编印

南昌中国银行编:《江西经济调查》(邮印成书约在 1946 年)

全国政协文史资料研究委员会编:《文史资料选辑》

江西省政协文史资料研究委员会编:《江西文史资料选辑》

南昌市政协文史资料研究委员会编:《南昌文史资料选辑》

二、著作

《毛泽东选集》,人民出版社 1991 年版

逄先知主编::《毛泽东年谱》,人民出版社、中央文献出版社 1993 年版

金冲及主编:《毛泽东传(1893—1949)》,中央文献出版社 1996 年版

《周恩来选集》,人民出版社 1980 年版

金冲及主编:《周恩来传》,中央文献出版社 1998 年版

中共中央文献研究室编:《周恩来年谱 1898—1949》(修订本), 中央文献出版社 1998 年版

《朱德选集》,人民出版社 1983 年版

广东省哲学社会科学研究所历史研究室等编:《孙中山年谱》, 中华书局 1980 年版

徐辉琪编:《李烈钧文集》,江西人民出版社 1988 年版

《方志敏文集》,江西人民出版社 1999 年版

《雷洁琼文集》,开明出版社 1994 年版

杜毅、杜颖编注:《还我河山——杜重远文集》,文汇出版社1998年版

《蒋经国先生全集》,台北,新闻局1991年版

中国社会科学院近代史研究所中华民国史研究室编:《中华民国史资料丛稿·大事记》,中华书局版

朱汇森主编:《中华民国史事纪要》,中华民国史料研究中心版

胡绳:《从鸦片战争到五四运动》,上海人民出版社1982年版

张宪文主编:《中华民国史纲》,河南人民出版社1985年版

李新主编:《中华民国史》, 第一编全一卷:《中华民国的创立》, 中华书局 1982年版

李新、李宗一主编:《中华民国史》,第二编第一卷:《袁世凯统治时期》,中华书局版 1987 年版

李新总编:《中华民国史》, 第二编第五卷:《北伐战争与北洋军阀的覆灭》(杨天石主编),中华书局 1996 年版

李新总编:《中华民国史》,第三编第二卷:《从淞沪抗战到卢沟桥事变》(周天度等著),中华书局 2002 年版

李新总编:《中华民国史》, 第三编第五卷:《从抗战胜利到内战爆发前后》(汪朝光著),中华书局 2000 年版

李新总编:《中华民国史》,第三编第六卷:《国民党政权的总崩溃和中华民国时期的结束》(朱宗震、陶文钊著),中华书局 2000 年版。

[美]费正清主编,章建刚等译:《剑桥中华民国史》,第一、二部,上海人民出版社 1991、1992 年版

张宪文主编:《中华民国史大辞典》,江苏古籍出版社 2001 年版

马齐彬等主编:《中国共产党创业三十年(1919—1949)》,中共党史出版社

1991 年版

国民党中央党史会编:《中国国民党党务发展史料——组织工作》,台北近代中国出版社,1993 年

张玉法著:《中华民国史稿》,台北联经出版事业公司 2001 年第二版

陈永发著:《中国共产革命七十年》,台北联经出版事业公司 2001 年第二版

刘寿林编:《辛亥以后十七年职官年表》,沈云龙主编:《近代中国史料丛刊续编》第 5 辑,台北影印本

刘寿林等编:《民国职官年表》,中华书局 1995 年版

[美]德·希·珀金斯著,宋海文等译:《中国农业的发展(1368—1968)》,上海译文出版社 1984 年版

杨荫溥:《民国财政史》,中国财政经济出版社 1985 年版

《李宗仁回忆录》(上),广西政协文史资料研究委员会 1980 年版

〔苏〕A·B·巴库林著,郑厚安等译:《中国大革命武汉时期见闻录》,中国社会科学出版社 1985 年版

《蒋廷黻回忆录》,岳麓书社 2003 年版

杜恂诚著:《民族资本主义与旧中国政府》,上海社会科学院出版社 1991 年版

金以林著:《近代中国大学研究》,中央文献出版社 2000 年版

张玉法著:《民国初年的政党》,岳麓书社 2004 年版

彭明著:《五四运动史》,人民出版社 1984 年版

李新、陈铁健主编:《伟大的开端》,中国社会科学出版社 1983 年版

胡春惠著:《民初的地方主义与联省自治》,中国社会科学出版社 2001 年版

王奇生著:《党员、党权与党争》,上海书店出版社 2003 年版

中共江西省委组织部等编:《中国共产党江西省组织史资料》,第一卷(1922—1987),中共党史出版社 1999 年版

中共江西省委党史研究室编:《中国共产党江西历史简编》,江西人民出版社 2003 年版

陈文华、陈荣华主编:《江西通史》,江西人民出版社 1999 年版

吴海、曾子鲁主编:《江西文学史》,江西人民出版社 2005 年版

江西省总工会编:《江西工人运动史》,江西人民出版社 1995 年版

万振凡、吴小卫著:《近代江西农村经济研究》,江西高校出版社 1998 年版

温锐等著:《百年巨变与振兴之梦——20 世纪江西经济研究》, 江西人民出版社 2000 年版

江西省省志编辑室编:《江西近现代人物传稿》,第一辑,海南人民出版社 1989 年版

江西省省志编辑室编:《江西近现代人物传稿》,第二辑,江西人民出版社 1991 年版

江西省地方志编纂委员会编:《江西近现代人物传稿》,第三辑,团结出版社 1993 年版

江西省地方志编纂委员会办公室编:《江西近现代人物传稿》, 第四辑, 1991 年内部印行

中国社会科学院近代史所、安源工人运动纪念馆编:《刘少奇与安源工人运动》,中国社会科学出版社 1981 年版

陈荣华、何友良著:《九江通商口岸史略》,江西教育出版社 1986 年版

陈家栋主编:《江西财政纪要》,1930 年印刷

江西省政府经济委员会编:《江西经济问题》,1933 年印行

江西省建设厅编:《江西建设事业概要》,江西省图书馆编《江西近现代地方文献资料汇编》,初编第 2 册

张月琴主编:《南昌起义史论》,江西人民出版社 1986 年版

张侠、李海量著:《湘赣边秋收起义研究》,江西人民出版社 1987 年版

江西省军区党史资料征集办公室编:《江西革命暴动(1927.8—1928.6)》

余伯流、陈钢著:《井冈山革命根据地全史》,江西人民出版社 1998 年版

刘孚威主编:《井冈山精神——中国革命精神之源》, 江西人民出版社 1999 年版

夏道汉、陈立明著:《江西苏区史》,江西人民出版社 1987 年版

孔永松等著:《中央革命根据地史要》,江西人民出版社 1985 年版

陈荣华、何友良著:《中央革命根据地史略》,上海社会科学院出版社 1992 年版

余伯流、凌步机著:《中央苏区史》,江西人民出版社 2001 年版

向青著:《三十年代中国》,北京大学出版社1996年版

何友良著:《中国苏维埃区域社会变动史》,当代中国出版社1996年版

舒龙、凌步机主编:《中华苏维埃共和国史》,江苏人民出版社1999年版

谢一彪著:《中国苏维埃宪政研究》,中央文献出版社2002年版

《回忆中央苏区》,江西人民出版社1981版

《闽浙赣革命根据地史稿》,江西人民出版社1984年版

《回忆闽浙皖赣革命根据地》,江西人民出版社1983年版

湖南省社会科学院等编写:《湘鄂赣革命根据地史稿》,湖南人民出版社1982年版

奥托·布劳恩(李德):《中国纪事》,现代史料编刊社1980年版

《彭德怀自述》,人民出版社1981年版

张日新、李荣祖著:《红军时期的陈毅》,档案出版社1991年版

王辅一著:《新四军简史》,中共党史出版社 1997 年版

《黄道诗文集》,江西人民出版社 1989 年版

《艰难的岁月——杨尚奎革命回忆录》,江西人民出版社 1987 年版

《回首当年——方志纯革命回忆录》,江西人民出版社 1987 年版

刘勉玉著:《中央革命根据地三年游击战争史》,江西人民出版社 1993 年版

阎景堂主编:《南方三年游击战争史》,解放军出版社 1997 年版

中共赣州市委、市政府,瑞金市委、市政府编:《中华苏维埃共和国历史画册》,中央文献出版社 2001 年版

王多年主编:《反共戡乱》(蒋纬国总编著之《国民革命军战史》第四部),台北黎明文化事业股份有限公司 1980 年版

曹伯一著:《江西苏维埃之建立及其崩溃(1931—1934)》,台北政治大学东亚研究所 1969 年版

陈荣华、何友良著:《庐山军官训练团》,江西人民出版社 1987 年版

赣粤闽鄂湘北路剿匪军第三路军总指挥部参谋处编:《五次围剿战史》,中华民国开国五十年文献编纂委员会 1968 年重印本

[德]M·S·爱伯夏著、祝元清译:《赣省收复县区视察记》,江西民国日报社 1935 年版

全国经济委员会江西农村服务区管理处编印:《江西农村服务区概况》,1936 年 6 月

江西省教育厅特种教育股编:《江西省特种教育概览》,1936年10月版

孙兆乾著:《江西农业金融与地权异动之关系》,1936年12月(萧铮主编:《中国地政研究所丛刊:民国二十年代中国大陆土地问题资料》)

曹乃疆:《实习调查日记》,1936年9月

李国强、马雪松著:《特大洪灾与社会控制》,江西高校出版社2001年版

邓拓著:《中国救荒史》,北京出版社1998年版

张水良著:《中国灾荒史(1927—1937)》,厦门大学出版社1990年版

江西省政府编:《赣政十年》,1941年12月印行

国民党中央党部、国民经济计划委员会编:《十年来之中国经济建设》,台北学海出版社1971年版

谭熙鸿主编:《十年来之中国经济(1936—1945)》,下册,台北文海出版社版

军事科学院军史部著:《中国抗日战争史》,解放军出版社1994年版

中共中央党史研究室第一研究部、中国人民抗日战争纪念馆编:《抗日战争图鉴》,湖南人民出版社2005年版

江西省政协文史委编:《抗日战争的江西战场》,1995年印行

中共江西省委党史资料征集委员会编:《江西抗战纪事》,中央文献出版社1995年版

陈荣华主编:《江西抗日战争史》,江西人民出版社2005年版

马振犊著:《血染辉煌——抗战正面战场写实》,广西师范大学出版社1993年版

张洪涛、张朴宽著:《燃烧的太阳——国民党正面战场抗战纪实》,团结出版社1994年版

步平、高晓燕著:《阳光下的罪恶——侵华日军毒气战实录》,黑龙江人民出版社1999年版

《上饶集中营(增补本)》,华东人民出版社1949年11月版

中共上饶地委党史办公室编:《上饶集中营的斗争》,1988年印行

中共江西省委党史研究室编:《中共中央东南分局史略》,江西人民出版社2005年版

《江西省商业概况》,1941年7月版

沈雷春、陈禾章:《中国战时经济志》,台北《近代中国史料丛刊》第三编第

二十辑

日本防卫厅防卫研究所战史室著，田琪之译:《中国事变陆军作战史》,第二卷第二分册,中华书局 1980 年版

日本防卫厅防卫所战史室著,天津市政协编译委员会译:《一号作战之二:湖南会战》,上册,中华书局 1984 年版

日本防卫厅防卫所战史室著，天津市政协编译委员会译:《昭和二十(1945)年的中国派遣军》,第一卷第一分册,中华书局 1982 年版

[日]浅田乔二等著,袁愈佺译:《1937—1945,日本在中国沦陷区的经济掠夺》,复旦大学出版社 1997 年版

卢敦基、周静著:《自由报人——曹聚仁传》,浙江人民出版社 2003 年版

罗政球、王维元著:《劫恨——南昌沦陷纪实》,江西人民出版社 1990 年版

郭成周、廖应昌著:《侵华日军细菌战纪实——历史上被隐瞒的篇章》,北京燕山出版社 1997 年版

吴永明著:《太阳旗下的罪恶——侵华日军上饶细菌战揭秘》,江西人民出版社 2005 年版

薛慧子:《鄂赣实地视察记》,伪中央书报发行所 1940 年版

江西省政府统计处编印:《江西省抗战损失调查总报告》,1946 年 4 月

《陈赓日记》,战士出版社 1982 年版

《红土地的曙光》,中国文史出版社1990年版

《南昌青年运动回忆录》，江西省政协文史资料研究委员会1981年内部印行本

吴宗慈:民国《江西通志稿》,江西省博物馆印行

民国《赣县新志稿》,1946年印行

《江西省志·江西省大事记》,方志出版社2002年版

《江西省志·江西省文化艺术志》,新华出版社1999年版

《江西省志·江西省农牧渔业志》,黄山书社1999年版

《江西省志·中国民主党派江西省地方组织志》,江西省新闻出版局2001年内部出版

《南昌市志》,方志出版社1997年版

《南昌县志》,南海出版公司1990年版

《波阳县志》,江西人民出版社1989年版

《大余县志》，中国三环出版社1990年版

《莲花县志》，江西人民出版社 1989 年版

秦月编著：《你没见过的历史照片》，第 4 集，山东画报出版社 2004 年版

武月星主编：《中国现代史地图集 1919—1949》，中国地图出版社 1999 年版

乐炳南：《中国历史图说(十二)现代》，台湾世新出版社 1984 年版

三、论文

杜德风：《怎样看待李烈钧镇压江西会党》，《江西社会科学》，1982 年第 2 期

李景恩：《辛亥革命前后的江西会党》，《江西师范大学学报》，1998 年第 4 期

吕芳上：《民国初年的江西省议会，1912—1924》，台北“中研院”近代史所编：《中央研究院近代史研究所集刊》，第 18 期

龚小京：《民国初年江西报刊叙录 (1911—1919)》，《江西图书馆学刊》，1992 年第 1 期

陈立明：《五四爱国运动在江西》，载《五四爱国运动在江西专辑》

周銮书、廖信春：《北伐战争中的江西战场》，载《江西师范大学学报》1991 年第 4 期

陈立明：《北伐战争在江西》，载江西省党史征委会、党史学会编：《江西党史讲义》

何友良：《中间立场：朱培德分共的原因及其影响》，南京大学《民国研究》总第 7 辑(2003 年)

金冲及：《中华苏维埃共和国的历史地位》，《党史文苑》2000 年增刊《中华苏维埃共和国与新中国五十年论文专辑》

石仲泉：《中国革命前进的伟大基地》，《中共党史研究》，2002 年第 1 期

余伯流：《略论井冈山革命根据地的历史地位——“天下第一山”解读》，《中国井冈山干部学院学报》，2005 年第 1 期

余伯流：《方志敏在中国革命史上的历史地位及其深远影响》，《江西社会科学》，1999 年第 8 期

何友良：《论苏区社会变革的特点与意义》，《中共党史研究》2002 年第 1

期

何友良:《蒋介石第五次“围剿”方略述要》,《江西师大学报》1989 年第 4 期

黄道炫:《第五次反“围剿”失败原因探析》,《近代史研究》2003 年第 5 期

何友良:《赛克特并未为蒋介石制定碉堡战术》,《近代史研究》1990 年第 3 期

吕芳上:《对训政时期江西县长的一些观察 (1926—1940)》,《中华民国建国八十年学术讨论集》,台北 1991 年版

吕芳上:《抗战前江西的农业改良与农村改进事业(1933—1937)》,台北中央研究院近代史所编印:《近代中国农村经济史论文集》,1989 年版

张力:《江西农村服务事业 (1934—1945)》,台北中央研究院近代史所编印:《抗战建国史研讨会论文集》,1985 年版

胡小红:《杜重远与景德镇瓷业改革》,南昌大学历史系 2005 年硕士学位论文,未刊稿

张宏卿:《民国江西农业院研究》,江西师大历史系 2004 年硕士学位论文,未刊稿

张芳霖:《20 世纪 30 年代的南昌商人与新生活运动》,《历史档案》2005 年第 2 期

黄道炫:《一九二〇——一九四〇年代中国东南地区的土地占有》,《历史研究》2005 年第 1 期

何友良:《十年内战期间国共两党对农民的认识与政策的异同》,《民国研究》第 3 辑,南京大学出版社 1996 年版

周銮书:《江西的抗日战争》,载江西省政协文史委编:《抗日战争的江西战场》,1995 年印行

李国强:《论抗日战争中的江西正面战场》,《江西社会科学》1995 年第 7 期

廖信春:《江西抗战十一次战役述评》,《南昌航空工业学院学报》2005 年第 4 期

廖信春:《上高会战胜利原因简析》,《江西师范大学学报》1988 年第 2 期

陈荣华:《抗日战争时期江西经济问题初探》,《民国研究》第 3 辑,南京大学出版社 1996 年版

温锐、游海华:《抗日战争时期赣闽粤边区的第一次现代化浪潮》,《抗日战争研究》,2004 年第 4 期

吴文清、张廷:《两枚旧章见证屈辱与勇敢》,《中国教育报》2000 年 8 月 15 日

忻平:《论新县制》,《抗日战争研究》1991 年第 2 期

吴雯:《民国后期江西推行新县制的历史考察》,江西师大历史系 2003 年硕士学位论文,未刊稿

姚岳军:《民国时期江西保安团述论》,江西师大历史系 2003 年硕士论文,未刊稿

黄鸣九:《抗战时期江西征兵概况》,载《抗日战争的江西战场》

雷洁琼:《抗战初期的江西妇女运动》,《人民日报》1985 年 8 月 21 日

何友良:《抗战时期江西粮食征供情况考察》,《抗日战争研究》1993 年第 2 期

冯英子:《赣江两岸所见》,《新民晚报》1982 年 9 月 17 日

《江西民盟五十年(1947—1997)》,《江西盟讯》1997 年第 4、5 期合刊

廖信春:《民国时期江西的战争与社会》,《江西师大学报》2000年第3期

温锐:《背离与错位——近代江西衰落原因的再认识》,《江西师范大学学报》2000年第4期

何友良:《论江西国民党史的几个问题》,《江西师范大学学报》2004年第4期

白莎等:《民国江西农村集市的发展》,《南昌大学学报》2003年第4期

游海华:《早期农村现代化的有益探索——民国江西万家埠实验区研究》,《福建师范大学学报》2004年第3期

万振凡:《民国时期江西农村发展实验》,《古今农业》2005年第1期

龚汝富:《民国时期江西推行义图制的尝试及其失败》,载《中国经济史研究》2005年第2期

肖如平:《民国时期江西的特种教育》,《江西教育学院学报》2003年第1期

四、报刊

北洋《政府公报》

参考文献

江西省政府公报
《申报》
《汉口民国日报》
《广州民国日报》
上海《民国日报》
《江西民国日报》
《中央日报》
《东方杂志》
《工商新闻》
《江西统计》
《红色中华》
《斗争》
《军政旬刊》
《经济旬刊》
《抵抗三日刊》
《抗战三日刊》
《行政与统计》
《江西粮政》
《正气日报》
《近代史研究》
《抗日战争研究》
《南京大学学报》
《民国档案》
《江西社会科学》

后 记

听着窗外悦耳的啾啾鸟鸣，我键入书稿的最后一个字符，不免长长地舒出一口气。寒暑数载，殚精竭虑，终于写完了多卷本《江西通史》中的民国卷。这心情，就像鸟鸣一样，着实欢快。

自然，与许多学者一样，这心中充溢的，除了书稿告成的喜悦，更多的还是感激。我感谢《江西通史》编委会，在他们的邀约下，使我有了写作本书的机会。感谢张宪文教授和温锐教授，根据编委会每卷均应约请两位著名专家审稿的统一要求，著名中华民国史专家、南京大学中华民国史研究中心主任张宪文教授，拨冗审读书稿，指点修改；江西财经大学经济史研究所所长温锐教授，也放下手中研究，审读书稿并提出意见。感谢《江西通史》编委会和江西人民出版社审读书稿的各位专家，他们是：九三学社中央副主席邵鸿教授，江西省博物馆原馆长彭适凡研究馆员，江西省广播电视大学副校长兼江西师大文旅学院院长方志远教授，江西省文化厅文物局局长孙家骅先生，江西人民出版社原社长林学勤编审，江西人民出版社副社长、副总编辑游道勤编审。他们对书稿中的不足不妥之处，提出了宝贵的意见。所有这些意见，对于全书的修改都很有帮助。

本书写作过程中，利用了中国第二历史档案馆、江西省档案馆、江西省图书馆、台湾中国国民党党史馆、台湾中研院近代史所档案馆、江西省社会科学院图书馆、中国社会科学院超星图书馆等处的馆藏资料，利用和吸收了省内外学界师友、同仁的研究成果。九三学社中央副主席邵鸿教授，南昌大学黄志繁教授，江西省社会科学院陈荣华研究员、余伯流研究员、邹耕生副研究员、樊宾处长、胡迎建研究员、马雪松研究员等，江西省政协曾粮副秘书长，江西省委党史研究室周少玲同志，南京大学中华民国史研究中心姜良芹博士，江西省方志办周惠副主任，曾先后惠送或借阅有关书籍、资料。这些资料和著作，充实了我的撰著。《江西通史》编委会办公室的同志，江西省社会科学院科研处、办公室、图书馆、行政处和当代江西研究所的许多同志，在工作服务、时间安排和个人帮助等方面，给予了大力的支持。妻子李巍为使我专心写作，尽力帮助整理前期资料和承担许多家务。所有这些单位、同志的关心和支持，都让我感动，谨在此向他们表示衷心的谢意！

民国江西史的研究，起步不久，研究空间可谓广大，正呼唤有更多的学者投入其中，以期推出更多更好的研究成果。从这个角度上说，本书仅仅是一块引玉之砖。诚恳地希望学界同仁的批评和交流。

作　者

2006年6月18日

于南昌市青山湖畔无喧楼

图书在版编目(CIP)数据

江西通史·民国卷/何友良著.—南昌:江西人民出版社,2008.1(2017.8重印)
(江西通史/钟起煌主编)

ISBN 978-7-210-03653-1

Ⅰ.江...　Ⅱ.何　...　Ⅲ.江西省-地方史-民国
Ⅳ.K295.6

中国版本图书馆CIP数据核字(2007)第128784号

江西通史·民国卷
何友良　著
责任编辑:游道勤
封面设计:同异文化传媒
出版:江西人民出版社
发行:各地新华书店
地址:江西省南昌市三经路47号附1号
学术出版中心电话:0791-86898330
发行部电话:0791-86898815
邮编:330006
网址:www.jxpph.com
E-mail:swswpublic@sina.com　web@jxpph.com
2008年1月第1版　2017年8月第3次印刷
开本:787毫米×1092毫米　1/16
印张:31.25　插页:4
字数:520千字
ISBN 978-7-210-03653-1

定价:105.00元
承印厂:江西华奥印务有限责任公司印刷